# 近代日本在长江流域的扩张

（1862—1937）

李少军 著

社会科学文献出版社

SOCIAL SCIENCES ACADEMIC PRESS (CHINA)

# 目　录

CONTENTS

# 绪　言

从 1931 年九一八事变开始的中日战争，经历了从局部爆发到全面展开两个阶段。而在这两个阶段中，长江流域先是爆发了震惊中外的"一·二八"淞沪战争，后经八一三事变，苏、浙、皖、赣、鄂、湘数省在中日长期交锋中成为大战场。即使在作为中国大后方的长江上游川、滇、黔，也反复展开了空中战争。对于这样的史实，无论是有关中日战争史的通论，还是涉及上述省份抗战历程的著述，都分别从宏观、微观角度，就各个方面做过揭示，在学界内外，广为知晓。但是，对于长江流域在九一八事变，特别是八一三事变后在中日战争中占有如此重要地位的根源何在，既有的认识与解释，很难说是到位、深刻的。究其缘由，与学界对近代日本在长江流域扩张历程的考察还不够深入是密不可分的。

追溯起来，近代日本在长江流域的扩张，时间长于在中国其他所有区域的扩张。19 世纪 60 年代，日本人在时隔二百多年之后重新来华，首先就是在上海落脚的；其后直到中日战争全面爆发，日本对长江流域的市场有极大依赖性，要从这一区域获得棉花、铁矿石等重要战略资源，因而一贯将长江流域作为对华扩张的重要方向之一，特别是在《马关条约》签订后，日本挤进侵华列强之列，从政治、军事、经济、文化各方面不断增强对长江流域扩张的力度。而中国在甲午战争后，为救亡图存而学习近代化领先的日本，也是在长江流域最先掀起浪潮，并由此促使这个区域与日本关系更加密切。第一次世界大战爆发后，日本对华强加"二十一条"，压迫中国之凶暴，在侵华列强中显得格外突出，激起中华民族的强烈反抗。在此过程中，长江流域作为中国新兴社会力量的大舞台，反抗日本侵华浪潮不断，其波及范围甚广，对日本经济利益的打击也极为沉重。概言之，近代长江流域与日本关系日益密切，但由于日本不断侵略扩张、引发民众广泛反抗，矛盾一直在积累，到民国时期呈现不断激化之势。后来日本对长江流域大举进犯，中国军民持久抗战，历史根源正在于此。然而，在近代日本侵华史研究中，为人高度关注的中国相关区域，一直是东北、华北及台湾，而长江流域，由于在"一·二八"事变之前与日本矛盾冲突的烈度不是很突出、震动中外的事件也相对不多，未得到足够重视。如果从学术研究的发展脉络来说，这算是先后有序的话，那么，现在着力探讨近代日本在长江流域的扩张，并由此深化对于中日全面战争的认识与理解，也该是推进近代日本侵华史研究的应有之义了。

近代日本在长江流域的扩张在既往未受到足够注意，还有一个重要原因，即近代长江流域是英国在华势力范围的通说已化为常识，客观上遮挡了人们考察别国与长江流域关系的视线。诚然，近代英国与长江流域的关系较之别国更久更深，在甲午战争后列强图谋瓜分中国的形势下，英国曾迫使清政府订立有关长江流域的协定，直到民国初期，英国在长江流域的势力较之别国都占优势。但是，这样的情形绝不意味着近代英国势力独占长江流域而使别国没有扩张余地。从相关学术史来看，对近代英国与长江流域关系实态的研究，还不能说已很具体充分，围绕英国在长江流域与别国之间关系所作的探究也不多见，有不少空白亟待填补。在这种状况下，不拘泥于通说，从史实出发，探究近代日本在长江流域扩张的实情，不仅是拓展、深化近代日本侵华史研究的需要，对准确把握近代长江流域与列强关系格局，矫正偏颇，达致全面认识，也十分有益。

还应指出的是，既往有关近代日本在长江流域扩张的研究，就发掘史料尤其是日本原始史料而言，受到较大制约，但近年来情况有了很大变化，能够搜集到的史料越来越多，从事相关研究的基础条件大为改善，为探明相关重大史实提供了不少线索。笔者在十分有利的条件下，努力发掘新史料，据以梳理脉络，并展开一些专题研究，而本书就是所获成果的汇集。现不揣谫陋付梓，希望有些参考价值，并期待大方教正。

# 第一章　近代日本在长江流域扩张之揭幕

　　1862 年 6 月 2 日，一艘名为"千岁丸"的日本船开到长江口近旁的上海。此地在不久前经历了英法联军之役，当时还是清军与太平军争夺的重要目标，人们对东邻久违的海客虽不免好奇，却没有察觉到，这艘静悄悄靠岸的日本船宣告了中日之间长达 230 多年有往无来状态的终结，而日本势力步欧美列强后尘对华扩张的历程，也从此揭开帷幕。[①] 如果说揭幕近乎无声，那么，1871 年日本遣使来华谈判确定两国关系的条规，就可谓正式的开场锣鼓了。对此，上海也是最早的见证者。而展现这些情形，自然就成为本书的开篇。

## 一　日本人再来中国

　　对于"千岁丸"到上海，清朝南洋通商大臣薛焕于 1862 年 7 月 27 日（同治元年七月初一日）根据苏松太道吴煦的禀文，向总理衙门报告：

　　　　窃本年五月初九日（6 月 5 日），有西洋荷兰国领事哥老司带同东洋日本国头目根立助七郎……等八人来道谒见。据称，伊等八人皆日本国头目，奉本国上司派令，管带本国商人十三名，携有海参、鱼翅、海

---

① 　关于"千岁丸"到上海的过程及该船上日本人的中国观，日本学界在 20 世纪 40 年代就有研究，后又有专论如佐藤三郎「文久二年における幕府貿易船千歳丸の上海派遣について」（佐藤三郎『近代日中交渉史の研究』吉川弘文館、1984）、春明徹「幕府千歳丸の上海派遣」（田中健夫編『日本前近代の国家と対外関係』吉川弘文館、1987）；中国学者王晓秋在《太平天国革命对日本的影响》（《历史研究》1981 年第 2 期）中有所论及，冯天瑜有专著《"千岁丸"上海行》（商务印书馆，2001）。

带、鲍鱼各四五千斤，及漆器、纸扇等物，搭坐荷兰国商船前来上海。
仍凭荷兰国商人报关验舱，完税进口，意欲试做贸易，求准在沪
买卖。①

对照日方史料，上文所言"日本国头目……奉本国上司派令，管带本
国商人"到上海，实有其事，但来者并不只限于德川幕府官员与商人，还
有一些藩国的武士。

此事的酝酿，始于 1861 年旧历二月。其时，幕府当政者为探索对外贸
易状况并尝试出洋通商，拟派一艘由官吏带领的船舶到中国香港，并让作为
外交机构的外国挂就所用船只及船上水手等事项提出具体意见。② 而外国挂
的大、小目付研讨后，提议将派遣船目的地由香港改为上海，其理由是：香
港是在英国控制之下，虽有众多别国船舶驶入，是富饶之地，但只是一个孤
岛，别国船舶驶入，充其量是为买进其所缺货物，非通商互市场所，因而无
益于探索对外贸易等状况及出洋通商；相反，如要做到商船辐辏、互市兴
盛，派船到上海，倒是可以实地探究其门道。关于派到上海的船舶，他们建
议雇用荷兰商船及其水手，理由是上海为中国属地，尚无日本派去商船之
例，故用荷兰商船，由带船官吏与船主商定办货、讲价这类事，会使探索对
外贸易门道等顺利进行，派遣的使节也会得便。③ 其后，幕府外交机构首要
官员外国奉行等，认为按日本现有条件派船到香港不合算，而与中国订立条
约、派使节探究中国及各国风俗习惯，其后由使节与中国约定派出商船，则
会有益于日本国家。④ 幕府当政者采纳了这些建议，将上海列为对外派出船
舶与官吏的目的地，并令在通商口岸长崎的主政官员雇用荷兰商船及其水手
等，购办海产品等，讲求贸易方法，为派船做好准备。⑤ 长崎官员找在出岛

---

① 台北"中央研究院"近代史研究所：《同治年间中日经贸交往清档》，《历史档案》2008 年
第 2 期。

② 『外国係ノ有司ニ垂問』（1861 年旧歴二月）、続通信全覧類輯之部船艦門 987、日本外務省
外交史料館蔵。同类史料，后面注释中不再列藏所。

③ 『大目付、小目付評議』（1861 年旧歴三月）、続通信全覧類輯之部船艦門 987。

④ 『外国奉行水野筑後守評議』（1861 年旧歴四月）、続通信全覧類輯之部船艦門 987。

⑤ 『長崎奉行ニ達』（日期不明）、続通信全覧類輯之部船艦門 987。

的荷兰商行经理商议，并咨询在华贸易的做法，于旧历七月向幕府呈报了拟租船舶的类型、吨位、连同雇用水手在内一个月的费用、进上海港时引水费用等，称无条约外国之人也能到上海做买卖，该地驻有领事，缴纳规定的关税之后即可贸易，而雇用荷兰船舶，只要事先书面告知荷兰驻上海领事，就万事无忧；近来不少日本货物运往上海，难以确认哪些货物赚钱，但运去煤炭当不会亏本；目下风向不顺，以推迟为宜。① 此后，幕府当政者于旧历八月二十九日再令长崎官员继续为派船到上海做好准备。②

值得注意的是，当时以长州、萨摩为代表的日本西南雄藩，得知幕府准备派船到上海，认为是出洋探查国外情势并获得所需之物的机会，而加以密切注意。长州藩决定派武士高杉晋作参与此行，"考察研究中国形势状况"。③ 高杉晋作也十分积极，抱病上船，当听说开船时间因故延迟时，他很是不满，"嗟日本人因循苟且，乏果断"，"可叹可恨"。④ 萨摩藩的藩主岛津久光想借机购买外国轮船，密令曾在长崎跟荷兰人学航海等术的本藩青年武士五代友厚化名混入幕府所雇水手中。⑤

与幕藩当政者大力筹划、武士踊跃参与相比，当时日本商人的态度却显得消极。长崎官员曾让长崎会所找一些享有对外贸易特权的"本商人"参与上海贸易之行，但会商数次，并无一人愿意加入，最后摊到新入行会及行会外的商人头上，才呈报了三人名单。这三位商人奉命察看进港的外国船舶，提议买下英国船"阿密斯齐斯"号，还主要依据开到长崎港的中国商

---

① 岡部駿河守『外国商法之様子見置旁貿易為御試唐国上海香港等ヘ役役乘組可御差遣舩之儀二付申上御書付』（1861 年旧歷七月）、続通信全覽類輯之部船艦門 987。

② 见幕府当政者 1861 年旧历八月二十九日令外国挂向长崎奉行下达的指令（続通信全覽類輯之部船艦門 987）。

③ 福本義亮『吉田松陰大陸・南進論』誠文堂新光社、1942、358 頁。

④ 高杉晋作「航海日録」東行先生五十年祭記念会編『東行先生遺文』所收「日記及手録」（民友社、1916、73 頁）。

⑤ 参见五代竜作編『五代友厚伝』五代竜作、1933、14—16 頁。参与这次上海之行的，有幕府官吏 5 人，长崎会所和地方官吏共 10 人，身份为从者的武士 23 人，水手 10 人，其中留下姓名的武士，分别来自会津、肥前、肥后、平户、尾州、四国、滨松、大村、萨摩等藩及江户、大阪。见本庄栄治郎『幕末の新政策』有斐閣、1940 年增訂版、453 頁；納冨介次郎「上海雑記」小島晋治監修『幕末明治中国見聞録集成』第 1 巻、ゆまに書房、1997、2—4 頁。

船所购回程货，报上备办到上海出售货物的清单，其中大宗为海产品，另有苎麻、丝绸、布匹、烟草、药材、人参、樟脑、工艺日用品、文房用具、煤炭等。①

吴熙对薛焕的禀文，依据日人的说法，将"千岁丸"指为荷兰商船，是不确的。或许是日人为使其在上海方便做生意，而有此言。但实际上，该船是日本官府买下的英国船，且英国的船长及 12 名水手也在该船赴上海时被日方雇用。同时，为便于与荷兰驻上海领事沟通，请其帮忙求得上海官府准许贸易，日方又从长崎特意请来 2 名荷兰人。因对在上海自行交易没有把握，在出发前，日方还特意向荷兰驻上海领事馆发出 27000 元汇票。② "千岁丸"抵达上海后，日本人除了"请托于荷兰领事"，"还与法国领事斡旋"，请求法国领事将他们引荐给上海道台吴熙。③

吴熙向薛焕禀报"千岁丸"抵沪，言及日人提出的要求："此时情愿仿照西洋无约各小国之式，不敢请立和约，祈求准该国商船专来上海一口贸易，并设一领事官赁屋而居，照料本国船商完税等事，此即格外恩典。"④这表明，近代日本人初次前来上海贸易，就提出了设置领事的要求，尽管他们还未为此承担与中方进行交涉的任务。

从上述 1862 年日本派"千岁丸"前来上海的过程，可看出三点：一是此事主导者为德川幕府，长州、萨摩等藩国也积极派武士参与；二是日本商家在这次被视为近代对华"通市之始"的行动中，虽也有人参与，但表现消极被动；三是日方此举中既对荷兰人有很大依赖性，又试图长期与上海贸易并在沪设置领事。这些状况，都非偶然，是由此前日本对华关系历程及日本被美欧列强打开国门前后的政治状况造成的。

众所周知，中日两国一衣带水，自古多有交往联系，但 17 世纪初期以后，德川幕府推行锁国政策，严禁日本人前往别国，并将对外贸易逐步收缩

---

① 见川岛元次郎『南国史話』所引『唐国渡海日録』之相关记述（平凡社、1926、120—142 頁）。

② 川岛元次郎『南国史話』、142 頁。

③ 納冨介次郎「上海雑記」小島晋治監修『幕末明治中国見聞録集成』第 1 卷、4 頁。

④ 台北"中央研究院"近代史研究所：《同治年间中日经贸交往清档》，《历史档案》2008 年第 2 期。

到长崎的出岛，仅限中国、朝鲜与荷兰商船按规定的数量、时限前去贸易。这种局面，一直延续到1853年日本被美国打开国门。由此，中日两国在二百数十年间呈现有往无来状态，除了因海上遭难而漂流到中国沿海的个别人，没有日本人来到中国，而前往日本长崎的中国商船，几乎成为两国之间唯一的纽带。这些商船，来自中国东南沿海与长江中下游地区，其中所谓三江帮十分突出。三江帮由苏、浙、皖、赣几省出洋贸易的商家组成，他们从日本购办铜材，所用的支付手段则是以长江三角洲为主要产地的丝绸等货。史载，自1693年（康熙三十二年）以后，清朝铸造铜钱所用原材料，除了云南所产，便是来自日本的"洋铜"，为此，清政府"令安徽、江苏、浙江、江西等省各商，携带绸缎、丝斤、糖、药往彼处市铜，分解各省，每岁额市四百四十三万余斤"。① 在苏州，还相应设有主管日本铜务的机构，居住着"苏州铜局商人"，他们从日本运回条铜、海带、海参、鲍鱼、鱼翅和漆器等，也将丝绸、药材、糖货及书籍字画等运销日本。② 就日本来说，虽然德川幕府的统治保持稳定，社会经济也在发展，商人的影响力不断增强，但幕府厉行锁国政策，还是直接导致日本出洋贸易的萎缩，由此对华贸易也无主动可言。所以，1861年德川幕府拟向上海派船时，没有适用的船舶，而只得考虑租用进而买下外国船舶，且需请别国人来驾驶；而与官府关系密切的特权商人，也因不具备出洋贸易的经验与知识，将前往上海视为畏途，踟蹰不前，即使不得已从命，也只能比照赴日华商所购回程货，来备办销往上海的货物。

如果说，在19世纪60年代以前二百数十年间德川幕府推行锁国政策是日本对外陷于被动的根源，那么，在打开国门之后，德川幕府就逐步将重赴海外作为新的取向。1856年8月幕府表示，面对西洋国家提出的通商互市要求，"我国变革对航海一贯之严禁，向外国派出海舶，以交易互市之利益

---

① 见《清通典》卷九三《食货略》，文渊阁刊本。主要产于江南的丝绸，在明代前期就是中国对日出口的重要货物，因在日本有很大需求而利润丰厚。16世纪中期以后，葡萄牙、荷兰商船也先后将中国丝绸大量运送日本。参见范金民《明清时期中国对日丝绸贸易》，《中国社会经济史研究》1992年第1期。

② 参见王振忠《19世纪中后期的长崎贸易与徽州海商之衰落——以日本收藏的程稼堂相关文书为中心》，《学术月刊》2017年第3期。

为富国强兵之本，方可与今之时势相协"，然只"以日本全国所产各种日用品之剩余应外国无限之求"，也难以为继，故须讲求交易之"大本"。这年10月中旬，幕府设立了贸易取调挂。① 1858年初，在谈判《日美友好通商条约》期间，日方又主动提出到华盛顿换约，② 此可谓德川幕府要走向世界之最初宣示。但在此后两年间，由打开国门所引起的日本经济的巨大混乱，促使"攘夷"风潮高涨，同时，围绕批准对外条约、德川将军继承人等问题，日本不同政治力量激烈斗争，令幕府出洋贸易计划受到很大牵制。但随着1859年横滨、长崎、箱馆开放为通商口岸，1860年及1861年日本赴美欧使团先后派出，派船到相邻的中国互市通商、探查各种情况，也被幕府提上议事日程。这成为"千岁丸"前来上海的最大动因。

德川幕府统治下的各藩国，在军政与财源掌控等方面都有明显的独立性，特别是所谓西南雄藩，自19世纪初以后不断增强力量，在国门打开之后又进一步提升了对于内政外交的影响力，俨然成为"尊王攘夷"潮流的汇聚地。但也正是它们，受到中国败于鸦片战争的冲击，产生了很深的危机感，密切关注国外状况，学习和运用新技术来加强武备，以此在各藩国中更显突出。③ 1854年3月，长州藩武士吉田松阴不顾锁国厉禁，与门人偷登美舰，要求美舰带其"周游五大洲"，为此而罹牢狱之灾，是有名的史实。④ 而他被发回本藩软禁、开设松下义塾之后，又吸引了高杉晋作、伊藤博文等青年武士为其弟子。此外，长州藩的当政者在1860年向幕府建言，将迅速变更制度、开航海之术、了解各国实情作为"头等大事"。⑤ 就在这一年，高杉晋作被派往幕府在长崎开设的军舰教授所修习航海学，又到江户海军蒸汽科学习。⑥ 在获悉幕府将派船到上海后，长州藩大名令他随同前往，"探

① 参见井上光贞・永原慶二・兒玉幸多・大久保利謙編『日本歴史大系』12『開国と幕末政治』山川出版社、1996、63—64頁。
② 井上光貞・永原慶二・兒玉幸多・大久保利謙編『日本歴史大系』12『開国と幕末政治』、78頁。
③ 参见李少军《甲午战争前中日西学比较研究》，湖北人民出版社，2007，第二章。
④ 吉田常吉等編『日本思想大系』54『吉田松陰』岩波書店、1978、568頁。
⑤ 中根雪江『再夢紀事』日本史籍協会、1922、14—15頁。
⑥ 東行先生五十年祭記念会編「東行先生年譜」『東行先生遺文』、3、4頁。

索彼形势情实与彼所以御诸夷"。① 萨摩藩的姿态与长州藩并无不同，早在 1857 年，就派五代友厚等十多名武士到长崎海军传习所学习；而五代友厚在上"千岁丸"之前，已为本藩购置轮船而与英商秘密去过上海一次。② 此外，还值得注意的是，出身于肥后熊本藩的武士横井小楠，于 1860 年向福井藩大名上呈政见，抨击锁国政策，明言"互相交通，通交易之大利，乃今日自然之理势"，指出欧美、日本在对外贸易上差距巨大，"几如大人之对小儿"，主张在欧美和中国设立日本商馆，仿照西方国家在国内成立由商人、百姓自愿参加的商社，同心协力，在政府支持下赴海外贸易，认真研究有关外贸的学问，大力搜集海外需求的信息。③ 联系这些情况，看"千岁丸"上日人对吴煦所言"今为西洋商人占尽利权，实系有损于商……因而官民会商，与其货物为西商贩运获利，不如自行贩货分赴各国贸易，或可稍分其势"，④ 可知由来有自；对于"千岁丸"上日人主要是幕府官吏与长州、萨摩等藩武士，亦可明了其缘由。

对照日本相关史实与当时上海官府的报告，可看清"千岁丸"前来上海，具有鲜明的日本官方举措的性质，同时，也以依傍荷兰为特征。这一现象，也有可发之覆。本来，即使在美欧叩关、迫使日本打开国门之后，中国商人赴日贸易也仍在持续，且从数量上看，还在增多。⑤ 日本官府对赴日华商，向来多有管控之规，且要他们介绍中国及别处情况，故在时隔二百数十年后再派船到上海，让赴日华商充当媒介，自不成问题，较之求助于荷兰商人，还更方便。从长崎商家备办销往上海的货物看，也不排除他们咨询当地华商的可能。但是，德川幕府从来没有考虑聘赴日华商带"千岁丸"到上海，也没有让其充当与中方官府沟通的媒介，而从一开始就着眼于、后来也的确是聘用荷兰人。对于这一点，姚锡光所述"千岁丸"上日本官吏向上

---

① 高杉晋作「遊清五録」東行先生五十年祭記念会編『東行先生遺文』、124 頁。
② 大久保利謙『幕末維新の洋学』吉川弘文館、1986、282—284 頁。
③ 横井小楠「国是三論」山崎正董編『横井小楠遺稿』日新書院、1942、906—907、95 頁。
④ 台北"中央研究院"近代史研究所：《同治年间中日经贸交往清档》，《历史档案》2008 年第 2 期。
⑤ 参见黄启臣、庞新平《清代活跃在中日贸易及日本港市的广东商人》，《中山大学学报》（社会科学版）2000 年第 1 期。

海官府提出的"愿仿照西洋无约各小国之式"，或有助于揭开奥秘。原来，日本即使在锁国期间，统治者与不少学人也一直关注国外情况，从 18 世纪后期到 19 世纪前期，对西洋国家社会状况及其对外扩张的了解越来越多，其中有些人已开始将仰慕对象从中国转向西洋，而中国在两次鸦片战争中失败、被迫订立不平等条约，更使日本统治者及众多武士认定西洋各国富强、中国衰落不振，尽管自身也被美欧列强强加不平等条约，但向西洋看齐以求富强乃至向周边国家扩张，在日本各政治力量中越来越有市场。德川幕府派"千岁丸"到上海，请西洋国荷兰驻沪领事引见，明确向中方要求将日本与"西洋无约各小国"同等对待，而根本不以日本与中国为邻、彼此自古多有往来为说辞，还比照当时西洋国家与中国贸易制度，提出设立领事。这些情况透露出一种很清晰的信息：日本在放弃锁国后重新来华，绝非为了恢复史上旧轨，而是要按照当时西洋对华关系框架，重构日本对华关系。至于此时德川幕府选择向荷兰求助，当然也与历史惯性相关，即在西洋国家中，荷兰与日本打交道时间最长，在美欧打开日本国门后，荷兰与德川幕府关系仍相对平稳。

"千岁丸"于 1862 年 6 月 2 日到达上海后，滞留两个月。其间，吴熙与薛焕都认为"日本国商人从无径来中华贸易之事，照章不准进口"，但为避免发生纠纷，"姑念历涉重洋而来，不忍拒而不纳"，同时又希望"杜其再来"而"防其渐"。总理衙门也赞成他们的处置，要求对来上海的日人"显以示优容而隐以存限制"，同时"毋令各国均蹈日本故辙"。①

从互市情况看，日本人完全仰仗荷兰人帮忙，其所销货物在海关也被作为荷兰货对待，赚到钱的主要是海带、洋菜之类海产品，而樟脑则亏折不少，加上付给荷兰人及华人中间商的佣金等，总体上，日本人这次没有盈利，他们的货物销路很差，按卖出的价钱，扣除所纳关税及别的费用，是亏本的。此外，萨摩藩的五代友厚以 125000 银元向德商秘密订购了一艘轮船（后被命名为"天佑丸"，由五代友厚任船长）。至于日本人从上海"转买中

---

① 台北"中央研究院"近代史研究所：《同治年间中日经贸交往清档》，《历史档案》2008 年第 2 期。

国货物"，地方官府本予以禁止，① 而日本人口头也说"遵谕"，但仍以 14725 银元买了布匹、毛呢、水银、胡椒、药材、铅、冰糖、石膏之类货物。②

作为"千岁丸"乘员前来上海的日本武士，在滞留期间各处察看、访谈当地中西之人、购置书籍。对于"互市之事"，他们了解上海港口、"在上海日本诸物行情与中国货之行情"，并得知除了上海，中国"与外国交易场所"还有 12 个，包括长江沿岸的镇江、汉口（记作汉江）。③ 对于中西关系，如前文所述，从鸦片战争以后，日本人就间接了解到清朝对外屈服，故这些武士在上海期间自然对此十分关注，其所见英法等势力的嚣张和清朝官府、军队在他们面前的卑躬屈膝，则加深、强化了他们早已有之的印象。如纳富介次郎在所撰《上海杂记》中着重记述了英法军队与淮军协防上海，他对此表示强烈非议，称："予对清人等提出非难：中国何以借外夷之力守城垒？""何以洋人跋扈之甚而不能制？清朝岂非反被外夷所制？"④ 高杉晋作在其见闻中也写道，清政府因请英军"防贼"，竟将孔庙供其作为军营，故"庙堂中兵卒枕铳卧炮，观之实不堪慨叹也"。⑤ 同样见到这种情形的纳富介次郎还写道，作为英军军营的孔庙，"无一典器，且闻不许清人入拜，可叹之至"。⑥ 另外，高杉晋作还指出，上海"城外城里皆因外国商馆多而繁盛，观中国人之居所，则多为贫者，其不洁难以道之，有终年困于船上者，唯富者为外国商馆所役使"；"中国人尽为外国人之使役，英法之人步行街市，清人皆避旁让道，实上海之地虽属中国，谓英法属地又可"。高杉晋作对于在鸦片战争中坚决抗敌的林则徐、陈化成"慕其为人"，称如有"两名将之著书，则我虽千金，要求之矣"，但观察现时中国总体状况所得

---

① 台北"中央研究院"近代史研究所：《同治年间中日经贸交往清档》，《历史档案》2008 年第 2 期。

② 高杉晋作「遊清五録」東行先生五十年祭記念会編『東行先生遺文』、105 頁；本庄栄治郎『幕末の新政策』、456—458、464 頁；《苏松太道吴熙禀文》，台北"中央研究院"近代史研究所：《同治年间中日经贸交往清档》，《历史档案》2008 年第 2 期。

③ 高杉晋作「遊清五録」東行先生五十年祭記念会編『東行先生遺文』、103、118—119 頁。

④ 小島晋治監修『幕末明治中国見聞録集成』第 1 巻、6 頁。

⑤ 高杉晋作「遊清五録」東行先生五十年祭記念会編『東行先生遺文』、81 頁。

⑥ 小島晋治監修『幕末明治中国見聞録集成』第 1 巻、9 頁。

结论，却是"国运凌替""君臣不得其道"。他讥讽说："口唱圣贤之语，身为夷狄之所役，齐东野人，真齐东野人耶？"关于上述状况出现的缘由，高杉晋作认为"源于彼不知防外夷于海外之道"，不制造可远距离防备外国军舰的大炮等，"志士所译《海国图志》等竟然绝版"，"因循苟且，空度岁月"。① 这些见闻与印象，也引起高杉晋作对于本国沦为西洋附属的危机感，认为所见所闻"非中国之事也"，要引为殷鉴。②

关于上海其他状况，纳富介次郎在《上海杂记》中也有一些记述和评论，如为躲避战乱而流落上海的贫民饿死者日多，遭受战乱的地方凋敝至极，社会弥漫"虚文卑弱"之风，科举制度无助于培养有裨于国家治理的人才，"清国近年吸食鸦片烟之人甚多，官府终不能禁止，即使在目下上海，吴熙为首之官吏亦皆吸食，故虽对下民施以严禁，亦无遵守者"，官军在与太平军作战中"屡屡取败，是因军中皆吃鸦片烟之故"；上海城外"荒草没路，唯棺椁纵横，或以草席等包裹死人随处抛弃"，黄浦江因不加治理，且有数万船舶排放粪便，随意抛入已死犬马豕羊甚至死人尸体而污浊不堪，等等。在他看来，中国正处于"可怜不堪之衰世"。③

1862 年 8 月 5 日（同治元年七月初十日），"千岁丸"从上海起碇回国。"临行嘱为转禀以前请此后来沪通商一事"，并称如得不到允许，"伊国另添公使前来吁求"。④ 对此，薛焕与江苏巡抚李鸿章认为不必"过于峻拒"，但要申明"不准擅赴别口贸易，以示限制"。⑤

"千岁丸"之来与返，在今人看，意味着中日关系一个旧的时代结束、新的时期到来，但在当时的上海并没有泛起多大涟漪，实际上也极少有人对之留下记忆。这样的情形，在两年后再现。

---

① 高杉晋作「遊清五録」東行先生五十年祭記念会編『東行先生遺文』、85 頁。
② 高杉晋作「遊清五録」東行先生五十年祭記念会編『東行先生遺文』、79、104、115 頁。
③ 小島晋治監修『幕末明治中国見聞録集成』第 1 巻、15—16、17—19、23—24 頁。"千岁丸"上其他武士如日比野辉宽等也留下了记述有关上海经历的文字，其中反映的对中国的基本看法，与高杉晋作、纳富介次郎并无不同。
④ 台北"中央研究院"近代史研究所：《同治年间中日经贸交往清档》，《历史档案》2008 年第 2 期。
⑤ 台北"中央研究院"近代史研究所：《同治年间中日经贸交往清档》，《历史档案》2008 年第 2 期。

1864 年 3 月 28 日至 5 月 14 日，德川幕府再次派出商船"健顺丸"在上海贸易。该船是幕府买下的美国帆船，由幕府官吏率领，除船员、水手外，其他乘员是武士与商人，运到上海的货物主要是海产品。[①] 到了上海，日人依旧请西人与上海官府说合，只是所谓西人变成英国领事巴夏礼。靠他"周旋"，"日本国官五员"由英国领事馆翻译官梅辉立带同拜会上海道台应宝时。[②] 应宝时报告称，日本人表示他们由德川将军批准，乘船游历各处，"因有商人求带货物数种，系海菜、参、洋绸缎、漆器诸类，来沪求售，如准报关投税，感激非浅。三月杪必须起碇回国，并不上岸居住"。上海官府按先前对"千岁丸"的处置之例，准其只在上海贸易，"以示体恤之意"。[③] 其间，日本人办理海关手续及生意上的事，还是请荷兰领事帮忙。就生意本身来说，因其运来的海产品高价卖出，赚得银 1286 两多。[④] 这次来的日本人还了解到：运到上海的海产品多销往外地，特别是海带，有很多是由轮船转运到长江上的"澳港"汉口，并从该地分销别处。[⑤] 此外，中国"茶叶在对外贸易中居首位"，"从产地运往汉口，再运往广州出口"，"故广州曾居贸易首位"，但经过与英国的战争，广州衰落了，上海兴盛起来，这是由于上海"处于全国的中间，便于各省输出输入"；英法不仅曾对中国发动战争、迫使中国订立条约，而且控制中国海关，在上海设有"外国人居留地"；自英法联军之役以后，"外国人蔑视华人犹如奴隶，华人在英人住宅前通行，也被高声禁止"；美商在上海开办了两个大船厂；"洋人"持本国护照可在中国国内游历；清廷当下是"皇妃与恭亲王两人当政"；等等。[⑥] 日本人还搜集并翻译了上海港的章程、税则。从这些情况可见，德川幕府派"健顺丸"到上海，与"千岁丸"一样，仍是依傍西方国家，尝试在华贸

---

① 本庄荣治郎『幕末の新政策』、466、469—470 頁。
② 台北"中央研究院"近代史研究所：《同治年间中日经贸交往清档》，《历史档案》2008 年第 2 期。
③ 台北"中央研究院"近代史研究所：《同治年间中日经贸交往清档》，《历史档案》2008 年第 2 期。
④ 山口錫次郎『唐国上海御罷越候儀申上候書付』、続通信全覽類輯之部船艦門 986。
⑤ 蛯子砥平『上海表御試商法取扱事情奉申上候書付』、続通信全覽類輯之部船艦門 986。
⑥ 『見聞書』続通信全覽類輯之部船艦門 986。

易，同时探查中国与西方关系及社会内部状况。较之先前，该船的日本人对上海及长江流域对外贸易情况有了更具体的了解，特别是对长江中游的汉口，尽管还只知其地名读音而写不出相应汉字，但已了解其为日本海产品的大市场、输出中国茶叶的重要口岸。不过，该船在上海所引起的关注，还不及以往来的"千岁丸"，故在中方，只有极简略的记述。

自"千岁丸"被派到上海之后，还有不少偷渡或奉命出洋的日本人将上海作为途经或落脚之地。其中有名的，如伊藤博文、井上馨等，于1863年7月被长州藩秘密派往英国留学，乘英船从横滨偷渡，在上海换船赴伦敦；① 是年底，萨摩藩武士上野景范等人，为研究洋学而偷渡到上海，次年2月在此地遇到德川幕府派往法国的使团，又要求随之前往欧洲。② 1866年5月，德川幕府废除锁国政策，允许本国人出洋研究学问和从事贸易。由此，到上海的日本人更多。就在这年旧历九月，日商岸田吟香随美商赫本到上海，印制他们编纂的日英词典，同时与当地文人墨客交往，这成为他日后在上海经商的起点。③ 1867年2月中旬，前往法国巴黎参加博览会的德川将军之弟一行途经上海，而作为随从的涩泽荣一也首次踏上中国土地，他们住在英国人的旅馆，在英人引导下游览，印象是该地"物产繁殖，乃东洋天然宝库，西洋人资以充外府"，"外滩设汽灯……施电线……栽佳木，道路平坦，可稍见欧风之一斑"，"欧人役使土人与驱使牛马无异"。涩泽荣一述其观感，说中国为"东洋著名古国，幅员广阔，人民众多，土地肥沃，物产殷富，本非欧亚各洲所能及"，"但落后于世界开化之期"，"有妄自尊大风气"，鸦片战争后"开放之规模未立"，"因循旧政，日陷贫弱"。④

## 二 中日建立近代邦交与日本向长江中下游寻求利益

1868年1月，日本开始明治维新，这既是日本"文明开化"即从农业

① 春畝公追頌会編『伊藤博文公年譜』春畝公追頌会、1942、18頁。
② 大久保利謙『幕末維新の洋学』、327—328頁。
③ 瀬川光行『商海英傑伝』富山房、1893、23—24頁。
④ 渋沢栄一「航西日記」『渋沢栄一滞仏日記』日本史籍協会、1928、6—11頁。

社会转向工业社会的正式开端，也意味着德川时代已在蓄积、国门打开之后很快显露狰狞的对外扩张势力，将开始迅速膨胀的历程。从此，日本与中国打交道，再不愿"照西洋无约各小国之式"，其天皇制政权刚一成立，就开始对华打出旗号，并将按照西方国家对华关系成例建立邦交提上日程。而这在 1868 年 2 月中旬日本长崎官府托英人送达上海官府的公函中，最先显露出来：

> 顷者，我国与欧罗巴诸洲迭相往来，我国或有公使奉命出海，或有绅士商民附洋舶而西者，时常颇多行者，临发官给路照，又将其照验印章先行颁送西洋各国，以便查照，过客以此到处俱安……欲赴贵地传习学术或经营商业、就便侨寓者，向后或有此等人来，望为照应……兹拟将其照验印章呈送贵衙门，以便查核钳束，以昭两国符信。①

日本假手英人传信，以公函与清政府交涉，要求清政府按日本与西方国家打交道的成例，对持有本国护照到中国内地传习学术、经营商业的日本人予以保护。当时的上海道台应宝时认为，"其意似欲准与该国之人久住中国，不仅如昔年之销售货物完毕即行回国……泰西诸国既已盘踞各口，日本久欲援照恳吁。若此时坚拒不允，彼必借西洋诸酋请与中国另立和约"。他建议：为避免日本提出订立条约，可"暂允日本商人凭照进口，另与议立钳制章程"。② 当时的南洋通商大臣曾国藩也无意拒绝日商到上海贸易，对日方所言来华"传习学术"，只提出"查明是何学术"，至于日方提出的呈送照验印章，他的态度是"不可遽行接收，但亦不阻其进口"。对此，总理衙门亦无不同意见。显然，曾国藩乃至总理衙门对调整对日政策还是较为积

---

① 《日本长崎奉行河津伊豆守来书》，台北"中央研究院"近代史研究所：《同治年间中日经贸交往清档》，《历史档案》2008 年第 2 期。日方 1870 年的对华外交文献中提到，以往"镇抚总督泽某"在长崎任上"尝修书通信于贵邦，贵邦前道台应公亦须恳答"。见「外務權大丞柳原前光等清国派遣ニ関スル同国行書翰改書ノ件」之附件、日本外務省調査部編『日本外交文書　明治期』第 3 巻、日本国際連合協会、1938、204 頁。

② 台北"中央研究院"近代史研究所：《同治年间中日经贸交往清档》，《历史档案》2008 年第 2 期。

极的。而应宝时则按曾国藩之意，于这年 4 月上旬经由英国驻上海领事，对长崎官府来函作了回应。①

1870 年，日本在对华关系上采取新的重大步骤，遣使来华，提出建立邦交的要求。对此，清政府采纳曾国藩、李鸿章的建言，作出积极回应。次年 9 月，李鸿章与日本使臣伊达宗城订立了《中日修好条规》。这是对包括长江流域在内的中国与日本关系有重大影响的事件。

日本 1870 年派出的使臣柳原前光，向清廷递交文书称："我邦近岁与泰西诸国互订盟约，共通有无，况邻近如贵国，宜通情好、结和亲。"② 究其意图，是"商议通信事宜，以为他日定条约之地"。③ 对此，总理衙门曾予以婉拒，但柳原前光仍"坚以立约为请"，"并谓中国商民在该国贸易者甚多，该国与泰西各国通商，无不立约"；④"嗣复呈交……议约底稿一本，大意总欲比照西国立约成议办理"。⑤ 面对不肯罢休的日本，时为清朝重臣的曾国藩、李鸿章都认为其要求可以接受，尤其是曾国藩，谓"日本自诩为强大之邦、同文之国，若不以泰西诸国之例待之，彼将厚滕薄薛，积疑生衅"，故认为"悉仿泰西之例，亦无不可"，只是在条约中不可明说，且不能有中西条约中的一体均沾条款。⑥ 他们的主张，被清政府确定为对日交涉的方针。

1871 年，是日本试图全面调整其对外关系之年。在对西方国家关系方面，日本政府认为既往德川幕府所订条约，是"不得已之势下苟且之处置"，"往往不协于天下有志辈之心，为之扼腕慨啮者不少"，而维新后的日本，在条约问题上，再不能"因袭先前旧幕之体裁"，"不能重蹈旧幕姑息

① 台北"中央研究院"近代史研究所：《同治年间中日经贸交往清档》，《历史档案》2008 年第 2 期。

② 「外務権大丞柳原前光等清国派遣ニ関スル同国行書翰改書ノ件」之右附属書二漢訳文、日本外務省調査部編『日本外交文書 明治期』第 3 卷、204 頁。

③ 《成林奏日本差官柳原前光来津递函折》，《筹办夷务始末（同治朝）》（八），中华书局，2008，第 3121 页。

④ 《奕訢等奏已允日本定约折》，《筹办夷务始末（同治朝）》（八），第 3158 页。

⑤ 《遵议日本通商事宜片》，顾廷龙、戴逸主编《李鸿章全集》第 4 卷，安徽教育出版社，2008，第 217 页。

⑥ 《曾国藩奏遵筹日本通商事宜片》，《筹办夷务始末（同治朝）》（八），第 3235 页。

引发物议、使国体沦落之覆辙"，要修改与西方国家的条约，以实现"与各国平行并立之权利"。① 在对华关系方面，日本政府为建立邦交，于是年 7 月再派伊达宗城等使华。但是，他们带来的条约草案，"荟萃西约取益各款，而择其尤"，② 此外，还要求中方对待日本"从西人痕迹，无事更张"，"条规章程，断断不可轻重之与西例"，而对中方所提条规草案，则指责为"专欲特异于西例"，称"恐非两国之福"。③ 这表明，当时正试图摆脱西方强加的不平等条约桎梏的日本，在中国面前却表现出完全相反的面孔，欲以其明知有损中国的西方国家对华条约，作为两国缔约的基础，而使日本成为与西方国家一样的角色。但是，以日本当时的状况，还根本不可能迫使清政府就范，且清政府原不认为与日本非建立邦交不可，因而日方无法贯彻其企图，只得退而求其次，先建立邦交以便来华寻求利益，这才以中方所拟草案为基础，④ 在 9 月 13 日订立了《中日修好条规》及通商章程、海关税则。⑤

《中日修好条规》及通商章程、海关税则，参照了此前两国与西方国家所立条约的规定，但又与那些条约的性质不同，因为无论从形式还是从内容来看，都可以确认具有双方对等的性质。所谓参照两国此前与西方国家所立条约的规定，体现在三个文件的多个条款中，如互派使领，文移平行，开放通商口岸，领事裁判权，在对方通商口岸可雇用人员并租地盖房，商船在对方通商口岸报关纳税、上下搬运货物手续与货物税则，军舰在对方各通商口岸之间往来等条款。此外，两国开放的通商口岸（在中方是上海、镇江、

---

① 「条約改正談判開始ニ関シ御下問シ為集議院開院アリ度旨伺ノ件」日本外務省調査部編『日本外交文書　明治期』第 4 巻、日本国際連合協会、1938、48 頁。

② 《应宝时陈钦给柳原前光等函》，《筹办夷务始末（同治朝）》（九），第 3287 页。

③ 「清国トノ条約談判経過報告ノ件」之「入清議約概略」日本外務省調査部編『日本外交文書　明治期』第 4 巻、240—241 頁。

④ 参见《李鸿章奏与日本国定约情形折》，《筹办夷务始末（同治朝）》（九），第 3307、3308 页。

⑤ 这些文件的中文本，见王铁崖编《中外旧约章汇编》第 1 册，三联书店，1957，第 317—335 页。日方于 1871 年 7 月初为派伊达宗城来华交涉而致清政府照会，称将与中方"会议章程，明定条约"（见「伊達全権一行本日出帆セシ旨通知ノ件」之「附記」日本外務省調査部編『日本外交文書　明治期』第 4 巻、189 頁）。而《中日修好条规》的日文本，却采用了中方所提名称，亦作"修好条规"（见「清国トノ修好条規並ニ通商章程」『日本外交文書　明治期』第 4 巻、203—204 頁）。可见，当时双方都有将此条规与同西方国家订立的条约作区分之意。

宁波、九江、汉口、天津、牛庄、芝罘、广州、汕头、琼州、福州、厦门、台湾、淡水，在日方是横滨、箱馆、大阪、神户、新潟、夷港、长崎、筑地），也都见之于此前各自与西方国家订立的条约。所谓对等，在双方在条规中的称呼、排列格式及彼此享有权利的规定中，都有体现。两国与西方国家订立的条约中具有不平等性质的领事裁判权、外国军舰在通商口岸之间往来之权，虽然也列入了条规，但属于彼此在对方同样享有，就此而言，也还无悖于对等之意。

清政府订立《中日修好条规》，主要是出于安抚日本、以免其与西方国家串通而对华形成威胁的政治考量，因此在订立条规后，并不急于扩大对日往来。所以，中国首任驻日公使何如璋，在时隔 6 年多后，才于 1877 年 12 月 28 日到任，[①] 而驻长崎、神户、横滨的中国领事馆，则从 1878 年 1 月才开始设立。[②] 与此形成鲜明对照的是，日本在对华邦交建立前后，为自身利益，相当急不可耐地在华建立使领机构，[③] 这通过日本驻上海领事馆的设立最早表现出来。

如前所述，德川幕府派来"千岁丸""健顺丸"，是请荷兰、法国及英国驻上海领事馆对清政府居间说合，但 1868 年天皇制政府成立后，对华开始自打旗帜。在为建立邦交而交涉之前，日方就于 1869 年派"通商少佑"品川忠道到上海"了解商务"，[④] 实际是为在该地设领事作准备。接着在 1870 年，日本使臣柳原前光在上海向道台涂宗瀛提出，上海是"东洋第一繁昌之港"，已有日侨三十余人，拟派"通商权大佑"品川忠道等二人负责管理，如他们离任，日本外务省会派官员接替。[⑤] 这是明治政府继德川幕府之后再向中方提出设置领事。不待清政府允准，日方就令一直在上海的品川

---

① 外務省記録局編『外務省沿革略誌』外務省記録局、1889、108 頁。另参见孔祥吉《首任驻日公使何如璋新论》，《广东社会科学》2004 年第 3 期。

② 参见张礼恒《清朝驻日使领与朝鲜"朝士视察团"》，《近代史研究》2017 年第 6 期。

③ 1872 年 3 月，日本政府派柳原前光来华办理外交事务。1873 年 11 月 24 日，日本在北京设驻华公使馆。见外務省記録局編『外務省沿革略誌』、9、14 頁。

④ 東亜同文会編『対支回顧録』下巻、原書房、1968、21 頁。

⑤ 「清国トノ通交ニ関シ意見書送付ノ件」(1870 年 2 月 24 日)、「清国上海道臺等卜応接始末及同地在留邦人取締官吏派遣等ニ関スル件」(1870 年 9 月 19 日)、日本外務省調査部編『日本外交文書　明治期』第 3 巻、184、209 頁。

忠道从民部省转属外务省，设临时领事馆，管理在沪日商，探查中国情况。① 这种做法，与1834年英国不经清政府同意就自行将商务监督派驻广东并无二致。也正因如此，日本驻上海的领事馆直到《中日修好条规》订立之后，才于1872年2月正式亮牌。同年11月，品川忠道被重新委任，"在上海设置本厅，兼辖镇江、汉口、九江、宁波事务"。②

日本在对华邦交建立之前，就将其在海外的首个领事馆设于上海，其后又将长江通商口岸作为该馆事务所涉空间范围，这是一个颇值得玩味的现象。而1870年日本出版的一本有关中国各通商口岸对外贸易的译书，或有助于我们了解其缘由。

此书题为《英人著述东洋记事》，译者是石桥雨窗、立知静，其"小引"中说"近日风闻将会与中国缔结友好贸易条约"，为此"有必要预察该国形势"，故摘译在香港英人1869年出的一本书，以供往来于中国各口岸之人参考。该书分两卷，第1卷以上海为主，介绍各通商口岸贸易历史与现状；第2卷介绍香港情况。第1卷列出了1863—1864年中国13个通商口岸的输入、输出贸易统计，其中，1863年在输入方面占前三位的口岸，分别是上海（29709555镑）、宁波（3348601镑）、汉口（3308772镑），在输出方面占前三位的分别是上海（12227153镑）、福州（4521203镑）、汉口（4247303镑）；1864年在输入方面占前三位的是上海（21610757镑）、汉口（3620783镑）、宁波（3421538镑），在输出方面占前三位的是上海（13282589镑）、汉口（4484475镑）、福州（4374686镑）。③ 上述统计精确与否姑不置论，但长江流域的上海、汉口在中外贸易中占突出地位，无疑给当时的日本人留下了深刻印象。关于上海，该书专门作了介绍，称之为"中国国内著名之港，买卖兴盛，东洋无出其右者，乃富饶有福之第一港"，

---

① 外務省記録局編『外務省沿革略誌』、6頁；東亜同文会編『対支回顧録』下巻、22—23頁。

② 外務省記録局編『外務省沿革略誌』、9頁；『領事品川忠道外二人へ達書』（1872年11月15日）、公00630100、日本国立公文書館蔵。凡编号以单个汉字开头的日文档案，藏所均为日本国立公文书馆，下文对此类档案不再一一标注藏所。

③ 石橋雨窓・立知静訳述『英人著述東洋記事』柏悦堂、1870、「小引」、1頁；巻一、2—5頁。

并认为根源在于上海在国内外贸易中都占重要地位。此外，该书还言及鸦片战争后西方势力的扩展、其与清军及其他势力联手打击太平军、海关行政管理权落入西人之手、外国租界的土地交易及居住人口、当地号称"东洋第一"的 3 家船舶修理厂等。

由于长江中下游地区在中外贸易中地位重要，加上"千岁丸""健顺丸"运到上海的货物以海产品最为畅销、汉口是海产品大市场，日本人对华建立邦交后立即深入其地进行探查。1872 年印行的满川成种所撰《支那通商必携初编》就反映了这种情况。

满川成种于 1871 年跟随使臣来华，鉴于长江流域与日本邻近、消费各种海产品主要仰给于日本、对日本山货也有需求，便在次年"溯扬子江，经过江西、湖北之地，见闻内地情况"，说是"颇有可观"。他对上海的印象是相当繁昌，"平日碇泊外国船二百余艘，内地商船数千艘辐辏，万樯林立"，"各地货物云集，万物无不具备，外国货物亦多运到此地转输内地，与各港往来轮船邮船等出入昼夜不停"。书中记述上海公共租界与法租界的位置、居民、街市、建筑、交通、洋行店铺、各外国领事馆等情况，较以往日本人所言更为具体。此外，该书称镇江"最为江中咽喉之地"，"物产丰饶，绢帛类颇多，乃风流之地"，"至安徽、江西、湖南、湖北、四川等地商船，必经此处到达内地，系上海往来九江、汉口邮船碇泊之处"；九江在太平天国战争之前为"繁昌都府"，"茶叶出产量大，为贸易旺盛之处"；"饶州之地，瓷器制作称中国第一，最为精巧，全国所用瓷器，多出于此地"；汉口为"江中最为风流繁华之地，人口六十万，多产茶叶、蚕丝，乃湖南、四川、陕西各地咽喉，内地商船辐辏，为最富饶之地；绢帛制作兴盛，织出天鹅绒、纹纱等，村落妇女擅长纺织之术，产扣布、棉毯等"，"以海产为贵，为海带、海参、干鲍、海扇等日本所产货物广销之处"。满川成种对长江流域总的看法，是"土地广阔，人民众多，物产丰饶，实可谓财货渊薮"，因此十分希望日本"有志之人奋起"，认定这"于国家裨益必大"。[①]

---

[①]　满川成種『支那通商必携初編』醉軒書屋、1872、「緒言」；正文、3—10 頁。

　　在《中日修好条规》订立后，还有其他日本人游历长江流域，与中国官绅等交流，留下游记等著述。如竹添进一郎 1876 年从北京过山西、河南、陕西到四川，继而顺江到上海，写下了有名的《栈云峡雨日记》；冈千仞 1884 年游历沪、苏、杭、粤等地，其后出版了反映其见闻的《观光纪游》等文与诗；1882 年被日本政府派遣来华留学的井上陈政，在长江中下游及其他多地留下足迹，编纂了篇幅巨大的《禹域通纂》，于 1888 年由日本大藏省出版。这些著述，对日本人了解长江流域等起到了促进作用。

# 第二章 《中日修好条规》框架下长江流域 与日本经贸关系的扩展

从《中日修好条规》订立到甲午战争爆发的 20 多年间，展开洋务新政的中国社会盘桓于农耕社会的轨道，长江流域除了一些商家继续从事对日贸易，对日本还谈不上有何新的动向出现。而日本社会却强力推进资本原始积累，开始了工业化的起飞，由此对华迈出侵略扩张的步伐。其间，尽管中日关系还基本处于《中日修好条规》的框架下，但日本已将长江流域作为在华扩大市场，以助本国资本原始积累的区域，并以江浙所产棉花作为本国机器棉纺织业的主要原料来源。这一时期来到长江流域的日本商家逐渐增多，但根基尚浅、实力有限，故作为日本对长江流域扩张主要内容的经贸活动，在很大程度上还主要由日本政府推动。

## 一　日本商民进入长江流域

### （一）日本商民来到上海、汉口等长江口岸

众所周知，几乎与中日建立邦交同时，日本对美欧派出了规模庞大的岩仓使团，在实地广泛了解西方工业社会的同时，由德国"铁血宰相"俾斯麦传授了在丛林世界的富强之道。其后，日本在"殖产兴业"的旗号下，大力推进资本原始积累，为此竭力促动商家出洋贸易，以为日本开辟海外市场、积累硬通货。但当时日本国家政权的这些举措，一时还难有立竿见影的效果，以致其当政者颇为所谓"商权概为外国所有"而耿耿于怀。[1] 而从日本对华经济关系来说，在一段时间内，日本势力的欲望与现状之间也有较大

---

① 「海外直売ノ基業ヲ開クノ議」『大久保利通文書』第 6、日本史籍協会、1928、465 頁。

落差。

1886 年以后任日本驻汉口领事的町田实一，于 1889 年编印了一本《日清贸易参考表》，反映截至 1888 年的中日贸易状况。该书记述了这一时期华商在日本通商口岸的开店经营情况，曰：

东京，1873 年至 1888 年，共 124 家（现有 45 家），分别来自广东、浙江、福建、江苏、湖北、直隶，分别从事杂货、制鞋、裁缝、油漆、饭馆、绸布、兑换、演戏等业，以经营杂货者居多。

横滨，共 157 家，经营布匹、服装、钱铺、书本装帧、木器、陶瓷、漆器、竹器、中药材、鞋类、杂货、海产品、糕点、烟酒、山货、梳头、澡堂、饭馆等业。

神户，共 56 家，来自广东、浙江、福建，从事杂货、药材、裁缝、酒馆等业。

大阪，共 51 家，来自广东、浙江、福建，从事杂货、酒馆、客栈、住宅等业。

长崎，共 84 家，来自广东、浙江、江南、福建、山东、湖北，经营杂货、剃头、洋服、洋布、洋货、洋鞋、洋铁器、海产品、药材、木工、钟表、砂糖、绸缎、瓷器、煤炭、板炭、铁、裁缝、客栈、牛肉等。

函馆，从 1872 年至 1888 年，共有 11 家，现有 8 家，来自浙江、江苏、广东、福建，经营行业不详。

新潟，从 1884 年到 1888 年，共有 4 家，均先后关闭，均来自福建，经营行业不详。

值得注意的是，该书还载有《清国各港在留日本商人商店开闭年月及其营业种类》，反映了上海等口岸的日商情况：

上海：1868 年至 1888 年，共开日本商店 41 家，现有 25 家，经营陶瓷、漆器、杂货、煤炭、染料、药品、书籍、山货、服装、日本酱油、日本酒、火柴、铜版印刷、旅店、照相等。

天津：1884 年至 1888 年，共开日本商店 8 家，现有 4 家，经营日本杂货、海产品、木材、茶叶、铜、药材、染料、陶瓷、中国产羊毛等。

芝罘（烟台）：1885 年至 1888 年，共开日本商店 6 家，现有 4 家，经营日本杂货、米谷、食品、茶叶、洋菜等。

汉口：1884 年至 1888 年，日本商店仅有乐善堂 1 家，经营药品、书籍和其他委托销售的日本货物。

福州：1884 年至 1888 年，共开日本商店 5 家，经营杂货、陶瓷、漆器、药品、书籍、照相等。

从上述可见，《中日修好条规》订立后，包括长江流域在内，中国与日本的贸易关系较之以往有所发展，新的动向之一就是来华的日商渐多，只不过他们与从事中日贸易的华商相比，数量尚不能及。从来华日商的分布看，绝大多数集中在上海，在 1868 年至 1888 年间，无论是各年的合计数，还是 1888 年一年的数量，在上海的日商都超过了其他口岸之总和。[①]

关于日商在上海的经营情况，1878 年来华考察长江中下游与东南沿海的日本大藏省商务局局长河濑秀治在报告书中写道：

侨居上海的日本人数量虽共计有一百七十余人之多，但经商者为数寥寥，即三菱邮船会社、广业洋行（广业商会分店）、津枝洋行（朝阳馆的分店，有人员 5 名）、三井洋行（三井物产会社派出人员 3 名）、田代屋分店（有经营瓷器、漆器商人 2 名）、永昌号（长崎池庄分店，经营瓷器、漆器等）、长崎小曾根分店（经营瓷器、漆器等，连同家属 5 人）、长崎号（经营瓷器、漆器、日用品等，是长崎上野屋分店，连同家属共有 5 人）、有马洋行（内外用达会社派出 1 人）。算得上体面的首推三菱、广业两家，次为三井、津枝两洋行，其他经营瓷器、漆器

---

① 町田実一『日清貿易参考表』、1889、国立国会図書館蔵。

及杂货的商家或经营古董书画花卉等的商人，只是徘徊往来而已……概而言之，各商社都还没有获得成功，故能与该港豪商富贾旗鼓相当者实属寥寥。从前日本人来到该港，无非销售人参、海带等货物，原本就是一时投机，而没有资金充裕、抱定长远目标之人。故清国商人将日本商人一概蔑视为此类浮薄之徒，而施展他们擅长的术数，壅塞其货物的销路，或压低价格以使日本商人不堪疲累，最终低价买进其货。①

河濑秀治显然是因当时在沪日商对华商不占上风而心有不甘。但是，在沪日商就总体而言肯定有利可图，因为如表 2-1 所示，1885—1893 年，每年在沪日侨人数均为 1878 年的数倍，且基本呈增长之势（表中数字虽包括所有在沪日侨，但日商及与商贸相关人员是主体）：

**表 2-1 1885—1893 年在沪日侨人数**

| 年份 | 1885 | 1886 | 1887 | 1888 | 1889 | 1890 | 1891 | 1893 |
|------|------|------|------|------|------|------|------|------|
| 人数 | 666 | 765 | 576 | 666 | 644 | 734 | 751 | 866 |

资料来源：1886 年 1 月 6 日、1886 年 5 月 18 日、1888 年 2 月 2 日、1889 年 1 月 8 日、1890 年 1 月 30 日、1891 年 1 月 23 日、1892 年 1 月 21 日、1894 年 1 月 30 日日本驻上海领事报告的统计数字，其中除了 1886 年的是该年 3 月 31 日的统计外，其他均为年底的统计。『海外在留本邦人職業別人口調查一件』第 1、2 卷、B-7-1-5-4 之 001、002、日本外务省外交史料馆藏。编号以英文大写字母开头的日文档案，无特别说明的，都藏于日本外务省外交史料馆，后文注释中对此类档案不再一一标出藏所。

在沪日商的数量呈增长之势，与日本社会在同期展开资本原始积累、工业化起飞，从而迫切要求在华开辟市场、获取资源，是完全相合的。随着时间的推移，在沪日商中与日本政府关系密切的政商三菱公司、三井洋行，以及日本政府为支持对华贸易而创办的横滨正金银行上海分行，日益引人注目。

三菱公司 1875 年开辟横滨至上海航线。从《申报》可见，自这年 2 月以后，"三菱轮船洋行"就一直是该报的广告大户了。1892 年，一位日本人描述所见黄浦江码头情形，说："英、法、德邮船以及日本邮船会社、中国

---

① 『商務局雜報』第 27 号、大藏省商務局、1879、83—86 頁。

招商局、怡和洋行等的轮船，三四千吨之大船巨舶，皆横系其码头。"① 显然，此时三菱公司在上海已是与中外各大轮船公司比肩的航运企业。

三井洋行作为日商的主要角色，1877 年 12 月 15 日第一次在《申报》打出广告，宣称"经售各色东洋煤及日本所产各物"，② 凸显以经销日本煤炭作为贸易主打项目，其动力则源于当时日煤急于扩大海外市场。后来，日本驻上海领事馆发出的商务报告一再显示，三井洋行在上海煤炭市场处于执牛耳的地位。此外，从三井洋行常载于《申报》上的广告来看，它并不只是销售日货，也代销别国货物（如新闻纸、怀表等），③ 还为往返于中日之间的船舶揽货；④ 在贸易之外，还从事货币兑换。⑤ 从 1891 年 12 月起，三井洋行还相继开办不动产保险和水险、火险等业务。⑥ 甲午战争爆发后，日侨从上海撤出，但该洋行并未停止经营活动，还公然刊出广告，让茂生洋行继续为其销售日本棉纱，⑦ 足见其根基已深。

相对而言，横滨正金银行在上海的分支机构出现较晚，1893 年 5 月才开设派出所。日本这家支撑海外贸易的国策银行，要通过驻上海的分支机构服务于对华贸易，并获得国际金银汇兑之便，⑧ 其在开业时宣称"专做收付汇票，并经理银行一切应办事宜，汇票可以汇至东洋、欧洲、美国等处大通商码头，并专买华商汇往东洋各埠汇票"，⑨ 俨然有在中日之间乃至更大范围内铺设贸易金融网之概。此分支机构开设后的收益之好，超出该行高层预料，尤其是在汇市上赚头很大，以至于该行将未能更早设此机构作为憾事。⑩

---

① 安東不二雄『支那帝国地誌』普及舍、1893、242 頁。这里所说的日本邮船会社，是三菱公司在 1885 年与共同运输会社合并后成立的会社。

② 《告白》，《申报》1877 年 12 月 15 日，第 6 版。

③ 《纸货减价》，《申报》1887 年 9 月 18 日，第 5 版；《新到时辰表出售》，《申报》1888 年 7 月 25 日，第 12 版。

④ 《轮船开往长崎》，《申报》1878 年 11 月 8 日，第 6 版。

⑤ 《小洋出售》，《申报》1878 年 1 月 7 日，第 6 版。

⑥ 《保险告白》，《申报》1891 年 12 月 8 日，第 5 版；《三井水险告白》，《申报》1893 年 6 月 4 日，第 6 版；《三井火险》，《申报》1894 年 2 月 22 日，第 8 版。

⑦ 《告白》，《申报》1894 年 9 月 11 日，第 6 版。

⑧ 横浜正金銀行編『横浜正金銀行史』西田書店、1976、復刻版、145 頁。

⑨ 《横滨正金银行告白》，《申报》1893 年 5 月 15 日，第 4 版。

⑩ 横浜正金銀行編『横浜正金銀行史』、146 頁。

在汉口，1872—1873 年，与日本北海道开拓使关系密切的榎本六兵卫、林德左卫门等人的商行"开通号"设立了分号，尝试从日本直接输出海产品，但到 1876 年就关闭了。后来，日商"广业商会"又派人到汉口试销货物一两次，三井洋行之人也到过汉口，但都未站住脚。[①] 另外，日本领事统计的 1885—1893 年在上海以外长江口岸的日侨人数，也颇显寥寥，表 2-2 所列若干年在汉口的日侨人数即可为证：

表 2-2　1885—1890 年在汉口日侨人数

| 年份 | 1885 | 1887 | 1888 | 1889 | 1890 |
|---|---|---|---|---|---|
| 人数 | 9 | 20 | 25 | 23 | 15 |

　　资料来源：1885 年 12 月 27 日、1888 年 1 月 3 日、1889 年 1 月 7 日、1890 年 1 月 6 日日本驻汉口领事报告的相关统计数据。1891 年 9 月日本驻汉口领事馆关闭，故无该年至 1893 年的统计数字。但 1893 年 6 月川上操六一行到了汉口，所见日本人"只有乐善堂的岸田吟香、海军军医青木某、牙医高道某、杂货商森田某等数人。日本妇女十来人，其中有 3 人在宜昌，四川有 1 人，都是外国人之妾"。『海外在留本邦人職業別人口調査一件』第 1 卷、B-7-1-5-4 之 001；德富蘇峯『陸軍大将川上操六』第一公論社、1942、124 頁。

## （二）日本人在上海开办学校、报纸与进行宗教活动

有学者指出，1876 年 8 月设立的日本"东本愿寺上海别院"（即所谓"东洋庙"），是在沪最早的日本学校，对日侨子女实施教育。[②] 但在甲午战争前有较大影响的，是在 1884 年、1890 年先后办起的"东洋学馆"（后改称"亚细亚学馆"）、"日清贸易研究所"。[③] 两者无论是从开办人来说，还是从握有"批准"权的日本政府来说，都从未将办学之举是否有

---

① 日本農商務省水産局編『漢口貿易水産製品図説』農商務省、1887、6 頁。

② 陈祖恩：《寻访东洋人——近代上海的日本居留民（1868—1945）》，上海社会科学院出版社，2007，第 118—119 页。

③ 参见黄福庆《甲午战前日本在华谍报机构——汉口乐善堂与上海日清贸易研究所》，《中央研究院近代史研究所集刊》第 13 号，1984 年；汪辉「上海における日本の教育事業の開始」広島大学教育学部編『広島大学教育学部紀要』第 1 部『教育学』第 48 号、1999 年。

违中国主权当作问题来考虑。对于"东洋学馆"，日本外务省着眼于对华扩张，初无阻拦之意；文部省却担心其成为日本反政府势力的海外据点，陆军省认为其不利于日本兵役制度的贯彻，都表示反对，最终导致该馆办不下去。[1] 但是，其后的"日清贸易研究所"，是日谍荒尾精出于"取彼之金以充我强国之资"之念，为在中国实地培养熟练掌握汉语与经商技能、效力于所谓"东洋经纶"的人才而发起开办的，[2] 这与日本对华扩张的需要完全一致，"得到首相山县有朋、藏相松方正义、农相岩村通俊、农商务次官前田正名、陆军次官桂太郎等政府要人的不少支持"，掌管日本谍报系统的川上操六也给予了最大帮助，[3] 日本外务省则指示驻上海总领事"多方关照，使之顺利开办"。[4] 到 1893 年 6 月，该所第一批学生毕业。[5] 在随后的甲午战争中，日方"凡作间谍之人，大半取材于所内"。[6]

在近代中国通商口岸，外国人办报早已有之，而日本人于 1882 年 7 月也在上海开办起《上海商业杂报》（次年 10 月停刊）。1886 年 1 月，三井洋行又报请日本政府批准，在上海英租界内办起商业报纸《上海物价报告状》。1890 年 5 月 12 日，日本人松野平三郎又向驻上海总领事馆申请办报，称："遵照清国上海外国租界章程，本着促进日清间通商贸易的精神，拟从 5 月 25 日起，每周发行一期名为'上海新报'的报纸。"代理总领事二口美久为此请示外务大臣青木周藏，所提出的问题只是该报"是否与在国内发行的报纸一样，都要遵奉敕令第 75 号《新闻纸条例》？"而他所奉批复也只

---

① 参见《驻上海领事安藤太郎致外务卿井上馨》（1884 年 10 月 30 日）、《文部卿大木乔任致外务卿井上馨》（1885 年 3 月 19 日）、《陆军卿大山岩致外务卿井上馨》（1885 年 4 月 9 日）、《外务卿井上馨致驻上海领事安藤太郎》（1885 年 4 月 27 日），B-3-10-2-3。
② 参见石川县第一部劝业课『日清貿易商会荒尾精演説筆記』石川県第一部、1889、2、5—6 頁。
③ 德富蘇峯『陸軍大将川上操六』、107—108 頁。
④ 「日清貿易研究所ニ関シ訓令ノ件」（1890 年 8 月 27 日）、日本外務省編纂『日本外交文書 明治期』第 23 巻、日本国際連合協会、1952、398 頁。
⑤ 《日人盛会》，《申报》1893 年 6 月 30 日，第 3 版。
⑥ 《安置倭奴刍议》，《申报》1895 年 1 月 6 日，第 1 版。此外，東亜同文会編『対支回顧録』『続対支回顧録』記述了该所众多毕业生在甲午战争中搜集情报、充当翻译的具体情况。

说：该条例不适用于日本人在国外所办报纸。① 可见，日方根本没有考虑过本国人在华办报与中国法令的关系问题。该报所办时间不长（或曰半年，或曰一年），自其停刊到甲午战争爆发，还有日本人办过《上海时报》《上海周报》。②

关于甲午战争前日本人在上海的宗教活动，有论者指出，其开端是东本愿寺僧侣小栗栖香顶1873年7月只身来沪宣扬日、中、印联盟重振佛教的主张；到1876年，东本愿寺的"别院"在上海英租界内设立起来。③ 1890年6月，一位日本佛教徒到上海游历，述其见闻称："最为可喜者，是在大谷派法主明治七年设立的别院，不仅每月做两次法事，屡屡讲经说法，向日本人传以佛教的真谛，还时常接待欧人华人前来拜佛。"④

## 二 日本推进对上海与汉口的贸易

### （一）日本在长江流域以上海、汉口为主要贸易之地

从甲午战争前日本在长江流域贸易展开的状况来看，对上海的贸易一直占压倒性比重，进出口货物都以此地为最大的集散地。因为上海与北方地区、长江流域以及东南地区之间的物流关系密切，是当时中国对外贸易的中心，对进出口货物有最大的吞吐力，日本对华贸易对上海有极大的依赖性，其出口货物的相当部分须经由上海，而后利用中国流通网络和中外船舶分销各地；反之，日本所需中国货物，也主要是汇集到上海之后再运往日本。

由日本驻上海领事馆发回本国的商务报告表明，从1873年到1886年，

---

① 『上海新報発行ノ件ニ付伺』（1890年5月12日）、《外务省给驻上海领事第133号指令》（1890年6月28日），B-7-2-2-5之1-001。

② 周佳荣《近代日本人在上海的办报活动（1882—1945）》（《社会科学》2008年第6期）较全面地介绍了中日论著中关于甲午战争前日本人在上海办报情况的叙述，可参考。

③ 肖平：《近代中国佛教的复兴》，广东人民出版社，2003，第60—61、67—68页。

④ 秃了教『各国宗教略話』興教書院、1893、3頁。文中说别院设于"明治七年"即1874年，原文如此。

近代日本在长江流域的扩张（1862—1937）

日本出口到上海的主要货物是海产品（海带、海参、鱿鱼、蛏子、鱼翅、鲍鱼、虾米、洋菜、淡菜之类）及铜、煤炭、香菇、樟脑、木材、火柴、硫酸、纸张、手帕、陈皮、八角、烟草等。到甲午战争前夕，上述货物种类不但没有减少，反而新添了木炭、棉纺织品（棉布、棉针织品、棉袜、棉手巾、棉纱）、生丝、怀炉及炉灰、镜子、陶器、火柴盒材料、玻璃球与玻璃器、玩物、蝙蝠伞、肥皂、点心、啤酒、纸扇、牙粉、生姜、茴香、茯苓、面包粉、马铃薯、人参、毛皮、洋灯、铁器、漆器、木器、水泥、轧花机械等。而日本从上海进口的货物则有棉花、麻、明矾、豆类、金属（铁棍、铁钉、铁箍、铁链、铁板、铁丝、铁末、铁缆、铁管、钢、锡板、铅块、锌等）、丝绸、鸡蛋、唐纸、唐笔、草帽辫、药材、糖（红糖、白糖、冰糖）、茶叶、酒、菜油、蓖麻油、柏油、海藻、陶瓷、玻璃碴、豆饼、毛皮、牛皮、牛骨、坯布与寒冷纱、夏布、电线、石膏等。[①]

  当时，日本对汉口贸易额仅次于上海。1885 年 8 月，日本权臣黑田清隆一行在上海至宜昌之间进行实地考察，所撰《漫游见闻录》具体叙述了日本对汉口贸易情况，称该地"货物集散极多，繁盛仅次于上海"，对外贸易除了茶叶外，都是通过上海间接而为，"分销之内地甚广，有湖北、湖南、河南、四川、贵州、陕西、广西各省"；输入日本货物"除了薄铁板、铜、漆器、药水等外，以海产品为大宗，其中海带最多，次为海参、干乌贼、干贝、香菇、鱼肚、鱼翅、干虾等"，其中海带类"几乎占全国输入的半数"。日本海产品"以往由各批发商从各路分运到汉口，但近来都聚集于上海，以轮船从上海运来。而从汉口分销的去向，则以走四川、陕西、湖南三条水路的为最，重庆、汉中、湘潭及各省城的分店转运销售，也销往河南地方"。这些海产品由"广福铺"经销，而"广福铺"主要为宁波商人所开，也有从福建、广东来的。[②] 此外，1887 年日本驻汉口领事馆发出的报告，称日本还用其轮船"芙蓉"号向汉口运销过煤炭，其为俄国阜昌洋行

---

① 所述依据日本外务省记录局 1882 年至 1886 年编印的『通商彙編』、内阁官报局 1886 年至 1889 年编印的『通商报告』各册，以及 1890 年 1 月至 1893 年 12 月日本政府『官报』、1894 年日本外务省通商局编纂的『通商彙纂』所载驻上海领事馆报告。

② 農商務省『漫遊見聞録』下、農商務省、1888、83、85—93、106、107—109 頁。

砖茶厂临时购进，未能进一步扩大销路。① 至于从汉口出口日本的货物，主要为麻类、药材、牛皮、桐油、烟草、铁、锡等。② 这一时期汉口与日本贸易价额一年达数百万两。

甲午战争前日本对长江流域的贸易，在其对华贸易整体中占怎样的地位呢？目前尚未见到确切而连续的统计，但从 1889 年出版的日本人胜山孝三所著《日清关系：贸易起业》一书，还是可知大概。该书对日本与华北、华南、华中三个区域的贸易作了比较，称"华北贸易尚未达致兴盛"；华南贸易对日商虽很有吸引力，但实际承担者是华商，"日本人未能进入，令人悲伤"；而华中（具体指长江中下游以及上海到台湾之间）人口多，与日本之间往来便利，"自古即对日本物产多有需求"，故该地区"贸易紧要"。③

## （二）日本对上海贸易的重要内容

甲午战争前 20 多年间，长江流域与日本经济关系的基本内容是贸易。但由于此时日本展开资本原始积累、实行产业革命，其对华贸易特别是与长江流域的贸易，开始超出既往互通有无的范围，而具有服务于日本开辟海外市场、获取工业原料的性质。日本对上海出口煤炭、火柴、棉纺织品，从上海进口棉花，就体现了这一点。

### 1. 日本煤炭、火柴、棉纺织品进入上海市场

日本向上海出口煤炭，在 1862 年"千岁丸"到上海贸易时就已见到，而日本外务省记录局编《通商汇编》所载领事报告则反映：从 1873 年起，煤炭在日本向上海出口的货物中日显突出，除个别年份外，出口量保持增长趋势，且在上海市场上各种来源的煤炭中居于数量领先位置（见表 2-3）。

---

① 「清国漢口輸入日本産石炭ノ景況」（日本駐漢口領事館 1887 年 10 月 18 日报告）、内閣官報局編『通商報告』第 41 号、1888 年、「雑貨部」、16—17 頁。

② 「清国漢口二於ケル日本貨物ノ商況」（日本駐漢口領事館 1888 年 8 月 27 日报告）、内閣官報局編『通商報告』第 81 号、1889 年、「雑貨部」、10—11 頁；「清国漢口商況」（日本駐漢口領事館 1889 年 1 月 28 日报告）、内閣官報局編『通商報告』第 99 号、1889 年、「雑貨部」、12—13 頁。

③ 勝山孝三『日清関係：貿易起業』富源社、1889、133—135 頁。

表 2-3　1873—1883 年上海输入日本煤炭情况

单位：吨

| 年份 | 煤炭输入总量 | 日本煤炭输入量 | 鸡笼与别国煤炭输入量 |
|---|---|---|---|
| 1873 | 124459 | 49897 | 74562 |
| 1874 | 116188 | 63153 | 53035 |
| 1875 | 143811 | 78800 | 65011 |
| 1876 | 123518 | 74966 | 48552 |
| 1877 | 167697 | 99929 | 67768 |
| 1878 | 163206 | 130123 | 33083 |
| 1879 | 140977 | 118507 | 22470 |
| 1880 | 181701 | 156861 | 26901 |
| 1881 | 211448 | 165637 | 45811 |
| 1882 | — | 167833 | — |
| 1883 | — | 182429 | — |

资料来源：1873—1881 年的数据载于日本外务省记录局编『通商彙编』第 1 册「上海之部」，1882—1883 年的数据根据『通商彙编』第 2 册「上海之部」所载相关数据叠加而成。其中 1880 年数据疑有误，资料原文如此。

后来，由日本内阁官报局编印的《通商报告》也将对上海出口煤炭情况作为重要内容，记载了从 1886 年 10 月到 1889 年 9 月绝大多数月份的情况，从中可看到，当时上海市场上的煤炭，除一小部分来自台湾鸡笼（基隆）、开平煤矿外，其他是从美国、英国、澳洲和日本进口的，而日本煤则包括高岛、三池和九州各矿所产煤块与煤粉，其数量一直大大超出从美国、英国和澳洲进口煤炭的总和。此外，日本政府《官报》在 1890—1893 年所载驻上海领事馆的很多商务报告显示，日本对上海出口的货物中，煤炭与海产品一直占主要地位，日本煤炭的数量远超来自英、美和澳洲以及中国鸡笼、开平的煤炭之总和，在上海煤炭市场上，占有率一直都在一半以上。

日本驻上海总领事馆于 1894 年 6 月 28 日发回本国的报告，有助于我们了解当时日本对上海出口煤炭的情况。其中写道：

此港煤炭业近年有显著发展，输入量大幅增加，增加者为我国产品，而欧洲及其他地方所产，则略有退缩之态。最为突出的情况见诸去年。究其原因，不能不说是由于近年银价下跌，影响波及煤炭，以致金本位制国家所产不能与实行银本位制之我国所产竞争。先前，我商贾争相出口此货，同行稍有竞争，曾使煤价大为跌落，而近来之趋势为染指之小商减少、由少数可靠商家输入，故前途可谓大可瞩望。据海关报告，去年进口总量为356774吨……其中转输外国60279吨……输往清国沿岸各港136995吨……在上海消耗量当为16万吨。在该港的消耗，包括需要使用蒸汽机的制造业消耗量在内，但主要是船舶消耗，盖因每年进出该港之各国船舶渐增，如去年轮船总数为5643艘，总吨位达630万吨之多，于是近海航线对煤炭的需求量大，亦不足为怪……据三井物产会社在该港分行编纂之统计表，去年输入总量为393697吨，其中日本煤332189吨，欧洲等地所产煤炭仅有58508吨……我国煤占了需求的十分之八。①

关于1891—1893年上海输入各种煤炭的数量，该报告依据在上海的三井洋行所作统计，列有一表（见表2-4）：

表2-4　1891—1893年上海进口各方面煤炭数量

单位：吨

| 来源 | 1891年 | 1892年 | 1893年 |
| --- | --- | --- | --- |
| 英国卡吉夫 | 12085 | 0 | 3600 |
| 英国纽卡斯尔 | 0 | 600 | 196 |
| 澳洲乌伦冈 | 28270 | 29820 | 22164 |
| 美国 | 90 | 6279 | 373 |
| 中国开平 | 13625 | 8591 | 9455 |
| 中国鸡笼 | 6681 | 2496 | 1567 |
| 中国汉口 | 12737 | 19351 | 20848 |

---

① 「上海ニ於ケル石炭ノ景況」（日本驻上海总领事馆1894年6月28日报告）、日本外务省通商局编纂『通商彙纂』第7号、1894年7月、「商業ノ部」、45—47页。

| 来源 | 1891 年 | 1892 年 | 1893 年 |
|---|---|---|---|
| 越南 | 0 | 0 | 305 |
| 维尔希 | 1803 | 0 | 0 |
| 合计 | 75291 | 67137 | 58508 |
| 日本高岛煤块 | 20340 | 19666 | 13805 |
| 日本高岛煤灰 | 31282 | 51131 | 36631 |
| 日本三池煤块 | 74879 | 54332 | 72683 |
| 日本三池煤灰 | 15189 | 25348 | 29453 |
| 杂煤 | 169097 | 169859 | 179616 |
| 空知煤 | 1798 | 4733 | 0 |
| 日本煤合计 | 312585 | 325069 | 332188 |
| 总计 | 387876 | 392206 | 390696 |

从以上引文与表 2-4 可见，当时的上海煤炭市场，有来自中、英、美、澳、日的煤炭，而日煤在 1891 年、1892 年、1893 年的市场占有率分别为 80.6%、82.9%、85.0%，实际处于垄断地位。日本并不是煤炭资源丰富的国家，但在展开工业化过程中，其国家政权实行支持财阀优先发展矿山开采的政策，导致在一个时期内，所采煤炭大大超出日本工业与交通运输业等的需求，于是，在海外打开煤炭市场就成为当时维持日本煤矿业经营与发展的必要条件。这正是日本从 19 世纪 70 年代开始竭力向上海持续出口煤炭的根本原因。在当时，上海一方面是中国沿江沿海及中外之间煤炭的集散地，另一方面还有大量进出的轮船与新式工业不断增大对煤炭的需求，因此被日本作为其煤炭在海外的重要市场之一是势所必然的。当然，日本煤炭在上海也一直与包括中国在内的若干国家煤炭竞争。中国煤炭蕴藏量之大，原非日本所能望其项背，但在甲午战争前，因开采量低，且受到交通运输条件限制，难以在上海煤炭市场上成为日本煤的强劲对手。而来自英、美、澳的煤炭，成本相对过高。上面所引日本驻上海总领事馆的报告，则反映银价的走低对英、美、澳与日本煤炭价格也有很大影响。但更重要的因素，还是日本在资本原

始积累时期，对处于社会最底层的煤矿劳工采取高强度榨取，[①] 以及日本与上海之间交通便利快捷，大大降低了其煤炭的价格。在此情况下，英、美、澳煤炭在上海的销量在 1874 年以后不敌日本煤炭，市场占有率呈不断下降之势。

还须看到的是，日本向上海出口煤炭，与三井财阀关系至深，其分支之一物产会社从 1876 年开始独立经营，以商务为主业，1877 年将触角伸到上海，开设名为三井洋行的分行，宣称主要经销日本各种煤炭，而其背景是三井财阀当时为日本政府矿山寮从事御用经营。1885 年后，矿山寮将官营三池煤矿低价转售给三井财阀，增强了其在日本矿业中的实力，三井洋行对上海出口煤炭的力度进一步加大，在日本同行中占据了魁首地位。此外，同为日本财阀之一的三菱会社，也是向上海出口日本煤炭的主力之一，高岛煤炭即由其独家经营。[②] 前引甲午战争前夕日本驻上海总领事馆报告中所谓"近来之趋势为染指之小商减少、由少数可靠商家输入"，正是这种情形的反映。

火柴是近代出现的新日用品，日本从 19 世纪 70 年代开始对华出口火柴，而中国进口火柴的数量，也正是在 70 年代中期以后大增。一直到 80 年代，上海火柴市场上，来自奥地利、德国、瑞典、英国、日本的火柴相互竞争，日本火柴因制作粗劣、难以着火，而遭消费者"嫌厌"，相比之下，奥地利的硫黄火柴因质优获得好评、广为行销。[③] 但是，日本看到火柴的市场潜力极大，毫无从上海等市场退出之意。从 1886 年到 1889 年日本驻上海领事馆的报告看，火柴在日本出口杂货中处于很重要的地位，一直与欧洲国家的火柴竞争。而 1893 年 8 月，日本大藏省公布的 7 月份该国火柴出口去向，则证明中国已成为日本火柴在海外最大的市场（见表 2-5）。

---

① 参见石井寛治『日本経済史』東京大学出版会、1994、222 頁。
② 大石嘉一郎編『日本産業革命の研究』上、東京大学出版会、1975、246、248—249、250—251 頁。
③ 「清国上海摺附木商况」（日本駐上海領事館 1886 年 6 月 11 日報告）、日本外務省記録局編『通商彙編』第 6 冊、1886 年、「雑貨之部」、63—64 頁。

表 2-5  1893 年 7 月日本火柴出口去向统计

| 出口去向 | 安全火柴 | | 黄磷火柴 | |
|---|---|---|---|---|
| | 数量（笼） | 价额（日元） | 数量（笼） | 价额（日元） |
| 澳洲 | 1250 | 343.75 | — | — |
| 印度 | 101550 | 26845.50 | — | — |
| 中国（不含香港） | 206100 | 56490.70 | 12075 | 5548.70 |
| 朝鲜 | 18875 | 3975.40 | 50 | 21.00 |
| 夏威夷 | 60 | 16.00 | — | — |
| 中国香港 | 781250 | 195018.00 | — | — |
| 菲律宾群岛 | 2800 | 720.00 | — | — |
| 美国 | 410 | 114.00 | — | — |
| 其他 | 50 | 11.05 | 6 | 7.75 |
| 合计 | 1112345 | 283534.40 | 12131 | 5577.45 |

资料来源：『官報』1893 年 8 月 19 日、186 頁。

再从这年 9 月日本向上海出口火柴的数量看，为 119450 笼，[1] 对照表 2-5 所列 7 月日本对华（不含香港）出口火柴数量，过其半数。可见，在甲午战争前夕，上海是香港之外日本火柴出口的最主要去向。

日本在明治维新后展开的工业化进程中，棉纺织业转向机器生产是十分重要的方面，但由于日本广大农村、农民受到高强度压榨，该国棉纺织品市场狭窄，因而急于向中国等周边国家扩展市场。而这在甲午战争前，就已开始在日本对上海等地的贸易中展现出来。1893 年 6 月 1 日，日本驻上海代理总领事林权助报告，"我国所产棉绉布从 1889 年出口到此地，非常迎合华人嗜好，需求逐年增加"，1891 年的出口量是 4887 匹，而在 1892 年，就增至 46592 匹。由于日本棉绉布畅销，从 1892 年起，上海市场上出现了英国曼彻斯特的仿制品，与之竞争。[2] 其后，日本驻上海总领事馆的报告又说，

---

[1] 「本年九月中上海港輸出入重要品商況」（日本驻上海总领事馆 1893 年 11 月 17 日报告）、日本外务省通商局编纂『通商彙纂』第 2 号、1894 年、46 頁。

[2] 「上海木綿縮緬織商況」（日本驻上海代理总领事林权助 1893 年 6 月 1 日报告）、『官報』1893 年 6 月 19 日、227 頁。

在 1893 年，向上海出口的棉绸布有 142500 匹。[1] 1893 年 12 月，日本向上海出口棉绸布 602 匹、棉绒布 8905 匹、坯布 17713 匹、丝棉布 80 斤、床单布 1100 匹、棉织物 4092 匹；[2] 1894 年 2 月，出口棉绸布 1055 匹、棉绒布 706 匹、棉织物 6767 匹、床单布 500 匹、坯布 7200 匹、丝棉布 371 斤、西式巾 1720 打、其他手巾 77 打。[3] 此外，作为日本机器棉纺织业主要产品的机纺纱，于 1893 年对华出口 1000 捆，[4] 而日本驻上海总领事馆 1894 年 6 月的报告又称："日本棉纱近来源源进口……只不过是针对上海附近的需求……14 支纱价为 67 两、16 支纱价为 68 两左右……较之印度棉纱价高，每担少则贵 2 两，多则贵 3 两半，此为日本棉纱行销不畅的原因之一。此外，要与印度棉纱竞争，非进入长江沿岸有需求之地不可。"[5] 这表明，在甲午战争前夕，机纺纱也成为日本不断向上海出口的货物，且将当时英国殖民地印度的棉纱视为直接竞争对手，要抢夺其在长江流域的市场。

**2. 长江流域棉花成为日本棉纺织业重要原料来源**

有关日本从中国进口棉花的记载，目前所见，可以追溯到 19 世纪 60 年代。而自 19 世纪 80 年代中期以后，日本机器纺纱业快速发展，对原料棉花的需求日益增大。[6] 当时日本驻华领事的报告表明，正是从这时起，棉花在日本从中国进口货物中占了最大比重，所谓"横滨庄""神户庄""长崎庄"同时从上海向日本出口棉花。从上海出口的棉花，在 1884 年为 5378204 斤，1885 年为 6023174 斤，1886 年为 4723965 斤，1887 年为

---

① 「金貨騰貴ノ為清国ノ貿易ニ及ホシタル影響」（日本驻上海总领事馆 1894 年 5 月 11 日报告）、日本外务省通商局编纂『通商彙纂』第 6 号、1894 年、8 页。

② 「二十六年十二月中上海商况」（日本驻上海总领事馆 1894 年 2 月 28 日报告）、日本外务省通商局编纂『通商彙纂』第 2 号、1894 年、68 页。

③ 「二十七年二月中上海港输出入重要品商况」（日本驻上海总领事馆 1894 年 4 月 20 日报告）、日本外务省通商局编纂『通商彙纂』第 5 号、1894 年、29 页。

④ 高村直助『近代日本綿業と中国』東京大学出版会、1982、50 页。

⑤ 「上海ニ於ケル棉花及绵糸ノ商况」（1894 年 6 月 21 日驻上海总领事馆报告）、日本外务省通商局编纂『通商彙纂』第 7 号、1894 年、51 页。

⑥ 在 1877—1886 年 10 年间的后半段，由于中国棉花价格低廉，日本棉纺织业对之需求增大，特别是从 1890 年以后，日本米价上扬促使很多棉田改种稻米，棉纺织业对于中国及印度廉价棉花的依赖程度超出了日本棉花。参见大石嘉一郎編『日本産業革命の研究』上、126 页。

6700133 斤；而此时有余力输出棉花的地区，则是江苏、浙江、湖北、安徽、直隶、山东等省，也就是说，长江中下游地区是出口棉花的主要地区，其中，江苏、浙江占最大比重。而从上海出口棉花的去向看，"日本占了最大的数量"：1884 年为 5033600 斤（占出口总量的 93.6%），1885 年为 5956440 斤（占 98.9%），1886 年为 4740802 斤（超过史料所列上海出口棉花总量，疑有误，但占比较高无疑义），1887 年为 6467477 斤（占 96.5%）。可见，当时上海出口棉花的去向，除日本外，其他简直不足挂齿。① 直到甲午战争爆发，上海对日本出口棉花数量的增长也是相当惊人的：1889 年是 438357.25 担，较之 1887 年的 64674.77 担，约增 5.8 倍。② 1893 年 12 月是 22503801 斤，较上年同期的 12278301 斤，增加 83%。③ 1894 年 1 月是 19379449 斤，较上年同期的 6808476 斤，增加 1.85 倍，"对照可知出口非常多"。④

中国棉花向日本出口，最初是由华商经办，后来，三井财阀从 1877 年开始涉足进口中国棉花的贸易，1889 年又与其他外商开办"上海棉花公司"；同年，日本负责向大阪纱厂直接提供原料的内外棉会社也在上海设立派出机构，致力于向日本出口皮棉。⑤ 1887 年，大阪纺绩会社为了尽量减少

① 「清国上海棉花商况」（日本驻上海总领事馆 1888 年 12 月 3 日报告）、「清国各港綿花輸出ノ概况及价格」（日本驻上海总领事馆 1888 年 12 月 14 日报告）、内閣官報局编 『通商報告』 第 90 号、1888 年、2、3、4 頁。

② 「上海棉花商况」（日本驻上海总领事馆 1890 年 2 月 14 日报告）、『官報』1890 年 3 月 1 日、7 頁。

③ 「二十六年十二月中上海商况」（日本驻上海总领事馆 1894 年 2 月 28 日报告）、日本外务省通商局编纂 『通商彙纂』 第 3 号、1894 年、69 頁。

④ 「二十七年一月中上海港ノ商况」（日本驻上海总领事馆 1894 年 3 月 30 日报告）、日本外务省通商局编纂 『通商彙纂』 第 5 号、1894 年、71 頁。

⑤ 见古岛敏雄・安藤良雄编 『流通史』 Ⅱ、山川出版社、1975、119—120 頁。此外，当时宁波也是向日本输出棉花的重要口岸，其周围地区受日本对棉花需求的刺激，"棉花种植扩张甚巨"，且"输入了数以千计的日本制造的手摇轧棉机"，1893 年的对日输出量为 1892 年的两倍以上。见姚贤镐编《中国近代对外贸易史资料》第 2 册所载宁波海关报告（中华书局，1962，第 1247 页）。一个叫横尾一郎的日本人从 1873 年后长年在华经商并搜集商业信息，曾向中国棉商作调查，到上海南北两市了解了棉花商号的经营状况、交易季节及习惯、棉花来源与去向、打包方法与费用、库存与运输费用等，到上海郊区及太仓、南汇、通州、宁波等地考察棉花种植和轧花、流通运输过程，于 1889 年出版 『清国棉花景况视察録』。

从上海输入棉花的费用和税负，以上海买办商人名义在浦东擅开轧花厂。对此，上海机器织布局表示反对，斥日商"以弹棉花子为名侵夺织布局利权，实属有违中国定章"，请求官府示禁。而大阪纺绩会社则请涩泽荣一出面促日本官方干预。这年11月28日，上海道台请日本领事转饬日商"切勿以机器轧花"。但日本领事狡称日商所为"与两国约章并无违犯"，还援引俄商在汉口等地开设茶厂之例，一再要求允准日商设厂轧花。因上海官府拒不允准，涩泽荣一于1888年6月中旬表示：大阪纺绩会社拟在本国纱厂附近设厂轧花。① 然而实情是，就在这年7月，日方改由三井洋行与英商格兰特串通，"在浦东造屋设机轧花"。上海官府对之多次示禁，总理衙门还照会英国驻华公使转饬停办，但厂家置若罔闻，"生产相当旺盛"。此外，还有两家日商在上海开设较小的轧花厂，"设有大阪制脚踏机械二十四五台"。日本领事馆对这些情况都了如指掌，但直到1891年3月，面对上海官府再请制止，仍矢口抵赖，声称："沪上现无本国商人伙同祥生厂英商购地建厂，订购机器轧花纺纱。"②

## （三） 日本使领竭力在长江流域谋取本国利益

日本在明治维新以后展开的工业化，由国家政权充当主导的特性十分突出，其民间资本则还处于形成和集聚阶段，加之既往不出国门长达二百多年，故就对华贸易而言，短期内日商还不能颠覆华商长期占有的优势地位。史料显示，直到1887年，即使是日本向中国出口的货物，绝大多数也是由华商充当经营主体。③ 而日本进口中国货物，即使是进口量日大的棉花，固然有三井财阀等竭力经营，但直到甲午战争爆发，也没有根本改变由华商充

---

① 参见『清国上海二於テ大阪紡績会社繰綿機械据付二関シ道台異議一件』中所收1887年9月29日和10月3日上海道台与日本领事的往复照会、11月17日涩泽荣一致外务省通商局长函、同年11月中下旬外务次官与驻上海代理领事之间的函件、11月28日上海道台照会、1888年3月23日日本领事致上海道台的非正式照会、1888年6月15日日本领事致外务大臣的密信（B-3-5-4-25）。

② 参见『綿繰紡績場設立ノ件二付道台トノ往復』（1891年3月17日）及所附上海道台聂缉椝与鹤原定吉的往复文书，B-3-5-4-33；《机器织布总局禀奉北洋大臣批》，《申报》1888年7月29日，第4版。

③ 见町田实一『日清貿易参考表』。

当经营主体的格局，如 1893 年，日本经神户港进口的中国棉花中，由日商经手的只占 16%；① 至于其他出口日本的中国货物经营情况，也就可想而知。在此情况下，日本在长江流域谋取本国利益，主要角色就不是来此区域的商家，而是当时驻华的日本官方机构人员。

### 1. 驻上海领事馆之所为

日本驻上海领事馆（日本政府于 1876 年 2 月令驻上海领事品川忠道"升任总领事"② ）除了对日侨履行一些政府职能③、处置有关日侨的司法案件外，将管理本国在沪商务、为扩展本国经济利益而密切关注上海及更大范围的相关状况、大力搜集各种信息情报、提出建议作为其平日最主要的业务，并为此向本国发回很多报告。

从报告中可以看到，为了扭转日商在对华贸易中的劣势，该馆在实地考察的基础上，要求本国政府投入巨资，优先发展对上海等口岸的航运。同时，该馆人员还以很大精力掌握上海乃至更大范围内流通的各种货币及其兑换率变化情况，了解和报告日本货物在华市场分布与占有率、售价、交易习惯等。在 19 世纪 70 年代前期，该馆的报告就指出向上海出口煤炭与木材有厚利可图，促使本国相关方面予以重视。④ 1876 年，身为总领事的品川忠道，从所见中国各口岸海关对进出口货物征税表了解到火柴进口量"日增月进"，但英国等国将大量火柴运销中国，因防燃费用高而抬高了价格。他认为，日本对东亚各国有交通运输之便，应大力从事火柴制作以求"国益"。为此，他搜求德国与美国有关火柴制作材料、场地、器械、技术及其在中国各口岸销量的资料，呈送本国政府，很快引起当政者注意并研究发展火柴制作

① 小林正彬等编『日本経営史を学ぶ』1、有斐閣、1976、159 頁。
② 这证明日本驻上海领事馆自此升格为总领事馆。『清国上海在留品川総領事ヘ委任状』（1876 年 2 月 14 日）、太 00306100。
③ 如 1884—1885 年，有日侨要在上海开办"东洋学馆"（后改名"亚细亚学馆"），即比照在国内向属地官府申报的程序，向驻上海领事馆报批。参见『清国上海亜細亜学館（東洋学館）設立一件』所收驻上海领事安藤太郎与日本外务卿井上馨等的往复文书，B-3-10-2-3。
④ 参见『横尾金一ヨリ上海通商石炭売捌等見聞記添来東亜三菱会社ヘ達』（1875 年 1 月 13 日）、単 00690100；《驻上海领事致大藏卿》（1874 年 12 月 16 日），単 00688100。

业的办法。① 随后不久，日本火柴就开始出现于上海等口岸。在 19 世纪 80 年代中期，日本将上海作为获取原料棉花的重要地区，其驻上海领事馆也按月统计上海向日本出口棉花的具体数量，并注意与既往数据比较增减，密切注意和观察影响上海出口棉花状况的各种因素。在日本棉纺业主力大阪纺绩会社要求"调查该国良好棉花产地及棉纱需求最大之处和目下商情、运费等情"后，该馆迅速探明并告知中国出口棉花各口岸及主要产地。② 另如前文所述，对从事棉花贸易的日商违反中国法令从事轧花业，该馆也百般庇护。

日本自打开国门，其生丝与绿茶就不断增大对欧美的出口量，而在日本展开工业化进程之后，出口丝茶又成为其获取硬通货、用以购置国外先进机器设备的极重要手段，而曾长期在国际市场上独占鳌头的中国丝茶，随之也被日本视为竞争对手。驻上海的日本领事馆，则把持续探查中国丝茶出口乃至生产情况作为其要务之一。在每年茶叶贸易季节，该馆都有不少涉及汉口、宁波、福州、上海茶叶市场状况的专题报告，对安徽、江西、湖北、湖南、浙江、福建等省上市新茶的品质、数量、价格，中外商家之购进卖出、运往欧美国家的数量等，作出十分具体的叙述，并与以往年份进行比较；另外，还有报告涉及中国红茶、绿茶的产地、品种及相应的制作方法、流通途径，砖茶的产地与制作方法、消费区域，以及俄国人在福州、九江、汉口开办砖茶厂和运输砖茶的情况；介绍中国茶叶在制法、课税等方面存在的问题，分析外国人对中国茶叶出口衰落原因的看法。关于生丝，报告数量更多，从苏浙桑蚕结茧，到上海市场上各种生丝数量与品质、价格，欧美市场价格以及汇率起伏对上海丝市的影响、外国船只运出生丝情况，等等，都有具体介绍；上海器械缫丝厂情况、用工成本等也是报告内容。③

① 《驻上海总领事品川忠道致外务卿寺岛宗则》及所附「新聞紙之草稿」（1876 年 3 月 19 日）、《劝业权头河濑秀治致外务大丞田边太一》（1876 年 5 月 9 日），B-3-5-4-1 之 001。

② 参见《驻上海领事河上谨一致外务次官青木周藏》（1886 年 12 月 23 日）、《通商局长浅田德则致驻上海代理领事太田升平》（1887 年 6 月 20 日）、《驻上海领事高平小五郎致外务大臣青木周藏》（1888 年 12 月 14 日），B-3-5-2-39 之 001。

③ 本段叙述，综合了日本外务省记录局、内阁官报局在 1882—1886 年、1886—1889 年先后出版的『通商彙編』『通商報告』，1890—1893 年日本政府『官報』，1894 年日本外务省通商局编纂『通商彙纂』所载驻上海领事馆报告的相关内容。

近代日本在长江流域的扩张（1862—1937）

　　九省通衢汉口，一直是日本海产品在华最大市场，但直到甲午战争爆发，日商限于各种条件，除了个别人外，还难以在该地立足。然而，日本政府从未打消向汉口扩展势力之想法。1885 年 5 月，日本政府作出了在汉口设领事馆的决定，其理由是：

　　　　清国汉口港，位于该国十八省中心、长江上游，对外通商之隆盛仅次于上海港，为贵州、云南、广西、伊犁贸易咽喉之地，销售我国海产品之首要口岸，且清国兵勇过半系湖北、湖南之民，清军之盛衰几有肇因于该地之概，实为该国至重之地方。值此清国与外国事端日益增多之时，在该地新设领事馆，细致考察贸易及政治，究明其现状，不可一日轻忽。①

　　1885 年 8 月，日本西南藩阀重要人物、时为内阁顾问的黑田清隆，与太政官大书记官、农商务权大书记官、农商务省御用挂等官员以及"广业商会"店长，对长江中下游各通商口岸特别是汉口，作进一步实地考察。较之以往，他们不仅在考察的口岸中增加了芜湖和宜昌，而且记述汉口情况，尤其是该地与日本、长江中上游省份和汉水流域的贸易及交通状况，相关记述空前之多而又具体。② 12 月，町田实一到汉口就任领事。③ 他在 1875 年就曾深入长江中下游，以汉口四通八达，"辐辏川、甘、云、贵、两湖、陕、豫的物产及从南方输入这八省的货物"，而认定其为"能使我商贾获利之良港"，向当道建议在汉口加紧经营。而在就任驻汉口领事并赴四川探查之后，他"愈信汉口是重要港口"，④ 竭力支持岸田吟香在汉口所开"乐善堂"分店代销日货，并在领事馆开设日货陈列所，亲手经办代销事宜，打

　① 『清国漢口港并新嘉坡ノ両所ニ領事館創設ノ件』（1885 年 5 月 1 日日本外务卿井上馨致太政大臣三条实美）、公 03905100。

　② 参见農商務省『漫遊見聞録』下。

　③ 《新添领事》，《申报》1885 年 12 月 13 日，第 2 版。

　④ 《驻汉口领事町田实一致外务大臣大隈重信密信》（1888 年 3 月）、日本外务省編纂『日本外交文書　明治期』第 21 卷、日本国際連合協会、1949、594 頁。

探汉口等市场对日货的需求。① 此外，他还于 1888 年 3 月向外务省建议在汉口专门设立试销所，"深究五年，如幸而获利，则依会社法成立会社，以谋各自利益与国益"。②

### 2. 驻汉口领事町田实一等的言行

日本驻汉口领事馆开设于该国大量进口长江流域棉花之时，该馆人员认为"汉口大量输入棉花，故汉口的景况对上海市场会随即产生不小影响，因而报告该港棉花商况极关紧要"，由此颇用力于汉口周围乃至更大范围棉花商情的探查，并向国内报告因湖北荆州、宜昌、黄州、汉阳等地方及汉水沿岸地方棉花产量上升，日本减少了对来自上海的棉花的依赖，由此降低了上海棉花价格。③ 对于汉口汇集长江中游地区茶叶向国内外输出，日本人有深刻印象，故其驻汉口领事馆与驻上海的一样，为服务于本国茶叶夺取中国茶叶的国际市场，将报告茶叶贸易状况作为其商务报告的重要内容。汉口每年 5 月上旬新茶上市交易，而在该地的外国商会则在交易期间每周都作《汉口茶市统计报告》，日本领事馆即据此报告江西义宁和河口，湖北崇阳和咸宁羊楼峒、通山，以及湖南湘潭、安化、聂家市、长寿街、醴陵等地茶叶在汉口上市的数量、交易价格、向英美和俄国出口的数量，同时还与以往同期交易情况比较，列出汉口与伦敦、香港和上海银行汇兑纹银与英币的比价。④

身为驻汉口领事的町田实一，搜集商情并不限于汉口周围，其商务报告也涉及江西的贸易，他本人还"游历重庆地方"，"目击宜昌与重庆之间水路"，很抱憾于"冒蜀水之险实地考察商况"的日本人太少，声言应当"发

---

① 见『铜鉄製品其他日用具及靴工等御问合ニ付回答』(1890 年 7 月 30 日)、《驻汉口领事町田实一致外务次官冈部长职》(1890 年 3 月 25 日)，B-3-2-1-7。
② 《驻汉口领事町田实一致外务大臣大隈重信密信》(1888 年 3 月)、日本外务省编纂『日本外交文书　明治期』第 21 卷、594 页。
③ 「清国汉口棉花商况」(日本驻汉口领事馆 1887 年 1 月 17 日报告)、内阁官报局编『通商报告』第 8 号、1887 年、5—6 页。
④ 参见李少军编《晚清日本驻华领事报告编译》所收相关报告，社会科学文献出版社，2016。

愤"。① 1888 年 7 月，驻汉口领事馆报告说，该馆人员对于川江航运以及沙市、宜昌、夔州、万县、重庆、叙州、嘉定、成都、泸州等地商况，都作了实地考察。② 为了促使日本社会高度重视在长江流域获取利益，町田实一于 1889 年编写并自费印行《日清贸易参考表》，介绍上海从横滨、神户、长崎、函馆大量进口的海产品等货物，中国各通商口岸在 1878—1887 年每年进口日本海产品、干货、火柴、铜、棉布等的数量，凸显长江流域作为当时日本货物在华主要市场的地位。③ 1891 年 9 月，该领事馆因经费困难而关闭，④ 但重新兼辖汉口与九江商务的驻上海总领事馆，仍继续通过各种途径对长江流域进行探查。

　　航运对于国际贸易有极大重要性，而日本在甲午战争前，与上海等中国沿海口岸之间的航运虽不断推进，但在长江上，航运还只是偶尔为之。⑤ 町田实一认为，这是日本在与长江流域贸易中未能占主导地位的重要原因，"如不开辟我轮船航线或采取特别办法，则无望直接输出我国产品，试其损益"。⑥ 日本外务大臣大隈重信也认为这是"很好的想法"，于 1888 年 7 月要求町田实一"充分考虑轮船往返运载的货物种类和数量，有无与其他国家及中国船舶竞争之患，做好周密调查以供参考"。⑦ 而町田实一实际上早在此前的 1887 年 1 月，就对轮船招商局、太古洋行所雇船长和汉口海关的洋员等进行调查，涉及在长江从事航运的各轮船公司对日本加入航运可能采取的态度，适于长江航运的轮船大小及结构，这类船舶的人力与燃料成本，

① 『商况報告第三号』（1888 年 2 月 20 日）、B-3-1-1-11 之 001。

② 1888 年出版的『通商報告』第 88、90—92 号，以「清国四川地方旅行日記抜萃」为题，连载了驻汉口领事馆 1888 年 7 月 7 日发出的报告。

③ 参见町田实一『日清貿易参考表』。

④ 《外务大臣榎本武扬致内阁总理大臣松方正义》（1891 年 8 月 31 日），類 00555100。

⑤ 1887 年 9 月下旬和 10 月上旬，日船"芙蓉"号两次运送俄国阜昌洋行订购的煤炭到汉口。见「清国漢口輸入日本產石炭ノ景況」（日本驻汉口领事馆 1887 年 10 月 18 日报告）、内阁官报局编『通商報告』第 41 号、1887 年、16—17 頁。

⑥ 《驻汉口领事町田实一致外务大臣大隈重信密信》（1888 年 3 月）、日本外務省編纂『日本外交文書　明治期』第 21 巻、595 頁。

⑦ 《外务大臣大隈重信致驻汉口领事町田实一密信》（1888 年 7 月 9 日）、日本外務省編纂『日本外交文書　明治期』第 21 巻、598 頁。

在沪汉、汉宜之间从事航运的方法，如何雇用招揽客货的买办并确定付酬标准，进港装卸货物要支付的各种费用，各轮船公司现有码头可否借用及付费标准如何，新造趸船的费用，栈房保管货物及修建栈房的费用，等等。基于调查结果，町田实一提出建议：用海陆军经费制造可改造为军舰的中小型轮船，租给日本邮船会社，令其不计盈亏从事长江航运三年，探明是否有利可图。① 他的调查报告由外务省通商局转给日本邮船会社，被后者视为"重要参考材料"，据以仔细权衡得失。② 尽管町田实一的建议在甲午战争前并未付诸实施，但联系 1898 年后日本政府补贴大阪商船会社在长江开辟"命令航线"、为立足而在最初不计盈亏的做法，仍可看出其影响。

19 世纪 80 年代后期，日本火柴在长江流域的销量不断增加，因而有日商图谋在汉口开厂就地制作销售。町田实一明知此事不合条约规定，但因"此货需求量很大……几乎没有不输入之地"，而大力向本国当政者进言，要求对日商开厂"尽量予以便利，使之确立基础，而不可挫企业家之素志"；同时又称，黄磷火柴在中国销量最大，日本政府却禁止本国厂商生产，听任华商在日本通商口岸制作并销往中国，导致其利润尽归华商，必须改变这种状况。③ 日本当政者见报后，虽认为公开支持日商在汉口办火柴厂的时机尚不成熟，但很快就禁止华商在日本口岸制作火柴，④ 并于 1890 年 8 月对日本厂商生产外销黄磷火柴实施开禁。⑤ 町田实一希望本国政府给予支持的并不限于日商想办火柴厂，而认为"肥皂制作也可为之，且推察数年后必有适于开办纱厂的时机"。⑥ 可见，町田实一已将争取日商在华设厂制造权的问题提出。

---

① 参见「漢口通ヒ汽船計画ニ関シ意見具申ノ件」及其附件(1889 年 2 月 11 日)、日本外務省編纂『日本外交文書　明治期』第 22 卷、日本國際連合協会、1951、584—589 頁。

② 《日本邮船会社社长森冈昌纯致外务省通商局长浅田德则》（1889 年 3 月 5 日），B-3-2-1-2。

③ 《驻汉口领事町田实一致外务大臣大隈重信密信》（1888 年 9 月 11 日），B-3-5-4-30。

④ 《外务大臣大隈重信致驻汉口领事町田实一》（1888 年 12 月 28 日），B-3-5-4-30。

⑤ 「黄燐燐寸解禁」『時事新聞』1890 年 9 月 28 日、明治編年史編纂会編『新聞集成明治編年史』第 7 卷、財政経済学会、1935、484 頁。

⑥ 《驻汉口领事町田实一致外务大臣大隈重信密信》（1888 年 4 月 2 日），B-3-5-4-30。

### 3. 日本驻华公使为重庆开埠而追随西方列强对华施压

甲午战争前，日本受限于自身实力，在长江流域扩展势力的进展还远不能如其所愿，而对以英国为首的西方列强所具有的优势则不免艳羡，追随乃至充当其同类的欲望十分强烈。1888 年春，英人立德（Archibald John Little）准备以"固陵"号轮船溯川江开往重庆，日本驻汉、沪领事得知消息后颇为兴奋，因为中英《烟台条约》规定"轮船未抵重庆以前，英国商民不得在彼居住、开设行栈，俟轮船能上驶后，再行议办"，① 所以他们认为，只要英国轮船开到重庆，"四川之沃壤重庆的大市，就将在近期内成为外商往来的市场"，② "而我国海产品及瓷器类的输入也无疑会因此而增加"。③ 这种看法也影响到日本政府，其《官报》在 1890 年 5 月、9 月、11 月先后三次刊载重庆开埠之说及《烟台条约》相关条款、中国海关总税务司所拟重庆海关章程。④ 日本驻华使领紧盯立德的后续行动、英国驻华公使等围绕重庆开埠与总理衙门进行的交涉、总税务司赫德居间进行的调停等，最终在 1891 年，日本政府令驻华公使大鸟圭介与别国使臣一道对清政府施压。2 月 28 日，大鸟圭介到总理衙门与奕劻、廖寿恒、张荫桓谈判，声称各国公使已与总理衙门交涉重庆开埠问题，"对我商民也当开通赴该港通商之途"，"希望我商民也能与他国商民同样有赴该港贸易的权利"。⑤ 对此，奕劻等依据《中日修好条规》予以拒绝，但日本从未放弃所求。三年后挑起甲午战争时，日本政府便将重庆连同沙市、湘潭、梧州、苏州、杭州的开埠，都列入准备对华强加的条约草案。⑥

① 王铁崖编《中外旧约章汇编》第 1 册，第 349 页。

② 《驻上海领事高平小五郎致外务次官青木周藏》（1888 年 3 月 8 日），B-3-1-1-11 之 001。

③ 『重慶通ヒ小蒸汽船入港報告』（1888 年 2 月 20 日）、B-3-1-1-11 之 001。

④ 「重慶港開港条約」『官報』1890 年 5 月 6 日、73 頁；「重慶口通商条約」『官報』1890 年 9 月 15 日、194 頁；「重慶港新關章程」『官報』1890 年 11 月 8 日、97 頁。

⑤ 『重慶府開港ノ件』（1891 年 3 月 31 日）及附件、B-3-1-1-11 之 001。

⑥ 「馬関条約原案草案」伊藤博文編、金子堅太郎等校訂『秘書類纂・雑纂』二、秘書類纂刊行会、1936、560—571 頁。

# 第三章  甲午战争前日本海陆军在长江流域的活动

1871 年订立的《中日修好条规》，在甲午战争前的 20 多年中，固然成为两国关系的基本框架，但日本从未搁置自德川幕府后期就开始谋划的对华侵略扩张，于 1874 年悍然对台湾出兵，随后又吞并与中国有藩属关系的琉球，同时还向与中国山水相连的朝鲜持续扩张，最终挑起侵华战争。在此过程中，长江流域在中日之间既非燃起兵火之区，也与两国政府交涉没有直接关系，显得波澜不惊。但必须看到，即使在此期间，长江流域也是日本海陆军开始侵入的区域。

## 一  日本海军的活动

### （一）1874 年在上海非法购地

按照 1871 年《中日修好条规》的规定，两国军舰可以开到彼此的通商口岸。而从目前所见史料，可知日本军舰 1873 年已在上海与福建之间海面活动。① 其时，即使在上海，日本商民也还为数寥寥，日本政府却在 11 月作出决定，要"始终在中国海等处派驻军舰两三艘"，② 即以军舰长期活动于中国沿海。基于这种意图，日本海军将触角伸向中国沿海，并竭力在上海寻求牢

---

① 1873 年 3 月日舰"筑波"号、"龙骧"号送日使副岛种臣来华，以上海为首个停靠港。这是日舰首次正式来华。见日本外务省编纂『日本外交文書　明治期』第 6 卷、日本国際連合協会、1939、127、130 頁；東亜同文会编『対支回顧録』下卷、412 頁。其后，"春日"号准备进犯台湾，"在台湾及华南近海实行测量，11 月从品川出发，经上海历经华南各港"。见『日本外交文書　明治期』第 6 卷、96 頁。
② 『於上海地所買上之義伺』（1874 年 1 月 28 日海军卿胜安芳致太政大臣三条实美）、A01100064300、日本国立公文書館藏。

固的支撑点，按其说法，就是要在该地建立所谓"海军物置所"。① 为此，日舰"春日"号1873年开到上海，其舰长井上良馨等会同驻上海领事品川忠道寻找土地，为日舰建立燃料煤库。② 他们探知英商维尔洛克洋行有意卖出其在浦东之地，即建议由日本海军买下。③ 按当时的中外条约，在中国通商口岸，外侨拥有的土地可用于居住、进行商业和宗教等活动，但不能用于军事目的。日本政府与中国订立《中日修好条规》为时不久，自身还在努力摆脱与欧美国家之间的不平等条约，对此当然十分明了，但在接到上述建议后，却迅速让海军、外务、财政部门协商，决定用海军经费买下维尔洛克洋行在浦东之地，并令指挥侵台的海军少将赤松则良前往上海处理相关事宜。④ 为了掩人耳目，驻上海领事馆找来日本商家"崎阳"号装作买家。1874年7月12日，购地合同订立，日方以1万银元买下名为"林托斯码头"的浦东土地，合同文字如下：

> 此系卖出名为林托斯码头、在河对面称作浦东之处所持土地的证书。在地契内第554号中，其编号为第551号，有27亩8分4厘4毫，方今以英国人维尔洛克的姓名在英国领事馆注册。
>
> 现约定：上述维尔洛克洋行将该地皮卖给"崎阳"号，"崎阳"号以洋银1万元买下，付款不得迟于1874年9月6日。如在规定日期之后付款，每迟一天须向维尔洛克洋行付偿金50元，直到付清1万元为止。
>
> 现驻上海的日本领事官证明订立此合同至当，毋庸置疑。
>
> 日本
> "崎阳"号上野弥七郎
> 英国
> 维尔洛克洋行

---

① 《领事品川忠道致海军卿胜安芳》（1874年1月5日），海军省-公文類纂-M7-12-168，日本防卫研究所藏。编号中含有军事机构名称的日文档案，均藏于日本防卫研究所，后文注释中对此类档案不再一一标出藏所。
② 『於上海地所買上之義伺』（1874年1月28日）、公01178100。
③ 《驻上海领事品川忠道致少辅山口、上野》（1874年6月15日），B-3-12-1-52。
④ 《驻上海领事致少辅山口、上野》（1874年7月28日），B-3-12-1-52。

明治七年七月十二日①

　　1874 年 8 月，日本海军省派担任中主计的町田实一携款 1 万银元到上海，完成地皮的交割手续。② 随后，町田实一又作为日本海军财务机构的代表，在过手后的地契上署名，并在日本驻上海领事馆注册。③ 这样，日本海军就借日商名义，通过与英商交易，非法获取了上海浦东的土地。

　　这块土地在当时有大库房 2 个、住房 1 所、仆人小屋 7 间，④ 但沿江没有护岸设施，房屋地基也不牢固。因此，町田实一植柳护岸。1876 年 12 月，由日本海军派遣来华的间谍曾根俊虎中尉，又奉命察看这块"海军省用地"情况，并与驻上海总领事品川忠道相商，提出修建堤防并进一步植柳、对房屋培土固基等建议，得到海军省批准和拨款，曾根俊虎也为完成这些事务而一直滞留到 1877 年 3 月。⑤

　　这块非法获取的土地在日本被视为"海军省用地"，但对外并不公开亮明底里，而是委托驻上海领事馆代管。⑥ 品川忠道以领事馆在外国租界，与

---

①　见《驻上海领事致少辅山口、上野》（1874 年 7 月 28 日）的附件，B-3-12-1-52。

②　『事三套第 253 号』（1874 年 8 月 10 日海军大少丞致外务大少丞）、『海军省石炭置场ノ为清国上海浦东地所购求一件』、B-3-12-1-52。

③　1877 年 8 月 28 日日本海军省的内部文件称，在向日本驻上海领事馆递交地契时，"正值台湾事件发生纠葛期间，故一时署了町田实一之名"，而町田实一现在已经免去海军官职，故地契上不宜仍维持其署名。8 月 30 日，海军少辅中牟田仓之助致函驻上海总领事品川忠道，要求在地契上将署名改为"海军省用地名义"。见「清国上海用地地券町田實一名前書替品川總領事ヘ依頼」『明治十年公文原書七十貳』、海军省-公文原書-M10-72-107。笔者认为，日本海军最初以町田实一个人名义在地契上署名，很可能是为了尽量掩人耳目，而在几年后看到购地之事未起波澜，便借町田实一辞去海军官职的机会，正式在地契上使用"海军省用地"的名义。

④　《维尔洛克洋行致日本领事官品川忠道》（1874 年 1 月 5 日），A01100064300。

⑤　《海军中尉曾根俊虎从上海浦东致海军省负责人》（1876 年 12 月 27 日）、《事务课长小森泽致主船局长石川》（1877 年 1 月）、《主船局长石川少丞致事务课长小森泽中秘史》（1877 年 1 月 11 日）、《海军大辅川村纯义致海军中尉曾根俊虎》（1877 年 1 月）、《海军中尉曾根俊虎从上海浦东致海军省》（1877 年 2 月）、『清国上海表御用地堤防修理费等品川总领事ヘ送致ノ义ニ付上申』（1877 年 3 月 21 日主船局长、海军少书记官石川利行致海军少将中牟田仓之助），海军省-公文类纂-M10-13-233。

⑥　『清国上海浦东ニアル当省用地东京府下广业商会ヘ御贷渡シ方同』（1879 年 2 月 27 日主船局长、海军大书记官长谷川贞雄致海军卿川村纯义等）（海军省-公文类纂-M12-15-423）提到，此前，在浦东的"本省用地"是委托给品川总领事管理。

该地相距很远，且因缺乏渡船而不便人员前往，向海军省表示力不从心。①于是，日本海军省又采取转租给在上海的日商之法，既对外维持该地皮为商用的假象，又由租用的商家负责日常维护。1875 年 12 月下旬，已是海军大主计的町田实一再到上海，代表会计局局长与在沪日本商行"田代屋"②的经理田代源平订立租约，规定：将"海军省用地"租给"田代屋"36 个月，其间"如库房、房屋、堤防有破损，均由田代自费修理"，"只在停止租用两周之前有相应的修理时，按实际情况予以相当的补贴，而在特大暴风雨造成大破损时，可向领事馆请求勘察，迅速向海军省报告，如属实，则以官费修理之"；"田代屋""如有必要在该土地上自建房屋，须出具详图向海军省申请批准"；"当海军省需要归还时，提前 60 天告知田代，即使尚在期限之内，也要终止租用"。③由此可见，日本海军省即使将该土地租借给本国商家，也毫不妨碍其对该土地拥有绝对掌控权，而租用的商家固然能利用该土地做自身的经营，但更主要的作用还是掩护本国海军非法占地，且有责任使"海军省用地"免于受损。1878 年底，租约满期，"田代屋"希望续约，但土地租用权却在 1879 年 4 月下旬由实力更为雄厚且有大藏省作为后盾的"广业商会"取得，租借条件没有大的变化，只是增加了租用商家对原建筑装修费用自理、相关图纸须经海军省批准的规定。④这不过是进一步

---

① 参见《驻上海总领事品川忠道致海军主船局长长谷川贞雄》（1879 年 2 月 12 日），海军省-公文類纂-M12-15-423。

② 据町田实一『日清貿易参考表』之「清国各港在留日本商人商店开闭年月及其营业种类·上海ノ部」介绍，"田代屋"于 1868 年 8、9 月间在上海开设，经销陶瓷及其他日用品。

③ 参见『清国上海港浦東岸二有之石炭置場等拜借顧続之儀二付上申』所附町田实一与田代源平于 1875 年 12 月 28 日所订租约的抄件，海军省-公文原書-M12-22-265。

④ "广业商会"是东京商人笠野熊吉所开，1876 年 8 月在上海设分店，起初主要销售日本北海道开拓使提供的货物，与大藏省关系密切，受到保护，1879 年 1 月正式向海军省要求租用其在浦东的仓库，并得到大藏省商务局局长和驻上海总领事的支持。参见町田实一『日清貿易参考表』之「清国各港在留日本商人商店开闭年月及其营业种类·上海ノ部」；『清国上海浦東二アル当省用地東京府下広業商会へ御貸渡シ方伺』、《商务局长、大藏大书记官河瀬秀治致海军书记官》（1879 年 1 月 18 日）、『清国在上海御倉庫拜借願』（1879 年 1 月 18 日广业商会店长笠野熊吉致海军省负责人）、《驻上海总领事品川忠道致海军主船局长长谷川贞雄》（1879 年 2 月 12 日）、『上海表当省用地等広業商会二貸渡済之義御届』（1879 年 5 月 17 日主船局长、海军大书记官长谷川贞雄致海军卿川村纯义）及所附 1879 年 4 月 28 日的租约，海军省-公文類纂-M12-15-423。

强调海军省绝对掌控浦东之地的原则。此后直到 1887 年 10 月，"海军省用地"由"广业商会"租用了 8 年多。在 1887 年 11 月至 1893 年 10 月，又转租给大阪纺绩会社 6 年。① 而在甲午战争前后的数年中，则由日本海军的佐世保镇守府派一人看管。②

1893 年，日本海陆军备扩充接近完成，开始伺机在朝鲜发起挑战举动。以此为背景，其海军省于 10 月 9 日向派到中国、朝鲜的军舰舰长下达"特别训令"，规定："派遣舰在清国将上海、在朝鲜将仁川定为常泊港，但认为必要时得航行到该国他港或沿海。"此外，该训令对于在上海和仁川的日舰"互通气脉"、实施训练、搜集有关中朝及在两国的各国势力的情报等，也提出了明确要求。③ 在此情况下，在浦东的所谓"海军省用地"也随时准备派上用场，即使三井洋行这样显赫的政商请求租用 30 年作为煤场，也遭到拒绝，直到甲午战争后的 1897 年，三井洋行才得以如愿。④

## （二）在长江中下游的航行及情报活动

从日谍曾根俊虎的撰述⑤来看，1884 年前，日本海军在华活动的空间基本上是在沿海，⑥ 但也致力于刺探长江流域的相关情报。1882 年日本海军省

---

① 参见『在上海当省御用地廣業商会引続キ御貸渡シ方伺』（1883 年 2 月 28 日海军权大书记官石川利行致海军卿川村纯义）、海军省-原书类纂-M14-13-13；《海军大臣西乡从道致外务大臣伊藤博文》（1887 年 10 月 8 日）、《海军大臣西乡从道致外务大臣陆奥宗光》（1894 年 1 月 18 日）、B-3-12-1-52。

② 『在浦東海軍省石炭庫ニ関スル報告』（1895 年 7 月 13 日驻上海总领事珍田舍己致外务次官原敬）、B-3-12-1-52；『在浦東海軍用地拜借顧書進達之件』（1897 年 2 月 23 日驻上海总领事珍田舍己致外务次官小村寿太郎）、B-5-1-7-0-12。

③ 『清国及朝鮮国派遣艦長ヘ特別訓令』、海军省-公文備考-M29-3-231。

④ 参见『海軍省石炭置場ノ為清国上海浦東地所購求一件』中的相关档案，B-3-12-1-52；『在外帝国海軍根拠地関係雑件』、B-5-1-7-0-12。

⑤ 据東亜同文会编『对支回顧録』下卷第 299—300 页记述，曾根俊虎于 1873 年作为海军军官首次来华，日本侵台期间到上海活动，此后一直致力于搜集中国军事情报，截至 1882 年，主要往来于华南沿海与上海之间。

⑥ 许金生《近代日本对长江航道军事谍报活动概述》（《民国档案》2013 年第 1 期）根据 1879 年 7 月 8 日"日进"号舰长在上海向日本东海镇守府司令长官发出的报告，认为该舰在这年"上溯至汉江"。但该报告的内容是为"日进"号赴汉口雇用长江导航员请款，此外只看到批准拨款的公文，而未见该舰开到汉口的实据。

军务局出版的曾根俊虎所撰《清国各港便览》，涉及当时中国 19 个通商口岸，长江流域的上海、镇江、芜湖、九江、汉口、宜昌都在其内，其位置、自然条件、人口、开埠后的发展历程、水陆兵备（军队与船舰数量、枪炮种类、炮台与兵营情况）、官府机构、人情风俗、外国租界等都被述及。[①]

中法战争爆发后，不少日本海军间谍"奉命分乘各舰前往考察"。[②] 1884 年 5 月，日本政府以"英国政府发出动议"，而"决定与英、美、德三国共同派遣军舰到中国"，将日舰"扶桑"号与"天城"号组成的"中舰队"派赴上海。6 月 10—25 日，该舰队司令官松村淳藏率领以东乡平八郎为舰长的"天城"号从上海入长江溯航，途经镇江、南京、芜湖等地，开到汉口后回返。这是日舰首次往返于长江中下游进行"实地探察"。[③] 1885 年 9 月中旬至 10 月上旬，松村淳藏为了继续"考察长江航路及沿岸景况"，再派日舰"清辉"号在上海与汉口之间往返航行，沿途停靠镇江、下关、芜湖、九江、黄州，在汉口停泊近 5 天，[④] 其间，该舰舰长等军官"在俄国领事引导下参观了租界的俱乐部、天主堂、育婴院、医院及阜昌洋行（俄商）的红茶加工厂等"。[⑤] 当时，日舰所用长江水路图还是英人绘制的，日本海军不甘于此，于 1888 年 5 月派今井兼昌大尉测绘长江水路。他假冒日本船夫，到从事长江航运的英船上当水手约一年时间，仔细测量水路，将险滩一一绘图，回国后上呈长江水路图，"在部内引起惊叹和绝赞"。[⑥] 同年，日舰"筑波"号舰长尾形惟善溯航长江，"推掉不熟悉的导航员，自选航路，以了解军事要地之概略"。[⑦] 当时，汉宜航道和川江航道日舰还无法进入，但日本海军急于了解详情，并以求教于所知最多的英人为捷径，为此于

① 曾根俊虎『清国各港便覧』海軍省軍務局、1882。

② 東亜同文会編『対支回顧録』下巻、414 頁。

③ 『天城艦漢口回艦ニ付臨時乗組人員御届』（1884 年 7 月 8 日）、海軍省-受号通覧-M17-20-43；小笠原長生編『東郷平八郎全集』第 1 巻、平凡社、1930、85—86 頁。

④ 『清輝艦回艦之義上申』（1885 年 9 月 3 日）、『清輝艦発着御届』（1885 年 10 月 9 日）、海軍省-普号通覧-M18-25-129。

⑤ 「漢口の日本人」『朝野新聞』1885 年 12 月 29 日、明治編年史編纂会編『新聞集成明治編年史』第 6 巻、財政経済学会、1935、211 頁。

⑥ 東亜同文会編『対支回顧録』下巻、541—542 頁。

⑦ 東亜同文会編『対支回顧録』下巻、541 頁。

1893 年派预备役军医青木忠橘乘英国军舰溯江。青木逐日记述见闻，并与最早尝试在川江开行轮船的英人立德结交，将其给予的很多指点写进《入蜀纪行》。①

## 二　日本陆军在长江流域的谍报活动

### （一）谍报活动的展开

日本陆军对华间谍活动，从其使臣来华订立《中日修好条规》前后，就已在中国沿海区域展开，② 而长江口的上海，则是日谍最早的落脚点和联络中心。③ 1873 年 3 月，日本陆军少佐桦山资纪等奉命侦察上海附近军情，并"周游汉口地方"。④ 这是目前所知日本以汉口为主要立足点对长江流域进行间谍活动的最早事例。

继桦山资纪之后，曾任职于日本兵部省的酒井玄蕃，于 1874 年秋冬之间到长江一带探查，回国后所呈《北清视察战略》，被称为日本最早的具有谍报色彩的大陆考察报告，其中叙述了汉口、芜湖等地清军训练状况，指出西人在汉口的社会设施齐备、俄人众多而且与四川关系密切。⑤ 同年，日本

---

① 東亜同文会編『対支回顧録』下巻、542—543 頁。

② 目前所知最早来华的日谍，是 1871 年旧历五月奉命来华"留学"的萨摩藩士儿玉利国、吉田清贯、池田清辉、田中纲常、小牧昌业、黑冈季备，佐贺藩士福岛九成、成富清风，名古屋藩的水野遵等人。参见東亜同文会編『対支回顧録』下巻所载这些人的传记。1872 年，西乡隆盛将池上四郎（陆军少佐）、武市熊吉（陆军大尉）等派到辽东，1873 年初又派桦山资纪（陆军少佐）、儿玉利国（海军少佐）、福岛九成（陆军少佐）到华南沿海。海军大尉曾根俊虎亦随日使副岛种臣来华，到华南活动。1876 年，岛弘毅（陆军大尉）、长濑兼正（陆军中尉）、向郁（陆军中尉）等作为"留学生"被派到北京，执行谍报任务。见德富苏峰『陸軍大将川上操六』、104—106 頁。

③ 在『対支回顧録』下巻中有传的甲午战争前来华的众多日谍，几乎都有到上海的经历。该书第 22 页写道，在日本侵台期间，"很多陆海军人、外交官等来往，副岛、大久保两大使先后到上海，上海领事馆作为在中国的唯一衙门显得十分热闹"。

④ 「上海へ到着後ノ情況報告ノ件」（1873 年 3 月 11 日）、「副島全権近日上海到着ノ趣電報アリタル旨並ニ清国皇帝へ謁見シ儀等ニ関シ報告ノ件」（1873 年 3 月 26 日）、日本外務省編纂『日本外交文書　明治期』第 9 巻、日本国際連合協会、1940、126、128 頁。

⑤ 東亜同文会編『対支回顧録』下巻、165、167—168 頁。

陆军准备将侵台行动扩大为入侵中国大陆的战争，为此派出一批间谍来华。其中，野崎弘毅大尉与石川昌彦中尉潜入镇江；大原里贤大尉"跋涉江西各地"，1875 年夏从上海到汉口，用两年多时间"对政治、经济、军事展开调查"，1877 年 10 月又"走遍湖北省各地，具体研究内地情况"，从 1878 年起，还前往陕、川，返回汉口后将所获情报上呈。① 其间，由日本陆军参谋局 1873 年 11 月派到中国的向郁少尉，也于 1877 年 10 月到汉口，"从事长江流域研究"近一年，发回的谍报受到高层赞赏。② 1879 年，日本参谋本部确定在上海、汉口、天津、北京、广州、厦门常设谍报点，并以上海的谍报点为监督联络站，而大原里贤又与小泉正保少尉一起，在这年 7 月被派到汉口。1880 年 5 月底，志水直大尉到汉口接替大原里贤，在"考察"附近各地之后，到四川各地活动百来天，发回《蜀道指掌》及其他情报。③ 他的后任小田新太郎大尉，致力于"精查地理风俗民情等"。④ 而 1885 年 8 月继任的小泽德平中尉，又对长江和汉水沿岸进行了数十次详细"调查"。⑤ 在长江下游的镇江，木村宣明中尉从 1883 年 10 月起滞留 4 年，探查沿岸城市情势尤其是两江总督驻节的南京政情军事，以及从扬州到清江浦大运河一带的地理，成为"部内一流的江苏通"。⑥ 通过在长江流域十多年的间谍活动，日本当政者认为两湖地区在中国军事上战略地位重要："清国兵勇过半系湖北、湖南之民，清军之盛衰几有肇因于该地之概，实为该国至重之地方。"⑦

　　1886 年春，荒尾精少尉就任于汉口的谍报站，日本陆军在长江流域的间谍活动由此进入多人多头展开的阶段。当时正值中法战争后不久，日本军方认为清朝很可能陷入崩溃，日本面临大好时机，故进一步强化了在华间谍

---

① 東亜同文会編『対支回顧録』下巻、132—133 頁。
② 東亜同文会編『対支回顧録』下巻、128—129 頁。
③ 東亜同文会編『対支回顧録』下巻、132—133 頁。
④ 安東不二雄『支那帝国地誌』、249 頁；東亜同文会編『続対支回顧録』下巻、259—260 頁。
⑤ 東亜同文会編『対支回顧録』下巻、458 頁。
⑥ 東亜同文会編『対支回顧録』下巻、287 頁。
⑦ 《外务卿井上馨致太政大臣三条实美》（1885 年 9 月 26 日），公 04058100。

活动。① 在此背景下，荒尾精对一批来到汉口的日本人进行军事和谍报训练，② 于1888年6月将他们分遣各地。此前已在长沙开设的"乐善堂"分店，此时正式成为汉口谍报点的支部。同时，高桥谦、石川伍一、松田满雄、广冈安太被派往重庆设立四川支部。松田满雄与石川伍一潜入四川内地后，详察"山河形势、关塞要害、风土气候、人情风俗、农工商现状、水陆物资多寡、金融运输交通情形等"，将所获情报集为篇幅巨大的《四川报告书》，附载精细示意图；广冈安太则乔装进入贵州。③ 另外，山崎羔三郎假扮中国人前往镇江、扬州，后又到湖南、贵州、云南，沿途以卖药、行医、算卦作掩护，刺探情报；井手三郎到安徽桐城、庐州、凤阳等地，涉淮水，经宿迁入徐州，再到山东、河北、北京。④

1893年上半年，身为日军间谍总指挥的川上操六中将，为策动侵略中国、朝鲜战争的需要，以"巡游"名义，到两国进行实地侦察，其间遍历上海、南京、九江、汉口，"一一观察中国陆军强弱如何，地形、风俗、人情之微"。⑤ 当时在上海的日谍根津一大尉为之效力，"往来于汉口"，⑥ 引荐荒尾精的主要助手、在四川与上海之间各省无处不到的高桥谦，以备咨询。⑦

甲午战争前，日本陆军间谍在华刺探情报涉及范围很广。从1875年起，参谋本部除了特别下达任务外，将平时的谍报规定为甲、乙、丙三大方面：甲涉及政情、官制、财政赋税、商贸等；乙涉及军制、军队数量与官兵状况、武器装备、军事学术等；丙涉及地理、气候、物产矿藏、水利水运、人口户口数量、市井情形、地方病与防治法等。⑧ 对于日谍发回的关于长江流

---

① 参见東亜同文会编『続对支回顧録』下卷所载日谍柴五郎的回忆(132—133页)。
② 黑龍会编『東亜先覚志士記伝』上卷、黑龍会出版部、1933、343—344、381页。
③ 参见東亜同文会编『对支回顧録』下卷、496—498、562页。
④ 参见東亜同文会编『对支回顧録』下卷、529—530、573页。
⑤ 德富蘇峯『陸軍大将川上操六』、124页。
⑥ 東亜同文会编『对支回顧録』下卷、555页。
⑦ 東亜同文会编『続对支回顧録』下卷、191页。另参见高橋謙『支那時事』日清協会、1894。
⑧ 東亜同文会编『对支回顧録』下卷、115—116页。

域的各种情报，现今已无法知其全貌，但仅从一些相关出版物来看，就足以令人震惊。

1880 年秋，著名日谍福岛安正奉参谋本部长山县有朋之命编撰了《邻邦兵备略》，① 书中涉及江阴、镇江、乌龙山、江宁、九江、武昌的炮台，江苏、安徽、湖北、湖南、四川、云南、贵州清军的分布、数量、带兵将领姓名与籍贯等，还介绍了长江水师沿革，提标与瓜洲、湖口、汉阳、岳州、狼山各镇标的营制、官兵数量、辖区，各镇总兵姓名与籍贯，船械规格与数量，船厂设施，上海和南京的兵工厂，长江沿岸各码头，等等。② 其时，福岛安正尚未来过中国，③ "系依据英国驻北京公使威妥玛的调查，参照《大清会典》《中枢政考》等书，加上当时所搜集的实情而编纂"。④ 可见，他除了参考中西相关记述外，是将谍报作为重要依据。1882 年 8 月和 1889 年 3 月，福岛安正根据新的情报对该书作了两次修订，出了第二、三版，其中列出长江流域各省的"兵备表"，将对长江水师的叙述扩为一编（第三版还将该编的"总论""章程"分别列章）。⑤ 1893 年，日本参谋本部编纂课又编印了《东亚各港志》一书，按照日本陆军 1875 年关于在华谍报活动涉及面的要求，对每个口岸，除了兵备这个中心外，还叙述地理位置、人口、沿革、行政、气候、风俗、物产、贸易、市区、码头等。其中，强调上海、汉口的重要地位及对日本的利害关系，凸显镇江"最为冲要之地"，认为芜湖地肥物博，会成"繁盛市场"，指出九江为"江西省要害，兵力最厚"，"贸易年年增长"，将宜昌视为"物产丰富的四川全省的咽喉"，介绍重庆作为"四川省货物交通咽喉"在英国压力下逐步开埠的状况。⑥ 透过该书，不难看出日本陆军当时在长江流域所关注的重点目标、瞄准的方向和准备利用的因素。

---

① 见日本陸軍文庫編『隣邦兵備略第二版』所载福岛安正写的前言第 1 页（陸軍文庫、1882）。
② 见参謀本部編『隣邦兵備略第三版』参謀本部、1889。
③ 据東亜同文会編『对支回顾録』下卷第 269 页所述，福岛安正于 1882 年 9 月首次来华。
④ 日本陸軍文庫編『隣邦兵備略』参謀本部、1880、57 頁。
⑤ 见日本陸軍文庫編『隣邦兵備略第二版』。
⑥ 参见日本参謀本部編纂課編『東亜各港誌』参謀本部、1893。

　　值得注意的是，1887 年 11 月，日本参谋本部管西局还编纂过《支那地志》第 1—6 卷（称为"总体部"，后在 1889 年、1893 年又分别编纂了第 15 卷上、下册，即"满洲部""蒙古部"）。此书由长期处理涉华谍报且到辽东和华南做过间谍的杉山直矢，以及大原里贤、福岛安正担任校正，其"凡例"称"引用图书不下数十部，参以我国之人及欧美人的纪行报告"，可见是在运用谍报基础上，参以中外相关著述编纂的书。其目录中列有由第 7—14 卷构成的"各省部"，拟依次介绍冀、晋、陕、甘、鲁、豫、苏、皖、赣、鄂、湘、浙、闽、粤、桂、滇、黔、川情况。虽然后来未见"各省部"出版，但"总体部"的内容已相当宽泛，诸如位置、疆界、山脉、江河、湖泽、海岸、岛屿、运河、长城、气候、物产、风俗、政体、教育、宗教、财政、陆军、海军、江军、制造、贸易、幅员、人口、道路、电报、通货、度量衡、都府以及中国简史，无所不包。由此可以推知，日本参谋本部在甲午战争前实际掌握的包括长江流域在内的中国各地情报，覆盖面之宽是何等惊人。[①] 无怪乎 1895 年 6 月被任命为日本驻上海总领事的珍田舍己在出发前，出于落实《马关条约》的需要，急求参谋本部提供《支那地志》及中国各省的实测地图。[②] 另外，日谍根津一在上海任"日清贸易研究所"代理所长期间，也将众多日谍长年搜集的以中国地理、社会、经济为主的情报汇集起来，编为 2000 多页之巨的《清国通商综览》，于 1892 年出版。该书构思与《支那地志》如出一辙，不同之处只是罗列了大量商品，介绍其用途、工艺、销路等而已。[③]

## （二）　日谍荒尾精

　　在甲午战争前深入长江流域的日本陆军间谍中，荒尾精是一个很值得剖

---

① 参见日本参谋本部管西局编『支那地誌』第 1—6 卷、参谋本部、1887；日本参谋本部编纂課编『支那地誌』第 15 卷上、下册、参谋本部、1889。据『参谋本部副官御用办事员藤井包总致参谋本部副官大生定孝』（1895 年 2 月 28 日）的附件「支那地誌並附図発売御認可愿」（大本营-日清戦役書類綴-M28-17-143），这些书在甲午战争前发行对象限于日本陆海军官。

② 《外务次官原敬致陆军次官儿玉源太郎》（1895 年 6 月 11 日），陆军省-壹大日记-M28-6-8。

③ 参见日清贸易研究所编『清国通商綜覧』日清贸易研究所、1892。

析的人物。

首先，他在长江流域进行的谍报活动，凸显出与日本来华官民一体而为的特性。本来，在他之前，日谍早已在汉口建立了谍报点，且在 1884 年，日商岸田吟香在汉口所开"乐善堂"分店还与日军谍报点合为一体。① 荒尾精被派遣来华后，先在上海找岸田吟香，② 两人一见如故。因岸田吟香不仅经商，也致力于对华"探查"，1882 年在日本自费出版了所编《清国地志》3 卷，他还"让分堂的雇员常穿中式服装，前往内地售货，以探查该地内情"。③ 所以，他对要干一番名堂的荒尾精，"约以今后竭力充当后援"，让荒尾精充当汉口"乐善堂"分店经营者以作掩护，并输送书籍、药材、杂货等到该店出售，以售后所得用作荒尾精谍报活动的财源。④ 荒尾精来华时军阶仅为少尉，但与其他日谍只遵命完成个人任务不同，他将跑到上海、天津的井深彦三郎、高桥谦、宗方小太郎、山内嵒、浦敬一等十多个日本人网罗到一起，"共同谋事"，对他们加以训练后，派往长江流域各省及其他区域从事谍报活动。⑤ 此外，荒尾精被派到汉口执行谍报任务期间，也正是日本驻汉口领事馆首次设立、其人员大肆展开对长江中上游探查活动之时，荒尾精与领事町田实一密切合作，千方百计搜集长江流域经济情报以服务于扩大日本货物市场，而"使我国物产在中国重要口岸的销售都归于我商之手"，⑥ 则是他们共同的目标。

其次，在华日军间谍按规定刺探的情报涉及面很宽，这在荒尾精身上表

---

① 「楽善堂ノ実況報告ノ件」（1890 年 5 月 26 日）、日本外務省編纂『日本外交文書　明治期』第 23 巻、145—146 頁。
② 井上雅二『巨人荒尾精』東亜同文会、1936、13 頁。
③ 岩崎祖堂編『明治豪商苦心談：南海立志』大学館、1901、77 頁。
④ 黒龍会編『東亜先覚志士記伝』上巻、339—342 頁。日本海軍在福州建立的谍报点，也是以"乐善堂"分店来装扮（见東亜同文会編『続対支回顧録』下巻、430 頁）。岸田吟香因"始终专注于对清事业"，1905 年病危时，以民间商人身份，被天皇"特赐叙位"。见『岸田吟香特旨叙位ノ件』、叙 00196100。
⑤ 井上雅二『巨人荒尾精』、13—14 頁。
⑥ 《驻汉口领事町田实一致外务大臣大隈重信密信》（1888 年 12 月 24 日）、日本外務省編纂『日本外交文書　明治期』第 22 巻、598、599 頁；荒尾精『漢口楽善堂委托販売取扱規則』前言「漢口景況」、B-3-5-4-13 之 001。

现得格外突出。他在搜集军事情报的同时，下了很大气力探查长江流域社会经济状况，并向日本官民强调：以汉口为中心的长江流域中上游是日本产品的巨大市场，有不可限量的潜力。汉口"地处全国中心部，依汉、赣、湘、沅、资五大水和长江的水运，远达四方数千里，运输之兴盛，全国无出其右者"，"百货辐辏，商贾云集，实为全国商业之中心"；在1885年和1886年对日本海产品的年均进口额为746668.5日元，1877—1886年对日本铜、人参及其他杂货的年均进口额为2173087日元，故每年对日货的进口额有290余万日元之多。湖南湘潭也是"一大繁华市场，其商业繁盛实次于汉口而足与重庆比肩，近来洋商辈对其利薮极为垂涎，屡屡提出开埠要求，接受其请当为期不远"，一旦实现，"将进一步提升汉口在商业上的地位"。四川"百货辐辏，庶民殷富，夙称天府之地"，只要川江开行轮船，"重庆将迅速开埠"，"幅员相当于日本两倍的四川省的货物需求与供给将新增其量"，"促使汉口内外贸易更加繁盛自不待言"。总之，"当今汉口之商况，犹如旭日东升，光焰四射，今后会发展到何种程度，未可逆料"。在荒尾精看来，以汉口为财货汇聚点的长江中上游流域，对于日本来说有着"巨万之利权"，绝不可"委弃"。①

最后，为了"取彼之金以充我强国之资"，② 荒尾精超出军事间谍的角色，充当了日本在长江流域经济扩张的前驱。荒尾精与町田实一一样，对日商在对长江流域贸易中不能充当要角很不甘心，提及贸易利润多为华商所获，总以"可叹之至""令人无语"来表达郁闷。为了争夺在长江流域贸易中的主导地位，荒尾精及汉口"乐善堂"的其他人，从代销日本货物做起，于1888年1月制定了向国内厂商散发的《汉口乐善堂代销章程》，宣称代销海产品、棉织品、漆器、铜器、瓷器、杂货等，代购桐油、麻、药材、各种兽皮、瓷器、织物、纸笔墨等，同时对货物规格、包装等如何适应汉口市场的要求也作了说明。③ 此举受到日本相关业者欢迎，"海产品和杂货以及

---

① 见荒尾精1888年1月为『漢口楽善堂委托販売取扱規則』所写的前言「漢口景况」（『本邦産紋棉南部試売品在清国漢口楽善堂ヘ送付方同堂ヨリ出願一件』、B-3-5-4-13之001）。

② 参见石川県第一部勧業課『日清貿易商会荒尾精演説筆記』、2、5—6頁。

③ 见『漢口楽善堂委托販売取扱規則』、B-3-5-4-13之001。

各种商品陆续到货"；"后来中方还发来过多的订单，以至于出现国内生产跟不上而不能按期交货的窘迫"。① 荒尾精与町田实一都认为，日商不会汉语，对中国社会和与贸易相关的制度、习惯、行情、货币金融等缺乏了解，是其不能主导对华贸易的重要原因，故日本必须就地培养精通上述各方面的人才。于是，町田实一在 1888 年 3 月向外务省建议："推选有志者，速让其留学于重要口岸，这是发展直接出口贸易的首要步骤。"而他所说的"有志者"，是"愿意吃苦耐劳，一生从事日中贸易"之人。② 荒尾精的意见和町田实一完全一致，为了扭转所谓"商权不振"局面，他在执行间谍任务期间，就"有意多养子弟，以供他日之用"，1889 年 3 月驻汉期满时，又决心"创立日清贸易商会，将总店设在上海，分店设在汉口，再逐步将分店设到中国各港"，③ 并立即为之回国奔走各方，招收日本学生约 200 人带至上海，于 1890 年 9 月开办起"日清贸易研究所"。④ 后在甲午战争中，日方"凡作间谍之人，大半取材于所内"。⑤

荒尾精与町田实一有关在长江流域谋取日本经济利益的言行，当时对于日本官民是产生了影响的，如荒尾精发起开设"日清贸易研究所"，就"得到首相山县有朋、藏相松方正义、农相岩村通俊、农商务次官前田正名、陆军次官桂太郎等政府要人的不少支持"，以及掌管日本谍报系统的川上操六"最大的帮助"、⑥ 日本外务省"多方关照"。⑦ 日本政府的《官报》在甲午战争前除了经常刊载有关上海的各种报道，从 1889 年起年年发出涉及汉口的消息，其内容由主要介绍该地的茶叶、海产品贸易，逐步扩展到一般商情

---

① 東亜同文会編『続対支回顧録』下巻、186—187 頁。

② 「清国貿易ニ関スル町田領事ヨリノ報告書貸与方依頼ノ件」日本外務省編纂『日本外交文書 明治期』第 22 巻、593—594 頁。

③ 「日清貿易商会設立ニ関シ意見書具申ノ件」（1889 年 3 月 20 日）、日本外務省編纂『日本外交文書 明治期』第 22 巻、591 頁。

④ 参见井上雅二『巨人荒尾精』、24—35 頁。

⑤ 《安置倭奴刍议》，《申报》1895 年 1 月 6 日，第 1 版。此外，『対支回顧録』『続対支回顧録』记述了该所众多毕业生在甲午战争中搜集情报、充当翻译的具体情况。

⑥ 徳富蘇峯『陸軍大将川上操六』、107—108 頁。

⑦ 「日清貿易研究所ニ関シ訓令ノ件」（1890 年 8 月 27 日）、日本外務省編纂『日本外交文書 明治期』第 23 巻、398 頁。

与新兴工业、交通发展，以及湖广总督张之洞的动向。而追随荒尾精长期在长江流域活动的高桥谦，在甲午战争爆发之年，又出版了一本题为《支那时事》的书，内称：

> 湖广总督张之洞……在武昌开办名为两湖书院的宏大的大学校，接着建议铺设汉口到北京的三千里大铁路……近来又出于防遏西洋棉布进口的目的，在武昌开办一大纺纱织布厂，安设五万锭纺纱机器和两千余台织布机，开始大力织布。后又在汉阳府大别山麓开办一大铁厂，目的在于炼铁和制造军器。同时，计划着手以西式新机器大力开采大冶铁矿与煤矿。为了运输铁矿石和煤炭，又将在大冶至长江沿岸的黄石之间铺设七十里铁路……从一开始就不仰赖于中央政府补贴，而以湖广两省之余力为之，则今后财政困难将不可避免……其目的究竟能否实现呢?①

联系到日本在甲午战争后很快将长江流域作为其棉纺织品的主要市场，并利用汉阳铁厂和大冶铁矿的经营困难，逐步将其变为日本钢铁原料的主要来源，不难听出上面这些话的弦外之音。

---

① 高橋謙『支那時事』、28—29 頁。

# 第四章　长江流域日租界的设立

中国在 1894—1895 年甲午战争中遭到惨败，被迫与日本订立极为屈辱的《马关条约》，中日关系的性质由此发生根本改变，中国遭受到空前严重的损害，向半殖民地社会进一步沉沦。长江流域在这场战争中尽管没有直接成为战场，但从日本所要达到的目的来说，却有十分重要的关联，因为《马关条约》除了规定割占台湾与澎湖列岛、辽东地区外，逼迫清政府新开的苏州、杭州、沙市、重庆四个通商口岸，分布于长江流域上、中、下游，且在华设厂制造条款，也是将当时新式工业与交通运输业最集中的上海作为最重要的适用之地。紧接在《马关条约》订立后，日本利用清政府的软弱无力，强要在长江流域一些通商口岸设立专管租界，为此与清政府交涉六年之久，其结果是日本的专管租界在苏州、杭州、沙市、汉口、重庆等地分别设立起来，而日本对华尤其是对长江流域的压迫，也由此有了鲜明的象征。就这个过程作具体、深入考察，对于揭示甲午战争后长江流域与日本关系的质变，很有必要。①

---

① 在中国学界，费成康、袁继成关于近代中国租界史的论著，提及日本在华设立专管租界的情况。杨天宏《口岸开放与社会变革——近代中国自开商埠研究》（中华书局，2002）、张建俅《清末自开商埠之研究》（台北，花木兰出版社，2009）对黄遵宪促使清政府以"宁波模式"将日租界纳入中国拥有主权的通商场、中方在苏杭交涉中的得失等作了探讨。此外，还有一些论著叙述了有关日租界界址的交涉，如徐云《苏州日租界述略》（《苏州大学学报》1995 年第 3 期），金普森、何扬鸣《杭州拱宸桥日租界的几个问题》[《杭州大学学报》（哲学社会科学版）1989 年第 4 期]，《汉口租界志》编纂委员会编《汉口租界志》（武汉出版社，2003），熊月之《日本谋求在上海设立日租界的档案——台北访档之二》（《档案与史学》2001 年第 3 期），等等。涉及黄遵宪、张之洞相关主张和作为的论著，有郑海麟《黄遵宪传》（中华书局，2006）、杨天石《黄遵宪与苏州开埠交涉》（《学术研究》2006 年第 1 期）、吴剑杰《张之洞年谱长编》（上海交通大学出版社，2009）、杨大春《张之洞与苏州租界的开辟》（《江南社会学院学报》2003 年第 1 期）等。日本在战败前，有关在华日租界的代表性

# 一　日本要求设立租界与清政府筹划对策

## （一）日本向欧美看齐要在长江流域新增口岸迅速设立租界

众所周知，《马关条约》规定中国新增苏州、杭州、沙市、重庆为通商口岸，并按照中西条约，重新订立中日通商行船条约及陆路通商章程，"所有添设口岸均照向开通商海口或向开内地镇市章程一体办理，应得优例及利益等亦当一律享受"。[①] 但是，该条约中并没有在中国通商口岸设立日租界的明文。然而，在日本政府看来，早已由西方国家设立的租界，正属于日本在华要一体均沾的"优例及利益"，故在着手以《马关条约》为基础与清政府恢复国交时，就将设立日租界的问题列入了日程。1895 年 6 月 1 日，日本外务大臣陆奥宗光传令即将就任驻华公使的林董，强调"我帝国在中国的地位发生了根本变化，由此自然而来的结果，就是我帝国在中国的一般利害要迅速与欧美各国形成同一关系"，须"指挥驻中国的帝国领事进行调查，特别是在新开市场选定我租界等"。[②]

林董和新任驻上海总领事并兼辖长江口岸日本商务的珍田舍己，于 1895 年 6 月下旬、7 月上旬先后到任。[③] 珍田舍己随即致力于在上海为日本商民取得特权，以"自由购买和拥有土地，用于建立厂房仓库等及其他晾晒场所"。而当时的日本外务次官原敬也明言，在上海设日租界，"对彼此

论著，是植田捷雄的『支那に於ける租界の研究』（巖松堂、1941），其中提及长江流域口岸日租界的设立，但未具体叙述交涉情况。近年日本的相关主要论著，是大里浩秋・孙安石编『中国における日本租界：重慶・漢口・杭州・上海』（御茶の水書房、2006）。其中，田畑光永的论文「長江流域の日本租界：長江上流の影薄き夢の跡」叙述了重庆日租界的设立过程，而大里浩秋等关于杭州、汉口日租界的论文，对其设立只略加概述，并未展开。

① 王铁崖编《中外旧约章汇编》第 1 册，第 615—616 页。
② 「林董赴任ニ付陸奥宗光ノ注意要略」伊藤博文编、栗野慎一郎・平塚篤校『秘書類纂・外交篇』下卷、秘書類纂刊行会、1935、407 頁。
③ 参见"中央研究院"近代史研究所编《清季中日韩关系史料》第 7 册，台北，"中央研究院"近代史研究所，1972，第 4327 页；《日官谒客》，《申报》1895 年 7 月 2 日，第 3 版。

都便利"，要"预选适合作为租界的土地"。① 8 月中旬，林董致电代理外务大臣西园寺公望，认为在中国新增口岸"首先要办理的要务，是确定我租界的地位"，请为此向珍田舍己发出训令。② 同时，日本要在杭州设立日租界的传闻，也出现于上海报端。③ 珍田舍己报告说，这种传闻使苏、杭地价上涨，外国人也开始动作，如日本不加快行动，好位置就会被他国占据，故请下令派总领事馆人员"到苏州、杭州等长江沿岸各口岸，考察设租界所需场所，并对该区域等进行调查"。④ 1895 年 9 月 30 日，西园寺公望传令珍田舍己率员"巡阅"新增四口，调查将在四口设立的日租界的界址等事项，"会同各地地方官，将……认为适宜的场所作为预定地，向地方出示"。⑤ 10 月 6 日，林董奉命为此照会总理衙门，请"电饬各该地方官与该总领事妥为商办，俾其顺便尽责"。⑥ 而珍田舍己则从 1895 年 10 月 13 日起赴各新增口岸，⑦ 选择日租界"预定地"。

从上述可见，日本政府将在华设立租界视为已到手的权益，要以新增口岸作为下手之处，并推及上海等向开口岸；而在着手实施时，所考虑的只是他国与日本争夺有利位置的可能性，以及拟设租界之处地价上涨对日本的不利影响，却完全不将设立日租界作为与清廷交涉的问题，只敦促其传令相关地方官府予以协助，其态度之骄横可见一斑。然而，出乎日本政府意料的是，清政府的应对，使其如意算盘不能轻易实现。

---

① 『当港外国居留地外ニ於テ製造所等建設区域取定方ノ件』（1895 年 7 月 23 日）、『外国人居留地外ニ工場設置ノ地ヲ得ル件ニ付回答』（1895 年 8 月 6 日）、B-3-12-2-32 之 1-001。

② 『新開市場ニ於ケル我居留地劃定ノ義ニ関シ申進ノ件』（1895 年 8 月 14 日）、B-3-12-2-28 之 001。

③ 《划分租界》，《申报》1895 年 8 月 19 日，第 3 版。

④ 《驻上海总领事珍田舍己致外务次官原敬》（1895 年 8 月 24 日），B-3-12-2-28 之 001。

⑤ 『清国新開市場巡回ニ関スル訓令』（1895 年 9 月 30 日）、B-3-12-2-28 之 001。

⑥ 《收日本国公使林董照会》（光绪二十一年八月十八日），《清季中日韩关系史料》第 7 册，第 4464 页。

⑦ 参见 『在蘇州本邦租界預定ノ件ニ付上申』（1895 年 11 月 19 日）、B-3-12-2-32 之 2-001；《巴山话雨》，《申报》1895 年 5 月 3 日，第 2 版。

## （二）清政府内部筹划应对的两种意见

### 1. 张之洞等：以设立无损中国主权的各国通商场抵制日本设立租界

追溯起来，在甲午战争中，长江流域虽非战场，但战端甫开，湖广、江苏、安徽等地就奉朝廷之命"联为一气，以清奸宄而固江防"。[①] 湖广总督张之洞强化田家镇及吴王庙炮台的防务，[②] 大力准备军火，[③] 在两江总督刘坤一率兵赴辽而署理其职之后，又致力于加强江阴、金山卫、上海、海州的防卫，[④] 调他在粤时曾倚赖的抗法老将冯子材来江办理防务，调湖北的老部下俞厚安、吴友贵、蒋声耀、张彪等人来江，甚至有意调尚在台湾的抗法名将刘永福前来，[⑤] 并向德国德华银行议"借洋款一百万镑，约合银七百万两，供北上诸军及本身海防、粮饷、军火、运转各费"，[⑥] 在江苏、山东、直隶各地"分设江南转运局共十三处"，在江宁省城设立"江南转运总局，总揽全纲"。[⑦] 对于清廷派李鸿章对日议和、割让台湾，张之洞也颇为不甘，而建议联络他国来制服日本。《马关条约》订立后，张之洞"惶悚庸愤，寝食难安"，详细分析其巨大危害，指出割台、撤威海驻兵诸条款将使"南洋之寇在肘腋，北洋之寇在门庭，狡谋一动，朝发夕至，有意之挑衅，无理之

---

① 《奉旨著刘坤一电知湖广等省合力战守清奸宄固江防事》（光绪二十年七月初四日），中国第一历史档案馆编《清代军机处电报档汇编》第 1 册，中国人民大学出版社，2005，第 215 页。

② 《筹备江防折》（光绪二十年九月十一日）、《添募营勇片》（光绪二十年十月初五日），赵德馨主编《张之洞全集》第 3 册，武汉出版社，2008，第 195—196、207 页。

③ 《致江宁刘制台》（光绪二十年七月初四日午刻发）、《致江宁刘制台、上海制造局刘道台》（光绪二十年七月十二日午刻发）、《致江宁刘制台、上海制造局刘道台》（光绪二十年八月初八日午刻发），赵德馨主编《张之洞全集》第 8 册，第 153、154、158 页。

④ 《布置江南防务折》（光绪二十一年二月初四日），赵德馨主编《张之洞全集》第 3 册，第 229—231 页。

⑤ 《萃军到江折》（光绪二十一年四月初四日）、《募补护军各营兵添练洋操队片》（光绪二十一年四月初四日），赵德馨主编《张之洞全集》第 3 册，第 238—239 页；《致台北唐抚台》（光绪二十年十一月二十一日午刻发），赵德馨主编《张之洞全集》第 8 册，第 198 页。

⑥ 《用繁饷竭拟借英商炽大洋行款致总署》（光绪二十一年正月十一日丑刻发），赵德馨主编《张之洞全集》第 4 册，第 421—422 页。

⑦ 《设立转运各局折》（光绪二十一年四月初四日），赵德馨主编《张之洞全集》第 3 册，第 239—240 页。

决裂，无从豫防"；赔款"以资仇敌，民穷且怨"，"必由民贫而生内乱"；"通商之害，必由民怨而启外衅"。张之洞斥责日本"意在使中国五十年内不能自振，断不能再图报复……拟与各国瓜分，宣言十年之外，必可立见此局，其封豕长蛇之谋，令人发指"。①

其时，光绪帝"力图挽救"，针对与新增口岸关系最为密切的第六款，传令"川鄂江浙各督抚预筹善策"，② 这些督抚也都迅速作出了回应。而仍署理南洋大臣和两江总督的张之洞于 1895 年 7 月 28 日发给江苏巡抚奎俊等的电文，是目前所见清朝官方就日本设租界表态的最早文件。该电文针对"苏州将设租界"的消息，表明了"急筹取益防损之道，早占先著"的立场，并提出了应对原则：不让日本单独设租界，不让租界设在交通运输便利之处，限定租界范围。③ 显然，日方不与清廷交涉租界设立问题，而要直接在张之洞所辖或影响的区域内推行，客观上把张之洞推到了对日折冲的正面。其后，一直到 1896 年 10 月日本迫使清廷屈服之前，张之洞出于对日本侵华的愤恨和掌控局面的自信，在租界问题上充当了应对日本的主导角色。其对策除了有关界址的上述考虑外，最终目标是设立面向各国侨民而由中国掌握行政管辖权和警察权的通商场。张之洞在 1895 年 8 月 4 日致宁绍道的电文中，就已将此和盘托出，内称："闻洋人在宁波并无租界，谓之洋人寄居之处，中国官出款为雇巡捕，弹压保护，办法较他口为妥……拟于苏、杭新开等处仿照办理。"④ 8 月 26 日，张之洞就《马关条约》上奏 19 条建议，其中第一条就是："今日本新开苏、杭、沙市三处口岸……应照宁波章程，不设租界名目，但指定地段、纵横四至，名为通商场，其地方、人民管辖之权，仍归中国，其巡捕、缉匪、修路一切，俱由该地方官出资募人办理……

---

① 《吁请修备储才折》（光绪二十一年闰五月二十七日），赵德馨主编《张之洞全集》第 3 册，第 256—262 页。

② 《收军机处奉上谕》（光绪二十一年六月十六日），《清季中日韩关系史料》第 7 册，第 4392 页。

③ 《致苏州奎抚台、邓藩台、苏州府三首县》（光绪二十一年六月初七日），赵德馨主编《张之洞全集》第 8 册，第 367—368 页。

④ 赵德馨主编《张之洞全集》第 8 册，第 371 页。此后，张之洞一再催促该道迅速提供相关参考资料。关于宁波"洋人寄居之处"，参见杨天宏《口岸开放与社会变革——近代中国自开商埠研究》对"宁波模式"的论述。

不准日本人自设巡捕，以免侵我辖地之权。"① 对此，总理衙门也表示赞成。② 8 月 28 日，清廷下旨，肯定张之洞所言"堪资采取"，③ 将其确定为中方在各新增口岸与日本交涉设界问题的原则。

关于上述原则的形成，杨天石等推论当时任职于江宁洋务局的黄遵宪有可能产生过影响。④ 而日本所存 1895 年 11 月中旬黄遵宪在上海与日本总领事馆译员楢原陈政的谈话，不仅可以证明他确有影响，而且有助于进一步了解张之洞等提出上述原则的由来。

这篇谈话的缘由是：珍田舍己认为黄遵宪通晓外交事务，又是张之洞的助手，从苏州返沪后，见黄正在那里办理教案交涉，便令曾以黄为师的楢原陈政前往拜访，以了解清政府对于设日租界的"意向计划"，而黄也愿借此机会阐明中方立场。

黄遵宪称，关于日本设界，应先确定其性质，然后展开具体交涉。中国通商口岸已有的租界可分为三类：第一类是上海的实行"过分的治外法权"的租界，第二类是广州沙面的"中外之人不杂居的租界"，第三类是宁波的"中外之人杂居的租界"。第一类"等于中国政府将租界地区完全划给外国，超出现有条约规定的治外法权范围"，这是由于以往清政府无力抵御太平军而将"行政警察大权委诸外人"，并不符合"条约明文"。第二类则是外国官吏在租界内有"统治之权"。第三类"租界内道路、桥梁、码头等之营造归中国政府承担，警察权也由中国政府掌握，与配置警察、保护外侨的贵国居留地无异"。新增口岸适用哪种章程，《马关条约》并未明言，且都在内地，故要设通商场，与原有通商口岸自当有别。原有通商口岸设租界时，可用荒地不少，但内地口岸难觅空地，如果日本与别国都要设其租界，中国政府无法提供相应的土地。中国政府在内地也难以像在

---

① 赵德馨主编《张之洞全集》第 4 册，第 446 页。
② 参见《日本派员赴苏杭等处议划租界本系照约办理恐难拒所请》（1895 年 10 月 7 日），总理衙门档案，01-25-044-01-052，台北"中央研究院"近代史研究所藏。对总理衙门档案的藏所，在后文注释中不再一一标出。
③ 王彦威纂辑，王亮编《清季外交史料》第 2 册，书目文献出版社，1987，第 1973 页。
④ 参见前述杨天石、郑海麟、杨天宏、张建俅的论著。

上海那样划出土地给外国。按黄个人所见，"依据现行条约规定，中国政府没有管理外人之权自不待言，但租界土地管理权依然归中国政府，因而不能一并抛弃"，"设立中外杂居的租界对双方皆宜"，应"划出一区，设各国公共通商场，各国和中国商民在该区域内杂居、自由营业，道路、桥梁、码头等的筑造营缮归中国政府承担，同时中国政府拥有警察权，管理街衢道路，以租界外几方里地方作为行走地域，准许不持护照任意行走通商"。这种安排与日本居留地章程相同，也同于宁波租界章程。如果日本一定要照上海租界之例设租界，中国政府只能按广州沙面租界之法办理，划出距城区稍远的地方，并禁止华人杂居。这样，不仅中国利益受损之深实不可测，且日本通商利益也会受损，不能达到在内地贸易的目的。日本对于过分的治外法权严重损害独立国的利益，曾"积年忧虑"而设法摆脱，现在岂有逼迫中国在内地贸易场实行超出现有条约范围的租界章程之理？围绕租界的交涉，日本公使与总理衙门协商自不可少，但即使总理衙门决定的事，地方总督难以实行也会拒绝，地方实权在总督手中，故最好是日本政府将议定租界章程的全权授予驻上海总领事，两江总督负责协商，这样黄本人也将参加交涉，可以迅速作出决定。[①]

从黄的谈话可以看出，张之洞及其僚属在清政府已签订《马关条约》的情况下，为了寻求根据和办法来抵制日本设界损害中国主权，对以往所设租界作了全面探究，在此基础上，由张之洞提出了上述原则。此外还值得注意的是，黄遵宪援引日本处理本国"居留地"问题的做法及其努力废除治外法权的历史，来反对其逼迫中国实行超出条约范围的租界章程。至于强调地方当局在设界交涉中的重要作用，则是出自张之洞的授意，因为张曾告知刘坤一、赵舒翘："四省租界章程，自以并议为妥。弟原电总署，拟饬黄道与日领事在沪并议。"[②] 尽管如此，仍须看到，张之洞等在提出交涉原则时，对日方意图并无确切了解，而是以日方"断不致因此决裂"这一主观推断

---

① 『在蘇州本邦租界預定ノ件ニ付上申』（1895 年 11 月 19 日）、B-3-12-2-32 之 2-001。
② 《致江宁刘制台、苏州赵抚台》（光绪二十二年二月十五日），赵德馨主编《张之洞全集》第 9 册，第 107 页。

作为前提。<sup>①</sup> 即使是黄遵宪，对于日方在设界交涉中是否会讲理、接受中方提出的"对双方皆宜"的主张，也是没有定见而又抱有希望的。他们所作的最坏打算，是让日本设立与广州沙面同类的远离城区而中外之人不杂居的租界。

**2. 李鸿章：援引列强抵制日本自立租界**

1895 年 10 月 6 日，总理衙门为日租界之事，向负责对日谈判商约的李鸿章征询意见。<sup>②</sup> 李刚经历《马关条约》的签订，深知日本横暴，在回复中明言"通商口岸划分租界，几成通例"，"日本必不允照宁波一处办法"。故他赞成总税务司赫德提出的设"外国公共租界"之议，认为以此可"免各国纷纷请给地段、自立租界"，并建议在各新开口岸"由该地方官会同税务司及日本并诸大国领事，踏勘地址，划定界限"。<sup>③</sup> 质而言之，李鸿章是想援引列强来抵制日本"自立租界"。清廷对此予以认可，通过总理衙门传令相关督抚：派员"会同江海、浙海、宜昌、重庆各关税务司，并各国领事，公同履勘，详议章程"。<sup>④</sup> 此外，1896 年 1 月，上海道蔡钧也奉命就苏、杭两地设公共租界问题，向各国驻上海领事发出了照会。<sup>⑤</sup> 然而，列强的反应却令李鸿章和清廷尴尬：先是总税务司赫德很快改口，声称"日本援优待均沾之益，亦欲自立租界，似未便驳诘"，还指责清政府对日本"阻碍刁难"；<sup>⑥</sup> 继而在 1896 年 1 月中旬，正在竭力扩大上海租界的各国驻上海领事

① 《致杭州廖抚台》（光绪二十一年十月初十日），赵德馨主编《张之洞全集》第 9 册，第 46 页。此前，张之洞在《致苏州赵道台、洋务局陆、罗、朱、杨道台、刘守》（光绪二十一年九月十四日）中亦称，即使日本领事不接受中方安排，"不过回上海电公使向总署饶舌耳，无所谓决裂也"（同上书，第 36 页）。

② 《日本派上海总领事即赴苏杭等处选择租界是否和约相符》（1895 年 10 月 6 日），总理衙门档案，01-25-044-01-050。

③ 《日本派员赴苏杭等处议划租界本系照约办理恐难拒所请》（1895 年 10 月 7 日），总理衙门档案，01-25-044-01-052。

④ 《日本领事赴苏杭沙市重庆等处履勘租界请饬属妥筹办理》（1895 年 10 月 10 日），总理衙门档案，01-25-044-01-065。

⑤ 「蘇州杭州ニ於テ各国共同居留地設備方ニ関スル件続報」（1896 年 1 月 20 日）、B-3-12-2-32 之 2-001。

⑥ 《收总税务司赫德函》（光绪二十一年九月二十五日），《清季中日韩关系史料》第 7 册，第 4527 页。

开会，在宣称均沾《马关条约》等规定的权益的同时，又表示目前并不急于在苏、杭等地得到租界，而要先观察日本设专管租界的情况，再考虑是各国分设租界还是设公共租界，他们还抱怨上海道为此发出照会"在程序上不当"。① 究其缘由，在于英国等国当时从实利出发，认为苏、杭虽然开埠，但"在外商方面，不见得会出现任何涌往那里去开设分行的情形"，因为"中国人在所有港口之间的贸易经营上都能比英国人干得更便宜些"，使英商等"不再进行竞争，甚至也不再为此而埋怨"。② 从实情来看，在苏、杭两地航运对外商开放后，的确只有"少量悬挂着英国旗帜的汽艇从事这一行业"，而"最后它们全部撤出了"，"这块阵地全部让给了日本人和中国人"。③ 在此状况下英国等国并不急于在苏、杭设租界也就不足为怪，至于在沙市、重庆，更可推知。故此，清政府想以设公共租界来援引它们抵制日本自立租界，无异于缘木求鱼。

中日双方围绕日租界设立问题的交涉，正是在上述背景下展开的。日本在与清政府的应对发生碰撞后，为了利于达到目的，不得不把总理衙门和相关地方官府都作为交涉对象。而从整个交涉过程来看，大致可分为三个阶段。从 1895 年 10 月中旬珍田舍己赴各新增口岸选择界址，到 1896 年 10 月中旬日本政府向清廷发出最后通牒，是第一阶段。其间在交涉中，中方充分运用预拟的对策抵制日方设专管租界的要求，而日方则采取了先易后难、最终以胁迫制胜的手段。从 1896 年 10 月中旬日本向清廷强加《公立文凭》，到 1898 年 5 月上旬沙市洋码头被焚事件爆发，是第二阶段。其间清政府被迫同意日本在多个通商口岸设专管租界，但仍有抵制其予取予求的表现，最引人瞩目的是围绕沙市日租界的交涉陷入僵局，但中方关键人物张之洞对日态度正在酝酿转变。从 1898 年 5 月清政府为沙市事件与日本交涉，到 1901

---

① 『蘇州杭州ニ於テ各国共同居留地設備方ニ関スル件続報』（1896 年 1 月 20 日）、B-3-12-2-32 之 2-001。

② 《英国驻上海领事哲美森 1895 年度上海贸易和商业报告》，李必樟译编，张仲礼校订《上海近代贸易经济发展概况：1854—1898 英国驻上海领事贸易报告汇编》，上海社会科学院出版社，1993，第 898 页。

③ 徐雪筠等译编，张仲礼校订《上海近代社会经济发展概况（1882—1931）——〈海关十年报告〉译编》，上海社会科学院出版社，1985，第 48 页。

年9月下旬中日订立《重庆日本商民专界约书》，是第三阶段。其间清政府特别是张之洞对日方针的重心已转向联络，日方不仅在新增口岸，而且在其向来注重的汉口，都按其欲望设立了专管租界。另外，日本在上海，自始就想设专管租界，但为回避与英美冲突等，权衡利弊只得作罢。以下试分别述之。

## 二　中日围绕设界在苏州、杭州、沙市之相持

### （一）　各新开口岸官府抵制日本设立租界与中日开始交涉

日本在新增口岸进行设界交涉，本是全面铺开的，珍田舍己为此于1895年10月中旬到苏州，11月下旬到杭州，[①] 12月底到沙市，[②] 1896年2月中旬到重庆，[③] 所到之处，都会见地方官，寻找有运输之便、靠近贸易中心、地势开阔且卫生条件好的地面，[④] 提出设立日租界的要求。而总理衙门致电署南洋大臣张之洞，表示"此事本署难以遥制，应请尊处妥筹办法，力与磋磨"，可见并未决定妥协，并将相关疆吏作为对日折冲的主力。张之洞则既不推脱交涉之责，更无对日退让之意，在回复中称"苏、杭、沙市系新开，当可用宁波章程"，"内外坚持，断无不成之理"。他还致电川督鹿传霖："重庆……似亦可仿照宁波章程办理……祈一律坚持为祷。"[⑤] 而鹿传

---

① 『在杭州帝国居留地地区予定ノ儀ニ付具申』（1895年12月18日）、B-3-12-2-32之3-001。

② 『在沙市帝国居留地予定ノ儀ニ付復命』（1896年1月24日）、B-3-12-2-32之4-001。

③ 『在重慶帝国居留地地区選定ノ儀ニ付復命』（1896年3月1日）、B-3-12-2-32之5-001。

④ 这是珍田舍己赴苏州时就已确定的选择界址的方针。参见『在蘇州本邦租界預定ノ件ニ付上申』（1895年11月19日）、B-3-12-2-32之2-001。另外，关于中日围绕苏杭日租界界址交涉的情况，可参阅前已提及的相关论文，在此基本从略。

⑤ 《致苏州赵抚台、杭州廖抚台》（光绪二十一年十月二十二日）、《致总署》（光绪二十一年十月二十五日）、《致成都鹿制台》（光绪二十一年十一月初九日），赵德馨主编《张之洞全集》第9册，第50、52、63页。

霖也随即响应，电令重庆关道："宜预为筹画，照宁波通商场章程最妥。"[①] 故此，各新开口岸官府都向珍田舍己表示：遵奉饬令，按宁波之例设各国公共通商场，由中国政府修筑并管理界内道路、沟渠、桥梁、码头等，并行使警察权。[②] 珍田舍己要求本国政府施压，而日本政府则指责清政府的设界原则"碍难允洽"，[③] 令驻华公使林董于 1895 年 12 月 6 日与总理衙门"约明""在苏开设日本国专管租界"，[④] "杭州亦仿照苏州一律筹办"。[⑤] 由此，在新增口岸设日租界开始成为两国中央政府交涉的问题。

当时在长江中上游，轮船航运难度较大，日商对市场的渗透力尚弱，故还没有日商到沙市和重庆从事经营，1896 年 5 月日本驻沙市领事永泷久吉到任时，并未看到日商踪影，[⑥] 而珍田舍己滞留重庆期间，不仅未见日商，就是见到的西商，也"不过二人，行栈不过四家"。[⑦] 因此，在珍田舍己赴四个口岸进行第一轮交涉之后，日方就将交涉的重点放到靠近上海、日商易到的苏州和杭州，中方也采取了沙市"俟杭苏定后再议"、重庆"务与苏杭

---

① 《重庆关监督与税务司会勘日本租界》（1896 年 2 月 11 日），总理衙门档案，01-18-085-02-007。

② 参见『在蘇州本邦租界預定ノ件ニ付上申』（1895 年 11 月 19 日）及所附 1895 年 11 月 12 日苏抚赵舒翘致珍田舍己的照会、《驻上海总领事珍田舍己致临时代理外务大臣西园寺公望报告》（1895 年 12 月 18 日）及所附 1895 年 12 月 13 日赵舒翘致珍田舍己的照会，B-3-12-2-32 之 2-001；《驻上海代理总领事永泷久吉致外务次官原敬报告》（1896 年 2 月 25 日）及所附 1895 年 12 月 18 日浙江按察使聂缉椝致珍田舍己的照会，B-3-12-2-32 之 3-001；『在沙市帝国居留地予定ノ儀ニ付復命』（1896 年 1 月 24 日）及所附 1896 年 1 月 16 日荆宜施道周懋琦致珍田舍己照会，B-3-12-2-32 之 4-001；『在重慶帝国居留地地区選定ノ儀ニ付復命』（1896 年 3 月 1 日）及所附 1896 年 2 月 25 日川东道重庆关监督张华奎等致珍田舍己照会，B-3-12-2-32 之 5-001。

③ 《日本代理外务大臣西园寺公望致中国驻日公使节略》（1896 年 3 月 14 日），B-3-12-2-32 之 2-001。另见《照抄日本外部送来节略》（1896 年 4 月 8 日），总理衙门档案，01-18-073-01-026。

④ 《驻上海代理总领事永泷久吉致临时代理外务大臣西园寺公望》（1896 年 2 月 3 日）所附 1895 年 12 月 29 日苏州洋务总局致珍田舍己的照复，B-3-12-2-32 之 2-001。

⑤ 《日本代理外务大臣西园寺公望致中国驻日公使节略》（1896 年 3 月 14 日），B-3-12-2-32 之 2-001。

⑥ 参见永滝久吉『回顧七十年』永滝久吉、1935、56—60 頁。

⑦ 《珍田舍己致川东道张华奎、四川洋务局总办候补道赖鹤年》（1896 年 4 月 6 日），B-3-12-2-32 之 5-001。

沙市等处同昭一律"的顺序。① 这样，双方在苏州、杭州的交涉紧锣密鼓，而在沙市的后续交涉则略晚一些。至于重庆，在珍田舍己要求日侨寓居城内被拒，接受该地官府以王家沱为界址的提议，② 并声称由日方"雇设巡捕、管理道路，俟苏州、杭州、沙市办法议定照办"之后，③ 直至 1901 年 2 月，日方才重新提出交涉。④

### （二）中日在苏州、杭州的谈判

#### 1. 苏浙官府坚持设立外国通商场，设法维护主权

在苏州、杭州的后续交涉中，日方起先不理会中方维护本国主权的立场，而要按其所选区域确定界址及其范围，但遭到了中方坚决抵制。

关于苏州设界，珍田舍己在 1896 年 1 月 24 日致苏抚赵舒翘照会中称，无论中方是何考虑，"只遵我政府训令，将拟定乙区（即盘门外相王庙对岸之地——引者注）作为我国专管租界之事备文奉告"，而"由贵国设立捕房工局等事，本总领事断不能赞同"，对中方先前提出的"划出沿河十丈之地于租界外"，也不能接受。⑤ 林董在同一天照会总理衙门，建议"所有管理一层，不如暂且作为悬案"，而先"速将经议之处彼此交收，以便两国商民获益"。⑥ 而在中方，苏抚赵舒翘向珍田舍己表示，"在苏开设日本国专管租界等，本部院与南洋大臣均未奉有总署电报公文"，"所有沿河划留十丈之

---

① 《周道来电》（光绪二十一年十二月十八日），赵德馨主编《张之洞全集》第 9 册，第 84 页；『重慶帝国居留地地区選定ノ儀二付復命』（1896 年 3 月 1 日）所附川东道台张华奎等致珍田舍己照会（光绪二十二年正月十三日），B-3-12-2-32 之 5-001。

② 参见《咨送重庆关道与日本珍田续议重庆租界各情形》（1896 年 5 月 1 日），总理衙门档案，01-25-047-01-049。

③ 『重慶帝国居留地地区選定ノ儀二付復命』（1896 年 5 月 1 日）及所附 1896 年 4 月 6 日珍田舍己致川东道张华奎等照会，B-3-12-2-32 之 5-001。

④ 《日本外务大臣致驻重庆副领事山崎桂》（1901 年 2 月 19 日），B-3-12-2-32 之 5-001。

⑤ 『蘇州租界二関シ巡撫卜往復ノ件』（1896 年 2 月 1 日）所附 1896 年 1 月 24 日珍田舍己致赵舒翘照会，B-3-12-2-32 之 3-001。

⑥ 《驻华公使林董致临时代理外务大臣西园寺公望报告》（1896 年 2 月 5 日）所附 1896 年 1 月 24 日林董致总理衙门王大臣照会，B-3-12-2-32 之 3-001。

地，及由我国设立捕房工局……毋庸赘述"。① 日方为尽快设界，对沿河十丈土地问题作了退让，由林董于 2 月 3 日照会总理衙门，承认"界址沿河十丈地方系为建立码头、开设马路等项之用，应由地方官次第举办"，"但将来别国租界将若地方归其管理，我国亦当一律照办"。② 随后，驻上海总领事馆派出二等领事加藤义三到苏州，要办理租界交接手续。③ 而江苏官府则答以奉命先定设界章程，后议界之四至等问题，并提出了所拟章程草案，其中规定，"所有界内捕房自应地方官设立，以尽保护之事"；"凡应改为马路之地，自应留出，归地方官修理管辖"；等等。④ 显然，当地官府没有改变既定立场。因此，到 3 月下旬为止，尽管加藤义三在上海与苏州之间往返两次，但都徒劳无功。⑤ 1896 年 3 月 27 日，日本驻苏州领事荒川巳次到任，声称只议租界区域及地税、地租、土地交接办法，"先索城内元妙观、城外阊门南濠繁盛之处，继索胥门外坛庙最多地方，后始议定盘门外相王庙迤东空旷地亩作为通商场"；⑥ 而中方"始终要抗辩的是租界内警察权和道路管理权两项"。⑦ 此时张之洞已回湖广总督本任，但仍高度关注苏、杭设界交涉，在看到 4 月 13 日黄遵宪向荒川巳次递交的《专议章程六条》⑧ 后，不满于其中第四条使界内道路、桥梁、沟渠、码头"筑本既归无著，岁修亦且缓议，受亏太甚"，第五条为日本设专管租界埋下伏笔，违反了"除专管之弊"的"原议"，不利于实行"我收权之策"，且会使中方修筑道路、沟

---

① 『蘇州租界ニ関シ巡撫卜往復ノ件』（1896 年 2 月 1 日）所附 1895 年 12 月 29 日苏州洋务局致珍田舍己照会，B-3-12-2-32 之 3-001。

② 《苏界沿河十丈之地亦不得归别国管理至完税事应照马关条约第六款办理》（1896 年 2 月 4 日），总理衙门档案，01-18-073-01-011。

③ 《派加藤书记生办理租界事宜希电饬地方官速交经议之处》（1896 年 3 月 2 日），总理衙门档案，01-18-073-01-018。

④ 『在蘇州帝国居留地受取ノ為メ初回ノ出張ニ関スル報告書』（1896 年 3 月 17 日）及所附江苏洋务总局所拟租界章程，B-3-12-2-32 之 3-001。

⑤ 『第二回蘇州出張ノ報告復命書』（1896 年 3 月 31 日）、B-3-12-2-32 之 3-001。

⑥ 《咨送苏州日本租界章程》（1897 年 4 月 23 日），总理衙门档案，01-18-073-01-038。

⑦ 『蘇州日本人居留地指定済並ニ取扱書案裁可相成度件具申』（1896 年 4 月 14 日）、B-3-12-2-32 之 2-001。

⑧ 原文见《苏州海关志》编纂委员会编《苏州海关志》，苏州大学出版社，2009，第 151 页。

渠的费用"尽付他人"。① 故张之洞向赵舒翘和总理衙门明言，六条"不能作为定论"，"必宜设法补救"。② 由此可见，他的固有立场毫无松动。而此时已回两江总督、南洋大臣本任的刘坤一，也明确表示："苏州拟照宁波办法，自设巡捕，以收管辖之权，自是扼要之策……洵足救弊补偏。"③ 可见，他的态度与张之洞是完全一致的。

在杭州，浙抚廖寿丰于 1895 年 12 月 18 日看到珍田舍己的照会，内称两国议定"在苏即行开设日本专管租界……杭州亦仿照苏州办理"，故现在要确定"本总领事所拟租界地基丈尺"，"又沿河纤路，应妥筹本国租界之便，永立为公道"。而廖寿丰的回复与苏州方面并无不同："近日所接总理衙门文电……并无允日本设立专管租界，亦并无捕房一切归日本自管之意"，"工局、捕房一切事宜，本是我国地方官应有之权，且有本省宁波、温州两处成案具在，杭州自应一体办理"。④ 同时，对于珍田舍己"所勘地方"，他也不认可，称："丈尺四至彼此并未议明，且图内界线未将纤路丈尺留出，有碍商旅往来，实难应允。"⑤ 日方遭到抵制，且看到在苏州交接所指区域不成，只好暂停交涉。

在这前后，中方为了贯彻既定原则，还着眼于先发制人，为在苏、杭设界区域行使管辖权、警察权作准备。1895 年 12 月 29 日，张之洞以"商埠地段已定"，令江苏官府"速饬先清靠河地，赶划十丈，填筑路基，务在洋商未来之前动手"；⑥ 1896 年 1 月 28 日，又要江苏官府筹拨厘金并借拨江

① 《致苏州赵抚台》（光绪二十二年三月初六日），赵德馨主编《张之洞全集》第 9 册，第 113 页。

② 《致苏州黄道台公度》（光绪二十二年三月初六日）、《致苏州赵抚台》（光绪二十二年三月初三日），赵德馨主编《张之洞全集》第 9 册，第 114、112 页。

③ 《复邓筱赤》（光绪二十二年八月二十日），中国科学院历史研究所第三所主编《刘坤一遗集》第 5 册，中华书局，1959，第 2181 页。

④ 《驻上海代理总领事永泷久吉致外务次官原敬报告》（1896 年 2 月 25 日）所附浙江按察使聂缉椝致珍田舍己照会，B-3-12-2-32 之 3-001。此次双方照会的主旨，廖寿丰也曾提及，见《十一月巡抚札洋务局照复日领事》，陈瑞修，王棻纂，屈映光续修《民国杭州府志》第 174 卷，1922 年影印本，江苏古籍出版社、上海书店出版社、巴蜀书社，1993，第 2—3 页。

⑤ 《杭州日本租界业与日领事会勘尚未作定兹将与日领事来往照会及地图咨呈》（1896 年 1 月 10 日），总理衙门档案，01-18-073-02-001。

⑥ 《致苏州赵抚台、商务、洋务局各道台》（光绪二十一年十一月十四日），赵德馨主编《张之洞全集》第 9 册，第 67 页。

海、镇江两关税款，用于"新开商埠沿河建造税关、马头、捕房、电灯等费"，并促其"速提款开办"；① 在得到总理衙门首肯之后，又于1896年2月29日令赵舒翘"速将各事一律兴工，以示我志坚定，彼谋自折"。② 1896年3月20日，张之洞致电刘坤一和赵舒翘，主张："赶派租界委员，布置捕房、工程局一应事宜，似以税司雇西人用西法，即如日本租界办法，彼即饶舌，我亦有词。"③ 故江苏官府于1896年4月将总税务司赫德举荐的江汉关总巡、英人钱尔德聘为襄办，开始组建警察队伍。④ 而1896年11月下旬珍田舍己再到苏州办理交涉时，看到拟设界区域内已由官府筑了宽4丈的马路，并听说每丈费用为50余元，共花了2万余元。⑤ 杭州方面在1895年12月下旬接到张之洞所转总理衙门来电："倘有建筑马头、酌设巡丁、设局修理街道，均应中国自办……马头由官筹费，饬税司承办，或径自办。"⑥ 而浙抚廖寿丰也致力于"保国家利权而全商民生计"，⑦ "以界内设关及捕房、马路等事，系地方自有之权，均应预为筹备"，"电商总理衙门，饬派前代理宁关税务司、头等帮办李士理来杭，会同局员相度基址，并由沪雇觅西洋营造司及总捕头"，⑧ "一并开工筑造"，⑨ 还组成了一支25

---

① 《致苏州赵抚台、商务局陆、罗、朱道台》（光绪二十一年十二月十四日），赵德馨主编《张之洞全集》第9册，第81页。

② 《致苏州赵抚台》（光绪二十二年正月十七日），赵德馨主编《张之洞全集》第9册，第102页。

③ 《致江宁刘制台、苏州赵抚台、洋务局》（光绪二十二年二月初七日），赵德馨主编《张之洞全集》第9册，第103页。

④ 参见《苏州海关志》编纂委员会编《苏州海关志》，第154页。

⑤ 『在蘇州帝国居留地章程商議之状況具報並請訓』（1896年12月29日）、B-3-12-2-32之2-002。

⑥ 《致苏州赵抚台、杭州廖抚台》（光绪二十一年十一月初六日），赵德馨主编《张之洞全集》第9册，第60页。

⑦ 俞樾：《浙江巡抚廖公墓志铭》，见《春在堂杂文六编》（六），第20页，《清代诗文集汇编》编纂委员会编《清代诗文集汇编》第686册，上海古籍出版社，2010，第249页。

⑧ 《浙抚奏杭州开埠一片恭录朱批并原片知照由》（1896年5月4日），总理衙门档案，01-18-073-03-002。

⑨ 见《二十二年五月设立洋关奏请铸颁杭州税关监督关防》，陈璚修，王棻纂，屈映光续修《民国杭州府志》第174卷，第3页。

人的巡捕队伍。① 1896 年 11 月 16 日，廖寿丰电告总理衙门："杭埠购地、筑路、募捕、造屋，经营半年，费十余万。"②

**2. 苏州谈判陷于僵持，日方先在杭州取得进展**

日方面对僵局，为了尽快让日商享受权益，又试图采取先易后难之策，以逐步实现其目标。

驻苏州领事荒川巳次在进行了一轮交涉后，认为："姑且先将租界区域定下来，然后再涉及地税、地租以及土地交接办法，这是有益而且得当的顺序。"他还说："到若干帝国臣民居住在日本租界内时，如在管治上感到有必要，可以随时只对帝国臣民施行我警察权。"言外之意，是希望在交涉中暂将这个问题搁置。③ 但日本外务大臣陆奥宗光强调，苏州是日本在中国最先设立租界之地，"租界警察权及道路管理权的归属以及购买土地方法等的确定，自然会成为先例，影响其他新开口岸的帝国租界，它们各自势必会在所有方面都仿效苏州之例"，因而荒川巳次须在"慎重调查"后听候指令。④其后，代理外务大臣西园寺公望为打破僵局，于 1896 年 6 月 13 日和 7 月 7日分别传令荒川巳次和驻杭州领事小田切万寿之助，在要他们始终"主张帝国的权利利益"的同时，又表示，"关于警察权及道路管辖权，从既往交涉情况看，不能轻易得到中国委员同意，如果谈判久拖不决，帝国政府将改在北京直接与总理衙门开谈，而贵官则当将上述权力问题作为未定的悬案，努力就区域确定、土地拍租等实际问题与中国地方官员充分协商，使我商民尽快享受到通商贸易的实利"；万一中方在悬案解决之前拒不商议实际问题，"可让一步……采取临时处置，提出在帝国租界内警察事务的执行由帝

---

① 参见『帝国居留地二関スル当地地方官ノ挙動ニツキ荒川領事卜往復件報告』(1896 年 5 月 9 日)、『予定居留地二対スル当国地方官ノ挙動二関シ前報後ノ状況具報ノ件』(1896 年 6 月 18 日)、B-3-12-2-32 之 3-001。

② 《致荆州俞道台》（光绪二十二年十月十五日），赵德馨主编《张之洞全集》第 9 册，第 164 页。

③ 『蘇州日本人居留地用地指定済並二取扱書案裁可相成度件具申』(1896 年 4 月 14 日)、B-3-12-2-32 之 2-001。

④ 《外务大臣陆奥宗光致驻苏州领事荒川巳次》(1896 年 5 月 14 日)，B-3-12-2-32 之 2-001。

国政府临时委托给中国政府执行的条款"。但即便如此，"租界章程也要随帝国之意裁定"。此外，他还向两人下达了由外务省审定的租界章程草案。①

7月初，荒川巳次又与苏州海关道陆元鼎及黄遵宪等交涉两次，仍无进展。7月4日，中方照会荒川巳次，驳回了日方提出的章程草案：

> 查贵领事面交外务批示苏州租界章程八条，欲将界内一切行政归日本政府办理，其租界界址除东、西、南三面照前议外，北界欲直达运河等语。查马关新约第六款，将苏州立为通商口岸，以便日本臣民往来侨寓，从事商业工艺制作云云。是新约所许，只许通商，下文所谓照向开口岸办理、应得优例及利益一律享受，系承上文日本臣民从事商业工艺者而言。遍查华文、日本文、英文，均无在苏州让给一地、准令日本管理之文。外务所拟，实难照行。至运河沿河十丈官路，上年十二月廿一日既准林公使照会，此路不入界内，亦难改议。②

但是，日方仍坚持"照所议作为专界，并争界内之权"，荒川巳次"自谓已由彼政府改饬林公使在京议办，伊无议章之权，延不续议，旋即起程回国"。③ 这样，交涉依旧陷于僵局。

然而，在原本要仿效苏州的杭州，却因小田切万寿之助的手腕更加灵活，出现了另一种局面。

双方从1896年8月1日重开交涉。中方立场是"界内全归我管"，④ 首先围绕"通商场"还是"租界"这个名称问题，与日方相持不下。小田切万寿之助采取了"变通办法"，提出：正式名称由日本公使与总理衙门最终确定，此前姑且以英语 settlement 来代称。对此，出面交涉的署浙江布政使

---

① 《外务大臣西园寺公望致驻苏州领事荒川巳次》（1896年6月13日）、《外务大臣西园寺公望致驻杭州领事小田切万寿之助》（1896年7月7日），B-3-12-2-32 之 2-001。

② 『帝国居留地設置案清国委員卜商議不調ノ件具報』（1896年7月10日）所附7月4日中方委员面交荒川巳次的照会，B-3-12-2-32 之 2-001。

③ 见《咨送苏州日本租界章程》（1897年4月23日），总理衙门档案，01-18-073-01-038。

④ 见《日本商民居住塞德耳门地基按照苏沿河十丈地所一体办理情形》（1897年4月4日），总理衙门档案，01-18-073-02-013。

聂缉椝及在幕后掌控的廖寿丰都表示同意。于是，作为 settlement 音译的
"塞德耳门"，就开始出现在双方照会之中；中方还特意在其前面加上英语
foreign（音译为"福连"）一词，言明："杭州添设通商口岸，应立为各国通
商场，即今议称福连塞德耳门之名义。"小田切万寿之助认为这"颇欠妥
当"，但又不愿为名义之争拖延时间，加上"听说此前英、德两领事（大概
是驻上海的领事）就设租界问题有所要求"，便将交涉引向划定设界区域等
问题，索要先前珍田舍己所指拱宸桥北运河东岸地方（东西两面约 300 丈、
南北两面约 360 丈）。但中方只同意在"福连塞德耳门"范围内让日本"尽
先租赁地基，建屋居住"，至于面积，也只同意给日方所要的三分之一，充
其量一半，且强调："一切章程应按照福连塞德耳门持平商办。"其后，中
方聚焦于日界面积大小、警察权和道路管辖权的归属，坚持先就这两个问题
同时进行交涉。小田切万寿之助认为，警察权对于日本是"权利事项中最
重要的问题"，但当下在杭州并非燃眉之急，而确定日界面积才是头号实际
问题。另外，其时当地绅耆反对将外国租界区延伸到拱宸桥南，"有可能竭
力采取手段来阻碍"，且"长公桥河以北之地坟墓累累，迁移不易，如强行
则有激怒民心之忧"，也令小田切万寿之助有所忌惮。① 于是，在聂缉椝一
再强调警察权与道路管辖权问题无论如何不能接受日方要求之后，小田切万
寿之助决心将此转到北京谈判，② 而遵外务大臣之命，在杭州继续就设界具
体问题进行交涉。③ 1896 年 9 月 27 日，聂缉椝与小田切万寿之助签署了
《杭州日本商民居住塞德耳门章程》。④ 而从小田切万寿之助为此发出的报告

---

① 『在杭州帝国居留地设定事件ニ関シ清国地方官ト商议ノ情形具申第一』（1896 年 8 月 10
　日）、『在杭州帝国居留地设定事件ニ関シ清国地方官ト商议ノ情形具申第二』（1896 年 8 月
　18 日）及所附 1896 年 8 月 12 日聂缉椝致小田切万寿之助照会、『在杭州帝国居留地设定
　事件ニ関シ清国地方官ト商议ノ情形具申第三』（1896 年 8 月 25 日）及所附 1896 年 8 月 22
　日小田切万寿之助致聂缉椝函，B-3-12-2-32 之 3-001。

② 『在杭州帝国居留地设定事件ニ関シ清国地方官ト商议ノ情形具申第四』（1896 年 8 月 26
　日）、B-3-12-2-32 之 3-001。

③ 『在杭州帝国居留地设定事件ニ関シ清国地方官ト商议ノ情形具申第五』（1896 年 9 月 1
　日）、B-3-12-2-32 之 3-001。

④ 『杭州日本居留地取扱書送呈並ニ交涉ノ情形具申』（1896 年 9 月 28 日）、B-3-12-2-32
　之 3-001。

来看，日方认为其最重要的内容有四点：

第一，警官及道路在两国政府议定之前，可有条件地属于地方官管辖，但日本臣民不在中国警官管辖权之内。

第二，关于土地面积，同意将中国委员最终提出的方案上报（从第八区到第六十九区画一直线，以北地基十七万坪）。

第三，使对方同意杂居，但主要以中国人为对象。

第四，日本臣民得以永租人资格，每亩（中国一亩相当于日本六亩廿四步五合）交纳地税二元，分别按二百五十元、二百元和一百五十元的等次拥有土地。①

上列第一点，符合此前日本外务大臣训令的精神，只是在两国政府作出最后决定之前暂行，故并非承认中国对日界拥有警察权和道路管理权。第二点所涉及的日界面积，小田切万寿之助曾屡次要求更大面积，但不被中方接受，为了避免久拖而损害日本通商利益，才接受了中方方案。据《民国杭州府志》第174卷《交涉》载，此次"订定通商场地址，共计一千八百九亩二分六毫，内划分七十四段"。对于第三点所涉及的中外杂居问题，双方在交涉中争论激烈，中方为了杜绝本国人托庇于治外法权的弊端，自始就提出完全禁止本国人居住于日界，但日方从经济利益出发，援照上海、汉口等地成例，拒不退让。中方退而要求对在日界内的中国人拥有干预之权，并最终达成妥协：限制在日界居住经营的中国人的资格，并规定在中日双方官员"会同查确"的前提下，中国地方官可惩办"不安本分、不奉章程"的中国人。至于第四点所涉及的地税、地租，中方原本要求日本商民每年按上、中、下等次缴纳地租，不纳地税，但小田切万寿之助"从长远利益起见"，要求采取中国各口岸通行的租地方法，并竭力压低中方提出的各等次地租和

---

① 《驻杭州领事小田切万寿之助致外务大臣大隈重信电》（1896年10月1日），B-3-12-2-32之3-001。

地税标准。① 此外还应指出的是，日方在警察权等问题上采取权宜之计，使中方任事者受到迷惑，对原本十分重视的沿河十丈土地不归界内问题，没有坚持在章程中作明文规定，从而留下了隐患。②

总之，在杭州，日方看似在界区管辖权和警察权上有所让步，但实际上只是暂作悬案，以免僵持，而在本来准备讨价还价的日界面积、地租、地税及中日杂居、沿河十丈土地等问题上，则都取得了重要进展；而中方从总体上看，反对设日本专管租界而要设中国管辖的外国通商场这一底线，并无改变。

**3. 中日在沙市的交涉**

中方在该地应对日方，一直由张之洞直接操控。1896 年 3 月，日本政府照会中国驻日公使，指责中国对新增四口设日租界"设置无谓的障碍"。③但就在 3 月 24 日，张之洞仍札饬荆州官府"切勿遽与开议"。5 月 3 日，他又传令，"通商场巡捕工食，即准在开关经费下开支"，④ 足见他坚持将日界归入中国拥有管辖权和警察权的通商场。其后，张之洞派人到沙市，会同荆州官员，与日本领事永泷久吉进行交涉。⑤ 此时，日方因在苏、杭的交涉中尚未取得进展，反应并不急切。7 月 4 日，日本外务大臣西园寺公望向永泷久吉发出训令，提出了设界的具体方案，重申此前由珍田舍己选择的界址，将日界定名为"日本帝国租界"，还规定：界内警察权、道路管辖权及其他种种行政权统归日本，居民对界内公用水井、沟渠、道路没有纳税义务；界内道路、桥梁、沟渠、码头等修筑费用由中方承担，将来随着商业繁盛，由日方向界内住户收取每年所需修缮各费；界内土地由中国官府向当地人购

---

① 『杭州日本居留地取扱書送呈並ニ交渉ノ情形具申』（1896 年 9 月 28 日）及所附『杭州帝国居留地取極書理由説明書』、《杭州通商口岸事宜十条》，B-3-12-2-32 之 3-001。

② 后来，中方要求杭州仿苏州将沿河十丈土地划出日租界，日方借口"与议定图内所载不符"而拒绝。见《照复杭埠沿河地方按照苏章办理与原议不符碍难转行领事请代达浙抚》（1897 年 3 月 20 日），总理衙门档案，01-18-073-02-012。

③ 《日本政府致中国驻日公使照会》（1896 年 3 月），B-3-12-2-32 之 4-001。

④ 《致荆州曹道台、余守》（光绪二十二年二月十一日）、《致荆州曹道台》（光绪二十二年三月二十一日），赵德馨主编《张之洞全集》第 9 册，第 105、117 页。

⑤ 『帝国居留地設備ノ義ニ付具申』（1896 年 5 月 21 日）、B-3-12-2-32 之 4-001。

买，然后以竞拍之法让日本商民永租；界内民房、坟墓拆迁等费用由日本领事与地方官商议处理；界内地税分上、中、下三等，每年定期由日本领事征收后交给中国官府；允许华人和别国人在界内自由居住营业；等等。① 8 月 9 日，永泷久吉照会荆州道俞钟颖，要求"妥行商定"设立日租界事宜。② 从 8 月下旬到 9 月下旬，双方围绕界址及其面积、地租、沿江堤基和公共道路进行谈判。日方要求将界址向地势较高的海关地界移动，索取长 800 丈、宽 80 丈的地面，中方均表反对，只同意最多以长 380 丈、宽 60 丈的地面用作日界；至于道路、沟渠、堤防修筑问题，双方亦无成议。③ 9 月 13 日，张之洞札饬荆州道："凡各国人住寓之处，不得分给专管之租界，只应定有总租界，所有界内事宜，应由地方官会同各国领事官商办，其道路、码头、巡捕等项，应由中国建设经管。"④ 9 月 25 日，他又致电总理衙门，针对日本"欲于新开四口独擅租界"，"专本总界之说"，认为"总界成则……界权亦自归中国"，请总理衙门"电饬苏、杭，一律以总界相持"。⑤ 于是，永泷久吉在报告中指责沙市官员"颇有异词"，而日本公使林董则促总理衙门"电饬"，以"妥速了结"设立日本专管租界事宜。⑥

　　上述中日在沙市的交涉事项，与苏、杭不尽相同，但基本分歧在三地是一样的，那就是围绕日界是租界还是通商场，实际体现日界性质的管辖权与警察权谁属的对立。而其后的事实是，日本通过对清政府蛮横施压，在这个根本问题上达到了它的目的。

---

① 《外务大臣西园寺公望致驻沙市领事永泷久吉》（1896 年 7 月 4 日），B-3-12-2-32 之 4-001。

② 『沙市居留地ノ義ニ関シ電信並ニ啓文写相添申進ノ件』（1896 年 9 月 2 日）、B-3-12-2-32 之 4-001。

③ 『帝国居留地開設商議ニ関スル儀ニ付具申』（1896 年 9 月 27 日）、B-3-12-2-32 之 4-001。

④ 见『帝国居留地開設商議ニ関スル儀ニ付具申』（1896 年 9 月 27 日）所附 1896 年 9 月 19 日荆州道台俞钟颖致日本驻沙市领事永泷久吉的照会，B-3-12-2-32 之 4-001。

⑤ 《致总署》（光绪二十二年八月十九日），赵德馨主编《张之洞全集》第 9 册，第 152—153 页。

⑥ 『沙市ニ於ケル我専有居留地談判ノ義ニ関シ電信並ニ啓文往復等写相添申進ノ件』（1896 年 10 月 14 日）所附 1896 年 10 月 7 日林董致总理衙门照会，B-3-12-2-32 之 4-001。

## 三　日租界性质确定与清政府之有限抗争

### （一）日本政府发出最后通牒与日租界性质确定

如前文所述，《马关条约》订立后，日本政府在设租界问题上，是以比照西方国家在华既有租界为方针的，即使出于策略考虑变换一些手法，也绝不意味着改变这一方针。1896 年 9 月，大隈重信就任外务大臣，日方对华姿态更显蛮横，[①] 竟然为设日租界和其他有争议的问题，对清政府动用了最后通牒手段。

原来，在中日围绕设日租界展开交涉之前，两国政府从 1895 年 9 月中旬开始，在北京就订立通商行船条约举行谈判。[②] 其间，中方提出了对在华日厂的产品按值百抽十征税的要求。[③] 而日方经过权衡，认为如在华日厂产品免税，会使清政府没有理由对本国厂商征收厘税从而大为减轻其税负，不利于日本国内工业品在华开辟市场，为了"尽量防遏中国制造工业的进步，乘间大力发展我制造工业"，"牺牲"少数在华日厂的"私益"也是"不得已"。[④] 但即便如此，也必须"从对方得到特别报酬"，"即对方允许在上海、天津、厦门、汉口四地，与新开口岸一样设立日本专管租界，并让与专管租界所附带的警察权及道路管辖权"。[⑤] 此外，日方还不满于"添设通商口岸期满不即开办"，指责中方不与日方"妥商而定"苏、杭海关章程，且

---

① 总理衙门 1896 年 10 月 19 日奏称："日本政府更换后，林董……非复前此和商。"《清季中日韩关系史料》第 6 册，第 3326 页。

② 「通商航海条約締結ニ関シ総署ヘノ照会写並ニ該大臣ト対話筆記相添申進ノ件」（1895 年 9 月 20 日）、B-2-5-1-055-000-001。

③ 《清季中日韩关系史料》第 6 册，第 3325—3326 页。

④ 「清国製造業課税ノ義ニ付建議ノ件」（1896 年 10 月 8 日）、日本外務省編纂『日本外交文書　明治期』第 29 卷、日本国際連合協会、1954、519—520 页。

⑤ 「単独要求提出方訓令ノ件」（1896 年 10 月 6 日）、日本外務省編纂『日本外交文書　明治期』第 29 卷、517 页。有论者将日方借机索取"特别报酬"，说成以在华日厂产品缴纳制造税来换取清政府对设日租界作重大让步，不确。

有清军在威海卫的日军"驻守之区内"驻扎。① 为了一举排除日本实现在华权益的"障碍"，日本公使林董奉命于 1896 年 10 月 17 日向总理衙门发出最后通牒，声称对于日方提出的各项要求，"惟有允否两字而已"。② 清政府经受不住逼迫，全盘接受，令总理衙门于 10 月 19 日与林董签订《公立文凭》。其中，有关设立日租界的规定是："添设通商口岸，专为日本商民妥定租界，其管理道路以及稽查地面之权，专属该国领事"；中国政府在比照本国臣民对在华日厂产品征收"税饷"的同时，允许"在上海、天津、厦门、汉口等处，设日本专管租界"。③ 至此，日租界的性质被明定为专管租界，而中方为阻止日本在租界中剥夺中国行政管辖权和警察权所作的努力，也就完全告败；日本还将其专管租界的设立范围扩大到四个向开口岸，包括在长江流域最为重要的上海和汉口。

## （二） 清政府之有限抗争及其结果

在《公立文凭》订立之后，清政府对于日本设立专管租界已无可奈何，但还是做过有限的抗争，这在其后苏州、杭州、沙市分别进行的交涉中，都有所体现。然而，主要因为经受不住日本的压力，加上其他因素，这些抗争都遭到失败。至于日方，只是对其要求略有调整而已。

### 1. 从苏、杭方面之后续交涉来看

先看苏州方面。

1896 年 11 月下旬，珍田舍己奉命再到苏州，与新任江苏布政使聂缉椝等重开交涉，④ 除了重新确认界址外，主要谈判沿河十丈土地是否归入租界、界内道路与桥梁等由谁修筑、界内土地租借方法及地租地税的规定、华人杂居等问题。

---

① 《日本公使林董节略》（1896 年 10 月 11 日），总理衙门档案，01-25-048-02-010。

② 「条約励行ノ義ニ関シ往復文書等相添申進ノ件」（1896 年 10 月 23 日）所附林董于 1896 年 10 月 17 日递交总理衙门的照会，见日本外务省编纂『日本外交文書 明治期』第 29 卷、557 页。

③ 王铁崖《中外旧约章汇编》第 1 册，第 686 页。

④ 《外务大臣大隈重信致驻上海总领事珍田舍己》（1896 年 11 月 16 日），B-3-12-2-32 之 2-001。

围绕沿河十丈土地问题，争议最大。日方认为，"该地区对我租界占据最枢要之处，码头建立、船舶停泊、货物上下等都须仰赖于这个地区，能否管辖，对于将来租界各方面经营有最关痛痒得失之感"，故竭力要将其纳入日租界内。然而，中方为了掌握该地段管辖权，作了最顽强的抵制，严拒日方要求。双方僵持不下，使这一问题转归日本公使与总理衙门谈判。日本代理公使内田康哉声称：日租界如不包括沿河土地，则完全不能设立专管租界，且其他口岸无此先例。但总理衙门因此前已与林董达成协议且日人也可自由使用沿河土地，拒绝日方要求。日本政府得报，认为"苏州租界的设立因此而拖延下去，将很不利"，决定继续搁置这一问题。但是，内田康哉并不马上让步，又向总理衙门提出以日方"担承其专管苏埠租界内筑路经费"，来换取沿河十丈土地纳入日租界等项。① 见总理衙门仍不同意，才于1897年2月1日表示，"暂将苏界沿河十丈地段一层作为悬案"，而中国政府须"允日本臣民任便用该地段，将来倘允别国将沿河地方列在租界内，日本亦当一律办理"。对此，总理衙门表示"自可照办"，同时言明："此项地段原议留归中国自用，日本臣民只能任便行走，不能在该地面上有所建造。"② 双方的争议虽由此缓和下来，但中方仍付出了代价，即不向日方索要先前为日租界内筑路所投入的费用。③

关于日租界内道路、桥梁等的修筑，如聂缉椝所言，日方欲"全归我国代办"，④ 声称这是"当然之义"，但中方表示应由拥有管辖权的一方承

---

① 『蘇州ニ於ル帝国居留地設立ニ関スル訓令』（1897年1月28日），『蘇州居留地沿岸十丈ノ地ニ関シ総署大臣ト談判始末報告』（1897年1月21日）及所附1896年12月16日、20日内田康哉与总理衙门相互发出的照会、第9号附件，B-3-12-2-32之2-002。

② 『蘇州居留地沿岸十丈地ノ義ニ関シ電信並ニ照会往復写相添申進ノ件』（1897年2月17日）及所附1897年2月1日、8日内田康哉、总理衙门相互发出的照会，B-3-12-2-32之2-002。另见《苏界沿河十丈地方暂作悬案仍不准日本臣民在该处有所建造》（1897年2月9日），总理衙门档案，01-18-073-01-028。

③ 1896年12月16日内田康哉致总理衙门照会提出，在苏州"中国政府用过之筑路经费不向日本政府讨回"（『蘇州居留地沿岸十丈ノ地ニ関シ総署大臣ト談判始末報告』附件，B-3-12-2-32之2-002）。而1897年6月13日浙抚廖寿丰致函总理衙门称，如日方同意沿河十丈土地不归入杭州日租界，则"索还工费"本可不提（《函送杭埠界图》，总理衙门档案，01-18-073-02-022）。由此可推知苏州方面在交涉中未向日方索要工费的原因。

④ 《咨送苏州日本租界章程》（1897年4月23日），总理衙门档案，01-18-073-01-038。

担。日方又提出如中方不修，则应从地租中扣除相关费用，中方亦加反对，但最终以无偿提供修路用地（即道路用地免租免税）作为让步。关于日租界内土地租借方法，日方要求由中国官府买下后再租给日人，而中方则以没有先例且非《马关条约》明文规定的义务，表示反对，但未能坚持到底。至于界内地租的标准，双方同意一律定为每亩160元。而租价维持的年限，中方本提出5年，又因日方同意缩小无偿提供道路用地的面积而延长为10年。关于地税，双方议定每亩每年缴纳4000文。此外，日方还迫使中方承担日租界内坟墓、民房迁移的所有费用。在华人杂居问题上，中方要求对华人拥有征税、保护之权，但被日方"彻头彻尾予以排斥"，最终依照上海租界会审公廨先例定议。[①]

1897年3月5日，聂缉椝、苏州海关道陆元鼎与珍田舍已签订了《苏州日本租界章程》，并就租界地税、"租界章程内未经刊载之事"（即免纳地租地税的租界内道路用地与修路时须付地租的用地，日方不承担租界内房屋坟地迁移等费），互换了照会。[②]

再看杭州方面。

小田切万寿之助于1896年11月11日接到本国政府电令，要求删除杭州原章程中与租界管辖权和警察权相关的第二、三、十三条，并对其他条款也作相应更正。而浙抚廖寿丰，此时也得知《公立文凭》订立，十分愤慨。[③] 11月17日，廖寿丰电询总理衙门：日本既设专管租界，先前已用于日界筑路、募捕、造屋的经费十余万如何归还？未竣之工应否停止？他还指出，如果在日方取得管辖权和警察权后，原章程"其余各条照旧由中国办理，既非宁波向章，又非沪上向章，无论何口，皆无此例"。而总理衙门的回复则称，杭州用过的经费应由日本筹还，未竣之工应由日本接办，同时原章程"全章自应删订"。廖寿丰随即知照小田切万寿之助：奉总理衙门饬

---

① 『在蘇州帝国居留地章程商議之状況具報並請訓』（1896年12月29日）、B-3-12-2-32之2-002。

② 王铁崖编《中外旧约章汇编》第1册，第691—696页。

③ 『杭州我居留地取扱書調印ニ関スル商議ノ情形具申並ニ請訓』（1896年11月18日）、B-3-12-2-32之3-001。

令，拒绝日方"所提之事"，"按上海办法从新议定章程"。日本外务大臣得报后，指责其"殊为无谓"，要求总理衙门"严饬该抚"按日本条件开议。① 但是，在12月5日小田切万寿之助提出按日方条件交涉之后，浙江官府在12月8日回复中仍表示："或仍用原章十四条，不须改动；或尽不用，照马关原约而引用他口章程"；如删除原章程有关管辖权和警察权的条款，则有关中方义务的条款也应删除。② 中国驻日公使裕庚也奉命于12月14日照会日本政府，声明中方对杭州日租界"不能再认工程"。③ 但是，中方最终还是在日方压力下，围绕原章程的改订进行谈判。

交涉在杭州和北京两地进行，争议最大的是沿河十丈土地是否纳入日租界的问题。1897年3月30日，总理衙门照会日本公使内田康哉称，日租界沿河十丈土地问题，"苏杭两地事同一律"，应按苏州章程办理。④ 4月24日，裕庚向日本外务省递交节略，提出杭州日租界沿河十丈土地、地价及筑路经费等事，"均可照苏州章程办理"。⑤ 但日方以原章程"已将该道路纳入租界界内"为由，扬言"不容再有纷议"。中方"举全力争之"，坚持"援引苏州之例"。同时，还有地方绅耆向杭州官府和总理衙门请愿，坚决要求将沿河十丈土地划出日租界、由本国政府管辖，"其势力颇为强大"。⑥ 在此

---

① 见《杭州日本租界章程公立文凭事仍请转饬驻杭领事公平商办》（1897年12月4日），总理衙门档案，01-18-073-02-006。

② 《日领请删杭章之条经驳照复情形抄稿知照由》（1896年12月27日），总理衙门档案，01-18-073-03-008；『杭州日本居留地取極書中ヨリ三条削除ノ件ニ関シ地方官トノ往復文書具稟』（1896年12月29日）所附1896年12月8日仁和县知县伍桂生致小田切万寿之助照会，B-3-12-2-32之3-002。

③ 《中国驻日公使裕庚的节略》（1896年12月14日），B-3-12-2-32之3-001。另见《致日本外部节略》（1897年1月14日），总理衙门档案，01-18-073-02-007。

④ 《苏杭沿河地所事同一律希饬杭领事照办》（1897年3月30日），总理衙门档案，01-18-073-02-011。

⑤ 《函呈致日本外部辩论杭界节略》（1897年4月24日），总理衙门档案，01-18-073-02-017。

⑥ 『杭州居留地取扱書修正ニ関スル協議ノ情形具申』，『杭州居留地沿河道路管理ニ関シ北京我公使ヘ発電理由具申件』所附『居留地取扱書修正談判ニ関シ発電ノ顚末報告之件』（1897年3月17日、4月1日），『杭州居留地沿岸十丈地ノ義ニ関シ総署大臣ト談判ノ件』（1897年4月3日）及其所附1897年3月30日、4月1日总理衙门与内田康哉的往复照会，『杭州居留地沿岸十丈ノ地ニ関スル件』（1897年4月14日）及其所附1897年4月4日、10日总理衙门与内田康哉的往复照会，B-3-12-2-32之3-002。

情况下，中方拟出条款："其沿河十丈本属官塘大路，已由地方官修筑作为马路。现议日本商民任便往来行走，上下客货，系泊船只，并声明不得在该地面上有所建造。将来倘允别国将此官路列在居留地内，日本亦当照办。"日方担心争执下去会危及已到手的权益，且不利于其争取降低租界内地租，故在本国政府规定的范围内略作让步，一方面坚持"此路当在界内"，"按照上海公堂章程办理"，另一方面又同意"此地系中国民人往来出入、下接官塘必由之路，议仍作公共往来行走之路，应听凭中国人任便上下行走、系泊船只，不设限制"。① 即便如此，在管辖权这个根本问题上，双方的分歧依然没有消除。中方直到5月初，都要求按所拟定议，日本政府却于5月7日电令内田康哉施压，"称杭章一层，宜速严行总署转饬依议，画押盖印"。② 至此，总理衙门被迫屈服，以"碍难久待，饬局速办"；③ 廖寿丰亦"思彼界管权已去，只此十丈地面，所争已属细微⋯⋯不得不以速了为贵也"。④

关于中方已为租界筑路等工程投入的经费、日方无偿获得租界内道路用地，以及华人在租界杂居等问题，也是交涉的重要事项。1897年1月13日，大隈重信致电内田康哉称，在筑路经费问题上最终能做的让步，只是"提出让租地者偿还之议"；苏州官府已向日本领事承诺无偿提供租界内道路用地、准许华人杂居，杭州也要同样办理。⑤ 2月1日，他又致电小田切万寿之助，表示可通过酌情增加租界内地租，来补偿中方为筑路和无偿提供道路用地而产生的实际费用。⑥

---

① 『杭州日本居留地追加取扱書送付並ニ協議ノ情形具申』（1897年4月10日）及所附《杭州日本商民居住塞德耳门续议六条》，B-3-12-2-32之3-002。

② 『杭州居留地取扱書ノ件』（1897年5月8日）及其所附1897年5月7日内田康哉致总理衙门照会、『杭州我居留地追加取扱書調印ニ関スル交渉情形具申』（1897年5月14日）及其所附1897年5月6日仁和县知县伍桂生致小田切万寿之助函，B-3-12-2-32之3-002。

③ 《杭界议妥画押盖印》（1897年6月13日），总理衙门档案，01-18-073-02-021。

④ 《函送杭埠界图》（1897年6月13日），总理衙门档案，01-18-073-02-022。

⑤ 《外务大臣大隈重信致代理驻华公使内田康哉》（1897年1月13日），B-3-12-2-32之3-002。

⑥ 『杭州居留地取扱書修正ニ関スル訓令』（1897年2月1日）、B-3-12-2-32之3-002。

　　在交涉中，日方先是拒绝返还日租界内筑路费用，而提出在此后承担租界内筑路经费，并附带四项交换条件：一是降低原章程所定而实际上含有道路修筑费用的地租地税；二是中方不要求日方偿还已用于筑路的费用；三是日租界内道路用地免租免税；四是今后租界内筑路经费的收支专由日本领事决定。在遭到中方反对后，又按本国政府训令表示："所有中国政府为筑路用过经费及为筑路所购地基价值，均归租地日本臣民承担。"① 对于中方所列已用之款 81208 元（为沿河筑路、购买沿河和租界内的道路用地、巡捕、租界内房屋坟墓拆迁各项费用之合计），② 日方只认沿河筑路款 23000 元和租界内房屋坟墓拆迁费用 11408 元，同时将还款与降低租界地租和地税标准相联系。结果，对上述两笔款项，双方同意在日本商民租地造屋贸易时由日本领事加征偿还，同时按日方要求，写明"必须俟商兴隆，由领事官设法筹备，自行送还"，中国地方官"不得时时催索"。至于日租界地租地税，中方原本主张沿苏州之例，但最终接受小田切万寿之助要求，按上、中、下等级分别定出地租，地税也比苏州定得更低。此外，关于租界内道路用地免租免税，在日租界内设立会审公堂，也按日方要求定议。③ 关于日租界内华人杂居问题，廖寿丰曾要求限制来往商民的职业种类，以防有人私自贩卖武器弹药等妨碍治安、败坏风俗，对地方官府统治造成困难。而小田切万寿之助则表示，可在日租界内作出规定，对这些行为予以处置。④

　　1897 年 5 月 13 日，杭州海关道王祖光与小田切万寿之助签署了《杭州日本商民居住塞德耳门续议章程六条》，其中除了为落实日本"专管"而根本改变原章程关于租界管辖权和警察权的规定，还涵盖了上述交涉的主要结果。同时，浙江布政使恽祖翼等与小田切万寿之助互换若干照会，就日方返

---

① 『杭州居留地取扱書ノ義ニ関シ総署ト談判始末ノ続報』（1897 年 1 月 4 日）及其第 9 号、第 12 号附件，B-3-12-2-32 之 3-002。

② 『杭州居留地取扱書修正ニ関スル協議ノ情形具申』（1897 年 3 月 17 日）、B-3-12-2-32 之 3-002。

③ 『杭州日本居留地追加取扱書送付並ニ協議ノ情形具申』（1897 年 4 月 10 日）及所附小田切万寿之助、伍桂生互致照会底稿，《杭州日本商民居住塞德耳门续议六条》，B-3-12-2-32 之 3-002。

④ 『杭州我居留地追加取扱書調印ニ関スル交渉情形具申』（1897 年 5 月 14 日）、B-3-12-2-32 之 3-002。

还沿河马路造路工费和坟墓房屋拆迁费用的办法，在沿河马路上除了街灯、沟渠、自来水、电柱等类外"不得有所建造"，处置日租界内"中国不守本分商民违禁营业"的办法，等等，作了规定。①

从上述可见，《公立文凭》订立后，清政府在已失去对日租界管辖权和警察权的情况下，在苏州和杭州仍尽力争取对于日租界沿河十丈土地的管辖权，结果在苏州基本达到目的，在杭州却因受制于原章程和日本政府施压而告败，只对日方有所制约而已。清政府还致力于保留苏、杭官府保护和干预日租界内华人的权力，但因日方固守治外法权而都归于落空。在日租界内土地、道路问题上，清政府被迫对道路用地免租免税，并降低了其他土地的租价。至于清政府以往为实现对日界管辖权而用于筑路等的款项返还，只在杭州成为交涉的问题，且确定返还的数额很少，时间遥遥无期。

**2. 从沙市方面之后续交涉来看**

《公立文凭》订立后不久，中日双方从 1896 年 10 月 29 日起，在沙市为日租界问题重开交涉。倍感无奈的张之洞仍不愿对日本百依百顺，在 11 月 13 日对荆州道的札饬中规定了交涉原则："我只可与议定界址，订明承租日期，姑为修一土堤，暂免水淹而已"；"界内桥梁、道路、沟渠、马头如何修造……均由其自管自理，我不能过问"；"华民不得在内居住"，"日人界内游行，应不准改用华装，不遵者作华民论，归地方官审办"。同时，他一改以往要沙市与杭州保持一致的态度，称"杭州章程必不得体"，"断不能曲从"。② 但是，在交涉中，日本领事永泷久吉却"谓界内道路、沟渠、桥梁、堤防、码头一切工程，应归中国办理……中国商民必须随便居住"，③

---

① 《驻杭州领事小田切万寿之助致外务大臣大隈重信》（1897 年 5 月 13 日）的附件《杭州日本商民居住塞德耳门续议章程六条》（汉文本），5 月 13 日小田切万寿之助与浙江布政使恽祖翼、杭州海关道王祖光、仁和县知县伍桂生互换的若干照会，B-3-12-2-32 之 3-002。另见《杭州日本租界续议章程》及其"附二：往来照会"，王铁崖编《中外旧约章汇编》第 1 册，第 703—704、705—709 页。

② 《致荆州俞道台》（光绪二十二年十月初九日），赵德馨主编《张之洞全集》第 9 册，第 162 页。

③ 《函陈日本沙市租界章程草约十五条其界内工程及华民杂居两款尚未商定并详修堤不便各情》（1897 年 3 月 15 日），总理衙门档案，01-18-077-01-001。文中江汉关道疑为荆州道之误。

土地也要由中国官府买下后拍租给日本商民。① 遭中方抵制后，永泷久吉竟"拍案作怒，立逼定议，坚持不允"。②

11月28日，荆州官府向永泷久吉提出方案六条：

　　一、议定自英商东起沿江直下长三百八十丈，深八十丈、一百二十丈不等，以草约为据，为日本专管租界，界内一切桥梁、沟渠、道路，均归日本租地自行修造、自行管理。

　　一、沙市地势低洼……中国格外优待，先为修一围堤，但嗣后日本界内堤段岁修培补，均归日人自理，并订明此堤将来设有坍塌决坏情形，各安天命。

　　一、现既定为日本专界，华民自应不得在内租赁房屋、开设行店，免占日人地界而杜争端。

　　一、现已查明日本界内之地共七百零六亩六分零，每亩照杭州下等地价定洋一百五十元……限于六个月内，将界内之地尽行照价承租，倘六个月后尚未租完，则第一年期内应照现价每亩加洋五十元，第二年期内每亩加洋一百元，第三年期内每亩加洋一百五十元，三年之后，所有日本未租之地，任凭地主租与他国商人，不得作为日本界内之地。

　　一、界内之地，自英商东界起，沿江匀分作甲乙丙丁四段，日商租地，从甲段租起，先将甲段租满，方能租乙段，乙段租满，再租丙段、丁段，三年之后，所有日商未租之地即不得作为日本租界。

　　一、所有以上简明五条未议及者，将来悉照汉口英、德两国租界章程办理。③

张之洞见报，不满于荆州官府在"华洋不杂居，道路归彼修"尚未定

① 『帝国居留地取扱商議ノ状況二付具申』（1896年12月25日）、B-3-12-2-32之4-001。
② 《俞道来电》（光绪二十二年十月十九日），赵德馨主编《张之洞全集》第9册，第165页。
③ 『帝国居留地取扱商議ノ状況二付具申』（1896年12月25日）及其所附《沙市通商场划议日本租界段落价值六条》，B-3-12-2-32之4-001。

议之时便答应修筑堤坝，令其"告以非此两议商定，堤仍不修，且修费浩大，应摊增地租，不然仍不修"。① 交涉持续到 12 月下旬，永泷久吉表示："工程、杂居两层，外间不能商定，必待两国政府核定。"② 其后，双方拟出《在沙市口日本租界章程》15 条，涉及界址及其面积、分为上中下三等的地租及土地租出时间、界内土地招租方法、界内原有房屋坟墓拆迁及其费用、界内地税标准及其征收办法、界内土地转租办法、对别国人在界内租地的限制、日本领事在界内码头向停泊船只征税之权、中日官方商定在界内建造会审公所、对界内兴修码头趸船等的规定、日本人墓地、日租界与日本商民一体均沾他国租界和他国人民享有的权益等。然而，1896 年 12 月 26 日，永泷久吉接到日本政府电令：沙市租界章程要等苏、杭两地租界章程订立之后方可确定。③ 1897 年 6 月 1 日，日本外务大臣大隈重信又令永泷久吉就三个问题再作交涉：一是言明"日方没有承担堤防工程的理由"，"清政府要在订立租界章程后一年内修筑堤坝，并负责今后随时修理"；二是日方可承担租界内道路、桥梁、沟渠及码头等的修筑，为此所用土地免租免税，同时还要全面降低租界地租，且保持永久不变，充其量仿苏州之例，规定 10 年后按租界邻近地方公平价格租借；三是参照苏、杭租界章程，允许华民在租界内杂居。④ 对此，张之洞提出"以准杂居、减地价两条为抵换修堤一条之计"，要日方在二者之间择其一。⑤

此时，苏、杭租界章程已定，日方自不可能放弃"准杂居、减地价两条"；同时，因为沿江堤坝关系到日租界整体的稳固，更不会在要求中方修筑问题上让步。而在交涉中，堤坝成了焦点。永泷久吉声称"堤工程归中

---

① 《致荆州俞道台、梁令敦彦、魏令远猷》（光绪二十二年十月二十八日），赵德馨主编《张之洞全集》第 9 册，第 168 页。

② 《函陈日本沙市租界章程草约十五条其界内工程及华民杂居两款尚未商定并详修堤不便各情》（1897 年 3 月 15 日），总理衙门档案，01-18-077-01-001。

③ 《驻沙市领事永泷久吉致外务大臣大隈重信》（1896 年 12 月 27 日）及其所附《在沙市日本租界章程别约》《在沙市口日本租界章程》，B-3-12-2-32 之 4-001。

④ 《外务大臣大隈重信致驻沙市领事永泷久吉》（1897 年 6 月 1 日），B-3-12-2-32 之 4-001。

⑤ 《致荆州俞道台》（光绪二十三年五月二十七日），赵德馨主编《张之洞全集》第 9 册，第 233 页。

国办理，不然另择地区"，而中方则驳以"各口租界堤工，均系各国自修，汉口即其明证"。① 日本政府为打破僵局，又提出将堤坝修筑暂作悬案，先议定其他问题。② 但张之洞不肯接受，令荆州官府"截然推绝""勿稍放松"。③ 当时在沙市设租界对于日本仍非燃眉之急，而汉口在贸易上的重要性远超沙市，这促使日本转移对长江中游口岸关注的焦点，加上日本势力正在强化对张之洞的游说和笼络，因而没有为沙市租界问题进一步施压。④

1898 年 5 月 9 日，沙市湖南客民与招商局人员发生冲突，引发火烧洋码头事件，使日本领事馆及其擅自设立的邮局都被焚毁，永泷久吉等撤往汉口。日本抓住这一事件大做文章，加上张之洞对日态度发生重大转变，使日本在沙市设专管租界的图谋最终实现。

其时，张之洞向日方解释，沙市事件"实非与贵国为难"。⑤ 日本政府却立即向汉口和沙市派出军舰，永泷久吉于 5 月 20 日向外务大臣提议：除了向清政府索赔损失并要求惩办"暴徒"、处分镇压不力的官兵外，还要借机使沙市租界"起于招商局下界"，"则地区可保稍高，又靠近街区，优于先前所拟地区数等"；同时要求"中方须从速在沿岸及下侧修筑堤防"。⑥ 5 月 28 日，日本公使矢野文雄照会总理衙门，提出解决沙市事件的五项条件，其中包括"沙市专管租界章程速以杭章为本议定"，及"岳州、福州、三都澳均设日本专管租界"的条款。⑦ 6 月上旬，张之洞致电总理衙门，对沙市

---

① 『帝国居留地取扱商議ニ関スル件具申』（1897 年 7 月 15 日）及所附 1897 年 7 月 9 日荆州道俞钟颖致永泷久吉照会，B-3-12-2-32 之 4-001。

② 见 『居留地取扱書案修正ニ関スル復申』（1897 年 9 月 20 日）转述的 1897 年 8 月 16 日日本外务次官致永泷久吉的密令，B-3-12-2-32 之 4-001。

③ 《致荆州俞道台》（光绪二十三年八月初七日），赵德馨主编《张之洞全集》第 9 册，第 250 页。

④ 参见永滝久吉 『回顧七十年』、63—64、70—77 頁。

⑤ 『沙市事件ニ関シ張之洞ヨリ接電ノ件』（1898 年 6 月 2 日）所附 1898 年 6 月 2 日张之洞请盛宣怀转致小田切万寿之助函，5-3-2-0-15。

⑥ 《驻沙市领事永泷久吉致外务大臣西德二郎机密信》（1898 年 5 月 20 日），5-3-2-0-15。

⑦ 『沙市事変ニ関シ附属書類写相添始末申進ノ件』（1898 年 7 月 15 日）所附 1898 年 5 月 28 日矢野文雄致总理衙门照会，5-3-2-0-15。

设日租界问题，仍言"鄂、浙情形不同，当就近比照汉口例"，① 但同时又直接向日方表示，"地价酌减、华民杂居两条自可照办，此外如实有彼此互益之事，仍可详商办理"，并强调"自去冬神尾大佐两次来鄂之后，屡与贵国人谈，均明东方大局"，"两国修好……京外专主此说者，鄙人而已"，希望不因沙市事件而影响两国的"绝大联交"。② 这表明，张之洞此前就在酝酿对日"联交"，故在沙市事件爆发后，一见日方重新提出沙市租界问题，不待交涉，就作出重大让步，答应核减租界地租、华民杂居，且暗示修筑堤坝问题也可商议。日方随即进逼，由矢野文雄于 6 月 22 日照会总理衙门，称在就沙市日租界重开交涉之前，清政府要先允四条：一是日租界内道路用地免租免税；二是日租界地租"通行酌减"；三是准中国商民在日租界内居住；四是"江堤工费由两国政府各认其一半"。③ 对此，张之洞在 6 月 28 日向总理衙门表示，同意"沿江堤费两国各半"，日租界内道路用地免税、租价"随意酌给"，"界内租地价酌行核减"。④ 7 月 6 日，总理衙门以此照会矢野文雄，9 日又向其致函，准中国商民在沙市日租界杂居。⑤ 至此，除了道路用地租价由全免改为"随意酌给"外，日本为在沙市设专管租界而正式提出的要求都得到了满足。8 月 13 日，荆州洋务局人员与永泷久吉就租

① 《致总署》（光绪二十四年四月十三日），赵德馨主编《张之洞全集》第 9 册，第 316 页；『沙市事变ニ関シ附属書類写相添始末申進ノ件』（1898 年 7 月 15 日）及所附 1898 年 6 月 10 日李鸿章向矢野文雄出示的张之洞来电，5-3-2-0-15。

② 《致上海盛京堂》（光绪二十四年四月二十日），赵德馨主编《张之洞全集》第 9 册，第 320 页；『沙市事变ニ関シ附属書類写相添始末申進ノ件』（1898 年 7 月 15 日）所附 1898 年 6 月 9 日盛宣怀转给小田切万寿之助的张之洞来电，5-3-2-0-15。

③ 『沙市事变ニ関シ附属書類写相添始末申進ノ件』（1898 年 7 月 15 日）所附 1898 年 6 月 22 日矢野文雄致总理衙门照会，5-3-2-0-15。

④ 《致总署》（光绪二十四年五月初九日），赵德馨主编《张之洞全集》第 9 册，第 326 页；『沙市事变ニ関シ附属書類写相添始末申進ノ件』（1898 年 7 月 15 日）所附 1898 年 6 月 28 日总理衙门收湖广总督电，5-3-2-0-15。

⑤ 《函复中国商民可在沙市日本专界居住》（1898 年 7 月 14 日），总理衙门档案，01-18-077-01-007。但日方所存总理衙门告知准杂居的函件，时间为 7 月 9 日。见『沙市事变ニ関シ附属書類写相添始末申進ノ件』（1898 年 7 月 15 日）所附 1898 年 7 月 6 日总理衙门致矢野文雄照会、7 月 9 日李鸿章等致矢野文雄函，5-3-2-0-15。对于日本在岳州、福州、三都澳设专管租界的要求，总理衙门在这两个文件中承诺：岳州、三都澳"如将来他国设有专界，自可准允日本一体照办"；福州则由该地方官与日本领事商议办理。

界地租及道路用地租价的确定、租价上涨的时限和幅度等进行磋商。18 日，荆州道俞钟颖与永泷久吉签订了《沙市日本租界章程》。[①]

《沙市日本租界章程》的框架与苏、杭日租界章程并无二致，证明张之洞对日本的抵制告败。当然，日本亦非完全如愿，因为沙市日租界沿江堤坝费用巨大，加上张之洞保证对日"联交"，使日本调整了要中方承担全部费用这一过于荒谬的要求，同意自担一半，并按租界内地租（将中方起初所提价码减半）的十分之二支付道路、沟渠用地的租价。[②]

## 四　汉口与重庆日租界之设立

日租界在汉口、重庆的设立，是在苏州、杭州和沙市的相关交涉都已成定局之后，因而清政府再也没有什么抗争可言了。鉴于其过程在以往的论著中多语焉不详，下面再作具体叙述。

### （一）汉口日租界之设立

在日本迫使清政府订立《公立文凭》的 1896 年 10 月，其驻沙市领事永泷久吉便前往汉口，为设立日租界作实地考察，涉及当地商业中心、沿江码头及其与中外轮船公司的关系、长江与汉水形势及水位、汉口城外状况，尤其注重英、俄、法、德租界设立的过程及其现状，还搜集了这些租界的章程。在此基础上，经过比较权衡，他认为德租界以下的沿江地方适于设立日租界。[③] 11 月 14 日，日本外务次官小村寿太郎传令永泷久吉：对在汉口设立日租界的相关实际情况，诸如设租界的位置与面积、组织制度、清政府立场、该地各外国租界现行制度等，从速进行调查并报告。[④] 而永泷久吉则于 1897 年 1 月 4 日向他提议：比照汉口德租界，将其下沿江 300 丈地方划为日租界，对该地方之内别国人已占有的土地允其"永租"，同时由日本加以管

---

① 《驻沙市领事永泷久吉致外务大臣大隈重信》（1898 年 8 月 18 日），5-3-2-0-15；《沙市日本租界章程》（汉文本），见王铁崖编《中外旧约章汇编》第 1 册，第 791—793 页。

② 《沙市日本租界条款草约抄录知照》（1898 年 11 月 12 日），总理衙门档案，01-18-077-01-014。

③ 《驻沙市领事永泷久吉致外务次官小村寿太郎》（1897 年 1 月 4 日），B-3-12-2-32 之 6-001。

④ 《外务次官小村寿太郎致驻沙市领事永泷久吉》（1896 年 11 月 14 日），B-3-12-2-32 之 6-001。

控；让华人和别国人在日租界杂居；由日本政府出资逐步修筑租界内道路、沟渠、堤防、码头；管理权与警察权等所有行政权都归日本；等等。① 随着苏州、杭州设立日租界交涉的完结，1897 年 10 月 29 日，日本公使矢野文雄照会总理衙门："愿将汉口城外自德租界之北起、沿扬子江而下长三百丈、横一百二十丈之地，作为日本专管租界。"②

但日方没有料到，在这年 12 月底，张之洞向总理衙门回复：日本要求设租界的区域，数月之前"已定为汉口铁路发端之地，马头、堤岸、货仓、车站、制造各厂、学堂、局栈一概在内，已于五月间出示晓谕"，"欧西通行公法，凡铁路应用地段，不论何国民人租住，悉应迁让。即汉口新订俄、法、德租界条款，亦载明兴办铁路应用地基照原价让还，不得借词不允"。③ 而在此之前的 12 月 2 日，江汉关道瞿廷韶也将卢汉铁路督办大臣盛宣怀发出的同样信息告知永泷久吉。永泷久吉认为"这给日租界的设立造成障碍"，要求本国政府迅速交涉。④ 但是，矢野文雄在了解情况后，并无疑义，认为要中方调整铁路用地有很大困难；⑤ 1898 年 5 月矢野文雄看到总理衙门转递的盛宣怀对汉口德租界以下地面与卢汉铁路关系的说明，承认"所言甚属周详"。⑥ 这说明，张之洞并非出于抵制日本在汉口设租界而作出上述回复。实际上，在这期间，他已基本认同了日军大佐神尾光臣所宣扬的中日"同文同种，同处亚洲，必宜交谊远过他国，方能联为一气"，表示"亟愿面商一切切实办法"，且通过盛宣怀与刘坤一筹划"联络英倭"之策。⑦ 所

① 《驻沙市领事永泷久吉致外务次官小村寿太郎》（1897 年 1 月 4 日），B-3-12-2-32 之 6-001。
② 《驻华公使矢野文雄致外务省》（1897 年 10 月 30 日）所附 1897 年 10 月 29 日矢野文雄致总理衙门照会，B-3-12-2-32 之 6-001。
③ 《致总署》（光绪二十三年十一月十九日），赵德馨主编《张之洞全集》第 9 册，第 272 页。
④ 《驻沙市领事永泷久吉致外务次官小村寿太郎》（1897 年 12 月 7 日）及所附 1897 年 12 月 2 日瞿廷韶致永泷久吉照会，B-3-12-2-32 之 6-001。
⑤ 『漢口居留地ノ義ニ関シ電信写相添申進ノ件』（1898 年 1 月 8 日）、B-3-12-2-32 之 6-001。
⑥ 《汉口日本租界酌准划减附还原图即祈核复由》（1898 年 5 月 27 日），总理衙门档案，01-18-074-01-014。
⑦ 《致日本参谋大佐神尾君光臣》（光绪二十三年十二月初四日）、《致江宁刘制台》（光绪二十三年十二月初五日）、《致江宁刘制台、天津王制台》（光绪二十三年十二月初十日），赵德馨主编《张之洞全集》第 9 册，第 276、278 页。

以，面对日本在汉口设立租界的要求，张之洞很快接受盛宣怀的建议，① 提出了两个方案：一是"在德界千丈以外，紧靠铁路，让给租界三百丈"；二是在日方所拟但已作为铁路用地的区域内"设法抽给"，"让出一百丈"。② 但消息传出后，德国驻汉口领事立即对中方同意紧挨德租界设日租界提出"激烈抗议"，③ 德国公使海靖也在 1897 年 12 月 31 日照会总理衙门，声称："如按日本所请允照办理，于本国商务防〔妨〕碍甚重。"④

在此局面下，永泷久吉奉命再到汉口作实地考察，基于进一步掌握的情况提出意见：德租界千丈外沿江地方，有利之处只有靠近卢汉铁路一点，但地势低洼，沿岸水浅，不便停泊轮船，今后建厂也没有充分便利，且与市场相隔很远，对贸易十分不利，除非万不得已，不能选择；汉口街市与城墙之间、大智门到礼智门之间、对岸汉阳的空地都过于狭窄，且不便于停泊轮船；武昌城外沿江地方已引起他国注意，但非通商口岸范围，中方难以同意设立日租界，且粤汉铁路通车为时尚远，设日租界会陷于孤立。因此，他还是力主紧挨德租界设日租界。⑤ 矢野文雄对此表示赞同而上报，于 1898 年 5 月 27 日奉命照会总理衙门，表示："将原拟划德界以下三百丈，减成一百丈长，横至铁路止，作为日本专界。但以界址过于狭窄，将来商户满盈，则当临时酌妥情形，推广界限，仍在丹水池以下，由领事官随时与地方官商酌购买妥宜地基，以便日后设立工厂。"⑥ 至此，中日双方在汉口日租界界址问题上基本达成一致，加上已有现成的日租界制度框架、张之洞在沙市事件

---

① 参见《函送铁道详图并拟就丹水池迤下划给日本租界由》（1898 年 4 月 25 日），总理衙门档案，01-18-074-01-012。
② 《致总署》（光绪二十三年十一月十九日），赵德馨主编《张之洞全集》第 9 册，第 272 页。
③ 『漢口居留地ノ義ニ関シ電信写相添申進ノ件』（1898 年 1 月 8 日）、B-3-12-2-32 之 6-001。
④ 《日本汉口租界事电咨鄂督转饬妥商办理由》（1898 年 1 月 4 日），总理衙门档案，01-18-074-01-010。
⑤ 《驻沙市领事永泷久吉致驻华公使矢野文雄》（1898 年 1 月 17 日）、《驻沙市领事永泷久吉致外务次官小村寿太郎》（1898 年 5 月 7 日），B-3-12-2-32 之 6-001。
⑥ 『漢口居留地ノ義ニ関シ照会並ニ電信往復其外小田切総領事代理ヘノ機密往信写差出ノ件』（1898 年 6 月 11 日）所附 1898 年 5 月 27 日矢野文雄致总理衙门照会，B-3-12-2-32 之 6-001。另见《汉口日本租界酌准划减附还原图即祈核复由》（1898 年 5 月 27 日），总理衙门档案，01-18-074-01-014。

发生后称要竭力维持对日关系平稳，因而剩下的事情几乎只是办理手续、订立章程了。

　　1898 年 6 月 27 日，曾一手设立杭州日租界的日本驻上海代理总领事小田切万寿之助，受本国政府指派、张之洞屡次电催，抵达汉口办理设立日租界事宜。其交涉对手名义上是江汉关道，实为张之洞的心腹幕僚、候补道钱恂，故他认为自己近乎与张直接交涉。在交涉中，双方之间并没有引起争执的问题，只在日租界内道路用地之事上，因已有不少土地为外国人占有、地方官府难以买下，日方调整了条件，同意将一概免租免税改为对不属官地的交租免税。此外，为了便于日后扩界，小田切万寿之助促使张之洞同意日方此后可在丹水池至沙口之间任便选地设厂。至于其他事项，或依据杭州章程，或仿效汉口别国租界之例，都很快确定下来。如果说有点波澜，也只是汉口德租界委员柯达士遵本国公使之命，抗议日租界紧挨德租界设立，使张之洞一度准备略为推迟签约的时间而已。小田切万寿之助明知张之洞无奈，但绝不放松压力，而以延期签约"会使日本朝野完全失去对张之洞的信任"相逼，迫使张在预定的 1898 年 7 月 16 日派江汉关道瞿廷韶与之签订《汉口日本专管租界条款》。[①] 而对于德国的抵制，日方则通过其公使与海靖"婉商"，保证德国人先前在日租界内已租土地"仍归德国人为主"，而使之最终撤回抗议。[②]

　　对于十分顺利地订立的汉口日租界章程，小田切万寿之助还不满足，因为卢汉铁路"绕本国租界西北端处，形势尖斜，以致地状不能方正……殊不合用"。他多次与盛宣怀交涉，要求"依允本国租界西面一带与德界地线同深，其长一百丈由德界西界之北端起，画成直线，此为本国租界西界，所有北界，由东界之北端江口起，至西界之北端为止，画成直线"。而照此办理，卢汉铁路就要"再绕向西，颇费工力"。但盛宣

①　汉文本见王铁崖编《中外旧约章汇编》第 1 册，第 788—790 页。关于交涉过程，参见『漢口日本居留地取扱書結定ニ関スル交渉状況報告並ニ意見具申』（1898 年 7 月 22 日）、B-3-12-2-32 之 6-001；《会议汉口日本租界条款抄录知照由》（1898 年 11 月 12 日），总理衙门档案，01-18-074-01-021。

②　《汉口租界德使已与日本使妥商不再辩驳由》（1898 年 10 月 27 日），总理衙门档案，01-18-050-01-039。

怀征得总理衙门和张之洞同意，答以"通融情让"，"准如此次送来图样办理"。结果，日方完全如愿，且通过日租界西界取直，面积增加了十二三亩。[1]

### （二）重庆日租界之设立

如前文所言，1896 年 4 月，日方明确提出在重庆设专管租界，同意以王家沱为界址。而在其后的几年中，并无日本商民到重庆居住，西人也只有个别洋行、传教士买地建仓库、厂房、教堂和住宅，而不急于设立租界，因而日本政府便将此事搁置。但在八国联军打进津京之后，日本驻重庆副领事山崎桂看到英、法加大了在重庆当地买地的力度，法国领事有设立租界之意，而英国领事还鼓动日本设立租界，便于 1901 年 1 月 6 日向日本外务大臣发出报告，声称"此时落实条约权利、设定我国租界，是当务之急"。[2]而后者则在 2 月 19 日传令山崎桂：寻求时机与重庆地方官交涉，基于以往珍田舍己与中方的预定协议，比照杭州、汉口等地，缔结重庆日租界章程。同时，日本政府还对相关事项作了具体规定，基本要求是向别处已设立的日租界看齐，并特别指出，租界内如有别国人所占土地，或有必要修堤，则分别按汉口、沙市日租界的先例办理。[3]

1901 年 4 月 16 日，山崎桂照会川东道宝棻，提出"在渝开设租界事宜，须应议立定章"，要"速与贵国妥议"。而宝棻则奉四川总督之命，于 4 月 24 日告以委派重庆知府鄂芳、巴县知县张铎"妥商办理"。[4]其后在交涉中，日方首先提出的是王家沱有无别国人买地，声称：如有，则重庆官府必

---

① 『漢口ニ於ケル日本居留地境界及其他ニ関スル件続報』（1898 年 7 月 29 日）及所附 1898 年 7 月 25 日小田切万寿之助致盛宣怀照会、1898 年 7 月 29 日盛宣怀回复小田切万寿之助照会，B-3-12-2-32 之 6-001。另见《汉口日本租界通融让给》（1898 年 8 月 8 日），总理衙门档案，01-18-074-01-019。

② 『重慶居留地確定談判開始ニ関スル情况』（1901 年 6 月 13 日）、《外务大臣致驻重庆副领事山崎桂》（1901 年 2 月 19 日），B-3-12-2-32 之 5-001。

③ 《外务大臣致驻重庆副领事山崎桂》（1901 年 2 月 19 日），B-3-12-2-32 之 5-001。

④ 『重慶居留地確定談判開始ニ関スル情况』（1901 年 6 月 13 日）及所附 1901 年 4 月 16 日山崎桂致宝棻照会、1901 年 4 月 24 日宝棻致山崎桂照会，B-3-12-2-32 之 5-001。

须将其买回。张铎当面保证绝无此事，才算作罢。[①] 接下来，中方提出在日租界设立后日商不应再住重庆城内，但遭日方拒绝。[②] 此外，成为难点的还有如何处置王家沱的坟地问题。巴县官府因受民众抵制而难将坟地买下，要求将其划到租界之外，但日方坚持原拟租界区域不能改变。双方最终议定：由双方支付迁移坟墓费用，对不愿迁移的筑墙围护。[③] 双方还商定了租界地租地税，并按中方要求，对"沿河岩坎以至岩坎下沙滩"这一"中国人民上下往来必由要道"，作了与杭州日租界沿河十丈土地类似的规定。[④] 至于其他相关事项，实际上都是按杭州章程办理。日方还以照会声明："将来别国倘到王家沱以外开埠，应许日本同至别处择地经营租界，并随所择地段多寡，以原定之地抵换一节，保持不变"；"倘别国人在王家沱一带以外之地买租地段，制造贸易，日本人亦可一律照办，以符均沾之约章"。[⑤] 1901 年9 月 24 日，川东道宝棻与山崎桂签订了《重庆日本商民专界约书》[⑥]。随后，《申报》于 10 月 14 日报道，"日本驻渝领事馆在南岸王家沱指定地方，辟为租界"，"惟日本现无商人在渝，故并未出资租地"。[⑦]

## 五　日本放弃在上海设立租界之经过

前文已经述及，日本在上海设租界的欲望，在《马关条约》订立后很快就流露出来，而所谓《公立文凭》又对此作了明文规定。但是，此事最终被日本放弃。在长江流域多个通商口岸设立日租界的过程中，这是一个不

① 『重慶居留地確定談判開始ニ関スル情況』（1901 年 6 月 13 日）、B-3-12-2-32 之 5-001。

② 《驻重庆副领事山崎桂致通商局长杉村》（1901 年 8 月 12 日），B-3-12-2-32 之 5-001。

③ 『在重慶専管居留地取扱ノ交渉ニ関スル情況ニ付具申』（1901 年 8 月 26 日）、『重慶専管居留地取扱書謄本提出之件』（1901 年 9 月 27 日）所附《重庆日本商民专界约书》第四条之二，B-3-12-2-32 之 5-001。

④ 『在重慶専管居留地取扱交渉落着ノ件ニ付具申』（1901 年 9 月 22 日）、B-3-12-2-32 之 5-001。

⑤ 『在重慶専管居留地取扱ノ交渉ニ関スル情況ニ付具申』（1901 年 8 月 26 日）、B-3-12-2-32 之 5-001。

⑥ 汉文本见王铁崖编《中外旧约章汇编》第 2 册，第 1—5 页。

⑦ 《日辟租界》，《申报》1901 年 10 月 14 日，第 2 版。

能撇开的问题。已有学者依据相关中文史料对此作过简述,[①] 但从日本现存史料来看,仍有进一步释明的余地。

## (一) 日本在上海设立租界之图谋与所遇难题

日本在上海设立租界的准备工作,从 1895 年 8 月就开始了,当时的日本外务次官原敬传令驻上海总领事珍田舍己,在上海预选适于设日租界的地方并详细报告。[②] 珍田舍己立即进行了各种调查,并听取长年在上海的日商意见,得出的结论是:上海枢要之地都已被各国租界和中国厂房占据,只有十六铺、浦东、杨树浦及其下游江岸尚有余地设立日租界。但十六铺民房密集,又是民船停靠的码头,如设日租界会激起住户与航运业者的强烈不满,且地价高昂,又在别国租界上游,如吴淞浅滩疏浚不成,还会使别国租界感到不便。浦东虽便于停船,但与上海城、各国租界及其他地方之间交通不便。杨树浦靠近美租界,已有数家工厂,且有英美租界工部局所修道路,如设日租界,难保不与英美发生矛盾。而杨树浦下游江岸只适合设厂建仓库,不利于日侨居住。权衡利弊,还是杨树浦下游江岸相对合适,但如果不宜于停船,则当选择别处。值得注意的是,当时在上海的日侨中有一种意见认为,在英美租界中,各国人只要拥有一定财产资格,都可拥有土地、从事经营、参与政务,与英美人权利相同,谁能掌握租界实权纯粹是个经济问题,故不一定有必要设立日租界。珍田舍己却强调:日本人在上海,各方面都还远在英美人的下风,所以很有必要设日租界,且须将在租界内拥有土地的权利限于日本臣民,否则别国人会凭借实力最终掌握日租界实权。[③] 同时,还有在上海的日商向本国政府请愿,声称要改变日本人在上海的劣势,必须设立日租界,"一旦实现我租界开设,则工厂可以自由得到土地,仓库可设于江岸适当场所,商民生活费用可以降低……为与所谓中国人根性竞争开制胜

---

① 熊月之:《日本谋求在上海设立日租界的档案——台北访档之二》,《档案与史学》2001 年第 3 期。

② 『外国人居留地外ニ工場設置ノ地ヲ得ル件ニ付回答』(1895 年 8 月 6 日)、B-3-12-2-32 之 1-001。

③ 『本邦居留地設定ニ関スル件』(1895 年 9 月)、B-3-12-2-32 之 1-001。

之端，且能以众多商民势力压倒欧美人"。① 日本国内的钟渊纺绩会社社长中上川彦次郎，也敦促驻华公使林董"洞察本邦产业家中有志于向海外投资者的苦心，致力于在上海获得广阔且便利工商业的地域作为本国租界"。② 但由于当时日本将设租界的重点放在新增口岸，同时也要对欧美在上海扩大租界的动向作进一步观察，③ 因而没有急于与清政府交涉在上海设立租界问题。即便如此，为了尽量争取列强的支持，日本还是积极参加了英、美、德等国为扩大上海租界而向清政府施压的行动。④

日本政府在逼迫清政府订立《公立文凭》之后，于 1896 年 11 月 14 日传令驻上海总领事珍田舍己，就在上海设立租界的位置、范围和租界组织制度等作出详细报告。⑤ 而珍田舍己随后报告说，此时最大的障碍来自英美要扩大租界，因为英美计划扩大的区域"倍蓰于现在租界的面积"，而适于日本设立租界的杨树浦及其下游江岸，正在其扩界的范围内，"各国驻上海领事的态度，似乎都持反对日本设立租界的意见，一般外侨也同样是反对的，上海的英文报纸认为日本包藏祸心"，如果外侨了解到日租界内将只许日本人拥有土地，反对声浪还会升高。有鉴于此，珍田舍己改变了先前看法，转而建议避开英美锋芒，甚至考虑以不设日租界来换取清政府给予别的"优待、特益"。⑥ 其后，日本驻上海总领事馆又派译员楢原陈政对上海有可能设日租界的地方再作细致考察，而楢原陈政考察的结果，与先前珍田舍己所言情况并无不同。他通过分析日本与英美关系、在杨树浦以外地方设立日租界的投入与回报、当时日商在上海的实际需要，认为设立日租界在当时既难

---

① 『上海帝国居留地新設管見』（1895 年 9 月 20 日）、B-3-12-2-32 之 1-001。

② 《钟渊纺绩会社社长中上川彦次郎致驻华公使林董》（1895 年 10 月 7 日），B-3-12-2-32 之 1-001。

③ 《驻上海代理总领事永泷久吉致外务次官原敬》（1896 年 1 月 24 日，B-3-12-2-32 之 1-001）报告了自 1895 年 8 月下旬以后英美扩大租界的动态。

④ 『上海ニ於ケル英米協同租界及佛租界取拡ノ義ニ関シ総署卜米大使ノ照復写相添申進ノ件』（1896 年 11 月 20 日）、B-3-12-2-32 之 1-001。

⑤ 《外务次官小村寿太郎致驻上海总领事珍田舍己》（1896 年 11 月 14 日），B-3-12-2-32 之 1-001。

⑥ 『上海ニ於ケル帝国居留地開設ノ件ニ関シ機密送第二六号及機密送第三〇号ニ対スル答申』（1897 年 1 月 14 日）、B-3-12-2-32 之 1-001。

施行，亦无实利，不如以不设租界为条件，换取清政府同意日本小火轮在沪杭间的嘉兴、嘉善、桐乡、石门等重要市镇上下客货，在棉花收获季节停靠通州等棉产地，并准日本人在通州等地为收购棉花设立仓库，或允许日本人在蚕茧产地设生茧蒸杀所，或允许日船在鄱阳湖、洞庭湖及连通两湖的河流上从事航运，或允许日船停靠鸭绿江输出蚕茧、大豆等。① 他的意见，得到了代理总领事小田切万寿之助的支持。② 因此，后来当清政府表露出让日本在杨树浦设租界之意时，日方并不予以正面回应。③

## （二）日本在吴淞设立租界之想法与最终放弃

日方尽管为情势所迫，感到在上海市区设日租界不利，但并没有轻易作罢，又转而图谋在吴淞设立。原来，当时黄浦江航道淤积问题突出，而淞沪铁路又通车在即，于是"与上海来往之路又极便"的吴淞，就被一些日本人看成"日后必大兴胜之地"，而于1897年初在报上发出了"日本当择租界于吴淞"之议。④ 到1898年4月，小田切万寿之助获悉清政府将在吴淞自行开埠，便对本国政府提出在该地设日租界的建议，并前往考察，就其附近形势、内部各区域状况、适于设租界之处，写出报告书。⑤ 1898年5月31日，日本公使矢野文雄奉命照会总理衙门：请"允上海之处改自吴淞口灯塔起，沿江而南一百丈，其北亦沿江二百丈，共合三百丈，东至西之南北两面各五百丈，西边自北而南，亦三百丈之地，作为日本专管租界"。⑥ 至此，

---

① 『上海ニ於ケル帝国居留地選定ニ関スル報告』（1897年10月8日）、《楢原陈政致外务大臣大隈重信意见书》（1897年10月8日），B-3-12-2-32之1-001。

② 参见『上海ニ於テ帝国居留地選定ニ関スル件回稟』（1898年4月18日）、B-3-12-2-32之1-001。

③ 《江海关奉复日本在沪拟设专界查明杨树浦地方颇为妥便请酌核示复》（1898年8月6日），总理衙门档案，01-18-076-01-007。同卷档案都曾由熊月之在《日本谋求在上海设立日租界的档案——台北访档之二》中发表。

④ 《东方杂事》，见《时务报》第22期，1897年，第23页。此点参考了杨天宏在《口岸开放与社会变革——近代中国自开商埠研究》第63页的叙述。

⑤ 『吴淞ニ於テ我専管居留地選定ニ関スル件報告』（1898年4月23日）、B-3-12-2-32之1-001。

⑥ 《日本拟在吴淞设立专管租界妥议声复》（1898年6月4日），总理衙门档案，01-18-076-01-005。

围绕在上海设立日租界的中日交涉，被正式提上日程。

对日本的要求，南洋大臣刘坤一以"吴淞商埠与约开通商口岸不同，各国均无自立租界之例"予以拒绝。① 而上海关道蔡钧也向刘坤一禀称，日租界还是设在杨树浦"最为相宜"。② 故 1898 年 8 月 17 日，总理衙门照会日本代理公使林权助，称"上海县属之杨树浦地方颇为妥便"。③ 但日方早已判定在杨树浦设立租界会遭英美激烈反对，同时又认为中方的提议也有可利用之处，故仍然不置可否。④ 1899 年 2 月 8 日，上海道蔡钧又照会小田切万寿之助，称日租界"所需地段以杨树浦起至周家嘴拟之"，但美国总领事要"将所拟上海日本专界地段统行并入公共租界之内"，请日方表示态度。而在此之前，美、英总领事已分别对小田切万寿之助告以扩界计划，希望日方不要设置障碍。故小田切万寿之助于 2 月 14 日回复蔡钧，称在上海设立日租界"尚未定议"，杨树浦至周家嘴地方由"英美等国商请作为公共通商场，尚属无妨"；"此后若再有某国拟在上海宝山川沙界内设立专界，或推扩租界之事，必须先向本署总领事商议，与本国设立租界之权无碍，方可施行"。⑤ 这意味着日本既顺从了英美扩大租界的需要，又将在上海宝山川沙设租界视为自己的优先权利。1899 年 5 月 10 日，上海关道李光久出示"推广公共租界"，指明扩界范围"东自美界杨树浦桥起，至周家嘴止"。⑥ 1900 年 1 月 19 日，日本政府传令小田切万寿之助，对上海公共租界扩界

---

① 《日本在沪拟设专界事已饬关道妥速核议》（1898 年 6 月 23 日），总理衙门档案，01-18-76-01-006。

② 《江海关奉复日本在沪拟设专界查明杨树浦地方颇为妥便请酌核示复》（1898 年 8 月 6 日），总理衙门档案，01-18-076-01-007。

③ 『上海及吴淞専管居留地ノ義ニ関シ総署ヨリノ照会写並諸井総領事事務代理ヘ機密信等相添訓令請求ノ件』（1898 年 8 月 20 日）所附 1898 年 8 月 17 日总理衙门致林权助照会，B-3-12-2-32 之 1-001。

④ 『英米居留地拡張ニ関スル件』（1898 年 12 月 28 日）、B-3-12-2-32 之 1-001。

⑤ 『上海ニ於ケル英米居留地拡張ノ義ニ関シ上海道ト往復セシ書面写送付之件』（1899 年 2 月 15 日）及所附 1899 年 2 月 8 日蔡钧致小田切万寿之助照会、1899 年 2 月 14 日小田切万寿之助致蔡钧照会，B-3-12-2-32 之 1-001。

⑥ 『当港公共居留地確定之件』（1899 年 5 月 12 日）、B-3-12-2-32 之 1-001；《推广租界示》，《申报》1899 年 5 月 24 日，第 3 版。

表示认可。① 这样，日本在杨树浦设立租界也就再无可能了。

从上述可知，甲午战争后，日本在上海设专管租界的欲望十分强烈，却不料与英美扩大公共租界的行动迎头相撞，碍于对英美的依赖，不得不避其锋芒；而当时无关英美利害的上海其他地方，又都不便于日本设立租界、最大限度地牟取利益；同时，英美租界原则上向别国之人开放经济、政治权利，使日本仍能在上海取得相应的立足点。这些因素交织在一起，导致日本最终放弃了在上海设立专管租界的计划。但是，日本对清政府，依然坚称其拥有此项权利。1901 年 10 月，有谣言说德、俄要在上海设立专管租界，日本政府即令代理总领事岩崎三雄告知当地官府："如果中方有意对他国许之，则因我方有优先权，当由我国先行选定相当之地区。"②

至于日本曾向清政府提出的在吴淞设立租界的要求，后来也不了了之。对其缘由，1906 年 12 月 7 日驻上海总领事永泷久吉发出的报告或有助于解释。其内称，现在"进出船舶直航上海而不在吴淞停泊，只有邮船、大型轮船及军舰因吃水关系不能开入黄浦江而都停泊吴淞港外，在此处将客货转至小轮船开往上海，故不需要陆上设施"。由此，尽管清政府"在吴淞设了通商场，修了道路，还筑起可观的堤坝，但一直没有外国人居住吴淞、展开经营，而一任道路杂草繁茂"。③ 显然，曾被日本人看好经济前景的吴淞，那时并没有在中外贸易中占据重要地位。其原因正如论者所言，在于当时黄浦江的疏浚取得了进展，使航道加宽加深，便利了外国商船直航上海。④ 在此状况下，日本如在吴淞设立租界，对其经营活动并不合算，它也就不再坚持了。

综上所述，《马关条约》订立后，日本迅速着手在所有新增以及上海等向开口岸设立专管租界，为此与清政府先后交涉六年多。本来，如果日本只

---

① 《外务大臣致驻上海代理总领事小田切万寿之助》（1900 年 1 月 19 日），B-3-12-2-32 之 1-001。

② 《外务大臣小村寿太郎致驻上海代理总领事岩崎三雄》（1901 年 11 月 12 日）、『上海二露国居留地设定ノ风说二关スル件』（1902 年 1 月 17 日），B-3-12-2-32 之 1-001。

③ 日本外务省通商局编『清国事情』第 1 辑、外务省通商局、1907、502 页。

④ 杨天宏：《口岸开放与社会变革——近代中国自开商埠研究》，第 66 页。

是从其商民在华活动的实际需要来考虑，此事并非急务。因为在这六年间，长江中上游的沙市与重庆并无日商前往，即使靠近上海的苏州、杭州，日商的贸易活动也不多；而在向开口岸上海和汉口，西方国家的租界对于日本商民来说，也并非不能利用。但是，日本急于在这些口岸设立其专管租界，甚至为此向清政府发出最后通牒，其目的正如陆奥宗光所言，是向西方列强看齐，要在华迅速享有与之同样的地位和权益。正因如此，日本在相关交涉中，就把效法别国租界、剥夺中国对日租界的行政管辖权、实施治外法权作为最重要的事项，强迫清政府接受。同时，日本还要尽量减轻其对租界的投入而转嫁负担给中方，作出最有利于日本商民的规定，这也在交涉中充分体现出来。此外，日本对交涉的手法也煞费心机，既广泛提出要求，又把苏、杭作为突破口，当交涉陷于僵局时，先易后难，软硬兼施。还应看到，日本在设界过程中最为顾忌的是列强的态度。在上海，见其设立租界的图谋与英美扩展租界发生抵触而又别无合适之处，便最终选择放弃；在其他口岸，因得到英美支持，就步步推进；在汉口因紧靠德租界设界而遭德方反对，便通过婉商来化解其阻力。总之，日本在长江流域多个口岸设立专管租界的过程中，充分显现了其压迫中国、与列强为伍而又依傍英美的面目。

就清政府而言，相关各地官府和总理衙门对于日本在新增口岸设立专管租界的要求，曾基于维护本国主权的立场而大力抵制，试图设立由本国管辖的外国通商场，尤其是张之洞，在此过程中充当了主导者。同时，清政府也采纳了李鸿章的主张，设法引入列强势力来牵制日本设立专管租界。这说明在《马关条约》订立后，清政府对日本侵华的抵制并没有停止，只是结果仍遭失败，即使日本最终放弃在上海设立专管租界，也非清政府抵制所致。清政府之败，根源无疑是其在战败后无力顶住日本的强权压制。此外还应指出，当时对清政府相关决策影响很大的张之洞与李鸿章，对日本和列强判断的舛误也是显而易见的。李鸿章以列强牵制日本之策毫无效果。张之洞等因对日本蛮横缺乏足够估计而在苏、杭采取的一些举措，反使中方加重了损失。张之洞在转向与日本"联交"之后，对日本设立租界的态度和举措变化之大，也反映出其为政风格中不佳的一面。

# 第五章　日俄战争前九年间日本势力
在长江流域的扩展

从 1895 年俄国发动三国干涉还辽、清政府赎回辽东地区，到日俄战争爆发，日本势力在中国大陆一直难以实现侵入东北的图谋，而日本在华经济利益最大的区域仍然是长江流域。在这期间，日本势力不仅在长江流域多个通商口岸设立专管租界以得到可靠的立足点，还凭借通过不平等条约获取的权利及实行条约外强制，相当迅速地在长江干支流开设航线、扩展机纺棉纱等日货的市场，并开始攫取铁矿石等矿物资源；同时，其海军舰只也在长江中下游展开所谓"巡航警备"，并利用八国联军侵华之机，与欧洲列强共同在上海非法驻军；此一时期，深入长江流域从事其他活动的日本人也日益增多。

## 一　日本航运势力深入长江干支流众多口岸

### （一）日俄战争前日本开设长江干支流航线概况

甲午战争后，日本凭借《马关条约》等获得了在中国长江内河航行的权利。但是，当时日本的私营航运业，总体上仍不具备在长江干流从事航运的坚实基础，更谈不上具有与西方航运势力竞争的实力。然而，日本政府出于在长江流域经济扩张的强烈欲望，极力支持本国在长江干支流展开航运活动，其递信省在 1896 年 10 月就策划"在长江沿岸各开放口岸之间（包括苏州、杭州）开设定期邮递与航线"，① 1897 年上半年派管船局局长中桥德

---

① 见《递信大臣野村靖致外务大臣大隈重信》（1896 年 10 月 21 日）的附件，B-3-6-4-11。

五郎等亲到长江流域考察航道；[1] 在此前后，日本政府还向苏州、杭州、沙市、重庆派驻领事，[2] 而这些领事，也奉命协助调查江船结构、中外船舶到发和停靠口岸情况及各口岸之间的距离、航运和经营的各种费用、客货票价、从事长江航运企业的经营情况等，向本国发回相当具体的报告。[3] 在此背景下，日本政府令大阪商船株式会社在 1898 年、1899 年先后开设上海至汉口、汉口至宜昌的航线，且对这些航线给予补贴，"用以完善日本与被称作中国之宝库的长江流域各地区之间的交通，从而达到扩大日本在华利益的目的"。[4]

与此同时，对于当时西方航运势力也未深入的长江干支流其他口岸，日本要涉足的欲望也很强烈。在这一点上，毕业于荒尾精开办的"日清贸易研究所"的白岩龙平充当了前锋。他先开办大东汽船株式会社打入长江三角洲内河航运贸易，接着"派人到内地各省调查水利，以期将所有河湖水运所通之处都变为我航权范围"，结果认定"湖南省地利之优、人口之众、物产之饶，全赖水运疏通聚散其富源"；在清政府 1899 年 11 月宣布岳州开埠之后，他又从汉口经岳州到湖南进行所谓的经济调查，策划开设从汉口通往长沙、湘潭以及到常德的两条航线。在八国联军迫使清政府屈服之后，他

---

[1] 永泷久吉在『回顧七十年』中说，中桥德五郎一行三人"为考察长江航路而来沙，宿于中式船内，考察了各处的情况"（见该书第 57—58 页）。中桥德五郎后为大阪商船株式会社的社长。

[2] 『外務大臣臨時代理上奏一等領事荒川巳次清国蘇州駐在及杭州領事兼勤ニ付御委任状下付ノ件』（1896 年 2 月 26 日）、纂 00372100；『外務大臣上奏清国重慶駐在被命候二等領事加藤義三ヘ御委任状御下付ノ件』（1896 年 3 月 2 日）、纂 00373100；『外務大臣上奏清国沙市駐在二等領事永滝久吉ヘ同国漢口宜昌ノ二口兼轄命セラレタルニ付御委任状御下付ノ件』（1896 年 6 月 9 日）、纂 00375100。

[3] 见『揚子江航路取調ノ件ニ付回答』及其附件『揚子江上流汽船航通要論』（1896 年 12 月 25 日驻重庆领事加藤义三致外务次官小村寿太郎）、『長江沿岸各開港場間航行船ニ関スル件』（1897 年 2 月 4 日驻沙市领事永泷久吉致外务次官小村寿太郎）、『漢宜間航行汽船沙市号乗組員毎月給料』（1897 年 2 月 28 日驻沙市领事永泷久吉致通商局长藤井三郎），B-3-6-4-11。

[4] 参见朱荫贵《甲午战争后至第一次世界大战前日本轮运势力在长江流域的扩张》，《中国社会科学院经济研究所集刊》第 10 集，中国社会科学出版社，1988；〔日〕松浦章：《清末大阪商船公司开设长江航路始末》，徐建新译，《近代史研究》1992 年第 6 期。引文出自松浦章的论文。

又建议日本政府促成长沙、湘潭、常德开埠，"在各国人尚未着手的地方，通过我发言而开辟新市场"。① 而日本政府比白岩龙平胃口更大，要利用1902年列强与清政府修订商约之机，在江苏和湖南之间增开众多口岸，为此令驻上海总领事小田切万寿之助对长江流域权势最大的张之洞、刘坤一分别游说。小田切万寿之助对张之洞声称，湖南"如将通商场增加一两处，从任何一点来看，都实为合乎时宜"，而具体地点就是长沙与常德；对刘坤一则要求开放安庆、南昌及通州，并提出江西湖口、吴城的开埠问题。张之洞明确赞同长沙开埠；而刘坤一虽称安庆开埠价值不大、南昌水路不便，但对通州、吴城开埠未表异议。小田切万寿之助随即提请本国海军勘察有望开埠各地的航道及其他情况，② 其建议很快得到采纳（实施情况后述）。③ 1902年9月5日中外订立《续议通商行船条约》，将长沙、安庆等列为"中国允愿"的通商口岸。而长沙海关税务司司乐迪则明言是"日本亲手促使长沙开埠"。④ 湘潭和常德虽然没有正式开埠，但日本仍分别在1904年3月、1907年6月开设了汉口与这两地的定期航线。⑤ 在江西的湖口、南昌、吴城，安徽的安庆、大通，江苏通州的芦泾港等地，日船也都凭借《内港行船章程》得以上下客货。1902年9月，日本递信省又发起开办湖南汽船株式会社，1904年3月指定该社开设汉口至长沙、湘潭航线，同时予以补贴。⑥

---

① 『謹而湖南省ノ開港ニ付建言仕侯』（1900年9月20日大东汽船会社取缔役白岩龙平等致外务大臣青木周藏）、1-7-10-5之001。

② 『清国ニ於ケル将来ノ開港場及其他ニ関シ張之洞劉坤一ト会談ノ件』（1902年5月14日驻上海总领事小田切万寿之助致外务大臣小村寿太郎）、B-3-1-1-11之001。

③ 『長沙其他擬定開港場調査ノ為警備艦派遣ノ件』（1902年6月6日外务大臣小村寿太郎致驻上海总领事小田切万寿之助）、B-3-1-1-11之001。

④ 「長沙及岳州三十八年贸易年報」（1906年6月9日驻长沙领事馆报告）、日本外务省通商局编纂『通商彙纂』第47号、1906年、19頁。東亜同文会编『續対支回顧録』下卷所载白岩龙平传，称日本促成长沙开埠，"使英国追随于我之后"（343頁）。

⑤ 浅居誠一『日清汽船株式会社三十年史及追補』凸版印刷株式会社、1941、31頁；『漢口常德間航路開始ノ公信』（1907年7月4日驻长沙代理领事、外务通译生宫村季雄致外务大臣林董）、B-3-6-3-14之007。

⑥ 参见递信大臣官房编『遞信省第十八年報』遞信省、1905、329頁；『漢口湖南間航行汽船ニ関スル件報告』（1904年7月28日驻汉口领事永泷久吉致外务大臣小村寿太郎）、B-3-6-3-2之006；『明治三十五年度歳入出総予算追加』第7号、歳A00078100。

## （二）日本以条约外强制服务于扩张之一例：攫取汉口马王庙码头

日本航运势力凭借条约权利，以其政府为向导与后盾，将触角伸向长江干支流众多口岸，进展相当迅速。尽管如此，其最初取得立足点是靠对清政府采取以条约外强制为主的手段，才得遂其愿。汉口马王庙码头从1898年起被日本航运势力长期占用的过程，就是十分突出的例证。

### 1. 日本"借用"汉口马王庙码头

汉口是沪汉、汉宜、汉湘航线的枢纽，攸关日本在长江航线的贯通及航运的持续展开，因而是日本政府在筹划开设航线时极为关注之地。1896年10月，日本驻沙市、兼辖汉口商务的领事永泷久吉，奉命为设立日租界而到汉口实地考察。在所写报告中，他将中外轮船公司在该地设立码头的情况放在首位介绍，称"此地轮船停泊区域是在汉水入江口至法租界下界之间"，"在长江从事航运的公司各有码头、设置趸船，以便于客货上下：招商局有两处，太古、怡和、鸿安、麦边（太平）各有一处，还有海关所属的一处，共有七处，其中怡和、鸿安、麦边三家洋行的码头在英租界内，其他都在华界江岸"；"起于英租界南界的西南一面是华界……屋宇鳞列，商铺栉比，尤其大街两侧，大厦高楼相连，富商巨贾皆在此，贸易商业极为繁荣，海关、招商局就在河街，此外太古、瑞记、亨达利、东肥洋行（日本商）等外商也在这里"。永泷久吉认为，要在汉口商业中心近旁设立日租界已无可能，从长远着眼，只可在德租界以北设立，但那里"距街市稍远，我国商人还难以很快利用它在最近数年内形成街市"，"要在我租界内看到有人购买土地、开设店铺，近年内还不能指望"。① 永泷久吉报告的主题虽不是日本航运势力在汉口的立足地，但不难想见，他无意将其立足地放在近期内不适于商贸的日租界内，而寄望于在最繁盛的商业中心旁边、已有招商局和太古洋行等设立码头、日本东肥洋行也已涉足的华界河街。

1898年1月，大阪商船株式会社船舶开到汉口，"由于没有码头，只能停泊于江心，而以中式船舶上下客货……很便利的地方被招商局及太古、怡

---

① 『漢口ニ於テ帝国居留地ニ選定スヘキ地区及其他ノ事項』（1897年1月4日驻沙市领事永泷久吉致外务次官小村寿太郎）、B-3-12-2-32 之 6-001。

和及其他轮船公司先占了，很是无奈"。① 该社汉口分社对此绝不甘心，而看中了当时中国民船在汉口停靠的主要码头马王庙，希望"借入"。因为马王庙码头"处于最有利于经营的位置"，"在长江各轮船公司（招商局、太古、麦边、怡和、华昌、美最时、瑞记各洋行）所设码头的上游，与襄水（即汉水）入江口相接"，"通往该码头的道路两侧及其附近是华商最为密集之处"。② 但是，大阪商船株式会社自身无法实现其意图，仍寄望于本国官府。而当时身为领事的永泷久吉，算得上对汉口多有了解之人，且为落实日本权益，已与湖北官府打了不少交道。他"围绕应该采取何种对策深思熟虑之后，认定只能就此向张总督说明情况、提出恳求"。为此，他先找曾任职于中国驻东京公使馆而与其相识、时任湖广总督张之洞总文案的汪凤瀛，通过汪"请张总督予以特别关照"，并在汪安排下会见张之洞，"提出暂借马王庙码头"，还借夸赞张之洞的自强主张"极为剀切，热望其尽早实现"，来讨取其欢心。几天后，永泷久吉便接到通知：在日方"找到合适码头前暂允"其借用马王庙码头。③ 可见，永泷久吉通过竭力利用在湖北官府中的人脉和对张之洞投其所好，达到了目的。

对于准许日本大阪商船株式会社暂借马王庙码头一事，张之洞本人后来也是承认的。他在光绪二十九年（1903）八月致日本驻华公使内田康哉函中说："前数年贵国初划租界，永泷领事以租界未定，为大阪公司暂借华界安设趸船。我以两国交谊为重，格外通融，允其暂借。"④ 当时的《申报》对此事也有报道，称："日本政府与湖广总督张香帅熟商，欲在汉口马王庙江边起造码头，以

---

① 永滝久吉『回顧七十年』、74 頁。松浦章《清末大阪商船公司开设长江航路始末》（《近代史研究》1992 年第 6 期）指出："大阪商船公司开设长江航路时，感到最困难的是在汉口、宜昌间航路与其他公司的竞争……招商局、太古洋行和怡和洋行对大阪商船公司抱有强烈的对抗情绪。"

② 《驻汉口领事山崎桂致外务大臣小村寿太郎》（1902 年 10 月 13 日）之附件『大阪商船株式会社当地碼頭移転問題ノ儀関スル海関道トノ交渉顚末第一報』、B-3-1-1-30；永滝久吉『回顧七十年』、74 頁。

③ 永滝久吉『回顧七十年』、75—76 頁。据赵林凤《论反对袁世凯称帝的健将——汪凤瀛》（《理论界》2006 年第 11 期）所述，汪凤瀛于 1891—1894 年随其兄汪凤藻出使日本，1897—1907 年担任张之洞的总文案。

④ 《致日本内田公使（五）》，赵德馨主编《张之洞全集》第 12 册，第 104 页。

便轮船停泊，香帅允之。"① 此事在当时遭到"人民强烈反对"，② 招商局也有抵制举动，③ 可张之洞仍然决定暂借，原因似不尽是永泷久吉的游说。当时张之洞及其僚属有意学习日本自强，又被来湖北的一些日本人宣扬中日"同种、同教、同文、同处亚洲，必宜交谊远过他国，方能联为一气"之说所惑，④ 便以对日方"格外通融"来使彼此关系更为热络，⑤ 也是重要诱因。问题还在于，张之洞处置此事十分草率，竟未与日方订立正式契约，而只在答应日方之请后收存了永泷久吉致江汉关道的一纸极粗略的来函，其原文如下：

> 汉口道台宛
>
> 往简
>
> 　敬启者。敝国大阪商轮公司建立码头一事，现接复函，已经阅悉。查敝公司行轮已开，而我租界未定，在汉各国河岸亦无妥碇场所，此间不能积载货物，无扬卸场，假定马头，实出于不得止，请见照谅焉。务速传谕该处商民人等，无有阻挠，以副两国通商之主意，何幸如之。再此奉布。
>
> 　顺颂
>
> 时祉
>
> 　　　　　　　　　　　一月十七日（明治三十一年）
>
> 　　　　　　　　　　　　　永泷久吉⑥

该函形同私信，只讲日方要"假定"（即暂借）码头及其原因，而对理

---

① 《请设码头》，《申报》1898年1月7日，第2版。

② 永滝久吉『回顧七十年』、76頁。

③ 《驻汉口领事山崎桂致外务大臣小村寿太郎》之附件『大阪商船株式会社当地碼頭移転問題ノ儀ニ関スル海関道トノ交渉顛末第一報』，B-3-1-1-30。

④ 《致日本参谋大佐神尾君光臣》（光绪二十三年十二月初四日发出），赵德馨主编《张之洞全集》第9册，第276页。

⑤ 参见邱荣裕《张之洞"亲日"外交倾向刍议》，《华侨大学学报》（人文社科版）2001年第1期；陆胤：《从"同文"到"国文"——戊戌前后张之洞系统对日本经验的迎拒》，《史林》2012年第6期。

⑥ 见『大阪商船株式会社当地碼頭移轉ノ儀ニ関スル江漢関道トノ交渉顛末第二報』（1903年1月27日驻汉口领事山崎桂致代理公使松井庆四郎、外务大臣小村寿太郎）之附件丙，B-3-1-1-30。

当作为要件的租金①、借用范围与时限、借用期间可否设置趸船和买地建房等，则一字不提，因而连正规的借据都算不上。令人难解的是，张之洞等湖北官员对这样的来函居然没有提出任何异议。永泷久吉晚年言及此事，说自己"获得了意外成功"。② 而大阪商船株式会社则遵其所示，迅速"起造码头"，③ "在其前面设有铁制趸船，以系留上下各定期航船"，还"买下了该处附近地面，建事务所、仓库，不断致力于完善岸上设施"。由此，大阪商船株式会社在长江干流的"经营基础显著增强"。④

综上所述，日本开设长江航线，完全是凭借不平等条约，在日本政府筹划、指挥、扶持下为之；大阪商船株式会社船舶刚到作为长江航线重要支点的汉口，就靠着日本领事施展手腕，轻而易举地无偿、无限制占用了最有利于经营航运的马王庙码头。当然，也毋庸讳言，张之洞等受到日本迷惑、办理对日交涉粗疏，也被日方充分利用来达到其目的。

**2. 日本拒不归还马王庙码头与湖北官府所付代价**

如果说日本开设长江航线、在汉口占用马王庙码头，虽然都是以强权为后盾，但表面上还未露狰狞的话，那么，从 1902 年夏初开始，面对湖北官府要求日本退出马王庙码头，日本势力就公然依恃强权持续占用。

这年 10 月中旬，日本驻汉口领事山崎桂向本国政府报告："自今年夏初以来，此地道台及税务司等一再碰面，通过书面或口头表示商船会社趸船妨碍民船航行，流露的意思是在日本租界开始运转之后还是迁移到那里为好。"⑤

---

① 当时汉口的外国租界对于轮船公司使用界内江岸，每年每英尺收银 3 两，英租界从 1905 年起，还将此费提高到每年 6 两。见『漢口各国居留地及汽船碇繋所ノ現况』（1905 年 3 月 14 日驻汉口领事馆报告）、日本外务省通商局编纂『通商彙纂』第 39 号、1905 年、32 页。

② 永滝久吉『回顧七十年』、76 页。

③ 见《申报》1899 年 2 月 21 日第 3 版的报道。

④ 《大阪商船株式会社社长中桥德五郎致外务省通商局长杉村濬》（1902 年 11 月 8 日）、《驻汉口领事山崎桂致外务大臣小村寿太郎》（1902 年 10 月 13 日），B-3-1-1-30。

⑤ 《驻汉口领事山崎桂致外务大臣小村寿太郎》（1902 年 10 月 13 日），B-3-1-1-30。日本驻汉口领事馆于 1885 年开设，但在 1891 年关闭，以驻上海总领事馆兼辖汉口商务；到 1898 年 10 月 11 日，重新开设了驻汉口领事馆。见町田实一『日清貿易参考表』之「清国各港駐箚帝国领事更代年数」；《外务大臣榎本武扬致内阁总理大臣松方正义》（1891 年 3 月 2 日），類 00555100；「外務省告示第十七号」『官報』1898 年 10 月 13 日、195 页。

在日方看来，这意味着湖北官府要大阪商船株式会社退出马王庙码头、转到日租界内。① 湖北官府此时提出这一要求，见诸公文的理由，在 1902 年 10 月 4 日张之洞给江汉关道岑春蓂的札示中有全面表述：一是将马王庙码头借给该会社，"原因彼时租界未定，暂准假设以敦睦谊，现在日界早定，自应移往租界，以免永占华商江岸"；二是"近年每遇襄河水发、江水盛涨、水势湍急之时，过往船只辄多覆没，近一月之内溺毙华民六七名"，故应促使该会社"将趸船从速迁移，以免伤害华民性命"。② 但从实际情况来看，促使湖北官府提出上述要求的主要动因，是当时德、英为占据汉口航运有利地位明争暗斗，并都将日本占用马王庙码头作为向湖北官府施压的由头，湖北官府无奈之下只得要求日本势力退出以使德、英息争。

众所周知，自三国干涉还辽特别是八国联军侵华战争之后，德国强化了对华扩张的力度。在汉口，德国不仅先于日本划定了租界并抵制日本租界设在其旁边，③ 而且在 1899 年、1900 年分别以亨宝轮船公司（Hamburg-Amerikanische Packetfahrt A-G，由瑞记洋行代理）、北德劳埃德公司（Norddeutscher L'loyd，由美最时洋行代理）开设长江沪汉、汉宜航线，由此成为英、日航运势力的强劲竞争对手。④ 1902 年 2 月 28 日，美最时洋行向江汉关税务司具禀，声称拟在马王庙码头上首江边无限期租地、建造货栈，并请准许在原美国鲁麟洋行码头江岸设立趸船，以便停泊该行轮船、起卸货物。然而，"德商趸船一设，独占利益，于英国太古、怡和商务大有妨碍"，因而立即引发了英国势力的抵制，担任税务司的英人斌尔钦在接禀三天后向江汉关道声称，如果同意美最时洋行要求，"划船定遭危险"，且其趸船"势必至侵占他人之地"。"驻汉英国总领事亦甚不以德日各商安设趸船为然，禀奉英使电复，

---

① 《大阪商船株式会社社长中桥德五郎致外务省通商局长杉村濬》（1902 年 11 月 8 日），B-3-1-1-30。

② 《札江汉关道照会日本领事迁移趸船》（光绪二十八年九月初三日），赵德馨主编《张之洞全集》第 6 册，第 431 页。

③ 1897 年 12 月 26 日张之洞致电盛宣怀称，德国风闻中国同意紧靠德租界设立日租界，认为"于德国租界大有妨碍"，表示强烈反对。见《致汉口盛京堂》（光绪二十三年十二月初三日），赵德馨主编《张之洞全集》第 9 册，第 275 页。

④ 参见浅居诚一『日清汽船株式会社三十年史及追补』、14—15 页。

意见相同。"湖北官府认为英、德矛盾可以利用，对美最时洋行表示"未便准予设立趸船、停泊轮船"。① 然而德方决不善罢甘休，"或请托总督、巡抚，或向道台、税务司陈说，百般运动"，"又经该国领事之手，向该国驻北京公使申请，引起与外务部交涉的问题"；② 到12月，在马王庙左近"会同勘定，将次开工"。③ 对此，英国坚不让步，"颇有烦言"，"谓前四十年设立英界时，我（指湖北官府——引者注）曾许其不准他国立界于其上，今准德人设立趸船，即占英商利益云云"；④ 直到1904年1月，英国驻华公使萨道义还向张之洞明确表示"德国安设趸船，我英国仍不能允"。⑤

当时，湖北官府不敢开罪于英、德之任何一方，⑥ 又鉴于德方借口中方允许日本借用马王庙码头设立趸船而声称应"一视同仁"，⑦ 只得通过江汉关道与税务司向日方放风，并由张之洞在1902年9月下旬明令江汉关道：让大阪商船株式会社"另行择地移泊"，宣布"此后无论华洋各商，更不得在大阪公司趸船上下再行开设马头驻泊"。⑧

湖北官府要求日本势力退出马王庙码头而提出的理由是无可辩驳的：日方确是以租界未定为由而无偿借用马王庙码头的，在日租界已设4年多以后，理应由主权方收回，更何况在当时条件下，在靠近汉水入江口处设立趸船，汛期的确对来往民船造成很大危险。然而，大阪商船株式会社却对本国官府声称，"在

---

① 《德商美最时不得在汉镇龙王庙码头租地停轮》所附《江汉关道详文》，吕调元等编纂《湖北通志》第53卷第5册，1921，第1445页；《署鄂督端方致外部　德商请在襄河口设立趸船万难照准祈力持电二件》，王彦威纂辑，王亮编《清季外交史料》第171卷第3册，第2724—2725页。

② 《驻汉口领事山崎桂致外务大臣小村寿太郎》（1902年10月13日），B-3-1-1-30。

③ 《改筑码头》，《申报》1902年12月22日，第2版。

④ 《致外务部》（光绪二十八年七月二十八日），赵德馨主编《张之洞全集》第11册，第30页。

⑤ 《致武昌端署制台》（光绪二十九年十二月初五日），赵德馨主编《张之洞全集》第11册，第116页。

⑥ 张之洞后来说，"大阪马头一事，牵涉德国趸船、英国马头，几酿衅端"，因而"最为棘手"。见《查明汉口日本租界续订合同折》（光绪三十三年七月二十六日），赵德馨主编《张之洞全集》第4册，第322页。

⑦ 《札江汉关道照会德领事阻止在华界安设趸船》（光绪二十八年五月初八日），赵德馨主编《张之洞全集》第6册，第420页。

⑧ 见《驻汉口领事山崎桂致外务大臣小村寿太郎》（1902年10月13日）所附1902年10月3日山崎桂致江汉关道岑春冀照会中抄录的张之洞批示，B-3-1-1-30。

清国长江航运业的输赢完全取决于陆上设备如何……所幸在上下两线中心点上的汉口，敝社在开始航运之时，就选定了最适当的位置，其后一步步安设了各种设备，使经营逐渐推进。如一朝失去这一好位置，在与华界街市相隔遥远的租界泊船，则敝社在长江的航运将会完全没落，甚至难以支撑经营"，"事态颇为重大"，"须仰仗保护"。① 于是，日本官方为了巩固其在长江航线的重要支点，完全罔顾情理与信用，蛮横抗拒中方的正当要求。

日本驻汉口领事山崎桂在接到中方正式照会后，在复照中、与张之洞会面时，居然声称日本"开设马王庙码头一节，原与本国租界既定未定不相关属"，湖北官府"徒以日本租界设定为由，无故剥夺该社既得之权，自无一顾之价值，故断然予以拒绝"。② 而当湖北官府拿出 1902 年永泷久吉"暂借"马王庙码头的信函后，山崎桂无法抵赖，却又抓住当初中日双方没有定明借用的具体期限，狡称："所称租界未定、轮船已开、假定码头一节，本非订一期限，俟租界定必行迁移之义……否则何以两国官衙当时并不订明切实期限，预将届期迁移一节剀切谕饬该公司遵照？""该公司经营所费固非寻常，趸船、栈房一切设施渐将就绪，则知该公司运输之业全赖马王庙开有码头，方可营谋。今一旦无故饬令迁移，则既成立之业全弃，欲就之事俱绝，是与阻禁其营业何择？"③ 在他之后继续负责交涉的代理领事矢田长之助，认为山崎桂"竭力曲解"暂借之意并非"上策"，既然太古洋行早已在华界江边拥有码头、设立趸船，则日方援引片面最惠国条款，"仅主张均沾条约上英国臣民之利益即足"。④ 于是，他对湖北官

---

① 『清国漢口碼頭移転ニ関スル御願』（1903 年 4 月 24 日大阪商船株式会社社长中桥德五郎致外务大臣小村寿太郎）、《大阪商船株式会社社长中桥德五郎致外务省通商局长杉村濬》（1902 年 11 月 8 日），B-3-1-1-30。

② 见《驻汉口领事山崎桂致外务大臣小村寿太郎》（1902 年 10 月 13 日）及其所附 1902 年 10 月 3 日山崎桂致江汉关道岑春萱的照会、『大阪商船株式会社当地碼頭移轉ノ儀ニ関スル江漢関道トノ交渉顛末第二報』（1903 年 1 月 27 日驻汉口领事山崎桂致代理公使松井庆四郎、外务大臣小村寿太郎），B-3-1-1-30。

③ 见『大阪商船株式会社当地碼頭移轉ノ儀ニ関スル江漢関道トノ交渉顛末第二報』（1903 年 1 月 27 日驻汉口领事山崎桂致代理公使松井庆四郎、外务大臣小村寿太郎）所附 1902 年 12 月 30 日山崎桂致江汉关道岑春萱的照会，B-3-1-1-30。

④ 『大阪商船株式会社蠆船移轉ニ関スル件』（1903 年 3 月 16 日驻汉口代理领事馆事务矢田长之助致驻华公使内田康哉）、B-3-1-1-30。

府换了说法："本口岸轮船停泊之区既以襄河合江之处为界，可知于此界内建设各公司必需趸船等，理之所然。况该地一带虽在租界之外，向有各国店铺栈房历历可数，是已贵政府早所允许……独于大阪公司是问，本署领事深为诧异……此时只有按照与最为优待之国享受利益一律无异之约章办理而已。"①

英国势力对日本在华界江边最佳位置设立码头获利本就心怀不满，"前英总领事为大阪趸船之事，屡有照会议令迁移，词甚决绝"，②故对湖北官府为阻止德国图谋而要求日方退出乐观其成，而在得知日方援引最惠国条款、以英国作为挡箭牌之后，即搬出 1861 年中英关于设立汉口英租界的协定，对中日两方声称：当初中方未许英国在汉水入江口以下沿岸设立租界，并保证日后不许各国在英租界以南的华界占地，特许太古洋行设立码头，故日方在马王庙设码头违反了以往的中英协定。③ 湖北官府看到英方表态，希望借以促使日方变计，署理湖广总督端方在 1903 年 3 月 18 日即要求日本退出马王庙码头，过了半年之后，再度提出解决方案：从阴历三月起，连闰扣至七月底，限期 6 个月，"令大阪公司如期将趸船移开，以后轮船只能在江心停泊，不得驶近江边，所有栈内货物用船驳运上轮"。④ 对此，江汉关税务司也表现出积极配合的态度。⑤ 当时，矢田长之助将英国总领事尊为前

---

① 见『大阪商船株式会社趸船移轉ニ関スル件』（1903 年 4 月 8 日驻汉口代理领事馆事务矢田长之助致外务大臣小村寿太郎、驻华公使内田康哉）所附 1903 年 3 月 26 日矢田长之助致江汉关道岑春蓂的照会，B-3-1-1-30。

② 见《署鄂督端方致外部　德商请在襄河口设立趸船万难照准祈力持电二件》，王彦威纂辑，王亮编《清季外交史料》第 171 卷第 3 册，第 2725 页。

③ 见『大阪商船株式会社趸船移轉ニ関スル件』（1903 年 4 月 8 日驻汉口代理领事馆事务矢田长之助致外务大臣小村寿太郎、驻华公使内田康哉）所述 4 月 7 日与英国驻汉口总领事的谈话，B-3-1-1-30。

④ 见『大阪商船株式会社趸船移轉ニ関スル件』（1903 年 4 月 8 日驻汉口代理领事馆事务矢田长之助致外务大臣小村寿太郎、驻华公使内田康哉）所附 1903 年 3 月 19 日江汉关道岑春蓂致矢田长之助照会所录端方札示，B-3-1-1-30。

⑤ 1903 年 9 月 17 日端方对矢田长之助称，在考虑对日方定出限期时，海关提出 2 个月，经端方斡旋才延长为 6 个月，如还要延期，税务司将以关章为依据提出颇为强硬的主张。见『大阪商船株式会社趸船移転ニ関スル件』（1903 年 9 月 21 日驻汉口代理领事馆事务矢田长之助致外务大臣小村寿太郎）、B-3-1-1-30。

辈，万事都要请其协助，故强调日本在马王庙码头设趸船对怡和、太古洋行的利益绝无妨碍，而对英方的表态则表示"不胜遗憾"，对江汉关税务司也相当不满。在他看来，大阪商船株式会社"自 1898 年以来……步步推进，不外是由于在英国各公司上游扼形胜之地，拥有趸船设备，但如一朝迁移……不仅会使我在长江沿岸唯一立足地马上失去，还会间接对即将开业的湖南汽船会社的经营产生至大影响"，因而他向本国政府提出要对抗到底，"必要时不惜动用兵力，断然峻拒对方要求，使该会社的现有地位无忧，继续经营"。① 与此同时，大阪商船株式会社也向日本政府表示，如果退出马王庙码头，"结果将会是长江航运完全落入英、德手中，我国商权完全扫地。撤去趸船事小，但攸关国权消长，事态颇为紧迫"。而作为该社主管机关的递信省得报后，也立即致函外务省，强调"此事是关系到该社在长江航线存废的重要问题"，要求"采取措施让该总督取消撤去趸船的要求"。② 3 月 21 日，日本海军派到长江中下游的警备舰"爱宕"号开到汉口，矢田长之助即利用其牵制中方可能采取的强制举措，直到江汉关税务司表示此事移到北京交涉、在作出最后决定前不会采取行动，该舰才于 4 月 29 日起锚下航。③ 6 月 22 日，日本常备舰队司令官又率军舰"高千穗"号和"宫古"号到汉口，"访问端总督"，以示威胁。④ 而日本外务省则在 5 月 25 日对中国公使称："虽帝国租界已定，但其形势尚不便于商务，即使将码头设于租界之外，亦另有其例，加之该会社已因地方官允准而投巨资设立码头，业务仅就其绪，然却骤然迫其迁移，不惟于理不通，且非彼此优待之谊。"⑤

---

① 『大阪商船株式会社蘣船移轉二関スル件』（1903 年 4 月 8 日驻汉口代理领事馆事务矢田长之助致外务大臣小村寿太郎、驻华公使内田康哉）、B-3-1-1-30。

② 见『清国漢口碼頭移転二関スル御願』（1903 年 4 月 24 日大阪商船株式会社社长中桥德五郎致外务大臣小村寿太郎）、『大阪商船株式会社所有漢口碼頭移転二関スル件』（1903 年 4 月 30 日递信大臣芳川显正致外务大臣小村寿太郎）、B-3-1-1-30。

③ 『帝国軍艦去来ノ件』（1903 年 5 月 2 日驻汉口代理领事馆事务矢田长之助致外务大臣小村寿太郎）、B-3-1-1-30。

④ 《驻汉口代理领事矢田长之助致外务大臣小村寿太郎》（1903 年 6 月 27 日），B-3-1-1-30。

⑤ 『清国公使覚书回答』、B-3-1-1-30。

　　面对日本的强权行径，曾轻许"暂借"的张之洞甚为懊悔。[1] 他希望收回马王庙码头，但又不敢与日本正面冲突，因而寄望于日本体谅他的苦衷而退出，故无论是在武昌与矢田长之助晤谈，还是在 1903 年奉召赴京期间与日本驻华公使内田康哉交涉，都以开诚布公的姿态，说明他先前在借给马王庙码头之事上"格外通融"的好意，以及日本不退出马王庙码头他就无词拒绝德国要求的难处，大阪商船株式会社的利益较之往来民船性命、众华商利权"大相悬绝"的道理，甚至表示愿按价将日本的趸船买下。但是，日本领事、公使或当面拒绝，或空言"另行筹商办法"，要求"勿庸迫之太急"，不作丝毫让步。[2] 张之洞无计可施，湖北官府在期满而日方毫无迁移码头之意的情况下，也只得"再宽限六个月"。张之洞看出日方"断不肯遵"，便又先后想出两法：或由中方在汉口华界江边"自设活马头租与各国"，或"商太古、招商两局将趸船轮班借用"，以换取日本退出马王庙码头。[3] 但前者既缺乏资金又不能满足日本在岸上占地用房的欲望，[4] 后者受到了太古洋行和招商局的抵制，[5] 均告落空。张之洞无法让日本退出马王庙码头，加上在此关头"赫德又不出力，萨使亦不能劝内田"，[6] 只好再与德

---

[1] 张之洞在 1902 年 6 月 13 日给江汉关道的札示中，承认此举"疏忽错误"，要加以"更正"。见《札江汉关道照会德领事阻止在华界安设趸船》（光绪二十八年五月初八日），赵德馨主编《张之洞全集》第 6 册，第 420 页。

[2] 『張之洞出発前会見之報告』（1903 年 4 月 27 日驻汉口代理领事馆事务矢田长之助致外务大臣小村寿太郎、驻华公使内田康哉），『大阪商船株式会社漢口躉船移転ニ関スル件』（1903 年 10 月 3 日驻华公使内田康哉致外务大臣小村寿太郎）及其所附 1903 年 9 月 20 日、9 月 28 日张之洞致内田康哉函，B-3-1-1-30。

[3] 《致武昌端署制台》（光绪二十九年八月十九日、八月二十四日、十一月二十九日），赵德馨主编《张之洞全集》第 11 册，第 110、112、116 页。

[4] 『大阪商船株式会社躉船移転問題ニ関スル件』（1904 年 1 月 30 日驻汉口领事永泷久吉致外务大臣小村寿太郎）、B-3-1-1-30。

[5] 《致武昌端署制台》（光绪二十九年十二月初十日）、《致武昌端署抚台、汉口梁道台》（光绪三十年三月二十五日）、《致武昌端署抚台、汉口梁道台》（三月二十七日、三月二十九日）、《致汉口江汉关梁道台》（四月初十日）、《致江汉关梁道台、武昌端署抚台》（四月十七日），赵德馨主编《张之洞全集》第 11 册，第 118、127—129、131、132 页；永泷久吉『回顧七十年』、143—144 页。

[6] 《致武昌端署制台》（光绪二十九年十二月初六日），赵德馨主编《张之洞全集》第 11 册，第 117 页。

国公使相商，近乎哀求地表示："若美最时趸船果设，鄙人在鄂不能见湖北百姓，只有不做官，不回湖北耳。"在德国公使答以"当为设法"之后，双方于 1904 年 2 月 6 日达成协定：美最时洋行不在马王庙上游设立趸船，为此自光绪三十年正月初一日起，至日本从马王庙码头迁移止，由湖北官府每年付给美最时洋行洋例银 19000 两，以赔偿其"所亏利益"。① 这就是说，在日本拒不退出马王庙码头的情况下，湖北官府为使德国不步其后尘从而避免英国施压，被迫每年以巨额现银来赔偿德国"所亏利益"！

**3. 日本反客为主，规定湖北官府收回马王庙码头的条件**

1903 年 12 月，占用马王庙码头的始作俑者永泷久吉接任日本驻汉口领事，湖北官府与他进行了多次交涉，而他也看出"总督为了我趸船迁移而煞费苦心"，"其苦衷可鉴"。② 但是，日本外务大臣小村寿太郎仍宣称，退出马王庙码头将使大阪商船株式会社"亏损……甚大，殆与拒退本国之长江交通贸易无择，本国政府自属不能照办"。同时他又对"暂借"重作解释："俟其本国租界设备完成，行见商务兴旺，即行从速移迁，未行移迁之内，从妥斟酌交付租费。"③ 据此，永泷久吉于 1904 年 7 月 2 日向江汉关道梁敦彦提出了"约案"四款，其中除了体现日本政府上述意图外，还添加了限制中方主权的一款：将来日本退出马王庙码头之后，"由龙王庙至招商局马头之间，一概不准添设华洋趸船，又不准前开地段江边别国轮船停泊"。④ 可见，日本将占用马王庙码头的前提由日租界"未定"改为该租界尚未实现"商务兴旺"，且欲以"租用"根本改变"暂借"性质，即使以后退出，也要湖北官府按日本的条件禁止在马王庙码头上下设趸船、停轮船。这表明，日本不仅基于自身利益继续抗拒中方正当要求，反而开始反客为主，提出可按其

---

① 《致武昌端署制台、岑臬台、汉口江汉关道台》（光绪二十九年十二月二十三日），赵德馨主编《张之洞全集》第 11 册，第 120 页。

② 『大阪商船株式会社蘯船問題ニ関スル件報告』（1904 年 7 月 4 日驻汉口领事永泷久吉致外务大臣小村寿太郎）、B-3-1-1-30。

③ 见『大阪商船株式会社蘯船移転問題ニ関スル続報』（1904 年 5 月 30 日驻汉口领事永泷久吉致外务大臣小村寿太郎）的附件丙号『外務大臣小村男爵来電』，B-3-1-1-30。

④ 『大阪商船株式会社蘯船問題ニ関スル件報告』（1904 年 7 月 4 日驻汉口领事永泷久吉致外务大臣小村寿太郎）及其附件丙号，B-3-1-1-30。

需要任意解释的条件，公然限制中方主权，其强权面目昭然若揭。

　　张之洞一度斥责日方"语涉含混"，表示"碍难照允"其所提条款，声称"不争此区区租款"，在日本退出马王庙码头问题上"须有一定限期办法"，"稍缓一二年、定期移开尚可通融，万不能再有推展"。① 但他很快又作了让步：将期限放宽到 5 年；期限内，准该社租用湖北官府在招商局码头与太古洋行码头之间江岸新建码头所设趸船停泊轮船、起卸客货，同时，撤去其设于马王庙码头的趸船，作价售与湖北官府；湖北商务局将在新码头所租的房屋转租给该社，该社也将其在马王庙所造楼房租给湖北商务局，以便彼此居住和堆储货物。② 显然，张之洞的出发点还是要日本退出马王庙码头，可是面对日本的蛮横姿态，又考虑设法保障大阪商船株式会社的经营，以争取其让步。但是，日方并不理睬张之洞的用意，而提出以 20 年为期（又称 13 年后斟酌日租界商务情形，彼此商议停租），要湖北官府"照现有马王庙码头一式修筑"新码头，在日本"移置"趸船后，连同码头"均由大阪公司经理"，还要允许该社在湖北商务局及铁路局转租的地界"改造或盖造堆栈"。③ 如照此办理，则湖北官府即使在汉口华界江边另造码头，也不过是被日本用来置换马王庙码头而已，张之洞的目的根本无从实现。如此交涉，只能无果而终。④

## 二　日本海军正式开始向长江流域扩张

　　如前文所述，在中法战争时，日本海军就曾派军舰在上海与汉口之间航

---

① 见『大阪商船株式会社趸船問題ニ関スル件報告』（1904 年 7 月 4 日驻汉口领事永泷久吉致外务大臣小村寿太郎）附件甲号中的 6 月 1 日江汉关道梁敦彦照会所抄《督部堂来电》，B-3-1-1-30。

② 『大阪商船趸船ニ関スル件・酌拟简明条款』、B-3-1-1-30。该文件为汉文，有"张之洞立案"字样，另有日本外务省人员的附言："从永泷领事那里得到，用作参考，非既定者，不必作为公文处理。"

③ 『会議条款』、B-3-1-1-30。该文件上有"由领事馆起草，交付张之洞"字样。

④ 据『大阪商船株式会社趸船移転問題ニ関スル件』（1905 年 3 月 7 日驻汉口领事永泷久吉致外务省通商局长石井菊次郎，B-3-1-1-30）所言，中日双方为此进行的交涉，是在 1904 年 7 月永泷久吉回国休假前进行的。

行。但那时主要是探查航道性质的行动，其后也未持续进行。到甲午战争后，发生了根本变化：日本通过迫使清政府订立《马关条约》和《通商行船条约》，得以"一律享受"西方列强已经攫取的条约权利，其中包括随时可派军舰到中国各通商口岸"巡查""游弋"，而日本海军也由此正式开始了对中国江海的扩张过程。

## （一）日舰开始在长江中下游"巡航警备"

在甲午战争前夕，1893 年 10 月，日本海军即规定在华以上海为其军舰的常泊港。[①] 1896 年 10 月下旬，日本外务大臣大隈重信致函海军大臣西乡从道，称"英法德美各国在清国之所以能步步实现其权利、获得其利益，其原因虽不一而足，但主要还是靠上述各国平时令很多军舰进出停泊，竭力以有形之威严折清国官民倨傲之念、使之降心相从，隐然充当本国商人的后盾，间接保护其贸易"；"我国政府向来认为有此必要，在前年之战役以前，就令一艘警备舰常驻（上海——引者注），故一般日侨得以仰赖其保护"，"因战争及《马关条约》之结果……该港有成为在清国各港我国商人的根据地之势……就我国而言……目下实可谓奠定日清通商方面长久利权基础的关键时刻"。故海军对上海的日侨加以"保护之必要非复昔日可比"，"现在须立即派遣常泊之警备舰，此外还希望再派一艘小舰经常在近海及长江沿岸巡逻，以使对辽东一役尚未特别感觉痛痒的南清顽民得见战胜国之军容、对一般日侨产生敬畏之念"。[②] 海军省立即响应，向上海派出了一艘炮舰。[③] 1897 年 2 月 1 日，大隈重信又向海军大臣转达驻沙市领事的建议："帝国军舰向来甚少溯长江而上，尤其汉口上游地方人民，尚不习惯于外国人，故难保不常有粗暴举动。为了扩展帝国贸易，让帝国军舰不时溯航汉口、沙市极为必要。为此，希望在每年 5 月至 11 月间，即江水上涨时节，以警备舰巡

---

① 『清国及朝鲜国派遣舰长ヘ特别训令』（1893 年 10 月 19 日）、海军省－公文备考－M29－3－231。

② 《外务大臣大隈重信致海军大臣西乡从道》（1896 年 10 月 15 日），海军省－公文备考－M29－3－231。

③ 《海军大臣西乡从道致外务大臣大隈重信》（1896 年 10 月 21 日），海军省－公文备考－M29－3－231。

航于上海与沙市之间。"而海军方面对此同样积极响应。① 1897 年 4 月 27
日，日本海军正式规定：以上海作为两艘日舰的常泊港，驻泊的日舰须分别
开往马尾、沙市和汉口停泊。② 这年 8 月 6 日，海军省又接受外务省建议，
将镇江、芜湖、九江增为"巡航警备"口岸。③ 1902 年 6 月中旬，日本海军
组成"常备舰队南清警备支队"（辖"千岁"号、"和泉"号、"千早"号、
"爱宕"号四舰），④ 规定其在江苏、福建分别布置两舰，"以胶州湾以南、
香港以北作为巡航区域"。⑤ 而置于江苏的日舰"和泉"号所拟 1902 年 8 月
至 9 月的"巡航"计划称将从上海出发，在长江分别停靠芦泾港、南京、
大通镇、湖口镇、戴家洲、汉口，回程停靠戴家洲、安庆、芜湖、镇江、江
阴、吴淞。⑥ 这反映了日舰在长江中下游"巡航警备"范围的扩张。

　　日舰刚刚开始在长江的"巡航警备"，就恫吓中国官民，配合本国当局
对华勒索权益。1897 年 7 月 8 日，即日本驻沙市领事与湖北当局就日租界
堤防和道路修筑问题开始谈判的头一天，日舰"大岛"号首次驶抵沙市，
这显然是要在谈判中加重日方的砝码。该舰为了一直保持武力威慑，计划驻
留沙市一个月，无奈停泊困难，不得已才提前近半个月离开。⑦ 尽管如此，
日本驻沙市领事还是为该舰在当地"大得官民注意"而极为兴奋。⑧ 次年 5
月 9 日，在沙市的湖南客民与轮船招商局的更夫发生纠纷，衍成包括日本领

---

① 《外务大臣大隈重信致海军大臣西乡从道》（1897 年 2 月 1 日）、《海军大臣西乡从道致外务
　　大臣大隈重信》（1897 年 2 月 5 日），海军省－公文备考－M30-3-262。
② 见《海军大臣西乡从道致常备舰队司令长官相浦纪道》（1897 年 4 月 27 日），海军省－公文
　　备考－M30-3-262。
③ 《外务大臣大隈重信致海军大臣西乡从道》（1897 年 7 月 30 日）、《海军大臣西乡从道致常
　　备舰队司令长官相浦纪道》（1897 年 8 月 6 日），海军省－公文备考－M30-3-262。
④ 『内田常备艦隊司令官ヘ訓令』（1902 年 6 月 18 日）、海军省－公文备考－M35-11-434。该
　　支队所辖军舰在 1903 年有所变化。
⑤ 『軍一秘第八二号』（1902 年 6 月 13 日）、『海総機密第二〇〇号ノ一〇』（1902 年 6 月 24
　　日）、海军省－公文备考－M35-10-433。
⑥ 『泉普第三一一号』（1902 年 7 月 25 日）、海军省－公文备考－M35-10-433。
⑦ 『島第二〇三号』（1897 年 7 月 10 日）、『公第七七号』（1897 年 7 月 24 日）、海军省－公文备
　　考－M30-3-262。
⑧ 『第一五六号』（1897 年 8 月 11 日）的附件，海军省－公文备考－M30-3-262。

事馆在内的中外机构房屋及一些船只被焚事件。① 事发后，荆州道台很快安排日本领事等撤往汉口，② 清廷令正在赴京途中的张之洞折回本任处置，③湖北当局速派军队赶到沙市昼夜巡逻，且仅过 13 天就将所认定的 4 名"首犯"枭首示众。④ 日本明知这些情况，但由于此前在有关沙市日租界的交涉中尚未完全如愿，且有在别的口岸设立租界的欲望，⑤ 还要预防长江沿岸不稳局面危及日本势力，⑥ 故还是借机大做文章。日本海军省接报后，"令'高雄'号立即赴汉口，'爱宕'号立即经由汉口赴沙市"。⑦ 而日本驻上海领事也随即故意向张之洞透露这一消息，⑧ 以尽早发挥炮舰施压作用。接着，日本驻华公使矢野文雄于 5 月 28 日向总理衙门提出五项要求，"催商甚急"。⑨ 当时，荆州道台十分担心"他国军舰来沙，或将导致人心动摇"；张之洞对日方要挟和日舰开往沙市"甚伤脑筋……提出阻止上航"。而日本驻沙市领事永泷久吉却认为这正反映日舰施压有效，更起劲地宣称"如果不满足那些希望，兵舰警备就有必要"；日本政府则令"爱宕"号抵汉后立即开往沙市。⑩ 在交涉中，永泷久吉假"爱宕"号之威，将与事件毫无关系的日租界沿江护堤修筑费用混入赔款之中，还要求"租界内道路免价豁租"，

---

① 中方关于这一事件的详细叙述，见张之洞《审结沙市客民滋事一案折》（光绪二十四年六月二十四日），赵德馨主编《张之洞全集》第 3 册，第 500—501 页。

② 『密受第八三〇号』（1898 年 5 月 14 日）、B-5-3-2-15；永滝久吉『回顾七十年』、78—85 页。

③ 《恭报折回本任日期折》（光绪二十四年四月十六日），赵德馨主编《张之洞全集》第 3 册，第 490 页。

④ 『機密信第六』（1898 年 5 月 25 日）、『公信第一二』（1898 年 6 月 5 日）、B-5-3-2-15。

⑤ 『機密送第一三四号』（1898 年 8 月 25 日）、B-5-3-2-15。

⑥ 『機密第二三号』（1898 年 5 月 13 日）、B-5-3-2-15。

⑦ 《海军大臣西乡从道致常备舰队司令长官柴山矢八》（1898 年 5 月 11 日），B-5-3-2-15。

⑧ 见《致武昌谭署制台、汉口江汉关翟道台》（光绪二十四年闰三月二十七日），赵德馨主编《张之洞全集》第 9 册，第 316 页。

⑨ 日方的要求是：清廷降旨保护外侨生命财产，严惩涉案"匪徒"和严处弹压不力的地方文武，赔银十万五千两，沙市专管租界章程以杭章为本，在岳州、福州、三都澳均设日本专管租界。见《总署来电》（光绪二十四年四月初九日、十二日），赵德馨主编《张之洞全集》第 9 册，第 317 页。

⑩ 见『機密信第六』（1898 年 5 月 25 日）、『公信第一三』（1898 年 6 月 9 日）、B-5-3-2-15。

同时将租界内土地租价酌减，甚至抛出日本政府不曾提出的占据地势高而靠近街区的官地以作为日本领事馆地基的问题。[①] 张之洞等受不起威胁，最终同意赔偿日本损失、在沙市日本领事馆原址修建新房供其使用，此外还答应承担一半的护堤修筑费用、界内道路用地减价免税、酌减界内租地之价等。[②] 而总理衙门大臣李鸿章等也向日本公使承诺：在岳州、福州、三都澳，"如将来他国设有专界，自可允准日本一体照办"。[③]

以一艘军舰配合施压，能勒索到如此可观的权益，使日方很是得意，于是永泷久吉又提出建议："如欲扩展我之商利，则有必要仿英国之例，始终在长江配置军舰一两艘。"鉴于现有日舰不适于开往汉口上游，他要求海军拥有"为在长江实行警备而制造吃水浅、可在宜昌与汉口之间上下自如、运动相当敏捷之舰"。[④]

## （二）趁八国联军侵华增强影响力、在沪非法驻军

提升自身在侵华列强中的地位，是日本在甲午战争后的重要目标之一。而1900年爆发的八国联军侵华战争，在日本看来，正为此提供了"最初的好舞台"。[⑤] 它除了派海陆军加入联军进犯津京地区，[⑥] 还通过加强海军对长江流域的"巡航警备"来贯彻这一企图。当时的长江流域，因实行"东南互保"，中外"官员往来、贸易经营、船舶航行与平时无异"。[⑦] 然而，日本驻长江口岸的领事却都促请加强日舰的"巡航警备"，其中调门最高的是驻上海代理总领事小田切万寿之助。他声称，目下"能充分实行长江警备者，唯有我帝国与英国，而其他各国终究无此余力……在长江一带及沿海地方充

---

①　参见永泷久吉『回顧七十年』、87—88 頁；『機密受第八五四号』（1898 年 5 月 20 日）、『機密第一三』（1898 年 6 月 22 日）、B-5-3-2-15。

②　《致总署》（光绪二十四年五月初九日），赵德馨主编《张之洞全集》第 9 册，第 326 页。

③　见『機密受第一二二三号』（1898 年 7 月 15 日）及该信附件《总理各国事务王大臣照会日本全权公使矢野文雄》（光绪二十四年五月十八日），B-5-3-2-15。

④　『機密受第一一三四号』（1898 年 6 月 28 日）、B-5-3-2-15。

⑤　佐藤市郎『海軍五十年史』鳟書房、1943、170 頁。

⑥　参见『明治三十三年清国事変海軍戦史抄』第 2 卷、159—163 頁、单 01404100。

⑦　见『機密第九六号』（1900 年 8 月 23 日）、『明治三十三年清国事変海軍戦史資料』（以下简称『海軍戦史資料』）第 23 卷、海軍省-清国事変-M33-23-23。

分实行警备，可直接保护帝国侨民之生命财产，且能间接保护大量侨居此方面之外国人，启伸张帝国威权之端，开利益推扩之绪"。① 同时，常泊上海的"赤城"号舰长也进言道，派数艘军舰到长江方面，"在军略上自不必说，在政略上、商业上亦有最大之必要，实为须臾不可忽视"。② 显然，他们急于抓住时机，以向长江流域增派炮舰来增强日本在列强中的分量。于是，从6月中旬起，三艘日舰相继开往上海，③ 其中"八重山"号在7—8月往返于上海和汉口之间，停靠镇江、南京、芜湖、安庆、九江，在汉口驻泊35天。该舰舰长在其间发出的报告中最引人注意之处，就是在长江上的外国军舰只有英舰和日舰。④ 而日本驻汉口领事则称："我国侨民自不必说，各国之人都对'八重山'号表示热烈欢迎。"⑤ 显然，当时该舰"巡航警备"的最大效果，就是大大强化了日本海军对"各国之人"的影响力。日本乐此不疲，在10月中旬再派"摩耶"号从上海开往汉口。⑥

此外还须指出的是，日本海军趁列强出兵上海之机，派陆战队非法上岸驻扎。本来，刘坤一、张之洞在与列强商议"东南互保"时，曾明确要求在上海的各国军舰"约束水手人等，不可登岸"，⑦ 但各国驻上海领事置若罔闻，仍于1900年6月17日决定在危急时请求外国军舰派兵上岸；8月6日，驻上海外国海陆军官会议又将浦东的防御交给日本海军陆战队。⑧ 而小

---

① 『機密送第一〇九号』(1900年6月28日) 附件、『海軍戦史資料』第22卷、海軍省-清国事変-M33-22-22。

② 『赤報第一一号』、海軍省-清国事変-M33-22-22。

③ 参见『海総機密第五四号ノ三』(1900年6月17日)、『海総機密第一二一号』(1900年6月25日)、『海総第一四〇二号』(1900年7月18日)、海軍省-清国事変-M33-22-22；『海総機密第二〇九号』(1900年8月7日)、《海军大臣致远藤司令官》(1900年8月15日)、海軍省-清国事変-M33-23-23。

④ 『八重秘第一七号』(1900年7月28日)、『八重秘第一九号』(1900年8月4日)、『八重秘第二〇号』(1900年8月14日)、『八重秘第二二号』(1900年8月27日)、前一件与后三件分别见于『海軍戦史資料』第22、23卷、海軍省-清国事変-M33-23-22、23。

⑤ 『送第四四号』(1900年8月20日)、B-A-6-1-242。

⑥ 『旗庚特第一二号』(1900年10月19日)、『海軍戦史資料』第24卷、海軍省-清国事変-M33-23-24。

⑦ 《东南互保约款》，王铁崖编《中外旧约章汇编》第1册，第968页。

⑧ 参见日本参谋本部编纂『明治三十三年清国事変戦史』第6卷、川流堂、1904、244、246页；『電報訳文第一五〇号』(1900年8月6日)、海軍省-清国事変-M33-23-23。

田切万寿之助则以日本与上海的"利害关系""除了英国之外不亚于任何国家","提议日本国也向此地派出足够的军队"。① 于是，7 月 31 日，日本海军大臣令各镇守府立即秘密编组能快速派往中国南方的"枪队"。② 9 月 9 日，由日本"常备舰队"司令官所率两艘军舰运载到上海的海军陆战队两个中队、一个炮队共 455 人上岸，驻扎杨树浦。③

　　日本十分明了在上海驻军的非法性质，也深知围绕上海的国际关系十分复杂，故其陆战队在上岸前，逡巡水上大半个月，直到判明英、法、德军队都已上岸扎营而清朝官府也无可奈何，英国明确提出日英等国派兵守护上海与吴淞之间铁道之后，才作出登岸决定。④ 小田切万寿之助在 9 月 8 日还分别照会刘坤一、张之洞，称日本根据"驻沪各国领事议定之言，调兵来沪，惟该兵未到之先，暂派水手六百登岸，与英法德各国兵丁协力保护租界"。⑤ 可见，日本将其调兵来沪的依据归于"驻沪各国领事议定之言"，以列强协定及共同行动作为其非法驻军上海的挡箭牌。这支日本陆战队一直驻扎到 1901 年 9 月 26 日，其后由日本在华北的驻屯军所派上海驻屯队接替，后者直到 1902 年 11 月 22 日才撤出。其间，上海租界完全无须防御，日本与列强不过是将此作为长期驻军的借口而已。日本参谋本部论及此事及同期海军陆战队在厦门登岸的行动，都归结为"与各国拉关系"之举。⑥ 史实证明，日本海陆军的上述行动，对日本提升在列强中的地位、通过《辛丑条约》

---

① 『電報訳文第一七九号』（1900 年 8 月 15 日）、海軍省-清国事変-M33-23-23。

② 『佐機密第二〇三号ノ七』、海軍省-清国事変-M33-23-23。

③ 参见 『旗庚秘特第一号』、『旗庚特第二号』、《远藤司令官致海军大臣》（1910 年 9 月 9 日）、『上海ニ帝国守備兵派遣並ニ右ニ到着前海軍陸戦隊上陸ノ件』、海軍省-清国事変-M33-23-23。

④ 参见 1900 年 8 月 20 日至 9 月 5 日"常备舰队"司令官向海军大臣及驻上海代理总领事向外务大臣发出的报告。《"严岛"号舰长致常备舰队司令官》（1900 年 9 月 3 日）、《海军大臣给远藤喜太郎司令官、外务大臣致小田切万寿之助代理总领事的训令》（1900 年 9 月 6 日），海軍省-清国事変-M33-23-23；《远藤喜太郎司令官致海军大臣电》（1900 年 9 月 9 日），海軍省-清国事変-M33-93-93。另见《日兵抵沪》，《申报》1900 年 9 月 11 日，第 3 版。

⑤ 『上海ニ帝国守備兵派遣並ニ右ニ到着前海軍陸戦隊上陸ノ件』（1900 年 9 月 11 日）的附件丁号《小田切万寿之助致刘坤一、张之洞照会》（1900 年 9 月 8 日），海軍省-清国事変-M33-23-23。

⑥ 日本参謀本部編纂 『明治三十三年清国事変戦史』 第 6 巻、249 頁。

等获取新的重大权益起了很大作用，并且直接促进了日英同盟在 1902 年建立。故在 40 多年后，日本海军将领回顾历史，还对此加以强调，说是"值得特别记忆"。①

日本并不满足于通过非法驻军上海捞到的上述好处，还企图将此作为以后可援引的先例，故在撤军时公然对清政府扬言："日后不问因何理由，如再有别国军队在上海登岸，本国留有权利，亦派遣应用军队前往该处。其时中国政府与局内之国有何订定，不问是何条款，本国政府虽未与议，决不受其牵制。"② 日本陆军为今后再驻上海，利用美商协隆纱厂被债主拍卖资产之机，出银 75000 两，由驻上海总领事馆派日商山口荣藤出面，于 1901 年 12 月 23 日将用作日军营房的该厂仓库及其地皮（地契所写面积为 6 亩 4 分 3 毫）买下，变成所谓"陆军省用地"。③

在不久后爆发的日俄战争中，日本海军在上海与长江口的"警备"又增添了与欧洲大国对抗的色彩。1904 年 2 月中下旬，日本海军以"俄舰'曼居尔'号久在上海，我国在长江一带的商船航线因而大受威胁"为由，令三艘军舰开到长江口，派"秋津洲"号停泊吴淞，对上海外围实施警戒，并对清政府扬言，如"听任俄舰所为，则我舰不认为现实为严正中立，将不得不采取认为适当的临机处置"。直到 3 月底确认"曼居尔"号解除武装后，"秋津洲"号才开往朝鲜海峡。④

### （三）为本国商船探测航道、搜集口岸信息

在 1903 年以前，日本海军还没有适合于在长江干支流航行的舰只，故"大岛"号在 1897 年 7 月勉强开到沙市，返抵上海后，马上提出回国

---

① 佐藤市郎『海軍五十年史』、170 頁。
② 『上海駐屯軍隊撤去ノ通告ニ対スル清国政府ノ回答送付ノ件』（1902 年 11 月 21 日）、『上海撤兵ノ件』（1903 年 1 月 4 日）、B-5-1-4-0-19。
③ 『上海陸軍駐屯隊土地家屋買入ノ件報告』（1901 年 12 月 26 日）、『陸軍省用地ニ関スル件』（1910 年 9 月 12 日）、B-5-1-4-0-21。
④ 日本海軍軍令部編『明治三十七、八年海戦史』下巻、内閣印刷局朝陽会、1934、5—7 頁。

修理。① 但是，因急于深入长江流域，同时也为给日本商船探路，日本海军还是费了不少气力探查长江干支流航道等情况。1902 年，日本图谋在江苏至湖南间迫使清廷开放更多口岸，要为此探查支流河湖，日舰"爱宕"号即充当这种角色。当时，日本海军应外务省要求，派出航道测量专家四灶孝辅少佐到"爱宕"号上，会同驻上海、汉口领事馆派出人员，于 6 月 18 日起航，"对 8 个拟定新开埠口岸即芦泾港、湖口、南昌、吴城、安庆、大通、长沙、常德进行调查"。② 该舰所探查的项目十分广泛。（1）考察航道。涉及水路及船舶停泊场、浅滩与暗礁位置、水流速力及其流向、安全进港的吃水深度、引水及其费用、有必要设灯船等之处、丰水枯水情况、最高与最低水位、风向、课税、停泊船只种类及其吃水情况等。（2）考察码头。涉及其位置及现状、水陆搬运设施数量和费用、仓库结构及数量和位置、输入输出货物种类及概数、码头土地的所有者、有无码头税、码头是否便利、允许在码头使用的设施、行政与兵备。（3）考察街市。涉及所在位置、工业种类与规模、人口户数、贫富、气候、风俗语言气质、市民嗜好、物价地价、物产、水陆运输、通货、日用品与食品、房屋租借、佣人工钱、民房结构与材料价格产地、工匠工钱与干活时间、商业相关地、轮船公司及船数出航次数航行去向、外侨住地及其势力、外国教堂有无及教徒人数、有无邮局及电报局、田地、沼泽等。（4）考察卫生状况。涉及气候、地质、饮水、粮食、风土病及流行病、医师及药铺等。③ 在湖南，该舰试图从洞庭湖进入湘江未果，其舰长与四灶孝辅等人便转乘中国小轮船前往长沙进行陆上调查，测量河岸，而后又乘民船探查靖港、芦林潭、土星港。在江西，该舰经九江驶入鄱阳湖，先后开到南康、吴城，测量水深，调查岸上情况。在芦泾

---

① 《海军军令部长伊东佑亨致海军大臣西乡从道》（1897 年 9 月 20 日），海军省-公文备考-M30-3-262。

② 《四灶孝辅在海军省的讲话》（1903 年 6 月 3 日），海军省-公文备考-M36-19-489；『擬定新開港場調査結了報告』（1902 年 8 月 20 日"爱宕"号舰长木村浩吉致海军大臣山本权兵卫）、B-3-1-1-11 之 001。

③ 参见『擬定新開港場調査報告』（1902 年 6 月 30 日"爱宕"号舰长木村浩吉致海军大臣山本权兵卫）、B-3-1-1-11 之 001。

港、安庆等处，也有同样行动。① 至于常德与南昌，该舰因速力低、吃水深而无法开到，引为"遗憾"。② 1903 年 9 月 2 日，湖南汽船株式会社会长加藤正义致函海军大臣山本权兵卫，称通往常德的航道"未曾测量，故不知其水路实态"，"所幸本年冬季岳阳、湘潭之间测量水路后，贵方官员尚有剩余时间，希望考虑让其对常德水路加以考察"。③ 而海军方面随即令在长江上的"宇治"号舰长派四灶孝辅率该舰若干水兵"考察常德水路"。④ 后因日俄战争爆发、四灶孝辅等返回参战，才不得不停下来。⑤ 到 1905 年 10 月，湖南汽船株式会社向海军重提探查常德航道，在长江上的河用炮舰"隅田"号随即奉命趁冬季探查。⑥ 正是在这样的基础上，日本从汉口通往长沙、湘潭、常德的航线得以开设。⑦

## 三　日本对长江流域贸易之质变与扩展

甲午战争后，《马关条约》赋予日本同于西方列强的在华政治经济特权，日本政府在长江流域多个通商口岸迅速设立起专管租界，就其驻华领事馆的数量而论，在日俄战争前，也是以设于长江流域口岸的居多，日本海军亦在长江中下游加紧实施炮舰威胁的步骤。在此局面下，在中日贸易

---

① 『拟定新开港场调查结了报告』（1902 年 8 月 20 日 "爱宕" 号舰长木村浩吉致海军大臣山本权兵卫）、B-3-1-1-11 之 001。

② 《"和泉"号舰长镝木诚致海军大臣山本权兵卫》（1902 年 7 月 17 日），B-3-1-1-11 之 001。

③ 『清国湖南省常德水路御视察ノ义ニ付御愿』（1903 年 9 月 2 日湖南汽船株式会社取缔役、会长加藤正义致海军大臣山本权兵卫）、海军省-公文备考-M36-19-489。

④ 《日本海军省军务局第二课长致常备舰队参谋长》（1903 年 9 月 19 日），海军省-公文备考-M36-19-489。

⑤ 『常德水路调查ニ关スル件禀请』（1905 年 10 月 23 日驻长沙副领事井原真澄致外务大臣小村寿太郎）、B-3-1-1-37。

⑥ 『帝国海军ニ於テ常德航路测量ノ义愿』（湖南汽船株式会社取缔役、会长加藤正义致外务大臣桂太郎）、B-3-1-1-37；《海军次官斋藤实致外务次官珍田舍己》（1905 年 11 月 27 日），B-3-1-1-37。

⑦ 『常德水路调查ニ关スル件禀请』（1905 年 10 月 23 日驻长沙副领事井原真澄致外务大臣小村寿太郎）、B-3-1-1-37；浅居诚一『日清汽船株式会社三十年史及追补』、31 页。

中一向占最大比重的长江流域，与日本贸易开始发生质变，成为日本工业品等的市场与原料来源地、资本输出场所自是不可避免，且很快就具体展现出来。

## （一）长江流域在中日贸易中仍占主要地位

这里先就甲午战争前后的中日贸易，作一番数量对比（见表5-1）。

### 表 5-1　1884—1905 年历年中日贸易额

单位：日元

| 年份 | 中国从日本进口额 | 中国对日本出口额 |
|---|---|---|
| 1884 | 6551271 | 7019996 |
| 1885 | 8242836 | 6342198 |
| 1886 | 9594907 | 7123851 |
| 1887 | 10970043 | 7985821 |
| 1888 | 11426714 | 10360135 |
| 1889 | 5442507 | 9199698 |
| 1890 | 5227495 | 8849685 |
| 1891 | 5825851 | 8798428 |
| 1892 | 6358860 | 12509410 |
| 1893 | 7714420 | 17095975 |
| 1894 | 8813987 | 17511507 |
| 1895 | 9135109 | 22985144 |
| 1896 | 13823844 | 21344521 |
| 1897 | 21325066 | 29265845 |
| 1898 | 29193175 | 30523861 |
| 1899 | 40257034 | 28687731 |
| 1900 | 31871576 | 29690740 |
| 1901 | 42925579 | 27256986 |
| 1902 | 46838545 | 40590858 |
| 1903 | 64994180 | 45458057 |
| 1904 | 67985873 | 54810336 |
| 1905 | 98681998 | 52618408 |

资料来源：日本農商務省『日本外国贸易四十六年对照表』農商務省商工局、1914。

从表 5-1 可知，自 1896 年始，中国对日进出口两个方面的贸易总额，都迅速超过了战前 10 年间的峰值。1905 年，中国从日本进口总额，已是甲午战争前最高年份 1888 年的约 8.64 倍，对日本出口总额则是 1888 年的约 5.08 倍。再从中国与各国贸易总额看，日本从 1896 年到 1903 年，一直仅次于英国而居于第二位，只在日俄战争的两年间让位于美国。[①]

那么，甲午战争后长江流域与日本贸易在整个中日贸易中所占比重又如何呢？因现下掌握资料的限制，只能通过 1907 年度的相关统计来推断（见表 5-2）。

表 5-2 1907 年中国几大区域对日进出口主要货物价额

单位：千日元

| | | | 进口 | | |
|---|---|---|---|---|---|
| 货名 | 东北南部 | 东北北部 | 华北 | 长江流域 | 华南 |
| 棉纱 | 358 | 270 | 8709 | 37272 | — |
| 棉布 | 1669 | 1110 | 2622 | 1047 | 1156 |
| 火柴 | 362 | 77 | 3343 | 2057 | 984 |
| 纸类 | 128 | 103 | 30 | 499 | — |
| 海产品 | 66 | — | 517 | 5374 | 993 |
| 药品 | 42 | 9 | — | 314 | 440 |
| 砂糖 | 346 | 135 | 2557 | 929 | — |
| 铜块 | — | — | 299 | 6025 | — |
| 洋伞 | 10 | — | 10 | 575 | 9 |
| 木材 | 390 | 32 | 2396 | 1398 | — |
| 煤炭 | 199 | — | 863 | 5710 | 914 |
| 肥皂 | 9 | — | 37 | 51 | 10 |
| 酒类 | 109 | 29 | 28 | 9 | — |
| 合计 | 3688 | 1765 | 21411 | 61260 | 4506 |
| 占比(%) | 3.98 | 1.91 | 23.11 | 66.13 | 4.86 |

① 参见「清国三十六年贸易年报」（1905 年 1 月 27 日驻上海总领事馆报告）附表（二）、日本外务省通商局编纂『通商汇纂』第 13 号、1905 年、14—15 页；『清国三十四年贸易年报』（1902 年 5 月 6 日驻上海总领事馆报告）、『通商汇纂』第 217 号、1902 年、61 页；「清国三十七年贸易年报」（1905 年 8 月 31 日驻上海总领事馆报告）、『通商汇纂』第 68 号、1905 年临时增刊、58—59 页；「清国三十八年度外国贸易概况」附表二十一（1906 年 6 月 22 日驻上海总领事馆报告）、『通商汇纂』第 57 号、1906 年临时增刊、57—58 页。

| 出口 | | | | | |
|---|---|---|---|---|---|
| 货名 | 东北南部 | 东北北部 | 华北 | 长江流域 | 华南 |
| 豆饼 | 752 | 118 | — | — | — |
| 油类 | 2 | 33 | — | 1 | — |
| 豆类 | 252 | 259 | — | 2 | — |
| 棉花 | — | — | — | 18958 | — |
| 牛羊皮、牛骨 | 6 | 12 | 120 | 238 | — |
| 芝麻 | 28 | 7 | — | — | — |
| 麻类 | — | — | 30 | 1558 | — |
| 丝茧(含野蚕丝) | 448 | — | — | — | — |
| 漆 | — | — | — | 620 | — |
| 花生 | — | — | 2 | — | — |
| 合计 | 1488 | 429 | 152 | 21377 | — |
| 占比(%) | 6.35 | 1.83 | 0.65 | 91.18 | 0.00 |

资料来源：日本外务省通商局编『在支那本邦人進勢概覧』首第二表、第三表、瀨味印刷所、1915。

表 5-2 所反映的虽然是日俄战争后不久的情况，但并不影响人们据以判断日俄战争前中国几大区域在对日贸易中所占比重。如果说有变化，则主要发生于东北地区，日本在夺得东北南部沙俄的地盘后，与该区域贸易额自会增加。但从表 5-2 看，东北南部与北部在 1907 年中国对日本进出口贸易总额中，占比都还很低。在对日本进出口贸易中都占绝大比重的，依然是长江流域（如果加上始于 1899 年的大冶铁矿石对日出口价额，则占比还会更高）。

从表 5-2 所列货物来看，日本对华出口货物是以棉纱、煤炭、海产品、铜块、火柴、洋伞等为主，主要去向一贯是上海等长江流域口岸；而从中国进口货物，是棉花、麻类、皮革居于前列，加上未列入表中的铁矿石，都主要出自长江流域。[①]

---

[①] 参见李少军《简论甲午战争前的日本对华贸易》，王建朗、栾景河主编《近代中国：政治与外交》上卷，社会科学文献出版社，2010。

## （二）日本对长江流域贸易之结构分析

### 1. 从日本对长江流域出口来看

（1）棉纺织品

对比甲午战争之前，日本对华出口贸易最大的变化，是棉纺织品在日货中的地位显著上升（详见表5-3）。

表 5-3　1890—1899 年日本对华出口棉纱与棉布数量、价额

| 年份 | 棉纱 | | 棉布 | |
|---|---|---|---|---|
| | 数量（斤） | 价额（日元） | 数量（匹） | 价额（日元） |
| 1890 | — | | 20541 | 10007 |
| 1891 | — | — | 64574 | 39306 |
| 1892 | 671 | 147 | 181764 | 153904 |
| 1893 | 265117 | 48492 | 308131 | 337695 |
| 1894 | 3270560 | 876805 | 329823 | 387714 |
| 1895 | 2419760 | 683087 | 343026 | 404965 |
| 1896 | 11442087 | 3524046 | 377343 | 548109 |
| 1897 | 30274747 | 9654584 | 467674 | 603009 |
| 1898 | 49948140 | 14411918 | — | 524192 |
| 1899 | 83654112 | 22911535 | — | 1070979 |

资料来源：日本大藏省「本邦及清国間輸出入重要品対照」『官報』1900 年 8 月 31 日、478—479 頁。

表 5-3 显示，甲午战争后，日本对华出口棉纱棉布的数量基本呈上升趋势，而棉纱出口量的增长率远超棉布。日本学者指出，在 1894—1898 年日本对华年均出口棉纱 184700 担中，到长江流域的有 79700 担，占 43.2%；1899—1903 年年均出口 620600 担，到长江流域的有 327700 担，占 52.8%；1904—1908 年年均出口 587900 担，到长江流域的有 302800 担，占 51.5%。而在长江流域各口岸中，自 1899 年以后，吸纳日本棉纱最多的，一贯是汉

口、沙市、岳阳、长沙四口。①

　　日本棉纱在长江流域的去向，以汉口最为显著。从表5-4所列数据来看，诚如驻该地日本领事所言，日本棉纱的输入"自1896年以来，以翻天覆地之势推进"，且从1899年起，超出以往独占鳌头的印度棉纱，占据了进口棉纱市场的首位。②

表 5-4　1894—1899 年汉口进口日、印、英棉纱数量

单位：担

| 年份 | 日本棉纱 | 印度棉纱 | 英国棉纱 |
|------|----------|----------|----------|
| 1894 | 186 | 163588 | 14476 |
| 1895 | 90 | 191847 | 16483 |
| 1896 | 3589 | 206109 | 13742 |
| 1897 | 52087 | 170943 | 12252 |
| 1898 | 77315 | 152601 | 9936 |
| 1899 | 248435 | 233118 | 11494 |

　　资料来源：「漢口三十二年貿易年報」（1900 年 7 月 27 日驻汉口领事馆报告）、日本外务省通商局编纂『通商彙纂』第 174 号、1900 年、50 頁。

　　汉口进口的外国棉纱，转输湖北、湖南、河南、四川、贵州、陕西、广西、江西、云南等省，由此可见日本棉纱通过汉口延伸的市场之广（见表5-5）。

---

① 参见高村直助『日本資本主義史論』ミネルヴァ書房、1980、118 頁。该书数据源自副島円照「日本紡績業と中国市場」（『人文学報』第 33 号、1972 年），此文依据日方原始资料，证明长江流域尤其是其中游地区是日本棉纱的大市场。上述论著指明长江流域在 1899—1913 年总体上吸纳了日本对华出口棉纱的半数。汪敬虞主编《中国近代经济史（1895—1927）》（人民出版社，1998）第 161 页表 10 所列数字，显示同期东北、华北吸纳的日本棉纱数量都多于长江流域。作者认为有必要比勘中日论著各自所据资料，准确揭示史实。

② 「漢口三十二年貿易年報」（1900 年 7 月 27 日驻汉口领事馆报告）、日本外务省通商局编纂『通商彙纂』第 174 号、1900 年、50—51 頁。

**表 5-5  1898—1899 年汉口进口棉纱去向**

单位：担

| 去向 | 日本棉纱 | | 印度棉纱 | | 英国棉纱 | |
|---|---|---|---|---|---|---|
| | 1898 年 | 1899 年 | 1898 年 | 1899 年 | 1898 年 | 1899 年 |
| 湖北 | 3495 | 12462 | 1327 | 2040 | 435 | 798 |
| 湖南 | 24040 | 26135 | 12521 | 6425 | 2552 | 1158 |
| 河南 | 159 | 374 | 96 | 96 | 51 | 38 |
| 四川 | 2465 | 3576 | 6290 | 6567 | 168 | 108 |
| 贵州 | 6295 | 6935 | 4190 | 1497 | 741 | 486 |
| 陕西 | 399 | 1854 | 177 | 465 | 54 | 192 |
| 广西 | 598 | 9387 | 5154 | 2499 | 615 | 300 |
| 云南 | 36 | — | 15 | — | — | — |
| 江西 | — | 16 | — | — | — | — |

资料来源：「漢口三十二年貿易年報」（1900 年 7 月 27 日驻汉口领事馆报告）、日本外务省通商局編纂『通商彙纂』第 174 号、1900 年、51 頁。

甲午战争后至 20 世纪初，在汉口进口棉纱中，日本货与印度货都以粗纱为主，互为竞争对手。而自 1899 年至 1904 年，日本棉纱在汉口与沙市、岳阳、长沙四口，5 年平均市场占有率为 79.1%，稳居首位，印度棉纱远不能及，而作为高档细纱的英国棉纱，所占比例更无足道之。[①] 追溯起来，在这几个口岸，印度、英国棉纱打开市场，较之日本棉纱其实只略早一点。1885 年日本权臣黑田清隆一行到长江中下游考察后所写见闻，虽提及汉口市场上的外国棉纱，但既未将其列入年进口额 10 万两以上的货物中，也未单独介绍，可见尚非大宗货物。[②] 此外，1899 年 6 月日本驻沙市领事的报告称该地"开始进口外国棉纱是在距今五六年前，先是印度棉纱进口，英国棉纱继之……1896 年冬我国棉纱开始以样品出现在该市……现在此地四乡

---

① 高村直助『日本資本主義史論』、118 頁。汪敬虞主编《中国近代经济史（1895—1927）》上册第一章第二节，指出甲午战争后日本棉纱迅速打进中国市场，成为在华印度棉纱的主要竞争对手，并分析了原因。
② 農商務省『漫遊見聞録』下、90、103—107 頁。

的实际情况，是完全驱逐了印度棉纱，英国棉纱仅 32 支纱还有市场"。① 这表明，印度、英国棉纱在甲午战争前夕才打开沙市市场，实际起到为日本棉纱开路的作用，但印度棉纱很快就在与后者的竞争中落败。

打进长江流域的日本棉纱，自始就遇到中国本土机纺纱的竞争。长江下游各口岸吸纳日本棉纱相对较少，这是重要原因。即使在汉口、沙市等大量进口日本棉纱的口岸，竞争也一直存在。1897 年日本领事报告汉口棉纱市场情况，称："虽然对我国棉纱的需求骤增，但它只相当于印度棉纱的 22%，同时中国棉纱也在并进，处于这些劲敌之间，竞争会颇为困难。"② 1899 年，日本棉纱在沙市已独占鳌头，但日本领事仍要求相关方面注意"上海及武昌棉纱"，称"该国有司对这两纱厂予以特别保护奖励，特别是对四川方面，通过该地有司向主要棉纱批发商交涉，大量供给"。③

早在甲午战争之前，日本棉布就是对华不断扩大出口的货物。在 1900 年日本大藏省所列 1890—1899 年对华出口重要货物中，棉布排在第四位。只是日本棉布在华扩展市场的速度远不及棉纱，出口价额较之 1893 年倍增的目标到 1899 年才实现。④ 在长江流域，日本棉布受到英美棉布重压和中国素称发达的本土手织布与新兴机织布抵制，其扩展市场的难度比在华北等区域大得多。在"织物大市场汉口"，日本机织布进口始于 20 世纪初年，1904 年，日本粗布、绉布、斜纹布、被面、绒布、毛巾等的进口额共计173505 两，较之达 1000 万两以上的英国棉织物进口额，"不及九牛一毛"。⑤ 而分别驻苏州、镇江、南京、芜湖、长沙、重庆等地的日本领事，直到1906 年、1907 年，在有关贸易的报告中，都不将日本棉布列于主要进口货

① 「沙市輸入紡績糸ノ景况」（1899 年 6 月 15 日驻沙市领事二口美久报告）、『官報』1899 年 7 月 21 日、357、358 頁。

② 「本年上半季間漢口貿易状况」（1897 年 9 月 6 日驻沙市领事馆报告）、日本外務省通商局编纂『通商彙纂』第 80 号、1897 年、28 頁。

③ 「沙市輸入紡績糸ノ景况」（1899 年 6 月 15 日驻沙市领事二口美久报告）、『官報』1899 年 7 月 21 日、358 頁。

④ 日本大藏省「本邦及清国間輸出入重要品对照」『官報』1900 年 8 月 31 日、478—479 頁。

⑤ 『漢口二於ケル日本棉布ノ現在及ヒ将来』、『外国棉布卜日本棉布』（1904 年 7 月 23 日、1905 年 4 月 28 日驻汉口领事永泷久吉致外务大臣小村寿太郎）、B-3-5-4-13 之 003。

中，甚至对之完全不提，可见其进口量都还很小。① 但是，日本对于在长江流域打开其棉织物市场一直不曾松懈。

（2）煤炭

如前文所述，自 19 世纪 70 年代以后，煤炭一直是日本对华出口的大宗货物。即使在甲午战争期间，上海对日煤的进口量也没有减少。② 其时，在长江流域，除了上海以外，日煤主要是以上海附近的苏杭等地为市场，而中游的九江、汉口，只是间或由俄商所办砖茶厂进口一些日煤，汉阳铁厂也使用一些日本焦炭。③ 但在甲午战争后，日煤对华出口数量呈攀升之势，④ 且随着日本迅速开设长江干支流航线，先是在下游继而在中游口岸不断扩大市场。在下游，苏州 1896 年进口日煤 40 吨，⑤ 其后数年输入煤炭数量连续大幅增长（日方统计没有区分其来源，但其中肯定有大量日煤），⑥ 从 1902 年至 1905 年，苏州对外国煤（主要是日煤）的进口量分别为 18106 吨、21288吨、16386 吨、18439 吨。⑦ 南京在 1900 年、1901 年、1903 年，分别进口日煤 2000 吨、1250 吨、1190 吨。1904 年日本领事报告称："该地所用煤炭有

① 参见日本外务省通商局编『清国事情』第 2 辑相关各卷。
② 日本大藏省「本邦及清国间输出入重要品对照」『官报』1900 年 8 月 31 日、478 页。
③ 「廿九年中苏州贸易状况」（1897 年 11 月 25 日驻苏州领事馆代理领事吉冈彦一报告）、日本外务省通商局编纂『通商彙纂』第 86 号、1898 年、20；『清国新開港场商业视察报告书附回航实记』、112、143、206、210—211 页；「清国漢口输入日本产石炭ノ景况」（1887 年 10 月 18 日本驻汉口领事馆报告）、内閣官报局编『通商报告』第 41 号、1887年、16—17 页。
④ 在日本大藏省所列 1890—1899 年对华出口主要日货中，煤炭居第二位，其在 1899 年的进口量为 949052 吨，较之 1893 年的 382232 吨，增长 1.48 倍。见日本大藏省「本邦及清国间输出入重要品对照」『官报』1900 年 8 月 31 日、478 页。
⑤ 「廿九年中蘇州贸易状况」（1897 年 11 月 25 日驻苏州领事馆代理领事吉冈彦一报告）、日本外务省通商局编纂『通商彙纂』第 86 号、1898 年、20。
⑥ 参见「蘇州三十二年贸易年报」（1900 年 6 月 5 日驻苏州领事馆报告）、日本外务省通商局编纂『通商彙纂』第 170 号、1900 年、37。
⑦ 参见「蘇州三十五年贸易年报」（1903 年 7 月 30 日驻苏州领事馆报告）、日本外务省通商局编纂『通商彙纂』改第 41 号、1903 年、101 页；「蘇州三十六年贸易年报」（1905 年 8月 28 日驻苏州领事馆报告）、『通商彙纂』第 72 号、1904 年、13 页；「蘇州三十七年贸易年报」（1905 年 7 月 30 日驻苏州领事馆报告）、『通商彙纂』第 55 号、1905 年临时增刊、86 页；「蘇州三十八年贸易年报」（1907 年 4 月 1 日驻苏州领事馆报告）、『通商彙纂』第54 号、1906 年、86 页。

日煤与湖南煤两种。"① 在中游，汉口、武昌、汉阳、九江消耗的煤炭原本主要来源于湘、鄂、赣以及开平煤矿，② 但在甲午战争后，此四地也被日本纳入其煤炭市场范围。运销者初为三井洋行与东肥洋行。③ 1900 年，三菱公司以到汉口装运铁矿石的船舶运来煤炭，1902 年 7 月，其门司支店又在汉口开设派出机构，以办理直销日煤业务。④ 1899 年，汉阳铁厂、武昌纺纱官局等进口日煤 13256 吨，在进口外国煤炭总量 18287 吨中，占了绝大比重。直到日俄战争爆发，日煤"与萍乡煤一同用作此地工厂的燃料"。⑤

（3）海产品

日本海产品（包括海带、鱼虾、贝类、鱼翅、海参、洋菜等）在甲午战争前作为日本对华出口主要货物，是以长江中上游为最大市场。1900 年，在日本大藏省所列 1890—1899 年 38 种对华主要出口货物中，海产品有 9 种，仍占近 1/4。⑥ 而向来作为日本海产品在华最大市场的汉口，直到 1899 年，这类货物在进口日货中仍占很大比重，进口额仅次于日本棉纱。⑦ 对日本海产品来说，上海是仅次于汉口的市场。杭州在开埠后，进口的主要日货中就有海产品，特别是海带、洋菜，全来自日本。⑧

---

① 「南京対本邦貿易情況附時局ノ影響」（1904 年 4 月 21 日驻南京分领事馆报告）、日本外务省通商局编纂『通商彙纂』第 29 号、1904 年。

② 参见『清国新開港場商業視察報告書附回航実記』、206、210—211 頁；「漢口三十一年貿易年報」（1899 年 7 月 6 日驻汉口领事馆报告）、日本外务省通商局编纂『通商彙纂』第 141 号、1899 年、46 頁。

③ 坂本雅子『財閥と帝国主義——三井物産と中国』ミネルヴァ書房、2003、70 頁；「漢口三十二年貿易年報」（1900 年 7 月 27 日驻汉口领事馆报告）、日本外务省通商局编纂『通商彙纂』第 174 号、1900 年、48、50 頁。

④ 畠山秀樹『三菱合資会社の東アジア海外支店』追手門学院大学出版社、2014、12—13 頁。

⑤ 「漢口ニ於ケル日本ノ商業並ニ三十八年中本邦品貿易概況」（1906 年 2 月 27 日驻汉口领事馆报告）、日本外务省通商局编纂『通商彙纂』第 28 号、1906 年、3 頁。

⑥ 日本大藏省「本邦及清国間輸出入重要品対照」『官報』1900 年 8 月 31 日、478—482 頁。

⑦ 「漢口三十二年貿易年報」（1900 年 7 月 27 日驻汉口领事馆报告）、日本外务省通商局编纂『通商彙纂』第 174 号、1900 年、53 頁。

⑧ 「杭州ニ於ケル本邦産商貨ノ状況」（1897 年 1 月 12 日驻杭州领事馆报告）、日本外务省通商局编纂『通商彙纂』第 59 号、1897 年、20—23 頁。

（4）火柴

日本火柴入华并争夺中国市场，始于 19 世纪 70 年代。[1] 而到 1897 年，日本火柴在华与英国等欧洲国家产品相比，数量上已占绝对优势：这年 4 月，上海进口日本火柴 385275 箩，而从欧洲进口数量最多的英国火柴则仅有 250 箩。1899 年，在中国进口日货中，论价额，火柴居第三位，[2] 其在当时日本对华贸易中的重要性不言而喻。当时，中国火柴市场除了上海外，主要有镇江、汉口、芜湖、宁波、九江、天津、温州、烟台等地，是以长江流域口岸为中心，日本火柴在这些市场上都占首位。[3] 汉口在 19 世纪 80 年代后期，是中国首屈一指的火柴大市场，当时就有称作"东洋火"的日本火柴销售。[4] 1895 年上半年，进口日本火柴 42600 箩；[5] 而到 1896 年，进口量增至 566875 箩。[6] 1899 年，日本官方称其火柴在汉口遇到强劲竞争对手（即燮昌火柴厂的产品），但在进口日货中，火柴仍是仅次于棉纱、海产品、煤炭的重要货物。[7] 此后，汉口进口日本火柴数量在 1900 年达到高峰，随后经过几年徘徊，到 1904 年又有大的增长（见表 5-6）。

表 5-6　1900—1909 年汉口进口日本火柴数量

单位：箩

| 年份 | 数量 |
|------|------|
| 1900 | 174900 |
| 1901 | 18635 |
| 1902 | 22660 |

---

[1] 「清国上海摺附木商況」（1886 年 6 月 11 日驻上海领事馆报告）、日本外务省记录局编 『通商汇编』 第 6 册、1886 年、63 页。

[2] 日本大藏省「本邦及清国间输出入重要品对照」『官报』1900 年 8 月 31 日、478 页。

[3] 参见「明治三十年四月中上海输出入国别比较表及附属诸表」（1897 年 8 月 5 日驻上海领事馆报告）、日本外务省通商局编纂 『通商汇纂』 第 75 号、1897 年、27 页。

[4] 「本邦制摺附木需要景况」（驻汉口领事馆报告）、『官报』1890 年 3 月 11 日、113 页。

[5] 「本年上半期汉口商况」（1896 年 9 月 6 日驻沙市领事馆报告）、日本外务省通商局编纂 『通商汇纂』 第 53 号、1896 年、2 页。

[6] 「汉口ニ於ケル日本燐寸」（1906 年 7 月 9 日驻汉口领事馆报告）、日本外务省通商局编纂 『通商汇纂』 第 47 号、1906 年、3 页。

[7] 「汉口三十二年贸易年报」（1900 年 7 月 27 日驻汉口领事馆报告）、日本外务省通商局编纂 『通商汇纂』 第 174 号、1900 年、54 页。

续表

| 年份 | 数量 |
|------|------|
| 1903 | 90247 |
| 1904 | 172371 |
| 1905 | 137519 |
| 1909 | 452460 |

资料来源：『商務官報』（十一）之「漢口工業視察概況」日本外務省通商局編纂『通商彙纂』第 35 号、1911 年、29 頁。

甲午战争后，日本火柴在长江流域市场上很快驱逐了欧洲货，但也遭到中国本土火柴的竞争。早在 1893 年，重庆道台黎庶昌就给予聚昌火柴公司专利 25 年，由其经销华商运来的火柴并开设火柴厂。[①] 1898 年，汉口进口日本火柴的数量"顿减"，此后直到 1903 年，汉口进口日本火柴数量难有增长，日本领事认为"其原因在于汉口的燮昌公司作为湖北唯一的火柴厂，享有专利，在中国官方的特别保护下，免受他方竞争，以大资本大量制作质量较好的火柴，廉价供应该地"。而他提出的对策，便是扩大日本火柴厂的规模，以机器进一步提升生产效率，并设法降低运费。[②] 而从之后的情况看，日本厂商也的确实行了增强竞争力的措施，以所产安全火柴在市场上逐渐压倒了燮昌主打产品黄磷火柴，加上燮昌火柴厂逐渐陷于资金匮乏、原料依赖外国，因而在日俄战争后，日本火柴便重占优势。[③] 当时在长沙，日本火柴抢夺燮昌及该地和丰火柴厂产品的市场，但和丰"大力改良"，与燮昌一同在湘潭将已占优势的日本火柴逐出了市场。[④]

日本为了回避在生产和运输成本上相对于中国本土火柴的劣势，早在甲午战争前，就有在汉口就地开办火柴厂之想。[⑤] 1902 年 8 月，在中国本土火

① 「重慶府摺附木製造ニ関スル告示」『官報』1893 年 11 月 2 日、29 頁。

② 「漢口ニ於ケル日本燐寸」（1906 年 7 月 9 日驻汉口领事馆报告）、日本外務省通商局編纂『通商彙纂』第 47 号、1906 年、5、7、9 頁。

③ 『商務官報』（十一）之「漢口工業視察概況」日本外務省通商局編纂『通商彙纂』第 35 号、1911 年、28—29 頁。

④ 「長沙ニ於ケル本邦雑貨商況」（1907 年 1 月 23 日驻长沙领事馆报告）、日本外務省通商局編纂『通商彙纂』第 15 号、1907 年、11 頁。

⑤ 《驻汉口领事町田实一致外务大臣大隈重信密信》（1888 年 9 月 11 日），B-3-5-4-30。

柴业兴办较早且有川黔滇广大市场、外国火柴很难打入的重庆，白岩龙平在日租界开办了日资火柴厂"有邻公司"；① 1904 年，又有日商在该地开办名为"东华公司"的火柴厂。②

（5）砂糖

截至日俄战争爆发，在日本对长江流域出口货物中，砂糖地位也逐渐凸显。本来，一直到 1900 年，砂糖都还主要是日本从中国进口的货物。③ 但由于其为重要的大众消费品，日本在获取台湾的蔗糖资源之后，便竭力生产精制糖推向中国市场。1904 年，精制砂糖开始被列入日本对华出口统计表。1905 年、1906 年，日糖在上海"一度使香港糖相形见绌"。④ 在汉口，日本精制糖 1905 年出现于市场，从此开始了与香港英商糖厂产品等竞争的历程。⑤

如果从总体上把握这一时期日本对长江流域出口贸易的特征，大致有三点：一是日本大力扩充其机器棉纺织品市场，并开始蚕食以往由英国称雄的精制砂糖市场；二是将早已在上海市场占优势的日煤推向长江其他区域，并保持海产品及火柴等日用品在市场上的垄断地位；三是见缝插针，尽量推销日本其他产品。

**2. 从日本自长江流域进口来看**

（1）棉花

19 世纪 80 年代中期以后，日本主要从上海大量进口棉花。1896 年后，尽管印度与美国棉花在日本进口棉花中所占比重不断增大，但日本仍一贯将中国作为棉花的重要来源地。

如前文所述，直到 19 世纪后期，日本从长江流域进口的棉花主要来源于苏浙地区。1901 年日本一棉纺织业团体出的书，所反映的还是这种状况，内称中国出口到日本的籽棉，"有八九成产于上海及浦东，其次是宁波、天

---

① 「重慶ニ於ケル本邦人燐寸製造業ノ開始並其就業ノ状況」（1902 年 10 月 20 日驻重庆领事馆报告）、日本外务省通商局编纂『通商彙纂』第 240 号、1902 年、37 页。
② 日本外务省通商局编『在支那本邦人進勢概覧』第二回之「中支那ノ部」、109 页。
③ 日本大藏省「本邦及清国間輸出入重要品对照」『官報』1900 年 8 月 31 日、480 页。
④ 木村增太郎『支那ノ砂糖貿易』元真社、1914、115 页。
⑤ 木村增太郎『支那ノ砂糖貿易』、221 页。

津等的各种"。① 但是，从 1902 年起，从汉口输往上海的棉花日多，并逐步成为日本进口中国棉花的重要组成部分。在这年 12 月，日本《官报》分三次刊载了驻汉口领事有关汉口棉花商况的报告，涉及汉口棉花的来源、数量、价格行情，以汉阳为中心的轧花业，汉口输往上海棉花的数量，等等。② 而同年日本驻沙市领事在报告中，也称该地棉花等的输出"颇为有望"。③ 自此之后，汉口等口岸的棉花商情，在日本涉华商务报告中就成为常见内容。1905 年，《大阪每日新闻》记者桥本奇策推出《清国的棉业》一书，指出："长江沿岸一带特别是汉口附近，近来植棉区域显著增加……从三四年前开始，就向上海输出很多棉花了。"汉口附近所产的品质好的棉花，并不亚于通州棉花，且更便宜。同时，汉口周围、沙市与岳阳之间，扩大棉花种植面积的余地还很大。④ 同年，在汉口对日本出口货物中，棉花已在价额上占据首位，三井、日信、东兴等日本洋行都到汉口做棉花出口生意。⑤

（2）铁矿石

甲午战争后日本对于长江流域铁矿石等战略资源的高度依赖，是中外学界早已阐述过的问题，故这里只扼要作些说明。

众所周知，缺乏铁矿石资源，是近代日本发展钢铁、兵器工业的巨大瓶颈。故 1889 年后湖广总督张之洞着手开采铁矿、兴办枪炮局，就立即引起了日本的注意，其《官报》也在 1890 年 4 月 22 日就刊载了驻汉口领事发回的相关报告。⑥ 与此同时，大冶铁矿开采进展也成为潜入长江流域的日谍打探的对象。⑦ 甲午战争爆发后，日本将抵制其侵华行径的张之洞作为游说笼

---

① 大日本綿糸紡績連合会編『支那棉花事情』西川清七、1901、8 頁。

② 「清国漢口綿花商況」（1902 年 10 月 17 日、10 月 24 日、11 月 6 日驻汉口领事山崎桂发出的报告）、『官報』1902 年 12 月 3 日、96 頁；12 月 17 日、389 頁；12 月 18 日、412 頁。

③ 「沙市三十四年貿易年報」（1902 年 5 月 2 日驻沙市领事馆报告）、日本外务省通商局编纂『通商彙纂』第 217 号、1902 年、94 頁。

④ 橋本奇策『清国の棉業』矢尾弘文堂、1905、23、26 頁。

⑤ 「漢口ニ於ケル日本ノ商業並ニ三十八年中本邦品貿易概況」（1906 年 2 月 27 日驻汉口领事馆报告）、日本外务省通商局编纂『通商彙纂』第 28 号、1906 年、1、3、5、6 頁。

⑥ 「湖広総督張之洞」『官報』1890 年 4 月 22 日、262 頁。

⑦ 高橋謙『支那時事』、28—29 頁。

络的重点对象，与其一直觊觎在张辖区内的大冶铁矿石和生铁是分不开的。而当清政府在对日赔款压力下无法再为汉冶萍提供财力支撑、该公司由此陷于困境不能自拔之时，日本便乘虚而入，以低价、保质保量向日本供给铁矿石、生铁并排除他国为条件，主要利用政府财政资金对汉冶萍"贷款"，得以实现大冶优质铁矿石及生铁源源不断输往日本。

1898 年 12 月，日本驻上海代理总领事小田切万寿之助探悉盛宣怀计划为汉冶萍举借巨额外债，便向本国政府建议"供给这些资金，将铁厂、大冶铁山的管理权握于我掌中"，称日本由此所得，除了"产生于经营的普通利益之外"，还有"送去我国所产焦炭，运回矿石生铁等之利""在该国扶持我国势力之利""由我国一手掌握东亚钢铁事业之利""使日中两国关系密切之利"。同时，他对盛宣怀展开"种种劝诱"。① 而日本政府则考虑"民间资本家将上述资金注入中国，就经济现状而言窒碍难行"，于 1899 年 3 月决定：由横滨正金银行按政府所拟条件，贷给汉阳铁厂 200 万两。② 当时，盛宣怀在英国、比利时与日本三方提出的贷款条件中犹疑不定，对舆论也有顾忌，故在 1899 年 4 月与日方订立合同，只限于向日本制铁所出售大冶铁矿石，从日本进口汉阳铁厂、招商局等所需煤炭。到 1901 年 4 月，日本驻汉口领事濑川浅之进向外务大臣报告：汉阳铁厂总办盛春颐为铺设萍乡铁路，拟以 15 年为期，年息 6 厘，以大冶铁矿石或萍乡煤矿及其新建铁路为抵押，借款约 300 万两，希望尽可能从日本得到。濑川浅之进认为日本从大冶所购铁矿石尚不能满足需要，萍乡可能还有铁与锑矿石，同时着眼于与德国争夺对汉阳铁厂的贷款权，"为在湖南、江西两省培植帝国势力奠定基础"，很希望由日方提供贷款。③ 但当时日本政府因财政吃紧，"贷款 300 万日元颇为困难"，遂令濑川浅之进在与汉阳铁厂交涉中"留下充分余地"。④

---

① 『鉄政局督辦盛宣懷ヨリ銀弐百万ヲ日本ヨリ借入方相談ノ件並ニ意見具申』（1898 年 12 月 18 日驻上海代理总领事小田切万寿之助致外务次官都筑馨六）、1-7-1-3。

② 『漢陽鉄政局へ銀弐百万両貸付ノ件ニ関スル訓示』（1899 年 3 月 13 日外务大臣青木周藏致驻上海代理总领事小田切万寿之助）、1-7-1-3。

③ 『漢陽鉄政局借款ニ関スル件』（1901 年 4 月 12 日驻汉口领事濑川浅之进致外务大臣加藤高明）及所附之函、1-7-1-3。

④ 《外务省总务长官内田康哉致驻汉口领事濑川浅之进》（1901 年 5 月 14 日）、1-7-1-3。

1903 年 12 月，汉阳铁厂又向日本驻汉口领事永泷久吉提出借款，永泷久吉促使大仓喜八郎将此事应承下来，而外务大臣小村寿太郎则很赞赏他的"尽瘁"，并指示他为订立可靠合同继续"充分尽力"。[①] 1904 年，日本兴业银行以年息 6 厘、聘用日本矿师、每年按合同规定价格所购铁矿石偿还本息为条件，以大冶得道湾矿山、运矿铁路、矿山吊车并车辆房屋、修理机器厂为抵押，向大冶矿局贷款 300 万日元（实则为日本财政资金）。这成为日本以所谓贷款为手段攫取大冶铁矿石的开端。从日方资料来看，以三菱公司为主的日船将大冶铁矿石大量运往日本的记述始于 1900 年，[②] 其后，铁矿石及生铁便一直被列为该地对日本出口重要货物。

（3）豆类、油漆、麻类、牛皮

直到日俄战争结束前，主要产于鄂、湘、赣、豫而汇聚于汉口的黑豆、黄豆，在日本从该地进口的货物中占很重要的地位，[③] 以致日俄战争后，日本的三井、日信、吉田、武林等洋行将从汉口进口大豆、豆饼作为主打生意之一。[④]

油漆是日本从长江中游地区进口的传统商品，汉口是主要输出之地。故在甲午战争结束后，在日本人着重考察的长江流域土产货物中就有油漆。[⑤] 日本的东益洋行从 1898 年便开始在汉口经营油漆生意。[⑥]

有多种用途的麻类，是日本比较稀缺的资源，故对于在长江中上游区域大量出产的苎麻，日本早在甲午战争前就颇为注意，其《官报》在 1891 年 9 月 18 日刊载驻汉口副领事的报告中称，"向中国各港及外国输出的苎麻，

---

① 《外务大臣小村寿太郎致驻汉口领事永泷久吉》（1903 年 12 月 7 日），1-7-1-3。
② 「清国漢口事情」（1902 年 10 月 10 日驻汉口领事馆报告）、日本外务省通商局编纂『通商彙纂』第 240 号、1902 年、64 页。
③ 参见「本年上半期漢口商況」（1896 年 9 月 6 日驻沙市领事馆报告）、日本外务省通商局编纂『通商彙纂』第 53 号、1896 年、3 页；「漢口三十七年度貿易年報」（1905 年 3 月 16 日、4 月 12 日驻汉口领事馆报告）、『通商彙纂』第 51 号、1905 年、10 页。
④ 「漢口ニ於ケル日本ノ商業並ニ三十八年中本邦品貿易概況」（1906 年 2 月 27 日驻汉口领事馆报告）、日本外务省通商局编纂『通商彙纂』第 28 号、1906 年、2、6 页。
⑤ 参见「清国漢口港視察復命書（続）」（驻上海总领事馆领事官补诸井六郎报告）、日本外务省通商局编纂『通商彙纂』第 132 号、1899 年、65 页。
⑥ 三菱社誌刊行会编『三菱社誌』20、東京大学出版会、1980、420 页。

以产于湖北省及从四川省运来的为数最多"，该报告还列出经调查所知在汉口以特别价格购进苎麻运往日本的各种费用。[①] 其后，日本继续探查麻特别是苎麻资源在中国的分布状况。而在日俄战争前后，日本就成为汉口输出苎麻的重要去向。其时，三井、日信、东兴等日本洋行，都在该港做麻类生意。[②]

从长江流域输出的牛皮，原本不以日本为主要去向，但在甲午战争后，也成为向日本输出的重要货物，被其用以满足本国需要或转手牟利。日本领事在 1896 年就指出牛皮是汉口主要出口货物之一。[③] 四川作为水牛数量最多的省份，也通过重庆大量出口牛皮。日本驻重庆领事馆开始强调这一点，是在日俄战争期间，其报告指出，重庆的牛皮主要通过华商运到汉口、上海等地，再经由日商或其他华商输往日本。[④] 日俄战争期间，日本难以从朝鲜和中国华北地区获得牛皮，因而对汉口牛皮的进口量大增，三井、大仓洋行随即开始在汉口做牛皮输出生意。[⑤]

将这一时期日本从长江流域进口贸易归结起来，鲜明的特征就是日本使该区域逐步成为其轻重工业的原料来源地，同时令其满足日本对其他农副产品的需求。

## 四 日本开始对长江流域输出资本

在甲午战争后，《马关条约》关于在中国通商口岸、城邑任便从事各项

---

① 「漢口苧麻輸出景況」（1891 年 7 月 27 日驻汉口副领事桥口直右卫门报告）、『官報』1891 年 9 月 18 日、192—193 頁。

② 「漢口二於ケル日本ノ商業並二三十八年中本邦品貿易概況」（1906 年 2 月 27 日驻汉口领事馆报告）、日本外务省通商局编纂『通商彙纂』第 28 号、1906 年、2 頁。

③ 「本年上半期漢口商況」（1896 年 9 月 6 日驻沙市领事馆报告）、日本外务省通商局编纂『通商彙纂』第 53 号、1896 年、3 頁。

④ 「重慶二於ケル時局ノ影響」（1904 年 3 月 14 日驻重庆领事馆报告）、日本外务省通商局编纂『通商彙纂』第 23 号、1904 年、5 頁。

⑤ 「漢口三十七年度貿易年報」（1905 年 3 月 16 日、4 月 12 日驻汉口领事馆报告）、日本外务省通商局编『通商彙纂』第 51 号、1905 年、10 頁；「漢口二於ケル日本ノ商業並二三十八年中本邦品貿易概況」（1906 年 2 月 27 日驻汉口领事馆报告）、『通商彙纂』第 28 号、1906 年、2 頁。

工艺制造的条款，正式开启了列强对华之资本输出。其时，日本作为刚刚建立工业化基础的国家，还谈不上资本雄厚，但还是在其国家政权主导下，着眼于扩张的需要，迅速将对华投资提上了日程。[1] 直到日俄战争结束，所谓日本的对华投资，就区域来看，主要针对的是长江流域。

如日本原东亚研究所编纂的《日本的对华投资——第一调查委员会报告书》所言，这一时期日本对华经济扩张，"最为显著的，说到底还是贸易业与航运业"，"甲午战争后十年间对华贸易……增加的绝对值较之于日俄战争后的十年间，也没有多大差距"，"航运业……在十年间增加了 134 倍多"。[2] 相应的，日本在华投资，也是以航运业和贸易业为重心，而从区域来看，则主要面向长江流域展开。前文提到日本大东汽船株式会社、大阪商船株式会社由日本政府提供补贴，分别开设长江三角洲内河航线，沪汉、汉宜、汉湘航线，为此还将军舰及其人员用于探查长江干支流航道，大阪商船株式会社在汉口占用马王庙码头之后，"买下了该处附近地面，建事务所、仓库，不断致力于完善岸上设施"，[3] 后在被湖北官府要求退出该码头时，日本领事强调"该公司经营所费固非寻常，趸船、栈房一切设施渐将就绪"；[4] 1903 年日本邮船会社以 150 万日元收买英商麦边公司的上海—镇江—芜湖—九江—汉口航线，[5] 都可证明。

与此同时，日本产业资本对上海投资的动向也开始出现。[6] 1895 年 6 月，日本纺纱同业联合会内部即开始研讨在上海开厂的计划。受该联合会委托，大阪纱厂的山边丈夫与平野纱厂的金泽仁作为开厂前来上海进行实地考察。次年，以大阪纺纱业与贸易业资本为中心组成的东华纺绩株式会社，就

---

① 東亜研究所『日本の対支投資——第一調査委員会報告書』東亜研究所、1942、6 頁。

② 東亜研究所『日本の対支投資——第一調査委員会報告書』、12 頁。

③ 参见永滝久吉『回顧七十年』、75—76 頁；《大阪商船株式会社社长中桥德五郎致外务省通商局长杉村濬》（1902 年 11 月 8 日）、《驻汉口领事山崎桂致外务大臣小村寿太郎》（1902 年 10 月 13 日），B-3-1-1-30。

④ 见『大阪商船株式会社当地碼頭移轉ノ儀ニ関スル江漢関道トノ交渉顛末第二報』（1903 年 1 月 27 日驻汉口领事山崎桂致代理公使松井庆四郎、外务大臣小村寿太郎）所附 1902 年 12 月 30 日山崎桂致江汉关道岑春蓂的照会，B-3-1-1-30。

⑤ 参见杜恂诚《日本在旧中国的投资》，上海社会科学院出版社，1988，第 108 页。

⑥ 早在 1889 年，三井洋行就在上海开设轧花厂，但此举在当时从属于日本从上海进口棉花。

在上海美租界内购地建厂（但在 1897 年 2 月解散）。此外，长期从事对华棉货贸易的三井洋行，在 1895 年 10 月，与日本钟渊纱厂发起开办上海纺绩株式会社，设厂于英租界（但于 1899 年 9 月迁回日本神户）。① 1902 年，三井洋行又在上海接手华商开办的云龙轧花厂，实行所谓委托经营；还接过经营陷入困境的美商所开协隆纱厂（股东包括中国等国之人，在香港政厅注册），改称上海纺绩有限公司，重新投产（在 1904 年有纱锭 17184 枚，一昼夜棉纱产量为 45 捆）。② 而据日本驻上海总领事永泷久吉报告，该纱厂在 1905 年获纯利 159420.18 两。③

另外，如前文所述，由于 1901 年投产的日本大型官营钢铁厂八幡制铁所迫切需要大冶等处所产铁矿石原料，日本财阀大仓喜八郎在驻汉口、上海领事的推动下，于 1903 年 12 月 24 日与汉阳铁政局订立了贷款汉口洋例银 20 万两的合同，由此首开近代日本对华贷款之端。④ 紧接着，日本政府在 1904 年 1 月又出于同样的目的，以兴业银行向大冶铁矿贷款 300 万日元的形式，开始其官方对华贷款。

当时日本输出资本还有一种形式，即参股华商企业，实行合办，如 1897 年创办、两年后毁于火灾的商务印书馆，1903 年重开时，即由日商参股合办。⑤

再就日本开设专管租界的投资来说，也是开始于苏州、杭州、汉口、沙市、重庆。

总之，近代日本对华资本输出在初步开始阶段，是以长江流域为主要方向，对该区域输出资本数额与形式都最多。

---

① 见高村直助『近代日本綿業と中国』、69—70 頁。
② 東亜研究所『日本の対支投資——第一調査委員会報告書』、11 頁。
③ 『上海紡績会社営業成績報告ノ件』（1906 年 3 月 6 日驻上海总领事永泷久吉致外务大臣西园寺公望）、B-3-5-2-69 之 003。
④ 『漢陽鉄政局借款ノ件』（1903 年 12 月 26 日驻汉口领事永泷久吉致外务大臣小村寿太郎）所附由永泷久吉予以公证的汉阳铁厂与大仓喜八郎订立的借款合同，1-7-1-3。
⑤ 杨铨：《五十年来中国之工业》，申报馆编《最近之五十年》，申报馆，1923，第 3 页。该馆于 1906 年将日股完全收回。

# 五　大量日本人深入长江流域及该区域留日浪潮的掀起

就中日两国之人的交往来说，自古以来，长江下游地区因地理位置、交通、贸易等关系，在中国各区域中一直相对突出。而在甲午战争后又有明显变化，表现在越来越多的日本人在对华扩张浪潮的驱动下深入长江流域，在官方与民间两个层面，以前所未有的力度和广度展开多种活动。日本势力除了设立日租界、以武力公开扩张与秘密渗透、扩大贸易外，还如中外众多论著所揭示的那样，通过对张之洞、刘坤一等督抚施加种种影响，促使沿江各省官府与日本关系由疏转密，[①] 这也成为长江流域率先掀起留日浪潮的重要外在因素；与此同时，以往基本限于下游地区的民间交往，也迅速扩展到沿江各省，规模空前。这里，主要对既有论著较少涉及的这一时期在长江流域无公开官方身份的日本人情况作些叙述，并根据新见日本档案，补充一些长江流域率先掀起留日浪潮的史实。

## （一）《马关条约》订立后深入长江流域的日本人

《马关条约》订立后，越来越多的日本商民深入长江流域各地，是明显的趋势。而日俄战争前的情况，如表5-7所示。

表 5-7　1896—1904 年每年在长江口岸的日侨人数

| 年份 | 1896 | 1897 | 1898 | 1899 | 1900 | 1901 | 1902 | 1903 | 1904 |
|---|---|---|---|---|---|---|---|---|---|
| 上海 | 773(610) | 809(?) | 932(666) | 1088(831) | 1172(557) | 1473(431) | 1891(677) | 2250 | 3076 |
| 苏州 | 6(2) | 23(6) | 38(11) | 38(11) | 21(7) | 31(6) | 37(6) | 39(13) | 53(13) |
| 杭州 | 6(1) | 4(0) | 30(7) | 32(5) | 33(2) | 38(3) | 56(12) | 47(18) | 57(19) |
| 南京 | — | — | — | — | — | 19(0) | 18 | — | — |
| 汉口 | 17(?) | 21(6) | 37(19) | 58(18) | 60(18) | 74(24) | 110(36) | 134(93) | 287(124) |
| 沙市 | 8(0) | 6(0) | 7(0) | 10(0) | 8(1) | 7(1) | 10(3) | 13(3) | 17(8) |

---

① 对此问题，陶祺谌《张之洞与日本关系研究》（中国社会科学出版社，2020）为新近的研究成果，可参考。

近代日本在长江流域的扩张（1862—1937）

| 年份 | 1896 | 1897 | 1898 | 1899 | 1900 | 1901 | 1902 | 1903 | 1904 |
|---|---|---|---|---|---|---|---|---|---|
| 宜昌 | 0 | 0 | — | （2） | 0 | 0 | 0 | 1（0） | （2） |
| 长沙 | — | — | — | — | — | — | — | 14（4） | — |
| 重庆 | 6（0） | 9（0） | 10（0） | 4（0） | — | 9（0） | 17（4） | 25（2） | 20（7） |

资料来源：各年各口岸日侨人数（括号中为商人数），除有特别说明者外，均为日本驻该口岸领事于次年上报的年底统计数字，依据『海外在留本邦人職業別人口調査一件』之第 2、3、4、5 卷，编号依次为 7-1-5-4 之 002、003、004、005；1903 年、1904 年在上海的日侨人数，依据日本外务省通商局编『清国事情』第 1 辑第 644 页所列，缺商人数；日本驻苏州领事 1903 年 1 月、1905 年 1 月的统计提及在常州、常熟、无锡三地及无锡一地的日侨人数，驻汉口领事 1904 年（月份不明）和 1905 年 1 月的统计提及在武昌、汉阳、大冶、平江的日侨人数，驻沙市领事 1905 年 1 月的统计提及在常德的日侨人数，驻重庆领事 1903 年（月份不明）、1904 年 1 月、1905 年（月份不明）的统计提及在成都、贵阳、泸州、永川（或称别的地方）的日侨人数。

由表 5-7 可见，1896—1904 年，在上海、汉口这两个长江流域数一数二的口岸，日本商民数量一直在上升。此外，根据《马关条约》新增的口岸苏州、杭州、沙市、重庆，也开始有数量不等的日本人到来。但由于当时日本在长江干支流的航线还在开设之初，在上海以外的通商口岸，日商从事经贸活动的条件尚不充分，因而在长江流域多数口岸，日本商民的数量还不算多。

近代来华的日本人身份各种各样，其中，无官方身份但又与本国政府、军方、财阀有联系，效力于对华扩张者大有人在。从 19 世纪 80 年代起，就有这类日本人来到长江流域，追随日谍荒尾精，从事各种活动。甲午战争后，荒尾精病故，但其门徒宗方小太郎、白岩龙平等，随着日本变为对中国的压迫者，依恃条约特权，为日本在华扩展势力并增强影响，而在长江流域民间展开活动。[①] 就其大端而言，主要是开办报纸、学校。

先说办报。甲午战争前，在来华日侨为数最多的上海，已有日本人所办日文报纸；而宗方小太郎等人，还计划以上海为中心，在汉口、京津、闽

---

① 荒尾精的门徒宗方小太郎、白岩龙平等于 1895 年 1 月在日本广岛成立"乙未会"，后又在上海设该会本部事务所，并扩大组织。见戴海斌《山根立庵、乙未会与〈亚东时报〉》，《复旦学报》（社会科学版）2017 年第 3 期。

粤、重庆办报。① 到 1896 年，宗方小太郎开始将上述计划付诸实施，第一步就是在汉口办汉文日报《汉报》。② 该报原为英国人所办上海《沪报》的分支，③ 1893 年后相继由姚文藻、林松塘接办，复因经营困难而在 1894 年停刊。1896 年初，宗方小太郎为宣扬所谓日中"唇齿辅车"，促中国朝野对日本从憎恨转为信赖，经由姚文藻接办该报，于这年 2 月 12 日将其复刊。"日本人在中国国内发行汉文报纸，此为嚆矢。"该报发行 1000 多份，但经营并不以直接盈利为目的，而是由日本海军军令部、外务省分别提供临时补助金，并向有地位的中国官绅赠阅所出报纸。④ 1898 年日本对华扩张团体东亚同文会成立后，宗方小太郎掌管其汉口支部，《汉报》又成为该会补贴对象。⑤ 在甲午战争后中国迅速兴起维新变法运动的形势下，宗方小太郎等要利用中国趋新人士急于师日图强心理以扩大日本影响，于是将"抑旧党而援助新党，以助长维新气运"作为《汉报》的"主义"之一，并在该报上刊载一些反映、同情维新变法主张的报道文章，甚至请维新派人士毕永年担任主笔。同时，宗方小太郎等与《汉报》有关联的日本人还与唐才常等激进维新派人士多有来往。这样，就使得《汉报》在当时所引起的反响远远超出汉口周围，该报也被销往湖北各州县以及上海、南京、安庆、芜湖、九江、长沙、常德，乃至天津、福州、广州、台北。⑥ 1900 年 3 月中旬，湖南长沙官府奉命禁止《汉报》等报纸出售，日本驻汉口领事濑川浅之进扬言

① 井手三郎『熊本人对支活動の源泉』，转引自戴海斌《山根立庵、乙未会与〈亚东时报〉》，《复旦学报》（社会科学版）2017 年第 3 期。

② 关于此事，刘望龄发表于《近代史研究》1992 年第 1 期的《日本在汉的舆论宣传与思想近代化——以〈汉报〉为中心》，是中国学者最早的成果。另外，日本首任驻沙市领事永泷久吉在 1896 年 5 月赴任途中在汉口转船，到汉报社（他晚年误记为《汉口日报》）见到宗方小太郎，说其人身着中式服装、辫发，绅士模样，是奉日本海军密令驻汉口的情报员，但表面上是报纸的经营者。见永泷久吉『回顧七十年』、55—56 頁。

③ 東亜同文会『支那、朝鮮事業費予算書』（1899 年 4 月 18 日东亚同文会会长长冈护美等致外务大臣青木周藏）、B-3-10-2-13 之 001。

④ 《日本驻汉口领事濑川浅之进致外务大臣西德二郎》（1900 年 4 月 2 日），1-3-1-8 之 001。

⑤ 见東亜同文会『支那、朝鮮事業費予算書』（1899 年 4 月 18 日东亚同文会会长长冈护美等致外务大臣青木周藏）、『明治三十三年度本会收支精算報告書』、B-3-10-2-13 之 001。

⑥ 参见刘望龄《日本在汉的舆论宣传与思想近代化——以〈汉报〉为中心》，《近代史研究》1992 年第 1 期。

要迫使长沙官府解除禁令，时任日本外务大臣青木周藏也声称要施压。① 然而，《汉报》还是没有支撑多久，这年 9 月 30 日，宗方小太郎将该报及其所有机器都转给了湖北官府。②

相对于九省通衢汉口，上海"当四方交通之冲，为内外人物汇集之所"，日本人视之为"日清民间社交中心"，③ 故宗方小太郎等最初计议在中国数地办报，就将上海列为中心。1898 年春，白岩龙平、河本矶平、山根虎之助等创办汉文月刊《亚东时报》，并在该报第 1 号所载《亚东时报叙》中，称其旨在"敦二国之交""疏通国民之心志"。次年，东亚同文会将其作为自身在华"事业"而提供经费，使其从月刊变为半月刊，"成为中国时论界之一势力"。④ 该刊与《汉报》倾向性相同，连载过谭嗣同的《仁学》，还请唐才常做过编务，故曾"风靡长江一带的学界和文坛"。⑤ 但是，东亚同文会很快就感到半月刊"不足以充分鼓吹本会主旨"，故在 1899 年 12 月《字林沪报》⑥ 提出转手时，便当即买下，改名《同文沪报》，还"让文廷华（文廷式之弟）执笔"，从 1900 年 2 月开始发行，以此替代了《亚东时报》。⑦ 该报在上海城内及南市、道台衙门、会审衙门、各租界都有"探访

---

① 《驻汉口领事濑川浅之进致外务大臣青木周藏》（1900 年 3 月 31 日）、《外务大臣青木周藏致驻汉口领事濑川浅之进》（1900 年 4 月 27 日），1-3-1-8 之 001。

② 《驻汉口领事濑川浅之进致外务大臣青木周藏》（1900 年 10 月 3 日），1-3-1-8 之 001。后来，在 1919 年 2 月 8 日，受日本外务省派遣的笹川洁又在汉口开始发行汉文报纸《湖广新报》，其言论报道，依从外务省"最高干部"之意，但其真实背景对外严格保密。关于办汉文报纸的作用，笹川洁认为，报纸在华人中有众多读者，可成为国民外交的工具，影响的普遍性胜于学校、医院；参与办报、出入报社的华人交际范围、他们自身，涉及多方人物，便于搜集日本军方、实业协会难以得到的情报；报纸频繁介绍日本，能促使读者接近日本事物。见《笹川洁致情报部次长有吉》（1920 年 5 月 20 日）的附件，1-3-1-1 之 45-001。

③ 東亜同文会『本会事業概略』（1900 年 12 月）之「支那ニ於ケル本会ノ事業」、B-3-10-2-13 之 001。

④ 『东亜同文会事業成績』（1899 年 12 月 5 日东亚同文会森村市左卫门致外务省政务局长内田）、B-3-10-2-13 之 001。

⑤ 参见戴海斌《山根立庵、乙未会与〈亚东时报〉》，《复旦学报》（社会科学版）2017 年第 3 期。

⑥ 创刊于 1882 年，在上海仅晚于《申报》，销量曾逾 8000 份而超出该地各报，在华影响很大。

⑦ 東亜同文会『本会事業概略』（1900 年 12 月）之「支那ニ於ケル本会ノ事業」、B-3-10-2-13 之 001。

者”，另外在苏州、杭州、宁波、吴淞、松江、周浦、清江、扬州、镇江、南京、安庆、芜湖、九江、汉口、武昌、长沙、湘潭、重庆、厦门等地有“通信员”，不仅充当东亚同文会机关刊物，也直接服务于日本政府对华意图，因而从 1901 年 12 月以后，每年都按季度得到日本外务省通过驻上海总领事馆发放的补贴，一直持续到 1907 年。①

再说办学。早在甲午战争前夕，深入长江流域的荒尾精等，将就地培养了解中国社会、能效力于日本对华扩张的人才作为急务，为此在上海办起了具有学校性质的“日清贸易研究所”，并将广泛搜集的有关中国社会的各种资料编纂出版。虽然该所随着甲午战争的爆发而停办，但在战后不久，日本势力又将在长江流域与华南地区开办这种学校重新提上日程，其主要产物，就是由东亚同文会首开于南京后迁往上海的同文书院。

东亚同文会是由日本贵族院议长近卫笃麿等发起、不少政坛头面人物呼应、日本政府赞助，于 1898 年 11 月成立的。该会在中国与朝鲜从事扩张活动的范围相当广泛，而派人到中国留学、为留学者开办学校，则是其中十分突出的方面。该会在 1899 年度的“事业费”预算中，就列有向汉口、广州派出留学生的项目，要让到这两地的留学生分别专修北京话、广东话，待语言稍通、了解地方情况后，再派他们到中国内地广为游历。这年 10 月下旬，经东亚同文会成员多方筹划，近卫笃麿来华，与两江总督刘坤一议定开设南京同文书院，而后在 1900 年 5 月 12 日，在南京仪凤门东面的妙相庵宣告该书院成立，首届招收日本学生 20 人左右，中国学生 30 人。1900 年 8 月，因受义和团运动冲击，该书院迁到上海。② 1901 年，鉴于上海“不仅是中国商业之总汇，内外贸易之中心地，而且有成为社会、政治、外交中心之势”，“无论是对研究内外语言来说，还是对了解东亚大势、调查中国状况来说，都能事半功倍”，同文书院决定不返回南京，将校址定在上海高昌庙桂墅

---

① 『同文滬報経費欠損額填補稟請ノ件』（1904 年 2 月 23 日驻上海总领事小田切万寿之助致外务大臣小村寿太郎）及所附『同文滬報費用不足ニ付事情陳述書』、『上海同文滬報ニ関スル件』（1907 年 8 月 10 日外务大臣林董致驻上海代理总领事尾崎），13-1-1 之 6-001。

② 東亜同文書院大学史編纂委員会『東亜同文書院大学史』滬友会、1982、76、77、80、82—83 頁。

里，并改校名为东亚同文书院；同时，中国学生也改由东京同文书院招至日本，东亚同文书院只招收日本学生。[1]

### （二）关于长江流域掀起留日浪潮史实的补充

甲午战争后，在成为日本更大的市场与原料猎取对象的长江流域，官民受各种因素影响，将雪耻图强的目标与向日本学习结合起来，领先于全国其他各地区，掀起赴日留学浪潮。而日本出于对自身利益的考虑，也对此多有促动与配合，并留下不少相关档案，据此可对相关史实作些补充。

众所周知，近代中国人有组织地留学异域，始于 1872 年，在甲午战争前，到美国、西欧国家的数批留学生，总数有 200 人左右，其中以广东、福建人为主，而长江流域虽也有苏、浙、皖之人厕身其间，但为数很少，在这些省内也未引起什么反响。[2] 近代中国具有潮流性质的出国留学运动，是以 20 世纪初国人赴日留学为开端的，而长江流域则是这一运动的发源地。

追溯起来，清政府派到日本的第一批留学生，是 1896 年驻日公使裕庚派人招募的 13 名学生，而他们来自上海、苏州、宁波等地。[3] 1898 年上半年，张之洞与到长江流域的日本军官、总理衙门和日本驻华公使商议中国对日派遣留学生事宜，而正致力于"兴实学而奖励创办新式工业"、已开办武

---

[1] 東亜同文書院『創立四十周年　東亜同文書院記念誌』上海東亜同文書院大学、1940、30—31 頁。关于东亚同文书院及其后身东亚同文书院大学一直到中日全面战争前在华各种活动，以及基于其学生对中国各地的调查资料编纂而由东亚同文会出版的『支那经济全书』『支那省别全誌』等书，中日学界已多有研究，笔者不再涉及。

[2] 参见章开沅、余子侠主编《中国人留学史》，社会科学文献出版社，2013，第 40、72 页。

[3] 参见章开沅、余子侠主编《中国人留学史》，第 81—82 页。这 13 名学生的姓名、年龄，中日相关论著所记，与日本所藏原始档案所记有出入。后者所记的姓名与年龄分别是：韩寿南（23 岁）、朱光忠（22 岁）、冯闿模（20 岁）、胡宗瀛（20 岁）、王作哲（19 岁）、唐宝锷（19 岁）、戢翼翚（19 岁）、赵同颉（19 岁）、李宗澄（18 岁）、瞿世瑛（18 岁）、金维新（18 岁）、刘麟（18 岁）、吕烈辉（18 岁）。见《裕庚致日本文部大臣兼外务大臣西园寺公望》（光绪二十二年五月初六日）所附《学生名数》。另外，《中国驻日公使裕庚致日本外务大臣大隈重信照会》（光绪二十二年十月初三日）（B-3-10-5-3 之 2）中称，在嘉纳学校肄业的李宗澄、韩寿南、赵同颉、王作哲 4 人业已回国，故补送福建人黄涤清（22 岁）、安徽人吕烈煌（16 岁）到嘉纳学校。

备学堂的浙江官府，则相当迅速地作出向日本派遣留学生的决定，并付诸实施。5月下旬，浙江巡抚廖寿丰派候补知县张大镛（江苏嘉定人，38 岁）、候补巡检蒋嘉名（上海县人，31 岁）赴日考察，同时，让求实书院学生钱承誌（浙江仁和县学廪生，24 岁）、陆世芬（仁和县学附生，27 岁）、陈榥（义乌县学廪生，25 岁）、何燏时（诸暨县监生，21 岁），武备学堂学生谭兴沛（湖南茶陵人，26 岁）、徐方谦（湖北江夏人，31 岁，蓝翎五品，把总先用）、萧星垣（湖南善化人，25 岁，五品军功）、段兰芳（湖南茶陵人，23 岁，五品军功），分别作为文武留学生，跟随张、蒋前往日本，并要求日方将文留学生"择拨学问最精之学校"，将武留学生"拨入成城学校"，"将来得有进益，再行商请分别改拨，俾各尽所学，借资实用"。他们一行于 1898 年 6 月 10 日到达日本横滨。[1] 另外，还必须指出的是，浙江当局在同年 10 月，又要求日方接纳"愿自备脩膳川资赴日本国游学"的嘉善县附生吴振麟，将他"拨入前次出洋文学生陈榥等学堂，一并肄业"。[2] 当时，浙江留日学生集中住在东京小石川区指谷町 140 番地，房主宝阁善教于 1899 年 1 月 28 日呈报的浙江留日学生名单中，就有吴振麟，可见吴的确到了日本。在名单上与他同为自费生的，还有来自杭州府瓣莲巷的汪友龄。[3] 这证明，为人们所熟知的清政府按官费、自费两个部分派出留日学生，都是由浙江先于全国各省实行的。

湖广总督张之洞对清朝制定向日本派遣留学生的政策起了巨大作用，众

---

① 『浙江巡撫ヨリ我陸軍兵学研究ノ為〆留学生派遣之件具申』（1898 年 5 月 9 日驻杭州代理领事速水一孔致外务大臣西德二郎），『浙江省文武留学生並二遊歴官派遣之件具申』（1898 年 5 月 25 日驻杭州代理领事速水一孔致外务大臣西德二郎），『浙江省ヨリ派遣文武两学生学資金送致之件』（1898 年 5 月 25 日驻杭州代理领事速水一孔致外务次官小村寿太郎）所附浙江洋务总局督办恽祖翼、陈允颐同年 5 月 28 日致速水一孔函，《日本邮船株式会社致外务省电》（1898 年 6 月 10 日），B-3-10-5-3 之 1-001。另参见吕顺长《清末浙江籍早期留日学生之译书活动》，《杭州大学学报》（哲学社会科学版）1996 年第 2 期。

② 『浙江省私費留学生一名本邦へ派遣之件』（1898 年 10 月 24 日驻杭州代理领事速水一孔致外务次官鸠山和夫）及所附浙 1898 年 10 月 22 日浙江洋务总局总办恽祖翼、陈允颐致速水一孔函，B-3-10-5-3 之 1-001。

③ 『东京小石川指谷町 140 番地宝阁善教呈外务大臣青木周藏』（1899 年 1 月 28 日）、B-3-10-5-3 之 1-001。

所周知，两江总督、南洋大臣刘坤一也是这一政策的坚决支持者。只是他们较之浙江巡抚廖寿丰树大招风，更由于戊戌政变爆发，要躲避政治风险，因而略为放慢了实施派遣的步伐。但在清朝重臣中，他们仍走在最前面，于1899年1月分别向日本派出了留学生，即湖北"专习武备"学生20人、江苏武备学生14人与上海南洋公学学生6人（4人学政治法律、2人学师范）。这些留日学生的籍贯，除了分别有2人是广东、直隶外，都是长江流域省份。①张之洞派遣留日学生虽较浙江略晚，就规模而论却是后来居上，继首次派出20人之后，于1899年4月又加派了官费赴日步、炮、工兵学生4人，自费生1人；② 到10月下旬，再向日本派官费生78人、自费生3人，其中29人学陆军，24人在炮兵工厂修兵器学，2人考察日本学校，4人学测量术，12人修农工商学，10人学制革。③ 这一年，北洋方面及福建官府也开始向日本派遣留学生。北洋方面从在天津的水师学堂、武备学堂及头等学堂、二等学堂选拔的20名留日学生于3月中旬抵达日本，较之浙江、湖北及以南洋大臣名义派出的留日学生，人数少很多，且抵日时间较晚。④ 10月上旬，闽浙总督许应骙在日军少佐宇部宫太郎促动下，派员到日本考察军事，⑤ 同时派

---

① 『張総督派遣ノ学生出発ニ関スル件』（1899年1月6日驻上海代理总领事小田切万寿之助致外务次官都筑馨六）、『湖北江蘇派遣学生姓名及人數通知ノ件』（1899年1月8日驻上海代理总领事小田切万寿之助致外务次官都筑馨六）所附张之洞向小田切万寿之助提供的湖北留日学生名单、『湖北江蘇派遣学生出発期日及江蘇学生姓名人員並ニ学費資金送付之件』（1899年1月12日驻上海代理总领事小田切万寿之助致外务次官都筑馨六）所附『南洋大臣派遣学生姓名』，B-3-10-5-3之1-001。
② 『湖北学生監督銭恂氏渡航之件』（1899年4月7日驻上海代理总领事小田切万寿之助致外务次官都筑馨六）及所附相关名单，B-3-10-5-3之1-001。
③ 『湖広総督張之洞派遣留学生出発之件』（1899年10月19日驻上海代理总领事小田切万寿之助致外务大臣青木周藏）及所附留学生名单，B-3-10-5-3之1-001。
④ 《驻天津领事郑永宁致外务次官都筑馨六》（1899年3月6日）、『北洋派遣学生出発ノ件具申』（1899年3月10日驻上海代理总领事小田切万寿之助致外务次官都筑馨六）及所附留学生名单、《兵库县知事大森钟致外务大臣青木周藏》（1899年3月15日），B-3-10-5-3之1-001。
⑤ 《外务大臣青木周藏致陆军大臣桂太郎》（1899年10月18日），陆军省-壹大日记-M32-10-16。

出了留日学生 8 名，其中包括许应骙之孙。①

1900 年，清廷与列强矛盾激化，是否有地方官府继续派留学生赴日？既往相关论著多语焉不详，而新见日本档案显示，5 月中旬，张之洞派其子张权与湖北 6 名军政官员、3 名武备学堂学生赴日考察军事，同时还派出 12 名留日学生（长期、短期生各 6 名，当时名为黄轸的黄兴，就是短期生之一）。他们于 5 月 12 日乘日船"博爱丸"从上海出发，而后张权从神户上岸，其他人从横滨上岸。②

常被征引的冯自由《革命逸史》初编，称 1900 年各地官派留日学生不到 100 人。③ 然而，新见史料所反映的史实，可证明此说有误。截至 1900 年，廖寿丰、张之洞、刘坤一前后所派留日学生共计 148 人，连同北洋、福建所派 28 人，总数为 176 人，除去 1899 年 11 月中旬期满回国的湖北留日学生 4 人，④ 个别因病返回者，⑤ 也还有 170 人左右。按已知情况，仅就张之洞、刘坤一所派 138 人来说，在总数中就占了 78.4%。留日运动由长江流域地方官府最先策划、前驱先路，毋庸置疑。此外，与官府无关，反因与之对立而前往日本继而留学之人，也是当时留日学生的来源之一。就这种情形

---

① 这批留学生，由赴日考察军事的许应骙亲军福胜后营营官崔祥奎及福建船政提调、四川特用道沈翎清等官员带到日本。见《外务次官高平小五郎致横滨税关长水上法躬》（1899 年 10 月 11 日）及所附《派遣员官姓名》。另外，『許閩浙總督ヨリ本邦ヘ派遣ノ官吏帰福後ノ景況』（1900 年 1 月 24 日驻福州领事丰岛舍松致外务大臣青木周藏，B-3-10-5 之 3-4）称崔祥奎与沈翎清返回向向丰岛舍松致谢，沈还说"已派遣的总督之孙"等都在日本受到优待，但他认为"只从此地派一回学生无益"，而向许应骙建议"每年或隔两年"将留学生派到日本。丰岛舍松认为："自崔、沈二氏及留学生前往我国以来，此地官民对我国的感情更入佳境。"
② 『張権及湖北武官軍事視察ノ為本邦ヘ渡航ノ件並ニ湖北学生渡航ノ件』（1900 年 5 月 12 日驻上海代理领事小田切万寿之助致外务大臣青木周藏）。另外，张权与张厚琨与随员，于同年 9 月 3 日乘"西京丸"离开长崎港前往上海。见『清国人帰国ノ件』（1900 年 9 月 4 日长崎县知事服部一三致外务大臣青木周藏）、B-3-10-5 之 3-4。关于黄兴 1900 年首次赴日，还可参见萧致治《黄兴首次赴日时间及其思想转变小考》，《历史研究》1999 年第 1 期。
③ 见冯自由《革命逸史》，中华书局，1981，第 98 页。
④ 《湖北留学生监督、知府钱恂致日本外务省会计课长三桥信方函》（1899 年 11 月 18 日），B-3-10-5-3 之 1-001。
⑤ 《三桥信方致高楠顺次郎》（1900 年 4 月 28 日）称，"日华学堂学生张、黎二人从上年患病，一直未治愈，明天或后天回国"（B-3-10-5-3 之 2）。

而言，首开其端的区域也是长江流域。众所周知，戊戌政变后，康有为与梁启超等逃亡海外，而在维新运动中曾由梁启超主掌教务的湖南时务学堂也随之停办，但该学堂深受梁影响的蔡艮寅等 10 余名学生，应梁之召，在 1899 年前往日本东京，尽管他们的初衷与留学无涉，却是以此为起点，加入留日学生群体。

1901 年，刘坤一、张之洞上奏清廷，将"奖劝游学"特别是留学日本化为"新政"之重要方针，这就促使留日浪潮开始在全国涌起，而长江流域则成为这一浪潮最强劲的区域。

湖北省在 1901 年 7 月、12 月，向日本再派留学生共计 14 名。[①] 这年 9 月上旬，湖南巡抚俞廉三决定将在南洋公学研习矿物学的湘潭及长沙监生梁焕彝、张孝准派往日本留学，并请日方照应。[②] 12 月下旬，湖南矿务总局在派平江金矿分局候选同知黄忠绩赴日考察矿山的同时，又令黔阳、浏阳、新化的监生向同超、陈洪铸、曾鲲化留学日本，学习矿山学。[③] 四川省虽在时间上稍晚于湖南，力度却更大，在 10 月 10 日向日本派出了 22 名留学生。[④] 浙江省在 11 月下旬决定再派 2 名自费生到日本。[⑤] 这一年，还有福建官府

---

① 《中国驻日公使李盛铎致日本外务大臣曾祢荒助照会》（1901 年 7 月 20 日），B-3-10-5-3 之 1-001；『清国学生出発之件報告』（1901 年 12 月 10 日驻上海代理总领事岩崎三雄致外务大臣小村寿太郎），B-3-10-5-3 之 2。留日学生中包括盛宣怀所派江苏自费留日的试用道陈光淞、候选道薛莹中。见『清国張之洞ヨリ我中小両学校用教科書参考編訳及校況諸取調ノ為委員派遣ニ来リシ並ニ盛宣懐ヨリノ自費留学生ヲ送り超セシ事ニ付通知』（1901 年 12 月 24 日外务大臣小村寿太郎致文部大臣菊池大麓）、B-3-10-5-3 之 2。

② 『清国各省本邦秋季大演習来観文武官員並ニ学生派遣之件』（1901 年 9 月 28 日驻上海代理总领事小田切万寿之助致外务大臣小村寿太郎）所附同年 9 月 9 日奏办湖南洋务总局致小田切万寿之助的照会，B-3-10-5-3 之 2。

③ 『湖南省ヨリ鉱務視察員並ニ学生ヲ本邦ヘ派遣之件』（1901 年 12 月 27 日驻上海代理总领事岩崎三雄致外务大臣小村寿太郎）及所附同年 12 月 12 日奏办湖南洋务总局致小田切万寿之助照会，B-3-10-5-3 之 2；刘泱泱主编《湖南通史·近代卷》，湖南出版社，1994，第 527—528 页。

④ 『四川総督派出学生出発之件』（1901 年 10 月 11 日驻重庆领事山崎桂致外务大臣小村寿太郎）及所附『四川総督派遣学生姓名表』，B-3-10-5-3 之 1-001；王笛：《清末四川留日学生述概》，《四川大学学报》（哲学社会科学版）1987 年第 3 期。

⑤ 『清国候補官吏本邦留学ノ件』（1901 年 12 月 12 日驻杭州副领事大河平隆则致外务大臣小村寿太郎），B-3-10-5-3 之 2。

在 7 月间将 1 名学军事、北洋方面在 11 月中旬将 26 名学警务的留学生派到日本。① 另据一资料，1901 年从各地派到日本的留学生，还有贵州的 10 名，广东的 23 名，内蒙古的 4 名，山东、陕西、广西、奉天的各 1 名，以及宗室 2 名、满洲 14 名。② 但是，关于贵州以外长江流域各省份该年在日本留学生人数，该资料所述与其他原始史料所载有很大出入，显然存在问题。即使如此，也无碍于确认一点：在赴日留学潮流开始扩展到中国多地区的 1901 年，长江流域是浪头最高的地区。

　　1902 年 3 月中旬，湖南自费生范源廉在东京，由湖北留学生监督钱恂保送高等师范学校；③ 4 月，湖南官府为培养师范师资而选拔的俞诰庆等贡生员 12 名，④ 及自费生 7 人，分别前往日本弘文学院、成城学校留学；⑤ 5 月下旬，湖南举人杨度又作为自费生被派往日本学师范，还有江苏 2 名自费生与之同行。⑥ 此后，湖南又有杨源濬等 4 名自费生在 8 月下旬、⑦ 罗永绍等自费生 3 人在 10 月中旬，⑧ 前往日本留学。此外，浙江洋务局督办遵巡抚之命，在同年 1 月中旬、2 月上旬分别照会日本驻杭州副领事，告以续派

① 《中国驻日公使李盛铎致日本外务大臣曾祢荒助照会》（1901 年 7 月 20 日），B-3-10-5-3 之 1-001；《中国驻日公使李盛铎致日本外务大臣小村寿太郎照会》（1901 年 11 月 16 日），B-3-10-5-3 之 2。

② 《日本留学生调查录》，见陈学询、田正平主编《中国近代教育史汇编·留学教育》，上海教育出版社，2007，第 388—389 页。

③ 《中国驻日公使蔡钧致日本外务大臣小村寿太郎照会》（1902 年 3 月 14 日），B-3-10-5-3 之 2。

④ 『湖南省ヨリ本邦ヘ留学生派遣之件』（1902 年 4 月 2 日驻上海代理总领事岩崎三雄致外务大臣小村寿太郎）及所附 1902 年 3 月 13 日奏办湖南洋务总局致小田切万寿之助照会，B-3-10-5-3 之 2。同时派出的，还有 1 名贵州人，他自费赴日长期留学。

⑤ 《弘文学院院长嘉纳治五郎致外务省政务局长山座圆次郎》（1902 年 11 月 4 日）、『湖南巡撫派遣ノ留学生本邦ヘ向ケ出発ノ件』（1902 年 3 月 25 日驻汉口领事山崎桂致外务大臣小村寿太郎）、『湖南省ヨリ本邦ヘ学生派遣ノ件』（1902 年 4 月 19 日驻上海总领事小田切万寿之助致外务大臣小村寿太郎），B-3-10-5-3 之 2。

⑥ 『清国留学生本邦ヘ渡航之件』（1902 年 5 月 28 日驻上海总领事小田切万寿之助致外务大臣小村寿太郎）、B-3-10-5-3 之 2。

⑦ 『湖南省ヨリ本邦ヘ留学生派遣之件』（1902 年 8 月 22 日驻上海总领事小田切万寿之助致外务大臣小村寿太郎）、B-3-10-5-3 之 2。

⑧ 『湖南省ヨリ本邦ヘ学生派遣ノ件』（1902 年 10 月 10 日驻上海总领事小田切万寿之助致外务大臣小村寿太郎）、B-3-10-5-3 之 2。

自费生蒋方震等 7 人赴日留学的决定。① 该省 15 名学师范生在 8 月上旬、②
王庆候等 7 名自费生在 12 月下旬，③ 分别前往日本。这年 3 月下旬，南京
陆师学堂总办俞明震奉刘坤一之命，率该学堂 22 名毕业生以及南洋公学
周树人等 6 名矿务学生，启程赴日；④ 其后，江苏巡抚恩寿从南京格致书院
选拔的 13 名学习"物理化矿电学"的学生在 6 月上旬，⑤ 自费生周家纯等 5
人在 11 月上旬，⑥ 张之洞从湖北派出的师范学生 30 名（其中有黄兴、李
书城）、警察弁目 20 名、自费生 4 名在 6 月中旬，⑦ 后面增派的警察学生 2
名在 7 月中旬，⑧ 还有从两湖书院派出的学生 2 名在 12 月中旬，⑨ 前往日
本。此外，4 月间，还有派出方不明、作为自费生的湖南人周元承、龙
毓峻和江苏人丁文江 3 人，于 4 月间抵达日本东京，要求就学于成城
学校。⑩

---

① 『清国候補官吏等本邦留学之件』（1902 年 2 月 10 日驻杭州副领事大河平隆则致外务大臣
　小村寿太郎）及所附照会日期与自费生名单，B-3-10-5-3 之 2。

② 『留学生派遣之件』（1902 年 8 月 30 日驻杭州副领事大河平隆则致外务大臣小村寿太郎）、
　B-3-10-5-3 之 2。

③ 《驻杭州副领事大河平隆则致外务大臣小村寿太郎》（1902 年 12 月 26 日）及所附自费生名
　单，B-3-10-5-3 之 2。

④ 『南京陸師学堂俞総辦留学生引連レ本邦へ向ケ出発之件』（1902 年 3 月 21 日驻上海代理
　总领事岩崎三雄致外务大臣小村寿太郎）、B-3-10-5-3 之 1-001；《中国驻日公使蔡钧致
　日本外务大臣小村寿太郎照会》（1902 年 4 月 11 日）及所附南洋派遣矿务学生名单，B-
　3-10-5-3 之 2。

⑤ 『南京ヨリ本邦へ留学生派遣之件』（1902 年 6 月 4 日驻上海总领事小田切万寿之助致外务
　大臣小村寿太郎）及所附江苏巡抚恩寿致小田切万寿之助的信、『南京ヨリ本邦へ留学生
　派遣ノ件』（1902 年 6 月 12 日外务大臣小村寿太郎致弘文学院院长嘉纳治五郎），B-3-
　10-5-3 之 2。

⑥ 『南京ヨリ私費留学生派遣之件』（1902 年 11 月 6 日驻上海总领事小田切万寿之助致外务
　大臣小村寿太郎）、B-3-10-5-3 之 2。

⑦ 『湖北省ヨリ本邦へ留学生派遣之件』（1902 年 6 月 10 日驻上海总领事小田切万寿之助致
　外务大臣小村寿太郎）及所附张之洞致小田切万寿之助电报抄件，B-3-10-5-3 之 2。

⑧ 『張総督派遣ニ係ル警察学生出発之件』（1902 年 7 月 10 日驻上海总领事小田切万寿之助
　致外务大臣小村寿太郎）、B-3-10-5-3 之 2。

⑨ 『湖北ヨリ留学生並ニ教育制度視察員派遣之件』（1902 年 12 月 19 日驻上海总领事小田切
　万寿之助致外务大臣小村寿太郎）、B-3-10-5-3 之 2。

⑩ 『清国留学生成城学校入学ノ件照会』（1902 年 4 月 21 日外务大臣小村寿太郎致参谋总长
　大山岩）、B-3-10-5-3 之 1-001。

　　同在 1902 年，直隶总督袁世凯于 3 月下旬向日本派出军事留学生 55 人，① 福建船政局于 5 月上旬派出自费生 2 人，② 两广总督陶模于 4 月中旬派出留学生 7 人、③ 6 月中旬派出讲习速成师范生 27 人，④ 天津严修之子于 10 月到东京宏文学院附属中学。⑤

　　有论著根据《清国留学生会馆第一次报告》，指出 1902 年留日学生有 570 多人，所列当时长江流域贵州、四川、湖南、湖北、江西、安徽、江苏、浙江各省留学生人数，总计为 402 人，相比直隶、陕西、山东、广东、广西、奉天、山西、河南、福建及八旗留学生的总数，占压倒性优势。⑥ 与新见原始史料对照，虽然有些数字未必精确，但从反映当时长江流域的留日浪潮远高于全国其他区域来说，还是彼此一致，近乎实情的。

　　对于 1903 年在日本的中国各地留学生人数，时任中国驻日公使杨枢有过奏报，说有 1300 余人，可见较之 1902 年倍增不止。而这年新增的留日学生，有相当一部分仍来自长江流域。从日本所藏相关档案看，该年山东、直隶分别向日本派出速成师范科留学生 54 人、23 人，而其他资料提及的中国地方派出的留日学生，分别来自浙江（10 人）、湖南（50 人）、湖北（49 人）、四川（4 人）。⑦ 虽然资料明显不全，但可由此窥见当时长江流域仍是官府向日本派出留学生持续性最强、人数最多的区域。如果将视线延伸到 1904 年，则对此判断当更无疑义。这年 9 月 23 日（光绪三十年八月十四日），中国驻日公使馆向日本外务省提供了中国各方面所派的在日留学生大概数目，如表 5-8 所列：

---

① 《青木中佐致参谋总长密电》（1902 年 3 月 8 日），B-3-10-5-3 之 1-001。
② 『福州船政局学生本邦留学ノ件』（1902 年 5 月 2 日驻上海总领事小田切万寿之助致外务大臣小村寿太郎）、B-3-10-5-3 之 1-001。
③ 《驻香港总领事野间政一致外务大臣小村寿太郎》（1902 年 4 月 12 日），B-3-10-5-3 之 2。
④ 《驻香港总领事野间政一致外务大臣小村寿太郎》（1902 年 6 月 18 日）及所附派遣留学生的名单，B-3-10-5-3 之 2。
⑤ 《外务省政务局长山座圆次郎致弘文学院院长嘉纳治五郎》（1902 年 10 月 16 日），B-3-10-5-3 之 2。
⑥ 李喜所：《清末留日学生人数小考》，《中国留学史论稿》，中华书局，2007，第 249 页。
⑦ 这些资料见于『在本邦清国留学生关系杂纂・陆军学生之部』第 1 卷、B-3-10-5-3 之 1-001；『在本邦清国留学生关系杂纂・陆海军外之部』、B-3-10-5-3 之 2。

表 5-8 1904 年 9 月在日本的中国留学生人数

| 所属 | 官费 | 自费 | 所属 | 官费 | 自费 |
|------|------|------|------|------|------|
| 北京 | 39 | 8 | 湖北 | 296 | 53 |
| 北洋 | 53 | — | 广东 | 97 | 66 |
| 直隶 | 50 | 76 | 四川 | 185 | 78 |
| 山东 | 46 | 11 | 云南 | 24 | 27 |
| 山西 | 50 | 5 | 江苏 | — | 73 |
| 南洋 | 30 | — | 安徽 | — | 38 |
| 浙江 | 26 | 141 | 广西 | — | 15 |
| 福建 | 13 | 26 | 河南 | — | 2 |
| 江西 | 10 | 27 | 陕西 | — | 1 |
| 湖南 | 125 | 151 | 使署 | 10 | — |
| 总计 | | | 1852 | | |

资料来源：《中国驻日公使馆参赞马廷亮致日本外务省书记官岩村成允》（1904 年 9 月 23 日），B-3-10-5-9。

从表 5-8 可见，不算云南，长江流域所派留学生共有 1233 人，在留日学生总数中所占比例将近 66.6%；派出官费生数量居前三位的地区是湖北、四川、湖南；而自费生数量居前三位的则是湖南、浙江、四川。无论从哪个方面，都可断言当时留日浪潮在长江流域最为强劲。

# 第六章　清末民初日本强化对长江流域扩张
## 与民众反日浪潮兴起

从日俄战争结束到五四运动兴起的 14 年间，中国社会经历了由清朝到民国的鼎革，并随着清朝覆灭出现军阀割据状态，其间爆发的第一次世界大战也使围绕中国的国际关系发生很大变化。日本先因对俄获胜而在侵华列强中大大提升了地位，后又抢夺了德国在山东的地盘，并利用中国社会动荡、西方列强在东亚势力减弱之机，竭力强化对华扩张。而这个过程，从区域来看，除了在东北、山东外，在长江流域也显著地表现出来，并促使民众反日浪潮兴起。对这个问题，既往的近代中日关系史研究关注不够，尚有不少待发之覆，本章试基于新见史料作些述论。

## 一　日本对长江流域经济扩张之大举推进

如前文所述，长江流域一直是日本产品在华倾销大市场，甲午战争前后，又成为日本棉铁等工业原料及其他农副产品极重要的来源地，日本围绕其国家利益进行的资本输出，也率先在该区域展开。日俄战争后，尽管日本将东北南部作为其在华战略基地大肆经营，但进一步强化对长江流域的经济扩张，对于日本势力来说，也丝毫没有减轻其重要性。在其后十多年里，日本在长江流域的航运力量不断增强、产品市场持续扩大，还钳制铁矿石等矿产的流向，其资本输出也与欧美列强抗衡，特别是一战之后，在长江流域的日本经济势力已膨胀到英美也无法左右的程度。

### （一）日本在长江流域航运势力的增强

日俄战争后，日本强化对长江流域的经济扩张，最先表现为扩展其在该区域的航线。

这是日本势力从《马关条约》订立后一直在做，八国联军侵华战争后还加大了推进力度的事情，只是由于日俄战争牵扯了充当开辟航线重要角色的日本海军的力量，才不得已放慢了步伐。但随着日俄战争结束，到1905年10月，湖南汽船株式会社为扩展汉湘航线，便向海军重提探查常德航道一事，而在长江上的日舰"隅田"号随即奉命趁冬季探查。① 1906年2月，"隅田"号舰长告知湖南汽船株式会社：在丰水期，横越洞庭湖，从南嘴过游巡塘，再从沧港进入沅江，即可航行至常德。② 该舰在这年5月下旬航行至常德，马上向该地道台提出要将拟作外侨"居留地"的最佳位置划给湖南汽船株式会社，作为船舶停泊之处。③ 1907年6月，日本商船"湘江丸"从汉口出发，由"隅田"号引导开到常德，而日本在汉口与常德之间的航线也由此设立。④

开设从宜昌到重庆的川江航线，在近代由英国率先尝试，也是日本早有的重要目标。故探查川江航道，在甲午战争前就有日本军政人员为之。1906年11月下旬，日舰"隅田"号与"伏见"号开到宜昌，两舰舰长随即雇用民船探查川江航道。⑤ 其后，"伏见"号舰长继续"详细调查"。⑥ 到1911年5月，该舰开到了重庆和泸州。⑦ 次年，日舰"鸟羽"号又从重庆开到叙州。此时，策划开设川江航线的日清汽船株式会社得到日舰提供的"宝贵记录"，又见"外国轮船接踵登场"，便下定了决心。但限于技术条件，直

---

① 『帝国海军二於テ常德航路测量ノ義願』（湖南汽船株式会社取缔役、会长加藤正义致外务大臣桂太郎）、B-3-1-1-37；《海军次官斋藤实致外务次官珍田舍己》（1905年11月27日），B-3-1-1-37。

② 《湖南汽船株式会社取缔役、会长加藤正义致外务大臣加藤高明》（1906年2月7日），B-3-1-1-37。

③ 《"隅田"号舰长从常德致电海军大臣》（1906年5月26日），B-3-1-1-37。

④ 『漢口常德間航路開始ノ公信』（1907年7月4日驻长沙代理领事、外务通译生宫村季雄致外务大臣林董）、B-3-6-3-14之007。

⑤ 『宜昌重慶間水路調查二関スル意見』（1907年2月1日"隅田"号舰长堀田英夫致海军大臣斋藤实）、海军省-公文备考-M40-22-729。

⑥ 《日人注意川江航路纪闻》，《申报》1909年11月7日，第5版。

⑦ 《第三舰队司令官致海军大臣电报》（1911年5月21日），海军省-公文备考-M44-49-1227。

到 1922 年 4 月，该会社才造出适合在川江航行的轮船"云阳丸"，正式展开此间的航运。①

日俄战争前，在日本政府策动下，大东汽船会社、大阪商船会社、湖南汽船会社及日本邮船会社相继进入长江流域从事航运，很快成为英、德、法轮船公司及轮船招商局的竞争对手。后来，日本为避免在长江流域的航运力量分散或内耗而不利于在业内地位的巩固、增强，在日俄战争尚未停息的 1905 年 5 月，就派政友会总裁西园寺公望考察长江流域各地，由他提出改变现状的建议。1906 年，有关整合在长江流域的日本航运力量、消除内耗以与别国对抗的主张，在日本国内成为热议的话题。而作为政府主管机构的递信省管船局，随即促动上述 4 家日本航运会社考虑合并在长江流域的运力，并邀集当时日本财界头面人物涩泽荣一、庄田平五郎、益田孝等 12 人组成创办新会社的委员会，于 1907 年 2 月作出合并决定，继而在 3 月下旬正式成立日清汽船株式会社。该会社的实力在当时日本航运企业中居第四位，有轮船 37 艘、被牵引客船 36 艘、艀船 27 艘、趸船与仓库船 11 艘，在上海、镇江、南京、汉口、宜昌分别有码头或栈桥，在上海、镇江、苏州、杭州、清江浦、芜湖、大通、九江、武穴、汉口、岳州、沙市、宜昌、重庆有土地，在上海、苏州、杭州、常州、清江浦、镇江、芜湖、九江、汉口、宜昌、长沙、湘潭有仓库等房产。② 日本政府照例通过命令书规定该会社在长江流域的航线，计有上海至汉口、上海至苏州、上海至杭州、苏州至杭州、汉口至宜昌、汉口至湘潭、汉口至常德、鄱阳湖内、镇江至清江浦航线。命令书对该会社经营这些航线的各个方面都作了十分具体的规定，同时将相当于该会社自有资金的十分之一即为数 80 万日元的补贴金分别发给各航线，周期为 5 年。③

靠着日本政府大力支持，也与日本对长江流域的贸易持续扩展有关，日

---

① 浅居诚一『日清汽船株式会社三十年史及追补』、88 页。
② 浅居诚一『日清汽船株式会社三十年史及追补』、34—46 页。该会社除了接收原 4 家会社的 34 艘轮船外，1907 年又在上海至汉口航线增加 3 艘新造轮船。见同书第 69—70 页。
③ 日本递信大臣山县伊三郎 1907 年 4 月 1 日交付该会社的命令书，见浅居诚一『日清汽船株式会社三十年史及追补』、56—67 页。该会社还经营苏州至镇江、镇江至扬州航线，1908 年 8 月底废止苏州至镇江航线。见同书第 68 页。

清汽船株式会社成立后经营顺利，实力不断增强。即使在辛亥革命浪潮席卷长江流域，"外国同行公司大体停航"之时，以及后来"二次革命"激荡长江流域的情况下，该会社依靠日本海军"保护"（详见后述），也未停止营运，因而在 1913 年度的分红股息上升到前所未有的 9%。①

1914 年第一次世界大战爆发后，日清汽船株式会社在长江流域的航线，除了镇江至扬州航线，上海至苏州、杭州航线，苏州至杭州航线及镇江至清江浦航线，主要因沪宁铁路与沪杭铁路开通而难以维持，都于 1915 年废止外，其他都因欧美轮船大量减少、日本与长江流域贸易猛增，而获得空前的营运良机。尤其在当时中国居首位的沪汉航线上，该会社分别于 1915 年 8 月、1917 年 8 月增加近 4000 吨、3000 多吨的轮船各 1 艘，运力大为增强；1918 年 8 月，该会社又新增了大阪直航汉口的航线。其间该会社获利之丰厚，从分红股息不断上升上即可窥见一斑：1915 年度上、下两期平均为 9.5%，1916 年度、1917 年度均为 12%，1918 年度、1919 年度均为 15%。并且，该会社在 1919 年积累资金数额也超过了资本金的半数。②

此外还须提及的是，三菱公司主要业务为从大冶运铁矿石到日本，还有船舶不定期开往大冶、汉口。在上海，还有日本邮船株式会社、大阪商船株式会社、东洋汽船株式会社的海运船舶，南满铁道株式会社从事中国沿海航运的船舶，三井物产株式会社、佐藤商会、古河合名会社、铃木洋行等的不定期货船，频繁进出港口。1904 年，进出上海港的日本船舶总吨数还只占进出全部船舶总吨数的 4%，其后 10 年间激增 10 倍，到 1913 年占进出全部船舶总吨数的 25%，仅次于英国。③

日本航运势力在日俄战争后特别是一战期间，位居长江流域中外航运企业前列，而其在国家政权支持下靠强权以求利的特性，并未由此改变。日清汽船株式会社对汉口马王庙码头一直占用到 1921 年，最终退出时还迫使湖北官府支付巨额偿金，就是例证。

---

① 浅居誠一『日清汽船株式会社三十年史及追補』、70—72 頁。
② 浅居誠一『日清汽船株式会社三十年史及追補』、73—77 頁。
③ 参见日本外務省通商局『上海に於ける日本及日本人の地位』之「第五章　上海交通通信上に於ける日本の地位」。

　　1906 年初，日方向湖北官府要求扩大汉口日租界，张之洞便借机再次要求日本航运势力退出马王庙码头。原来，日本一直不以 1898 年划定的汉口日租界范围为满足，1901 年 1 月向湖北官府提出"将毗邻日本租界二百丈归入日本租界"，① 1902 年 10 月，再次要求扩界。② 1905 年 9 月就任驻汉口领事的水野幸吉，③ 于 1906 年 1 月又为此找张之洞交涉，④ 而马王庙码头问题也随之由张之洞重新提起。张之洞表示，扩大日租界必须以日本限期退出马王庙码头为前提。但水野幸吉称：如及早解决扩大日租界问题，日本退出马王庙码头的问题就会早日解决。关于日本退出的期限，水野幸吉称以粤汉铁路全通作为"迁移之期"，而张之洞则提出以武昌至长沙段通车之时为期。此外，水野幸吉还重申了日本以往提过的条件：在日方退出后，中外均不准在该码头设立趸船。张之洞则表示，中国官营的两湖轮船公司可设趸船。⑤ 这次交涉从表面上看，是张之洞要以准许日本扩大租界来换取其退出马王庙码头，但在实际上，是无理盘踞该码头的日本操纵规则的制定，将马王庙码头问题变成促使张之洞顺从其扩大租界图谋的砝码。

　　1906 年 3 月，日本外务省依据水野幸吉建议，对马王庙码头问题作出决定："主要着眼于让中国官宪同意我租界扩大，且要中国官宪保证不许任何人在商船会社趸船原处再行设置，让中国官宪对商船会社支付相当的赔偿金，以这些为条件，同意迁移"；"关于迁移期限……同意在武昌至长沙铁

① 见『漢口白耳義居留地ニ関スル件』（1901 年 1 月 29 日驻汉口领事瀬川浅之进致外务大臣加藤高明）所附甲号、1 月 11 日瀬川浅之进致江汉关道岑春蕖照会抄件，B-3-12-2-32 之 6-001。

② 「漢口日本居留地拡張ニ関シ張之洞ト商議ノ顛末」（1902 年 11 月 17 日驻汉口领事山崎桂致外务大臣小村寿太郎）、『在支帝国専管居留地関係雑件　漢口ノ部』第 2 卷、B-3-12-2-32 之 6-002。三项条款涉及将日租界向北扩展 150 丈、对归入日租界的燮昌火柴厂的规定、双方派人具体办理扩界事宜。

③ 『外務大臣上奏上海駐在総領事永滝久吉、漢口駐在領事水野幸吉、芝罘駐在領事小幡酉吉御委任状御下付ノ件』（1905 年 9 月 4 日）、纂 00871100。

④ 『漢口ニ於ケル我専管居留地拡張ノ件ニ付請訓』（1906 年 1 月 6 日驻汉口领事水野幸吉致外务大臣桂太郎）、B-3-12-2-32 之 6-003。

⑤ 『張総督ト会見ノ次第我専管居留地ニ関シ附張総督八大阪商船株式会社蠆船問題ヲ提説ニヨリ』（1906 年 1 月 17 日驻汉口领事水野幸吉致外务大臣加藤高明）、B-3-12-2-32 之 6-003。

路建成通车后三年以内"。① 此后，日方将力量集中于扩大汉口日租界的交涉，在迫使张之洞等接受其条件后，便于 1907 年 2 月 9 日由水野幸吉与江汉关道桑宝签订了"展拓汉镇日本租界"的协定，并向桑宝递交了一份照会（以下简称"张水协定"），其中所列条款如下：

> 马王庙现有之大阪商轮公司码头水陆一切经费，允于武昌至长沙铁路开通后三年以内，按照时价公平估算，由湖北当该官宪备价收回，所有趸船移至日本租界，或另商有妥善迁移、无碍条约地界办法。大阪趸船移迁之后，应在该处及以上一带，中国断不令各国设置趸船，以昭办理公平一律，但官用兵轮、小轮、趸船不在此列。②

从"张水协定"来看，日方为获取扩大汉口日租界这一重大利益，在马王庙码头问题上作出的所谓让步，不过是将迁移期限缩短一点、同意在迁移后中国官船可在该码头设趸船而已。但长期占用该码头而未向湖北官府缴纳分文、无偿获利的日方，又明言：在退出时还要向湖北官府勒索按高额计算的"水陆一切经费"！此外，这个原属民用的码头，因为该协定的订立，竟剥夺了中国民营航运企业设立趸船的权利。然而，日方居然还担心"到了商定的限期，商船会社实际上不能承受利益受损"，而强调届时可"通过

---

① 『在漢口帝国予定拡張居留地問題ニ関連スル大阪商船株式会社趸船移転問題解決方ニ関シ内訓ノ件』（外务大臣西园寺公望致在东京的驻汉口领事水野幸吉）、B-3-1-1-30。

② 见吴仲贤向北京政府外交部所呈《汉口日清公司马王庙趸船设置原案现议复设及议租亨宝公司码头各情形节略》（1919 年 10 月 11 日外交部收吴交涉员呈节略一件）的附件《照抄日领事水野照会 光绪三十三年十二月桑前关道所订合同在内》，《亨宝码头与马王庙码头互换案》，台北"中央研究院"近代史研究所藏，03-06-061-01-001（下文所引同册档案不再标出该册题目与藏所）；『漢口居留地拡張取扱書調印済ノ件』（1907 年 2 月 10 日驻汉口领事水野幸吉回国途中致外务大臣林董）所附 2 月 9 日水野幸吉致江汉关道桑宝的照会，B-3-12-2-32 る 6-003。此件虽是日方照会，但内容是水野幸吉与张之洞谈判达成的协定，其中，"中国断不令各国设置趸船"，"或另商有妥善迁移、无碍条约地界办法"，是张之洞在《致汉口日本水野领事》（光绪三十二年十二月二十六日、二十七日）中提出的用以取代日方相关表达的文字；该照会写的递交时间，与张之洞在《致汉口江汉关桑道台、夏口厅冯丞簀》（光绪三十二年十二月二十七日）中规定的签约时间也是吻合的。见赵德馨主编《张之洞全集》第 11 册，第 324—325 页。

上述决定中所言按时价计算等，尽量拖延时间以获利"。①

　　从"张水协定"订立到武昌起义爆发，日本航运势力一直占用马王庙码头（1907 年 4 月以后由日清汽船株式会社接手），而湖北官府也继续逐年向德国美最时洋行"赔偿"洋例银 19000 两。

　　辛亥武昌起义爆发后，日清汽船株式会社在马王庙码头的水陆设施在阳夏战争中毁于兵火，② 事后于 1915 年 2 月得到中方赔款 37487.85 两及其利息。③ 由于汉口"招商局以南河街一带一间房子不剩"，"主要商业区可谓完全毁掉"，④ 日清汽船株式会社有两年多没有在马王庙码头恢复水陆设施，而将其在汉口的主要码头移到俄租界。⑤ 但这并不意味着日本停止占用马王庙码头。1912 年 5 月，湖北外交司与日本驻汉口总领事的交涉，就反映了这一点。

　　当时，湖北外交司司长伍朝枢鉴于"日清公司因借趸船处获利，敝省因惠施而反赔累"，要求日方"将趸船改移他处，以符原议而昭公允"。⑥ 但

---

① 『漢口居留地拡張取扱書調印済ノ件』（1907 年 2 月 10 日驻汉口领事水野幸吉回国途中致外务大臣林董）、B-3-12-2-32 之 6-003。

② 参见 『漢口火災卜本邦人損害ニ関スル件並ニ第一軍総統制官馮国璋訪問ニ関スル件』（1911 年 11 月 2 日驻汉口总领事松村贞雄致外务大臣内田康哉）、B-5-3-2-92 之 001；『日清汽船会社蠆船罹災ニ関シ報告ノ件』（1911 年 11 月 2 日、20 日驻汉口总领事松村贞雄致外务大臣内田康哉）及其所附日清汽船汉口分社 11 月 18 日就马王庙码头的趸船被击沉致日本总领事馆的报告，B-5-3-2-101。

③ 参见 『損害賠償査定書送付ノ件』（1913 年 10 月 25 日驻汉口总领事芳泽谦吉致驻华全权公使山座圆次郎）所附驻汉口总领事馆提交的「損害賠償査定書」、『革命事変損害表提出ニ関スル件』（1913 年 12 月 22 日驻华公使山座圆次郎致外务大臣牧野伸显）所附乙号中的"漢口"，B-5-3-2-92 之 2；『第一次革命損害賠償金利子配分表送付ノ件』（1915 年 2 月 25 日驻汉口总领事瀬川浅之进致驻华公使日置益）所附「第一次革命事変損害賠償金利子配分表」，B-5-3-2-92 之 007。从在汉日企所得赔款额来看，该分社仅次于东亚制粉会社和三井分行，居第三位。

④ 「官軍引揚後ニ於ケル漢口、漢陽ノ光景」（1912 年 1 月 10 日驻汉口总领事松村贞雄报告）、日本外务省通商局编 『通商彙纂』号外 『四十四、五年清国事変ノ経済界ニ及ホス影響』第 24 号、1912 年 2 月 2 日、6、7 页。

⑤ 参见浅居誠一 『日清汽船株式会社三十年史及追補』、351 页。

⑥ 《马王庙趸船事函送汉口各团抄来原案希据理交涉由》（1919 年 11 月 26 日外交部收汤芗铭函一件）之附件《伍司长致日本总领事函一件》（1912 年 5 月 16 日），03-06-061-01-020。另见《伍朝枢催请日轮移泊汉口租界》，《申报》1912 年 5 月 23 日，第 6 版。

169

日本驻汉口总领事松村贞雄搬出"张水协定"，声称："基于条约权利，日清汽船会社本来没有迁移其趸船的必要，但因张之洞恳请……而同意在粤汉铁路长沙至武昌段通车后三年以内迁移……现在不必再作争议。"他在给外务大臣的报告中写道，伍朝枢如坚持其要求，日方就"绝对否认迁移趸船"，或"回到我方最初提议的在粤汉铁路全线通车后十年的主张，重新开始交涉"；如湖北军政府出以"暴力不稳行动"，"则有必要在目下日清汽船会社所拥有的马王庙江岸边系留的船舶旁，以我军舰停靠，以此措施予以断然警告"。① 7 月上旬，湖北外交司重申迁移要求，松村贞雄答"不必再作交涉"。② 湖北军政府无可奈何，只是抓住日本未在马王庙码头重设趸船的时机，停止了对美最时洋行赔款。③

　　到 1914 年下半年，随着汉口华界商业区逐渐恢复，日清汽船株式会社在马王庙码头新建仓库 1 栋，④ 并向湖北官府提出重设趸船。⑤ 当时的江汉关道丁士源一度表示，在每年缴纳 930 两接岸费（connecting fee）的条件下，可以同意该社所请。但是，该社称此费"性质不明"而拒交。其后，丁士源了解到日本在马王庙码头设趸船与湖北官府每年向美最时洋行赔钱的关联，加上"群情激昂，极端反对"，转而拒绝日方之请。然而，日清汽船株式会社以"仅靠俄租界码头不足以停泊本社的所有江轮，且该处与商业中心相距较远，在经营上多有不利，而另外取得码头位置又绝无可能"为

① 『日清汽船会社艀船遷移問題ニ関スル件』（1912 年 6 月 26 日驻汉口总领事松村贞雄致外务大臣内田康哉）、B-F-1-4-0-1 之 1。
② 『日清汽船会社艀船遷移問題ニ関スル件』（1912 年 7 月 4 日驻汉口总领事松村贞雄致外务大臣内田康哉）、B-F-1-4-0-1 之 1。关于伍朝枢与松村贞雄的交涉，亦见后来任湖北交涉员的吴仲贤向北京政府外交部所呈《汉口日清公司马王庙趸船设置原案现议复设及议租亨宝公司码头各情形节略》（1919 年 10 月 11 日外交部收吴交涉员呈节略一件），03-06-061-01-001。
③ 《亨宝码头与马王庙码头互换事》（1919 年 8 月 30 日外交部收湖北督军、省长电）（03-06-061-01-001）称："美最时补助一事，自辛亥后款未照付，德领曾函关督索。现中德另有问题，前案应无庸议。"『日清汽船会社馬王廟碼頭繋船ニ関スル件』（1917 年 1 月 25 日驻汉口总领事瀬川浅之进致外务大臣本野一郎）、B-F-1-4-0-1 之 1。
④ 浅居誠一『日清汽船株式会社三十年史及追補』、351 頁。
⑤ 『当会社漢口支那街馬王廟碼頭損害賠償金請求ニ関スル請願』（1919 年 7 月 24 日日清汽船株式会社社长近藤廉平致外务大臣内田康哉）、B-F-1-4-0-1 之 1。

由，依旧在马王庙码头停泊轮船、上下货物。① 到 1917 年 1 月，该社又以
其设在俄租界码头的货栈失火、② 经营受到很大影响为借口，要求本国官方
促湖北官府同意其在马王庙码头重设趸船。③ 日本总领事濑川浅之进为此交
涉两次，湖北官府表示"此举关系民命至重，无可磋商，碍难照办"，④ 加上
日清汽船株式会社"利用马王庙仓库并无特别障碍"，故其重设趸船的图谋没
有实现。⑤ 1918 年 8 月，该社开设从大阪直达汉口的航线，作为"进军远洋
航运之开端"，其时"正值日中贸易受到欧洲大战影响而得到异常发展，对大
阪与汉口之间的贸易裨益甚大"。⑥ 而在首航日船"永陵丸"开到汉口之前，
该社就将马王庙码头定为其停泊之处，又要求驻汉口总领事"火速解决"
设立趸船问题。但湖北官府表示舆论压力甚大，"实不能如该公司所请"。
汉口总商会举行临时大会，"佥谓此事关系重大"，要求官府"凡有以沿江
各该处安设大轮码头及趸船为请者，概予切实驳复"，当地报纸也接连发出
反对之声，以致濑川浅之进感叹"一般人民方面的舆论对我方很是不利"，
如果"强要将我方主张固执到底，就有可能激发对方的反抗，无论是从会
社的经营来看，还是从日中在此地的关系来看，这都不是上策"。日清汽船
株式会社最终只得借用原德租界内亨宝洋行的码头停泊"永陵丸"。⑦ 但该

① 《日清汽船株式会社汉口代理分社长牧田武致驻汉口总领事濑川浅之进》（1918 年 7 月 10
日）及所附『马王庙问题经过概要』，B-F-1-4-0-1 之 1；《马王庙趸船事函送汉口各团
抄来原案希据理交涉由》（1919 年 11 月 26 日外交部收汤芗铭函一件）的附件《汉口各团
联合会会长马中骥致外交部次长函》，03-06-061-01-020。

② 据《申报》1917 年 1 月 8 日第 2 版所载《汉口电》、1 月 12 日第 6 版所载《纪汉口日清公
司货栈之失慎》，该会社两个货栈被焚，损失约 200 万元。

③ 见『电送第 13 号』（外务大臣本野一郎致驻汉口总领事濑川浅之进）及附件《日清汽船株
式会社社长近藤廉平致驻汉口总领事濑川浅之进》（1917 年 1 月 12 日），B-F-1-4-0-1 之 1。

④ 吴仲贤：《函陈亨宝码头与马王庙码头交换案原委由》（1919 年 9 月 17 日外交部收特派湖
北交涉员函一件），03-06-061-01-005。

⑤ 参见『日清汽船会社马王庙码头系船ニ关スル件』（1917 年 1 月 25 日驻汉口总领事濑川浅
之进致外务大臣本野一郎）、B-F-1-4-0-1 之 1。

⑥ 浅居诚一『日清汽船株式会社三十年史及追补』、223 页。

⑦ 参见『马王庙码头趸船系留方交涉』（1918 年 8 月 25 日驻汉口总领事濑川浅之进致外务大
臣后藤新平），『日清汽船会社马王庙码头ニ趸船设置ニ关スル件』（1918 年 9 月 13 日驻汉
口总领事濑川浅之进致外务大臣后藤新平），1918 年 7 月 22 日、27 日、29 日和 8 月 9 日、
25 日濑川浅之进与湖北交涉员及湖北督军王占元之间的往复照会，B-F-1-4-0-1 之 1。

社并不甘心，在 12 月下旬又请总领事交涉，并要求与汉口总商会会长等"会晤磋商"。汉口总商会斥责该社"破坏国际法"，称以往的中日协定已经无效，要求湖北交涉署"照会日本总领事转知日清公司，务将马王庙复设趸船之议即行停罢"。①

　　此时，第一次世界大战结束，日本海军于 11 月下旬要求本国政府买下原德租界亨宝轮船公司的趸船，实则要占据该码头，为此，还玩弄让日企作掩护的故技，以避开中外视线。于是，日本外务大臣令濑川浅之进"协助"日清汽船株式会社与三菱公司"设定"该码头使用权。② 1919 年 6 月 7 日，濑川浅之进会晤湖北省省长代表和交涉员，要求中国政府将没收的亨宝轮船公司趸船让与日清汽船株式会社，以作为对该社不再占用马王庙码头的补偿。他还威胁说，如不接受这一要求，中方就要准备高价赔偿该社自阳夏战争以来的"损失"。③ 不久，日清汽船株式会社草拟出为退出马王庙码头而索偿的方案，索偿项目包括设施费、各种经费，以及自 1911 年 11 月尤其是 1914 年 8 月以后直到长沙与武昌之间铁路通车满 3 年之时（1921 年 11 月），因停止在马王庙码头设立趸船而增加的经费和损失费。④ 可见，马王庙码头问题又与日本要占据原德租界码头的图谋联结起来，日方还亮出了要超出"张水协定"对湖北官府作进一步勒索的计划。

---

① 见《马王庙趸船事函送汉口各团抄来原案希据理交涉由》（1919 年 11 月 26 日外交部收汤芗铭函一件）的附件《函请关监督照会日领转知日清公司将马王庙复设趸船之议即行停罢以敦睦谊由》（1918 年 12 月 28 日汉口总商会会长王明文、汉口各团联合会会长马中骥致江汉关监督），03-06-061-01-020。

② 『在漢口独逸租界内碼頭ニ関スル件』（1918 年 11 月 25 日外务大臣致驻汉口总领事濑川浅之进）、B-F-1-4-0-1 之 1。

③ 『日清汽船会社马王廟碼頭薹船設置ニ関スル件』（1919 年 6 月 7 日驻汉口总领事濑川浅之进致外务大臣内田康哉）。中方关于这次交涉情况的叙述见吴仲贤《函陈亨宝码头与马王庙码头交换案原委由》（1919 年 9 月 17 日外交部收特派湖北交涉员函一件），03-06-061-01-005。1919 年 8 月 22 日，日本外务大臣内田康哉致驻汉口代理领事中村修的『日清汽船会社马王廟碼頭薹船問題ニ関スル件』（B-F-1-4-0-1 之 1）称，日清汽船会社提出转让亨宝轮船公司码头"所有土地、建筑、趸船，颇为合适"。可见，濑川浅之进所说的转让趸船，实际内涵是转让整个码头与趸船。

④ 『当会社漢口支那街馬王廟碼頭損害賠償金請求ニ関スル請願』（1919 年 7 月 24 日日清汽船株式会社社长近藤廉平致外务大臣内田康哉）及所附『馬王廟碼頭撤退ニ関スル損害要求凡例』，B-F-1-4-0-1 之 1。

由于处置德国在汉口的资产非湖北官府所能决定，相关交涉主要在北京进行。湖北官府向外交部提出，以亨宝轮船公司的码头置换马王庙码头，"似是转圜之一法"，"尚可商议"。① 而日本驻华公使小幡酉吉则向外交部表示，如不同意置换码头，就按巨额索偿。② 其间，日本又将美最时洋行在原德租界的码头作为猎取对象，三菱公司为此派人与北京政府的敌国财产管理局官员秘密谈判，日清汽船株式会社则主要依靠日本公使馆向外交部提出要求。③ 但与此同时，英国太古洋行也觊觎亨宝轮船公司码头，请英国公使为此与北京政府交通部交涉；美国方面也有意买下该码头。面对列强的争夺，北京政府国务会议于 1919 年 12 月上旬作出决定，不向任何外国转让汉口原德租界码头。④

日本未能实现以亨宝轮船公司码头置换马王庙码头的图谋，而"张水协定"所规定的期限又日益迫近。日方为了继续占用马王庙码头，故意向湖北官府高抬索偿的价码，并将重点放在讨要所谓辛亥以后不能在该码头设立趸船而导致的"损失"上。1920 年 3 月 10 日，濑川浅之进照会湖北督军王占元等，正式提出索偿：第一，"马王庙所有地皮、栈房、码头修理等费，并一切财物，均按照时价估算"，"计银十万八千四百十八两正"；第二，"因马王庙交涉未了，不能使用，另租特别区趸船名'九江'者及栈房等经费"，"计银十一万五千九百七十三两一钱七分正"；第三，"因不能使

---

① 《亨宝码头与马王庙码头互换事》（1919 年 8 月 30 日外交部收湖北督军、省长电），03-06-061-01-001。

② 《小幡酉吉致代理外交总长陈篆》（1919 年 9 月 18 日），03-06-061-01-007。

③ 参见『在漢口旧独逸居留地河岸蘆船及右地区内独逸人財産処分ニ関スル件』『日清汽船会社馬王廟碼頭蘆船問題ニ関スル件』（均为 1919 年 9 月 25 日驻华公使小幡酉吉致驻汉口代理总领事中村修电），『第 1512 号』『第 1513 号』『第 1514 号』（均为 1919 年 11 月 30 日驻华公使小幡酉吉致外务大臣内田康哉电），『在漢口漢堡亜米利加碼頭ニ関スル件』（1919 年 12 月 3 日驻华公使小幡酉吉致外务大臣内田康哉），《驻华公使小幡酉吉致外务大臣内田康哉》（1919 年 12 月 5 日），B-F-1-4-0-1 之 1。当时三菱公司欲买下美最时、亨宝两家的码头趸船，日清汽船株式会社要得到亨宝的码头，日本政府对两者还作了协调工作。

④ 参见《发交通部咨》（1919 年 12 月 4 日），03-06-061-01-022；《驻华公使小幡酉吉致外务大臣内田康哉》（1919 年 12 月 5 日）、『日清汽船会社漢口馬王廟碼頭代償トシテ漢堡亜米利加碼頭獲得方交渉ニ関スル件』（1919 年 12 月 6 日驻华公使小幡酉吉致外务大臣内田康哉），B-F-1-4-0-1 之 1。

用马王庙码头营业，因之减收货客，各费均受损失"，"计银六十九万三千一百三十三两四钱五分"。① 以上三项，共计 917524.62 两。② 王占元等十分忌惮舆论抨击，未改变要日方退出马王庙码头的立场，但还是基于"张水协定"，同意将日本的"码头经费照时价秉公开列"，而对其他索偿项目则据理驳回。③ 12 月 7 日，王占元又向日方表示，"将总数定为二十万两，则可与总商会分担"；日方如不让步，"在目下政局纷乱、财政困窘之际，尤其是在湖北官场不稳的情况下，恐怕今后永无解决之机了"。④ 在此情况下，日清汽船株式会社又提出"将铁路引线延伸到日租界内我社沿岸之地，以作为退出码头的交换"。⑤ 对此，连濑川浅之进也认为难度太大，而劝该社撤回。⑥ 但该社又节外生枝，提出除了索偿 20 万两，还要以"保留本社在马王庙所有土地一百二十余方作为代价"，且"不许任何人在其间所有地方停泊趸船"。⑦ 湖北官府坚持按"张水协定"办理，反对日方在马王庙保留土地；同时，王占元在偿款数额上再作让步，于 1921 年 3 月 12 日表示，同意支付 25 万两，分 4 年还清。⑧

　　1921 年 6 月 7 日、12 日，濑川浅之进与湖北督军王占元、省长刘承恩，以换文方式达成了解决马王庙问题的协定。濑川浅之进 6 月 7 日发出的照会称：

---

① 『日清汽船会社馬王廟碼頭蘆船問題ニ関スル件』（1920 年 4 月 26 日驻汉口总领事濑川浅之进致外务大臣内田康哉）所附甲号抄件《总领事濑川致湖北督军王、省长何、交涉员吴》（1920 年 3 月 10 日），B-F-1-4-0-1 之 1。

② 后来日方还曾加码到 967654.62 两，见『馬王廟倉庫碼頭賠償問題ニ関スル件』（1921 年 2 月 17 日日清汽船株式会社专务董事竹内直哉致外务省通商局长田中都吉）、B-F-1-4-0-1 之 1。

③ 『日清汽船会社馬王廟碼頭蘆船問題ニ関スル件』所附乙号抄件《湖北督军王占元、湖北省长何佩瑢致濑川浅之进照会》（1920 年 3 月 21 日），B-F-1-4-0-1 之 1。

④ 《日清汽船株式会社汉口分社致总社电》（1920 年 12 月 15 日），B-F-1-4-0-1 之 1。

⑤ 《日清汽船株式会社总社致汉口分社社长电》（1920 年 12 月 20 日）、《外务大臣内田康哉致驻汉口总领事濑川浅之进》（1920 年 12 月 27 日），B-F-1-4-0-1 之 1。

⑥ 《驻汉口总领事濑川浅之进致外务大臣内田康哉》（1921 年 1 月 28 日），B-F-1-4-0-1 之 1。

⑦ 『馬王廟倉庫碼頭賠償問題ニ関スル件』（1921 年 2 月 17 日日清汽船株式会社专务董事竹内直哉致外务省通商局长田中都吉）、B-F-1-4-0-1 之 1。

⑧ 参见《驻汉口总领事濑川浅之进致外务大臣内田康哉》（1921 年 2 月 26 日）、《驻汉口总领事濑川浅之进致外务大臣内田康哉》（1921 年 3 月 12 日），B-F-1-4-0-1 之 1。

該碼頭水陸一切經費……作價為二十五萬兩，由湖北省付給日清汽船公司……分四年付訖……躉船遷移之後，應在該處及以上一帶，中國斷不令各國設置躉船……但官用兵輪、小輪、躉船不在此列。

王占元、刘承恩 6 月 12 日回复的照会，表示"就此解决"。[①]

以上换文表明，时至 1921 年，日本退出马王庙码头，所依据的还是清末的"张水协定"，日方索取 25 万两以落实所谓"湖北当该官宪备价收回"，该协定其他内容也都被重申。日方实可谓欲壑难填。[②]

## （二）日本对长江流域贸易扩张

### 1. 长江流域在中日贸易中保持突出地位

就近代日本对华贸易来说，其从 1905 年开始上到新的台阶。这年，日本对华出口额为 98681998 日元，较上年增加 30696125 日元，而进出口贸易总额则为 151300406 日元，较上年增加了 28504197 日元，增额之多前所未有。1906 年，日本对华出口额为 117779533 日元，从中国进口额为 57396737 日元，又达到前所未有的高值。其后，在 1907 年至 1912 年间有些起伏，但从 1912 年起，由出口额领先，进口额跟随，再度猛增，到 1919 年，对华出口额为 447049267 日元、进口额为 322100628 日元，较之 1912 年，分别增加近 2.9 倍、近 4.9 倍（见表 6-1）。

---

① 两件照会均在编号为 B-F-1-4-0-1 之 1 的档案中。

② 1924 年 12 月 29 日，湖北官府向日本付清了全部偿金，而日本在长江航线之汉口支点也早已移到俄租界码头等处。见『馬王廟碼頭問題解決ニ関シ報告ノ件』（1925 年 1 月 8 日驻汉口总领事林久治郎致外务大臣币原喜重郎）、B-F-1-4-0-1 之 1。但是，日本依然未对马王庙码头断念。1931 年出版的《新汉口》杂志所载《马王庙码头准予宁绍公司承租与否准日清公司承租之详情》报道，该码头在日本退出之后，供往来船舶停泊之用，当下作为轮船码头已可保无虞，故宁绍公司于 1929 年 4 月呈请承租，得到市政府批准。然而，日清汽船株式会社在 1930 年 12 月搬出 1921 年的协定，声称"如贵国必欲改变方针，将该码头仍行出租，则敝公司当先有继续之权"。对此，该杂志痛斥"帝国主义者蛮横"，鲜明地支持市工务、财政两局反驳该社要求，并正告：在马王庙码头问题上，日本"绝无置喙之余地"。见《新汉口》第 9 卷第 2 期，1931 年，第 33—36 页。

表 6-1　1904—1919 年日本对华贸易额

单位：日元

| 年份 | 日本对华出口额 | 日本对华进口额 |
|------|------|------|
| 1904 | 67985873 | 54810336 |
| 1905 | 98681998 | 52618408 |
| 1906 | 117779533 | 57396737 |
| 1907 | 85619233 | 59182369 |
| 1908 | 60506991 | 50966883 |
| 1909 | 73087891 | 46886539 |
| 1910 | 99037354 | 68569541 |
| 1911 | 88152792 | 61999710 |
| 1912 | 114823727 | 54807116 |
| 1913 | 154660428 | 61223038 |
| 1914 | 162370924 | 58305783 |
| 1915 | 141122586 | 85847735 |
| 1916 | 192712626 | 108638636 |
| 1917 | 318380530 | 133271036 |
| 1918 | 359150814 | 281707333 |
| 1919 | 447049267 | 322100628 |

资料来源：1913 年以前的数据，出自日本農商務省商工局編『大日本外国貿易四十六年対照表』（農商務省商工局、1914）；1914—1919 年的数据，出自日本大藏省編『大日本外国貿易年表』大正三年至大正八年各冊、大藏省、1926。

在此期间，长江流域在中日贸易中所占比重依然最大。表 6-2 是 1907 年的情况。

表 6-2　1907 年日本对中国几大区域进出口主要货物价额

单位：千日元

| | 出口 | | | | |
|------|------|------|------|------|------|
| 货名 | 东北南部 | 东北北部 | 华北 | 长江流域 | 华南 |
| 棉纱 | 358 | 270 | 8709 | 37272 | — |
| 棉布 | 1669 | 1110 | 2622 | 1047 | 1156 |
| 火柴 | 362 | 77 | 3343 | 2057 | 984 |
| 纸类 | 128 | 103 | 30 | 499 | — |
| 海产品 | 66 | — | 517 | 5374 | 993 |

续表

| 出口 | | | | | |
| --- | --- | --- | --- | --- | --- |
| 货名 | 东北南部 | 东北北部 | 华北 | 长江流域 | 华南 |
| 药品 | 42 | 9 | — | 314 | 440 |
| 砂糖 | 346 | 135 | 2557 | 929 | — |
| 铜块 | — | — | 299 | 6025 | — |
| 洋伞 | 10 | — | 10 | 575 | 9 |
| 木材 | 390 | 32 | 2396 | 1398 | — |
| 煤炭 | 199 | — | 863 | 5710 | 914 |
| 肥皂 | 9 | — | 37 | 51 | 10 |
| 酒类 | 109 | 29 | 28 | 9 | — |
| 合计 | 3688 | 1765 | 21411 | 61260 | 4506 |
| 占比 | 3.98% | 1.91% | 23.11% | 66.13% | 4.86% |
| 进口 | | | | | |
| 豆饼 | 752 | 118 | — | — | |
| 油类 | 2 | 33 | — | 1 | |
| 豆类 | 252 | 259 | — | 2 | |
| 棉花 | — | — | — | 18958 | |
| 牛羊皮、牛骨 | 6 | 12 | 120 | 238 | |
| 芝麻 | 28 | 7 | — | — | |
| 麻类 | — | — | 30 | 1558 | |
| 丝茧（含野蚕丝） | 448 | — | — | — | |
| 漆 | — | — | — | 620 | |
| 花生 | — | — | 2 | — | |
| 合计 | 1488 | 429 | 152 | 21377 | |
| 占比 | 6.35% | 1.83% | 0.65% | 91.18% | |

资料来源：日本外务省通商局编『在支那本邦人進勢概覧』卷首第二表、第三表、瀬味印刷所、1915。

从表 6-2 可见，长江流域在日本对华进出口两方面都占了绝大比重，输入的日货，除了棉布和火柴、酒类受本土产品抵挡，砂糖、木材遭本土与别国产品竞争，销量相比其他区域不靠前外，其他都大幅领先；而日本从长江流域进口额，更是占了对华进口总额的九成多，如果加上大冶铁矿石对日出口价额，则占比更大。

1911—1919 年的情况，则如表 6-3 所示。

表 6-3　1911—1919 年日本对中国各区域贸易额

单位：日元

| 年份 | 类别 | 东北 | 华北 | 长江流域 | 华南 | 不详 |
|------|------|------|------|----------|------|------|
| 1911 | 出口 | 8880811 | 24138624 | 51628761 | 1374304 | 2130292 |
| | 进口 | 14456386 | 33429973 | 70090067 | 1309743 | 2191349 |
| 1912 | 出口 | 7802595 | 11863260 | 33217085 | 2530742 | 132237 |
| | 进口 | 11521297 | 9998907 | 29731161 | 2969430 | 586339 |
| 1913 | 出口 | 9397098 | 46699412 | 95026760 | 1641900 | 1895258 |
| | 进口 | 14635641 | 10320656 | 32170394 | 3737777 | 358570 |
| 1914 | 出口 | 16855394 | 48482563 | 92231783 | 2929769 | 1871416 |
| | 进口 | 14477327 | 12077797 | 28168104 | 3059254 | 533301 |
| 1915 | 出口 | 16332514 | 48361773 | 72469795 | 1744910 | 2213594 |
| | 进口 | 17145226 | 21845278 | 41414403 | 4497106 | 945722 |
| 1916 | 出口 | 26169720 | 63096266 | 98739153 | 1590660 | 3116827 |
| | 进口 | 16161838 | 30711376 | 51889595 | 8464627 | 1411200 |
| 1917 | 出口 | 49300183 | 92868681 | 169554895 | 1493861 | 5162910 |
| | 进口 | 21179090 | 30571664 | 73727473 | 6886284 | 906525 |
| 1918 | 出口 | 44703082 | 103669881 | 201529641 | 1873085 | 7375125 |
| | 进口 | 30653772 | 63493941 | 174547359 | 9964988 | 3047273 |
| 1919 | 出口 | 67884790 | 143634092 | 226094785 | 1099537 | 8336063 |
| | 进口 | 51123568 | 91058089 | 168507929 | 6788957 | 4559085 |

　　资料来源：日本農商務省商工局編『一九一二年ニ於ケル日支貿易ノ概況』『一九一三年ニ於ケル日支貿易ノ概況』『一九一四年ニ於ケル日支貿易ノ概況』農商務省商工局、1913、1914、1915；日本農商務省商務局編『一九二〇年ニ於ケル支那貿易ノ概況』農商務省商務局、1921；日本大藏省編『大日本外国貿易年表』大正六年上篇、大正十年上篇、大藏省、1926。

　　表 6-3 反映，截至 1919 年，日本对长江流域进出口额遥遥领先于对中国其他区域，日本在这里继续扩大其产品市场和原料来源。

　　近代中国最大的对外通商口岸上海，直到七七事变爆发，都是日本对华贸易最重要的枢纽，这无须赘言。汉口在近代日本对长江流域贸易中，地位一直仅次于上海，但学界对其情形还鲜有述及，故这里作些说明。

　　众所周知，清末民初是汉口对外贸易额猛增的时期，"1904 年贸易净额 1 亿两，超过天津、广州，仅次于上海，获得第二位，后来……起伏于 9700 万两至 17000 万两之间，论位次，只在 1906 年将第二位让与天津。长江沿岸各通商口岸即重庆、长沙、沙市、南京、万县、岳阳、宜昌、九江、芜湖、镇江等各港，贸易额与汉口相比，汉口自是第一"。[①] 日本对汉口直接贸易额，于 1898 年就在该地与各外贸对象的贸易额中升到了第三位，1901年以后长年在前三位，并从 1904 年开始居首位。[②] 而在 1906 年、1907 年、1913—1919 年，如表 6-4 所示，英国与中国香港、印度对汉口直接贸易额之和也不及日本了，日本稳居第一位。

**表 6-4　1903—1907 年、1913—1919 年汉口与主要外贸对象直接贸易额**

单位：海关两

| 年份 | 日本 | 英国（含中国香港、印度） | 美国 | 俄国 |
|------|------|------|------|------|
| 1903 | 1870787 | 3937039 | 121242 | 4385954 |
| 1904 | 5185545 | 7408138 | 278083 | 101398 |
| 1905 | 10857800 | 11506828 | 7604053 | 1274376 |
| 1906 | 6436150 | 5321567 | 1013115 | 4670694 |
| 1907 | 8459184 | 8036579 | 2185379 | 6485805 |
| 1913 | 14479298 | 12272910 | 110776 | 91757 |
| 1914 | 15787122 | 13944264 | 5160543 | 6160543 |
| 1915 | 14653915 | 10583713 | 5214417 | 9813481 |
| 1916 | 20329185 | 13241038 | 6736887 | |
| 1917 | 21590769 | 10274979 | 7245501 | |
| 1918 | 27715589 | 8926543 | 4060160 | |
| 1919 | 25891869 | 11471170 | 10108095 | |

注：俄国从 1916 年起退出汉口外贸对象前三位，故从这年起不再列其与汉口直接贸易额。

资料来源：1903—1906 年的数据源于日本長崎税関官房貿易調査係編『漢口貿易事情ニ一班』長崎税関官房貿易調査係、1907、307—308 頁；水野幸吉『漢口　中央支那事情』富山房、375—376頁。1907 年的数据源于「漢口四十年度貿易年報」（1908 年 12 月 19 日驻汉口领事馆报告）、日本外務省通商局編纂『通商彙纂』第 9 号、1909、47 頁。1913—1916 年的数据源于『独墺人勢力調査ニ関スル件』（1917 年 5 月 16 日驻汉口总领事瀬川浅之进致外务大臣本野一郎）、1-7-10-26之 1-001。1917—1919 年的数据源中根和一編『大正八年漢口日本商業会議所年報』漢口日本商業会議所、1923、18—19 頁。

---

[①]　井村薫雄『訂正增補漢口貿易便覽』井村日華貿易調査局、1917、12 頁。1918 年后，汉口就外贸额而言在各通商口岸中的位次，逐步退到大连、天津、广州之后，但在长江流域各通商口岸中的位次一直未变。

[②]　见『当漢口ニ正金銀行支店設置ノ義ニ付稟請』（1905 年 6 月 22 日驻汉口领事永泷久吉致外务大臣小村寿太郎）、3-3-3-26。这里是将英国、中国香港、印度分别统计、排序的。

表6-4虽缺1908—1912年的数据，但也能反映相关趋势。如前文所述，日俄战争后数年间，到汉口的日本人较此前大增，直到1911年，因受武昌起义爆发冲击，才一度骤降，然而在1912年又迅速回升。故认为这几年日本在汉口外贸对象中仍居前列，亦无问题。日本驻汉口总领事馆回顾辛亥革命后日本与汉口贸易的发展，指出日本在1913年汉口对外直接贸易中"保持着首位"。① 这也证明，至少在1912年，日本是占首位的。

**2. 日本对长江流域贸易状况**

日俄战争后至1919年间，日本对长江流域的贸易更加清晰地展现出半殖民地贸易结构，即出口服务于在长江流域扩展以工业品为主的产品市场，进口以向日本输出工业原料为基本内容。下面分出口、进口两个方面略作考察。

（1）出口贸易

①机器棉纺织品

（a）机纺纱

1904—1908年，中国年均进口日本机纺纱587900担，销往长江流域的有302800担，占51.5%；1909—1913年年均进口899300担，销往长江流域的有440600担，占49%。而在长江流域各口中吸纳日本棉纱最多的，一贯是汉口、沙市、岳阳、长沙四口。② 在汉口进口棉纱中，日本货与印度货都以粗纱为主，互为竞争对手。而自1899年至1913年的15年中，日本棉纱在汉口、沙市、岳阳、长沙四口，每5年平均市场占有率分别为79.1%、73.8%、91%，稳居首位，印度棉纱远不能及，至于作为高档细纱的英国棉纱，所占比例更无足道之。③ 故日本驻汉口总领事在1913年5月报告说："棉纱是日货占首位……印度棉纱年年失去势力。"④

打进长江流域的日本棉纱，自始就遇到中国本土机纺纱的竞争。一战爆

---

① 日本外務省通商局編『在漢口帝国総領事館管轄区域内事情』外務省通商局、1924、32頁。

② 参见高村直助『日本資本主義史論』、118頁。

③ 高村直助『日本資本主義史論』、118頁；汪敬虞主编《中国近代经济史（1895—1927）》上册，第一章第二节。

④ 「漢口本邦及欧米商品需要状况」（1913年5月16日驻汉口总领事芳泽谦吉报告）、『官報』1913年5月10日、232頁。

发后，中国本土机纺纱扩大市场占有率，迫使日本棉纱输入量缩减。而1915年更是有转折点意义的年份，正是在这一年，中国产棉纺织品尤其是棉纱销路大增，而对日本棉纱的进口总额则减少了16%。[1] 此后一直到1919年，对日本棉纱的进口量持续减少，与此时日货对华出口额总体上大幅增长形成了鲜明反差。[2] 而在汉口，日方记述，在一战爆发前，"日本棉纱几乎呈独占之观，在输入总量中占八成以上"，但"近来随着中国此业发展，中国粗纱的竞争日益激烈"。1916年，日本棉纱虽占输入总量七成以上，但较上年减少了34440担，反之，中国产棉纱输入量增加了46829担；到1917年，中日棉纱的输入量就大体相当了，日本棉纱较之1913年减少了33%，而中国棉纱则增加了2.8倍。[3] 1919年，汉口棉纱输入总量中，本土产棉纱约占66%，而日本棉纱则占33%，较上年，前者增加62588担，后者减少77245担，"日货大逆转，同时也说明了该地纱厂的稳步发展"。[4]

正如日本学者所言，上述局面的形成，主要缘于中国本土机器纺纱业在清末特别是在一战中的发展（也有日本国内在一战中棉纱价格高涨、成本上升的因素）。但同时也要看到，所谓中国本土产棉纱，也包含在华外国纱厂的产品。而在华外国纱厂中，日本纱厂在一战前后产能的增大最为突出："在截至1919年的6年中，纺纱机增加了2倍，超过欧美的纱厂，占总体的22.7%，机器增加了1.2倍，逼近欧美纱厂，在总体中占25%。"[5] 这就意味着，即使日本对华出口棉纱在1915年以后趋于减少，但日本在包括长江流域在内的中国棉纱市场，仍占很重要的地位。

（b）棉织品

在长江流域，日本棉布受到英美棉织物重压和中国素称发达的本土手织

[1]　日本農商務省商工局編『一九一五年ニ於ケル日支貿易ノ概況』農商務省商工局、1916、59頁。

[2]　参见日本農商務省商工局編『一九一六年に於ける支那貿易の概況』『一九一七年に於ける支那貿易の概況』『一九一八年に於ける支那貿易の概況』『一九一九年ニ於ケル支那貿易ノ概況』『一九二〇年ニ於ケル支那貿易ノ概況』各書第四節。

[3]　中根和一編『大正八年漢口日本人実業協会年報』崇文閣印刷廠、1918、80頁；『大正五年漢口日本人実業協会年報』崇文閣印刷廠、1917、51頁。

[4]　中根和一編『大正八年漢口日本商業会議所年報』、88頁。

[5]　高村直助『近代日本綿業と中国』、103、163、213、216頁。

布与新兴机织布抵制，扩展市场的难度比在华北等区域大得多。如"织物大市场汉口"，进口日本机织布始于 20 世纪初年，1904 年日本粗布、绉布、斜纹布、被面、绒布、毛巾等的进口额共计 173505 两，较之达 1000 万两以上的英国棉织物进口额，"不及九牛一毛"。[①] 而分别驻苏州、镇江、南京、芜湖、长沙、重庆等地的日本领事，直到 1906 年、1907 年，在有关贸易的报告中，并不将棉布列入主要输入货物，甚至完全不提，可见输入量都还很小。[②] 但是，日本对于在长江流域打开其棉织物市场一直不曾松懈。

截至一战爆发，在长江流域率先取得明显进展的日本棉织物是斜纹布。

在上海，日本棉布进口额"稍有可观是在 1908 年、1909 年以后，其时主要为粗布及斜纹布两种……但粗布由于受到美国货及中国货竞争，不能有显著发展"，而斜纹布则增长较快（见表 6-5）。

表 6-5　1897—1914 年上海进口日本棉布数量

单位：匹

| 年份 | 斜纹布 | 粗布 | 漂白布 | 坯布 | 厚布 | 细布 |
|---|---|---|---|---|---|---|
| 1897 | 1230 | 14004 | — | 2010 | 9192 | — |
| 1902 | 123 | 36575 | — | 9282 | 142959 | — |
| 1907 | 61604 | 6002 | — | 2002 | 43403 | — |
| 1908 | 137180 | 13400 | — | — | 14405 | — |
| 1909 | 83000 | 68700 | 200 | 200 | 15902 | 440 |
| 1910 | 161765 | 61440 | 300 | 2450 | 6340 | — |
| 1911 | 217779 | 131420 | 1509 | 1 | 52360 | 30 |
| 1912 | 19760 | 120806 | 2308 | 300 | 64980 | 2136 |
| 1913 | 199475 | 124056 | 6988 | 4900 | 160111 | 9751 |
| 1914 | 247471 | 148960 | 29596 | 63101 | 113136 | 69331 |

资料来源：日本外务省通商局编『在支那本邦人進勢概覧』之「中部支那」、19—20 頁。

上海进口的外国货转口去向很多，故最能反映日本棉织物在长江流域扩展市场状况的，是其在汉口、沙市、长沙的输入量。1907 年、1914 年汉口进口日本主要棉织物数量如表 6-6 所示。

---

[①] 『漢口ニ於ケル日本棉布ノ現在及ヒ将来』『外国棉布ト日本棉布』（1904 年 7 月 23 日、1905 年 4 月 28 日驻汉口领事永泷久吉致外务大臣小村寿太郎）、B-3-5-4-13 之 003。

[②] 参见日本外务省通商局编『清国事情』第 2 辑（外务省通商局、1907）相关各卷。

### 表 6-6　1907 年、1914 年汉口进口日本主要棉织物数量

| 品种 | 1907 年 | 1914 年 |
|------|---------|---------|
| 斜纹布 | 65129 匹 | 331494 匹 |
| 坯布 | — | 15529 匹 |
| 被单布 | 100 匹 | 8155 匹 |
| 漂白布 | — | 4950 匹 |
| 细布 | — | 24541 匹 |
| 厚布 | 610 匹 | 4180 匹 |
| 棉绒布 | 139 匹 | 5635 匹 |
| 手织布 | 94841 匹 | 14169 匹 |
| 棉毯 | 610 条 | 26 条 |
| 手巾 | 8267 打 | 60895 打 |
| 浴巾 | 54507 打 | 124281 打 |
| 汗衫布 | — | 5550 码 |
| 丝棉布 | 3416 码 | 358 码 |

资料来源：日本外务省通商局编『在支那本邦人進勢概覧』之「中部支那」、84—85 頁。

　　在汉口，除了表 6-6 所列对日本斜纹布进口数量外，还可知其在 1912 年进口各国斜纹布 171900 余匹，内有日本布 123424 匹，较之美英等货占了压倒性优势；[①] 1913 年该港进口的斜纹布中，日货占了 85%；[②] 1914 年，"在该港进口 348000 匹中，占 95%"。[③] 汉口进口的日本斜纹布大多数转输陕西、河南，少量在两湖地区销售。[④]

　　至于沙市进口日本斜纹布，在 1907 年为 1530 匹，1914 年就达到 12000 匹（见表 6-7）。[⑤]

---

① 「漢口に於ける重要輸入品其取引慣習及輸入諸掛り」（1913 年 11 月 27 日駐漢口総領事芳澤謙吉報告）、日本外務省通商局編『通商公報』第 79 号、1914 年、72 頁。

② 「漢口大正二年貿易年報」（1914 年 6 月 22 日駐漢口代理総領事高橋新治報告）、日本外務省通商局編『通商公報』第 132 号、1914 年、255 頁。

③ 「漢口大正三年貿易年報」（1915 年 4 月 12 日駐漢口総領事瀬川浅之進報告）、日本外務省通商局編『通商公報』第 210 号、1915 年、401 頁。

④ 日本農商務省商工局『第三回臨時海外派遣官報告集（第三）』農商務省商工局、1918、479 頁。

⑤ 日本外務省通商局編『在支那本邦人進勢概覧』之「中部支那」、96 頁。

**表 6-7　1907 年、1914 年沙市进口日本主要棉织物数量**

| 品种 | 单位 | 1907 年 | 1914 年 |
|------|------|---------|---------|
| 斜纹布 | 匹 | 1530 | 12000 |
| 坯布 | 匹 | 15000 | 52000 |
| 漂白布 | 匹 | 25000 | 84000 |
| 手巾 | 打 | 563 | 2760 |

资料来源：日本外务省通商局编『在支那本邦人進勢概覧』之「中部支那」、95—96 頁。

　　而在长沙，从 1910 年起，日本斜纹布就在该类进口货中持续占首位（见表 6-8）。

**表 6-8　1909—1914 年长沙进口斜纹布数量**

单位：匹

| 年份 | 1909 | 1910 | 1911 | 1912 | 1913 | 1914 |
|------|------|------|------|------|------|------|
| 日本货 | — | 21781 | 31340 | 31270 | 45795 | 38676 |
| 英国货 | 7869 | 6151 | 4959 | 11314 | 5811 | 3097 |
| 美国货 | 7490 | 7230 | 3760 | 13500 | 3740 | 590 |
| 荷兰货 | 3000 | 1050 | 330 | 1200 | — | — |

资料来源：「長沙大正二年貿易年報」(1914 年 11 月 24 日驻长沙代理领事深泽暹报告)、日本外务省通商局编『通商公報』第 178 号、1914 年、1161 頁；「長沙貿易年報（大正三年）」(1915 年 12 月 3 日驻长沙代理领事深泽暹报告)、『通商公報』第 285 号、1916 年、291 頁。

　　此外，进口日本棉织品向来不多的南京，1914 年进口日本斜纹布也达到 13452 匹（见表 6-9）。

**表 6-9　1907 年、1914 年南京进口日本主要棉织物数量**

| 品种 | 单位 | 1907 年 | 1914 年 |
|------|------|---------|---------|
| 斜纹布 | 匹 | — | 13452 |
| 棉绒布 | 匹 | 354 | — |
| 手织布 | 匹 | — | — |
| 毛巾 | 打 | 14521 | 2760 |
| 手帕 | 打 | 1468 | — |

资料来源：日本外务省通商局编『在支那本邦人進勢概覧』之「中部支那」、65 頁。

从上列各表还可看出，一战前，日本粗布和漂白布在长江流域最早在沙市打开较大市场。此外值得注意的是，宜昌在 1907 年和 1914 年进口日本漂白布的数量也较大（见表 6-10）。

**表 6-10　1907 年、1914 年宜昌进口日本主要棉织物数量**

| 品种 | 单位 | 1907 年 | 1914 年 |
|------|------|---------|---------|
| 斜纹布 | 匹 | 120 | 400 |
| 坯布 | 匹 | 50 | 1550 |
| 漂白布 | 匹 | 4000 | 14030 |
| 手织布 | 匹 | 2500 | — |
| 手巾 | 打 | 2732 | 1424 |

资料来源：日本外务省通商局编『在支那本邦人進勢概覽』之「中部支那」、96 頁。

直到 1914 年，芜湖对日本棉布的年进口量都不到 2000 匹,[①] 但在 1918—1919 年，该地进口的粗布、被单布、漂白布、细布、厚布中，日货都占很大比重，甚至超过英美货（见表 6-11）。

**表 6-11　1918 年、1919 年芜湖进口的一些棉布数量**

单位：匹

| 品种 | 来源 | 1918 年 | 1919 年 |
|------|------|---------|---------|
| 粗布 | 日本 | 23230 | 10850 |
| | 英国 | 23675 | 12520 |
| 被单布 | 日本 | 72360 | 68893 |
| | 英国 | 360 | 800 |
| | 美国 | 1800 | 3200 |
| 漂白布 | 日本 | 23496 | 27487 |
| | 英国 | 86837 | 93362 |
| 细布 | 日本 | 68120 | 69810 |
| | 英国 | 5240 | 3520 |
| 厚布 | 日本 | 935 | 4840 |
| | 英国 | 12891 | 6736 |

资料来源：『大正九年蕪湖貿易年報提出ノ件』（1922 年 3 月 17 日驻南京领事深泽暹致外务大臣内田康哉）、B-3-2-4-45 之 1-8。

---

[①] 日本外务省通商局编『在支那本邦人進勢概覽』之「中部支那」、70 頁。

一战之前，苏州、杭州进口日本棉布的数量很少。[1] 但到 1919 年，日本驻苏州领事报告称，该地进口的坯布、细布、绒布、印花布、手巾、毛巾等都是日货最多，日本厚布等的进口量也相当多；[2] 驻杭州领事也报告说："近来我国产、三井洋行经销的斜纹布、坯布及纱布等的销路大有扩展。"[3]

从上述可见，一战爆发后，日本棉织品充分利用英美棉织品输入减少之机而猛进，在长江流域的市场占有率呈不断提高趋势，在长江中游中低档棉织品市场上占了明显优势，在其他区域也居重要地位。

在此过程中，中国机织布与日本棉织品的对抗在长江流域也逐渐加剧。以上海为中心的长江下游区域，民族机器纺织业最为发达，中日棉布对抗最为突出，这是众所周知的。即使是进口日本棉布数量最多的汉口，从 1915年起，日方也接连发出有关中日棉布竞争的议论。最初的说法是，日本斜纹布"因中国斜纹布的竞争而遭受打击"。[4] 后来又称，日本被单布"竞争对手是英国货与中国货，尤其是中国货的竞争逐年加剧"。[5] 同时还说，斜纹布、粗布、厚布等低档棉布的输入量逐渐减少，这"完全是中国内地棉织业发展所致"。[6]

②砂糖

1904 年，精制砂糖开始被列入日本对华出口统计表，其后一直在其对华出口贸易中占重要地位。[7]

关于一战前日本在长江流域与英国争夺精制糖市场的情况，日方记述

---

① 参见日本外务省通商局编『在支那本邦人進勢概覧』之「中部支那」的相关内容。

② 「蘇州に於ける本邦品需給状況」（1919 年 3 月 25 日驻苏州代理领事大和久义郎报告）、日本外务省通商局编『通商公報』第 619 号、1919 年、567—569 頁。

③ 「杭州に於ける本邦品と外国品との競争」（1919 年 8 月 1 日驻杭州代理领事荒井金造报告）、日本外务省通商局编『通商公報』第 650 号、1919 年、624 頁。

④ 中根和一编『大正四年漢口日本人実業協会年報』漢口日本人実業協会、1916、44 頁。

⑤ 中根和一编『大正六年漢口日本人実業協会年報』漢口日本人実業協会、1918、73 頁。

⑥ 日本農商務省商工局编『第三回臨時海外派遣官報告集（第三）』、473 頁。

⑦ 参见日本大蔵省编『大日本外国貿易年表』明治廿七年至大正六、九、十、十三至十五、昭和二至三年各篇，東京商工会議所编『支那外国貿易統計表』1929 年，『中華民国外国貿易統計表』1931 年、1933 年，『中華民国及満洲国貿易統計表』1935 年、1937 年各年的相关统计。

说，在上海，1905 年、1906 年，日糖"一度使香港糖相形见绌，但 1907 年以后，日本糖的旗帜失色……1909 年……进口比例是香港糖占八成、我国糖占 15%，1910 年前者占七成、我国增为近三成，1911 年一跃而为彼此各半，到了前年（即 1912 年）……对手占 43%，我占 54%，有了优势"。① 1919 年，上海进口砂糖"三成是别国货，剩下的七成由日本货占据"。② 而进口砂糖数量仅次于上海、天津的汉口，日本精制糖于 1905 年出现在该地中日贸易货物中，"与在上海市场一样，陷于十分不振的境地，但……一步步夺取香港糖的销路"，1912 年"日本糖约有 12 万包，香港糖有 10 万包左右"。③ 1919 年，日本糖"约占市场的七成"。④ 在镇江，砂糖在进口货物中仅次于棉纱、棉布、煤油，就精制糖来说，1911 年"是日本占 35%，香港占 65%"，而到 1912 年，就是"两者大致相匹敌"了。⑤ 1915 年 7 月，三井洋行在镇江的负责人报告说，砂糖是"该港进口之大宗"，日货买家有 20 多个。⑥ 南京 1911 年进口的精制糖中，日本糖与香港糖分别占四成、六成，到 1912 年，"大体上彼此各半"，且在该地从事精制糖进口贸易的只有三井洋行的代理店。⑦ 在芜湖，1912 年进口精制糖市场上，港英货与日货展开价格竞争，⑧ 前者占进口量的 55%，后者占 45%。⑨ 九江也"和别的地方一样，香港与日本精制糖在竞争"，1912 年"大致上是彼此各半"；⑩ 1919 年

---

① 木村増太郎『支那ノ砂糖貿易』、115 頁。

② 「上海に於ける排日運動の商工業に及せる影響」（1919 年 7 月 28 日驻上海总领事有吉明报告）、日本外务省通商局编『通商公報』第 650 号、1919 年、618 頁。

③ 木村増太郎『支那ノ砂糖貿易』、211—212 頁。

④ 「大正八年漢口貿易年報」（1920 年 5 月 17 日驻汉口总领事濑川浅之进报告）、日本外务省通商局编『通商公報』第 735 号、1920 年、1042 頁。

⑤ 木村増太郎『支那ノ砂糖貿易』、241 頁。

⑥ 《在镇江三井洋行清水丰一郎致驻南京领事高桥新治》（1915 年 7 月 5 日），见『排斥日貨ニ関スル件』（1915 年 7 月 17 日驻南京领事高桥新治致外务大臣加藤高明）、3-3-8-3 之 2-001。

⑦ 木村増太郎『支那ノ砂糖貿易』、254 頁。

⑧ 「蕪湖大正元年貿易年報」（1913 年 12 月 9 日驻南京领事船津辰一郎报告）、日本外务省通商局编『通商公報』第 77 号、1913 年、1055 頁。

⑨ 木村増太郎『支那ノ砂糖貿易』、264 頁。

⑩ 木村増太郎『支那ノ砂糖貿易』、273 頁。

进口砂糖中，日货与港英、南洋爪哇等货抗衡。长沙在 1912 年进口日本精制糖的数量还不多，但驻该地的日本领事依据上海的情况，认为只要设代理点直接输入，"或可与别国糖颉颃，侵蚀其势力范围"。① 后直到一战爆发，日糖与港英糖在长沙"竞争极为激烈，日本糖在价格、质量上逐渐超过香港糖"。②

③煤炭

清末民初，在长江下游，苏州输入煤炭数量一直呈上升趋势，在 1918 年，"进口煤全是日本货……进口总量是 25700 余吨"。③ 而南京，据 1904 年日本领事报告称，"该地所用煤炭有日煤与湖南煤两种"；④ 1910 年与 1911 年，"外国煤输入量在南京是 1 万吨，在镇江是 4 万吨，大部分可视为日煤"；⑤ 到 1914 年，煤炭依然是南京进口的主要日货之一；⑥ 1916 年南京进口日煤 14899 吨，达到前所未有的高值。⑦ 在杭州，据日本领事的说法，"外国煤炭输入，向来限于我国所产"。⑧ 清末民初，在芜湖，日煤都是主要进口货物之一。⑨

---

① 「長沙大正元年貿易年報」（1914 年 3 月 15 日驻长沙领事大河平隆则报告）、外务省通商局编『通商报告』第 110 号、1914 年、370 頁。

② 「欧州商品に代るべき本邦商品（長沙）」（1914 年 10 月驻长沙代理领事深泽暹报告）、日本外务省通商局编『通商公报』第 164 号、1914 年、505 頁。

③ 「蘇州貿易年報（大正七年）」（1919 年 10 月 25 日驻苏州代理领事大和久义郎报告）、日本外务省通商局编『通商公报』第 673 号、1919 年。

④ 「南京对本邦貿易情況附時局ノ影響」（1904 年 4 月 21 日驻南京分领事馆报告）、日本外务省通商局编纂『通商彙纂』第 29 号、1904 年。

⑤ 「南京、鎮江、蕪湖貿易概況（四十四年度）」（1912 年 8 月 30 日驻南京领事馆船津辰一郎报告）、日本外务省通商局编纂『通商彙纂』第 13 号、1912 年、9 頁。

⑥ 「本邦及諸外国商品重要状況（南京）」（1914 年 9 月 29 日驻南京代理领事高桥新治报告）、日本外务省通商局编『通商公报』第 158 号、1914 年。

⑦ 参见「南京貿易年報（大正五年）」（1917 年 8 月 31 日驻南京领事高尾亨报告）、日本外务省通商局编『通商公报』第 456 号、1917 年；「南京貿易年報（大正七年）」（1919 年 11 月 30 日驻南京领事岩村成允报告）、『通商公报』第 693 号、1920 年。

⑧ 『大正十年杭州貿易年報提出ノ件』（1922 年 11 月 6 日驻杭州代理领事清野长太郎致外务大臣内田康哉）、B-3-2-4-45 之 1-23。

⑨ 参见「蕪湖四十年貿易年報」（1908 年 8 月 13 日驻南京领事馆报告）、日本外务省通商局编纂『通商彙纂』第 53 号、1908 年、34 頁；「蕪湖大正元年貿易年報」（1913 年 12 月 9 日驻南京领事船津辰一郎报告）、日本外务省通商局编『通商公报』第 77 号、1913 年；「蕪湖の商工業」（1914 年 12 月 14 日驻南京代理领事高桥新治报告）、『通商公报』第 182 号、1915 年。

在长江中游，1911 年和 1912 年，汉口分别进口日煤 54000 吨、63000 吨。[1] 一战期间，汉口进口煤炭由日煤唱"独角戏"，1915 年、1916 年、1917 年分别进口了 102349 吨、92804 吨、103125 吨。[2] 九江在清末民初也一直进口日煤，1914 年的进口量为 3000 吨。[3]

清末民初，在外国资本、民族资本支配下，中国本土煤炭开采量逐步上升，并在市场上成为日煤的主要竞争对手。在上海，"1908 年以后，开平煤炭的输入迅猛增加"，山东煤炭的输入量也"有增加之势"，使日煤的市场占有率逐步下降，一战爆发时"降至六成以下"。[4] 一战后，中国本土煤炭又借五四运动之力"排斥日货"，使日煤"竞争日益困难"。[5]

一战前，南京所消耗的煤炭"约八成是靠从日本进口"，但此后日煤价格上涨，"中国煤炭开采和运输的改良由此受到刺激……逐渐驱逐日煤"。[6] 杭州也大致相同，只是日煤优势更大。[7] 在芜湖，日本在 1914 年即认为"山东煤炭跋扈"，担心本国煤炭"会在不久的将来被逐出市场"，[8] 但直到 1919 年以后，其输入量仍超过中国本土煤炭的输入量。在汉口，日煤在清

① 「漢口大正元年貿易年報」（1913 年 12 月 25 日驻汉口代理总领事高桥新治报告）、日本外務省通商局編『通商公報』第 93 号、1914 年、711 頁。

② 「漢口大正二年貿易年報」（1914 年 6 月 22 日驻汉口代理总领事高桥新治报告）、日本外務省通商局編『通商公報』第 132 号、1914 年、255 頁；「漢口貿易年報（大正五年）」（1917 年 3 月 19 日驻汉口总领事瀬川浅之进报告）、『通商公報』第 417 号、1917 年、641 頁；「漢口貿易年報（大正七年）」（1919 年 9 月 20 日驻汉口代理总领事中村修报告）、『通商公報』第 663 号、1919 年、86 頁。

③ 「九江貿易年報（大正三年）」（1915 年 9 月 22 日驻九江代理领事大和久义郎报告）、日本外務省通商局編『通商公報』第 260 号、1915 年、253 頁。

④ 「上海に於ける日本商品の地位及其将来」（1915 年 7 月 20 日驻上海总领事有吉明报告）、日本外務省通商局編『通商公報』第 238 号、1915 年、456、457 頁。

⑤ 「上海に於ける日貨排斥と主要輸入本邦品」（1920 年 2 月 14 日驻上海总领事山崎馨一报告）、日本外務省通商局編『通商公報』第 708 号、1920 年、925 頁。

⑥ 「南京石炭需給状況」（1919 年 5 月 12 日驻南京代理领事清野长太郎报告）、日本外務省通商局編『通商公報』第 624 号、1919 年、782 頁。

⑦ 参见『昭和四年度（一九二九年）杭州貿易年報提出ノ件』（1930 年 11 月 16 日驻杭州代理领事米内山庸夫致外务大臣币原喜重郎）、E-32-0-X1-C1 之 015。

⑧ 「蕪湖の商工業」（1914 年 12 月 14 日驻南京代理领事高桥新治报告）、日本外務省通商局編『通商公報』第 182 号、1915 年、174 頁。

末就开始受到四川、萍乡煤炭竞争；① 一战期间，"此港进口的外国煤炭全都是日煤，中国煤炭的输入也有逐年增多之势"，② 其后，日煤面对中国本土煤炭，就越来越瞠乎其后了。③

④海产品

民国初年，日本海产品在汉口这个最大市场，相对于日本砂糖、铜、煤炭等而言，所占贸易价额有所降低，但在同类输入货物中，仍占主要地位。④ 清末民初，上海进口"海产品几乎是由日本货独占"，⑤ 且到一战爆发，在该地进口日货中，这类货物都还与棉纺织品、砂糖、煤炭一同居于前列。⑥ 1919 年，"上海的进口海产品几乎全是日本货，没有代用品"。⑦ 而在长江下游通商口岸中，杭州在开埠后，海产品是进口日货的主打，直到 1913 年，日本驻杭州领事报告还指出，海产品等"可视为重要输入货物"。⑧ 不

① 「漢口四十一年貿易年報」（1909 年 11 月 28 日駐漢口総領事館報告）、日本外務省通商局編纂『通商彙纂』第 11 号、1910 年、43—44 頁。
② 「漢口貿易年報（大正五年）」（1918 年 6 月 22 日駐漢口総領事瀬川浅之進報告）、日本外務省通商局編『通商公報』第 541 号、1918 年、435 頁。
③ 参見『大正九年漢口貿易年報進達ノ件』（1921 年 11 月 17 日駐漢口総領事瀬川浅之進致外務大臣内田康哉）、B-3-2-4-45 之 1-6-001；『大正十年漢口貿易年報進達ノ件』（1923 年 4 月 2 日駐漢口代理総領事富田安兵衛致外務大臣内田康哉）、B-3-2-4-45 之 1-6-001；『漢口貿易年報提出ノ件』（1923 年 11 月 7 日駐漢口総領事林久治郎致外務大臣伊集院彦吉）、B-3-2-4-45 之 1-6-001；『大正十四年度漢口貿易年報進達ノ件』（1927 年 2 月 10 日駐漢口総領事高尾亨致外務大臣幣原喜重郎）、E-3-2-0-X1-C1 之 001；『漢口港貿易統計表送付ノ件』（1931 年 4 月 1 日駐漢口総領事坂根准三致外務大臣幣原喜重郎）所附《江汉关民国十九年第四季华洋贸易统计册》第 6、9 頁，『漢口港海関貿易統計冊送付ノ件』（1931 年 5 月 11 日駐漢口総領事坂根准三致外務大臣幣原喜重郎）所附《江汉关民国十九年华洋贸易统计册》第 27 頁，E-3-2-0-X1-C1 之 016。
④ 「漢口大正元年貿易年報」（1913 年 12 月 25 日駐漢口代理総領事、副領事高橋新治報告）、日本外務省通商局編『通商公報』第 93 号、1914 年、712 頁。
⑤ 「本邦製品と競争せる欧米製品の需要状況」（1913 年 7 月 28 日駐上海総領事有吉明報告）、日本外務省通商局編『通商公報』第 66 号、1913 年、568 頁。
⑥ 「上海対外貿易上に於ける日本の地位」（1915 年 5 月 21 日駐上海総領事有吉明報告）、日本外務省通商局編『通商公報』第 232 号、1915 年、200 頁。
⑦ 「上海に於ける排日気勢と本邦輸入品」（1919 年 7 月 28 日駐上海総領事有吉明報告）、日本外務省通商局編『通商公報』第 650 号、1919 年、617 頁。
⑧ 「杭州貿易概況並大正元年貿易年報」（1913 年 12 月 21 日駐杭州代理領事深沢暹報告）、日本外務省通商局編『通商公報』第 80 号、1914 年、132 頁。

过，从日方与民国相关的资料看，海产品不常被列入此地进口的主要日货。在苏州，从开埠到民国初年，海产品一直未被列入进口主要日货表，但日本领事在1918年苏州贸易年报中，却有"海产品几乎全是我国货，此外用于中国饭菜的香菇、洋菜等也主要是我国货，市上交易量很大"之说。[①] 在南京，直到民国初年，海产品在进口日货中都很突出。[②] 镇江也是一样。[③] 在芜湖，海带等海产品向来主要从日本进口，1914年进口的海产品"大部分也可说是日本货"，[④] 而在1915年反对"二十一条"浪潮中，这类货物在该地被列为抵制对象。[⑤] 清末，在九江进口日货中占第二位的是海带，"每年约进口6万担"，[⑥] 而到1915年，在进口日货总价额中，海产品占了七成。[⑦]

长江中上游区域，近代被日本人视为其海带在华最大的市场，"在上海与汉口之间用大船运送"，到汉口后再"用小船运送到宜昌、重庆、长沙的批发店"，然后又"以民船转运到僻地"。[⑧]

⑤火柴

镇江在清末民初一直是日本火柴在长江流域乃至全中国最重要的集散市场之一，在其直接、间接进口的少数几种日货中，火柴显得十分突出。[⑨] 1916年，

---

① 「蘇州貿易年報(大正七年)」(1919年10月25日驻苏州代理领事大和久义郎报告)、日本外務省通商局编『通商公報』第673号、1919年、454页。

② 「本邦及諸外国商品需要状況(南京)」(1914年9月29日驻南京代理领事高桥新治报告)、日本外務省通商局编『通商公報』第158号、1914年、26页。

③ 「鎮江貿易年報(大正三年)」(1915年8月1日驻南京领事高桥新治报告)、日本外務省通商局编『通商公報』第243号、1915年、712页。

④ 「蕪湖大正元年貿易年報」(1913年12月9日驻南京领事船津辰一郎报告)、日本外務省通商局编『通商公報』第77号、1913年、1055;「蕪湖大正三年貿易年報」(1915年7月15日驻南京领事高桥新治报告)、『通商公報』第234号、1915年、282页。

⑤ 上海日本人実業協会编『排日熱と日貨排斥の影響』第一辑、67页。见「上海ニ於ケル日貨排斥ノ影響提出ノ件」(1915年7月20日驻上海总领事有吉明致外务大臣加藤高明)、3-3-8-3之2-001。

⑥ 「九江商業視察状況」(1911年5月22日驻上海商务官南新吾报告)、『官報』1911年6月8日、155页。

⑦ 『九江地方排日熱緩和ニ関シ報告ノ件』(1915年7月23日驻九江代理领事大和久义郎致外务大臣加藤高明)、3-3-8-3之2-001。

⑧ 山崎光直『上海を中心とする海産物調査』根室公論社、1924、8—9、10页。

⑨ 参见「鎮江貿易年報(大正三年)」(1915年8月1日驻南京领事高桥新治报告)、日本外務省通商局编『通商公報』第243号、1915年、706、712页。

镇江进口日本火柴达 751542 箩。① 再从长江中下游其他口岸来看，在杭州民初进口的日货中，火柴仍很突出；② 1918 年杭州进口 22.2 万箩火柴，"据说都是日本货"。③ 苏州一直到一战期间，进口的主要日货中都包括火柴。④南京情况相同，⑤ "开埠之年还只有 500 箩进口，但到 1906 年，进口量就一跃而至 20 万箩，1913 年进口了 44 万余箩"，⑥ 1914 年进口量为 599260箩。⑦ 芜湖在 1912 年进口日本杂货"数量颇为巨大，其中最主要的是火柴，进口约 90 万箩"，而在 1910 年、1911 年则分别为 562360 箩、576590 箩，足见增长迅速。⑧ 1914 年，在芜湖进口的日本杂货中，论价额火柴仍在前三位。⑨ 清末，九江进口日货总价额中占最大比重的是火柴，且没有竞争对手；⑩ 1914 年进口 660950 箩，完全是日货；⑪ 1919 年，九江火柴十之七八还是日货。⑫

---

① 日本外務省通商局編『在支那本邦人進勢概覧』第二回之「中支那ノ部」、50 頁。
② 「杭州貿易概況並大正元年貿易年報」（1913 年 12 月 21 日駐杭州代理領事深澤暹報告）、日本外務省通商局編『通商公報』第 80 号、1914 年、132 頁。
③ 「杭州に於ける本邦品と外国品との競争」（1919 年 8 月 1 日駐杭州代理領事荒井金造報告）、日本外務省通商局編『通商公報』第 650 号、1919 年、621 頁。
④ 「蘇州貿易年報（大正六年）」（1918 年 11 月 28 日駐蘇州代理領事大和久義郎報告）、日本外務省通商局編『通商公報』第 579 号、1918 年、871 頁；日本外務省通商局編『在支那本邦人進勢概覧』第二回之「中支那ノ部」、36 頁。
⑤ 「南京大正二年度貿易年報」（1914 年 10 月 28 日駐南京代理領事高橋新治報告）、日本外務省通商局編『通商公報』第 168 号、1914 年、658 頁。
⑥ 「南京と日本との貿易消長」（1915 年 10 月 18 日駐南京領事高橋新治報告）、日本外務省通商局編『通商公報』第 266 号、1915 年、507 頁。
⑦ 日本外務省通商局編『在支那本邦人進勢概覧』第二回之「中支那ノ部」、46 頁。
⑧ 「蕪湖大正元年貿易年報」（1913 年 12 月 9 日駐南京領事船津辰一郎報告）、日本外務省通商局編『通商公報』第 77 号、1913 年、1055、1057 頁。
⑨ 「蕪湖大正三年貿易年報」（1915 年 7 月 15 日駐南京領事高橋新治報告）、日本外務省通商局編『通商公報』第 234 号、1915 年、282 頁。
⑩ 「九江四十四年貿易年報」（1913 年 5 月 20 日駐漢口総領事芳澤謙吉報告）、「蕪湖大正三年貿易年報」（1915 年 7 月 15 日駐南京領事高橋新治報告）、日本外務省通商局編『通商公報』第 234 号、1915 年、1048 頁。
⑪ 「九江貿易年報（大正三年）」（1915 年 9 月 22 日駐九江代理領事大和久義郎報告）、日本外務省通商局編『通商公報』第 260 号、1915 年、253 頁。
⑫ 「九江に於ける輸入本邦品と外国品との競争状況」（1919 年 8 月 28 日駐九江領事河西信報告）、日本外務省通商局編『通商公報』第 660 号、1919 年、946 頁。

汉口进口日本火柴数量，在 1900 年达到高峰，1907 年又刷新纪录，接着连年猛增（见 6-12）。

**表 6-12　1900—1909 年汉口进口日本火柴数量**

单位：笔

| 1900 年 | 1901 年 | 1902 年 | 1903 年 | 1904 年 | 1905 年 | 1906 年 | 1907 年 | 1908 年 | 1909 年 |
|---|---|---|---|---|---|---|---|---|---|
| 174900 | 18635 | 22660 | 90247 | 172371 | 137519 | 156950 | 226265 | 317480 | 452460 |

资料来源：『商務官報』（十一）之「漢口工業視察概況」、日本外務省通商局編『通商彙纂』第 35 号、1911 年、29 頁。

1912 年，汉口进口火柴 107 万笔，较上年的 386000 笔增加了 1 倍多，全为日货；[1] 到 1913 年，约为 136 万笔；此后大体呈下降之势。[2] 日本火柴在长沙市场引人注目是在日俄战争之后，1905 年和 1906 年，该地分别进口了 25750 笔、19467 笔。[3] 不过，这种势头没能持续，清朝最后三年中，在进口量最多的 1910 年，也只有 6010 笔。[4] 但在一战期间，日方报告长沙在 1915 年至 1917 年每年进口其火柴（包括产于台湾的）分别为 16198251 笔、17331531 笔、12968412 笔，[5] 数字未免可疑，然而进口量较以往大增是没有疑义的，而在日本外务省通商局所列 1917 年长沙进口主要日货中，也可见到火柴。[6] 但在一战后，日方叙述长沙进口日货情况，就很少提火柴了。

以上，就日俄战争后至 1919 年间日本对长江流域出口主要货物作了说明。这里还应指出的是，清末民初，日本铜作为铸造铜钱的原材料，对南

---

[1]　「漢口大正元年貿易年報」（1913 年 12 月 25 日驻汉口代理总领事高桥新治报告）、日本外務省通商局編『通商公報』第 93 号、1914 年、711 頁。

[2]　「漢口貿易年報（大正四年）」（1916 年 4 月 15 日驻汉口总领事濑川浅之进报告）、日本外務省通商局編『通商公報』第 318 号、1916 年、707 頁；日本外務省通商局編『在支那本邦人進勢概覧』第二回之「中支那ノ部」、76 頁。

[3]　「湖南三十九年貿易年報」（1907 年 11 月 14 日驻长沙领事馆报告）、日本外務省通商局編纂『通商彙纂』第 1 号、1908 年、54 頁。

[4]　「長沙貿易年報（四十四年度）」（1912 年 9 月 11 日驻长沙代理领事冈本武三报告）、日本外務省通商局編纂『通商彙纂』第 15 号、1912、42 頁。

[5]　「長沙地方輸入主要本邦品の数量及価格並将来の見込」（1919 年 11 月 12 日驻长沙代理领事池永林一报告）、日本外務省通商局編『通商公報』第 681 号、1919 年、764 頁。

[6]　日本外務省通商局編『在支那本邦人進勢概覧』第二回之「中支那ノ部」、97 頁。

京、汉口、长沙等城市依然有很大出口量。此外，日本的轧花机、时钟、怀表、阳伞、药品、漆器、瓷器、铁器、木器、玻璃器皿、水泥、洋灯、纸类、卷烟、肥皂、文具、玩具、啤酒与其他饮料等，对长江流域的出口量也不断增大，且品种日益增多。清末长江中下游区域多条铁路的修筑，还刺激日本大量出口枕木。随着日本工业制造能力的增强，各种机械、新闻纸等工业品在对长江流域出口货物中也日益引人注目。清末新政时期日本书籍图册在中国社会大量流布。武昌起义爆发后，社会风气的变化使一些服装鞋帽、装饰用品、理发器具等俏销，也给日货带来新的市场。一战爆发后，长江流域从德国、奥地利进口的染料、化学用品、金属制品、电气元器件、缝针等断了来源，而以往难与之竞争的同类日货则乘隙而入，充斥市场。日本自清末以来，还对长江流域各地公开或暗中进行军火销售……从趋势来看，日本无疑是以当时领先于中国的工业水平为基础条件，以不平等条约所赋予的特权为利器，在长江流域这个所谓英国在华势力范围内，多头并举、不遗余力，全面拓展其产品市场，与中国及欧美的同类产品对抗。经过一战，日本在长江流域已然成为与英美分庭抗礼的巨大外国经济势力。

（2）进口贸易

①棉花

从 1902 年起，汉口输往上海的棉花日多，成为日本从中国进口棉花的重要来源，而长江中游地区的棉花商情也随之在日本涉华商务资料中成为常见内容。1914 年，日本人长谷川樱峰出版了一本叙述中国外贸的书，指出中国棉花主产区依次为苏浙、两湖和直鲁，而在 1910 年 9 月至 1911 年 6 月，中国出口的 137 万担棉花几乎全都面向日本，其中大部分是从上海出口。汉口汇集了鄂、湘、赣、豫、陕、直所产棉花，约有 63 万担，其中 20 万担出口，主要运往日本。而日本从天津进口的华北棉花只有 10 万担。"以上海为中心及从汉口向我国出口的棉花，主要是用于纺纱，而华北棉花……日本进口后几乎全都用作棉填充料。"[①] 1916 年 9 月，日本驻汉口总领事的报告说，汉口自 1910 年以后，棉花的年输出量在 10 万至 20 万担，

---

① 長谷川桜峰『支那貿易案内』亜細亜社、1914、284—285、315—316、320—321 頁。

1915 年达到空前的 469266 担；"近年该港输出棉花的交易量，过半是由我国商人经办的"，"比较最近 8 个月实际输出量，我国商人经手的数量占了总量的约 86%"，而在 1916 年，在汉口做棉花生意的日本洋行，以日信为首，已有 9 家之多。[①]

②铁矿石、锑、铅、锌

1902 年后，铁矿石及生铁一直被列为日本从汉口进口的重要货物。武昌起义爆发后，日本海军迅速确定其在长江流域予以所谓"特别保护"的对象，而其中居首位的，就是汉冶萍公司之铁矿、铁厂等。[②] 尽管当时长江流域动荡不止，但大冶铁矿石对日本的出口从来没有中断，1912 年出口量为 338 万担，还较上年增加了 153 万担。[③] 此后，汉冶萍公司一直无力还清日本巨额贷款，而大冶铁矿石也无法摆脱被日本用作廉价钢铁原料的命运。

日本在长江流域获取质优价廉铁矿石的范围并不限于湖北境内，还包括安徽的桃冲铁矿等。桃冲铁矿在繁昌县，本是由 1912 年成立的裕繁铁矿股份有限公司开采，但该公司陷于资金困难，并遇到市场狭窄的压力，日本则趁机从 1915 年起，以中日实业株式会社的名义贷款给该公司，从 1918 年 10 月开始进口桃冲铁矿石。[④] 从此，裕繁公司走上了与汉冶萍公司完全相同的道路。此外，安徽马鞍山、陈家圩开采的铁矿石，也成为日本钢铁原料的来源。[⑤]

---

① 「漢口棉花輸出近況」（1916 年 9 月 13 日驻汉口总领事瀬川浅之进报告）、日本外务省通商局编『通商公報』第 359 号、1916 年、197、198 页。

② 参见李少军《国民革命前日本海军在长江流域的扩张》，《历史研究》2014 年第 1 期。

③ 「漢口大正元年貿易年報」（1913 年 12 月 25 日驻汉口代理总领事高桥新治报告）、日本外务省通商局编『通商公報』第 93 号、1914 年、712 页。

④ 参见中日实业株式会社调查室编『支那裕繁公司借款ニ関スル沿革』中日实业株式会社调查室、1937、1—11 页；马陵合：《民国时期安徽裕繁公司与日本的债务纠纷》，《安徽史学》2010 年第 5 期。

⑤ 参见「民国十七年蕪湖貿易年報」『蕪湖貿易年報提出ノ件』（1929 年 9 月 24 日驻芜湖领事柴崎白尾致外务大臣币原喜重郎）、E-3-2-0-X1-C1 之 008；「蕪湖貿易年報（民国十八年）」『蕪湖貿易年報提出ノ件』（1931 年 2 月 15 日驻芜湖领事柴崎白尾致外务大臣币原喜重郎）、E-3-2-0-X1-C1 之 016；『昭和十年度蕪湖貿易年報進達ノ件』（1936 年 8 月 17 日驻芜湖代理领事冈部计二致外务大臣有田八郎）、E-3-2-0-X1-C1 之 028。

关于大冶、桃冲铁矿石等对日本大量出口的情况，其作为日本钢铁原料的重要性，从表 6-13 可以看得很清楚：

表 6-13　1915—1919 年日本八幡制铁所输入铁矿石情况

单位：千吨

| 年份 | 日本国内 | 朝鲜 | 中国 | （中国大冶） | 菲律宾 | 合计 |
|------|---------|------|------|------------|--------|------|
| 1915 | 6 | 213 | 269 | 269 | | 488 |
| 1916 | 5 | 183 | 276 | 276 | | 464 |
| 1917 | 1 | 94 | 300 | 300 | | 395 |
| 1918 | 0 | 170 | 360 | 360 | 2 | 532 |
| 1919 | 1 | 191 | 446 | 350 | 8 | 646 |

资料来源：奈倉文二『日本鉄鋼業史の研究』近藤出版社、1984、18 頁之表 I - I -2。

锑在日本曾是非稀缺资源，甲午战争后还是其对英美等国出口货物之一，[1] 但日商看到湖南锑资源甚丰，且在国际贸易中有利可图，仍厕身于其出口对象之中，尤其是在一战爆发后，锑的行情大涨，而以往主导锑出口贸易的德商又失去势力，日商便趁机取而代之。[2] 锑"从 1913 年起，对日美出口有渐增之势，1916 年日本是最大的出口对象……生锑的八成出口日本……纯锑……三成多出口日本"，"汉口锑的盛衰，几乎是由我国商人左右的"。[3] 其时，日本参谋本部以邵阳县龙山锑矿量多质佳、运输便利，战时可满足需求，而将其"选定"为日本"必须获得的矿山"。[4] 而三井洋行等则直接到长沙开店收购，[5] 还有日商在该地开办提纯锑的"大同炼厂"。[6]

---

① 参见石川巌『重要商品誌』同文館、1907、127—129 頁。

② 参见「漢口貿易年報（大正四年）」（1916 年 4 月 15 日驻汉口总领事瀬川浅之进报告）、日本外務省通商局編『通商公報』第 318 号、1916 年、708 頁。

③ 「漢口貿易年報（大正五年）」（1917 年 3 月 19 日驻汉口总领事瀬川浅之进报告）、日本外務省通商局編『通商公報』第 417 号、1917 年、646 頁。

④ 『湖南省鉱山中本邦ニ於テ必ズ獲得ヲ要スヘキ鉱山ノ選定』（1916 年 6 月 12 日外务省收到参谋本部密件）、1-7-5-2 之 18-3-001。

⑤ 「湖南省產錦鉱輸出状况」（1921 年 8 月 20 日驻长沙领事池永林一报告）、日本外務省通商局編『通商公報』第 872 号、1921 年、1152 頁。

⑥ 「長沙旅行の刊」（1917 年 12 月 26 日驻长沙领事堺与三吉报告）、日本外務省通商局編『通商公報』第 488 号、1918 年、284 頁。

铅、锌对于当时的日本也是重要战略资源。1916 年 5 月，日本参谋本部垂涎于湖南常宁县水口山蕴藏大量高品位铅、锌的水口山矿，据有之念随即而生，公然向外务省提出将其列入"必须获得的矿山"。① 而在这年 8 月，日方便与北京政府农商总长谷钟秀等签约，"以水口山矿作抵借款"，"湘人闻之，誓死抗争，呼号奔走，电文往复，凡亘三四月，而其约始废"。② 在此前后，三井、古河、大阪亚铅矿业株式会社等日本洋行，与别国商家争购德国礼和洋行预购而无力输出的该矿铅锌矿石，未能实现；后又在日本政府指挥下，利用当时湖南当局财政困难之机，组合三井、大仓、古河、大阪亚铅矿业株式会社、久原矿业株式会社、三菱公司，由驻长沙领事协助，多方活动，以向湖南当局提供贷款为诱饵，图谋实现对水口山铅锌矿的控制。1918 年 3 月，日方由三井洋行出面，在上海与湖南督军谭延闿所派代表草签合同，规定日方向湖南当局贷款 250 万日元，条件是在 10 年内，水口山所产白铅矿砂 20 万吨、湖南矿务总局所产黑铅块、该总局自炼尚有剩余的水口山黑铅矿砂，"允归三井洋行一手代卖"。③ 尽管这个合同后来遭湖南各方强烈反对及美国争夺而终归废弃，但也可从中看出当时日本获取湖南铅锌资源的欲望之强烈。

③豆类、菜籽、芝麻

日俄战争后，日本的三井、日信、吉田、武林等洋行将从汉口进口大豆、豆饼作为主打生意之一；④ 日信洋行分别在汉阳、汉口开设豆饼厂，所产豆饼除了输往日本，还连同豆油销往华南等地。主要产于长江流域作为油料的菜籽，从清末以来一直是日本重视的资源，当时日本驻长江中下游口岸

---

① 『湖南省鉱山中本邦ニ於テ必ズ獲得ヲ要スヘキ鉱山ノ選定』（1916 年 6 月 12 日外务省收到参谋本部密件）、1-7-5-2 之 18-3-001。

② 《在日湖南同乡会为水口山合同问题向湖南及全国父老示警》，1918 年 6 月载于湖南《正义报》，转见 『水口山壳鉱契約反対檄文写送付ノ件』（1918 年 6 月 4 日驻长沙领事堺与三吉致外务大臣后藤新平）、1-7-5-2 之 18-3-003。

③ 『水口山亜鉛、製鉛及鉛鉱一手販壳契約締結ニ関スル件』（1918 年 3 月 25 日驻上海总领事有吉明致外务大臣本野一郎）所附同年 3 月 19 日谭延闿和湖南矿务总局与三井洋行订立合同，1-7-5-2 之 18-3-002。

④ 「漢口ニ於ケル日本ノ商業並ニ三十八年中本邦品貿易概況」（1906 年 2 月 27 日驻汉口领事馆报告）、日本外务省通商局编纂 『通商彙纂』 第 28 号、1906 年、2、6 頁。

的日本领事，对于菜籽的产地、流通渠道、出口情况等作过很多调查，而在武昌起义爆发后，日本官方述及重要口岸神户对华贸易所受影响，还将进口菜籽数量的增减作为重要内容之一。① 而从日本驻长江口岸领事有关贸易的报告看，将菜籽列入日本进口的重要货物主要是在民国时期，且在驻芜湖、苏州领事的报告中较为多见。1914 年，芜湖出口菜籽价额约有 100 万两，大部分是以日本为去向。② 芝麻产地很多，日本同样曾对芝麻在中国的种植区域及产量、流通情况作过很多探查，长江中下游一些口岸在晚清也程度不同地对日本出口芝麻，但较大量地对日本出口还是在民国时期，以汉口为主。③

④油漆、桐油

清末民初，日本领事在叙述与汉口贸易情况时，一直将油漆视为日本进口的重要货物。1912 年，日本从汉口进口油漆 11900 担，占汉口同类货物出口总量的七成。④ 从日本进口油漆的来源看，宜昌和常德占有重要地位。1911 年 10 月武昌起义爆发时正值油漆大上市之期，其因时局动荡而一时不易汇集汉口，但日本急需，日商便冒险携现银从汉口前往宜昌、常德收购，即使费用猛涨也在所不惜。⑤ 而在此之后，还有日商在宜昌开店，专做油漆收购生意。到 1919 年，在宜昌名为漆行的日本商铺就有 3 家。⑥

桐油原非日本从中国大量进口的货物，但日本在甲午战争后几十年里，

---

① 参见李少军编《晚清日本驻华领事报告编译》第 1、2 卷对『通商彙纂』述要的相关内容。日本外务省通商局在 1911 年 11 月至 1912 年 4 月编印的『通商彙纂』号外『四十四年清国事变ノ経済界ニ及ホス影響』第 9—16 号、『四十四、五年清国事变ノ経済界ニ及ホス影響』第 17—35 号，叙述了神户对华贸易所受影响。

② 「蕉湖大正三年贸易年報」（1915 年 7 月 15 日驻南京领事高桥新治报告）、日本外务省通商局编『通商公報』第 234 号、1915 年、282 頁。

③ 『当地主要国别輸出入貿易趨勢及邦人企業消長ニ関シ回報ノ件』（1929 年 11 月 29 日驻汉口总领事桑岛主计致外务大臣币原喜重郎）、E-3-2-0-X1-C1 之 010。

④ 「漢口大正元年貿易年報」（1913 年 12 月 25 日驻汉口代理总领事高桥新治报告）、日本外务省通商局编『通商公報』第 93 号、1914 年、712 頁。

⑤ 「清国動乱ノ大阪ニ及ホセル影響」（1912 年 1 月 8 日大阪府厅的报告）、日本外务省通商局编『四十四、五年清国事变ノ経済界ニ及ホス影響』第 25 号、1912 年 2 月 8 日、14 頁。

⑥ 「宜昌事情」（1919 年 12 月 11 日驻宜昌代理领事草政吉报告）、日本外务省通商局编『通商公報』第 693 号、1920 年、301 頁。

对中国桐油原料种植分布、制作、市场流通、出口等情况一贯高度关注并加以探查。最晚在民国时期，日商在长江流域桐油贸易中的活跃程度十分引人注目。1913 年，在汉口与常德之间的航线上，从事航运的只有日清汽船株式会社的轮船，其所揽货物中，就包括集散于常德的桐油。① 一战期间，三井洋行、三菱公司抓住欧美对长江流域贸易困难、对桐油有很大需求的机会，在汉口这个最大的桐油输出口岸，大力从事向欧美出口此货的生意。同时，日华制油株式会社也在汉口开店，收购桐油等货。② 此外，还有一些日商深入常德收购桐油。1918 年，在该地做桐油生意的外商，以日本三井、日华、黄泰洋行为主，而做同样生意的美商其来洋行对桐油的收购量不及三井洋行。③

⑤麻

据日本领事叙述 1905 年汉口对日贸易情况的报告，其时三井、日信、东兴等日本洋行，都在该港做麻类输出生意。④ 1912 年，日本从汉口进口苎麻约 13 万担，与上年持平，约占当时此货出口总量的八成。⑤ 1914 年、1915 年，日本从汉口进口苎麻均为 17 万余担，在汉口出口此货总量中占比依然是八成。⑥ 作为苎麻主要产地之一的江西，在清末对日本出口货物以苎麻为大宗，且此货出口量的八成是由日商收购输出的。⑦ 1914 年，日本从九

① 「漢口商業勢力範囲」（日本驻汉口总领事芳泽谦吉 1913 年 2 月 9 日报告）、日本外务省通商局编『通商公报』第 2 号、1913 年、74 页。

② 「漢口に於ける本邦商の発展」（1917 年 11 月 7 日驻汉口总领事瀬川浅之进报告）、日本外务省通商局编『通商公报』第 473 号、1917 年、762、764 页。

③ 参见「岳州貿易年報（大正六年）」（1919 年 8 月 8 日驻长沙代理领事八木元八报告）、日本外务省通商局编『通商公报』第 653 号、1919 年、699 页；「湖南産桐油に就て」（1918 年 12 月 10 日驻长沙代理领事八木元八报告）、『通商公报』第 585 号、1919 年、81 页。

④ 「漢口ニ於ケル日本ノ商業並ニ三十八年中本邦貿易概況」（1906 年 2 月 27 日驻汉口领事馆报告）、外务省通商局编纂『通商彙纂』第 28 号、1906 年、2 页。

⑤ 「漢口大正元年貿易年報」（1913 年 12 月 25 日驻汉口代理总领事高桥新治报告）、日本外务省通商局编『通商公报』第 93 号、1914 年、712 页。

⑥ 「漢口貿易年報（大正四年）」（1916 年 4 月 15 日驻汉口总领事瀬川浅之进报告）、日本外务省通商局编『通商公报』第 318 号、1916 年、708 页。

⑦ 「九江四十四年度貿易年報」（1913 年 5 月 20 日驻汉口总领事芳泽谦吉报告）、日本外务省通商局编『通商公报』第 22 号、1913 年、1048 页。

江进口的"货物首推苎麻"，其在该港苎麻输出总量中占九成，且多数是由在汉口的日本洋行派人在鄂赣边界收购的。①

⑥牛皮、猪鬃

就日本从长江流域进口牛皮的贸易而言，各口岸都多少有之，为主的则是汉口、重庆。② 日俄战争期间，日本难以从朝鲜、中国华北获得牛皮，因而从汉口进口牛皮数量大增，三井、大仓洋行随即开始在此地做牛皮生意。③ 一战期间，牛皮是日本从汉口进口的重要货物，日商在这里趁德商退出之机取而代之，在做牛皮生意的外商中仅次于英商，其直接收购的范围延伸到河南郑州。④

四川作为水牛数量最多的省份，通过重庆大量输出牛皮。日本驻重庆领事馆在日俄战争期间开始强调这一点，并指出重庆的牛皮主要是通过华商运到汉口、上海等地，再经由日商或其他华商输往日本。⑤ 到民国初年，日商已深入重庆做牛皮生意，多在重庆与汉口、上海之间转手牟利。⑥

四川所产猪鬃，"品质强韧，毛长而饶有光泽，如此优长，别无俦者"，"在日本及英美各市场广受赞誉"，向欧美出口量原本占出口总量的九成。⑦ 而在1913年，从重庆将猪鬃输往大阪的日商大和洋行，开始出现在日本领

---

① 「九江貿易年報（大正三年）」（1915 年 9 月 22 日驻九江代理领事大和久义郎报告）、日本外务省通商局编『通商公報』第 260 号、1915 年、253 頁。

② 「本年上半期漢口商況」（1896 年 9 月 6 日驻沙市领事馆报告）、日本外务省通商局编纂『通商彙纂』第 53 号、1896 年、3 頁。

③ 「漢口三十七年度貿易年報」（1905 年 3 月 16 日、4 月 12 日驻汉口领事馆报告）、日本外务省通商局编纂『通商彙纂』第 51 号、1905 年、10 頁；「漢口ニ於ケル日本ノ商業並ニ三十八年中本邦品貿易概況」（1906 年 2 月 27 日驻汉口领事馆报告）、日本外务省通商局编纂『通商彙纂』第 28 号、1906 年、2 頁。

④ 「漢口貿易年報（大正四年）」（1916 年 4 月 15 日驻汉口总领事濑川浅之进报告）、日本外务省通商局编『通商公報』第 318 号、1916 年、708 頁；「漢口貿易年報（大正五年）」（1917 年 3 月 19 日驻汉口总领事濑川浅之进报告）、『通商公報』第 417 号、1917 年、646 頁；「漢口に於ける本邦商の発展」（1917 年 11 月 7 日驻汉口总领事濑川浅之进报告）、『通商公報』第 473 号、1917 年、763 頁。

⑤ 「重慶ニ於ケル時局ノ影響」（1904 年 3 月 14 日驻重庆领事馆报告）、日本外务省通商局编纂『通商彙纂』第 23 号、1904 年、5 頁。

⑥ 「重慶貿易年報（大正六年）」（1918 年 12 月 6 日驻重庆代理领事中村修报告）、日本外务省通商局编『通商公報』第 586 号、1919 年、118 頁。

⑦ 日本外务省通商局编『四川省貿易経済事情』外务省通商局、1917、24 頁。

事报告中。① 一战期间，猪鬃成了日商从重庆输出的头号货物，作为此货上品的白猪鬃，几乎全是输往日本，且大部分由日商经手。② 汉口是仅次于重庆的猪鬃市场，从 1912 年起，驻该地的日本领事也将猪鬃列为日本进口的主要货物。③

以上只是就日俄战争后至 1919 年间日本从长江流域进口（或做转手生意）的主要货物情况作了简略说明，自然不能覆盖这类贸易的所有方面。

就拿上文未涉及的主产于长江流域的大米来说，清末民初，在制度上是禁止出口的，但日本为满足本国需要进而控制中国粮食资源，在 1912 年利用南京临时政府的财政困难，以三井洋行等日商缴纳一些报效金为诱饵，获准将江苏、安徽大米输往日本。其后，日本不顾中国社会舆论的强烈反对，为促使中国对大米出口弛禁，而与北京政府和江苏地方当局等多次交涉，成为仅次于香港的中国大米出口去向。④ 1916 年，日本农商务省农务局派人来华，全面调查各地区稻米种植、产量、品质、碾舂、加工、储存、集散、交易、价格等情况，并估算汇集各口岸的大米运到日本神户的各种费用。从来人所作调查报告看，从四川到苏、浙之长江流域各省情况，占了最大篇幅。⑤ 此外，诸如棉籽、树脂、蜡、药材、烟叶、花生、牛骨、牛毛、羊皮、贝壳、禽蛋、蚕茧、丝头、锰、钨砂、水银等土产、矿物等，也常出现在日本从长江流域进口货物中。

## （三）日本增大对长江流域的资本输出

众所周知，日俄战争后，东北南部成为日本对华投资最大的区域，而在 1914 年 11 月胶州湾被日军攻占后，日本对华北地区的资本输出也迅猛上

---

① 「在重慶本邦商店名」（1913 年 3 月 5 日驻重庆代理领事清水润之助报告）、日本外务省通商局编『通商公報』第 3 号、1913 年、156 页。

② 「重慶貿易年報（大正六年）」（1918 年 12 月 6 日驻重庆代理领事中村修报告）、日本外务省通商局编『通商公報』第 586 号、1919 年、119 页。

③ 「漢口大正元年貿易年報」（1913 年 12 月 25 日驻汉口代理总领事高桥新治报告）、日本外务省通商局编『通商公報』第 93 号、1914 年、712 页；「漢口貿易年報（大正四年）」（1916 年 4 月 15 日驻汉口总领事濑川浅之进报告）、『通商公報』第 318 号、1916 年、708 页。

④ 参见南满洲铁道株式会社庶务部调查课『満鉄調査資料第十六編・支那防穀令』南满洲铁道庶务部调查课、1923、91—110 页。

⑤ 参见日本農商務省编『支那ノ米ニ関スル調査』農商務省、1917。

升。但就日俄战争后到 1919 年间日本对华资本输出的总体来看，长江流域依然是十分重要的区域之一。以下，分企业开设与对中国官民贷款两个方面进行考察。

**1. 增设企业**

前文已揭示了日俄战争后至 1919 年间以日清汽船株式会社为主体的日本航运企业增强实力，及日本大中小贸易企业向长江流域大扩展的情况，这些都是日本增大对长江流域资本输出的重要组成部分。这里再就日本在长江流域开设银行、工业企业的情况略作说明。

（1）增开银行

上海是日本最早在华开设银行分支机构即横滨正金银行派出所的口岸，① 而日本的银行在上海增设分支机构或派出所并将触角伸向长江流域其他口岸，则是日俄战争后的事情。

首先是横滨正金银行于 1906 年 8 月 11 日在汉口开设派出所（后于 1909 年 4 月 8 日升格为分行）。② 此后，包括日本政府对汉冶萍公司的多次贷款，以长江中游地区为主，日本的不少贷款都是经由该分行办理的。

接着，日本其他国策金融机构也将触角伸到长江流域。台湾银行于 1911 年 4 月 1 日在上海开设派出所，继而在 1914 年 9 月 1 日升格为分行。出于从福建向江西扩展日本势力的需要，该银行于 1912 年 10 月 1 日在九江开设派出所。1915 年 5 月 1 日又在被其视为"华中大市场"的汉口开设派出所，并于 1916 年将其升格为分行。台湾银行致力于对日本在长江流域的企业融通资金，且从 1913 年 6 月以后在该区域发行日本银元与鹰洋的银票，给日本商家、学生、一般侨民及驻扎汉口的日军、在长江上的日舰提供平日

---

① 1900 年 1 月，横滨正金银行将 1893 年 5 月在上海、1897 年 9 月在香港、1899 年 5 月在天津及 1900 年 1 月在牛庄（即营口）先后开设的派出所，一律升格为分行；1902 年 1 月又在北京开设分行；继而在日俄战争期间，为服务于日军，又先后在青泥洼（后来的大连）、辽阳、旅顺口、奉天、烟台、铁岭设派出所；其后在 1906 年将在大连、奉天的派出所升格为分行，并在丹东开设派出所。见横滨正金银行编『横浜正金銀行史』、157、204、220、227、249、254、264、275、280 页。

② 见横滨正金银行编『横浜正金銀行史』、284、336 页；『東亜同文会ノ清国内地調査・漢口駐在班』第 3 卷之「横浜正金銀行漢口出張所開店後営業概況」（1906 年 10 月 11 日）、1-6-1-31 之 3-004。

支付手段。1917 年 5 月，台湾银行还对日本在长沙设立的中日银行予以资金支持、推荐负责人与职员。① 此外，日本的朝鲜银行在 1918 年也将分行开设于上海。②

还须提到的是，日本财阀的银行在一战前后也在汉口、上海开设分支机构：住友银行于 1912 年 2 月 23 日在汉口、1916 年 11 月 29 日在上海开设分行，三井银行于 1917 年 12 月 25 日、三菱银行于 1918 年 8 月 15 日在上海开设分行。

一战期间，其他日本商家也在长江流域一些口岸开设银行。1917 年 4 月 30 日，日商在汉口开设中日银行（实际注资 25 万日元），主要向华商贷款。1918 年 5 月 28 日，在上海的一些日商在储蓄组合的基础上，开设株式会社上海银行（资本金 20 万银元），向在该地的日本小商融通资金。③

（2）制造业增资增设

这方面，日俄战争以前就已开其端，而大力推进是在日俄战争之后，到一战期间，主要由于日本国际收支有了大量盈余，加上来自欧美列强的竞争减少，其势头进一步增强。

日本外务省方面在一战爆发后的 1915 年 12 月，就日本在长江流域设厂制造情况作过一次调查，其报告对于了解一战前的相关状况颇有参考价值，故在此多用些篇幅进行介绍。

关于日本要在长江流域设厂制造的原因，该报告指出了七个方面：一是日本"出口工业多数是以中国为主要销路"；二是日本工业原料缺乏，但"中国尤其是长江流域地方原料丰富"；三是日本劳动力渐缺、成本上升，但"中国有无限多的劳动力，工薪低廉"；四是日本煤炭产量有减少趋势，但"中国尚未开采的煤炭储量极大"；五是欧美资本家正争相在华投资各种企业，长江流域"今后建成东洋工业中心，可谓必然之势"；六是"今后中

---

① 名仓喜作『台湾銀行四十年誌』大日本印刷株式会社、1939、12—13、224、226—228、234 页。

② 日本外务省通商局监理课『在支本邦銀行ノ調査』、1925 年 1 月 16 日印。该书辑录了 1923 年 3 月至 7 月日本驻华各领事馆及"关东厅"的调查资料（3-3-3-3 之 6-003）。

③ 参见日本外务省通商局监理课『在支本邦銀行ノ調査』。

国如果实行改订关税、保护国内产业的政策，我国工业界对华出口将会受到很大打击"，"要使我国工业家摆脱如此沉重的负担，在中国市场上自由竞争，就要采取在长江流域发展自由企业的方策"；七是日本实施工厂法之后，在中国经营企业所受约束比在日本少。

该报告认为，甲午战争后 20 年间，中国的机器工业有了长足发展，"尤其是长江流域，最显繁盛，江苏、浙江、安徽、江西、湖北、湖南、四川七省的工厂有 428 家，其中上海居第一位，有 189 家，次为汉口（连同汉阳、武昌有 79 家）、杭州（48 家），此外无锡、苏州、镇江、南京、芜湖、长沙、重庆等地也都达到相当数量"。其中，外国设厂制造的情况是：

> 相关工厂 94 家中，日英两国为数最多（日本 38 家，英国 34 家）而彼此颉颃。在电灯、电车、自来水、煤气这些特殊企业中，日本人的势力不振，但在其他企业中，与英人相比毫无逊色，唯在投资额方面，不免有略输一筹之憾。次于日英两国的是德国，其经营的工厂有 12 家，近年有大发展之势，但在欧战爆发后失去了金融之便，陷于困境。此外，俄（有 4 厂）、法（有 3 厂）、奥（有 1 厂）、比（有 1 厂）的势力终不能与上述三者同日而语。外国势力最强的是棉纺业，从集中了大多数纱厂的上海来看，总共 17 家纱厂当中，日厂 4 家、英厂 4 家、德厂 2 家、其他 7 家为中国人开办，纱锭总数 674404 锭（包含目下正在施工的在内）中，日厂有 207568 锭，英厂有 199668 锭，华厂有 162112 锭，德厂有 105056 锭。也就是说，在上海棉纺业，日本占有最大优势，英国次之，这两者所占的比重约为 60%；中国居第三位，约占 24%，但规模大的少；德国居第四位，约占 16%。再从长江流域的各种工厂来看，面粉厂共有 31 家，日产量为 51000 袋，其中外资厂有 3 家，日产 5500 袋（日 2 厂，4300 袋；英 1 厂，1200 袋）；玻璃厂共有 15 家，其中日厂 7 家、日中合办厂 2 家；火柴厂共有 13 家，其中外资厂 3 家（日、德、日中合资各 1 家）；榨油厂共有 24 家，其中外资厂 7 家（日厂 4 家、英厂 2 家、德厂 1 家）；肥皂厂共有 21 家，其中外资厂 7 家（日厂 1 家、德厂 1 家）；汽水厂共有 12 家，其中外资厂 9 家（皆为英

厂）；制材业共有 3 家，其中外资厂 2 家（皆为英厂）；船舶修造厂共
有 16 家，其中外资厂 3 家（英 2、俄 1）；电灯、电车、自来水、煤气
等特殊企业共 30 家，其中外资 8 家（英 4、法 2、日 1、德 1）。另外，
蛋厂（总数为 6 家，德 3，法、奥、比各 1）、烟厂及冻肉厂（各有 2
家，皆英厂）、制冰厂（英厂 1 家），都是外资工厂。汉口砖茶厂共有 4
家，其中 3 家是俄厂。其他企业中，未见外资的极少，外人未染指的仅
有织布、制麻、织呢、毛巾、袜子、瓷器、水泥、碾米、制罐等
数种。①

从上面的叙述，可知直到一战爆发日本在长江流域设厂制造的总体
情况。就设厂数来说，日本最多；在棉纺业中，日资纱厂规模最大、产
能最高；尽管投资总额还远不及英国，但已领先于其他列强，且涉及的
门类也不少，主要有棉纺、缫丝、面粉、火柴、榨油、肥皂、玻璃制作、
电灯等业。

日本在长江流域设厂制造，就地域来说，是以上海与汉口两地为主，故
有必要就这两地在一战前后的相关情况再作些考察。

一战前，日本在上海开办的制造业，以纱厂居首位。虽然最早的日资纱
厂，是 1902 年 12 月三井洋行在所购兴泰纱厂基础上开办的上海纺绩有限公
司，但该公司当时尚非纯粹日资企业。到 1906 年，三井洋行又通过向华资
大纯纱厂融资而取得其经营权，将其变为上海纺绩有限公司第二厂。在一战
爆发之年，三井洋行又增资开办第三厂，该公司的生产包括纺纱织布。而规
模最大的日资纱厂，即日本内外棉株式会社所开 2 个纱厂，分别在 1911 年
8 月、1913—1914 年投产。此外，还有日本棉花株式会社的纱厂，于 1908
年 6 月投产。在缫丝业方面，日本的上海制造绢丝股份有限公司的缫丝厂，
于 1906 年 12 月投产；后来在 1913 年 4 月，还有用丝头茧末制作精干棉的
小野村精练场投产。日资涉足上海榨油业，始于辛亥革命后三井洋行向华商
开办的华昌榨油厂融资，随后，三井洋行实际控制该厂经营。在皮革、肥皂

---

① 『揚子江流域二於ケル日本人ノ工業経営』（1915 年 12 月调查）、B-3-4-6-2 之 003。

业，日商都在清末民初通过与华商合办的方式开始涉足。在玻璃制造业，至一战爆发前，日资厂已占有绝对优势。①

在汉口，一战前，日信洋行对榨油业投资最大。该行于日俄战争爆发后的 1904 年 6 月，在该地对岸汉阳开设了轧花厂，日产皮棉 1200 担。1905 年 9 月，即日俄战争结束之时，又在汉阳开设日产豆油 40 担、豆饼 1000 块的榨油厂，次年 5 月在汉口日租界设立日产豆油 80 担、豆饼 2000 块的第二榨油厂；1912 年，该行将 1907 年投产、1909 年焚毁的棉籽饼厂重建，日产棉籽饼 160 担、棉油 40 担。面粉业方面，东亚制粉会社 1908 年在汉口投产，到一战爆发时，年产面粉 50 万袋。此外，还有金昌洋行 1907 年以 10000 元开办的肥皂厂，1914 年产值 5000 两；以 12000 日元投资开办的鸭川玻璃厂，于 1912 年 10 月投产，制作洋灯罩，年产值 72000 日元。②

一战期间，日本势力在上海，按其总领事有吉明的说法，"经营的工业企业不断设立……在工业上也大振其威"。在棉纺织业，投资最大的内外棉会社在 1915 年 6 月又开设了第三个纺纱织布的纱厂，其纱锭数量 58380 枚，超过此前两个厂纱锭之和 58176 枚。上海纺绩有限公司也开设了纺纱织布的第三厂，于 1918 年安装纱锭 50592 枚。由此，日资纱厂进一步增强了在上海棉纺织业的地位。在与棉纺织业相关的轧花业，早在甲午战争前，三井洋行就与华商等合开云龙公司，到 1915 年 5 月，该公司完全成为三井的轧花厂。在缫丝业，除了已有的厂，日商在 1917 年 4 月与华商合办上海精练公司，还有日商在 6 月接过本由华商开办的瑞丰丝厂自行经营。此外，在造纸业，三菱制纸株式会社于 1915 年收购原由英商开办的华章制纸有限公司，在浦东经营资本额 50 万日元、年产纸 1080 磅的华章造纸厂；在电气业，日商于 1917 年 4 月与华商合办中国电球株式会社，制造销售电灯泡，年产值 24 万日元；在钢铁加工业，日资于 1917 年 10 月租赁华商所办铁厂地皮、机器等，开办公兴铁厂，制造修理工厂铁具附件；在烟草业，东亚烟草株式

---

① 日本外务省通商局『上海に於ける日本及日本人の地位』之「第四章 上海工业上ニ於ける日本の地位」、日本外务省外交史料館蔵、通-205。

② 『本邦人ノ発展状況ニ関スル統計査報方ノ件』(1915 年 9 月 20 日驻汉口总领事瀬川浅之进致外务大臣大隈重信)、7-1-5-19 之 002。

会社于 1917 年 5 月买下外资在上海的烟厂，用工 160 人继续生产；在面粉业，三井洋行于 1917 年 7 月接手英资开办、后由德商经营的增裕公司的全部资产，用工 70 人，年产面粉 625000 袋；在皮革业，日本皮革株式会社于 1917 年在接手原江南制革公司等企业的基础上，在上海开办分厂，用工 30 人，年产值 15 万日元；在制胶业，日商于 1917 年 10 月在宝山顾家湾开办上海兴工合资会社，年产 5000 担；在肥皂业，投产于 1909 年的中日合办瑞宝洋行扩大了规模，年产各种香皂 65 万打；在印刷业，日商也在 1917 年 5 月开设了从事各种制版印刷的上海印刷株式会社。[1] 上面所列举的，是一战期间日商在上海投资额较大的制造业，"其他由日本人新设的小厂还很多"。[2]

在汉口的日商，一战期间对制造业的投资也明显上升。"在 1914 年度末，除了东亚制粉会社外，只有两三家，但到 1915 年秋，合记精油厂以资本金 1 万两着手加工牛油和桐油，而后在 1917 年 4 月，日华制油株式会社设立，资本金 200 万日元，接过日本棉花株式会社的两个厂，目下有三个厂，规模最大，加工桐油、兽油、豆油及豆饼、棉油及棉籽饼……近来猪鬃出口激增，立身岛谷商会以资本金 15 万两开办猪鬃加工厂，主要从事猪鬃加工……1917 年末投资额 327 万多日元，有日本员工 59 人、华人员工 1032 人。"从日本驻汉口总领事所列统计来看，一战期间日商新办的制造业还有泰字洋行腿带子厂，另有大正电器株式会社在 1914 年 1 月以 10 万日元开办，对日租界供给电灯与电力，年收入 33000 元左右，业务逐年扩大。[3]

就长江流域其他口岸而言，日资制造业相对突出的地方是重庆。在日俄战争前的 1903 年 7 月，就有日商与华商在重庆合办火柴厂有邻公司，到 1917 年，该公司年产火柴 1600 箱；1904 年 4 月，日商与华商合办火柴厂东华公司，到 1917 年，年产火柴 800 箱。同为合办企业，1905 年 5 月成立的

---

① 『上海管内二於ケル本邦人発展状況査報方ノ件回答』（1918 年 4 月 9 日驻上海总领事有吉明致外务大臣本野一郎）、7-1-5-19 之 002。

② 東亜研究所『日本の対支投資——第一調査委員会報告書』、28 頁。另参见许金生《近代上海日资工业史（1884—1937）》，学林出版社，2009，第一、二、三章。

③ 『本邦人発展状況二関シ統計査報ノ件』（1918 年 10 月 2 日驻汉口总领事濑川浅之进致外务大臣内田康哉）、7-1-5-19 之 004。

新利洋行支店，除了从事输入输出贸易，还开办猪鬃厂，1917 年所产净猪鬃 2000 箱。1914 年 4 月中日合办又新丝厂，到 1917 年，用工 400 人，缫丝 180 箱，产值 126000 两。[①] 此外，在南京，一战期间，有日商于 1915 年开办玻璃厂，有日本职工 10 人、中国职工 40 人，年产值约 2 万日元。[②] 在沙市，日商鸭川洋行在汉口所办玻璃厂于 1915 年 1 月来开分厂，投资 12000 元，制作灯罩。[③] 在长沙，日商三和洋行于 1917 年投资 5000 两开办玻璃厂。[④] 在江西，1908 年日商曾在九江开设藤田公司，制作樟脑，但在一战中因需求不足而陷于困境；[⑤] 据日本驻九江领事馆 1918 年 6 月调查，当时，大仓组为开采丰城县羊公山煤矿而成立顺济公司，派出技术人员等 18 人试行开采；还有日商为开采乐平县、鄱阳县附近煤矿而成立的鄱乐公司，派出技术人员等 11 人试行开采。[⑥]

**2. 对长江流域官民贷款**

在本章所涉时段内，日本这种形式的对华资本输出，以一战爆发为界，分为两个阶段。在前一个阶段，从区域角度来看，长江流域在日本对华贷款中占有最大比重，地位突出。而到后一个阶段，日本对华贷款的重心明显北移，但仍对长江流域广泛实行。

（1）一战前日本对长江流域多地贷款情况

先看对企业贷款。

在一战前，日本对长江流域多地贷款，为主的是企业贷款，这方面的情况（特别是对汉冶萍公司及其前身企业、江西全省铁路总公司的贷款等），

① 『支那二於ケル本邦人発展状況調査報告ノ件』（1918 年 2 月 15 日驻重庆代理领事中村修致外务大臣本野一郎）、7-1-5-19 之 003。

② 『支那二於ケル本邦人発展状況査報方ノ件』（1918 年 4 月 6 日驻南京领事高尾亨致外务大臣本野一郎）、7-1-5-19 之 003。

③ 『支那二於ケル本邦人発展状況二回答ノ件』（1915 年 9 月 11 日驻沙市代理领事肥田好孝致外务大臣大隈重信）、7-1-5-19 之 001。

④ 『当館管内二於ケル本邦人発展状況二関スル各統計送付ノ件』（1915 年 10 月 10 日驻长沙代理领事深泽暹致外务大臣大隈重信）、7-1-5-19 之 002。

⑤ 『本邦人ノ発展状況二関スル統計査報方ノ件』（1915 年 9 月 20 日驻汉口总领事瀬川浅之进致外务大臣大隈重信）、7-1-5-19 之 002。

⑥ 《驻九江领事馆报告》（1918 年 6 月 6 日），7-1-5-19 之 004。

既往相关史料汇编有所反映，① 但也有些遗漏甚至舛误，现据新见史料列表（见表6-14），加以补正。

关于一战前长江流域企业对日借款情况，汪敬虞编《中国近代工业史资料》第2辑下册第1063页的"辛亥革命前后中国厂矿所借日债统计"多有涉及，但其中有些内容，与目前所见中日相关史料颇有出入，除表6-14下文字中指出的以外，还有下列须作辨析之处。

一是武昌竟成电灯厂在1910年后对东亚兴业株式会社借款之说。实则该公司成立于1926年5月，其前身为武昌电灯公司。② 武昌电灯公司在1917年春向东亚兴业株式会社提出借款，双方于该年6月25日订立了借款23万两的合同。③

二是南昌开明电灯厂1910年向日本高田商会借款10万两之说。实则该公司在一战前不曾向高田商会借款，而是与之有债务纠纷：该公司经亚大洋行向高田商会购买电灯机械及材料，但未能按时支付该洋行要价，高田商会接过亚大洋行债权，直接向该公司讨债，遭其抵制。高田商会一再请日本领事等施压，在1914年3月迫使该公司同意付鹰洋8万元，到1917年10月还清。④

三是安徽铜官山煤铁厂1912年前向三井洋行借款20万日元之说。三井洋行在1908年企图染指该矿经营，但遭到抵制而未达目的。⑤ 1912年6月，安徽都督孙毓筠向三井借款20万日元，言明以铜官山铁矿石售价还款，⑥

① 关于汉阳铁厂首次向大仓喜八郎借款，『日本の对支投资——第一調査委員会報告書』记为1902年借款25万日元；武汉大学经济系《旧中国汉冶萍公司与日本关系史料选辑》（上海人民出版社，1985）记作1903年12月14日借洋例银20万两，年利7.2厘；而『漢陽鉄政局借款ノ件』（1903年12月26日，1-7-1-3）所附借款合同写明：1903年12月24日借汉口洋例银20万两（合日元246153元84钱），月息6‰。

② 《东亚兴业株式会社致外务省田中事务官》（1926年11月19日）所附武昌竟成电灯股份有限公司买下原武昌电灯公司全部财产等的资料，1-7-1-5之16-001。

③ 『武昌電灯公司借款ニ関シ報告ノ件』（1917年6月29日）及所附借款合同，1-7-1-5之16-001。

④ 见『南昌開明電灯公司ノ高田商会ニ对スル債务弁偿方ニ関シ交涉一件』所收日本驻汉口总领事、驻九江外务书记生的相关报告，3-3-7-38。

⑤ 『銅官山鉱山問題要領』（1916年9月调查，日本外务省密件）、『銅官山問題経過概要』（日本农商务省文书，时间不详）、1-7-5-2之13-3。

⑥ 《三井物产株式会社代表取缔役、社长三井八郎致外务省政务局长阿部守太郎》（1913年6月30日），1-7-5-2之13-3。

表6-14 一战前长江流域部分企业对日借款情况（按时序）

| 借方 | 贷方 | 贷款合同订立时间 | 贷款额 | 折扣 | 期限 | 利率 | 抵押 | 其他 |
|---|---|---|---|---|---|---|---|---|
| 扬子机器公司 | 横滨正金银行 | 1910年9月 | 15万日元 | | 5年 | 年息8厘 | 扬子机器公司所有地皮及机器[1] | |
| 汉口既济水电有限公司 | 东亚兴业株式会社 | 1910年10月5日 | 120万日元 | | 3年 | 年息8厘 | 汉口既济水电有限公司水厂地基房屋，大王庙头码头厂地基房屋及机器，一码头城垣马路边水塔及地基，其余所有产业 | 此项贷款，实由日本5家银行出资，故由汉口既济水电有限公司分别出具5张面额为24万日元的借据[2] |
| 大冶水泥厂 | 三菱公司 | 1910年 | 36万日元 | | 6年 | 年息7厘 | 该厂附图及全厂机器清单，以后新购机器房地产、石山[3] | |
| 大冶水泥厂 | 三菱公司 | 1911年农历五月 | 36万日元 | | 6年 | 年息7厘 | 该厂附图及全厂机器清单，以后新购机器及房地产、石山[4] | |
| 汉口既济水电有限公司 | 东亚兴业株式会社 | 1911年10月1日 | 125000日元 | | 短期借款 | 未详 | 未详[5] | |

续表

| 借方 | 贷方 | 贷款合同订立时间 | 贷款额 | 折扣 | 期限 | 利率 | 抵押 | 其他 |
|---|---|---|---|---|---|---|---|---|
| 湖南狮子腰、麻石岭、福禄隆山三矿 | 高木合名会社 | 1911年 | 55000日元 | | 1920年10月31日还清 | 年息1分 | 三山之契[6] | |
| 上海闸北水电公司 | 大仓组 | 1912年2月12日 | 规元30万两 | | 10年，头5年只还息，从第6年起按期偿还本息 | 年息8厘 | 闸北水电公司所有动产与不动产、水电经营权 | 闸北水电公司添办工程，向外国购置材料，聘用外国工程师，再借款，先向大仓组商议[7] |
| 汉口既济水电有限公司 | 东亚兴业株式会社 | 1912年5月1日 | 23万日元 | | 半年 | 年息9厘 | 汉口既济水电公司全部财产[8] | |
| 扬子机器厂 | 向横滨正金银行提出 | 1912年11月上旬 | 10万两 | | 不明 | 不明 | 不明 | 未知成否[9] |
| 南通大生纱厂崇明分厂 | 大仓组 | 1912年12月22日 | 上海银25万两 | | 10个月 | 不明 | 不明[10] | |
| 杭州通益公纱厂 | 旭公司 | 1913年1月 | 20万日元 | | | | | 因遭舆论抨击，未正式订立合同[11] |

续表

| 借方 | 贷方 | 贷款合同订立时间 | 贷款额 | 折扣 | 期限 | 利率 | 抵押 | 其他 |
|---|---|---|---|---|---|---|---|---|
| 上海闸北水电公司 | 大仓组 | 1913年4月21日 | 规元10万两 | | 10年，头5年只还息，从第6年起按期还本息 | 年息8.5厘 | 闸北水电公司已有及添置的全部动产及不动产，与水电经营权 | 闸北水电公司用煤向大仓购买；购买各种材料，聘用外国工程师，先向大仓组商议[12] |

资料来源：[1]《横滨正金银行取缔役山川勇木致外务省政务局长仓知事哉》（1912年11月2日），1-7-1-5之16-001。"辛亥革命后中国厂矿所借日债统计"（以下略称"辛亥革命后中国厂矿所借日债统计"）《中国近代工业史资料》正敏馍编 第2辑下册（科学出版社，1957）第1063页中汉口扬子机器厂首次借日债的时间，币种不确。

[2]「水电公司借款ノ件ニ関スル報告」（1910年10月19日）所附借款合同，1-7-1-5之9-001。"辛亥革命前后中国厂矿所借日债统计"所列汉口既济水电有限公司首次借日债的时间，币种均不确。

[3]《中国实业之悲观》所录黎元洪致袁世凯电稿，《申报》1913年5月7日，第10版。

[4]《中国实业之悲观》所录黎元洪致袁世凯电稿，《申报》1913年5月7日，第10版。

[5]「漢口既済水電公司ノ新借款ニ関スル件」（1911年10月7日），1-7-1-5之9-001。

[6]「対支借款一覧（個人分 追加第一）」（1921年9月中旬調查），1-7-1-5之4-001。"辛亥革命前后中国厂矿所借日债统计"所列不尽准确。

[7]「閘北水道電燈公司ニ対スル大倉組ノ債権取立方ニ関シ回報ノ件」（1914年4月10日）所附借款ノ件，白银单位不确。将上海闸北水电厂向大仓借款合并为一次，币种不确。

[8]「東亜興業株式会社致外务省政务局长阿部守太郎」（1912年5月21日）所附借款合同，1-7-1-5之9-001。"辛亥革命前后中国厂矿所借日债统计"所附借款合同，币种均不确。

[9]《驻汉口总领事芳泽谦吉致外务省政务局长小池张造》（1913年12月11日），1-7-1-5之4-002。"辛亥革命前后中国厂矿所借日债统计"中，此项未成借款数额不确。

[10]「大倉組」野重九郎致外务省政务局长内田康哉「事務報告」（1912年11月2日），1-7-1-5-16-001。"辛亥革命前后中国厂矿所借日债统计"中，南通大生纱厂对大仓借款数额不确。

[11]旭公司「事務報告」（1913年12月），3-3-2-47。

[12]「閘北水道電燈公司ニ対スル大倉組ノ債権取立方ニ関シ回報ノ件」（1914年4月10日）所附借款ノ件，1-7-1-5之16-001。

故此项借款非铜官山铁矿所为。

四是上海南市电灯厂1913年向旭公司借款30万两之说。查旭公司1913年12月的《事务报告》，言及当时日本人所办"上海内地电灯会社"向该公司借款，此外未提当地其他电灯公司借款之事。①

上述旭公司的报告，言及长江流域多地对日借款情况，有一定参考价值，但中国相关论著很少涉及，故在此略作介绍。

旭公司，又称朝日商会、旭商会，1912年3月在东京设立，随后在上海、汉口、南京、北京、长沙等地设分支机构，一战爆发前，它曾涉足长江流域多地企业对日借款交涉。在制造加工业方面，于1913年1月对杭州通益公纱厂贷款；3月与粤商应昌公司商谈贷款以充武昌纺纱、织布、缫丝、制麻四厂恢复生产所需资金，旋遭抵制而止；此外，还与造币、面粉、制油、制革、炼铁、水泥、碾米、造纸、炼矿、缫丝、织绒、织布、酱油酿造、印刷等企业商谈过贷款。在电信业方面，原西门子电气公司买办管趾卿，获准承办南京与苏州的电话局，在浦口和南京、苏州之间架设长途电话线，而旭公司则在1913年10月与之商定提供资金；同时，与杭州电话公司商谈贷款15万日元；1913年底，又与武汉夏电话公司商谈贷款事宜。在铁路方面，1913年春，因安庆至正阳关铁路兴建，旭公司促东亚兴业株式会社贷款20万日元作为勘测费；同时，浙江铁路公司为铺设宁波与杭州之间铁路，提出借款70万日元，旭公司迅速回应，然因与英国利益冲突而未成；镇江至宁国铁路兴建方，也与旭公司商谈借款问题，但被"二次革命"打断；9月，浙江铁路公司为兴建常山至玉山铁路，向旭公司借款170万日元，无果而终；10月，江苏仪泰铁路公司为铺设仪征至泰州的铁路，向旭公司提出借款；此外，南昌至萍乡铁路、粤汉铁路湖南段修建方，也曾向旭公司提出借款。在房地产方面，"以土地房屋为抵押提出借款的不少，通常的条件是九五或九六折扣、年息9厘、期限1年到5年，借方有叶景葵、虞洽卿、席子佩、王一亭、顾馨一等有相当资产名望之人"。在城建方面，南京下关恢复工程，也与旭公司有过借款商议。②

---

① 旭公司『事務報告』（1913年12月）、3-3-2-47。
② 旭公司『事務報告』（1913年12月）、3-3-2-47。

综计上文所述，似可得出两个判断。第一，在一战前，长江流域从上海到苏、浙、皖、赣、鄂、湘多地，日本的确对各种工矿、交通、电信、市政、房地产企业贷款，或作此尝试。其中，以对汉冶萍公司（包括其前身）贷款为时最长、次数最多、数额最大，次为对南浔铁路有限公司及其前身的贷款。论日本贷款的广泛性和数额之大，长江流域当时在中国各区域中无疑占首位。第二，一战前日本对长江流域企业贷款的来源较为集中，由横滨正金银行、兴业银行、台湾银行，大仓与三井、三菱，以及东亚兴业株式会社、旭公司这样的特殊企业充当。

再看日本对长江流域官府（实力派）贷款。

从甲午战争后到一战爆发前，中国经历了清廷衰落、国家政权更迭的重大政治变迁，地方权力不断增强。在此背景下，日本对长江流域多地官府（实力派）贷款广泛发生。

表6-15所列表明，日俄战争后，日本对长江流域官府（实力派）贷款逐渐增多，具体区域主要是湖北和江苏；而在武昌起义爆发后，对江苏、上海的政权贷款最频繁，数额也最多；同时，对安徽实力派也有贷款之举，并开始尝试对四川官府巨额贷款。

（2）日本对长江流域多地贷款原因

先从对企业贷款来说。

作为日本贷款最主要对象的汉冶萍公司，其前身汉阳铁厂、大冶铁矿开办不久后就深陷债务危机，公司成立后又一步步被日本贷款钳制；在收回利权运动推动下开始修筑的南浔铁路，举步维艰而最终靠举借日债来维持。对其相关历程及内外原因，学界多有论析，恕不赘述。这里要指出的是，当时还有一些企业，市场需求本很可观，但经营也存在巨大困难，不得已而举借日债。湖北的大冶水泥厂、汉口既济水电有限公司、扬子机器厂的经历，都是典型例子。

大冶水泥厂于1910年正式投产，曾被视为"鄂省最著成效之实业"，但其"真正商股仅二十余万"，到武昌起义爆发，在其资金中占大头的，分别是用股票押借的吉林公款和日本三菱公司的贷款。[①] 1912年后，该厂因受

---

① 《三菱公司强占水泥厂》，《申报》1913年2月16日，第6版。

表6-15　日俄战争后至一战前日本对长江流域多地官府（实力派）贷款情况（按时序）

| 借方 | 贷方 | 贷款合同订立时间 | 贷款额 | 折扣 | 期限 | 利率 | 抵押 | 其他 |
|---|---|---|---|---|---|---|---|---|
| 湖北善后局 | 横滨正金银行 | 1906年7月25日 | 洋例银40万两 |  | 5年 | 年息7厘 | 善后局管辖汉口堡垣、城内萧家巷一带及城外宗关等处2块地皮，共427.679亩地契 | 张之洞要求对此借款保密[1] |
| 两江总督端方 | 三菱公司 | 1907年4月1日 | 100万日元 |  | 1年 | 年息6.5厘 | 官钱局 | 借款用于救济江北饥荒[2] |
| 湖广总督张之洞 | 横滨正金银行 | 1907年4月下旬张之洞向横滨正金银行取締役小田切万寿之助提出 | 在伦敦发行总额2000万两的公债 | 九五折扣 | 20年，头10年只还息 | 年息5.5厘 | 善后局收入300万两 | 张之洞称借款用于开办和改善与矿山相关工厂、港口设备，发展其他工商业，但实际目的是用于铺设铁路[3] |
| 湖北官钱局 | 横滨正金银行 | 1907年9月4日 | 200万两 |  | 10年，头3年只还息，其后按期偿还本息 | 年息8厘 | 以武昌善后局盐厘加价每年收入40万两为抵押，另以大冶铁矿矿产作为附属担保 | 合同言明借款只用于武昌四厂而不用于铁路[4] |
| 江南裕宁官银钱局 | 横滨正金银行 | 1908年3月17日 | 100万日元 |  | 1年 | 年息7厘 | 以裕宁银行存于正金银行的上海规元75万两作抵押。此项存款年息5.5厘[5] |  |
| 江南裕宁官银钱局 | 横滨正金银行 | 1908年7月1日 | 洋例银100万两 |  | 2年 | 年息8厘 | 皖南茶捐 | 用作该年秋季操经费[6] |

近代日本在长江流域的扩张（1862—1937）

| 借方 | 贷方 | 贷款合同订立时间 | 贷款额 | 折扣 | 期限 | 利率 | 抵押 | 其他 |
|---|---|---|---|---|---|---|---|---|
| 湖北善后局 | 横滨正金银行 | 1908年7月28日 | 洋例银50万两 | | 5年，头1年只还息，从第2年起按期偿还本息 | 年息8厘 | 汉口筹饷烟酒糖税局烟叶捐、糖捐、酒捐 | 借款充作该年湖北新军秋操费用[7] |
| 湖北善后局 | 横滨正金银行 | 1909年7月下旬 | 100万两 | | 5年，头1年只还息，以后按期偿还本息 | 年息7厘 | 汉阳新征竹木厘每年收入20万两 | 借款用于汉口旧城墙新路附近土地填埋工程，正金银行拒绝贷款，事寝[8] |
| 湖北官钱局 | 横滨正金银行 | 1909年12月 | 洋例银80万两 | | 2年 | 头年年息7厘，以后每年加1厘 | | 系认购湖北地方公债[9] |
| 湖南署布政使 | | 1910年6月中旬向横滨正金银行提出 | 120万两 | | 3年 | 年息7厘左右 | 一年湖南米捐40万两及一年盐课约30万两 | 为1910年长沙事件善后处置借款。未成[10] |
| 湖北布政使 | 横滨正金银行 | 1910年12月 | 200万两 | | 10年，按年偿还本息 | 年息6.5厘 | 湖北烟酒糖厘每年30余万两 | 为缓和汉口市面借款。未成[11] |
| 湖北度支公所 | 横滨正金银行 | 1911年3月上旬 | 200万两 | | 10年，头1年只还息，以后按期偿还本息 | 年息6.5厘 | 无抵押 | 为偿还湖北善后旧债借款。未成[12] |
| 南京留守府及沪军都督府 | 三井洋行 | 1912年5月13日 | 规平银35万两 | | 无期限 | 年息8厘 | 中国银行作保 | 借款用作南京、上海军政费[13] |

续表

| 借方 | 贷方 | 贷款合同订立时间 | 贷款额 | 折扣 | 期限 | 利率 | 抵押 | 其他 |
| --- | --- | --- | --- | --- | --- | --- | --- | --- |
| 安徽都督孙毓筠 | 三井洋行 | 1912年6月 | 20万元 | | 1年 | 年息5厘 | 铜官山铁矿石 | 借款用作行政费[14] |
| 江苏都督程德全 | | 1912年7月以前向横滨正金银行提出 | 30万两 | | 1年 | | 以南京盐票30万两,地价为30万两的通海实业公司土地为抵押,江苏银行作保 | 借款用作军费[15]。未成 |
| 江苏都督程德全 | | 1912年7月向横滨正金银行提出 | 30万两 | | 2年 | | 南通大生纱厂股票50万两 | 借款用作军费[16]。未成 |
| 湖北都督府 | | 1912年8月20日请日本驻汉口总领事松村贞雄居间斡旋 | 汉口银300万两 | 九八折扣 | 15年,头5年只还息,以后按期偿还本息 | 年息6厘 | 湖北省内销场税(月入约10万两) | 借方表示借款用于湖北官钱局基金。日本政府在当时事态下拒绝借款[17] |
| 江苏银行 | 台湾银行 | 1912年9月中旬 | 20万元 | | 2—3个月 | 年息9厘 | 江苏都督作保 | 借款用于中秋节发军饷。是否借成不明[18] |
| 安徽省造币厂 | | 1912年10月向东亚兴业株式会社提出 | 50万两 | | 5年 | 借方提出年息6厘 | 安徽省造币厂 | 以安徽省币收益偿还本息。该厂聘用贷方推荐的技师1人,常驻厂内。未成[19] |
| 江北护军使刘之洁 | 台湾银行(旭公司牵线) | 1913年1月18日 | 鹰洋10万元(以日元交款) | | 3个月 | 月息8毫 | 民国军需公债20万元 | 旭公司代表福间甲松任护军使名誉财政顾问,借款期间江北护军购置军器必须经由旭公司[20] |

续表

| 借方 | 贷方 | 贷款合同订立时间 | 贷款额 | 折扣 | 期限 | 利率 | 抵押 | 其他 |
|---|---|---|---|---|---|---|---|---|
| 安徽省繁昌县三山镇锦卫洲地主徐棠等 | 旭公司 | 1913年2月10日 | 上海规元1万两 | | 1年 | 年息1分5厘 | 锦卫洲圈围43华里土地43566.54237亩 | 借款用于该洲修筑堤坝[21] |
| 湖北湖南纸币整理委员会委员高松如 | | 1913年2月中旬请横滨正金银行取缔役小田切万寿之助斡旋 | 200万两 | | 小田切提出期限10年，头3年只还息，以后按期偿还本息 | 年息8厘 | 湖北筹备局每年所收盐里40万两，并以大冶矿山担保 | 未成[22] |
| 湖南都督谭延闿 | | 1913年6月中旬与旭公司代表商定《湖南省矿业振兴兼财界整理借款合同》 | 1000万日元 | 九三折扣 | 20年，头5年只还息，以后按期偿还本息 | 年息6厘 | 湖南官有、民有各矿归官有各矿矿物（不含水口山铅矿石），湖南官矿局所办江华锡矿、平江金矿及属该矿产业权利以机器之房湖南财政岁入盐款附加税为第二担保 | 由旭公司向湖南省政府推荐用高等矿师，担任调查及开矿事宜。借款偿清前，旭公司包销水口山铅矿所有官矿的湖南所产矿物。湖南省政府有再借用外质，旭公司有优先权。因遭各方反对而未成[23] |
| 江苏省民政长韩国钧 | | 1913年11月分别向横滨正金银行、台湾银行要求借款 | 300万日元 | 九七五折扣 | 借方要求以6年为期，头2年只还息 | 年息8厘 | 芜湖米厘、江苏每年40万两税金、下关口关土地70亩 | 借方称借款用于下关街市建设。未成[24] |
| 四川省民政长陈廷杰 | | 1913年10月至1914年1月与日本驻重庆领事交涉 | 1000万两 | 九五折扣 | 借方要求20年，头5年只还息，以后按期偿还本息 | 借方要求年息5厘 | 年收约100万两的四川省内肉税与油税 | 拟用借款振兴实业、整理军票。未成[25] |

续表

| 借方 | 贷方 | 贷款合同订立时间 | 贷款额 | 折扣 | 期限 | 利率 | 抵押 | 其他 |
|---|---|---|---|---|---|---|---|---|
| 湖北造币厂 | | 1914年2月向横滨正金银行提出 | 300万两 | | | | 湖北官钱局在汉阳与汉口的地皮 | 未成[26] |
| 安徽省财政厅及中华银行 | 三井洋行 | 1914年8月 | 20万元 | | 15个月 | | 买米押款 | 借款用作安徽省清政费[27] |

注：徐义生《中国近代外债史统计资料（1853—1927）》（科学出版社，2016）等所述辛亥革命后上海等地革命派对日借款，表中未列。

资料来源：[1]「张総督ヨリ正金銀行ニ対スル借款ノ件」（1906年7月25日）及所附借款合同抄件，1-7-1-7。

[2] 见《中国近代外债史统计资料（1853—1927）》（科学出版社，2016）等所述辛亥革命后上海等地革命派对日借款，表中未列。

[3] 见「駐汉口代理領事管致外务大臣林董」（1907年5月1日）、「湖北鉄道資金及小田切氏目下交涉中ノ借款問題ニ関スル件」（1907年5月6日）、「湖北借款ニ関スル件」（1907年5月27日），1-7-1-7。

[4] 见「横滨正金银行副头取之助致外务省政务局长阿部守太郎」（1907年4月30日）、《外务大臣林董致驻华公使林权助》（1907年5月27日）所附借款合同抄件，《横滨正金银行头取高桥是清致日本银行总裁松尾臣善》（1908年7月9日）所附「清国官府等借款ノ儀ニ付上申」，1-7-1-5之5。

[5] 「三菱会社ヨリ両江総督借款ニ貸付金返済及正金銀行ヨリ借款契約成立報告ノ件」（1908年3月20日）及所附借款合同抄件，1-7-1-5。

[6] 「两江総督借款ニ関スル件」（1908年7月13日）及其所附借款合同抄件，1-7-1-5之10。

[7] 「横滨正金银行代理头取、取缔役山川勇木致大藏大臣佳太郎、外务大臣小村寿太郎」（1908年10月26日）所附借款合同抄件，1-7-1-5之5。

[8] 「善後局ヨリ百万円借款申入ノ件」（1909年7月31日）、《横滨正金银行代理头取、取缔役山川勇木致大藏次官若槻礼次郎》（1909年8月9日）所附同年8月7日该行给驻汉口分行的回电，1-7-1-5之5。

[9] 「湖北省ニ於ケル内外借款ニ関スル件入山川勇木致外务省政务局长阿部守太郎」（1917年10月8日）所附同月5日《湖北公报》载《湖北自民国四年七月以后须偿还内外借款一览表》、《横滨正金银行致总行总务部》（1913年1月7日）所附「湖北ノ借款過期元利金延期ノ件」（1912年12月27日），1-7-1-5之5。

[10]《驻长沙副領事村山正隆致外务大臣小村寿太郎ノ件》（1910年6月17日、7月27日），1-7-1-5之13。

[11] 「湖北借款ニ関スル報告ノ件」（1910年12月2日），1-7-1-5之5。

[12]《横滨正金银行汉口分行致总行负责人致总行总务部》（1911年3月4日）所附湖北度支公所借款节略译文，1-7-1-5之5。

219

续表

《驻上海总领事有吉明致外务大臣内田康哉》（1912 年 5 月 13 日），1-7-1-5 之 4-002；作者不详「支那各種借款（本ノ部）」，1-7-1-5

《三井物产ニ於テ外務省農政務局長阿部守太郎》（1913 年 6 月 30 日），1-7-5-2 之 13-3。

「江蘇地方ニ於ケル計画中ノ借款」（1912 年 7 月 24 日），1-7-1-5 之 10。

「江蘇地方ニ於ケル計画中ノ借款」（1912 年 7 月 24 日），1-7-1-5 之 10。

《驻汉口总领事松村贞雄致外务大臣内田康哉》（1912 年 8 月 20 日），1-7-1-5 之 5。

《台湾银行上海分行致总行电》（1912 年 9 月 19 日），《驻南京领事船津辰一郎致外务大臣内田康哉》（1912 年 9 月 20 日），1-7-1-5 之 10。

「安徽省造幣厰担保借款事」（1912 年 10 月），「安徽省借款ノ事」（1912 年 12 月 13 日），1-7-1-5 之 3。

「江北護軍使借款ニ関スル件」（1913 年 2 月 1 日）及所附张福增之借款忿录，1-7-1-5 之 10。

《驻南京领事船津辰一郎致外务大臣牧野伸显》（1913 年 2 月 26 日）及所附借款合同日本，1-7-1-5 之 4-002。

《横滨正金银行头取ニ取リ上准外务次官松井庆四郎》（1913 年 2 月 19 日）所附小田切万寿之助 2 月 18 日致总行函，1-7-1-5 之 5。

「湖南省財政厰礦業借款之件」（1913 年 6 月 14 日朝日商会致外务次官松井庆四郎）及所附借款草合同文本，「湖南省欸業振興兼財政整理借款之経過ニ関シ報告之件」（1913 年 6 月 16 日），「湖南省ニ於ケル旭商会合借款不成立ニ関スル公文送ノ件」（1913 年 8 月 25 日），1-7-5-2 之 18-1-001。

《台湾银行上海分行致东京分行电》（1913 年 11 月 13 日），《驻南京领事船津辰一郎致外务大臣牧野伸显》（1913 年 11 月 14 日，25 日），1-7-1-5 之 10。

「四川省借款ニ関スル件」（1913 年 10 月 21 日，11 月 24 日，「四川省借款ニ関シ山座公使ヘ請訓ノ公信写提出ノ件」（1914 年 1 月 10 日），1-7-1-5 之 21。

《横滨正金银行头取井上准之助致外务大臣牧野伸显》（1914 年 3 月 2 日）及所附该行驻汉口分行同年 2 月 20 日来函，「湖北省ニ於テ」所载《湖北省自民国四年七月以后偿还内外借款一览表》，1-7-1-5 之 5。

徐义生：《中国近代外债史统计资料（1853—1927）》，第 124—125 页。

[13] 《驻上海总领事有吉明致外务大臣内田康哉》（1912 年 5 月 13 日），1-7-1-5 之 4-002；作者不详「支那各種借款（本ノ部）」，1-7-1-5 之 12；徐义生：《中国近代外债史统计资料（1853—1927）》，第 100—101 页。

[14] 《三井物产株式会社代表缔役，社长三井八郎致外务省政务局长阿部守太郎》（1913 年 6 月 30 日），1-7-5-2 之 13-3。

[15] 「江蘇地方ニ於ケル計画中ノ借款」（1912 年 7 月 24 日），1-7-1-5 之 10。

[16] 「江蘇地方ニ於ケル計画中ノ借款」（1912 年 7 月 24 日），1-7-1-5 之 10。

[17] 《驻汉口总领事松村贞雄致外务大臣内田康哉》（1912 年 8 月 20 日），1-7-1-5 之 5。

[18] 《台湾银行上海分行致总行电》（1912 年 9 月 19 日），《驻南京领事船津辰一郎致外务大臣内田康哉》（1912 年 9 月 20 日），1-7-1-5 之 10。

[19] 「安徽省造幣厰担保借款事」（1912 年 10 月），「安徽省借款ノ事」（1912 年 12 月 13 日），1-7-1-5 之 3。

[20] 「江北護軍使借款ニ関スル件」（1913 年 2 月 1 日）及所附张福增之借款忿录，1-7-1-5 之 10。

[21] 《驻南京领事船津辰一郎致外务大臣牧野伸显》（1913 年 2 月 26 日）及所附借款合同日本，1-7-1-5 之 4-002。

[22] 《横滨正金银行头取ニ取リ上准外务次官松井庆四郎》（1913 年 2 月 19 日）所附小田切万寿之助 2 月 18 日致总行函，1-7-1-5 之 5。

[23] 「湖南省财政厰礦業借款之件」（1913 年 6 月 14 日朝日商会致外务次官松井庆四郎）及所附借款草合同文本，「湖南省欸業振興兼財政整理借款之経過ニ関シ報告之件」（1913 年 6 月 16 日），「湖南省ニ於ケル旭商会合借款不成立ニ関スル公文送ノ件」（1913 年 8 月 25 日），1-7-5-2 之 18-1-001。

[24] 《台湾银行上海分行致东京分行电》（1913 年 11 月 13 日），《驻南京领事船津辰一郎致外务大臣牧野伸显》（1913 年 11 月 14 日，25 日），1-7-1-5 之 10。

[25] 「四川省借款ニ関スル件」（1913 年 10 月 21 日，11 月 24 日，「四川省借款ニ関シ山座公使ヘ請訓ノ公信写提出ノ件」（1914 年 1 月 10 日），1-7-1-5 之 21。

[26] 《横滨正金银行头取井上准之助致外务大臣牧野伸显》（1914 年 3 月 2 日）及所附该行驻汉口分行同年 2 月 20 日来函，「湖北省ニ於テ」所载《湖北省自民国四年七月以后偿还内外借款一览表》，1-7-1-5 之 5。

[27] 徐义生：《中国近代外债史统计资料（1853—1927）》，第 124—125 页。

动荡局势影响而停工，无力偿还三菱公司贷款到期本息。1913 年 5 月，三菱公司以该厂欠款 69 万余元和 17 万余两发起诉讼，并对湖北当局施压，还请当时非法驻扎大冶的日军围住该厂，要求以该厂所有资产还债。[①] 湖北当局"以该厂为湖北希有之实业"，曾想收归官办。[②] 然而，日方声称要么由三菱公司来经营，要么如数还款，"财政竭蹶"的湖北当局只能表示"非鄂政府能力所及"，遂将该厂发封。[③] 当时，湖北省议会明确主张"由鄂政府筹款二百余万"，偿清债务，以维持湖北一大利源。[④] 汉口商界维持会也力言"该厂出货精良，为中外称许，只以市面艰难，致为债务逼迫"，强烈要求当局"设法维持"。[⑤] 但这些都只是空口议论，对解燃眉之急并无实济。在此情况下，湖北当局"特电南洋各岛华商会及上海华侨公会，招致华侨接办"。[⑥] 虽也有华侨响应，但日方逼债急如星火，不免远水不解近渴。其时，对大冶水泥厂也有债权的吉林，都督陈昭常提出"拟由吉省担任代还日款"，[⑦] 但陈旋调任广东，加上湖北议会也"颇不愿为吉省所得"，[⑧] 又使此议作罢。最终，是靠该厂总理程祖福在很苛刻的条件下向法商在天津所开保商银行借款 140 万元，[⑨] 才得以在 1914 年 4 月 7 日还清三菱公司贷款。[⑩]

汉口既济水电有限公司开办于 1906 年 8 月，由张之洞赋予专利，发起者宋炜臣等与湖北官府分别出资 150 万元、10 万元，另向民间招股 150 万

① 《中国实业之悲观》所录黎元洪致袁世凯电稿，《申报》1913 年 5 月 7 日，第 10 版；《三菱公司强占水泥厂》，《申报》1913 年 2 月 16 日，第 6 版。

② 《大冶水泥厂已封闭矣》，《申报》1913 年 2 月 21 日，第 6 版。

③ 《中国实业之悲观》所录黎元洪致袁世凯电稿，《申报》1913 年 5 月 7 日，第 10 版。

④ 《鄂吉两省争办水泥厂》，《申报》1913 年 6 月 24 日，第 6 版。

⑤ 《大冶水泥厂交涉》，《申报》1913 年 4 月 19 日，第 6、7 版。

⑥ 《华侨请办水泥厂》，《申报》1913 年 5 月 13 日，第 6 版。

⑦ 《鄂吉两省争办水泥厂》，《申报》1913 年 6 月 24 日，第 6 版。

⑧ 《水泥厂借款问题之会议》，《申报》1914 年 2 月 18 日，第 6 版。

⑨ 《横滨正金银行头取井上准之助致外务次官松井庆次郎》（1914 年 1 月 8 日）所附该行致取缔役小田切万寿之助电『大冶セメント会社借款ノ件』，1-7-1-5 之 22-2-004；《水泥厂借款问题之会议》，《申报》1914 年 2 月 18 日，第 6 版；《鄂省实业界近事》，《申报》1914 年 4 月 18 日，第 6 版。

⑩ 《横滨正金银行副头取山川勇木致外务省政务局长小池张造》（1914 年 4 月 8 日）所附汉口分行 4 月 7 日来电抄件，1-7-1-5 之 22-2-005；《大冶之水泥》，《申报》1914 年 5 月 18 日，第 6 版。

元，声明"拒绝所有外资"。① 1908 年农历八月开始供电后，报装电灯者众多；到 1909 年，自来水也开始供应，② 且比电灯有更大的需求，因为"洋商皆不愿经营……将各租界自来水敷设权委托既济承办"。③ 然而，到 1910 年 6 月，该公司却向日本驻汉口领事馆提出借款 100 万两。④ 日方探究由来，说法是该公司市场需求虽旺盛，但在资金上有很大困难：一是白银暴跌，英镑与纹银比价从 1 镑兑六七两，变为兑八两四五钱，导致该公司向国外购置设备材料费用超出预算 100 万元以上；二是公司资金紧缺，创业费与流动资金合计，负债一百二三十万元，而目下还必须投入大量资金以增强水电供应能力；三是公司要增股 200 万元，但实际仅增 50 万元；四是公司要按年息 6% 给股东分红，有 13 万元缺口。⑤ 急于求得资金以扩大生产规模的既济水电有限公司，于 1910 年 10 月 5 日，按年息 8 厘，向日本东亚兴业株式会社借款 120 万日元。但是，到 1911 年，该公司在市场对水电的需求继续有增无已的情况下，缺乏资金的局面仍无缓解，新募的 150 万股份也实际注资很少，只得在 10 月 1 日又向东亚兴业株式会社借款 12.5 万日元。经过阳夏战争，该公司所借日债不能偿还，还要恢复和扩大生产，不得已再分头向英商怡大洋行与东亚兴业株式会社借款，结果是在 1912 年 5 月 1 日，以年息 9 厘为代价，借得日债 23 万日元。到后来，该公司依然面临扩大经营的要求，而资金仍是最大难题，向北京政府求援无果，不得已又向中法实业银行与日本东亚兴业株式会社告贷。⑥ 而日方在一战爆发前夕，对该公司提出聘用日本人数名、平时监督其经营及设施的贷款条件，该公司及其他相关

① 《批职商宋炜臣等禀办汉口水电公司》（光绪三十二年六月初四日），赵德馨主编《张之洞全集》第 7 卷，第 219—220 页；『漢口水電会社成立ノ件』（1906 年 8 月 6 日）、『漢口既済水電公司四十一年度営業状態報告之件』（1909 年 3 月 24 日）、1-7-1-5 之 9-001。

② 『漢口既済水電公司四十一年度営業状態報告之件』（1909 年 3 月 24 日）、1-7-1-5 之 9-001。

③ 《武汉水电进行之一斑》，《申报》1910 年 12 月 28 日，第 1 张第 4 版。

④ 《驻汉口总领事松村贞雄致外务大臣小村寿太郎》（1910 年 6 月 16 日），1-7-1-5 之 9-001。

⑤ 『漢口水電公司二関シ報告ノ件』（1910 年 8 月 3 日）、1-7-1-5 之 9-001。

⑥ 『漢口水電公司ノ借款二関スル件』（1913 年 11 月 18 日）、『漢口水電公司新借款二関スル件』（1914 年 2 月 24 日）、1-7-1-5 之 9-001。

方面虽都曾抵制，但迫于偿还旧债压力，还是屈从了日方条件。[①]

扬子机器厂由经营汉阳铁厂的李维格发起，开办于 1908 年，目的是为修铁路提供桥梁、车头材料，也修造船舶。湖广总督瑞澂在 1911 年农历二月奏报湖北办理实业情形，将该厂与既济水电有限公司都列为可期发达的民办企业。[②] 但其招股所得 40 余万两，用于购地、建厂工料、购置机器之后，所剩无几，[③] 故于 1910 年 9 月向横滨正金银行借款 15 万两。[④] 到 1912 年，形势动荡加上资金紧张，使该厂不能偿还借款利息，而再向该银行借款 10 万两。[⑤] 其后直到 1915 年、1916 年，该厂仍无法解决"困于资金"的问题，继续找横滨正金银行借款，由此成为三菱公司的猎物。[⑥]

上述三家开办于清末的湖北民营企业，当时都是政府扶持的对象，也不缺乏市场需求，开办者在官商两界都可谓有影响的人物，在办厂初期资金需求超过预计也属正常现象，但它们不约而同地深陷资金枯涸不能自拔。由此凸显的，是支撑这些企业的金融体系之缺，除了与所求相差甚远的招股，别无有效的融资途径。且就政府支持来说，大冶水泥厂只有股票押借的吉林公款，既济水电有限公司能得到的官款仅有 10 万两之数，扬子机器厂虽与汉阳铁厂关系密切，但后者早已债务缠身，无望得到官款支持。当时的地方官府对这些企业所受资金之困只能甘言相慰，社会其他方面也无力雪中送炭。这些企业要维持下去，也就顾不了拒绝外资的初衷，而作出向包括日本在内

---

① 《驻汉口领事馆高桥新治致外务省政务局长小池张造》（1914 年 8 月 13 日），1-7-1-5 之 9-001。因日方条件苛刻，当时借款未能达成。此后，既济水电有限公司于 1916 年 4 月 24 日，以年息 9 厘等为条件，与东亚兴业株式会社订立借款 150 万日元合同，以新债还旧债；1917 年 1 月 15 日，又按照年息 9 厘，聘用 4 名日本人分别担任该公司工程师、经营顾问、电气顾问、会计员等条件，与该会社订立借款 100 万日元合同，以还此前所欠之债；直到 1920 年 5 月，才最终了断对日本的债务。

② 《湖广总督瑞澂奏办理农工实业情形折》，《申报》1911 年 4 月 9 日，第 2 张第 2 版。

③ 《扬子机器公司函》，《申报》1913 年 3 月 31 日，第 7 版；『揚子機器有限公司創設ノ件』（1908 年 8 月 7 日）、B-3-5-5-1 之 003。

④ 《驻汉口代理领事来栖三郎致外务大臣小村寿太郎》（1910 年 9 月 16 日），1-7-1-5 之 16-001。

⑤ 《驻汉口总领事芳泽谦吉致外务大臣内田康哉》（1912 年 11 月 2 日），1-7-1-5 之 16-001。芳泽谦吉认为该厂资产有 42 万两，建议内田康哉促横滨正金银行再度贷款。

⑥ 见三菱汉口支店长山本 1916 年 3 月 6 日、7 日造访外务省政务局记录，『漢口揚子機器製造公司対横浜正金銀行借款契約ニ関スル件』（1916 年 7 月 9 日），1-7-1-5 之 16-001。

的外国借款的选择。

日本对长江流域多地官府（实力派）贷款的由来，要复杂得多。

众所周知，清末十年，对外巨额赔款使各省普遍加重了负担，而各地官府在履行原有职能的同时，相继举办各种新政，导致开支日增，即使不顾民怨强征各种捐税，所开财源也难解入不敷出的困局。在此状况下，被清廷放松了权力限制的疆吏，越来越将举借外债作为缓解经费匮乏的便法。此外，甲午战争后，日本势力设法笼络张之洞等长江流域疆吏，促使他们及其幕僚在考虑借助外资时向日本倾斜，于是日本贷款在长江流域地方官府的外债中就颇显突出了。

清末长江流域多地官府对日借款，表面理由与实际目的可能不一致，但总体上仍可区分各种动因。

其一，为对外赔款而借款。1910 年 4 月，被清廷擢为湖南巡抚的杨文鼎，为筹款赔偿此前长沙抢米风潮中外国教堂、洋行等所受损失，向横滨正金银行提出借款 100 万两。[1] 但这一要求未被日方接受，向大清银行商借亦无着落，到 6 月中旬，杨再让署湖南布政使谭启瑞向日方提出借款 120 万两。[2]

其二，为应对灾荒而借款。典型事例是 1907 年 1—4 月，两江总督端方为救济江北饥荒，分别与横滨正金银行、三菱公司及上海的中国通商银行等交涉，最终按三菱公司条件借得 100 万日元。[3]

其三，为建设新军而借款。1906 年 7 月，张之洞通过湖北善后局向横滨正金银行借洋例银 40 万两，表面上说是为修筑汉口道路，实际上用于在武昌新建炮兵营、扩建陆军小学堂。[4] 而到 1908 年 6 月、7 月，端方为准备南洋新军演习（秋操），需购置被服、军靴、辎重、车辆、工兵用具等，向

---

[1] 《横滨正金银行总支配人山川勇木致外务省政务局长仓知铁吉》（1910 年 4 月 23 日）。另，日本驻长沙副领事村山正隆同年 7 月 18 日致外务大臣小村寿太郎的『湖南省近况報告ノ件』（1-7-1-5 之 13）称："各国损失，预算似有约百万到百十万两，湖南官府为尽其责任而希望速决，欢迎及早开始交涉。"

[2] 『借款申込ニ関スル続報ノ件』（1910 年 7 月 27 日驻长沙副领事村山正隆）、1-7-1-5 之 13。

[3] 《驻上海总领事永泷久吉致外务大臣林董》（1907 年 1 月 20 日、4 月 1 日）。一年后还款时，因银价暴跌，较之借款时的日元与纹银比价，偿还本息要多付 10 万两。见《驻南京副领事船津辰一郎致外务大臣林董》（1908 年 3 月 4 日），1-7-1-5 之 10。

[4] 『張総督ガ正金銀行ヨリ借款ノ件』（1906 年 7 月 25 日）、1-7-1-7。

户部银行、督练处商借银两均未如愿，要江苏官钱局垫付也未果，只得向横滨正金银行借洋例银 100 万两。[①] 同时，湖广总督陈夔龙也为湖北新军演习，向横滨正金银行借洋例银 50 万两。[②]

其四，为官办企业等借款。1907 年 8—9 月，张之洞在离鄂赴京之前，向日方提出并最终通过湖北官钱局向横滨正金银行借款洋例银 200 万两，用于新开机械、造纸、织呢、针钉厂。[③] 而据当时日本驻汉口领事水野幸吉探查，张之洞实际上还要以借款中的一部分清偿汉阳兵工厂购煤等所欠价款，以另一部分向日本川崎造船所订购炮舰、水雷艇。[④]

其五，为纾财政之困而以发行公债借款。湖北官钱局 1909 年 12 月发行公债 240 万两，[⑤] 日本横滨正金银行认购了 80 万两。同时，湖南当局也因"财政上万不得已"，而向省内外发行公债 120 万两，并"打着公债幌子举借外债"，向横滨正金银行提出以 100 万两公债票为抵押借款 100 万两，最终由该银行与德商礼和洋行分别认购了 50 万两。[⑥]

其六，为处理社会经济事务而借款。如 1909 年 7 月下旬，湖北善后局为汉口旧城墙附近土地填埋工程而对日提出借款 100 万两；1910 年 12 月，湖北布政使对日要求借款 200 万两，以缓解汉口市面银根吃紧问题。[⑦]

其七，为摆脱别国束缚而借款。1905 年 8 月，中国赎回粤汉铁路修筑权，但也为此对英借款 110 万镑，英方迫使张之洞保证，如为修筑粤汉铁路借外债，"先尽英国银行承办"。[⑧] 而论者多以为张之洞借外债兴建该铁路，确系先找英国商筹。但实际上，张之洞在 1907 年 3 月湖南粤汉铁路公司成

① 『両江総督借款ニ関スル件』（1908 年 6 月 5 日、7 月 13 日）、1-7-1-5 之 10。
② 《驻汉口总领事高桥橘太郎致外务大臣寺内正毅》（1908 年 7 月 29 日），1-7-1-5 之 16-001。
③ 《大藏省理财局长胜田主计致外务省政务局长山座圆次郎》（1907 年 8 月 30 日）所附横滨正金银行与其驻汉口分行之间有关张之洞借款的往复信件、电报，1-7-1-7。
④ 『湖北借款合同寫送附之件』（1907 年 9 月 5 日）、1-7-1-7。
⑤ 《湖北公债章程》，《申报》1909 年 12 月 12 日，第 2 张第 2 版。
⑥ 『湖南公债募集ニ関スル件』（1911 年 1 月 14 日）、1-7-5-2 之 18-3-001。
⑦ 日本驻汉口领事馆 1910 年 11 月 25 日发出的报告『漢口経済界ノ情態』（日本外务省通商局编纂『通商彙纂』第 6 号、1911 年），叙述了汉口遭上海"源丰润"银号破产冲击而银根紧缩，商界请求布政使设法救市的情况。
⑧ 《致广州岑制台》（光绪三十一年八月初二日），赵德馨主编《张之洞全集》第 11 册，第 228 页。

立、将展开修筑工程时，想摆脱英国束缚，通过向日本借款以解决资金问题。4 月中旬，张之洞将横滨正金银行驻华负责人小田切万寿之助请到汉口密商，欲以湖北兴业公债名义请该银行在伦敦发债 2000 万两（合 300 万镑）。为避免引起与英方的纠葛，张之洞将借款用途说成是开办采矿工厂、建设港口设施、振兴其他工商业。① 但是，英国汇丰银行听到风声，立即报告驻华公使朱尔典等，英方随即在 5 月中旬搬出贷款优先权，反对日本插足。② 由此，张之洞只好取消了与日方已谈成的借款方案。③

武昌起义至一战爆发，长江流域一些地方政权较之清末官府，所受财政压力毫无减轻，但获取财源的能力更为低下，因而加大了对外债的依赖。此外还应指出的是，这些政权出于尽量减轻外国压力的考虑而承认其既有权益，包括继承以往当地官府的外债。如在武昌，新政权成立后，日方即来催讨原湖北官府尚未偿清的贷款，新政权表示认账；④ 长沙的新政权在日方压力下，于 1912 年 5 月 1 日支付了原该地官府的部分欠款；⑤ 南京临时政府成立不久，日本领事铃木荣作向孙中山催讨裕宁官钱局贷款本息，⑥ 财政司要求延期支付，⑦ 但南京临时政府在新的偿还期结束之前便告解体，债务又由江宁财政司承担。⑧ 上述政权继承既往外债，对它们原本困窘之极的财政，无异于雪上加霜，而所找

---

① 『湖北鉄道資金及小田切氏目下交渉中ノ借款問題ニ関スル件』（1907 年 5 月 6 日）、1-7-1-7。

② 《驻汉口领事水野幸吉致外务大臣林董》（1907 年 5 月 19 日），1-7-1-7。

③ 《驻汉口领事水野幸吉致外务大臣林董》（1907 年 5 月 20 日）、《驻华公使林权助致外务大臣林董》（1907 年 5 月 21 日），1-7-1-7。

④ 《横滨正金银行副头取井上准之助致外务大臣内田康哉》（1912 年 6 月 27 日）所附 1912 年 6 月 15 日该行驻汉口分行来函抄件，1-7-1-5 之 5。1912 年，湖北政府相关机构与横滨正金银行驻汉口分行办理了延期支付清末湖北对日各项借款到期本息（包括延期加息）的手续。见《横滨正金银行代理头取取缔役山川勇木致外务次官男爵牧野伸显》（1913 年 3 月 7 日）所附汉口分行负责人 2 月 18 日来函『湖北借款公债延期交涉ノ件』抄件，1-7-1-5 之 5。

⑤ 《横滨正金银行副头取井上准之助致外务大臣内田康哉》（1912 年 6 月 27 日）所附 1912 年 6 月 15 日该行驻汉口分行来函抄件，1-7-1-5 之 5。

⑥ 『正金銀行ノ債務保護方ニ関シ孫逸仙ト面談ノ状況報告ノ件』（1912 年 2 月 14 日）、1-7-1-5-10。

⑦ 『正金銀行借款承認ニ関スル件』（1912 年 2 月 27 日）、1-7-1-5-10。

⑧ 见 1912 年 9 月横滨正金银行经由日本银行上呈的同年 7 月 27 日江宁财政司与横滨正金银行驻汉口分行负责人小林和介所立《展期借款据》，1-7-1-5-10。

出路，基本上也是借新债还旧债，其所求主要对象仍然是日本。

（3）日本贷款行为的特性

一战爆发前，日本较之欧美列强，经济发展水平不高，资本也不雄厚，但对长江流域多地的贷款，却在列强中显得十分突出。这不仅与这一时期长江流域存在举借外债的多种动因、有日本可以利用的一些条件有关，而且与当时日本贷款行为的特性有很大关联。这可从三个方面来说明。

一是由日本国家意志主宰。

从总体而言，一战前日本对长江流域多地的贷款，并非单纯的资本逐利行为，而是以增进日本在华权益为基本目标，由日本国家意志主宰，故从策划到实行，日本政府有关方面充当了行为主体，并且被日本视为攸关国益的项目，还直接以政府财政经费充作贷款。

1908 年 7 月 9 日，横滨正金银行头取高桥是清向大藏大臣、外务大臣明言，对长江流域多方面的贷款，都是"在政府指挥及帝国驻华官宪劝诱下"进行，且都"由政府融通"。[1] 而当时的大藏省理财局局长胜田主计亦称："对清国长江沿岸的官府矿山等贷出资金，一直是依照政府的大方针，由横滨正金银行等实施贷出……上述贷款与其说是基于该行经营利害，毋宁说是按我国政所需而为之。"[2] 这种状况，在日俄战争之前、之后，有很强的连续性。

1898 年 12 月，日本驻上海代理总领事小田切万寿之助探悉盛宣怀计划为汉冶萍举借外债，建议本国政府"供给这些资金，将铁厂、大冶铁山的管理权握于我掌中"，称日本由此所得，除了"产生于经营的普通利益之外"，还有"送去我国所产焦炭，运回矿石生铁等之利"，"在该国扶持我国势力之利"，"由我国一手掌握东亚钢铁事业之利"，"使日中两国关系密切之利"。他还对盛宣怀展开"种种劝诱"。[3] 而日本政府则于 1899 年 3 月决定：由横滨正金银行按政府所拟条件，贷给汉阳铁厂 200 万两。[4] 当时，盛

---

① 『清国官府等借款ノ儀ニ付上申』（1908 年 7 月 9 日）、1-7-1-5 之 5。

② 『清国官府等借款ニ関スル件』（1908 年 7 月 15 日）、1-7-1-5 之 5。

③ 『鉄政局督辦盛宣懐ヨリ銀弐百万ヲ日本ヨリ借入方相談ノ件並ニ意見具申』（1898 年 12 月 18 日）、1-7-1-3。

④ 『漢陽鉄政局ヘ銀弐百万両貸付ノ件ニ関スル訓示』（1899 年 3 月 13 日）、1-7-1-3。

宣怀还在英国、比利时与日本三方提出的贷款条件中犹疑不定，对舆论也有顾忌，故在 1899 年 4 月与日方做的交易，只限于向日本制铁所出售大冶铁矿石，从日本进口汉阳铁厂、招商局等所需煤炭。到 1901 年 4 月，日本驻汉口领事濑川浅之进向外务大臣报告：汉阳铁厂拟借款约 300 万两，条件是 15 年为期、年息 6 厘、以大冶铁矿石或萍乡煤矿及其新建铁路为抵押，并希望尽可能从日本获得借款。濑川浅之进认为日本所购大冶铁矿石尚不能满足需要，萍乡可能还有铁与锑矿石，同时着眼于与德国争夺，"为在湖南、江西两省培植帝国势力奠定基础"，而很希望由日本提供贷款。① 但当时日本政府"贷款 300 万日元颇为困难"，遂令濑川浅之进在与汉阳铁厂交涉中"留下充分余地"。② 1903 年 12 月，汉阳铁厂又向日本驻汉口领事永泷久吉提出借款，后者促使大仓喜八郎应承下来，而外务大臣小村寿太郎则很赞赏他"尽瘁"，并指示他为订立可靠合同而继续"充分尽力"。③ 日本对南浔铁路贷款，在日俄战争前的 1903 年，由驻上海总领事小田切万寿之助最先提出动议。他秉承本国政府要取得福建、江西、浙江铁路修筑权的旨意，设法对江西官府进行试探，并向上言及兴业银行也有意加入。④ 此后，江西成立铁路公司、招股集资、制定铺设铁路规划、展开工程，以及各方围绕铁路的动态等，都被日本驻上海、汉口的领事等随时探查和报告。1907 年 1 月，驻汉口领事水野幸吉报告江西巡抚有向德商借款迹象，日本政府立即表示"该铁路必须由我供给资金"，⑤ 而驻上海总领事永泷久吉则迅速按本国政府所提条件，与代表江西方面的上海大成工商公司交涉，促其订立草合同，⑥ 而实际放款的日本兴业银行，只不过是在他已谈成的合同上签字而已。⑦

　　清末湖广、两江官府成为日本在长江流域重要的贷款对象，也与驻这些

① 『漢陽鉄政局借款ニ関スル件』（1901 年 4 月 12 日）及所附之函，1-7-1-3。
② 《外务省总务长官内田康哉致驻汉口领事濑川浅之进》（1901 年 5 月 14 日），1-7-1-3。
③ 《外务大臣小村寿太郎致驻汉口领事永泷久吉》（1903 年 12 月 7 日），1-7-1-3。
④ 『九江萍郷間鉄道布設計画ノ件』（1903 年 6 月 5 日）、F-1-9-2-16 之 001。
⑤ 《外务大臣林董致驻上海总领事永泷久吉》、《外务大臣林董致驻汉口领事水野幸吉》（1907 年 1 月 10 日），F-1-9-2-16 之 001。
⑥ 《驻上海总领事永泷久吉致外务大臣林董》（1907 年 1 月 22 日），F-1-9-2-16 之 001。
⑦ 《外务大臣林董致驻上海总领事永泷久吉》（1907 年 1 月 23 日），F-1-9-2-16 之 001。

地方的日本领事大有关系。1904 年 11 月下旬，驻汉口领事永泷久吉听说张之洞可能找德国借款 80 万两，竭力利用其在张周围的人脉关系，促张转向日本求贷，[①] 尽管当时日俄正在厮杀，实际上并无放贷的余地。到 1906 年，张之洞向日本借款，找三井没有如愿，与横滨正金银行汉口分行交涉，又因其所要年息过高而无果，最终是靠日本驻汉口领事水野幸吉才借到手。原来，水野幸吉想要强化张之洞 "平素较之西方各国更依赖于日本的倾向"，且考虑为横滨正金银行在汉口新设的分行获得有利于长远经营的条件、与德国银行竞争，而促使本国政府令该银行向张之洞贷款 40 万两洋例银。[②] 1907 年 1 月，两江总督端方向横滨正金银行借款 50 万两，该行嫌其愿付年息过低而拒绝，但驻南京副领事船津辰一郎认为此事可成为日本 "将来在此方面陆续展开新事业的端绪"，贷款是 "上策"；[③] 驻上海总领事永泷久吉也为此事与对江西有所图的三菱公司之人商谈，还请外务省 "劝诱" 岩崎弥太郎，派人与端方就具体条件反复交涉，[④] 最终促成了三菱公司对端方（名义上是裕宁官钱局）100 万日元的贷款。[⑤] 此外还应指出的是，在有些只涉及一般性利益的贷款项目中，日本领事所起作用也很明显。如 1910 年东亚兴业株式会社对汉口既济水电有限公司的贷款，就是由日本驻汉口总领事将该公司要求上报政府，[⑥] 并不厌其详地为本国资本家提供有关该公司现状、前景之类的信息，说明该公司借款因由及贷款的可靠性；[⑦] 日本的贷款方也是通过领事牵线，而与该公司商谈的。[⑧]

在贷款问题上，日本在长江流域的领事及其本国当政者，对于最大限度

---

① 『湖広総督ヨリ借款方申出ノ件』（1904 年 12 月 1 日）、1-7-1-5 之 5。

② 『張総督ガ正金銀行ヨリ借款ノ件』（1906 年 7 月 25 日）、1-7-1-7。

③ 『端総督外債借入レニ関スル件』（1907 年 1 月）、1-7-1-5 之 10。

④ 《驻上海总领事永泷久吉致外务大臣林董》（1907 年 1 月 11、14、20 日），1-7-1-5 之 10。

⑤ 『南京総督及三菱会社間借款成立ニ関スル件報告』（1907 年 4 月 10 日）、1-7-1-5 之 10。

⑥ 《驻汉口总领事松村贞雄致外务大臣小村寿太郎》（1910 年 6 月 16 日），1-7-1-5 之 9-001。

⑦ 《外务大臣小村寿太郎致驻汉口总领事松村贞雄》（1910 年 7 月 18 日）、《驻汉口总领事松村贞雄致外务大臣小村寿太郎》（1910 年 7 月 20 日、25 日）、『漢口水電公司ニ関シ報告ノ件』（1910 年 8 月 3 日），1-7-1-5 之 9-001。

⑧ 《东亚兴业株式会社派到汉口的橘三郎致外务省政务局长仓知铁吉》（1910 年 9 月 26 日，1-7-1-5 之 9-001）称，驻汉口总领事松村贞雄曾发电说由兴业银行或台湾银行承接贷款。

获得收益，绝不是不追求的，且如前文所述，当借方因故不能偿还贷款本息时，讨债者中从未缺少日本领事这样的角色。但是，较之于日本企业（包括像横滨正金银行这样的国策银行），他们所处的地位，又决定了其考量绝不限于贷款的直接收益，而与更大范围的所谓国益相联系。像对汉冶萍公司、南浔铁路的贷款，因为事关日本急需的战略资源、在长江流域扩张的目标，便由日本政府一手操纵，甚至不惜以财政经费充当所谓贷款。中外学界对此已多有论述，不再赘述。

二是主要与攫取矿产资源挂钩。

日本缺乏多种矿产资源，所以在甲午战争后相当迅速地加入列强对中国矿产的争夺，这在一战爆发前在长江流域表现得最为突出，因而其对此区域的贷款也主要与这一目的挂钩。

众所周知，近代日本在华攫取矿产，下手最早、历时最久的对象就是大冶铁矿石，而在一战前日本对长江流域的贷款中，也是以涉及大冶铁矿石的占最大比重。此外须注意的是，有的贷款虽与大冶铁矿并无关系，但也被日本加上与之挂钩的条件。如 1907 年 9 月横滨正金银行对湖北官钱局贷款洋例银 200 万两，即规定"以湖北所管之大冶矿山并保……不能由外人擅自开采"。[①] 至于日本在南京临时政府成立后，利用其急于借款，而以所谓合办汉冶萍公司作为贷款条件，更是人们熟知的史实。

如果说，日本政府与财阀之间，对于向长江流域贷款，因各自地位不同，权衡利益还有些许差异的话，那么，在通过贷款来攫取资源这一点上，却有高度的一致性。日本对汉阳铁厂的第一笔贷款，是由大仓喜八郎提供的，其后，萍乡煤矿也成为大仓组通过贷款涉足的对象。而三井洋行，不仅对日本政府竭力控制大冶铁矿石一贯密切配合，而且介入对长江流域其他铁矿石资源的攫取，1908 年试图通过入股取得铜官山铁矿的经营权未遂，1912 年又趁安徽当局急于获得借款，派森恪前往交涉，订立"中日合资合办铜官山矿务公司"草合同，规定由日资经该公司向安徽省都督贷款 150

---

① 《横滨正金银行副头取井上准之助致外务省政务局长阿部守太郎》（1912 年 6 月 5 日）所附借款合同抄件，1-7-1-5 之 5。

万日元，条件是以该矿开采权为抵押，并由日方技师鉴定矿产。这笔交易被南京的实业部与北京政府财政部斥为非法，三井洋行退而求其次，以用铜官山铁矿石还款为条件，向安徽都督孙毓筠贷款 20 万日元。[①] 三菱公司对攫取矿产资源也颇有欲望，其在 1907 年对两江总督端方贷款，原因是"有在江西地方开采铜矿的计划，要见机接近南京总督"。[②]

　　一战前日本在长江流域获取矿产，并不限于铁矿石，其对湖南其他矿产也同样打算通过贷款获取。1902 年 9 月，日本驻汉口领事山崎桂报告说，湖南"富于各种矿脉"，他曾向该省官府提议，让日本"精通矿山学的专家""对矿脉矿质进行详密的学术性验查"，虽被拒绝，但还是建议日本政府争取让有关人员充当湖南聘用的矿山技师。[③] 1906 年 3 月 26 日，三井派森恪到长沙，与湖南中路矿务公司密订合同，规定由三井"派矿师查勘该公司所管全区矿地"，"合力经营"，如资金不足，三井"可代［贷］给"，"不得向别人借贷"，且一切经营须采取三井"新法"。[④] 1910 年 6 月，湖南官府拟举借外债 120 万两，日本驻长沙副领事村山正隆趁机"劝告"其"开发矿山、出售矿石"。他看中"水口山铅矿、平江金矿，永州的锡、辰州的朱砂、各地的煤炭与锑等"，[⑤]向本国政府建议："对于铅锡锑铜等各种矿山，或许能用大冶借款那样的方法开始商议，有必要让兴业会社等可靠方面设法为之。"[⑥] 已为获取湖南矿

---

①　『銅官山合弁問題ニ関シ報告之件』（1912 年 3 月 27 日）、《驻南京领事铃木荣作致外务大臣内田康哉》（1912 年 3 月 25 日）、『安徽銅官山ニ関スル件』（1912 年 7 月 25 日）及其所附在宁安庆同乡会致都督及省议会书大要、《驻华公使伊集院彦吉致外务大臣牧野伸显》（1912 年 6 月 25 日）、『清国事変ニ関スル続報ノ件』之「三井对安徽省借款」（1912 年 6 月 8 日），1-7-5-2 之 13-3。

②　『南京総督及三菱会社間借款成立ニ関スル件報告』（1907 年 4 月 1 日）、1-7-1-5 之 10。

③　『湖南出張ノ機会ヲ利シ同省ヘ本邦教師招聘方及其他ノ件勧誘顛末』（1902 年 9 月 21 日）。后来，奉日本政府派遣、受聘湖南省文普通学堂教习的臼井胜三，于 1910 年 8 月至 9 月，实地勘察了善化、湘潭、衡山、清泉、常宁、桂阳、临武、郴州、耒阳等地的金、锡、铁、铜、铅、锌、煤矿，并向外务省、农商务省上呈了报告。见『河南省ノ農業及湖南省ノ鉱産地質ニ関スル報告書送付ノ件』（1911 年 3 月 24 日）及所附臼井胜三『湖南省鉱産地質報告書』，1-7-5-2 之 18-1-001。

④　『湖南鉱務総公司ト三井出張員森恪ト探鉱契約ノ件』（1906 年 5 月 24 日）、1-7-1-5 之 13。

⑤　『湖南近況報告ノ件』（1910 年 7 月 18 日）、1-7-1-5 之 13。

⑥　《驻长沙副领事村山正隆致外务大臣小村寿太郎》（1910 年 6 月 17 日），1-7-1-5 之 13。

产活动很久的三井，在湖南官府确定发行公债 120 万两后，表示愿"以一手销售湖南所产矿物为条件认购"，并得到对认购优先权的口头约定，[①] 不料遭到德国礼和洋行对抗，处于下风。而横滨正金银行又按本国政府指令与湖南官府交涉，以"一手收购"水口山矿产作为贷款条件，并要以湖南官矿局全部收入作担保。[②] 1911 年 1 月，该银行对湖南官钱局贷款 50 万两，而在村山正隆看来，日本由此"在处置湖南矿产等方面占了优势"。[③] 无独有偶，如前文所述，日本高木合名会社对湖南的贷款，也在这一年对狮子腰等 3 个矿山放出。

民国初年，日本加大了获取湖南资源的力度，在汉口的日军派遣队，探查湖南已开采及获准开采各矿，认为"最可瞩望"。[④] 而得到日本外务省、农商务省、参谋本部、陆军省支持的旭公司，也从 1912 年 9 月起，"以长沙为起点，南至桂阳州，西到凤凰厅，水陆行程 6500 多华里，用 167 天调查了一共 84 座矿山"，认定"有望的有十余座，以铜矿为最，铁矿、铅矿、锌矿次之"。[⑤] 成为旭公司代表的村山正隆，与湖南财政司司长、官矿局局长等商谈贷款事宜，于 1913 年 5 月 10 日订立《湖南振兴矿业兼整理财界借款草合同》，规定日方贷款 1000 万日元，"专为湖南扩充矿业之用"，"以湖南现在官有及将来发现并由民有收归官有各矿所采之矿物为抵押品"（唯水口山铅矿除外），"以湖南官矿局所办之江华锡矿、平江金矿及该矿附属之房产机器与营业之权利为担保品"；"由旭公司荐用高等矿师来湘，负责调查及开矿事宜"；借款还清前，"所有湖南官办各矿开采矿物，均归旭公司包销（常宁水口山铅矿除外）"；"旭公司得派代表一人驻湘，对于开矿事宜彼此妥商"，今后湖南如为扩张矿业再举借外债，旭公司有优先权。[⑥] 尽管这个草合同激起

---

① 《驻长沙副领事堺与三吉致外务大臣小村寿太郎》（1910 年 12 月 18 日），1-7-1-5 之 13。

② 『湖南官钱局借入金二关スル件』（1911 年 1 月 10 日）、1-7-1-5 之 13。

③ 『公债ヲ抵当トシテ五十万两借款并二公债引受二关スル件』（1911 年 1 月 28 日驻长沙副领事堺与三吉致外务大臣小村寿太郎）、1-7-1-5 之 13。

④ 『中支那派遣队普通报第三十三号』（1914 年 9 月 15 日）、1-7-5-2 之 18-1-001。

⑤ 旭公司『事务报告』（1913 年 12 月）、3-3-2-47。

⑥ 『湖南省矿业振兴兼财界整理借款仮契约书案并说明书送付二关スル件』（1913 年 5 月 27 日）及所附汉文草合同，1-7-5-2 之 18-1-001。

各方强烈抵制终被推翻，但它充分暴露出旭公司企图通过贷款获取湖南全部官有矿山矿产，而所谓水口山铅矿除外，也不过是暂时敷衍德国势力的一种虚假姿态而已。①

三是辅助日本经济扩张之其他手段。

一战前日本在长江流域的贷款，对其别的扩张手段所起辅助作用，也是值得注意的。

首先是辅助日本在长江流域金融网络的巩固与扩展。1906 年日本首次对湖北官府贷款，一个重要着眼点，就是为横滨正金银行汉口分行（以长江中游地区为经营范围）营造有利条件。② 再从日方贷款实际支付来看，币种尽量采用日元，有些合同规定贷付纹银，实际仍支付日元，显然是为扩大对日元的需求，配合日本的货币渗透，保持日元坚挺。另外，旭公司对促进日元在长江流域流通十分看重，见汉口日租界缺乏货币兑换设施而致日元流通不畅，便以其在汉口的分支机构免费办理兑换；同时，还为台湾银行实现日元在长江流域流通的"热望"出力，1913 年 1 月撮合该银行贷给江北护军使 10 万元，说是贷给鹰洋，但实际支付日元，还特别调查这些日元流通的情况。这年 2 月，安徽繁昌县三山镇地主为在锦衡洲修堤坝而向台湾银行借款，为数仅 1 万两，该公司也接洽促成，其意图是让所贷日币进入地方社会，"据后来调查，这些日币一直流通于芜湖、九江之间"。③

其次是通过贷款使日本势力的触角伸进一些在其看来有望、可用的企业。大冶水泥厂初办时，被公认为前景良好，故三菱公司乐于贷款，其数额超出了该厂所招商股及押抵的吉林公款，而在该厂陷于严重困难时，三菱公司便趁机逼债，进而提出"承买"该厂，④ 攫为己有之意暴露无遗。而在该

①　1918 年 3 月 19 日，三井洋行与湖南省省长谭延闿及湖南矿务总局订立贷款 250 万日元的合同，规定期限 10 年，年息 7 厘，条件是三井物产会社对该矿所产锌、铅预付价款并一手销售。见『对支借款一览（地方政府分）』（1921 年 5 月上旬调查）、1-7-1-5 之 4-001。

②　横滨正金银行在汉口的分支机构从 1906 年 8 月 11 日开始营业，见『東亜同文会ノ清国内地调查・漢口駐在班』第 3 卷之「横浜正金银行漢口出張所開店後营业概况」（1906 年 10 月 11 日）、1-6-1-31 之 3-004。

③　旭公司『事務報告』（1913 年 12 月）、3-3-2-47。

④　《大冶水泥厂交涉》，《申报》1913 年 4 月 19 日，第 6、7 版。

厂向法商高息借款还债时，三菱公司又声称可按同样条件"贷给同样的金额"，① 显然是攘夺不成，又想通过贷款来继续控制该厂。扬子机器厂在1908 年 8 月开办时，日本驻汉口领事高桥橘太郎就因其从事机器制造和船舶修造，而认为"大有注意的价值"。② 1910 年 9 月，该厂向横滨正金银行提出借款，日本驻汉口代理领事来栖三郎以该厂"经营成效颇好"，而力言"要尽可能使此项借款成立"。③ 而东亚兴业株式会社的高木陆郎等则很希望从横滨正金银行手里夺过此项贷款权。④ 这成为日本势力控制该厂的开端。到 1912 年 11 月，该厂再找日方借款，日本驻汉口总领事芳泽谦吉同样认为是好买卖，为免该厂"从别国方面借"，而请本国政府向横滨正金银行促成。⑤ 后来，1915 年和 1916 年，日本又分别对该厂贷款，1916 年的贷款来自三菱公司，其目标是最终使该厂与之"合办"。⑥ 到 1922 年，日本海军便安排该厂组装由三菱制造的河用炮舰。⑦

（4）从一战爆发至 1919 年日本对长江流域企业与地方政权贷款

关于 1914—1919 年日本对华贷款情况，学界所言较多，就区域来说，东北与华北占很大比重。但也要看到，这一时期，日本也向苏、浙、皖、赣、鄂、湘、川的企业、地方政权贷款，如果将有过交涉但碍于其他因素未能实现的情况也算进来，还可以说十分普遍。

先看日本对地方企业的贷款。根据我们已掌握的史料，这方面情况如表6-16 所列。

---

① 《横滨正金银行头取井上准之助致取缔役小田切万寿之助》（1914 年 1 月 8 日），1-7-1-5 之 22-2-004。

② 『扬子机器有限公司创设ノ件』（1908 年 8 月 7 日）、B-3-5-5-1 之 003。

③ 《驻海口代理领事来栖三郎致外务大臣小村寿太郎》（1910 年 9 月 16 日），1-7-1-5 之 16-001。

④ 《立花、高木致驻汉口总领事松村贞雄》（1910 年 9 月 21 日），1-7-1-5 之 16-001。

⑤ 《驻汉口总领事芳泽谦吉致外务大臣内田康哉》（1912 年 11 月 2 日），1-7-1-5 之 16-001。

⑥ 《关于三菱公司汉口支店长山本来访外务省政务局第一课课长小村的记录》（1916 年 3 月 6 日）、『汉口扬子机器制造公司对横浜正金银行借款契约二关スル件』（1916 年 7 月 9 日），1-7-1-5 之 16-001。

⑦ 『扬子江沿岸二於テ炮舰组立ノ件』（1922 年 9 月 6 日海军次官井出谦治致外务次官埴原正直）、5-1-8-0-8 之 003。

表6-16　1914—1919年日本对长江流域地方企业贷款情况（按时序）

| 借方 | 贷方 | 贷款合同订立时间 | 贷款额 | 期限 | 利率 | 抵押 | 其他 |
| --- | --- | --- | --- | --- | --- | --- | --- |
| 汉口既济水电有限公司 | 东亚兴业株式会社 | 1914年1月15日 | 1459344.76日元 | 至1914年2月10日 | 9% | | 此项借款合同是为偿还既济水电有限公司以往向东亚兴业株式会社借款本息而订立[1] |
| 南浔铁路公司 | 东亚兴业株式会社 | 1914年5月15日 | 50万日元 | 至1933年12月25日 | 6.5% | | |
| 南浔铁路公司 | 东亚兴业株式会社 | 1914年5月15日 | 200万日元 | 至1941年12月25日 | 6.5% | | 此项贷款中150万日元由日本兴业银行提供，其他由东亚兴业株式会社支付 |
| 安徽裕繁公司 | 森格 | 1914年10月7日 | 10万银元 | | | | 此借款是裕繁公司与中日实业株式会社的森格订立，于1915年1月支付[2] |
| 扬子机器制造有限公司 | 横滨正金银行汉口分行 | 1915年12月3日 | 36万日元 | 不详 | 不详 | 扬子机器制造有限公司全部财产[3] | |
| 汉口既济水电有限公司 | 东亚兴业株式会社 | 1916年4月24日 | 150万日元 | 10年 | 9% | 既济水电有限公司现在及将来全部财产、营业权。民国政府担保[4] | 贷款方对既济水电有限公司购置机器材料及续借款有优先权、推荐营业、技术权。如提前还款，则每100日元元借款按105日元元计算[4] |

近代日本在长江流域的扩张（1862—1937）

| 借方 | 贷方 | 贷款合同订立时间 | 贷款额 | 期限 | 利率 | 抵押 | 其他 |
| --- | --- | --- | --- | --- | --- | --- | --- |
| 扬子机器制造有限公司 | 横滨正金银行汉口分行 | 1916年6月1日 | 46万两 | 15年 | 前5年年息8%，以后按市场行情，但不高于8% | 以扬子机器制造有限公司机器等作为第一次抵押，以上年36万日元借款作为第二次抵押[5] | |
| 汉口既济水电有限公司 | 东亚兴业株式会社 | 1916年9月9日 | 100万日元 | 10年 | 9% | 以1916年4月24日150万日元借款担保作第二次担保 | 贷款方对既济水电有限公司购置机器材料及续借款有优先权，推荐营业、技术顾问。如提前还款，则每100日元借款按105日元计算[6] |
| 江苏嘉定县南翔电灯公司 | 中日实业株式会社 | 1917年2月15日 | 3万日元 | 5年 | 9% | 南翔电灯公司所有财产及营业权[7] | |
| 浙江嘉善光华电灯公司 | 中日实业株式会社 | 1917年3月24日 | 5万日元 | 7年 | 9% | 嘉善光华电灯公司全部财产及营业权 | 由台湾银行融资，中日实业株式会社有供应材料优先权[8] |
| 上海申新纺织无限公司 荣宗敬 | 中日实业株式会社 | 1917年4月13日 | 40万日元 | 6个月 | 8.5% | 陈家渡白利南路第一、全部财产及福新第一、第三面粉厂全部财产[9] | |

续表

| 借方 | 贷方 | 贷款合同订立时间 | 贷款额 | 期限 | 利率 | 抵押 | 其他 |
|---|---|---|---|---|---|---|---|
| 湖南志记锑矿化炼厂、新化县锡矿矿山和记制炼公司 | 中日实业株式会社 | 1917年5月31日 | 汉口洋例银5万两 | 3年 | 9% | 借款方全部财产[10] | |
| 湖北武昌电灯公司 | 东亚兴业株式会社 | 1917年6月25日 | 23万两 | 1年 | 10% | 武昌电灯公司全部财产 | 委托贷款方聘用技师1人，购买所需机器材料；贷款方推荐顾问、技术监督各1人[11] |
| 湖南长沙矿务保利公司 | 三菱合资会社汉口支店 | 1917年7月24日 | 20万日元 | 4年 | 8% | 宝庆县厂益福锑矿公司、荣记锑矿公司及长沙县灵官渡保利炼厂、湘乡县庆记化炼厂 | 保利公司每年向贷款方出售硫锑1000吨，每吨50日元。贷款方聘用外国技师，向保利公司聘用外国续贷款，有优先权[12] |
| 浙江镇海华明电灯公司 | 中日实业株式会社 | 1917年8月17日 | 6万日元 | 7年 | 9% | 镇海华明电灯公司全部财产 | 由台湾银行融通资金。中日实业会社有供应材料优先权 |
| 浙江平湖电灯公司 | 中日实业株式会社 | 1917年9月5日 | 6万日元 | 6年 | 9.5% | 平湖电灯公司全部财产及营业权 | 资金由台湾银行融通，中日实业会社对供应材料有优先权，要聘用其推荐的技师[13] |

近代日本在长江流域的扩张（1862—1937）

续表

| 借方 | 贷方 | 贷款合同订立时间 | 贷款额 | 期限 | 利率 | 抵押 | 其他 |
|---|---|---|---|---|---|---|---|
| 湖南衡州泰记电灯公司 | 中日实业株式会社 | 1917年9月14日 | 15万日元 | 6年 | 9% | 衡州泰记电灯公司全部财产及营业权 | 由台湾银行融通资金[14] |
| 江苏顺济公司 | 大仓矿业株式会社 | 1917年 | 43.07万日元 | 未详 | 8% | 未详 | 双方合办公司 |
| 湖南大同矿业合资会社 | 大仓矿业株式会社 | 1917年 | 97298日元 | 未详 | 10% | 机器、工厂 | 该企业从事矿石化炼 |
| 浙江嘉兴永明电灯公司 | 中日实业株式会社 | 1918年2月4日 | 8万日元 | 至1922年底 | 9% | 嘉兴永明电灯公司全部财产及营业权 | 由台湾银行融资，贷款方有供应材料优先权，聘用日本技师1人[15] |
| 湖南湘潭大明电灯公司 | 中日实业株式会社 | 1918年2月9日 | 15万日元 | 5年 | 9% | 湘潭大明电灯公司全部财产及营业权 | 由台湾银行融通资金，聘用贷款方推荐的技师[16] |
| 安徽富民利民公司 | 三井洋行 | 1918年2月21日 | 1929年底余额3608894日元 | 完成首次矿石出售后5年 | 按市面行情 | | 三井洋行购买矿石预付款 |
| 湖北沙市普照电灯公司 | 中日实业株式会社 | 1918年4月8日 | 17.5万日元 | 5年 | 9% | 沙市普照电灯公司全部财产及营业权 | 由台湾银行融通资金，聘用贷款方推荐的技师 |
| 湖北宜昌光明电灯公司 | 东亚兴业株式会社 | 1918年6月6日 | 10万日元 | 10年 | 9%—14% | 宜昌光明电灯公司全部财产及营业权 | 聘用贷款方推荐的技师[17] |
| 江苏振泰电灯公司 | 中日实业株式会社 | 1918年6月14日 | 5.7万日元 | 5年 | 9% | 振泰公司全部财产及营业权 | 由台湾银行融资 |

续表

| 借方 | 贷方 | 贷款合同订立时间 | 贷款额 | 期限 | 利率 | 抵押 | 其他 |
|---|---|---|---|---|---|---|---|
| 江西景德镇电灯公司 | 中日实业株式会社 | 1918年6月20日 | 25万日元 | 7年 | 9% | 景德镇电灯公司全部财产及营业权 | 由台湾银行融通资金，购入材料与建设工程都委托贷款方，聘用贷款方推荐的技师1名[18] |
| 江西南昌开明电灯公司 | 东亚兴业株式会社 | 1918年6月29日 | 30万日元 | 10年 | 9% | 南昌开明电灯公司全部财产及营业权 | 聘用贷款方推荐的会计、技师[19] |
| 安徽庐州明新电灯公司 | 中日实业株式会社 | 1918年7月24日 | 10万日元 | 5年 | 9% | 庐州明新电灯公司全部财产及营业权 | 由台湾银行融通资金，聘用贷款方推荐的技师 |
| 四川泸州明新电灯公司 | 中日实业株式会社 | 1918年7月31日 | 10万日元 | 5年 | 9% | 泸州明新电灯公司全部财产及营业权 | 由台湾银行融通资金，聘用贷款方推荐的技师[20] |
| 四川井富轻便铁道公司 | 东亚兴业株式会社 | 1918年8月1日 | 16万日元 | 至井富轻便铁道公司成立 | 10% | 刘廷祺与陈元鋆全部私产 | |
| 江苏清江浦电灯公司 | 中日实业株式会社 | 1918年8月16日 | 26.5万日元 | 5年 | 9% | 清江浦电灯公司全部财产及营业权 | |
| 安徽亳州荣光电灯公司 | 川北电气企业社 | 1918年8月20日 | 20万日元 | 5年 | 8.5% | 亳州荣光电灯公司所有财产及营业权 | 聘用川北电气企业社推荐的技师、会计、监督各1名[21] |
| 湖南开源矿务公司 | 中日实业株式会社 | 1918年10月8日 | 20万日元 | 5年 | 9% | 蒲圻县神山镇附近大山头煤矿及其开采权、其他全部财产 | 按所产煤炭数量向贷款方支付酬金[22] |

续表

| 借方 | 贷方 | 贷款合同订立时间 | 贷款额 | 期限 | 利率 | 抵押 | 其他 |
|---|---|---|---|---|---|---|---|
| 湖南人韦志道 | 中日实业株式会社 | 1918年10月16日 | 12.4万日元，11.6万日元，6.6万日元 | 未详 | 9.5%，9%，9.5% | 韦志道所有房产、锑矿与煤矿股份、化炼厂地皮机器等所有财产[23] | |
| 江苏宜兴县张渚镇光明电灯公司 | 川北电气企业社 | 1918年10月18日 | 2.3万日元 | 3年 | 8% | 张渚镇光明电灯公司全部财产 | 川北电气企业社承办全部电灯器械[24] |
| 湖南人谢重畜 | 中日实业株式会社 | 1918年11月18日 | 45万日元 | 5年 | 9% | 湖南广益福五矿山开采矿石、庆记、保利两化炼厂全部财产 | |
| 江苏淮安普明电灯公司 | 中日实业株式会社 | 1918年11月20日 | 17万日元 | 该公司开办后8年内 | 9% | 普明电灯公司全部财产 | 由台湾银行融资，中日实业株式会社有供应材料优先权，聘用日本技师1人[25] |
| 湖北造纸厂 | 中日实业株式会社 | 1918年11月28日 | 516484日元 | 4年 | 头1年按借款总额付年息8%，以后息随本减 | 造纸厂全部财产作第二担保[26] | |
| 浙江衢县电灯公司 | 川北电气企业社 | 1918年11月 | 8.9万日元 | 4年 | 8.5% | 衢县电灯公司全部财产 | 衢县电灯公司向贷款方购置所有机器材料，聘用其技师[27] |

续表

| 借方 | 贷方 | 贷款合同订立时间 | 贷款额 | 期限 | 利率 | 抵押 | 其他 |
|---|---|---|---|---|---|---|---|
| 浙江绍兴华光电灯公司 | 中日实业株式会社 | 1918年12月27日 | 6万日元 | 3年 | 9.5% | 绍兴华光电灯公司全部财产 | 由台湾银行融通资金 |
| 浙江嘉善光华电灯公司 | 古河矿业株式会社 | 1919年1月15日 | 2万两，3.7万日元 | 4年 | 12% | 嘉善光华电灯公司房产、器具、机器 | |
| 苏州振兴电灯公司 | 东亚兴业株式会社 | 1919年1月 | 50万日元 | 5年 | 12% | 龚子英全部财产 | |
| 安徽泾县煤矿 | 古河矿业株式会社 | 1919年2月 | 34941两 | 未详 | 未详 | 未详 | 用以购买采矿权 |
| 上海新农垦殖公司 | 东洋拓殖会社 | 1919年3月1日 | 23.4万日元 | 至1926年12月31日 | 10% | 上海新农垦殖公司股款21万元 | |
| 江西吉安光耀电灯公司 | 东亚兴业株式会社 | 1919年3月21日 | 10.7万日元 | 8年 | 8% | 以光耀电灯公司全部财产及营业权担保[28] | |
| 安徽南陵熙宇电灯公司 | 川北电气企业社 | 1919年8月 | 10万日元 | 5年 | 9.5% | 南陵熙宇电灯公司全部财产及营业权 | 聘用贷款方推荐的技师1人 |
| 湖南洪江光雄电灯公司 | 东亚兴业株式会社 | 1919年10月15日 | 15万日元 | 8年 | 10% | 洪江光雄电灯公司全部财产 | 聘用贷款方推荐的日本技师。贷款方对该公司后续借款、材料供应有优先权[29] |
| 上海人谢葡窗 | 中日实业株式会社 | 1919年12月29日 | 300万上海两 | 3年 | 8% | 浦口760亩土地及土地上所有建筑物 | 借款用于购买浦口土地[30] |

续表

| 借方 | 贷方 | 贷款合同订立时间 | 贷款额<br>1929 年底余额<br>日元 | 期限 | 利率 | 抵押 | 其他 |
|---|---|---|---|---|---|---|---|
| 江西富乐锰矿有限公司 | 大仓矿业株式会社 | 1919 年 | 246225 | 未详 | 未详 | | 购买矿石预付款。 |

资料来源：[1]《日本外务省抄件》，1-7-1-5 之 9-001。1914 年 6 月 16 日，借贷双方再订延期还款合同。

[2] 中日实业株式会社调查室「支那粒繁公司借款二関スル沿革」中日实业株式会社，1937，6 页。

[3]「汉口扬子机器制造公司对横浜正金银行借款契约二関スル件」（1916 年 7 月 9 日驻汉口总领事濑川浅之进致外务大臣石井菊次郎），1-7-1-5 之 16-001。

[4]「汉口水电公司借款二関ス件」（1916 年 4 月 29 日驻华公使日置益致外务大臣石井菊次郎）所附借款合同，1-7-1-5 之 9-002。

[5]「汉口扬子机器制造公司对横浜正金银行借款契约二関スル件」（1916 年 7 月 9 日驻汉口总领事濑川浅之进致外务大臣石井菊次郎）、1-7-1-5 之 16-001。

[6]「粤汉兴業株式会社对黄口水电公司第二次借款二関スル件」（1917 年 2 月 28 日驻汉口总领事濑川浅之进致外务大臣本野一郎）所附议定书，1-7-1-5 之 9-002。

[7]《中日实业株式会社致外务省政务局长冈部长景》（1917 年 3 月 16 日）所附借款合同中文本，1-7-1-5 之 16-001。

[8]《中日实业株式会社致外务省政务局长小幡酉吉》（1917 年 10 月 1 日），1-7-1-5 之 16-001。

[9]《中日实业株式会社致外务省政务局长小幡酉吉》（1917 年 4 月 21 日），1-7-1-5 之 16-001。

[10]《中日实业株式会社支配人春田茂射致外务省政务局长原正直》所附借款合同，1-7-1-5 之 16-001。

[11]「武昌电灯公司借款二関シ报告ノ件」（1917 年 6 月 29 日驻汉口总领事濑川浅之进致外务大臣本野一郎），1-7-1-5 之 16-001。

[12]「三菱公司卜保利矿务公司卜ノ間二欽山抵当借款ノ件」（1917 年 8 月 4 日驻汉口总领事堺与三吉致外务大臣本野一郎）及所附合同日文本，1-7-5-2 18-1-002。

[13]《中日实业株式会社致外务省政务局长小幡酉吉》（1917 年 9 月 28 日），1-7-1-5 之 16-001。

[14]《中日实业株式会社致外务省政务局长小幡酉吉》（1917 年 12 月 22 日），1-7-1-5 之 16-001。

[15]《中日实业株式会社致外务省政务局长小幡酉吉》（1918 年 2 月 15 日）所附借款合同，1-7-1-5 之 16-001。

[16]「湖南省湘潭大明电灯公司对上海中日实业公司間借款契约认证方报告ノ件」（1921 年 2 月 23 日驻长沙代理领事池永林一致外务大臣内田康哉）及所附借款合同，1-7-1-5 之 16-001。

[17]「借款契约认证二関スル件」（1919 年 8 月 29 日驻汉口总领事中村修致外务大臣内田康哉）所附借款合同，1-7-1-5 之 16-002。

续表

[18]《中日实业株式会社致外务省书记官冈部》（1919 年 6 月 5 日）所附借款合同，1-7-1-5 之 16-004。

[19]「东亚兴业会社卜南昌开明电灯公司卜间借款契约书公认二关スル件」（1918 年 6 月 29 日驻上海总领事有吉明致外务大臣后藤新平）所附借款合同，1-7-1-5 之 16-001。

[20]「对支借款一览」（日本外务省 1921 年调查），1-7-1-5 之 12。

[21]「安徽省亳州县荣光电灯公司卜川北电气企业社卜ノ借款契约书写送付ノ件」（1920 年 9 月 13 日驻上海总领事山崎馨一致南京领事岩村成允）所附借款合同，1-7-1-5 之 16-005。

[22]《中日实业株式会社致外务省政务局长埴原正直》（1918 年 11 月 20 日）所附合同中文本，1-7-5-2 之 18-1-002。

[23]「对支借款一览」（日本外务省 1921 年调查），1-7-1-5 之 12。

[24]《驻上海总领事山崎馨一致外务大臣内田康哉》（1920 年 9 月 6 日）所附借款合同，1-7-1-5 之 16-002。

[25]《中日实业株式会社致外务省政务局长埴原正直》（1919 年 8 月 4 日）所附借款合同，1-7-1-5 之 16-002。

[26]「湖北造纸厂借款」，1-7-1-5 之 5。

[27]「浙江省衢县电灯公司卜川北电气企业社卜ノ借り款契约书写送付ノ件」（1920 年 8 月 28 日驻上海总领事山崎馨一致驻杭州代理领事清野长太郎）所附借款合同，1-7-1-5 之 16-005。

[28]「对支借款一览」（日本外务省 1921 年调查），1-7-1-5 之 12。

[29]「东亚兴业会社卜湖南江光雄电灯公司卜ノ借款契约书二关スル件」（1919 年 10 月 22 日驻汉口总领事濑川浅之进致外务大臣内田康哉）及所附借款合同，1-7-1-5 之 16-002。

[30]「对支借款一览」（日本外务省 1921 年调查），1-7-1-5 之 16-002。

其余均据日本外务省亚细亚局编「对支借款细目一览表 昭和四年十二月三十一年现在」之「地方政府之部」「个人之部」。此资料藏日本东洋文库现代中国研究资料室。

对表 6-16 所列，可指出以下几点。

一是南浔铁路作为日本向长江流域扩张的重要目标，在一战前就已是其主要贷款对象之一，而这一时期则由日本继续通过贷款来加强控制。

二是日本贷款与获取工业原料、燃料密切关联的特性，此时在湘、皖、赣仍然显得十分突出。三井、三菱、大仓、古河等财阀，以及有日本官方背景的东亚兴业株式会社、中日实业株式会社，都通过贷款获取乃至控制日本所急需的矿产资源。还应说明的是，在长江流域企业中曾是日本最大贷款对象的汉冶萍公司，这一时期因银价高涨、铁价猛升，经营状况明显好转，特别是在 1916 年至 1919 年，还连年有可观的盈利，故未再向日方借款，而有偿还旧债举动。[①] 但是，在安徽开采桃冲铁矿的裕繁公司，却因经营资金匮乏，于 1914 年 6 月向中日实业株式会社驻华的森恪提出借款要求。日方判明桃冲铁矿石品质优良，含铁量在 50% 以上，储量 2000 万吨，且便于从获港水运，便在 10 月上旬以森恪个人名义与裕繁公司订立铁矿石买卖合同，说定预付 20 万银元。当时，在安徽乃至北京政府内部，抵制日本势力染指桃冲铁矿的声浪很高，但中日实业株式会社请本国政府对北京政府施压，而使上述借款合同得以实施，由此开始了日本势力逐步控制桃冲铁矿的过程。[②]

三是在一战爆发后中国新型企业有较快发展的几年，苏、浙、皖、赣、鄂、湘、川兴办城市水电企业仍都遭遇资金困难，向日本求贷成为普遍现象，而日本贷款的件数在贷款总件数中也占了最大比例。

另外，长江流域的著名企业，如扬子机器制造有限公司，仍像一战前那样依赖于日本贷款，荣家企业、湖北造纸厂也向日本势力求贷，也是值得注意的动向。

再看日本对长江流域地方政权的贷款。这方面已知的情况，如表 6-17 所列。

大量史实证明，1914—1919 年，日本对中国中央与地方政权贷款的欲望是相当强烈的。就长江流域来说，各地方政权因各种情况而普遍发

---

① 日本大藏省預金部『支那漢冶萍公司借欵ニ関スル沿革』大藏省、1929、171—172 頁。

② 中日实业株式会社調査室編『支那裕繁公司借欵ニ関スル沿革』、5—7 頁。

表6-17　1914—1919年日本对长江流域地方政府贷款情况（按时序）

| 借方 | 贷方 | 贷款合同订立时间 | 贷款额 | 期限 | 利率 | 抵押 | 其他 |
| --- | --- | --- | --- | --- | --- | --- | --- |
| 江西省财政厅 | 台湾银行九江分行 | 1916年8月1日 | 鹰洋20万元 | 5个月 | 月息9% | 江西币制公债票35万元，江西全省田赋中央五成成赋税年收入50万元以上,江西全省各项杂税及杂收入税年收50万元以上[1] | |
| 江西中国银行 | 台湾银行九江分行 | 1917年7月26日 | 100万日元 | 7个月 | 7% | 江西币制公债票150万元[2] | |
| 江西中国银行 | 台湾银行九江分行 | 1917年11月17日 | 50万日元 | 7个月 | 月息7% | 江西币制公债票75万元[3] | |
| 江西中国银行 | 台湾银行九江分行 | 1918年3月1日 | 100万日元 | 6个月 | 月息7% | 江西币制公债票150万元[4] | |
| 湖南省省长兼督军谭延闿 | 三井洋行 | 1918年3月19日 | 250万日元 | 10年 | 年息7% | | 三井洋行10年内一手代卖锌矿石20万吨,湖南省矿务总局黑铅炼厂之黑铅块及该局自炼外所剩余的黑锌铅矿砂;矿务总局出售铅锌矿石尽先与三井相商;在合同期限内,水口山铅锌矿黑铅炼厂扩充,抵押,抵借款项,增加炼厂机械产能,先与三井商议[5] |

续表

| 借方 | 贷方 | 贷款合同订立时间 | 贷款额 | 期限 | 利率 | 抵押 | 其他 |
|---|---|---|---|---|---|---|---|
| 湖北省省政府 | 横滨正金银行汉口分行 | 1918年3月29日 | 50万日元，50万汉口银洋 | 4年 | 日元年息8%，汉口银洋年息10% | 湖北省木捐及茶厘收人全数 | 湖北省长公署声明今后对外借款，贷款方有优先权[6] |
| 江西省财政厅 | 台湾银行九江分行 | 1918年6月19日 | 50万日元 | 6个月 | 月息7% | 江西币制公债票75万元[7] | |
| 江西中国银行 | 台湾银行九江分行 | 1918年8月13日 | 30万日元 | 2个月 | 月息7% | 江西币制公债60万元[8] | |
| 江西省财政厅 | 古河公司 | 1918年12月31日 | 50万日元 | 6个月 | 月息7% | 江西铜元局机械及省金库证券30万元 | 借款方向贷款方购买紫铜18000担，白铅6000担[9] |
| 湖南省省长兼督军张敬尧 | 东亚兴业株式会社 | 1919年11月1日 | 150万日元 | 15年 | 9% | 湖南省纱厂全部财产 | 以湖南省纱厂名义借款。将纱厂全部委托贷款方代为经营，凡经营纱厂所要人员任免、物品购入、制品销售，贷款方悉负责任。因遭湖南民众抵制，北京政府否定，此合同作废[10] |

资料来源：[1]『台湾银行ト江西财政厅间短期借款成立ノ件』(1916年9月25日驻九江代理领事河西信致外务大臣石井菊次郎) 所附借款合同中文本，1-7-1-5之2。

[2]『台湾银行ト中国银行间ニ短期借款成立ノ件』(1917年7月27日驻九江领事河西信致外务大臣本野一郎) 所附借款合同中文本，1-7-1-5之2。

[3]『台银对江西财政厅借款成立ノ件』(1917年11月19日驻九江领事河西信致外务大臣本野一郎) 所附合同中文本，1-7-1-5之2。

[4]『江西中国银行对台湾银行借款二关ジ财政部ノ承認確メ方照会ノ件』(1918年3月12日驻九江领事河西信致华临时代理公使芳泽谦吉)，1-7-1-5之2。

[5]『水口山亜铅鉱、製鉛及铅鉱一手販売契约締結二関スル件』(1918年3月25日) 所附合同汉文本，1-7-5-2之18-3-002。

[6]『湖北省政府ト横滨正金银行汉口分行间借款成立ノ件』(1918年4月4日驻汉口总领事濑川浅之进致驻华公使林权助) 及所附湖北省长公署与横滨正金银行汉口分行合同中文本，1-7-1-5之5。

续表

[7]「台湾銀行対江西財政庁五拾万円借款ノ件」（1918年6月25日駐九江代理領事白井康致外务大臣后藤新平）、1-7-1-5之2。

[8]「台湾銀行対中国銀行三十万圓借款成立ノ件」（1918年8月15日駐九江代理領事瀬上恕治致外务大臣后藤新平）所附合同中文本，1-7-1-5之2。

[9]「古河対江西省長鎮元局借款ノ件」（日本外務省）所附合同，1-7-1-5之2。

[10]「東亜興業株式会社ト湖南省督軍ト借款契約成立ニ関スル件」（1919年11月13日駐华公使小幡西吉致外务大臣内田康哉）及所附合同中文本，1-7-1-5之13。

生财政困难，也促使其向日本借款，并在赣、鄂、湘三省成为事实。以件数及总额而论，以江西为最，无论是以江西省财政厅还是江西中国银行作为借款方，实际上都是江西省政府所为，且都得到了北京政府认可。江西省政府的借款在合同上都规定为短期，但没有一笔到期还款，原因都是江西财政状况恶劣而无力还款。湖北、湖南对日借款的原因，与江西并无不同，尤其是湖南，谭延闿与张敬尧的争战大大加剧了财政困难，而他们为得到日本贷款，办法也无非大肆出卖权益，由此激起民众的强烈抵制。此外，长江流域还有一些地方政权也曾向日本求贷，只是终未成事，如四川省政府于1915年9月下旬，以四川银行名义向日方提出借款50万日元；① 1916年10月中旬，该省都督兼省长罗佩金又向日方提出借款200万银元。② 江苏省财政厅于1917年12月中旬，向中日实业株式会社提出借款40万日元。③ 日本势力对长江流域地方政权贷款，既是为直接获得经济利益（贷款与获取矿物资源密切联系，这在对两湖的贷款交涉中仍有显现），也有强化政治影响的考量，但对由此引起的其他列强侧目，也不免有所忌惮，故欲遮盖政治色彩而尽量采用经济贷款的名义。如1918年3月横滨正金银行汉口分行对湖北省政府的贷款，贷方事先就向借方提出"提供经济担保，作为经济借款"，而借方则表示"借款名义提救济汉口方面亦可"。④

## 二　日本强化对长江流域的军事扩张

从19世纪70年代到日俄战争之前，长江流域一直是日本陆海军觊觎的对象，特别是在甲午战争后，日本海军凭借有关外国军舰可在中国江海任意往来、停泊通商口岸的不平等条款，竭力将川江以下的长江干支流作为其舰只游弋的空间，而陆军以往在长江流域多地秘密从事的间谍活动，也随着受

---

① 《中支那派遣队司令官致参谋次长》（1915年9月27日），1-7-1-5之21。
② 《驻成都领事馆书记生大和久义郎致外务大臣寺内正毅》（1916年10月18日），1-7-1-5之21。
③ 《中日实业株式会社上海营业所致东京总店》（1917年12月20日），1-7-1-5之10。
④ 『漢口支店来電写』（1918年2月25日横滨正金银行汉口分行致东京总店）、1-7-1-5之5。

聘于各地官府（经日本参谋本部审查后派出）的日本军人的增多，有了更便利的条件，近乎半公开。自日俄战争结束到1919年，日本海军在长江流域"巡航警备"的范围逐步扩展为重庆至上海之间的水面与口岸，随着辛亥革命浪潮掀起、长江流域风云变幻，其扩张活动的内涵也多有增添；经过一战，其在入侵长江流域的外国武力中，已可与英美比肩。至于日本陆军，则乘清民鼎革之机，在长江中游的汉口驻军，肆无忌惮展开大范围谍报活动，实行武力威胁，直到1922年7月才撤出，在非法驻扎汉口的外国陆军中，留下了时间最长的纪录。

## （一）日本海军对长江流域扩张之多面展开

### 1. 日舰扩大在长江干支流"巡航警备"范围

1903年和1906年，日本海军先后向英国购买河用炮舰"隅田"号和"伏见"号，① 并将它们编入负责长江流域与东南沿海"巡航警备"的"南清舰队"（1905年12月成立）。1907年2月1日，"隅田"号舰长报告说："去年4月，我国吃水浅炮舰……溯江而上，进入可称为我之势力地盘的湖南……横断洞庭湖……开往常德、长沙巡航，返回时又向西溯航鄱阳湖，开到江西省南昌，继而第三次与僚舰'伏见'号溯江而上，越千海里，到达普通轮船航线的终点宜昌。"但日本海军不甘止步于宜昌，而认为在长江上游，日本人的"商工、教育稳步与年俱增，目下正值日益增进其势力之时，且在不久的将来，清国内地富源开发程度会不断提升，故我炮舰得其时而逐步溯航一事就更为必要"；并且，必须"与在长江上游汲汲谋求领先地位的英、德比肩，发扬国威，得权力之均衡"。② 因此，"隅田"号、"伏见"号在1906年11月下旬开到宜昌后，两舰舰长立即雇用民船，用4天时间溯江勘察航道。③ 就结果而言，日本海军此后用了近5年时间来实现其图谋，"伏见"号在1911年5月20日首次开到了重庆。④ 同一年，日本海军又新

---

① 参见日本海军省编『海軍省明治三十九年度年報』海軍省、1913、4頁。
② 『隅機密第八号』（1907年2月1日）、海軍省－公文備考－M40-22-729。
③ 『南清機密第二二号』（1907年2月15日）附件，海軍省－公文備考－M40-22-729。
④ 《第三舰队司令官致海军大臣电报》（1911年5月21日），海軍省－公文備考－M44-49-1227。

增了河用炮舰"鸟羽"号。①

1909 年 1 月，"南清舰队"改称"第三舰队"，② 以上海为枢纽，将河用炮舰主要用于汉口以上长江干、支流，而排水量大于千吨的军舰则一般用于长江中下游、东南沿海的"巡航警备"。此外，在长江中下游行动的日舰并不以"第三舰队"所辖为限，常有其他军舰开来轮替。负责"巡航警备"的日舰停靠的口岸，主要有江阴、镇江、南京、大通、芜湖、安庆、九江、大冶、汉口、沙市、宜昌、岳州、长沙，此外还有彭泽、嘉鱼、监利、新堤、调关、湘阴等处。③

**2. 在对辛亥革命高潮施压中展现"巡航警备"内涵**

1911 年，辛亥革命的高潮从长江流域涌起，而列强也随之展开了一系列施压行动。其间，已将长江上、中、下游都作为"巡航警备"范围的日本海军声称，日本"在长江及其附近拥有很大的特殊利益"，故在列强施压的行动中，日本海军应居于重要地位。④ 基于这种态度，日舰较之别国军舰，采取施压行动更为迅速。1911 年 5 月 19 日，"第三舰队"司令官得知长沙保路运动"气焰颇盛"，"有导致民心动摇、动乱之虞"，⑤ 即令在上海的"隅田"号开往长沙，还向上要求"征用日本籍轮船汽艇，以本队军舰之兵器人员加以临时武装，作为暂用炮艇"。⑥ 武昌起义爆发时，"隅

---

① 日本海軍省編『明治四十四年度海軍省年報』海軍省、1913、3 頁。

② 「明治四十二年一月十九日調・艦隊ノ編制及其指揮官氏名」『各国大使館付武官往復文書 明治四十二年』、海軍省-武往文-M-13-13。

③ 见『第三艦隊行動機密第八九号』（1909 年 4 月 10 日）附件，海軍省-公文備考-M42-30-939。

④ 『列国艦隊指揮官ニ関スル覚書』（1911 年 10 月 21 日海軍次官递交外务省）、海軍省-清国事変-M44-1-136。

⑤ 《"隅田"号在上海致电海军大臣》（1911 年 5 月 19 日）、《第三舰队司令官在汉口致电海军次官》（1911 年 5 月 19 日），海軍省-公文備考-M44-49-1227。

⑥ 见《机密送第二七号》（1911 年 5 月 3 日）、《第三舰队司令官在下关致海军大臣》（1911 年 5 月 4 日）、《第三舰队司令官从北京致电海军大臣》（1911 年 5 月 20 日）。对于武装日本民用轮船问题，《海军次官致第三舰队司令官电》（1911 年 5 月 26 日，海軍省-公文備考-M44-49-1227）表示，此事在外交上有困难，从日本航运业的发展来看应尽量避免，且在当下还没有非常特别之紧急需要，故不予批准。

田"号正在汉口江面，"与别国军舰一同派兵登岸，把守租界"；① 而旗舰
"对马"号，则于 10 月 12 日抵达汉口江面，其载有陆战队队员 130 人，较英、
美、德均远过之；在该舰上的"第三舰队"司令官还因军衔最高，被推举为
各国海军最高指挥官，该舰舰长则作为各国陆战队司令官指挥租界"防卫"。②
可见，日本海军的迅速行动，使其一度在驻汉口各国海军中占据了主导地位。
随后，日本加紧增派军舰，到 11 月中旬，在汉口驻舰 6 艘，在上海、吴淞、
镇江、南京、芜湖、安庆、九江、大冶、沙市、长沙各驻舰 1 艘，总数相当于
平时的 3 倍多，仅次于英国。③ 截至 1912 年 2 月上旬，日舰在长江流域驻泊
口岸之多，即使较之英舰也时有超出，只因其溯航重庆、叙州的能力尚弱，
才在总体上居于第二位。④ 对这种格局，日本海军竭力要维持下去，为此在
1911 年 10 月下旬，向英国提出在汉口的"各国舰队首席指挥官"位置"以
两国之任何一方占据"，并得到英国的积极支持；⑤ 而"第三舰队"司令官
直到 1912 年 2 月上旬，都不曾离开长江中下游区域，绝大多数时间在
汉口。⑥

　　日本海军在对辛亥革命高潮施压的过程中，从以下几个侧面将其在长江
流域"巡航警备"的内涵展现出来。

　　（1）竭力庇护日侨，维护日本既得权益

　　面对革命浪潮，日本海军省规定，为了庇护日侨和日船，日舰"可采
取认为必要的方法，且在必要时使用兵力干涉之"；⑦ 同时，开列了在长江

① 『中清事変ノ概況』、海軍省-清国事変-M44-1-136。
② 『第三艦隊通報第四六号』、海軍省-清国事変-M44-21-156。
③ 日本海軍軍令部編『清国革命乱特報』第 14 号的附表「東洋派遣列国艦艇所在表」（1911
　年 11 月 11 日），B-1-6-1-400。
④ 参见日本海軍軍令部編『清国革命乱特報』第 4 号至第 87 号各号的附表「東洋派遣列国
　艦艇所在表」（1911 年 10 月 28 日至 1912 年 2 月 10 日），B-1-6-1-400、401、402、403。
⑤ 见『列国艦隊指揮官二関スル覚書』（1911 年 10 月 21 日）、《驻英国代理大使山座圆次郎
　致外务大臣内田康哉电》（1911 年 1 月 28 日），海軍省-清国事変-M44-1-136。
⑥ 参见该司令官发出的『清国事変二関スル警備報告』各号，海軍省-清国事変-M44-1-
　156—174。
⑦ 『官房機密第五七四号』（1911 年 11 月 5 日）的附件『覚書』，海軍省-清国事変-M44-1-
　136。

流域"有必要予以特别保护"的对象，即作为汉冶萍公司向日本借款抵押的九江和大冶的铁山，大冶铁矿运输矿石的铁路和缆车轨道、车辆房屋，下陆机械修理厂，萍乡煤矿，汉阳铁厂，以股票作为对日借款担保的南浔铁路，以及向日本举债的既济水电公司、武昌纺纱局、扬子机器局等，并特别强调"大冶与我国关系最深，故要以兵力占领"。①

日舰奉命在长江各口岸竭力庇护日侨，同时还为日本商船照常从事航运充当后盾。1911 年 11 月 2 日，因长沙港守军鸣枪的流弹落到日船"湘江丸"上，驻泊该港的"隅田"号舰长提出"严重抗议"，迫使当局"道歉"并表示严处当事者。② 此后不久，在汉口的"第三舰队"司令官又"以近来武昌方面屡屡对外国军舰、商船加以炮击，而派'神风'号载参谋到武昌，与黎（元洪）面会，责其不法行为，令其道歉，保证今后不再对外国舰船加以炮击"。③ 1911 年 11 月下旬，镇江的革命党人与海关人员一同临检日本商船，亦遭驻该港的"如月"号舰长"抗议"而中止。④

由于日本在长江上要重点维护的权益集中于武汉和大冶，故在革命中心转到南京之前，日本海军在两地除了长驻军舰外，还分别派陆战队于 1911 年 10 月 12 日至 1912 年 1 月 3 日、1912 年 2 月 5 日至 1913 年 4 月 6 日在两地驻扎。⑤ 在武汉，日本海军是外国租界的主要"防卫"力量。1911 年 10 月 12 日，"第三舰队"司令官阻止两艘清舰在租界附近江面对武昌进行炮战，理由是这会给租界带来危险；10 月 14 日，不许湖广总督瑞澂所乘"建威"号等停泊德、日租界江面；⑥ 10 月 16 日，又要求清朝海军在"向叛军

① 『湖北事変特報』第 1 号(1911 年 10 月 18 日)、『官房機密第六二〇号』(1911 年 11 月 25 日）及其附件『其他本邦人ノ関係ヲ有スル重ナル事業』、『事変ニ対スル我方針』(1911 年 10 月 14 日)，海军省-清国事变-M44-1-136。
② 《加藤海军中佐在上海致海军大臣电报》（1911 年 11 月 12 日），B-1-6-1-400。
③ 《第三舰队司令官川岛在汉口致海军大臣电报》（1911 年 11 月 15 日），B-1-6-1-400。
④ 《加藤海军中佐在上海致海军大臣电报》（1911 年 11 月 30 日），B-1-6-1-401。
⑤ 《第三舰队司令官川岛致海军大臣电》（1911 年 10 月 12 日），B-1-6-1-400、402；『官房機密第三六八二号』(1911 年 10 月 27 日）的附件，『清国事変ニ関スル警備概報』第 107 号、114 号，『官房機密第二五二号』(1913 年 4 月 10 日)，海军省-清国事变-M44-1-155、158、139。在汉口，1912 年 1 月 3 日，日本海军陆战队与 1 日到达的日本陆军派遣队换防后回舰。
⑥ 『湖北事変通報』第 7 号(1911 年 10 月 18 日)、B-1-6-1-400。

进攻时勿将军舰配置于炮火可能危及租界的位置"。① 对于汉阳铁厂，日本海军也有全面的"保护"预案，② 在该厂被革命军迅速占领的情况下，要求其"予以充分保护"，并严加监视。③ 在 1912 年 1 月初日本陆军派遣队侵入汉口（见后述），接手租界"防卫"之后，海军方面一听到所谓中方转移汉阳铁厂重要设备的讹传，便马上敦促该队阻止。④ 即使在革命高潮过去之后，驻汉日舰舰长仍于 1914 年 3 月 17 日与陆军派遣队司令官和代理总领事订立《关于警备的协定》，保证在危急情况下"应总领事要求，不失时机地掩护在武昌、汉阳的日侨撤退"；对于陆军"守备"日租界和向汉阳铁厂、既济水电有限公司、东亚制粉会社派驻"守备兵"，以及必要时攻击"暴徒"之"重点"，都尽可能予以支援。⑤

大冶铁矿石是日本高度依赖的重要战略物资，由此大冶铁矿也被日本视为其在长江流域头等重要的权益。故武昌起义刚爆发，日本驻华公使就要求速派军舰加以"保护"，⑥ 且如前所述，日本海军也计划予以直接占领。只因该矿对日本输出铁矿石没有中断，而陆战队兵力又难以同时兼顾汉口与大冶两地，其出兵行动才有所推迟。但是日方不久得知，湖北当局于 1911 年 12 月下旬派人到大冶矿务局，宣布该矿"理合由鄂军政府管辖"。⑦ 日本海

---

① 见『湖北事变通报』第 5 号（1911 年 10 月 17 日）、B-1-6-1-400。

② 日本海军省在 1911 年 11 月 25 日给"第三舰队"司令官的训令中规定，如果敌对双方任何一方想"破坏"铁厂，就要指明该厂与日本利益有重大关系的"事实"，以采取"不得已的手段"相威胁，"制止破坏"，配置陆战队实行"警护"；如果"暴民"要"破坏"该厂，则要求有实际控制权的军队指挥官予以取缔，如其不从，则"须立即派陆战队实行警护"。见『官房机密第六二〇号』（1911 年 11 月 25 日）、海军省-清国事变-M44-1-136。

③ 「漢陽鉄政局保護方依賴ニ関シ日本ノ兵力使用ハ慎重ヲ要スルノ件」（1911 年 10 月 14 日）、日本外務省編纂『日本外交文書』第 44、45 卷之别册『清国事变（辛亥革命）』日本国際連合協会、1961、135 頁。

④ 『陸軍次官ヨリ尾野司令官へ電報』（1912 年 1 月 26 日）、B-1-6-1-399。

⑤ 『機密第三七号』（1914 年 3 月 26 日）的附件、B-5-2-2-0-42 之 0-0-03。

⑥ 「大冶方面ニ軍艦派遣ノ要アリトノ件」（1911 年 10 月 13 日）、日本外務省編纂『日本外交文書』第 44、45 卷之别册『清国事变（辛亥革命）』、46 頁。

⑦ 《在大冶的"千早"号舰长致第三舰队司令官的无线电报》（1912 年 1 月 3 日）所附《照录鄂军政府理财部来札　十一月初九日》，见『第三艦隊機密第三九二之七二』，海军省-清国事变-M44-1-158。

军为加以阻止，于 1912 年 1 月初决定向大冶派驻陆战队，① 而日本陆军派遣队此时抵达汉口，又便利了海军抽出兵力。所以，尽管黎元洪迫于日本压力很快召回了没收大冶铁矿的人员，② 但由 47 人组成的日本海军“特别陆战队”还是于 2 月 5 日在大冶上岸，③ 随后“建造兵房”，④ 驻扎一年零两个月之久。湖北军政府一再谴责日方所为“与约章殊相违背”，要求其撤出陆战队。⑤ 然而，日本海军却长时间置之不理。

（2）伺机插手中国内政，施加日本影响力

在这个方面的主要表现，是日本海军对其认为有利用价值的中国要人提供“庇护”和帮助，并竭力向民国海军“伸手”。

1911 年 10 月 17 日，日本海军大臣传令“第三舰队”司令官：“如有清国官宪或叛徒投身于我舰艇要求保护，可根据外务令的精神予以处置。”⑥ 该舰队遵令而行，首先对藏身汉口日租界、央求日本驻汉口总领事派舰护送其逃离的汉阳铁政局总办李维格提供了“保护”，于 1911 年 11 月 7 日派“满洲”号送其前往上海，⑦ 途中还在大冶让日本技师西泽公雄上舰，就确保汉阳铁厂向日本供应生铁、中日在上海浦东“合办”新的大铁厂等问题，与李密谈。⑧

---

① 见日本海军省军务局 1912 年 1 月 2 日起草的海军次官致第三舰队司令官电稿，海军省-清国事变-M44-1-136。

② 参见『第三艦隊機密第三九二号之八四』、海军省-清国事变-M44-1-158。

③ 据《第三舰队司令官致海军大臣电》（1912 年 3 月 22 日），海军省-清国事变-M44-1-142。

④ 《收湖北都督（段祺瑞）文》（1914 年 1 月 14 日），“中央研究院”近代史研究所编《中日关系史资料·一般交涉》（下），台北，“中央研究院”近代史研究所，1986，第 480 页。

⑤ 参见《第三舰队司令官致海军大臣》（1912 年 6 月 4 日）、『機密第六〇号』（1912 年 12 月 3 日）的附件『外交司来文略訳』，海军省-清国事变-M44-1-139、158。

⑥ 《给川岛司令官的电训》的附件（1911 年 10 月 17 日），海军省-清国事变-M44-1-136。

⑦ 见「李維格ヨリ一身及家族保護方依頼ノ件」（1911 年 10 月 12 日）、日本外务省编纂『日本外交文書』第 44、45 卷之别册『清国事変（辛亥革命）』、134 页；『第三艦隊機密第四一八号ノ二』（1911 年 11 月 11 日）及其附件《驻汉口总领事松村贞雄致第三舰队司令官》（1911 年 10 月 23 日），海军省-清国事变-M44-1-136。

⑧ 「満州艦上ニテ李維格ト会談シタル際、李ハ漢陽鉄廠ノ上海移転等ヲ提議シタル件」（1911 年 11 月 14 日）、日本外务省编纂『日本外交文書』第 44、45 卷之别册『清国事変（辛亥革命）』、161—163 页。李维格于 11 月 19 日到上海后住在三井洋行职员的住宅，接着在 24 日被日本政府“劝告”前往大连，12 月 26 日又在三井洋行人员“陪同”下从奉天取道朝鲜前往日本。见《加藤中佐致军令部长电》（1911 年 11 月 19 日），海军省-清国事变-M44-1-150。

11 月 16 日，"满洲"号途经安庆时，又"收容"了逃亡的清朝安徽巡抚朱家宝。① 12 月 1 日，大势已去的清朝两江总督张人骏、江宁将军铁良、江南提督张勋等逃到日本驻南京领事馆，而驻泊该地的"秋津洲"号也马上"收容"了他们，"第三舰队"司令官还令将他们送往日本。② 此外，日本海军对其认为有潜在利用价值的"叛徒"即革命党人，也紧盯其动向，甚至提供"保护"。如身为阳夏战争总指挥的著名革命家黄兴，1911 年 11 月 29 日兵败后乘日船离汉，12 月 1 日抵沪，在两地的日本海军都于第一时间获悉，并且提供了"保护"；③ 1913 年 7 月下旬，黄兴反袁失败，"第三舰队"司令官又传令在南京的日舰予以"收容保护"。④ "二次革命"中在湖口起兵反袁失败的李烈钧等人，于 1913 年 9 月 8 日乘日船到汉口，亦由"伏见"号护送到大冶，转乘日船去日本。⑤

甲午战争后，清朝海军完全丧失了抵御外侮的作用，但在华日舰仍严密监视其动向，即使在辛亥革命高潮中，也将其一举一动详加记录、随时上

---

① 『清国事变ニ関スル警備報告要領（第三四回）』、B-1-6-1-402。

② 《加藤海军中佐致海军大臣》（1911 年 12 月 1 日）、《加藤中佐致大臣》（1911 年 12 月 2 日）、《加藤海军中佐致海军大臣》（1911 年 12 月 3 日），B-1-6-1-400；《"秋津洲"号舰长致海军大臣电》（1911 年 12 月 6 日），海军省-清国事变-M44-1-138。张勋于 3 日凌晨离开"秋津洲"号前往浦口。张人骏、铁良等分别由"秋津洲"号送到上海、由日船"西京丸"送往大连，由"关东都督府"接手"保护"。见「張総督一行ハ西京丸ニテ大連ニ向ケ護送ノ件」（1911 年 12 月 6 日驻上海总领事有吉明致外务大臣内田康哉电）、日本外务省编纂『日本外交文書』第 44、45 卷之别册『清国事变（辛亥革命）』、168—169 页；《旅顺镇守府司令长官致海军大臣电》（1911 年 12 月 11 日），海军省-清国事变-M44-1-138。

③ 《第三舰队司令官致海军大臣电》（1911 年 11 月 28 日，B-1-6-1-401）称他接到情报，黄兴将会逃亡南京。其后的《第三舰队司令官致海军大臣电》（B-1-6-1-401）又称黄兴于 28 日夜晚逃到日租界，29 日下午乘"南阳丸"下航前往南京或上海。《加藤中佐致军令部长电》（1911 年 12 月 1 日，海军省-清国事变-M44-1-150）称黄兴乘"南阳丸"抵达上海；而同日另一《加藤中佐致军令部长电》又称黄兴身边的萱野长知、宫崎滔天来访，介绍了黄兴兵败来上海的经过，"对于第三舰队司令官在黄兴逃亡时给予保护表达感谢之意"。

④ 《第三舰队司令官致海军大臣绝密电报》（1913 年 7 月 29 日），海军省-清国事变-M44-1-144。

⑤ 『支那亡命客保護ニ関スル顛末報告』（1913 年 9 月 10 日）、海军省-清国事变-M44-1-138。

报。究其原因，如同 1906 年 6 月 "南清舰队" 司令官武富邦鼎所言，是企图把中国海军的主导权 "完全收于日本海军之一手，以作为将来在清国扶植我利权的一种手段"。① 从 1911 年 11 月上旬起，长江上的清舰陆续起义，后来南京又成为革命中心。在此局面下，"第三舰队" 司令官在 12 月中旬向海军大臣报告了南京革命军中海军的情况，认为中国海军 "在和平光复后会有一大革新"。② 12 月 25 日，在上海的加藤中佐又根据得自香港日谍的情报，报告孙中山正物色外国人做海军顾问，海军大佐太田三治郎欲利用深得孙信任的池亨吉谋取该职等情。③ 日本海军省认为有机可乘，在 1912 年初派高级间谍、海军少将外波内藤吉来华，密令其与革命军的海军保持 "声气密切相通，为今后加深清国海军对我海军的信赖之念、以我海军势力为模范打下基础"，"对于从我海军出身的革命军海军士官……以个人身份予以种种指导，使其身价不致降低"。④

（3）多方搜集各种情报

监视中国社会状况和列强在华动向，获取相关情报，本是日舰在中国江海 "巡航警备" 的日常任务之一。⑤ 在辛亥革命高潮掀起之后，日本海军为了伺机扩充在华权益、插手中国内政，而以更大力度为之。

身在长江流域的 "第三舰队" 司令官，不仅随时向海军大臣等电告各种情况，还在 1911 年 10 月 16 日至 1913 年 10 月 6 日陆续寄出《关于清国事变的警备报告》（从 1913 年 8 月 12 日起改名为《关于支那事变的警备报告》）共 238 号，从 1911 年 11 月 10 日起先后寄出《关于清国事变的密报》若干号。这些报告、密报扼要叙述在该舰队 "巡航警备" 区域内发生的战争、事变、交涉、日舰和别国海陆军的行动，内容主要来自各 "警备舰" 从驻泊口岸发出的电报和报告、日谍提供的情报，从中可见这些 "警

① 『南清機密第九二号』（1906 年 6 月 11 日）、海軍省-公文備考-M39-28-653。
② 见 『清国事変ニ関スル警備報告要領（第五八回）』、B-1-6-1-403。
③ 《加藤中佐致海军次官电》（1911 年 12 月 25 日），海軍省-清国事変-M44-1-150。
④ 『口達覚書』（1912 年 1 月 2 日）、海軍省-清国事変-M44-1-136。
⑤ 日本海军省规定，在长江流域实行 "巡航警备" 的日舰须对河道反复测量，舰长等军官在停靠口岸要尽量求见最高官员并呈报谈话内容，在停泊期间还要派人上岸考察军情及资源、经济、文教等方面情况，对所见中外军舰活动和日舰与之来往的情况也要详加记述。

备舰"在施压的同时，还充当了特殊谍报点，一直以大量时间、很大精力刺探、搜集驻泊口岸周围的各种情报，并通过舰载无线电台快速将其传递给旗舰或在上海的海军武官。① 而日本海军的首脑机关，也极为看重来自"第三舰队"等方面的情报，分别从 1911 年 10 月 14 日、24 日开始编印《湖北事变通报》（后改名为《清国事变通报》）、《清国革命乱特报》。《清国事变通报》直到 1912 年 2 月 11 日，每天都出，有时甚至一天出若干号；《清国革命乱特报》直到 1912 年 2 月 10 日，绝大多数时候是每天出一号。前者主要是在华特别是在长江流域的日舰和情报人员的报告摘录，涉及各地起义、"独立"的具体过程及政权易手后的政情、社会状况，反正各处的呼应与联系，清政府为扑灭革命所采取的各种步骤及由此引发的战争与交涉，对立双方的军队（包括军舰）调动，南京临时政府成立前后的情况，列强在华所采取的军事、政治、经济举措，日舰各种行动及与别国在华军事力量的关系等；后者则反映中国各大区域在革命高潮掀起后的情况特别是战争过程与军事对峙、列强对华政策尤其是与中国相关的海陆军调动，而长江流域则经常是其中的焦点。

随着中华民国成立，日本海军认为"清国动乱情势现将出现一大急转"，为进一步强化谍报活动，在 1912 年 1 月 1 日派外波内藤吉少将来华时，令其"滞留于上海，视需要往来于长江沿岸及闽浙沿岸"，与日本驻华文武官员、"第三舰队"司令官、所在地日舰保持联络，"观察周围官、革两军形势，调查各外国相关态度及动向，且按需要探求将来增进帝国地步之手段，加以报告"。②

**3. 日德开战后三年间无"巡航"的"警备"**

从上文可见，在长江流域的日本海军在对辛亥革命高潮施压过程中，力量大增，其"巡航警备"涉及面之广也是前所未有。但是到了 1914 年，随着欧洲战云密布，日本伺机夺取德国在华及太平洋上的地盘，其海军也为此调整了在华力量部署，在 8 月 25 日与陆军向胶州湾大举出动之后，除将不

---

① 见日本外务省外交史料馆所藏之『外務省記録』B-1-6-1-400、401、402、403；『清国事変ニ関スル警備報告』、海軍省-清国事変-M44-1-156—174。

② 『清国出張任務執行ニ関スル件』（1912 年 1 月 1 日）、海軍省-清国事変-M44-1-136。

能航海的 3 艘河用炮舰留在上海外，不再派日舰到长江上"巡航"。① 一直到 1917 年 8 月北京政府对德、奥宣战，这种局面维持了 3 年。

然而，这种变化丝毫不意味着日本停止了对长江流域的"警备"。实际情况是：早在 1912 年 1 月，一支 700 多人的日本陆军派遣队就侵入并驻扎汉口，故当日舰离开长江时，日本军力依然盘踞在对上下游都可保持"威慑"的口岸；且日舰在攻取胶州湾之后，如有需要，也可迅速开进长江，与驻汉口的日军协同动武。可见，即使没有日舰"巡航"，长江流域仍处于日本的严重威胁之下。这种威胁的存在，在 1915 年 5 月上旬日本海军为配合其政府逼迫袁世凯接受"二十一条"而采取的行动中充分显示出来。当时，日本海军省令"第二舰队"派 2 艘军舰到秦皇岛，另由该舰队司令官亲率 2 艘军舰和 1 个水雷战队速往长江口，此外还向长江口派出一个战队，同时要求驻上海的军官为日舰打进长江准备领航员、提供情报、与在长江外的舰队保持呼应；令"第三舰队"在澎湖马公集结，准备在中国南方沿海行动。② 5 月 6 日，日舰在中国沿海的配置是：在长江附近有战舰 8 艘、驱逐舰 10 艘，在马公附近有战舰 5 艘，在秦皇岛附近有战舰 3 艘、水雷艇 4 艘。③ 各路日舰都进入了临战状态，其中"第二舰队"的作战计划要点是："尽快控制江口要地，进而破坏长江干流水陆防御设施及敌舰艇，扼制从外海通往汉口的水路，以确保通航自由、保护居留民、与汉口驻屯军联络。必要时掩护陆军溯江而上，与之协同作战。"直到 5 月 9 日袁世凯被迫接受日本的最后通牒，各日舰才奉命返航。④

尽管日本对长江流域仍保持严重威胁，但对无日舰"巡航"还是很

---

① 参见日本海军大臣官房编『大正三年海军公报』上、下卷各号所载「艦船所在」、海军一般史料/0 法令-海军（二復）公报-5、6、日本防衛研究所藏。

② 参见《海军大臣致第一舰队司令长官电》（1915 年 5 月 6 日）、《海军大臣致第二舰队司令长官电》（1915 年 5 月 6 日）、《第三舰队司令官致海军次官电》（1915 年 5 月 5 日）、『对支行动报告』（第二舰队司令部 1915 年 5 月 12 日发出）、『滬秘第四号』（1915 年 5 月 19 日），日独戦書-T3-159-616，日本防卫研究所藏。

③ 『軍務機密第一九一号』（1915 年 5 月 6 日）、日独戦書-T3-159-616。

④ 见『对支行动报告』（第二舰队司令部 1915 年 5 月 12 日发出）、《海军大臣致第三舰队司令官》（1915 年 5 月 9 日），日独戦書-T3-159-616。

不甘心。故在"第二舰队"从长江口返航后,驻上海的海军少佐中岛晋上书军令部部长称,日舰离开长江流域导致"不知我兵力之大的该流域支那人日益发生轻蔑帝国之念,动辄出以暴举,使日本人感到不安",要"不失时机地采取让我舰队进入的手段,使日本人在长江一带安堵,得以自由发展"。①　1916年4月,日本海军开始策划恢复在中国南方江海的"巡航",拟编组"第五战队",以该战队及一个驱逐队"主要负责长江一带的警备"。②

**4. 中国对德、奥宣战后日本海军"巡航警备"的强化**

（1）加大"巡航警备"强度

1917年8月14日,北京政府对德、奥宣战,由此中日两国在名义上同属协约国。但是,这丝毫未改变日本压迫中国的关系,日本海军反倒借机将在中国南方江海,特别是长江流域的"巡航"恢复并进一步强化。

实际上,早在北京政府宣战之数月前的1917年2月27日,日本海军便将在上海的名义上解除武装的3艘河用炮舰编入"第三舰队"的"第五战队","令其负责长江流域警备";8月11日又宣称:"在中国对德宣战实施后,我舰船在该国港湾进出停泊将恢复到与平时同样的地位,从而不必基于中立规则受到拘束。"③　而在北京政府宣战后,日本海军立即下达了3艘河用炮舰的定员,于8月29日分别令"隅田"号在上海附近、"伏见"号到汉口、"鸟羽"号到重庆负责"警备"。④　由于当时"第三舰队"的行动范围扩展到南太平洋,难以充分实行在中国江海的"巡航警备",因而日本海军于12月15日以5舰编成隶属于该舰队的"第七战队",规定其以长江流域为主要"行动区域","保护我国侨民,对攸关我国势增进的开拓利源之地的警备,也必须同样予以高度注意,例如在长江一带陷于兵燹之厄时……将一部分兵力配置于大冶、汉阳等地";必要时以陆战队与日本陆军"联合

---

① 《中岛少佐致军令部长电》（1915年5月20日）,日独战书-T3-160-617。

② 《海军次官致第三舰队司令长官等电》（1916年4月8日）,日独战书-T3-159-616。

③ 『官房機密第三四一号』（1917年2月27日）、『官房機密第一三九二号』（1917年8月11日）、海軍省-公文備考-T7-25-2137。

④ 『官房機密第四〇八号ノ三』（1917年9月5日）、『佐鎮機密第四二五号ノ六』（1917年8月30日）、海軍省-公文備考-T7-25-2137。

行动"、与外国海陆军"协同行动"。① 1918 年 8 月中旬，因"第三舰队"奉命对苏俄远东沿海施压，日本海军又成立"遣支舰队"，令其"当下主要执行长江流域的警备任务"。② 1919 年 6 月，为了对抗中国的五四运动，"遣支舰队"又增加了 2 艘军舰和由 4 艘驱逐舰组成的"第二十九驱逐队"。③ 这年 7 月下旬，"遣支舰队"更名为"第一遣外舰队"。④ 在上述过程中，无论是"第五战队"、"第七战队"还是"遣支舰队"，都是将长江流域作为主要行动区域；而"第一遣外舰队"司令官在 1921 年度行动计划⑤中所列各舰行动范围，也全都在长江流域。还应注意的是，日本海军在恢复对长江流域的"巡航"之初，就将上海到重庆之间的长江干支流囊括在"巡航"范围内，为此将 3 艘河用炮舰分别配置于长江上、中、下游的要津重庆、汉口、上海。先前，日舰开到重庆只是间或为之，但从 1917 年 10 月下旬起，就将重庆作为其常泊港。⑥ 至于从日俄战争后就已是常泊港的汉口，更是整年都有日舰驻泊。⑦ 事实证明，日本海军在长江流域的"巡航警备"的强度进一步加大。

这种情况，是与日本亟欲巩固其在第一次世界大战中对长江流域经济扩张的"成果"密不可分的。1919 年，日本的对华出口额、进口额较之 1913 年，分别增长了 1.89 倍和 4.26 倍；其间，日本每年向长江流域出口额、1916—1919 年的进口额，都超过了同期对中国各区域相应贸易

---

① 『官房機密第二一三六号』（1917 年 12 月 18 日）、『官房機密第二一三六号ノ二』（1917 年 12 月 18 日）、『軍務機密第六六七号』（1917 年 12 月 15 日）的附件，海軍省-公文備考-T7-25-2137。

② 参见 『官房機密第一二五九号』（1918 年 8 月 17 日）、『官房機密第一二五九号ノ二』（1917 年 8 月 17 日）、日独戦書-T3-194-651。

③ 「艦隊編制表」『英国大使館付海軍武官往復文書 大正八年」、海軍省-武往文-T-12-34。

④ 『軍務機密第一一六号電報』（1919 年 7 月 26 日）、日独戦書-T3-194-651。

⑤ 『機密第一遣外艦隊命令第二号』（1920 年 12 月 1 日）附件，日独戦書-T3-194-651。

⑥ 参见日本海軍大臣官房編 『大正六年海軍公報（部外秘）』『大正七年海軍公報（部外秘）』关于日舰驻泊重庆的记述 ［海軍一般史料/0 法令-海軍（二復）公報-12、14］。

⑦ 参见日本海軍大臣官房編 『海軍公報』大正七年至大正十三年各年相关月份的公报中的相关记述 ［海軍一般史料/0 法令-海軍（二復）公報-14—32］。

总额的半数。① 正因为如此，日本在一战后期，就开始思谋巩固其对长江流域经济扩张的"成果"。1917 年 7 月出版的《从经济角度看长江一带》声称："长江流域是中国富源，又是中国经济中心地……我国工商业者登上这个舞台……侵入各先进国根基深、势力厚的范围内，在商场中逐步雄踞一方，实在可喜之至……战后各国的经济竞争将日益激化、在长江一带的商战将更为炽烈，是毫无疑义的。我国是否真有准备、安排和实力打赢这场炽烈的战后商战？这难道不是刻下最值得研究的问题吗？"② 而日本海军加大在长江流域"巡航警备"的强度，正可视为对这种叫喊的一种相当迅速的响应。

另外，1917 年 9 月，中国爆发了"护法战争"，川、湘之间区域化为南北军队的主要战场，其后多年硝烟不断。在日本海军看来，"长江一带纷扰混沌，事态不易收拾"。③ 这既给日本在长江中上游进行贸易、获取资源等带来较多风险，也使日本有可能从中寻求插手中国内政的机会，从而也就决定了日舰势必对长江中上游地区强化"巡航警备"，而重庆从 1917 年 10 月开始成为日舰的常泊港，也不能不说与此密切相关。④

（2）与英美海军"协同行动"

随着日本海军强化在长江流域的"巡航警备"，日本的贸易较之别国一度更有"保障"。因此，1918 年 4 月 20 日，日本海军大臣收到日清汽船株式会社社长上呈的感谢信，内称："此前长江上游中国南北军交战……英国、中国等国航行的船舶都停止了航行，唯有本会社船舶承蒙帝国海军周到

---

① 参见日本農商務省商工局編『一九一三年二於ケル日支貿易ノ概況』『一九一四年二於ケル日支貿易ノ概況』（该局于 1914 年、1915 年印），日本農商務省商工局編『一九一五年二於ケル日支貿易ノ概況』『一九一六年二於ケル支那貿易ノ概況』（该局于 1916 年、1917 年印），日本農商務省商工局編『一九一九年二於ケル支那貿易ノ概況』（该局 1921 年、1922 年印），日本大藏省編『大日本外国貿易年表』大正六年上、大正十年上（大藏省印刷局、1918、1922）。

② 大谷是空『経済観的長江一带』東方時論社、1917、104—105 頁。

③ 《军务局长致吴镇守府、旅顺要港部参谋长电》（1917 年 12 月上旬）的附件，海军省-公文备考-T7-25-2137。

④ 参见『大正六年度海軍公報（部外秘）』11 月 24 日以后各号关于"伏见"号的记述，该公报 12 月 25 日以后各号、『大正七年度海軍公報（部外秘）』1 月 21 日以后各号，2 月 8 日第 1627 号关于"隅田"号的记述［海軍一般史料/0 法令-海軍（二復）公報-12、14］；《第七战队司令官致海军大臣电》（1918 年 1 月 31 日），海军省-公文备考-T7-25-2136。

的保护，没有缺航一次。"① 看到日本海军的"巡航警备"很有"成效"，美国在华海军十分羡慕，于 1918 年 1 月 29 日提出倡议，要求日、美、英海军在长江流域"为保护盟国侨民生命及财产而协同行动"，且"由所在地的首席指挥官山冈少将负责全盘处置"。② 接着在 2 月 4 日，"第七战队"司令官传令所辖各舰长，告知日、英、美三国海军达成协议，"为保护盟国侨民生命及通商航运采取协同行动"，令各舰"不仅对本国船舶，而且对盟国的商船也要保护"。③ 这样一来，日舰就将在长江上的英美等盟国的侨民和商船也纳入其"保护"范围。

## （二）民国初期日本陆军派遣队非法长驻汉口

### 1. 日本陆军趁清民鼎革出兵汉口

直到辛亥武昌起义爆发，日本军力在长江流域的存在，主要是通过其海军舰队来体现的，而陆军主要从事谍报活动，相对于海军，充当着敲边鼓的角色，这与其在中国北方尤其是南满已占有巨大地盘的状况相比，反差强烈。日俄战争之后骄横成性的日本陆军，对此是绝不甘心的。武昌起义爆发后，长江流域革命浪潮最为高涨，也因此马上成为包括日本在内的列强以炮舰相威胁的重点区域，而日本陆军则一直窥测形势，在竭力阻止革命军北伐、确保南满"平稳"的同时，为派兵入侵长江流域处心积虑。④

---

① 『官房第一四〇四号』(1918 年 4 月 24 日) 附件，海军省－公文备考－T7-24-2136。

② 『一月二十九日午前十一时四十五分米国海军ホーン中佐来谈要領』、海军省－公文备考－T7-25-2136。

③ 《第七战队司令官致海军大臣电》(1918 年 2 月 4 日)，海军省－公文备考－T7-25-2136。

④ 参见《汉口租界志》编纂委员会编《汉口租界志》，武汉出版社，2003，第三章第五节；桜井良樹「近代日中関係の担い手に関する研究（中清派遣隊）——漢口駐屯の日本陸軍派遣隊と国際政治」『麗沢大学）経済社会総合研究センター Working Paper』No. 29、2008 年。该文后成为作者的专著『辛亥革命と日本政治の変動』(岩波書店、2009) 第五章。该文根据在日本防卫研究所图书馆所见资料和稲葉正夫编「辛亥革命関係資料」(一)(『軍事史学』第 1 号、甲阳書房、1965) 指出，武昌起义爆发后不久，日本参谋本部在《我陆军对清国现状所应采取的方针》中，提出了对长江流域派兵的设想，即"需要时，先派出微弱之一队，最终达到混成旅"，并将武昌附近作为派兵目标。参谋本部于 10 月 14 日急派古川岩太郎中佐到南京、高桥小藤治大尉到汉口搜集情报，并令高桥着眼于日本向汉口派兵的需要而对长江水运进行考察。

如前文所述，1911 年 9 月中旬，日本得知四川爆发保路运动的消息后，就着手增强其在长江流域的海军力量，故承担长江流域"警备"任务的日本"第三舰队"司令官川岛令次郎少将，在武昌起义爆发前已率旗舰"对马"号开进长江，并在 10 月 12 日中午开到汉口江面。从长江整体情况看，10 月间各国军舰的数量英国居首（21 艘），日本、美国并列第二（12 艘，但日本又从国内派来 1 艘）。① 可见，直到武昌起义爆发，论列强在长江中的军力对比，总体上还是英国遥遥领先，而日本尽管已不亚于其他西方国家，但还远不能与英国旗鼓相当。然而，即便是英国，到武昌起义爆发为止，也还没有在长江流域长驻陆军。故日本陆军要侵入长江流域，不能不对英国有所忌惮。所以，日本一直高度关注英国等国在长江流域的举动，以从中寻求机会。10 月底，日本军方通过《泰晤士报》了解到，英国对中国的事态"感到满意，而不认为各国有必要干涉"。② 11 月 9 日获悉的英国首相阿斯奎斯（H. H. Asquith）演说依然表示：因中国的官、革双方迄今为止都注意不加害于外国人的生命财产，故英国除了以海军保护本国臣民外，无意干涉中国的大势。③ 碍于英国这种态度，日本陆军未敢马上实施派兵行动。

但是，到 11 月底，日本军方从在华所获军事情报中看到了变化："英国将陆军所用的步枪弹药运往上海，数量不明，这大概是为从香港派遣陆军时供其使用而运来的。"同时，还注意到《泰晤士报》谈论中国局势的调子与以往不同："现在的事态对于未来还是颇为可忧。"④ 接着又侦知，英国于 12 月 2 日下令从香港派陆军到汉口，该部 162 人于 12 月 5 日出发，14 日到达；此外，俄国陆军一个连 277 人于 12 月 5 日开到汉口。⑤ 得到这些情报

---

① 日本海軍軍令部編『清国革命乱特報第四号』所附『東洋派遣列国艦艇所在表』（1911 年 10 月 28 日），B-1-6-1-400。

② 日本海軍軍令部編『清国革命乱特報第五号』（1911 年 10 月 30 日）、B-1-6-1-400。

③ 日本海軍軍令部編『清国革命乱特報第一五号』（1911 年 11 月 12 日）、B-1-6-1-400。

④ 日本海軍軍令部編『清国革命乱特報第三五号』（1911 年 12 月 2 日）、B-1-6-1-401。

⑤ 日本海軍軍令部編『清国革命乱特報第三七号』（1911 年 12 月 4 日）、『清国革命乱特報第四八号』（1911 年 12 月 15 日）、『清国革命乱特報第三九号』（1911 年 12 月 6 日）、B-1-6-1-401、402；「英国大使館付武官稲垣大佐電報」日本参謀本部編『清国事変』第 40 号（1911 年 12 月 16 日）、海軍省-清国事変-M44-50-185；「陸兵約五百名漢口派遣ノ件」（1911 年 12 月 22 日）、日本外務省編纂『日本外交文書』第 44、45 卷別冊『清国事変（辛亥革命）』、67 頁。

后，日本马上加紧实施向汉口派驻陆军的步骤。① 12 月 9 日，陆军大臣通知参谋总长："鉴于中清方面之时局，阁议决定：为保护帝国领事馆、侨民及利权，须向汉口附近派遣一支部队。"同时交代："考虑到外交关系，希望派遣队的编制在名义上小于实际兵力。"② 12 月 12 日，日本陆军省军务局拟出《中清派遣队编成要领》，22 日经陆军大臣、参谋总长奏请天皇批准后，由参谋本部下达给近卫师团及第十八师团、陆军省相关各局，其基本内容是：由第十八师团负责组建派遣队，该队由司令部、两个步兵中队、一个机关枪队、一个患者收容班构成。③ 第十八师团团长则在 24 日提交了《中清派遣队人马一览表》，从中可见，该队司令官为大佐军衔，司令部官兵 36人、两个步兵中队 575 人、机关枪队 101 人、患者收容班 14 人，总兵力为726 人。④ 此外，陆军省的运输部在 22 日也向该省大臣提交了向汉口运兵的计划。⑤

必须指出，日本如此急不可耐地行动，仅以其内阁宣称的"保护帝国领事馆、侨民及利权"，并不能充分解释其动因。因为在当时，武汉的阳夏战争和南京的战争都已结束，南北议和正在展开，形势已大有缓和；更何况，革命军与清军即使在此前激战之时，双方也都一致小心翼翼地维护外国既得权益，以争取外国中立乃至支持；且包括日本在内的列强配置在长江上的海军力量，加上俄、英陆军，已很强大。因此，当时日本在长江口岸的领事馆、日侨及其"利权"，实际上都没有什么危险。在这种局面下，日本陆军仍急于让派遣队侵入汉口，只能说有更深的企图，其中首要的一点，就是抓住时机，实现日本陆军在长江流域的长期驻扎。这在 12 月 9 日陆军省给

---

① 清末曾在长江流域活动并与张之洞多有过从、此时任职于参谋本部的宇都宫太郎，力主利用英俄对汉口出兵之机派出日军。见宇都宫太郎関係資料研究会编『日本陸軍とアジア政策　陸軍大将宇都宮太郎日記』(1)、岩波書店、2007、506 頁。

② 『中清方面派兵ノ件』(1911 年 12 月 9 日)、陸軍省-清国事件-M44-1-30。

③ 『中清派遣隊編成ノ件』(1911 年 12 月 15 日)、陸軍省-清国事件-M44-1-30。

④ 『職員表、人馬一覧表送附ノ件』(1911 年 12 月 24 日)、陸軍省-清国事件-M44-1-30。需要指出的是，日本政府为尽量避免遭到欧美嫉视，在外交文件中提到该队人数，都有意缩小，说成 500 人左右。

⑤ 《陆军省运输部本部长致陆军大臣电》(1911 年 12 月 22 日)，陆军省-清国事件-M44-1-30。

先遣人员、步兵大尉香椎浩平布置的任务中，最先清楚地显示出来。其中称，在汉口附近为派遣队准备宿营地的同时，还须"考虑军队长期驻留，而在该地附近选定可容中清派遣队司令部、战时编制之步兵一个大队、机关枪一队之简易房建设地，作出修建计划"。[①] 至于向汉口派兵意图的全面表述，则见诸经天皇批准，由参谋总长奥保巩于 12 月 23 日、24 日对派遣队司令官下达的命令，其内容大致有三个方面。

第一，维护日本在长江流域的既得权益。"须以所辖部队保护帝国领事馆及帝国臣民，且在必要时尽力维护我利权"；"为保护帝国领事馆及帝国臣民而需要采取举措时，应与相关帝国领事协商；为处理因任务而发生之外交事项，须时常与驻北京之帝国公使保持联系"；"在实施任务时，须与第三舰队保持密切联系，对长江之交通，当直接与之交涉，以图维持"。[②]

第二，争取在长江流域扩大日本陆军行动的空间，并谋求在列强军队中占据有利地位。"如第三舰队司令官提出替换海军陆战队之要求，或有需要之时，得将部队派遣到该地（指武汉三镇——引者注）之外"；"须考虑今后增兵、补给等情况及与国内的联络，注意下列地点之重要性：吴淞（上海）、江阴、南京、芜湖、安庆、九江、石灰窑"；"在需要与订盟各国军队一同行动时，即使以一支部队参与，也要尽可能将联合指挥权掌握于我手"。

第三，实施"谍报勤务"。"谍报区域为黄河以南之中、南清一带（除开山东省）"；"谍报事项为：有关清国官、革两军之事项（兵力、编制、配置、行动、兵备充实程度、兵员武器弹药等之补充、两军其他内情等），

---

① 『中清派遣将校ニ訓令ノ件』（1911 年 12 月 9 日）、陆军省-清国事件-M44-1-30。日本"第三舰队"司令官名和又八郎在 1912 年 10 月 24 日致海军大臣的信中，对本国陆军长驻汉口颇有微词，称："中国之动乱已归于平静，已无必要驻兵。如果事起，一苇带水，足可不出旬日动兵。然而，却有建筑兵营、长久驻兵之举。本职实为陆军当局真意何在而费解。"他表示很担心陆军的举动会导致别国猜疑、中国国民将日本政策视为侵略，以后会促使"排日排货运动"在华中一带兴起，最终有损"帝国的威信"。因此，他把陆军的举措斥为"盲断猪勇"。这实际反映出日本海军方面对于陆军到长江流域来抢其地盘感到不快。见名和又八郎『漢口陸軍兵営建築及漢口上海無線電信所建設計画ニ関スル意見』、海军省-清国事件-M44-2-137。

② 『中清派遣隊司令官ニ与フル命令伝宣方ノ件』（1911 年 12 月 23 日）、陆军省-清国事件-M44-1-30。

有关各国军事之事项（驻军之兵力、编制、配置、行动、军队与清国官革两军之关系、其他军事设施等），有关地方状况之事项（政治、经济状态等），有关地理之事项（已制地图之补修订正、地图之搜集、地理物资之调查、兵要地志之补修订正等）"；"实施谍报勤务时，须特别注意不要激发与外国之事端"；"所有报告须定期、逐号发送，紧急事项须以电报和其他速递方法报告"。①

为了顺利实现派兵，日本在极为秘密地进行各种准备的同时，还进一步探询英国的态度。其驻英国临时代办山座圆次郎，奉命于 1911 年 12 月 22 日会见英国外交部亚洲司司长，告知日本将向汉口派兵的决定。结果"喜出望外"，英方居然"谢之"，并称英国也有同样的行动，目的在于抵制俄国的出兵之举。② 可见，英国出于抵制俄国向长江流域扩展军力的需要，而对日本出兵表示欢迎态度，给予了支持。

英国的表态，在日本看来意味着向汉口派兵不存在实质性障碍。于是，日本陆军省争分夺秒，在 22 日当天就下达了运兵命令。26 日，派遣队全体官兵乘火车从日本久留米到达门司，转乘早已等候在那里的轮船"御吉野丸"。该船于同日下午启航，28 日上午到达长江口，随即按预定计划开到设在上海下游的"满铁"栈桥。派遣队司令部人员和各队官兵在此分别转乘两艘小火轮和日清汽船株式会社的轮船"南阳丸"，于 29 日清晨开始溯江而上。"南阳丸"从上海至芜湖、从芜湖至汉口，分别由日本驱逐舰"敷波"号和"龙田"号护航。1912 年 1 月 1 日中午，"南阳丸"抵达汉口日租界的三菱码头，所载派遣队随即上岸。③ 整个运兵过程历时 7 天，实可谓马不停蹄。

应该指出，日、英、俄在武昌起义爆发后向汉口派驻陆军，都是公然对中国领土实行的武装入侵，即使在它们强加给中国的不平等条约中也找不到

---

① 『中清派遣隊司令官ニ与フル訓令ニ関スル件』及所附『中清派遣隊諜報勤務実施ニ関スル要綱』（1911 年 1 月 24 日），陆军省-清国事件-M44-1-30。

② 『漢口ヘ陸軍派遣ヲ英政府ニ通告シタル件』（1911 年 12 月 23 日）、日本外务省编纂『日本外交文書』第 44、45 卷别册『清国事変（辛亥革命）』，67 頁。

③ 『中清派遣隊船舶輸送ノ件報告』（1912 年 1 月 29 日）、陆军省-清国事件-M44-1-30。

任何依据。并且，从前文可见，日本在作出相关决策及付诸实施过程中，只留意于以英国为首的西方国家的动态及其对日本的反应，而对所入侵的中国态度则全然不加考虑。直到 1911 年 12 月 27 日运兵船抵达长江口前夕，日方才让在汉口的"第三舰队"司令官分别通知清朝湖广总督段祺瑞和武昌军政府都督黎元洪："现在所驻防本地租界之敝国海军陆战队，已届瓜代之限期，则新拟由本国派来陆军一队，以资保卫租界。"该队 29 日由上海起程，1 月 1 日到达汉口。日方此时通知中方，并非出于对中国的尊重，而只是为了让段、黎各自通报沿江一带守军，"而免惹起各样纠葛"，保证派遣队在长江上行进安全。①

**2. 日军为长驻汉口而非法购地，修建军营**

长驻汉口本是日本陆军此次派兵的既定方针，只因其唯恐错过有利时机，故在长驻所需设施尚不具备、中国政府的态度也不明了之时，就让派遣队火速开到了汉口。所以，派遣队在汉口最初没有营房，临时借用了为躲避战乱而离开汉口的日侨在日租界内的私房及学校校舍等。② 其先遣人员加紧物色修建军营所需地皮，很快向陆军省提出建议，希望将军营建在沿江而又紧靠日租界的原比利时租界（此前已被清政府收回）内。由于"该地域属官有土地，须与清国政府交涉"，日本政府便令其驻华使领在北京和武汉分别提出交涉。③ 1912 年 2 月 3 日前，日本驻华公使伊集院彦吉私下向北京政府邮传部大臣梁士诒提出在汉口借用地皮修建日本军营的要求；④ 2 月 5 日，派遣队司令官尾野实信从汉口电告陆军大臣：为兵营建设之事，正安排直接与段祺瑞或黎元洪交涉。⑤

日方在北京和武汉的交涉，意味着向中国当政者正面提出了日军派遣

---

① 《第三舰队司令官川岛令次郎在汉口、旗舰"千代田"号上致海军大臣斋藤实》（1911 年 12 月 30 日），海军省-清国事件-M44-22-157。
② 『漢口兵営建設ノ件』（1912 年 9 月 2 日）、別 00170100。
③ 「漢口ニ於ケル我兵営敷地交渉方ニ関スル件」（1912 年 1 月 24 日）、日本外務省編纂『日本外交文書』第 44、45 巻別冊『清国事変（辛亥革命）』、69 頁。
④ 「漢口派遣陸軍兵営敷地並建築ニ関スル交渉ノ件」（1912 年 2 月 3 日）、日本外務省編纂『日本外交文書』第 44、45 巻別冊『清国事変（辛亥革命）』、69—70 頁。
⑤ 《尾野大佐致陆军大臣报告第 3 号》（1912 年 2 月 5 日），陆军省-清国事件-M44-1-30。

长驻汉口问题。如能成功，则可一箭双雕：不仅军营所用地皮问题可以解决，连其非法武装入侵也能得到认可。但是，日方在两地都碰了壁。在北京，梁士诒表示，他对借给土地没有异议，但能否同意修建军营，属于地方官的职权，自己无权答复，要征询湖广总督段祺瑞的意见。① 而段祺瑞则对日方表示，原比利时租界地面，用途已作了安排，故不能借给日本修建军营。② 于是，日方转而在武汉"直接与黎（元洪）单独重开交涉"，③ 但也未得同意。④ 这表明，当时的中国当政者，无论属于哪个阵营，对于借地给日本修建军营的严重性质都有清醒认识，没有轻易让步。

在日本为"借地"修建军营而进行的交涉陷于僵局时，先前离开汉口的日侨因形势趋稳而陆续返回，且来汉口的日本人的数量很快就超出武昌起义爆发之前。这就使日军在日租界内所住私房到 9 月租约期满后将难以续租，所用校舍在开学后也须退出。迫于这种情况，日军派遣队改变了手法，其司令官在 6 月 18 日向陆军大臣提出以汉口"日本租界西北面大仓所有之地"作为军营用地，因为该地"约有二万坪，地价似不太高……对操练来说可谓最得便利，水管在今夏末期也会铺设"，"如将此大仓地皮与日本租界之间地面买下，使相连接，也会得到驻此地之领事馆认可"。⑤ 8 月 30 日，该司令官又向陆军次官提出，大仓洋行的地皮已"公开注册"过，"虽在租界之外，但如果以商人之名修建而让军队借用之，当无问题。伊集院大使对此也认同"。⑥ 日本陆军省很快接受了上述建议，于 9 月 2 日正式向首相提

---

① 「漢口派遣陸軍兵営敷地並建築ニ関スル交渉ノ件」（1912 年 2 月 3 日）、日本外務省編纂『日本外交文書』第 44、45 卷別册『清国事変（辛亥革命）』、69—70 頁。

② 《尾野司令官致陆军次官电》（1912 年 2 月 14 日），陸軍省-清国事件-M44-1-30。

③ 「兵営建築ノ件上申」（1912 年 5 月 2 日）、陸軍省-清国事件-M44-1-30。

④ 《驻汉口总领事松村贞雄致外务大臣内田康哉电》（1912 年 6 月 1 日，陸軍省-清国事件-M44-1-30）称："根据当下情势，妥当的形式应该是不公然建兵营，而建普通住房，将其用于陆军。"这可以证明黎元洪没有准许日方借地修建军营。

⑤ 『漢口ニ於ケル日本兵営敷地選定ノ件』（1912 年 6 月 18 日）、『陸軍省大日記』之『清国革命乱関係書類』（明治 44 年）、陸軍省-清国事件-M44-1-30。"坪"为日本面积单位，1 坪合 3.306 平方米。

⑥ 《与仓司令官致陆军次官电》（1912 年 8 月 30 日），陸軍省-清国事件-M44-1-30。文中"大使"当为"公使"之误。

出在汉口购地修建军营的方案，要求为此拨款 569179 日元，将所购地皮与所建军营都"作为官有财产对待"，并称："本项建设系外交秘密，故契约都应与日本人缔结。"①

就在 9 月间，日军派遣队在汉口正式办理了购买大仓洋行所占地皮的手续。该地皮的面积实为 20884.80 坪，平均每坪 4.788 日元，由日本政府向大仓洋行支付了 10 万日元。② 但日方为掩人耳目，并不改写地契，对中方谎称属日商永记鹤彦（大仓喜八郎的化名）所有，而在日本驻汉口总领事馆为该地皮注册时，则使用陆军省经理局建筑课课长的名义。③ 后来，为了架设无线电台的需要，日军派遣队在 1914 年 2 月和 10 月，又先后购买了其军营北面与东面之地皮 5100.44 坪，西北面万家庙之地皮 5447.35 坪与万家庙东北面之地皮 307.65 坪，使军营用地较原面积扩展了大半。④ 在购地过程中，派遣队故技重演，仍通过大仓洋行运作。只是由于当时各地反帝浪潮高涨，迫使"地方官府对于向外国人让渡土地采取种种防压手段"，所以连大仓洋行也无法直接出面购买地皮。于是，该洋行便指使其买办张俊臣出面购地，由大仓洋行"贷款"给张俊臣，将名义上由张所购的土地作为"贷款"的"抵押"，安排张逾期不还款，使土地转归大仓洋行所有。而在实际上，购地资金全都来自日本政府。⑤

从上述可见，日方在中国政府拒绝其借用汉口地皮修建军营的情况下，不惜采用移花接木的欺骗手段，假托大仓洋行及其买办的名义，非法取得了

---

① 『漢口兵営建設ノ件』（1912 年 9 月 2 日）、別 00170100。

② 『漢口土地買収ニ関スル件』（1916 年 12 月 15 日）、陸軍省-大日記乙輯-T6-2-19。

③ 『土地登録名義変更ノ件・副官ヨリ中支那派遣隊司令官ヘ電報案』（1922 年 6 月 20 日）、陸軍省-大日記乙輯-T12-2-20；『在漢口旧軍用土地地券及関係書類』（1922 年 12 月 27 日）、B-G-03-01-00-04-00-00-00-000。在大仓洋行为此地皮纳税的最早凭证上，日期为光绪三十四年。

④ 《陆军省经理局科员、陆军一等主计佐藤甲子寿谈军营用地购买问题》（时间不详），B-G-03-01-00-04-00-00-00-000。此外，在 1915 年 3 月，派遣队还假借太古洋行名义，从日商门野童九郎手里购得从军营至日租界的道路用地 1149 坪。参见 『道路敷地買収ノ件申請』（1915 年 7 月 9 日）、『漢口土地買収及契約担任官ノ件』（1915 年 10 月 5 日）、陸軍省-大日記乙輯-T5-3-12。

⑤ 《大仓商事株式会社支那课致外务省条约局函》（1929 年 11 月 2 日），B-G-03-01-00-04-00-00-00-000。

修建军营所需的地皮。在当时，就连日本大藏省在向陆军拨款时也指出，为修建军营而购置土地，不以政府名义而以个人名义订立契约，"可视为在处置上开一大特例"，"大体上脱离了办事的常轨"。① 而中国官民在此问题上一直被瞒骗。1919 年 4 月 2 日，湖北省议会议员吴兆廷等人提出议案，强烈要求日本从汉口撤军，却完全没有言及从日本政府手中收回日军所占土地的所有权。看来他们还以为那是大仓洋行的商用地。② 1922 年 7 月日军撤出之后，湖北督军萧耀南等还被蒙在鼓里，以为日军军营用地"为大仓洋行之产"。③ 其后，湖北当局拟收回原日军军营用地，而日方则百般阻挠，继续隐瞒该用地早已转归或者从来就是日本政府"所有"的事实，诡称其为大仓洋行所有，并不违反条约。对此，湖北当局虽作了一番调查，但仍弄不清真相，无法辩驳，只得表示："该地既为日商大仓所购，系属民有，与日本政府所购者情形不同。"④ 其收回计划也最终化为泡影。

日军假借大仓洋行名义获取地皮后，马上以该洋行修建民屋为幌子建起营房。据日舰"千代田"号舰长在 1913 年 3 月所见，该营房为两层楼建筑，"长 76 间，宽 10 间"。⑤ 由此，日军派遣队拥有了长驻汉口最不可少的基础设施。

对于日军派遣队修建军营，武汉民众强烈反对。商务总会、自治会等团体发出了请愿书，省议会也弹劾政府，严词质问。于是，1913 年 2 月 18 日，黎元洪派外交司长胡朝宗到日本总领事馆交涉，指出：日军移驻日本租界之外，颇有损于中国主权，碍难承认，希望日军不要超出租界范围。日本

① 《大藏次官桥本圭三郎致内阁书记官长南弘函》（1912 年 9 月 5 日），别 00170100。
② 《收湖北省长公署函》（1919 年 4 月 11 日到）之附件二《附抄原提议案》，"中央研究院"近代史研究所编《中日关系史料——军事外交交涉》，台北，"中央研究院"近代史研究所，1986，第 99 页。
③ 《发湖北督军（萧耀南）省长（刘承恩）函》（1922 年 7 月 5 日）。此外，1923 年 7 月 19 日湖北交涉员陈介在对外交部的呈文中，也持这种说法。见《中日关系史料——军事外交交涉》，第 286、306 页。
④ 《收湖北交涉员（陈介）呈》（1923 年 7 月 19 日）之附件二《照抄会呈督军、省长文》（1923 年 2 月 12 日），《中日关系史料——军事外交交涉》，第 308 页。
⑤ 《"千代田"号舰长致海军大臣的报告》（1913 年 3 月 13 日），海军省-清国事变-M44-2-137。"间"为日本长度单位，1 间约合 1.818 米。

总领事芳泽谦吉明知日军修建军营长驻毫无条约根据，虽一味狡辩，但也难免理屈词穷。同时，他在写给外务大臣的报告中还透露，汉口海关税务司对日本修建军营一事十分关注，美国、德国驻汉口领事都向他提出了在大仓洋行的地皮上所建房屋归谁所有的问题。由于担心欧美列强为此事作出不利于日本的反应，日本驻华公使及驻汉口总领事曾在1912年11月建议扩大日租界，把军营建于租界之内，但并未得到陆军的回应。①

日本陆军之所以不理睬驻华使领的建议，看来是因为认定欧美列强不会真的反对日本修建军营、长期驻军。据派遣队1912年10月得到的情报，这年夏季，英国作出了从汉口撤出其陆军、平时一般以两艘炮舰在汉口实行"警戒"的决定；同时，英国公使又称："形势未定，一旦撤出，要再出兵会很麻烦，故对日本公使所言日本要维持现状，认为极是。"② 当时在汉口的日本海军人员也注意到，对于日本修建军营，汉口的外国报纸"一言不发，保持沉默"，"此次所用地皮与跑马场相邻，西洋人是常常看见而能知晓的。既然如此，何以保持沉默呢？"他们的推断是，"自革命之乱起后，洋人遭遇了极大危险，领事们多方合作，寻求各种防御方法，但以海军的兵力绝不能进行更高要求的防御（不使子弹打来及不让士兵闯入）"，"于是乎，日本陆军驻扎此地，对他们外国人来说也是迫切希望的，托日本的福，就可以安心做买卖了"。③ 根据这些情况，似可认为，以英国为首的西方列强的袖手旁观乃至心存借助日本之意，正是使日军派遣队得以实现长驻汉口的至关重要的外在因素。

**3. 日军在汉口设置大功率陆上军用电台**

在组建派遣队之时，日本陆军省就决定在汉口常设军用无线电台，为此特意从近卫师团抽调掌握电报通信技术和电台修筑技术的官兵9人，作为"要员"安排到派遣队司令部。④ 后来在陆军省确定在汉口购地修建军营方案

---

① 参见《日本驻汉口总领事芳泽谦吉致外务大臣加藤高明的报告》（1913年2月19日），海军省-清国事变-M44-4-139。
② 《与仓司令官致参谋总长》（1912年10月8日），B-1-6-1-456。
③ 『第五一回私信』（1912年10月3日）、海军省-清国事变-M44-33-168。
④ 『中清派遣队司令部要员出发ノ件』（1911年12月22日）、陆军省-清国事件-M44-1-30。

的前夕，1912 年 8 月 29 日，参谋本部又提出在汉口、上海与日本大濑崎之间开通军用无线电报的计划。[①] 10 月 7 日，陆军省军务局的工兵课派出一名工兵军官火速前往汉口和上海，"确定在汉口的无线电报通信所的位置，侦察上海的电报通信所的用地，侦察就地置办两地通信所需器材的有关事项"。[②]

对于陆军设置无线电台的计划，日本驻上海总领事有吉明持消极态度。他鉴于 1910 年英国在上海设置无线电台受挫，最终将机器等作价转卖给清政府的情况，担心陆军计划的实施会激发很多反对声音，"衍成外交问题，对贸易也难保不发生影响"，且认为"汉口当地与我国之间的联络，靠军舰好歹也有相当效果"，所以不赞成陆军"哪怕招致各方面反对也要设置的做法"。此外，日本海军方面也有类似意见。[③] 面对本国的反对之声，日本陆军只是将计划的实施时间略为延后，到 1913 年 3 月，便暗中安排运送无线电台设备到汉口;[④] 6 月，在派遣队军营内将无线电台秘密设置起来。1915 年 3 月，该电台正式开始收发电报。[⑤] 此时正是日本强逼袁世凯政府就"二十一条"进行交涉，中国民众反抗日本侵略的浪潮广泛掀起期间。

关于该电台的规格，日军参谋总长在 1912 年 8 月 29 日致陆军大臣函中就已提出要求："为使中清派遣队与本国之通信便捷……（其无线电台）电力当以不受各国舰船所用无线电台妨碍为度"；汉口与上海两处的无线电台在电力上要能"制住各国舰船所用无线电台，确保独占利益"。[⑥] 1915 年 10 月，日本无线电报调查委员、工兵大尉铃木元长奉命到汉口改修无线电台设

---

① 『漢口上海及大瀬崎間ニ無線電信設置ノ件照会』（1912 年 8 月 29 日）、陸軍省-密大日記-T3-3-6。

② 『工兵将校一名ヲ漢口及上海ニ差遣ノ件』（1912 年 10 月 7 日）、陸軍省-密大日記-T3-3-6。

③ 《驻上海总领事有吉明致外务大臣内田康哉电》（1912 年 10 月 1 日），陸軍省-密大日記-T3-3-6；名和又八郎『漢口陸軍兵営建築及漢口上海無線電信所建設計画ニ関スル意見』、海軍省-清国事変-M44-2-137。

④ 《"千代田"号舰长给海军大臣的报告》（1913 年 3 月 13 日），海軍省-清国事変-M44-2-137。

⑤ 『漢口無線電信所改修工事ニ関スル報告』（1916 年 2 月 14 日）、陸軍省-密大日記-T4-4-12。

⑥ 『漢口上海及大瀬崎間ニ無線電信設置ノ件照会』（1912 年 8 月 29 日）、陸軍省-密大日記-T3-3-6。

备，以利于远程通信。此项工程于 11 月中旬完成。铃木元长于 1916 年 2 月向陆军大臣报告说，汉口无线电台所用电力分别为 75 千瓦（通信装置）和 25 千瓦（发报装置），经改修后，电柱增长为 236 尺，可昼夜对青岛发报，有足够能力在夜间与秦皇岛、济南、大连湾、日本的大濑崎通信。① 再从 1915 年 5 月日本陆军省掌握的美、英、德、意、法在北京、上海所设军用无线电台情况来看，所用电柱最长的约为 200 尺，最短的约为 100 尺（法国在上海法租界所设无线电台情况不详），② 均不及汉口日军无线电台电柱的长度。由此似可认为，截至 1915 年 11 月，日本设于汉口的陆上军用无线电台，功率大于别国设于中国境内的同类电台，并与设在日本国内和中国华北、南满等地的日本军用电台结成了在当时堪称便捷的无线通信网。这样一来，日本陆军在长江流域搜集的情报，就可以相当迅速地传递给参谋本部和在华谍报网的其他地方。

**4. 驻汉口日军派遣队的行径**

（1）维护日本在湖北的既得权益并保障其扩张

1912 年 1 月 3 日，该派遣队正式接替此前上岸的日本海军陆战队，承担汉口日租界的"防卫之任"。③ 在此前后，长江流域在日本对华贸易中始终占着最大比重，④ 第一次世界大战爆发后，日本对长江流域的贸易、航运等的增长相当迅速，尤其在汉口，1918—1922 年日本的贸易额一直超过欧

① 『漢口無線電信所改修工事ニ関スル報告』（1916 年 2 月 14 日）、陸軍省-密大日記-T4-4-12。

② 『漢口陸軍無線電信所保置ノ件』（1915 年 5 月 10 日）、陸軍省-欧受大日記-T8-6-35。

③ 『川島第三艦隊司令官ヨリ斎藤海軍大臣ニ提出セル清国事変ニ関スル警備報告要領』第 75 回（1912 年 1 月 7 日）、B-1-6-1-403。另据日军参谋本部 1912 年 8 月下达的『北支那派遣歩兵大隊及中支那派遣隊編成交代要領』规定，在汉口的派遣队平时由司令部及步兵第一大队（包括 4 个中队、1 个机关枪队）、患者收容班组成，部队官兵 637 人、患者收容班 12 人，名称由"中清派遣队"改为"中支那派遣队"，如需换防，一般在 9 月进行。见『密大日記』（大正 3 年）、陸軍省-密大日記-T3-1-4。

④ 参见日本农商务省商工局编纂的 1912—1915 年各年的『日支貿易ノ概況』（分别载于『商工彙纂』1913 年第 22 号、1914 年第 31 号、1915 年第 39 号、1916 年第 46 号，均由农商务省商工局印行），1916 年、1919 年『支那貿易ノ概況』（『商工彙纂』1917 年第 50 号、1921 年第 55 号，均由农商务省商工局印行）。另见日本大藏省编『大日本外国貿易年表』大正六年至大正八年各年上篇、大藏省、1926。

美各国，居于首位。① 但与此同时，日本侵华势力也感到，中国在辛亥革命后的剧烈政争、由"二十一条"交涉所激发的中国反抗日本压迫浪潮、袁世凯复辟帝制后兴起的护国运动、1917 年以后爆发的南北对抗、1919 年声势浩大的五四运动等，都对日本的扩张形成了"障碍"。② 在此背景下，日军派遣队长驻汉口本身就起到了维护日本在湖北既得权益并保障其扩张的作用。而且，一旦当地出现有可能危及日本权益的状况，该队便立即诉诸武力。

日军派遣队刚到汉口时，局势还算平静，但日本陆军省在 1912 年 1 月下旬得到海军方面提供的"千代田"号舰长报告，内称中方拟将汉阳铁厂机器的重要部分移到扬子机器局。于是，陆军次官传令派遣队司令官："该铁厂与帝国利害关系极深，故贵官有必要查明此事是否属实。如属实，则当本着保护帝国利权的目的，与总领事协商，对于变更该铁厂既有状态表示异议。如有必要，还当以兵力对该铁厂实行警备。"③ 1 月 28 日，派遣队司令官回电："扬子机器局同时也属于湖北汉阳铁厂，当时将机器的重要部分移至三井仓库与机器局的安全之处，其后及现在由铁厂之警卫人员实行充分警戒，留守的负责人员与三井、三井与我们及领事时常保持着联络，故目下并无什么可虑之处，仍当警惕不懈。此外，该地附近还常有我军官等散步。"④ 2 月 6 日，派遣队司令官又报告说："关于革命党在大别山配置的 6 门大炮，为了在今后该地附近再度开战时不致给汉阳铁厂造成损害，而与黎元洪交涉撤除这些大炮，黎元洪当即允诺。"到 12 日，"革命军在大别山布置的大炮全部撤去"。⑤

由于湖北当局一直避免触动包括日本在内的外国既得利益，日军派遣队在武汉实际上没有动武的由头，而日本海军又一直不对其提供替换陆战队到武汉以外地方展开军事行动的机会，这未免使该派遣队感到失望。但是，该派遣队还是要竭力显示其为维护日本既得权益所必需的武力，其"司令官

---

① 参见南满洲铁道株式会社東亜経済調査局編「長江流域に於ける日本の経済的地位」『経済資料』第 13 卷第 8 号、1927 年、92—93 頁。
② 浅居誠一『日清汽船株式会社三十年史及追補』、77—78 頁。
③ 『陸軍次官ヨリ尾野司令官ヘ電報』（1912 年 1 月 26 日）、B-1-6-1-399。
④ 《尾野致冈次官电》（1912 年 1 月 28 日），B-1-6-1-399。
⑤ 《尾野大佐致参谋总长电》（1912 年 2 月 6 日），B-1-6-1-399。另见《"千代田"号舰长给第三舰队司令官的报告》（1912 年 2 月 12 日），海军省-清国事变-M44-23-158。

鉴于第一次革命爆发时的事例，希望平时预先确定警备方法，以备万一爆发事变，可以充分保护居住在武汉的帝国臣民，维护利权"。① 1914 年 3 月中旬，在他倡议下，在汉口的"隅田"号舰长、代理总领事与他举行了"警备会议"，达成《关于警备的协定》，其中除了规定海、陆军在危急情况下为保护领事馆、掩护撤侨而应共同采取的措施外，还特别规定了陆军的行动步骤，包括直接守护日租界；对汉阳铁厂、既济水电有限公司、东亚制粉会社迅速派遣守备兵；"在需要时以主力攻击暴徒之重点"。②

1915 年 5 月中旬，汉口民众反对日本对华强加"二十一条"的斗争激化为暴动，而日军派遣队则趁机向中国官民显示"威力"。5 月 13 日晚，汉口盛传日侨将举行提灯游行以庆祝日本在"二十一条"交涉中获得成功，这激怒了民众，导致暴动在华界爆发并向外国租界区蔓延。③ 湖北当局闻讯后，迅速派兵镇压，各租界也很快采取了"防卫"措施，故仅过两小时，暴动即被平息，日军派遣队并没有派上用场。④ 但该队还是以两个中队开进日租界，同时向湖北当局声称：中国军警在"暴徒"面前的"无力"令人吃惊，"不足以受托保护日本人"，如今后再有此类事情发生，"将使用日本军队自行保护"。至于其真意，则如该队司令官向参谋总长所言："要以此事件为机会，使中国官民屈服于日本的威力，不致再起排日思想。"⑤ 值得注意的是，此次日军不仅日夜把守日租界，⑥ 还借口英租界当局在暴动中对

---

① 『警備会議ニ関シ報告ノ件』（1914 年 3 月 26 日）、B-5-2-2-0-42-0-0-03。

② 『警備ニ関スル協定』（1914 年 3 月 17 日）、B-5-2-2-0-42-0-0-03。东亚制粉会社是在汉口的硚口开办的日资面粉厂。

③ 「漢口暴動状況報告ノ件」（1915 年 5 月 19 日）、日本外務省編纂『日本外交文書　大正四年』第 2 冊、文唱堂、1966、708—709 頁。

④ 「漢口ニ発生ノ暴動ニ関シ報告ノ件」（1915 年 5 月 14 日）、日本外務省編纂『日本外交文書　大正四年』第 2 冊、691 頁。

⑤ 「今後暴動発生ノ場合ハ日本軍隊自ラ在留民保護ニ当ルベキ旨総領事ヨリ中国側申入ノ件」（1915 年 5 月 14 日）、日本外務省編纂『日本外交文書　大正四年』第 2 冊、692—693 頁。

⑥ 派遣队从 5 月 20 日起在日租界夜间巡逻，28 日后撤出日租界。参见「漢口ノ日本租界警備ノ為軍隊ヲ以テ夜間警戒ニ当ラシムル旨報告ノ件」（1915 年 5 月 21 日）、「漢口日本租界警備中ノ軍隊引揚ニ付報告ノ件」（1915 年 5 月 29 日）、日本外務省編纂『日本外交文書　大正四年』第 2 冊、722、744—745 頁。

日侨保护不力，而试图穿越德、法、俄租界开进英租界，只因英国总领事再三劝阻才作罢。事后，英国总领事对日本总领事表示，如果是在状况险恶、力量不足的情况下，英方自会向日军求援。派遣队司令官却很不满，向日本总领事表示，日军"与英租界距离远，故如有增援要求而失机，则甚为遗憾。考虑到这种关系，应要求留有充分余地，以免贻误时机"。他坚持向英租界派去一名军官，令其"搜集情况并迅速报告"。① 5月18日下午，日信洋行汉口分行声称其在汉阳的工厂遭暴徒破坏、有日本职员受伤，湖北当局又是马上动兵平息。尽管如此，日军派遣队仍派出半个小队，与日本驻汉口总领事馆的两名警察共同前往该厂。② 到5月下旬，汉口已完全恢复平静，然而派遣队仍心有不甘，其司令官竟对参谋本部称："排日行动虽表面上归于平静，但内里仍有激烈之人，如不设法断然处置，将来难免会因屡屡依赖同一手段而吃苦头。"他所谓的"设法断然处置"，实际内容就是要求日本陆军向汉口增兵。③

1916年7月30日晚间，投身于护国运动的革命党人在汉口与北洋军开战，战火延及德、法租界，各租界急忙防堵。其中，唯有日本投入了作为正规军的派遣队，该队不仅进入日租界，还应法国领事之请，派兵约70人开进法租界。④

大冶铁矿是日本在东亚最重要的铁矿石来源，故在前引日军参谋总长向派遣队下达的命令中，大冶的石灰窑被列为必须重点关注的地点。但自清末以来，大冶铁矿一直被日本海军监控。1912年2月5日，即日军派遣队侵

---

① 「漢口暴動状況報告ノ件」（1915年5月19日）、「漢口暴動ニ関シ英国総領事及段芝貴将軍ノ我方ニ対スル言動ニ付報告ノ件」（1915年5月14日）、日本外務省編纂『日本外交文書 大正四年』第2冊、708—709、691—692頁。

② 「日本棉花会社漢陽工場へ暴徒乱入ニ付報告ノ件」（1915年5月20日）、日本外務省編纂『日本外交文書 大正四年』第2冊、719頁。

③ 此为日军参谋本部第二部在「漢口排日暴動ニ対スル善後意見」（1915年5月31日）中转述的派遣队司令官报告内容，见日本外务省编纂『日本外交文書 大正四年』第2冊、757頁。

④ 「革命派残党ノ中国市街ニ於ケル暴動状況報告ノ件」（1916年7月31日）、「漢口暴動詳報送付ノ件」（1916年8月1日）、日本外務省編纂『日本外交文書 大正五年』第2冊、第一印刷所、1967、199—202頁。

入汉口一个月后，日本海军为将"实力树立于陆上"，且显示其控制汉冶萍公司的"决心"，而令陆战队借口军舰空间狭小、不便御寒等，在平静无事的大冶登陆。① 在中方一再反对下，该陆战队直到1913年4月6日才从大冶撤出。② 显然，大冶铁矿是被日本海军当作自己的地盘来经营的。但即便如此，日本陆军还是渴望染指。1920年7月，日本驻大冶铁矿技师西泽公雄向本国政府报告说，大冶有1000名中国败兵驻扎。日本陆军大臣得知后马上表示："万一该地发生危险时，将令中支那派遣队之一个中队分驻。"只因在大冶的中国军队"纪律严明，人心平稳，铁矿生产全然未受影响"，日军派遣队才未实现派分队驻扎大冶的企图。③

日军派遣队驻扎汉口期间，起初是黎元洪在湖北主政，他对于日本的肆意横行，从来都是无可奈何；在他之后入主湖北的北洋将领王占元等，对日本更是一贯百依百顺，竭力压制民众对日本的反抗。究其因由，一个重要方面就在于日军派遣队近在卧榻之旁，对他们形成了沉重压力。这对于日本维护和扩展权益，无疑是相当有利的。

（2）充当日本陆军在长江中上游的谍报中心

在派遣队到汉口之前，日本陆军早已在长江流域进行谍报活动。从武昌起义爆发后日本参谋本部收到的来自长江流域的各种情报看，其发出者分别是在武汉的寺西中佐、在上海的本庄少佐、在南京的古川中佐、在镇江的木村大尉和久米少佐、在九江的野中大尉、在长沙的伊出等。④ 显然，日本陆

---

① 『大冶ニ揚兵セシムル件ニ関シ川島司令官ノ反省ヲ促ス』（1912年1月19日）、『清国事変ニ関スル警備概報』第107号（1912年2月6日）、第114号（1912年2月13日）、海军省-清国事变-M44-1-136、海军省-清国事变-M44-23-158。

② 『清国大冶駐屯海軍陸戦隊撤退ノ件』（1913年4月10日）、海军省-清国事变-M44-4-139。

③ 《中支那派遣队司令官致陆军次官电》（1920年7月27日），陆军省-密大日记-T9-1-6。

④ 参见『清国革命動乱ニ関スル情報　陸軍之部』各卷。从第5卷所收情报来看，有一个柴少将活动于武汉与上海之间。《中清派遣队司令官致参谋总长电》（1912年1月17日，B-1-6-1-399）称："经与柴少将协商，今后寺西的情报由柴少将报告，卑职只报告自己得到的重要情报。"由此似可认为，柴少将当时是日本陆军在长江中下游谍报网的负责人。此外，本书中所列日军谍报人员或有姓有名，或有姓无名，或军衔不明，均源于目前所见日文资料，还需进一步查考。

军在长江流域已有谍报网，略显薄弱之处只在长江上游地区。而日本陆军令派遣队在汉口长驻，重要目的之一，就是以之为核心整合陆军在长江流域、华南及黄河以南地区的谍报网。不过，从实际情况来看，该队最终充当的是日本陆军在长江中上游的谍报中心。

日军派遣队到汉口之后，相当迅速地展开谍报活动，仅过数天，就开始接连向参谋本部发出有关湖北军情的电报。[1] 该队司令官本人就是谍报人员，[2] 在亲力亲为的同时，直接指挥下属在湖北等地进行谍报活动。资料表明，日本陆军在四川重庆和成都、湖南长沙、江西九江的谍报点，也都接受派遣队司令官指挥。如1914年8月到重庆扩充谍报点的中山谕吉大尉，便是由派遣队司令官白川义则布置任务、规定守则，他要求中山到任后，除在四川已有的"通信员"外，还"应在云南、贵阳，如需要，还可在叙州、大理常设通信员各一名。在其他地点如有必要设通信员，要事先得到同意"；"兵要调查应尽量按照本司令部的调查纲领实施"，"对中国新旧两军各部使用兵器之种类、人数、有无预备兵器、兵工厂制造能力等，应尽可能详细调查，10月下旬之前到本司令部报告"；其下属"所有通信员的报告在阅读后应立即转送本司令部"。[3] 这位中山大尉后在1916年9月又转任驻汉口派遣队的参谋，[4] 而继任的河本大作，原本是直属派遣队司令部的工兵大尉，且在此前就已被派到成都。[5] 湖南与湖北毗邻，派遣队除了让间谍军官常驻长沙（已知在1916年为小泽寅吉少佐、1917—1918年为木村少佐、1920年以后为滨本大尉），在一些地方安插"通信员"外，还根据需要，不时向湖南另派谍报人员，如在1920年6月中旬，该队司令部的石井大尉即

---

① 这些电报见于『清国革命動乱ニ関スル情報　陸軍之部』第5卷、B-1-6-1-399。

② 在该队司令官发给日军参谋总长的情报中，有一些是其本人会见湖北军政要员时打探的消息，如1918年7月2日发出的情报，介绍了该队司令官会见北洋将领张怀芝时所打探到的张的军事计划，见《中支那派遣队司令官致参谋总长电》，B-5-3-2-135-2-4-002。

③ 『中山步兵大尉諜報勤務ニ関スル指示ノ件』（1914年8月4日）、陸軍省-密大日記-T3-2-5。

④ 『当地駐在中山大尉転職之件』（1916年9月15日）、B-1-6-1-397。

⑤ 《第四課長工兵大佐濱田又助致外务省政务局第一課長小村欣一函》（1916年2月26日）、『小沢少佐河本大尉出張ニ関シ便宜供与方ノ件』（1916年2月29日）、B-5-1-10-0-4-1-0-03。

被派往岳阳刺探军情。① 在江西九江，派遣队设有所谓"九江机关"。② 1922年4月，日军参谋本部派三浦敏夫大尉到九江进行所谓"军事调查研究"，他与驻汉口的派遣队本无隶属关系，但还是奉命就近接受该队司令官"区处"。③ 这表明，九江的日军谍报活动完全是受派遣队司令官指挥的。另外，派遣队接收、处理的情报中，还有"南昌来电"，这表明那里也有派遣队的谍报点。④

1920年5月31日，日军参谋本部印制了一本题为《日本因大正八年五月以来排日运动所受影响》的小册子，其"凡例"称该书从在华各情报机构撰写的"调查报告"中辑录了有关日本在中国爆发五四运动以后所受影响的叙述。而从其内容看，是由"上海报""关东报""天津报""青岛报""汉口报""广州报""云南报""台湾报"构成的。这清晰地显示了当时日本陆军在华谍报网的各个方面，而汉口正是其中一个重要方面。"汉口报"所涉及的区域最广，包括湖北、湖南、四川、江西、安徽、贵州，在小册子中所占篇幅也最大。⑤ 这足以证明，驻汉口日军派遣队的谍报活动所覆盖的就是长江中上游地区。

当时日本在华有多个谍报系统，就长江流域而言，引人注目的还有日本海军、领事馆的谍报活动。日军派遣队的谍报活动虽然一般是独自进行的，但有时也与领事馆、海军的活动交叉：一方面，派遣队的间谍要得到各领事馆的掩护和协助，如1916年2月下旬，日本陆军次长要求外务次官通知驻长沙、重庆的领事馆，分别为派遣队的小泽寅吉、河本大作的"谍报勤务""予以相应的便利"；⑥ 另一方面，派遣队在认为有必要时，也与领事馆和海军交换情报、共商方策，如在1920年6月28日，派遣队司令官向参谋总长

---

① 《中支那派遣队司令官致参谋总长电》（1918年3月18日）、《中支那派遣队司令官致参谋总长电》（1920年6月17日），B-5-3-2-135-2-10-001、002。

② 《中支那派遣队司令官致参谋总长电》（1918年2月20日），B-5-3-2-135-2-6。

③ 『九江駐在陸軍武官ニ関スル件回答』（1922年6月21日），B-5-1-10-0-10-2。

④ 《中支那派遣队司令官致参谋总长电》（1918年3月18日），B-5-3-2-135-2-5-002。顺言之，九一八事变的主要策动者板垣征四郎、石原莞尔两人，曾在1919年、1920年相继到汉口的日军派遣队充当谍报人员。

⑤ 日本参谋本部编『大正八年五月以来排日運動ノ為日本ノ被リタル影響』（1920年5月31日）、B-3-3-8-5-1-007。

⑥ 『小沢少佐河本大佐出張ニ関シ便宜供与方ノ件』（1916年2月29日）、B-5-1-10-0-4-1-0-03。

报告说，为了搜集有关北洋军与南方军队之间战争的情报，日本"副领事及舰队参谋、我派遣队参谋每隔一定时刻进行一次会报，保持极为密切、圆满之联络"。① 而在现存派遣队上呈参谋本部的情报中，也确有一些是来自长江中上游口岸的日本军舰和领事馆。

对于情报的快速传递，1915 年 3 月在汉口正式开通的日军无线电台起了很大作用。一般情况下，长江中上游各谍报点搜集的情报都是先通过电报或其他途径传到派遣队，经该队处理之后，再以其司令官或司令部的名义，通过无线电台将急件密报参谋总长或次长（据已见到的资料，派遣队的急电在 1916 年是以"中支秘电"发出的，在 1917—1919 年是以"中支情报"发出的）。

日军参谋本部对派遣队搜集情报规定了很广的范围，其中主要的当然是军事情报，此外还涉及中国社会的政治经济、外国在华动向等。事实表明，派遣队是竭力按规定执行的。在军事方面，无论是南北和谈期间的双方武力对峙，还是"二次革命"、护国战争，以及后来南北军阀之间的战争，由于都是以长江流域为重要舞台，派遣队付出极大精力进行了高密度的情报搜集活动：从当局高层，到军队营区，乃至于交火的战场，其间谍无所不至；诸如军政要人的主张与活动、相关军事计划、兵力部署和调动、军费与军需的筹集、实际战况、战争对社会的影响等，无不在其刺探之列。由此，日军参谋本部得以十分具体而又相当迅速地了解长江中上游的战争动态。至于派遣队平时对于各军事要地、中国军队实力和兵工厂制造能力等的"调查"，从前引派遣队司令官给重庆谍报点负责人布置的任务来看，完全是制度化的事务。

关于政治经济状况，从已见的资料看，以搜集与日本获取权益相关的情报居多。《日本因大正八年五月以来排日运动所受影响》中的"汉口报"，对长江中上游各省情况的叙述，涉及日本在湖北的运输业、贸易业、银行业等，湖南、四川的通商贸易、金融、运输业、工业等，江西的进出口、金融、交通、商铺，安徽的进出口、杂货药物、运输、矿山，贵州进口的日货、日本军事顾问等。凭军事间谍所获情报而能对上列问题作相当具体的观察和记述，令人惊异。日本为与英国势力抗衡而涉足的江西南浔铁路的修筑

---

① 见《中支那派遣队司令官致参谋总长电》（1920 年 6 月 28 日），B-1-6-1-033。

情况，也被该派遣队纳入视野，该派遣队于 1915 年 7 月 15 日向陆军大臣报告了该铁路状况，① 后来在 1917 年 4 月，在江西的"通信员"又获取了该铁路总工程师徐文洞受交通部委托所写《赣粤线第一次踏查情况报告》，其中涉及"工程概况""各段情况""沿途物产情况""材料运输"等，该队当即译成日文呈报。② 1916 年 3 月，湖南当局拟将水口山铅锌矿价值约 400 万元的既有矿石拍卖给美国以获取资金，而反袁派则试图将这些矿石留到湖南"独立"时出售，以货款服务于"独立"，日本的三井、古河、铃木等商家则争相抢购这些矿石。派遣队迅速将此事报告陆军省，建议设法延迟出售这些矿石以利于日本。而陆军省则为削弱袁世凯政权，防止矿石售予美国，最终使之落入日本之手，提出了办法。③ 1916 年 4 月下旬，派遣队司令官向参谋总长转报河本大作从成都来电，称白水河铜矿因缺乏资金不能扩大规模，但前景可观，认为向四川"发展"的日本人可以"利用"该矿。④ 同年 7 月 19 日，派遣队司令官又转报河本大作来电，称探得四川省财政厅厅长曾通过当地银行团要求借款 400 万元，在借款到期之前，愿以日本人为财政顾问以监督借款事项，后因四川情况变化而提出停止交涉，但不靠借款终不能收拾时局，所以河本大作希望日本政府对此事予以考虑。⑤

关于外国在华动向，如前面所述，在英国陆军即将撤出汉口之前，派遣队司令官就已探悉其动向和英方对日军继续留驻的态度，并将相关情况上报参谋本部。另外还有资料显示，在汉口的日军无线电台对欧美在长江流域的军用电台实行了窃听，如 1919 年派遣队司令官向参谋本部报告了美国东方舰队与美国国内外主要电台之间在各月收发报的次数。⑥ 此外，还可看到在成都的筱原大尉于 1918 年 11 月下旬发出的报告，其中具体叙述了欧美、日

① 『南潯鉄道状況ノ件』（1915 年 7 月 15 日）、陆军省-密大日记-T9-4-9。
② 见 『南潯鉄道関係一件』第 13 卷、B-F-1-9-2-16-013。
③ 『湖南鉱山ノ処置ニ関スル件』（1916 年 3 月 15 日、16 日）及陆军省军事课在 3 月 16 日电报上所附意见，陆军省-密大日记-T6-1-7。
④ 《中支那派遣队司令官致参谋总长电》（1916 年 4 月 24 日），1-7-5-051。
⑤ 《中支那派遣队司令官致参谋总长电》（1916 年 7 月 19 日），1-7-1-081。
⑥ 『漢口ニ於テ傍受シ得タル支那米国無線電線主要連絡系統提出ノ件』（1920 年 2 月 28 日）、陆军省-密大日记-T9-4-9。

本在成都扩展政治经济势力和文化影响并相互发生矛盾的情况。①

　　前文提到，日军参谋总长曾对派遣队规定，在谍报活动中，须"特别注意不要激发与外国之事端"。但这只是针对欧美人而言，而在中国人面前，该队的间谍完全是肆无忌惮、为所欲为。1913 年 8 月 11 日的所谓西村"受辱"事件，就是由此引发的。事件的大致经过是：8 月 11 日傍晚，派遣队少尉西村彦马带一名士兵闯入设在江岸车站的北洋军第二师第二辎重营的营区，刺探该部及开往江西、湖南的军队人数等，虽受到哨兵和执勤军官武开疆的劝阻却置之不理，引起争执，而日兵竟用短刀刺伤武开疆左臂，而后逃跑，这激怒了该部士兵，并"去其装械"，将两人扣押。湖北镇守使杜锡钧闻讯后，马上派一名少将送他们回到日军派遣队。事后，黎元洪派交涉员会见日本驻汉口总领事，要求其处罚西村等人，对日军严加约束，以免今后发生同样事端。② 但是，日本政府在明知事端纯由西村等挑起的情况下，强词夺理，诬中国军队"严重侮辱"了日本陆军，③ 以"我政府自不待言，国论亦决不能容忍"相威胁，④ 不仅向黎元洪发出"严重警告"，还以陆军大臣的提案⑤为基础，

---

① 『成都ニ於ケル外国人』（1918 年 11 月 21 日）、日独戦書-T3-195-652。

② 《收特派湖北交涉员（胡朝宗）函》（1913 年 9 月 15 日）之附件《清折》（1913 年 9 月 12 日）《中日关系史料——一般交涉》，第 322—323 页。日军派遣队承认西村等是被派到江岸车站"侦察状况"的，却又称其无故被那里的中国军人撕破上衣、殴打而受伤，且被捆绑关押数小时。即使事后介入交涉的日本驻汉口总领事，也认为派遣队的说法纯属狡辩。相关日文资料见「中支派遣隊ノ西村陸軍少尉漢口ニ於テ中国軍隊ノ暴行ヲ受ケル件」（1913 年 8 月 12 日）及驻汉口总领事的后续报告，日本外务省编纂『日本外交文書　大正二年』第 2 册、日本国際連合協会、1964、434—446 頁。

③ 「漢口ニ於ケル中国軍隊ニ依ル西村少尉ニ対スル暴行監禁ニ付黎元洪ニ厳重警告方訓令ノ件」（1913 年 8 月 16 日）、日本外务省编纂『日本外交文書　大正二年』第 2 册、435—436 頁。

④ 「西村少尉凌辱事件ニ関シ袁大統領ヨリ黎元洪ニ注意スル様ニ申入方訓令ノ件」（1913 年 8 月 23 日）、日本外务省编纂『日本外交文書　大正二年』第 2 册、447 頁。

⑤ 陆军大臣的提案见「漢口ニ於ケル西村少尉凌辱事件ニ関シ中国政府ニ要求スベキ事項ニ付照会ノ件」「附属書一」（1913 年 8 月 30 日、日本外务省编纂『日本外交文書　大正二年』第 2 册、453 頁），内容是：对"行凶"的中国军官处以严刑，且行刑时还要有驻汉口日本军官在场；将"凶手"所在军队的长官从连长到都督，以及与此事件相关的汉口镇守使、参谋长全都撤职，且一年之内不得委任大小文武官职；派使节到日本道歉；对"受害"日本官兵所受损失及名誉伤害予以赔偿。此外，还要将在汉口的日本军营用地及所属道路划入日租界，承认日本在汉口设置军用无线电台的权利。

于 9 月 3 日对北京政府提出四项强硬要求：第一，对直接指挥、参与"加害"的官兵处以严刑，判刑时须有日本陆军军官在场"观听"；第二，将受惩处官兵的营长"立即革斥"，并对其直接上司即团长和旅长严加戒饬；第三，该部师长或司令官亲至日本驻汉口总领事馆道歉，同时由都督黎元洪向日本总领事及日军派遣队司令官通告实施上述处置情况，表示歉意；第四，由中国政府公开对日本政府表示"抱歉之忱"。① 当时正是北京政府企盼日本承认中华民国的关键时刻，而日本则趁机把逼其接受种种无理要求作为要挟手段。② 北京政府出于无奈，于 9 月 11 日表示完全接受。③ 在武汉的黎元洪虽一再据理辩驳，但也经受不住日本威胁和袁世凯的压力，而在 9 月 15 日完全接受了上述要求。④ 此案最终以湖北都督府审判处判处武开疆 2 年监禁、4 名士兵 4 年至 6 年 4 个月徒刑，第二师将涉事的第二辎重营营长和排长撤差，师长王占元到日本总领事馆道歉，身为副总统的黎元洪通过外交部向日方通报惩处情况、通过驻日代办向日本政府表示"歉忱"，而告终结。⑤ 一个由日本间谍挑起的小冲突事件，在日本陆军促动下，竟衍成日本在国家层面上的对华胁迫，其直接后果，便是给当时的中国军政当局造成一个恶

---

① 「漢口二於ケル西村少尉凌辱事件二関シ中国側二対スル我方要求条項二付訓令ノ件」（1913 年 9 月 3 日）、日本外務省編纂『日本外交文書　大正二年』第 2 冊、458—459 頁。日本所提要求的中文本，见日本驻华公使馆给北京政府外交部《送来要求四款》（1913 年 9 月 11 日）中的附件，03-33-055-02-010，台北"中央研究院"近代史研究所档案馆藏。

② 「中国新政府承認問題ハ南京等三事件二依リ方針変更ヲ來スヤモ知レズト在本邦英国大使ヘ談話セシ件」（1913 年 9 月 17 日）、日本外務省編纂『日本外交文書　大正二年』第 2 冊、506 頁。此件由日本外交大臣转发给驻华公使、驻英大使。

③ 「南京邦人被害及漢口、兗州我将校凌辱二関スル日本政府要求条件全部中国政府二於テ承認ノ件」（1913 年 9 月 15 日）、日本外務省編纂『日本外交文書　大正二年』第 2 冊、498 頁。另见《发日本山座公使节略》（1913 年 9 月 15 日），《中日关系史料——一般交涉》，第 328 頁。

④ 「漢口二於ケル西村少尉凌辱事件二関シ我方ノ要求条件ハ全部黎都督承認ノ件」（1913 年 9 月 15 日）、日本外務省編纂『日本外交文書　大正二年』第 2 冊、502 頁。另见《收公府秘书厅钞送黎副总统（元洪）电》（1913 年 9 月 16 日）之附件一《武昌黎副总统（元洪）上大总统电》，《中日关系史料——一般交涉》，第 329—330 頁。

⑤ 见《收会议军事处函》（1913 年 9 月 23 日）之附件《收武昌王占元养电》（1913 年 9 月 23 日）、《收国务院函》（1913 年 10 月 19 日）之附件《判决书》，《中日关系史料——一般交涉》，第 366、400 頁。另见「漢口西村少尉事件要求全部実行済ノ件」（1913 年 9 月 27 日）、日本外務省編纂『日本外交文書　大正二年』第 2 冊、533—534 頁。

例：如敢对日本间谍的活动加以阻止，就极可能落得悲惨下场。由此，日本在中国进行的谍报活动便得到了无形的保障。

## 三　长江流域民众反日浪潮的兴起

在近代，由日本侵华、激化两国矛盾而引发的民众反日风潮，先起于东北、华北及包括台湾在内的华南沿海地区。而长江流域，在晚清时期所受中日矛盾冲突的影响一直是间接的，而颇为突出的是与日本经济、文化方面的密切联系，甲午战争后在学习日本方面还走在中国各区域的前面。但是，在清末深重的民族危机刺激下，随着近代民族意识通过维新变法、辛亥革命运动广泛传扬，中华民族的觉醒受到极大促进，而以新思潮激荡、筑就辛亥革命高潮著称的长江流域，自然也不例外。此外，自清末在长江流域加快发展的民族工商业，也越来越感受到、不满于日本侵华势力的钳制与压迫。由此，在民国初期，当日本加剧对华压迫之时，长江流域民众反日浪潮也开始掀起，并因其广泛性与对日本侵华权益的沉重打击而引人瞩目。

### （一）反对日本对华强加"二十一条"

1915 年，日本政府对华交涉，直至发出最后通牒，胁迫北京政府接受其为独霸中国提出的"二十一条"，这激起全中国民众的强烈抗议，近代长江流域民众反日运动随之揭幕，在当时对日本在华经济利益的打击也最大。

从当时日本驻华使领发回本国的报告来看，中国民众抗议始于北京，长江流域迅速跟进，上海、镇江、苏州、南京、扬州、杭州、绍兴、湖州、兰溪、芜湖、合肥、安庆、宁国、庐州、九江、南昌、汉口、沙市、长沙、常德、益阳、重庆、成都、万县等地都燃起抗议之火，论地方数量之众，在全国各大区域中首屈一指。①

须特别指出的是，在长江流域，民众反日运动率先在上海展开，继而波

---

① 参见『支那人日本品「ボイコット」一件(日支交涉前後)』所收驻华使领报告，3-3-8-3，日本外务省外交史料馆藏。

及各地。

在上海充当反日运动先锋的，是专程从日本回国的留日学生。他们得知日本政府开始逼迫北京政府交涉后，于 2 月下旬派代表返回上海，发起成立国民对日同志会，在宣言书中揭露日本欲以"二十一条"灭亡中国，疾呼"四万万神明之胄"要"舍其生命财产以自救"，表示为抗争不惜断绝"吾侪国民对日之交际贸易"。① 这些留日学生到处从事各种抗议日本侵华的宣传活动，促成 3 月 18 日在张园举行的反日国民大会，"其后抵制日货运动逐渐激化"，"日货销路大有减退"。② 在日本对北京政府所言最后期限 5 月 9 日，国民对日同志会等团体冲破阻挠，发起举行有 5 万人参加的大会，要求驳回日本要求、立即开战。③ 与此同时，他们的反日宣传品也迅速传往其他地方。④ 日本驻上海总领事不断对当地官府施压，促其严行取缔民众反日运动，外国租界当局也与之呼应，抓捕在界内活动的留日学生等，但一部分留日学生又作为"运动员""前往北京、天津、宁波及长江各地方"，"排日浪潮逐渐波及各地方"。⑤

上海报纸揭露和抨击日本对华压迫的言论十分激烈，还有《中国最近

① 《发起国民对日同志会宣言书》，见『上海二於ケル排日行动二関スル件』（1915 年 3 月 6 日驻上海总领事有吉明致外务大臣加藤高明）附件，3-3-8-3 之 2-001。
② 「上海二於ケル日货排斥运动卜其影响」（1915 年 3 月 23 日驻上海总领事有吉明致外务大臣加藤高明），见『排日事件经过概说』（上海日本人实业协会调查）、3-3-8-3 之 2-001。
③ 『排日事件经过概说』（上海日本人实业协会调查）、3-3-8-3 之 2-001。
④ 1915 年 7 月 5 日日本驻南京领事高桥新治呈外务大臣加藤高明的『日货排斥二関スル件』（3-3-8-3 之 2-001）称，当地反日传单，"多同于上海方面发出的文章"，上海方面是"根子"。1915 年 4 月 9 日驻长沙领事深泽暹呈加藤高明的『長沙二於ケル日货排斥运动二関スル件』（3-3-8-3 之 2-002）称"3 月中旬，从上海传来檄文"，列出日本对华要求，激发当地抵制日货运动。
⑤ 『排日事件经过概说』（上海日本人实业协会调查）、3-3-8-3 之 2-001。另外，1915 年 4 月 10 日日本驻汉口总领事濑川浅之进致外务大臣加藤高明的『漢口日货排斥运动二関シ报告件』称，3 月下旬，"上海运动员来到此地散发排日印刷品，有煽动各方面实行抵货的情况……这些运动员离开后，排日印刷品还是时常在市内各处散发"。6 月 8 日，他又以『排日状况报告ノ件』转呈驻九江外务书记生的报告，称"此次排日运动的主谋者是留日学生一伙"。在芜湖的日商盐田洋行 7 月 12 日呈驻南京领事馆的『貴館庶送第九六号日支交涉开始以来ノ日货排斥经过及之二对スル影响ノ件』（3-3-8-3 之 2-002）亦称，3 月 27 日"有煽动者从上海来芜，散发传单"，"引起附和雷同，此风深深印入乡下人头脑"。

耻辱记》《国境》《亡国鉴》《亡国影》《五月九日国耻史》《国耻小史》等杂志出版，且印售带有"国耻勿忘""国耻纪念""五月九日纪念"等文字及绘画的扇子、匾额等，也成为上海出版界一大流行现象。① 其影响民众的范围并不限于本地，就长江流域而言，当时日本驻各通商口岸领事在报告中，指出所在地报纸转载上海报刊抨击日本侵华言论、上海相关印刷品与出版物等激发民众反日的文字，比比皆是。

上海商界为抗议日本压迫中国而抵制日货、提倡国货，也很引人注目，且对整个长江流域产生了很大影响。由于上海是日本对华贸易最重要口岸，故当地商界动向如何，日方一直紧盯。1915 年 3 月下旬，日本驻上海总领事与海军谍报人员报告：当地杂货商行会决定停止日货交易，棉纱棉布、砂糖、煤炭、海产商方面的日货交易很不顺利，运输业者不为日船装运货物，华商交日船运送的货物锐减，横滨正金银行发行的纸币流通受阻，三井洋行的保险业务几乎没有华商光顾……② 而长江流域其他地方商界抵制日货的情况，与上海大同小异。此外，上海商界上层人物虞洽卿等，虽不正面号召反日，但在 1915 年 4 月上旬发起成立中华救国储金团，分别在上海和其他地方设总部、支部，而该团体举行的募捐集会，往往成为反日舆论喷发之处。同时，伍廷芳等还在上海成立国货维持会，"将日货与其替代品列表对照，每天在报上刊出，并散发题为'国货名单'的出版物"。③ "救国储金"与提倡国货作为反对日本侵华的行动方式，实际上也不限于上海，在长江上、中、下游各地，都被商界广泛运用。④

---

① 『排日事件経過概説』（上海日本人実業協会調査）、3-3-8-3 之 2-001。

② 『上海ニ於ケル日貨排斥運動卜其影響』（1915 年 3 月 23 日驻上海总领事有吉明致外务大臣加藤高明）、『有吉明致加藤高明』（1915 年 3 月 24 日）、『海諜報第七五三号』（1915 年 3 月 24 日）、3-3-8-3 之 2-001。

③ 『排日事件経過概説』（上海日本人実業協会調査）、3-3-8-3 之 2-001。

④ 『日貨排斥ニ関スル件』（1915 年 7 月 17 日驻南京领事高桥新治致外务大臣加藤高明）、『貴館庶送第九六号日支交渉開始以来ノ日貨排斥経過及之ニ対スル影響ノ件』（1915 年 7 月 12 日在芜湖的盐冈洋行盐冈ハル致驻南京领事馆）、3-3-8-3 之 2-001；『江西省排日情形報告ノ件』（1915 年 5 月 31 日驻汉口总领事濑川浅之进致外务大臣加藤高明）、《驻汉口日本陆军派遣队司令官白川义则致参谋总长电》（1915 年 5 月 18 日）、『漢口ニ於ケル日貨排斥ノ現状ニ関シ報告ノ件』（1915 年 6 月 15 日驻汉口总领事濑川浅之进致外务大臣加藤高明）、『平和解決後ニ於ケル重慶ノ概況』（1915 年 6 月 1 日驻重庆代理领事清水润之助致外务大臣加藤高明）、3-3-8-3 之 2-002。

汉口在当时长江流域的口岸中，与日本贸易量之大仅次于上海，还是该区域唯一有日军非法驻扎之地，该地民众反日运动的兴起稍晚于上海，但在北京政府被迫接受"二十一条"之后，便以民众袭击日本商铺、大力抵制日货，而被日方视为长江流域乃至全中国反日最烈之地。① 5月13日，汉口一些民众，因看到传单上说日本强迫中国立约"得占便宜"且日侨要举行提灯会庆祝，"深觉耻辱"，"也很生气"，"说出宁可亡身不可亡国的激烈话"，群集英租界"打日本店"。② 日方将此视为"暴动"，要求当地官府镇压，同时拟将日军开进英租界（因英国总领事拒绝而作罢），事后还对北京政府施压，迫使湖北当局严惩涉事之人。③ 但是，在此事平息之后的一段时间里，汉口民众分散的反日行动依然几乎每日都有，作为日货主打的棉纱，也在两周内没有交易可做。在此前后，"四川、湖南等长江各地抵货浪潮日益猛烈"，以致上海面向长江流域的贸易"陷于完全停顿的状态"。④ 直到6月下旬，日本驻上海总领事还报告说："我国货物所受长江上游地方抵制日货影响，在此地市场上正与日俱显……最近有达到极点之观。"⑤

反对日本强加"二十一条"的民众运动是遍及全国的，而就其间抵制日货对日本经济利益的打击程度来说，最深的无疑是长江流域。事后日方所作对中国几大区域出口贸易额统计充分证明了这一点（见表6-18）。

---

① 参见葛生能久『日支交涉外史』下卷、黒龍会出版部、1939、200 頁。

② 见『漢口暴動参加支那人処罰方ニ関スル件』（1915 年 8 月 9 日驻汉口总领事瀬川浅之进致外务大臣加藤高明）所附的因参与袭击日本商铺而被捕判刑的林旺生等供词，3-3-8-3 之 2-002。

③ 《日本驻华公使日置益致外务大臣加藤高明》（1915 年 5 月 23 日），3-3-8-3 之 2-001；『漢口暴動事件解決ノ顛末報告ノ件』（1915 年 7 月 24 日驻汉口总领事瀬川浅之进致外务大臣加藤高明）、3-3-8-3 之 2-002。

④ 见『排日事件経過概説』（上海日本人実業協会調査）、『日支交渉解決後ノ上海経済界』（1915 年 5 月 27 日驻上海总领事有吉明致外务大臣加藤高明）、3-3-8-3 之 2-001。

⑤ 『上海ニ於ケル日貨排斥ノ影響ニ関スル報告』（1915 年 6 月 21 日驻上海总领事有吉明致外务大臣加藤高明）、3-3-8-3 之 2-001。

表 6-18　1914 年、1915 年日本对中国几大区域出口额及 1915 年减额比较

单位：日元

| 区域 | 1914 年 | 1915 年 | 1915 年减额 |
|---|---|---|---|
| 东北 | 16855394 | 16332514 | -522880 |
| 华北 | 48482563 | 48361773 | -120790 |
| 华中 | 92231782 | 72469795 | -19761987 |
| 华南 | 2929769 | 1744910 | -1184859 |

資料来源：日本農商務省商工局編『一九一五年ニ於ケル日支貿易ノ概況』第 55 頁之「对支那貿易地方別表」、『商工彙纂』第 46 号、1916 年。

　　从表 6-18 可见，1915 年与 1914 年相比，日本对华中即长江流域减少的出口额，是同期对东北、华北、华南减少的出口额总数的 10.8 倍。这是由于长江流域一贯在日本对华贸易中占比最大，因而在广泛抵制日货浪潮中也使日本所遭打击最重。此外，据当时日方观察，还有一个重要缘由，即当时该区域一些深受相关日货压迫的新型轻工业，抓住抵制日货的契机，"在提倡国货、奖励国产等名目下，煽动一种收回利权热"，随之"本国所产棉纱布、袜子、毛巾、火柴、牙刷、药品、化妆品等暗中排斥我商品，谋本国货畅销，影响不小"。① 这年对华出口额减少的日货，以棉纱居首（较上年减 905 万日元，约为上年出口额的 16%），而与此形成鲜明对照的是，在长江流域，中国本国棉制品"销路迅速扩展"。②

　　在反对"二十一条"的高潮过去之后，对日本侵华的憎恨，在长江流域民众中仍很强烈。日本著名学者内藤湖南在 1917 年秋冬之际来华，历经青岛、济南、南京、苏州、杭州、上海、汉口、长沙、北京、辽宁等地，"所到之处，都看到中国人何等郁愤难抑"；回国后过了一年多，看到中国爆发五四运动，便在日本影响很大的《外交时报》上发表评论，强调在中国"一有机会排日论就会勃兴"。③

---

① 『日貨排斥問題ニ関スル件』（1915 年 6 月 21 日驻上海总领事有吉明致外务大臣加藤高明）、《驻上海总领事有吉明致外务大臣加藤高明》（1915 年 6 月 13 日），3-3-8-3 之 2-001。

② 参见日本農商務省商工局編『一九一五年ニ於ケル日支貿易ノ概況』、59、9 頁。

③ 内藤湖南『支那ノ排日論』日本外交時報社編『外交時報』第 354 号、1919 年 8 月 1 日。

## （二）五四运动中民众反日浪潮高涨

既往从中日关系角度对五四运动所作研究，对于以北京、天津、上海为主的全国各地，反对日本继承德国在山东权益的民众之多、阶层之广，以及抵制日货之群情空前高涨等问题，早已多有论述，但对当时日方印象及反应关注不多。而看当时日方相关资料则可知晓，在此运动中，长江流域依然是日方感觉其经济利益所受冲击最明显的区域。

1919 年 11 月，日本东京商业会议所印行一份有关五四运动的调查报告，对中国民众反日运动的地方分布作了如下概述：

> 本年五月北京学生团开始排日运动后……烽火弥漫四方，天津、济南、芝罘、青岛、武昌、汉口、长沙、常德、重庆、九江、南昌、芜湖、淮安、南京、松江、常州、扬州、镇江、上海、苏州、无锡、嘉兴、杭州、宁波、台州、福州、厦门、汕头、广州、香港各地，亦化为排日之巷，为我势力范围的锦州、安东县、延吉、奉天、吉林、长春等满洲各地也弥漫排日气势，其余焰进而引起海参崴、新加坡、马来半岛、爪哇、暹罗等地华商、华工等的排日行为。①

这段话所涉空间范围为中国内外，列出了 42 个地方，其中在长江流域（包括当时被日本归入长江流域的浙江）的有 21 个，占半数之多。所以，调查者明言：华中地方"排斥日货运动最为过激"。②

有上述印象的，并不止于日本商界，就日本军方来说也是相近的。1920 年 5 月，日本参谋本部根据在华各谍报机构传回的情报，编印了《日本因大正九年五月以来排日运动所受影响》，内含来自上海、关东、天津、青岛、汉口、广州、云南、台湾的情报，而所谓"汉口报"，涉及湖北、湖南、四川、江西、安徽、贵州 6 省，所占篇幅最大，连同"上海报"，

---

① 東京商業会議所編『日貨排斥の対支貿易上に及ぼせる影響』東京商業会議所、1919、1頁。

② 東京商業会議所編『日貨排斥の対支貿易上に及ぼせる影響』、4頁。

反映日本军方对五四运动中日本在华利益受冲击的区域，关注度最高的是长江流域。①

　　日本驻中国及东南亚的使领们，在五四运动期间，有不少将中国民众及海外华侨反日情况的实时报告发回本国。其中，驻长江流域口岸领事的报告为数居多。日本外务省外交史料馆所藏有发自中国与东南亚的报告 111 份（主要是使领报告，也有一些日本府县有关对华贸易受影响情况的报告、商家呈文），而发自长江流域口岸上海、苏州、杭州、南京、九江、汉口、长沙、沙市、重庆，以及提到长江流域情况的使领报告有 32 份，占比近 29%，其他区域均不及之。②

　　而可与此对照的是，台北"中央研究院"近代史研究所编《中国近代史资料汇编·中日关系史料（排日问题）》所收有关 1919 年民众反日情况的 280 件中方档案中，有 126 件是涉及长江流域的（其余以有关山东、天津的档案占比较大），对江苏、浙江、安徽、江西、湖北、湖南、四川主要城市的民众反日情形，几乎都有反映。③

　　美国经济史家雷麦（C. F. Remer）1933 年的论著，在考察了五四运动中抵制日货的各个事件基础上，也指出："华中的抵货运动有极大的普遍性。"④

　　关于五四运动中日本感觉其经济利益在长江流域所受冲击巨大，从下述日方相关记述中，可以得到证明。

　　日本农商务省商务局在相关报告中称，五四运动中，抵制日货"特别在华中一带、广东、福建地方及天津、济南等地猛烈至极"，"由此日本对华贸易及企业颇受影响"。⑤

　　日本东京商业会议所对这一点说得更为具体。

---

① 日本参謀本部編『大正八年五月以来排日運動ノ為日本ノ被リタル影響』、単 02150100。

② 见『支那ニ於テ日本商品同盟排斥一件』第 9 卷、3-3-8-5。

③ 参见"中央研究院"近代史研究所编《中国近代史资料汇编·中日关系资料（排日问题）》，台北，"中央研究院"近代史研究所，1993。

④ C. F. Remer, *A Study of Chinese Boycotts, with Special Reference to Their Economic Effectiveness*, Baltimore, 1933. 转见日本南満洲鉄道株式会社経済調査会編『支那ボイコットの研究』日清印刷所、1935、88 頁。

⑤ 日本農商務省商務局編『一九一九年ニ於ケル支那貿易ノ概況』農商務省、1920、3 頁。

　　第一，指出"6月以后对华贸易总额减少，主要是由于对华中的出口额减少。特别是在7月，较之于出口总额减少，严重得多的是对华中出口额的减少，由此不难推知对华中出口的锐减，职由以上海为中心的抵制日货……就对华中的出口额来说，受此次抵制日货运动影响，导致今年6月以后各月减少一千万日元左右"。第二，强调以往未被作为抵制对象的上海日资纱厂产品，此时也曾完全停止交易，且罢工、"暴动"还导致这些纱厂停工。第三，叹息以日清汽船株式会社、日本邮船会社为主体的日本在华航运业，以长江流域为中心的客货运输直接遭到强烈抵制，并因中日贸易减退而间接受到不利影响。第四，提到日本横滨正金银行、台湾银行发行的纸币也成为抵制对象；在华保险业生意减少甚至合同被取消，这在宁波、杭州等地最为显著，在上海圈内，5月、6月的成交额较上年同期减少大半。①

　　日本参谋本部汇编的《日本因大正八年五月以来排日运动所受影响》也写道，"在华中方面，影响最大的是航运业，杂货进口业、金融业等次之……其他企业都陷于停顿状态，无可遮掩"，"我国人所受损失至少不下数千万元，如果考虑到欧战当时持续兴隆的发展势头，则损失还当数倍于此"。

　　作为华中经济中心的武汉，对上海反日运动有"绝大反响"："华人货物及乘客一时在各航线每个航班近乎全无"；日本杂货批发零售额，1918年5—10月为85059元，而1919年同期为17565元，减少了67494元，日本药物受打击最沉重，如仁丹在旺季的销售额不到以往的一半，香烟也几乎卖不出去；汉口金融业者也一度停止与日本的台湾银行、横滨正金银行分行交易，使后者"陷入前所未有的困境"，在1919年下半年的总交易额较上年减少了约三分之一，由此打击了日商的贸易。②

　　湖南长沙向来是日本纱布重要市场，三井洋行年销售额为百万元左右，但在5月中旬以后，不仅没有新交易，已订的货也频遭退货，以往畅销的日

---

① 東京商業会議所編『日貨排斥の対支貿易上に及ぼせる影響』、6、36、26—40頁。
② 日本参謀本部編『大正八年五月以来排日運動ノ為日本ノ被リタル影響』、34、37、39—40、41、42頁。

本玻璃、纸张、饮料、陶瓷，情况也大同小异。在长沙唯一的日资中日银行，自 5 月以后，存贷款数量都大为降低。夏季，日清汽船株式会社在湖南航线上载货量锐减。[①]

在四川重庆的日本药商九三洋行，自 5 月底以后完全没了生意，在 12 月下旬关闭回国；同为药商的若林洋行，在四川历有年所，但从 5 月底以后大笔交易完全断绝；其他日本杂货商的日子也很不好过。夔州、万县、叙州等沿岸城镇学生阻止日货通过，使从上海间接输往四川的日货受到不小打击，"棉纱、棉布类、海产品、机械类、杂货、学校用具等，自欧战以来，四川消费的舶来品大都是日本货，但现在销路几乎断绝"。较欧美商家占很大优势的日本出口商，也因华商回避与其做生意和所雇买办不安稳、金融与运输有麻烦，而"被明显削弱了其活动力"；钱庄拒绝与日商往来，令其受困。三井洋行从 1918 年开始在川江及重庆以上江面、嘉陵江从事航运，后主要因为受到反日风潮冲击而作罢，且川江上愿挂日商之旗的民船很少，而令相关渝行难以维持。在重庆仅有的 2 家中日合资企业之一的火柴厂，也不得不完全停止生产。[②]

在江西，1919 年较上年，进口的主要日货棉纱、毛巾、雨伞，分别减少了 50.5%、22%、16%，原先增大了进口量的火柴，也在 7 月以后锐减；在九江的台湾银行分行出现了挤兑，其发行的货币也减少了流通量。在五四运动高潮中，日清汽船株式会社船舶在九江揽不到华商货物、华人乘客，日商店铺也没有中国顾客进门。[③]

至于安徽，在五四以后，"棉纱布、砂糖等进口货约减少三成"，杂货、药品减少五成，日清汽船株式会社减少华人乘客约三成、华商货物约六成，由中日实业株式会社经营的集贤关煤矿停止了开采，"往该地方去的日商，行动明显受到阻碍"。[④]

贵州在一战中从广东大量进口日本杂货、棉纱、棉布、火柴之类，然而

---

① 日本参謀本部編『大正八年五月以来排日運動ノ為日本ノ被リタル影響』、43—47 頁。
② 日本参謀本部編『大正八年五月以来排日運動ノ為日本ノ被リタル影響』、47—50 頁。
③ 日本参謀本部編『大正八年五月以来排日運動ノ為日本ノ被リタル影響』、50—55 頁。
④ 日本参謀本部編『大正八年五月以来排日運動ノ為日本ノ被リタル影響』、55—58 頁。

五四浪潮掀起之后，"现在店面看不到日货，显得完全没有日货输入"，深入铜仁收购油漆的日商，也为学生所阻，要靠督军署下令保护才能继续收购。①

至于日方对自身经济利益在长江下游地区遭猛烈冲击的感受，则有日本政府有关方面在华人员的报告可稽。

日本农商务省商务局人员在 1923 年报告对华中、华北贸易状况调查结果时，说到杭州，专门将五四运动中的抵制日货作为突出问题，列举学生没收日货并对销售者罚款、要求通关业者拒绝为日货代办手续和装卸日货、日清汽船株式会社等不得不停止在沪杭之间的内河航运、日本邮船会社船舶不能发行在本国与杭州之间的直接汇票等情形。②

而江苏南京，据日本领事报告，"5 月、6 月、7 月间，我国货物无不受到相当打击，此地日本商店存货卖不出去"，直到 11 月，日商零售店的生意仍未恢复常态。③ 设有日租界的苏州，在 5 月 9 日以后，"抵制日货运动很快开始，随着时间推移日益炽烈"，上海与苏州之间日货运送停止，日籍戴生昌轮船公司停航，"6 月中旬罢市前后，影响尤甚，较之于抵制日货之前的销量，减少七成"，"此外，向来都有些艰难但还能流通的横滨正金银行、台湾银行两家的纸币……完全不能流通了"。④ 在无锡及吴县、常熟、昆山、吴江、武进、常州、宜兴、江阴、靖江、南通、如皋、泰兴各县，民众也因山东问题而"对日态度非常激昂"，以致相关地方官府及江苏省交涉员致电（函）日本驻苏州领事，请劝告日人暂勿前往旅行。⑤

---

① 日本参谋本部編『大正八年五月以来排日運動ノ為日本ノ被リタル影響』、58—59 頁。

② 日本農商務省商務局編『北部及中部に於ける支那貿易状況』農商務省商務局、1923、25 頁。

③ 『南京ニ於ケル日貨排斥減退状況報告ノ件』（1919 年 11 月 26 日本驻南京领事岩村成允致外务大臣内田康哉）、3-3-8-5 之 007。

④ 『蘇州ニ於ケル日貨抵制ノ影響ニ関スルノ件』（1919 年 7 月 17 日驻苏州代理领事大和久义郎致外务大臣内田康哉）、3-3-8-5 之 005。

⑤ 『当館管内支那人対日態度激昂ニ付一時邦人ノ該地方旅行見合セ方支那官憲ヨリ申出ノ件』（1919 年 5 月 24 日本驻苏州代理领事大和久义郎致外务大臣内田康哉）、3-3-8-5 之 005。

还须提到的是，从 1912 年 1 月 1 日开始非法驻扎汉口的日军派遣队，在五四运动兴起后，也成为民众愤怒抨击的对象。1919 年 12 月 16 日，武汉民众 2.7 万多人在汉口爱国公园举行国民大会，强烈抨击日本侵华，一致通过了包括"汉口不许驻日本兵"在内的口号。①

---

① 《驻汉口总领事濑川浅之进给外务大臣的报告》（1919 年 12 月 17 日），B-3-3-8-5-1-006。

# 第七章 五四运动后至八一三事变前日本在长江流域扩展、维持势力与中方的抗争

从五四运动之后到中日战争全面爆发，18年间，日本对华侵略扩张呈不断加剧之势，而中华民族的反抗浪潮也此伏彼起，最终形成前所未有的抗日民族统一战线。纵观这一时期长江流域与日本关系，贯穿的主线也是这样的，且可以1932年"一·二八"事变为界，分为前后两个阶段。在前一个阶段，日本从多方面扩展势力，面对席卷长江流域的北伐战争及后来中共的革命战争、其他争战，以各种手段维护其既得权益，暴虐面目日益显现，直至复蹈九一八事变前辙，在上海挑起战争，由此一再激起中方强烈抵制。到后一个阶段，在中日矛盾不断激化的严峻形势下，日本在长江流域仍竭力维持势力，极为仇视民众的持续反抗，准备发动更大范围的侵华战争；反之在中方，抗日救国一直是广大民众的共同心声，国民政府也开始为抗战作一些准备，特别是在1935年中共发出"八一宣言"后，组成抗日民族统一战线的呼声在长江流域十分响亮，为八一三事变后的广泛抗战提供了前提。

## 一 北伐战争前数年间日本对长江流域经济扩张的深化

### （一） 日本与英美经济势力在长江流域的抗衡

众所周知，一战结束后，在中国出现了大战中膨胀起来的日本与英美列强抗衡的局面。就此而言，具有象征意义的状况是：日本对华贸易额在1919年达到有史以来的最高点，[①] 但与此同时，日本在中国外贸对象中的位置，

---

① 日本大藏省编『大日本外国贸易年表』大正八年、大藏省、1926。

却从此前两年持续占据的首位退居第二位，而再现英国当先的局面。[①]

关于日本与欧美列强在长江流域经济势力的对峙，满铁东亚经济调查局1927年8月编了一本《日本在长江流域的经济地位》，基于各种统计数字指出，在航运方面，向来英国势力最大，日船数量在一战中大增，且直到1926年，日船在汉口外贸运输中都占最重要地位，但在最主要的沪汉航线上，还是英国占绝对优势，且在汉湘、汉宜、宜渝航线上，日船都不敌英船。[②] 贸易方面，在最大口岸上海，美国在一战中已来势很猛，一战后，"英国及德国、法国等相继投入"，英国较之战前还进一步扩张，美国"进境显著"而使日本无法企及（见表7-1）。

表7-1　1920—1925年历年上海对外进出口总额及对日、英、美等进出口额

单位：海关两

| 年份 | 上海对外进出口总额 | 对日本进出口额 | 对英国进出口额 | 对美国进出口额 | 其他 |
|---|---|---|---|---|---|
| 1920 | 577712938 | 101924339 | 254415925 | 142684918 | 78687756 |
| 1921 | 636041823 | 108220126 | 261965729 | 174420315 | 90435653 |
| 1922 | 637644675 | 109737441 | 247835484 | 164614400 | 115457350 |
| 1923 | 694708685 | 120053479 | 253609175 | 188148116 | 130897915 |
| 1924 | 759924863 | 153079402 | 254547141 | 185776076 | 166523244 |
| 1925 | 738073279 | 150894378 | 218068981 | 183432517 | 185677403 |

资料来源：南满洲鉄道株式会社経済調査会編『長江流域ニ於ける日本の経済的地位』、79—80頁。

面对英美列强卷土重来，日本进一步巩固在"满蒙"地盘，在华北以山东为主加紧构筑其"经济势力圈"，同时仍将长江流域作为其在华最大市场与极重要的原料来源地，并在机器棉纺织等制造业继续保持已获得的优势。

---

[①] 日本農商務省商務局編『一九一九年ニ於ケル支那貿易ノ概況』農商務省商務局、1921、25—30頁。

[②] 南満洲鉄道株式会社経済調査会編『長江流域ニ於ける日本の経済的地位』之「第二章長江流域の航運」豊盛堂、1927。

如表 7-2 所示，1920—1925 年，日本对长江流域的贸易额起伏不定，但从未改变在中国各区域对日贸易中的首要地位。这意味着这一区域仍被日本作为其在华最大市场。

表 7-2　1920—1925 年日本对中国各区域贸易额

单位：日元

| 年份 | 进出口 | 东北 | 华北 | 长江流域 | 华南 | 不详 |
|---|---|---|---|---|---|---|
| 1920 | 出口 | 55933928 | 121749885 | 223184702 | 935736 | 8466248 |
| | 进口 | 23720481 | 73346297 | 109621224 | 5166029 | 6236880 |
| 1921 | 出口 | 48493315 | 85741558 | 142809967 | 1511371 | 8670880 |
| | 进口 | 30086401 | 69781857 | 80610174 | 4570587 | 6679295 |
| 1922 | 出口 | 55708738 | 97475680 | 169789924 | 2088481 | 8460439 |
| | 进口 | 25735075 | 69647242 | 80191256 | 6009317 | 4758561 |
| 1923 | 出口 | 44705000 | 79762000 | 121222000 | 862000 | — |
| | 进口 | 32465000 | 70314000 | 68693000 | 5104000 | — |
| 1924 | 出口 | 44833552 | 94535303 | 201450638 | 1617396 | 5961898 |
| | 进口 | 18948782 | 73842005 | 126210353 | 7116845 | 11425793 |
| 1925 | 出口 | 79298880 | 126822420 | 251019758 | 5608733 | 5689165 |
| | 进口 | 21283333 | 73478974 | 99677560 | 6993413 | 13224239 |

资料来源：日本農商務省商務局編『一九二〇年ニ於ケル支那貿易ノ概況』『一九二二年ニ於ケル支那貿易ノ概況』『一九二三年ニ於ケル支那貿易ノ概況』農商務省商務局、1921、1923、1924；日本大藏省編『大日本外國貿易年表』大正十年上篇、大正十三年上篇、大正十四年上篇、大藏省、1926、1931；日本大藏省関税局編『日本外國貿易年表』昭和四年下、十年下、大藏省、1935。

同一期间，仅次于上海的汉口，日本在外贸对象中的地位居高，只在 1923 年、1924 年占第三位，而在其他年份都占首位（见表 7-3）。

表 7-3　1920—1925 年历年汉口对外进出口总额及对日、英、美等进出口额

单位：海关两

| 年份 | 汉口进出口总额 | 对日本进出口额 | 对英国进出口额 | 对美国进出口额 | 其他 |
|---|---|---|---|---|---|
| 1920 | 54259209 | 23880276 | 12221391 | 14869585 | 3287957 |
| 1921 | 57724697 | 20609424 | 19510223 | 13336260 | 4268790 |
| 1922 | 64275414 | 22287961 | 15621304 | 19669489 | 6696660 |

近代日本在长江流域的扩张（1862—1937）

| 年份 | 汉口进出口总额 | 对日本进出口额 | 对英国进出口额 | 对美国进出口额 | 其他 |
|---|---|---|---|---|---|
| 1923 | 54829899 | 12513566 | 18228043 | 16921060 | 7167230 |
| 1924 | 80562524 | 19544640 | 21701012 | 24966747 | 14350125 |
| 1925 | 84009406 | 25493402 | 18938299 | 22166252 | 17411453 |

资料来源：南満洲鉄道株式会社経済調査会編『長江流域ニ於ける日本の経済的地位』、92 頁。

如果再看苏州、南京、镇江、芜湖、九江、沙市、宜昌、长沙、万县、岳阳、重庆这些口岸，则这期间日本于某个或若干年份在其外贸对象中占第一、二位的，有苏州、镇江、芜湖（一直对日出超）、沙市、长沙、万县、重庆。[①]

就当时中国新式工业中最重要的机器棉纺织业来说，到 1925 年秋季，"118 家厂中，在长江沿岸各省的数量达 85 家之多，占全中国棉纺织厂的 72%，可知将现下中国棉纺织业称为长江流域的工业，也非妄言"。[②] 而在集中了绝大多数纱厂的上海，日本厂家的产能超过了中国与英国厂家之和。[③]

从上述情况可见，从一战结束后到北伐战争前，英美列强在长江流域相对于日本，航运贸易总体上还占有优势，在汉口等地，却显得势均力敌；在机器棉纺织业方面，前者与后者差距越来越大。

另外，1920—1925 年，在长江流域主要通商口岸（还有对日出口铁矿石的大冶）居留的日本人的数量也值得注意（见表 7-4、表 7-5、表 7-6）。

表 7-4　1920—1925 年在上海与武汉的日本人数量统计

| 时间 | 上海 | 武汉 |
|---|---|---|
| 1920 年 | 14506[1] | 2832[2] |
| 1921 年 6 月底 | 16717 | 2269 |
| 1922 年 | 17593[3] | 2404[4] |
| 1923 年 6 月底 | 16760 | 2350 |

① 南満洲鉄道株式会社経済調査会編『長江流域ニ於ける日本の経済的地位』、97—105 頁。
② 南満洲鉄道株式会社経済調査会編『長江流域ニ於ける日本の経済的地位』、109—110 頁。
③ 南満洲鉄道株式会社経済調査会編『長江流域ニ於ける日本の経済的地位』、116 頁。

续表

| 时间 | 上海 | 武汉 |
|---|---|---|
| 1924 年 6 月底 | 17878 | 2158 |
| 1925 年 10 月 1 日 | 19582 | 2153 |

注：［1］10 月 1 日的数字。
　　［2］6 月底的数字。
　　［3］9 月 8 日的数字。
　　［4］11 月 2 日的数字。
资料来源：『海外在留本邦人職業別人口調査一件』第 21、22、23、26、28、30、32 卷、7-1-5-4 之 021、022、023、026、028、030、032、日本外務省外交史料館藏。

表 7-5　1920—1925 年在南京、苏州、镇江、芜湖、杭州日本人数量统计

| 时间 | 南京 | 苏州 | 镇江 | 芜湖 | 杭州 |
|---|---|---|---|---|---|
| 1920 年 6 月底 | 147 | 67 | 17 | 104 | 51 |
| 1921 年 6 月底 | 162 | 68 | 23 | 76 | 44 |
| 1922 年 6 月底 | 155 | 74[1] | 31 | 85 | 47 |
| 1923 年 6 月底 | 108 | 69 | 32 | 84 | 34 |
| 1924 年 6 月底 | 126 | 84 | 25 | 54 | 45 |
| 1925 年 6 月底 | 117[2] | 85[3] | 20[4] | 79[5] | 47[6] |

注：［1］9 月 25 日报告的数字。
　　［2］12 月底的数字。
　　［3］10 月 1 日报告的数字。
　　［4］12 月底的数字。
　　［5］10 月 1 日报告的数字。
　　［6］10 月 1 日的数字。
资料来源：『海外在留本邦人職業別人口調査一件』第 21、22、23、26、28、30、32 卷、7-1-5-4 之 021、022、023、026、028、030、032、日本外務省外交史料館藏。

表 7-6　1920—1925 年在九江、大冶、沙市等地日本人数量统计

| 时间 | 九江 | 大冶 | 沙市 | 宜昌 | 长沙 | 常德 | 万县 | 重庆 | 成都 |
|---|---|---|---|---|---|---|---|---|---|
| 1920 年 6 月底 | 134 | 78 | 49 | 66 | 391 | 19 | 14 | 78 | 19 |
| 1921 年 6 月底 | 88 | 53 | 42 | 63 | 313 | 11 | 8 | 57 | 17 |
| 1922 年 6 月底 | 107 | 28[1] | 34 | 71 | 304 | 10 | 11 | 53 | 16 |
| 1923 年 6 月底 | 145 | 22 | 30[2] | 70 | 142 | 12 | 11 | 57 | 12 |
| 1924 年 6 月底 | 115 | 19 | 29 | 100 | 140 | 13 | 8 | 69 | 11 |
| 1925 年 10 月 1 日 | 71 | 27 | 40 | 101 | 125 | 11 | 18 | 85 | 17 |

注：［1］11 月 2 日报告的数字。
　　［2］12 月 10 日报告的数字。
资料来源：『海外在留本邦人職業別人口調査一件』第 21、22、23、26、28、30、32 卷、7-1-5-4 之 021、022、023、026、028、030、032、日本外務省外交史料館藏。

表 7-4、表 7-5、表 7-6 所列，反映自日俄战争以后日本人大量进入长江流域的势头仍在延续，他们在数量上远超欧美人是毋庸置疑的。与前面所列 1914—1919 年历年的同类数字相比较，可知上海、汉口、芜湖、宜昌在 1920—1925 年的 6 年间，平均人数（17173 人、2361、80、79 人）明显多于此前 6 年平均人数（13317 人、2061、58、49 人）；九江、大冶在前 6 年居住的日本人还很少，但后 6 年增多（平均人数分别为 110 人、38 人）；镇江、长沙与重庆是前后大致持平；万县从无到有；后 6 年的平均人数减少的是南京、苏州、杭州、沙市、常德、成都。这从一个侧面表明，在北伐战争前的几年中，尽管面对西方列强重返，但日本势力依然在向长江流域扩展。

## （二） 日本势力与长江流域民众的矛盾对抗

当时长江流域民众与日本势力之间，在经历了广泛抗议"二十一条"、五四反日浪潮之后，因日本并不改变侵华政策，爆发矛盾对抗的根源依然存在。1923 年 3 月，旅大租借期满，日本拒不将其归还中国，再度激发中国民众广泛的反抗运动，并波及长江流域，"从 4 月到 8 月以华中为中心发生"。而其特征，便是"对日经济绝交"口号的提出与广泛响应。①

从《申报》的报道看，这一口号，似源自 1923 年 3 月中旬上海南京路商界联合会代表蒋梦芸致商界总联合会之函：

> 南京路商界联合会出席代表蒋梦芸，向商界总联合会，提出经济绝交办法，函请该会速即召集大会，一致实行。函云：为提议外交紧急，召集临时大会，讨论经济绝交方法事。窃中日密约二十一条，强迫缔结，公理全无，不独为中国人民之耻，实亦日本国家之羞。苟日政府而果能实行平素高唱之中日亲善主义，则早应自动宣告废除。今我国一再请求废弃，乃日政府又复恃强坚拒，其不顾公理、不顾邦交之用心，昭昭在人耳目，平素亲善之假面具，亦已完全揭破。中国兵力虽弱，民意尤强，为自救计，惟有即日宣告经济绝交，全国不用日货，国货不运日

---

① 南满洲铁道株式会社庶务部調査課編『上海事件に関する報告』日清印刷所、1925、5 頁。

境，何日撤废密约，即何日恢复旧状。此举殊较空言有力，五九运动已见其端，本会为上海各路商界结合之总团体，一经创议，不难全国响应。且观斯时之得失，究属何人。敬特提案求正，并请即日召集临时大会，讨论实行。实所深祷云云。①

蒋梦芸代表南京路商界联合会提出的对日"经济绝交"主张，随即在上海商界引起强烈共鸣。3 月 17 日，上海各路商界总联合会举行外交紧急会议，出席及旁听的十九路、各马路及公团的代表一致通过了办法五条，其中第四条是："联合全国各公团筹商国民示威运动办法，并进行经济绝交之准备事项。"会后，上海各路商界总联合会还致电日本政府，强烈要求其彻底废除"二十一条"，"否则当实行经济绝交，誓死力争"。② 同日，上海各公团及各界爱国人士百余人在救国联合会讨论对日外交问题，也均主张"如日本犹固执不逊，即实行经济断交，作最后方法"。③ 3 月 24 日，200 多个团体共 1 万余人在总商会举行上海市民大会，要求废除"二十一条"、收回旅大，并就实行对日经济绝交，"全体声明决心，赞成通过"。④ 3 月 25 日，"为旅大收回之期，及表示根本否认二十一条之决心"，上海 5 万余人举行国民对日外交游行大会，会上通过的向全世界发表的宣言称，因"日本政府借口于一九一五年之二十一条要求，不肯交还旅大"，"我国民为自卫计，不得已与之经济绝交"。⑤ 可见，对日经济绝交的主张，在 1923 年 3 月中旬由上海各界人士提出，紧接着在下旬该市大规模的对日抗议中，成为广大市民的口号。并且，它迅速从上海影响到其他地方。如 3 月 23 日在杭州，浙江国民外交大会在省教育会举行，各团体及学校代表到者百余人，其间讨论了抵制日货、经济绝交问题，涉及不买日货、货不卖与日本，金钱不愿为日人赚去，亦不赚日人的钱，"众无异议"，会后对全国通电，表示

① 《商界对廿一条之关切》，《申报》1923 年 3 月 15 日，第 13 版。
② 《商总联会外交紧急会议纪》，《申报》1923 年 3 月 19 日，第 13 版。
③ 《国民对日外交大会成立纪》，《申报》1923 年 3 月 18 日，第 13 版。
④ 《上海市民大会开会纪》，《申报》1923 年 3 月 25 日，第 13 版；上海日本商业会议所编『二十一箇条問題に関する排日状況』第 1 輯、上海日本商業会議所、1923、66—67 頁。
⑤ 《国民对日游行大会纪》，《申报》1923 年 3 月 26 日，第 13 版。

"疾首苛约，二十一条誓以必废"，"经济绝交，抵制强权"。① 另有报载，"国民对日经济绝交，以北京及上海进行最力，京师总商会已议决抵制劣货公约七条"。② 而从当时在上海的日本商业会议所搜集的各地反日情况中又可以看到，打出"经济绝交"旗帜，甚至成立相应团体之地甚多，有崇明、苏州、松江、杭州、宁波、常州、武进、芜湖、南京、南昌、安庆、九江、长沙、沙市、武汉、北京、天津、济南、太原、西安、开封、广州、汕头、桂林、哈尔滨。③ 另外，当时日本驻福州、厦门、重庆、宜昌领事的报告，都反映其驻地的对日抗议宣传，将对日经济绝交作为重要内容。④ 这些情况表明，对日经济绝交的口号，一经上海喊出，迅即在长江流域得到最广泛呼应，进而对全国发生了巨大影响，以至于成为 1923 年中国民众反日运动的显著特征。

湖南作为长江中游地区的省份，卷入反对"二十一条"、收回旅大风潮的地方很多，而使日方感受尤为强烈的，则是分别举行了大型对日抗议集会与游行的长沙、湘潭、衡阳、浏阳、常德、平江，以及作为主要号召者与组织者的学生联合会、以各工团为主要基础成立的外交后援会。⑤ 驻长沙的日本领事起先强调湖南的风潮是"受上海、汉口方面煽动"，⑥ 并认为该地对日经济绝交实际是针对日本航运，致其"所受影响实大"，如日清汽船株式

---

① 《浙江国民外交大会纪事》，《申报》1923 年 3 月 24 日，第 10 版。

② 《国民对日经济绝交》，《来复报》第 249 期，1923 年，第 11 页。

③ 上海日本商業会議所編『二十一箇条問題に関する排日状況』第 1 輯、265、270、274、275、292、295、297、321、335、345、357、361、366、414、422、535、562、695、735、739、744、755、753、757、773 頁。

④ 『排日ノ原因特質対策等ニ関スル件』（1923 年 7 月 26 日日本駐福州代理総領事中野勇吉致外务大臣内田康哉）、『排日運動ニ関スル件』（1923 年 5 月 10 日日本駐厦門代理領事河野清致外务大臣内田康哉）、3-3-8-10 之 2；『重慶在留民ノ排日行動ニ対すスル態度表示ノ件』（1923 年 6 月 18 日日本駐重慶代理副領事贵布根康吉致外务大臣内田康哉）、『排日新聞記事取締方支那官憲へ交渉ノ件』（1923 年 8 月 21 日駐宜昌領事森岡正平致外务大臣内田康哉）、3-3-8-6 之 004。

⑤ 《日本驻长沙领事池永林一致外务大臣内田康哉电》（1923 年 3 月 29 日）、『湖南省ニ於ケル旅大回収運動ニ関シ其後ノ状況報告ノ件』（1923 年 4 月 23 日日本駐长沙領事田中庄太郎致外务大臣内田康哉）、3-3-8-10 之 5。

⑥ 《日本驻长沙领事田中庄太郎致外务大臣内田康哉电》（1923 年 5 月 7 日），3-3-8-10 之 5。

会社船舶在长沙外交后援会发出经济绝交公约之后，从长沙运出货物除了德商收购的锑以外，几无别的，而运到长沙的货物，即使是日商垄断的海带，也为数很少，乘客也不到平时的十分之一，简直经不起别国航运业者的竞争了。① 该领事为维护日商航运利益，竟召所谓警备舰"伏见"号的水兵在长沙上岸，在日船租用的大金码头弹压抵制日船航运的民众，由此酿成日本水兵开枪打死民众 2 人并使 9 人重伤、数十人轻伤的"六一惨案"。② 该惨案在长沙激起空前猛烈的反日风暴，除了抗议集会、街头演讲、示威游行之外，市内到处张贴宣传抵制日货传单，使日本商铺关门，轮船不能出入，所雇华人受阻，舰船也不能装载煤炭与食品，日本领事哀叹本国人"只不过仅以身免而已"，且不能指望该地官府"彻底取缔"。③ 与此同时，"长沙上游湘潭、常德排货亦激烈，形势不稳"；④ 衡阳县议会通电各报，疾呼"是而可忍，孰不可忍"，要求政府"严与交涉"，"稍不圆满，则牺牲一切，在所不计"。⑤ 长沙"六一惨案"在湖南以外也激起巨大波澜，如《东方杂志》所言："一时函电纷驰，都主张速撤日舰，再向日本严重交涉。"⑥ "上海市民大会 4 日举行紧急会议，三十多个团体参加，决议向日本公使及驻上海日本领事提出抗议，此外，上海各路商会联合会及南方大学生等举行会议，讨论对抗策"；⑦

---

① 『排日運動ノ本邦商二及ホス影響二関スル件』（1923 年 5 月 21 日日本驻长沙领事田中庄太郎致外务大臣内田康哉）、3-3-8-10 之 5。

② 参见施履本《长沙日舰肇事调查报告》，《中日关系史料——军事外交交涉》，第 335—336 页；《"伏见"号舰长丸山良夫致第一遣外舰队司令官小林研藏报告》（1923 年 6 月 1 日），《日本驻长沙领事田中庄太郎致外务大臣内田康哉电》（1923 年 6 月 2 日），3-3-8-10 之 5。另外，5 月 14 日，日船"大元丸"抵达沙市，"学生上船检查运至沙市、宜昌之日货"，但由该船招来的"伏见"号"立派陆战队将学生驱出船外，并向之开枪，于是激动众愤，而冲突遂起"，"华人受重伤者甚众"。参见《宜昌日海军与华人冲突讯》，《申报》1923 年 5 月 16 日，第 13 版；《沙市发生检货风潮》，《申报》1923 年 5 月 17 日，第 7 版。

③ 《日本驻长沙领事田中庄太郎致外务大臣内田康哉电》（1923 年 6 月 3 日），3-3-8-10 之 5。关于当时长沙的反日浪潮，另见沈卫华《1912—1927 年湖南国民外交运动研究》，硕士学位论文，湖南师范大学，2004，第 27—29 页。

④ 「長沙上流でも騒ぐ」『東京日日新聞』1923 年 6 月 5 日。

⑤ 上海日本商業会議所編『二十一箇条問題に関する排日状況』第 1 輯、409 頁。

⑥ 《长沙日舰肇事交涉（二）》，《东方杂志》第 20 卷第 11 号，1923 年 6 月 10 日，第 7 页。

⑦ 「上海各界ノ運動」『大阪毎日新聞』1923 年 6 月 6 日。

北京学生 6 日集会，决定为对日抗议而"飞檄全国学界"。① 日本《读卖新闻》6 月 10 日称："排日气势从长江一带扩展，波及山东方面。"② 《朝日新闻》6 月 13 日报道，长沙事件"飞火于长江方面各地，不仅是排日运动，还激起一般秩序紊乱"。③ 日本海军深感长沙事件使"形势有倍加恶化之兆，且其余波将及于长江沿岸各地"，而增派第二十四驱逐队进入长江，④ 分别以军舰在上海、芜湖、九江、汉口、长沙、沙市、宜昌、万县施压。⑤

## （三）日本经济势力在长江流域的扩展

在北伐战争前的几年中，日本在长江流域既与英美抗衡，又遭该区域民众对其侵华政策的抗争，环境条件非一战时期可比，但其扩展经济势力的脚步并不停顿，这从航运、贸易、工矿业投资几个方面反映出来。

### 1. 延伸长江航线

1920 年、1921 年、1923 年 4 月 1 日，日本政府先后发布命令，重申沪汉、汉宜、汉湘等航线为"命令航线"，要继续予以补贴。⑥ 此外，开设宜昌与重庆间的川江航线，从日俄战争以后一直是日本的目标。1922 年 4 月 26 日，其政府发出补贴川江航线的第一次命令，规定日清汽船株式会社以 500 吨以上的轮船开设川江航线，途中泊船万县，停靠香溪、归州、巴东、巫山、夔州、云阳、忠州、酆都、涪州、长寿。该会社奉命于该年 4 月 26 日以新造的千吨级货船"云阳丸"开始从事川江航运，次年，又向川江航线投入了 900 多吨的"宜阳丸"、400 多吨的"德阳丸"。1923—1925 年，该会社还在其认为"相当有价值"的重庆至叙州江上，以"德阳丸"试行航运。⑦ 其间，川江民船航运受到外国

---

① 「長沙ニ於ケル排日暴動並其ノ影響（一）」日本外務省情報部第一課編『支那情報』第一八号（1923 年 6 月 7 日）、3-3-8-10 之 4-001。
② 「長沙事件拡大す 支那の反省を望む」『読売新聞』1923 年 6 月 10 日。
③ 「蕪湖秩序紊 学生団の商店乱入」『朝日新聞』夕刊、1923 年 6 月 13 日。
④ 『在留邦人保護ノ目的ヲ以テ駆逐隊ノ揚子江方面出動ニ関シ通牒ノ件』（1923 年 6 月 7 日本海軍次官岡田啓介致外務次官田中都吉）、日本外務省編纂『日本外交文書 大正十二年』第 2 冊、統計印刷株式会社、1979、61 頁。
⑤ 「長江の警備現状 海軍省公表」『読売新聞』1923 年 6 月 15 日。
⑥ 浅居誠一『日清汽船株式会社三十年史及追補』、184 頁。
⑦ 浅居誠一『日清汽船株式会社三十年史及追補』、184、209—210、212、213 頁。

轮船严重冲击，相关业者群起抗议，以至于在 1923 年 11 月 25 日，宜昌民船船主 200 人举行大会，疾呼外国轮船开设川江航线关系到该航道上与民船业所涉数百万人的死活，要求海关将轮船航运的时间限制于丰水期，取消对 5 艘小轮船在本年枯水期从事航运的准许。[①] 此外，当时川黔军阀也在展开争战，而日船则借机做军火生意，由此甚至引发与地方军队的冲突，如 1923 年 9 月上旬，偷运军火的"宜阳丸"在涪州遭黔军截击并被扣留。[②] 在此状况下，湖北官方在 11 月上旬向日本驻宜昌领事表示，各国船舶暂停在万县上游的航运，严守中立。但日本政府称这"对我航权有重大关系"，而令该领事以"原则上难以承认"相拒。[③] 结果是日清汽船株式会社由日本海军所派"警戒队"护航，1924 年度、1925 年度在该航线上分别航行 67、68 个班次，为客货运输极为繁忙而甚是得意。[④] 而从表 7-7 亦可见，在川江上，1924—1925 年，日船在川江所运货物总吨数，连航运势力最强的太古、怡和的船舶，也都不及。

**表 7-7　1924 年 10 月至 1925 年 9 月外国轮船在川江从事航运情况**

| 轮船所属 | 从宜昌开往重庆班次 | 从宜昌运往重庆货物吨数 | 从重庆下航班次 | 从重庆运出货物吨数 |
| --- | --- | --- | --- | --- |
| 日清汽船株式会社 | 59 | 9563 | 57 | 6005 |
| 太古洋行 | 49 | 11481 | 39 | 2809 |
| 怡和洋行 | 25 | 3085 | 24 | 2571 |

资料来源：南满洲鉄道株式会社経済調査会編『長江流域ニ於ける日本の経済的地位』、58—59 頁。

## 2. 继续推进对长江流域的贸易

这一时期长江流域与日本的贸易，就结构来说还是一战时期的延续。日本面对西方势力压力的增大与中国民族工业产品的挑战，要维持乃至于扩大

---

① 《驻宜昌副领事清水致外务大臣内田康哉》（1922 年 11 月 25 日），B-3-6-5-23。

② 《日轮被劫之真相》，《晨报》1923 年 9 月 18 日，第 2 版；《申报》1923 年 9 月 19 日，第 4 版。

③ 『日清汽船ノ揚子江航行ニ関スル件』（1923 年 11 月 14 日逓信省管船局长致外务省亚细亚局长）、『日清汽船株式会社社长竹内直哉致外务省亚细亚局长出渊』（1923 年 11 月 7 日），5-3-2-0-144 之 2-003。

④ 浅居誠一『日清汽船株式会社三十年史及追補』、210 頁。

其产品的市场，同时，对获取其急需的原料与农副产品，也绝不放松。

先从出口方面看。

棉纺织品依然占主要地位。随着一战期间中国民族机器纺纱业加快发展，日本国内所产棉纱在汉口市场上趋于减少，[①] 但在该地进口的各外国棉纱中仍占首位，如在 1921 年、1922 年、1923 年、1924 年，分别是 51373 担、71798 担、26471 担、32943 担，而同期的英国、印度棉纱，前者分别为 60 担、15 担、1492 担、0 担，后者分别为 460 担、660 担、1041 担、181 担，都远不及日本棉纱。然而，其时输入汉口的中国产棉纱分别是 90526 担、168199 担、249482 担、294143 担，年年远超日本棉纱的数量。[②] 日本领事报告言及 1923 年沙市、长沙棉纱商情，亦称沙市"除了土民为织土布而自纺的以外，还输入日本纱、上海纱、汉口纱（都是 16 支纱）三种"；[③] 长沙"除了日本货、英国货外，中国产品'狮球'牌 16 支纱也大量输入"。[④] 显然，长江流域吸纳日本棉纱最多的口岸，都呈现中国产棉纱的市场占有率上升而日本棉纱难再独大的局面。而日本的对策，是沿袭在一战期间采取的措施，在中国本土对机器纺纱业增大投资力度（见后述）。

与日本国产棉纱出口量减少相反，其棉布的出口量持续增长。1920—1923 年，在中国进口棉布中，未加工棉布是日货占最大比重，加工棉布是英货领先，但从 1924 年起，日货在加工棉布中的比重也取得首位。如果加上在华日本纱厂所销棉布，则日本棉布在中国市场上相对于别国的优势更为明显。[⑤] 在长江流域，1923—1925 年，进口棉布中的日货年均占比为 45.1%，越来越逼近英国棉布（52.4%）。[⑥] 在上海，日本棉布称霸上海进口棉布市场

---

① 中根和一编『大正九年漢口日本商業会議所年報』崇文閣印刷廠、1922、96 頁；中根和一编『大正十年漢口日本商業会議所年報』崇文閣印刷廠、1923、90—91 頁。

② 『漢口貿易年報（大正十二年度）』（1924 年 9 月 20 日驻汉口总领事林久治郎致外务大臣币原喜重郎）、B-3-2-4-45 之 1-6-001；『漢口貿易年報（大正十三年度）』（1925 年 9 月 19 日驻汉口代理总领事河野清致外务大臣币原喜重郎）、B-3-2-4-45 之 1-6-002。

③ 日本外务省通商局编『在沙市帝国领事馆管辖区域内事情』外务省通商局、1924、30 頁。

④ 日本外务省通商局编『在长沙帝国领事馆管辖区域内事情』外务省通商局、1924、46 頁。

⑤ 高村直助『近代日本綿業と中国』、128—129 頁。

⑥ 严中平《中国棉纺织史稿》指出，"各部口岸直接进口各国棉布价值百分比"（科学出版社，1955，第 173 页）。据此资料，1926 年以后三年中，日本棉布年均占比上升为 58.5%。

的局面持续到 1919 年，① 而到 1923 年，除了绵缎等高档棉布是由英美货占优势外，日本的细布、印花布、绒布、绵绸等依然保持领先地位。② 在汉口，1920 年进口棉布中，除了漂白布外，其他都是日货占优势。③ 1921—1924 年，进口坯布、未加工粗布与细布、厚布以及毛巾，都是日货的市场占有率最高。④ 在南京，直到 1925 年，进口棉布多是英货遥遥领先，唯斜纹布，英美货一贯被日货压倒。⑤ 苏州、杭州在一战中，各种日本棉织品就已进口不少，到 1923 年，日本印花布与绒布在两地进口的日货中还占大头。⑥ 芜湖在一战中进口日本棉布的数量增加，到 1923 年，坯布、白布、漂白布、厚布、针织品等，是芜湖进口日货的主打货物。⑦ 九江在 1920—1924 年，日本坯布、细纹布在从各国进口同类棉布中一直领先，与占第二位的英国布之间的距离还越来越大，日本斜纹布也有超越英国布之势。⑧ 在沙市，1923 年，"所需的进

---

① 参见「上海贸易年报(大正六年)」（1918 年 9 月 30 日驻上海总领事有吉明报告）、日本外务省通商局编『通商公报』第 566 号、1918 年、350 頁；「大正七年上海贸易年报」（1919 年 12 月 12 日驻上海总领事山崎馨一报告）、『通商公报』第 707 号、864 頁；「上海に於ける日货排斥と主要輸入本邦品」（1920 年 2 月 14 日驻上海总领事山崎馨一报告）、『通商公报』第 708 号、1920 年、924 頁；「大正八年上海贸易概况」（1920 年 4 月 9 日驻上海总领事山崎馨一报告）、『通商公报』第 726 号、1920 年、542 頁。

② 日本農商務省商務局編『中部及北部支那に於ける貿易状況』農商務省商務局、1923、19 頁。

③ 中根和一編『大正九年漢口日本商業会議所年報』、90 頁。

④ 参见「最近四年間漢口輸移入重要品表(純額)」日本商工省商務局貿易課編『大正十三年漢口貿易概況』商工省商務局貿易課、29—30、32 頁。

⑤ 『大正九年度南京貿易年報送付ノ件』（1922 年 2 月 15 日驻南京领事深泽暹致外务大臣内田康哉）、『大正十一年度南京貿易年報提出ノ件』（1923 年 10 月 3 日驻南京领事林出贤次郎致外务大臣伊集院彦吉）、『大正十四年度南京貿易年報提出ノ件』（1926 年 10 月 16 日驻南京领事森冈正平致外务大臣币原喜重郎）、B-3-2-4-45 之 1-8。

⑥ 「蘇州に於ける本邦品需給状況」（1919 年 3 月 25 日驻苏州代理领事大和久义郎报告）、日本外务省通商局编『通商公报』第 619 号、1919 年、567—569 頁；日本農商務省商務局編『中部及北部支那に於ける貿易状況』、24、28 頁。

⑦ 日本農商務省商務局編『中部及北部支那に於ける貿易状況』、45 頁。

⑧ 『九江港大正十一年度貿易年報進達ノ件』（1924 年 2 月 12 日驻九江领事江户千太郎致外务大臣松井庆四郎）、『九江港大正十二年度貿易年報進達ノ件』（1924 年 12 月 9 日驻九江领事江户千太郎致外务大臣币原喜重郎）、『九江港大正十三年度貿易年報ニ関スル件』（1926 年 3 月 3 日日本外务省通商局长斋藤良卫致大藏省主税局长黑田秀雄等）、B-3-2-4-45 之 1-7。

口棉布是日英美各国产品，主要是粗布、漂白布、粗斜纹布、细斜纹布"，"漂白布是英国货最多，粗布及斜纹布是日本货居多"。① 宜昌在 1919—1924 年，除了漂白布，坯布、斜纹布、细布在绝大多数年份，都是日货远超英美货。② 在长沙、岳阳，从 1919 年到 1921 年，除斜纹布以外，都是英国或美国棉布多于日货的进口量；但 1922—1924 年，日本纹布及原色布在长沙，细布及原色布、漂白布在岳阳，相继超过了英美货的进口量。③ 1924—1926 年，长沙每年进口的外国坯布、原色布、斜纹布中，日货在数量上都占首位。④

日本砂糖在此期间仍是长江流域进口的重要货物。上海的外国产砂糖市场，在 1919 年"七成由日本货占据"，⑤ 1923 年在抵制日货浪潮高涨的情况下，日本砂糖仍占 40%，略低于港英货所占的 43%，而此时日本对华出口砂糖总量的 65% 是运到上海的。⑥ 汉口作为长江流域砂糖的大集散地，在

---

① 日本外务省通商局编『在沙市帝国領事館管轄区内事情』外务省通商局、1924、30、31 頁。

② 日本外务省通商局编『宜昌事情（在宜昌帝国領事館調查）』外务省通商局、1925、16—17 頁；『貿易年報進達ノ件』（1925 年 10 月 12 日驻宜昌代理领事浦川昌义致外务大臣币原喜重郎）、B-3-2-4-45 之 1-9。

③ 日本外务省通商局编『在长沙帝国領事館管轄区域内事情』、37 頁；『大正十年度長沙貿易年報報告ニ関スル件』（1922 年 6 月 3 日驻长沙领事池永林一致外务大臣内田康哉）、『大正十年度岳州貿易年報報告ニ関スル件』（1922 年 8 月 24 日驻长沙领事池永林一致外务大臣内田康哉）、『大正十一年度長沙貿易年報送付ノ件』（1923 年 10 月 3 日驻长沙领事田中庄太郎致外务大臣伊集院彦吉）、『湖南省岳州貿易年報（一九二二年）提出ノ件』（1924 年 5 月 28 日驻长沙领事清水八百一致外务大臣杉井庆四郎）、『大正十二年度長沙貿易年報送付ノ件』（1924 年 8 月 9 日驻长沙领事清水八百一致外务大臣币原喜重郎）、『岳州貿易年報提出ノ件』（1924 年 9 月 10 日驻长沙领事清水八百一致外务大臣币原喜重郎）、『大正十三年度長沙貿易年報進達ノ件』（1925 年 6 月 3 日驻长沙领事清水八百一致外务大臣币原喜重郎）、『湖南省岳州貿易年報（大正十三年度）進達ノ件』（1925 年 6 月 26 日驻长沙领事清水八百一致外务大臣币原喜重郎）、B-3-2-4-45 之 1-5。

④ 『昭和三年度長沙貿易年報』（1929 年 9 月 30 日驻长沙领事糟谷廉二致外务大臣币原喜重郎）、E-3-2-0-X1-C1 之 008；『昭和五年度長沙貿易年報提出ノ件』（1931 年 10 月 8 日驻长沙领事糟谷廉二致外务大臣币原喜重郎）、E-3-2-0-X1-C1 之 017。

⑤ 「上海に於ける排日運動の商工業に及せる影響」（1919 年 7 月 28 日驻上海总领事有吉明报告）、日本外务省通商局编『通商公報』第 650 号、1919、618 頁。

⑥ 『大正十二年上海貿易年報』（1926 年 7 月 21 日驻上海总领事矢田七太郎致外务大臣币原喜重郎）、102 頁、B-3-2-4-45 之 1-4-001。

1919 年，日本糖"约占市场的七成"；① 而日本领事 1922 年发出的汉口贸易年报，则称汉口的"精制糖是香港糖与日本糖、粗制糖是日本糖与中国糖竞争"；② 1923 年，汉口进口日本砂糖 1189047 担，比香港砂糖输入量 4073466 担差很多，但远超从爪哇进口的 435409 担。③ 1925 年，由太古、怡和洋行经销的香港砂糖，在反英高潮中输入量剧减，而日本砂糖则趁机在汉口市场占了极大的优势。④ 1926 年 5 月，有关汉口贸易概况的日本领事报告称，1925 年度汉口进口日本货"是棉纱布占首位，（次为）煤炭、砂糖、杂货、海产品等"。⑤ 可见，砂糖在汉口进口日货中所占地位十分突出。长沙、岳阳、九江的情况也值得注意。1924 年日本驻长沙领事报告称，两地输入的糖是以精制砂糖为数最多，"其中我国货又占相当之额"，"最近长沙港输入了 113412 担，岳阳输入了 44534 担，还有逐渐增加之势"。⑥ 1923 年出版的日本驻九江领事馆的报告称，该地进口日本货里，砂糖仅次于棉纱、棉布，居第三位。⑦ 此外，同年由日本农商务省商务局出版的调查报告，将砂糖列于杭州进口日货的首位。⑧

日本输往长江流域的棉布、砂糖，与英国同类货物争夺市场，是没有疑问的。所以，1925 年五卅运动爆发后，日本便利用长江流域民众反英浪潮，大增其棉布、砂糖对长江流域的出口量，其在汉口开办的泰安纱厂还从这年开始进行织布生产。⑨

---

① 「大正八年漢口貿易年報」（1920 年 5 月 17 日驻汉口总领事瀬川浅之进报告）、日本外务省通商局编『通商公報』第 735 号、1920 年、1042 页。

② 『漢口貿易年報（大正十一年）』（1923 年 11 月 7 日驻汉口总领事林久治郎致外务大臣伊集院彦吉）、B-3-2-4-45 之 1-6-001。

③ 漢口日本商業会議所編『十二年度漢口貿易年報』崇文閣印刷廠、1924、11 页。

④ 日本商工省商務局貿易課編『貿易通信員報告集・支那ノ部』商工省商務局貿易課、1926、104 页。

⑤ 『漢口港貿易概況（大正十四年度）』（1926 年 5 月 25 日驻汉口总领事高尾亨致外务大臣币原喜重郎）、B-3-2-4-45 之 1-6-002。

⑥ 日本外务省通商局編『在長沙帝国領事館管轄区域内事情』、37—38 页。

⑦ 日本外务省通商局編『在九江帝国領事館管轄区域内事情』外务省通商局、1923、23 页。

⑧ 日本農商務省商務局編『中部及北部支那に於ける貿易状況』、25 页。

⑨ 『漢口貿易年報（大正十四年度）』（1927 年 2 月 10 日驻汉口总领事高尾亨致外务大臣币原喜重郎）、E-3-2-0-X1-C1 之 001。

在上引领事报告中位置高于砂糖的日煤，一战中在长江中下游地区特别是汉口扩大了其市场。其后，五四运动"提倡国货，排斥日货"，使日煤"竞争日益困难"。① 但是，日本仍竭力维持其市场。对上海出口的日煤，1921 年为 716000 吨、1922 年为 503000 吨、1923 年为 680000 吨、1924 年为 750000 吨、1925 年为 1613000 吨（含别国煤炭进口量），直至 1923 年，虽都远不及中国煤炭的输入数量，但仍在外国煤炭中遥遥领先，在 1925 年还超过了中国煤炭的输入量；② 对汉口出口的日煤，在 1921—1923 年市场占有率远不及本土煤炭，但 1924 年因直奉战争爆发，开滦煤炭的开采及运输都受到很大妨碍，汉口煤炭供应紧张，于是三井、三菱等日商抓住机会，将日煤 550000 吨输往汉口，在这一年汉口煤炭输入总量中占比 83.3%。③ 1925 年，日煤 332439 吨输入汉口。④ 此外，长江下游的南京、镇江、苏州，这期间继续输入日煤，情况如表 7-8 所示。

**表 7-8　1920—1925 年日煤对南京、镇江、苏州出口数量**

单位：吨

| 口岸 | 1920 年 | 1921 年 | 1922 年 | 1923 年 | 1924 年 | 1925 年 |
|------|---------|---------|---------|---------|---------|---------|
| 南京 | 1008 | 318 | 52 | 1934 | 2185 | 25530 |
| 镇江 | 14042 | 28559 | 25744 | 44121 | 24777 | 71133 |
| 苏州 | — | 24193 | 17777 | 14823 | 12378 | 28097 |

资料来源：『大正十一年度南京貿易年報』（1923 年 10 月 3 日驻南京领事林出贤次郎致外务大臣伊集院彦吉）、『大正十四年度南京貿易年報』（1926 年 10 月 16 日驻南京领事森冈正平致外务大臣币原喜重郎）、『大正十一年度鎮江貿易年報』（1924 年 2 月 28 日驻南京领事林出贤次郎致外务大臣松井庆四郎）、『大正十四年度鎮江貿易年報』（1926 年 12 月 21 日驻南京领事森冈正平致外务大臣币原喜重郎）、B-3-2-4-45 之 1-8；『大正十二年度蘇州貿易年報』（1924 年 10 月 12 日驻苏州代理领事松原久义致外务大臣币原喜重郎）、『大正十三年蘇州貿易年報』（1925 年 5 月 25 日驻苏州领事松原久义致外务大臣币原喜重郎）、『民国十四年蘇州貿易概況』（1926 年 12 月 28 日驻苏州领事岩崎荣藏致外务大臣币原喜重郎）、B-3-2-4-45 之 1-30。

① 「上海に於ける日貨排斥と主要輸入本邦品」（1920 年 2 月 14 日驻上海总领事山崎馨一报告）、日本外务省通商局编『通商公報』第 708 号、1920 年、925 頁。
② 『最近五ケ年間上海出入本邦関係主要商品統計ノ件』（1926 年 4 月 21 日代理驻上海商务书记官加藤日吉致外务大臣币原喜重郎）、B-3-2-4-45 之 1-4-002。
③ 日本商工省商务局贸易课编『貿易通信員報告集・支那ノ部』第 1 辑、105—106 頁。
④ 『漢口貿易年報（大正十四年度）』（1927 年 2 月 10 日驻汉口总领事高尾亨致外务大臣币原喜重郎）、E-3-2-0-X1-C1 之 001。

包括海带、海参、鲍鱼、江珧柱、鱼翅、鱿鱼等在内的日本海产品，清代在长江流域一直有最大的市场占有率，直到北伐战争前，也还维持这种局面（见表7-9）。

**表 7-9　1921—1923 年日本对上海出口海产品价额及其在上海进口海产品总价额中占比**

单位：海关两，%

| 年份 | 日本对上海出口海产品价额 | 上海进口海产品总价额 | 占比 |
|------|------------------------|---------------------|------|
| 1921 | 3401237 | 4986953 | 68 |
| 1922 | 4294165 | 6501427 | 66 |
| 1923 | 5408179 | 7901190 | 68 |

资料来源：『大正十二年上海貿易年報』（1926 年 7 月 21 日驻上海总领事矢田七太郎致外务大臣币原喜重郎）、B-3-2-4-45 之 1-4-002。

在汉口，海产品"海关价额年年有八九十万两，实际上，价额在 200万两以上"，日货并没有强劲竞争对手，[1] 因此在日本领事报告中一贯被视为日本对该地出口的主要货物。在九江，输入的海产品主要是日货。[2] 在长沙，日本领事报告称，海产品是该地仅次于棉纱布的大宗进口货，几乎由日货垄断，其中海带为数最多，还有不少海参、鱿鱼。[3] 在重庆市场上的海带、鱿鱼、洋菜"全是日本货"，刺参"以广东、福建、日本货为主"，鲍鱼是日本货占首位。[4]

日俄战争后特别是一战期间，打入长江流域的日本杂货不少，但随着中国民族工业开始发展，日货的竞争对手日多，如日本火柴在一战后受到本土火柴日益强劲的挑战，销路日窄，而日商则在 1920 年 8 月投资 30 万日元，在上海、镇江开办"燧生火柴公司"，年产量七八万吨，"在长江一带开辟销路"。[5] 其

---

① 日本商工省商务局贸易课编『貿易通信員報告集・支那ノ部』第 1 辑、105—106 頁。

② 日本外务省通商局编『在九江帝国領事館管轄区域内事情』、22 頁。

③ 日本外务省通商局编『在長沙帝国領事館管轄区域内事情』、37 頁。

④ 日本外务省通商局编『在重慶日本領事館管内状況』外务省通商局、1921、36—37 頁。

⑤ 《书记官守屋从上海致外务大臣芳泽谦吉电》（1932 年 1 月 16 日），E-4-5-0-12；『鎮江貿易年報送付ノ件』（1929 年 12 月 29 日驻南京领事上村伸一致外务大臣币原喜重郎）、E-3-2-0-X1-C1 之 011。

他多种日本杂货，也程度不同地遇到竞争，但日商继续竭力推销。如在汉口，产于日本的洋纸、洋伞、时钟、瓷器、盥洗用具、玻璃器皿、洋灯头、胶鞋、头绳、缝针、针织品、肥皂、香水、白粉、文具、纽扣、镜子、牙刷、丝带、绸扇、玩具之类，遍布于市场，[1] 在自行车这种新的舶来品中，日货还有明显优势。[2] 在杭州，市场上的日本杂货有毛织品、手巾、肥皂、火柴、洋蜡、文具、玩具、织布机等。在苏州，则主要是药品、印刷材料及纸张、礼帽、玻璃制品等。[3] 即使在长江流域对外贸易中不算突出的九江，日本也推销印刷纸、帽子、搪瓷、玩具、洋伞、文具、药品药剂、陶瓷、时钟、水泥、纽扣、化妆盒罐、香皂、棉绒等。[4]

再从日本自长江流域进口来看。

棉花还是日本进口的主要货物，长江流域所产棉花出口的去向，总体上仍以日本为首。且看上海数年间出口棉花的去向及相应数量（见表7-10）：

表 7-10　1920—1923 年各年上海出口棉花去向及相应数量

单位：千担

| 去向 | 1920 年 | 1921 年 | 1922 年 | 1923 年 |
|---|---|---|---|---|
| 日本 | 77 | 171 | 233 | 257 |
| 美国 | 108 | 12 | 17 | 62 |
| 其他 | 31 | 4 | 29 | 33 |

资料来源：『大正十二年上海貿易年報』（1926 年 7 月 21 日驻上海总领事矢田七太郎致外务大臣币原喜重郎）、B-3-2-4-45 之 1-4-002。

仅次于上海的棉花集散地汉口，直接出口棉花的主要去向如表7-11所列，也是日本占首位。

---

① 日本農商務省商務局編『中部及北部支那に於ける貿易状況』、56 頁。
② 日本商工省商務局貿易課編『貿易通信員報告集・支那ノ部』第 1 輯、92 頁。
③ 日本農商務省商務局編『中部及北部支那に於ける貿易状況』、24、28 頁。
④ 日本外務省通商局編『在九江帝国領事館管轄区域内事情』、23 頁。

表 7-11　1920—1923 年汉口直接出口棉花的主要去向及其数量

单位：担

| 去向 | 1920 年 10 月至<br>1921 年 9 月 | 1921 年 10 月至<br>1922 年 9 月 | 1922 年 10 月至<br>1923 年 9 月 |
|---|---|---|---|
| 日本 | 85844 | 91758 | 171935 |
| 德国 | 3831 | 2892 | 5418 |
| 英国 | 2918 | 8012 | 144 |
| 意大利 | 2838 | 264 | 1315 |
| 美国 | — | 973 | 2621 |

资料来源：漢口日本商業会議所編『十二年度漢口貿易年報』、168 頁。

在同一时间，汉口棉花对本国其他地方输出的最大去向是上海，而到上海后再对日本出口的棉花也有不少。[①] 此外，值得注意的是，作为棉花重要集散地的沙市，主要面向汉口、上海输出的美国品种洋花，有六七成是由日商经销，吉田、日信、武林、瀛华等日商都到沙市收购输出洋花。[②]

铁矿石在日本从长江流域进口贸易中继续占据重要地位。汉冶萍公司在日本巨额贷款制约下，仍按照日方规定的价格年年对其出口铁矿石，但由于种种原因，从 1921 年起，出口量大幅下降。而在此之前，日本政府及八幡制铁所在长江流域已找到可资补充的铁矿石来源，即中日实业株式会社抓到手的安徽裕繁公司桃冲铁矿。1920 年 11 月，日本农商务大臣山本达雄、大藏大臣高桥是清提出，"桃冲矿山储藏量千余万吨，矿质与大冶铁矿略相伯仲，从地理而言，在长江下游岸边，较之大冶，有运费大为减轻之利，对我国制铁业是难得的资源地"，须对裕繁公司提供贷款，"使其对我制铁所供给所需要的铁矿石，并以矿石价款渐次还款"；由此，"我制铁所将长期得到材料资源"。[③] 日本政府决定按此提议，通过中日实业株式会社向裕繁公司提供 150 万日元，获取桃冲铁矿石。[④] 从 1921 年起，日本开始从桃冲铁矿

---

① 漢口日本商業会議所編『十二年度漢口貿易年報』、168 頁。
② 日本外務省通商局編『在沙市帝国領事館管轄区域内事情』、29 頁。
③ 《农商务大臣山本达雄、大藏大臣高桥是清致总理大臣原敬》（1920 年 11 月 4 日），類01366100。
④ 中日実業株式会社調査室編『支那裕繁公司借款ニ関スル沿革』、11—12 頁。

大量进口铁矿石，由此到 1922 年以后，日本从大冶、桃冲两地进口铁矿石的总量年年大大超过 1920 年及以前的任何年份（见表 7-12）。

**表 7-12　1920—1925 年日本八幡制铁所输入铁矿石情况**

单位：千吨

| 年份 | 日本国内 | 朝鲜 | 中国 | （中国大冶） | （中国桃冲） | 马来 | 合计 |
|------|---------|------|------|-------------|-------------|------|------|
| 1920 | 1 | 235 | 515 | 363 | — | 10 | 760 |
| 1921 | 0 | 187 | 481 | 250 | 107 | 137 | 805 |
| 1922 | — | 91 | 575 | 274 | 230 | 169 | 835 |
| 1923 | — | 94 | 607 | 293 | 304 | 156 | 856 |
| 1924 | 3 | 99 | 682 | 254 | 349 | 256 | 1040 |
| 1925 | — | 116 | 646 | 239 | 301 | 267 | 1028 |

资料来源：奈倉文二『日本鉄鋼業史の研究』之表Ⅰ-Ⅰ-2、近藤出版社、1984、18 頁。

日本从长江流域获取铁矿石的来源，还有安徽太平铁矿[①]、大冶附近并不属于汉冶萍公司的象鼻山赤铁矿。[②] 此外，受日本控制的汉阳铁厂、六河沟公司所产生铁，也主要运往日本，其价格也被日方操纵（见表 7-13）。

**表 7-13　1921—1923 年汉口输出生铁的去向及数量**

单位：担，%

| 年份 | 对日本出口量 | 对本国其他地方输出量 | 输出总量 | 对日本出口量在输出总量中占比 |
|------|-------------|---------------------|---------|----------------------------|
| 1921 | 1226324 | 570527 | 1796851 | 68.2 |
| 1922 | 1873886 | 711214 | 2585100 | 72.5 |
| 1923 | 1326360 | 1418870 | 2745230 | 48.3 |

资料来源：漢口日本商業会議所編『十二年度漢口貿易年報』、176—177 頁。

在棉铁资源之外，日本在一战后数年内，还按自身需要，从长江流域进口其他货物，主要有出自汉口、九江、重庆的麻，出自汉口的牛皮、羊皮、

---

① 在芜湖的日本中日实业株式会社森恪事务所及东亚通商株式会社派出机构，都收购太平铁矿的矿石。见『在支本邦人企業並貿易調ニ関スル件』（1922 年 5 月 26 日驻南京领事深泽暹致外务大臣内田康哉）、B-3-4-6-5 之 1-006。

② 漢口日本商業会議所編『十二年度漢口貿易年報』、176 頁。

猪鬃、牛骨、蛋类、油漆、桐油、石膏、桐材、树脂、各种油脂与植物油渣饼、药材，出自汉口、沙市、宜昌、长沙、岳阳的杂谷豆类，出自九江的樟脑，分别从长沙与汉口输出的锑、铅、锌、锰等金属及棕榈，从杭州、苏州及芜湖出口的菜籽等。

**3. 扩大以棉纺织业为主的工矿业投资**

一战结束后，日本在长江流域的航运与贸易，因英美列强重现强势，而不得不从此前几年的位置上有所后退，但在工矿业投资方面，却没有减弱势头。特别是在当时作为中国轻工业主干的机器棉纺织业中，还进一步增加投资、扩大规模（见表7-14）。[①]

表7-14　1920—1925年在长江流域新增日资纱厂及其设备数量

| 年份 | 厂名 | 地点 | 新增厂数（家） | 纱锭数（枚） | 织机数（台） |
|---|---|---|---|---|---|
| 1920 | 丰田纱厂 | 上海 | 1 | 60768 | 400 |
| 1921 | 大康纱厂 | 上海 | 1 | 58080 | — |
| | 东华纱厂 | 上海 | 3 | 45440 | |
| 1922 | 公大纱厂 | 上海 | 1 | 42352 | |
| 1923 | 同兴纱厂 | 上海 | 2 | 69600 | 952 |
| | 裕丰纱厂 | 上海 | 1 | 45600 | |
| 1925 | 泰安纱厂[1] | 汉口 | 1 | 20336 | |

注：[1] 日信洋行1923年开始在汉口宗关兴建泰安纱厂，其时曾遭当地纺织界抗议，北京政府外交部对外人在租界外购地也有"按约力争"之命，并派交涉员向日本驻汉口总领事林久治郎提出停建。但日方称在通商口岸设厂、在租界外购地都是日本的"权利"，予以拒绝。北京政府外交部与日本驻华公使也为此事有过交涉，但泰安纱厂仍建成投产。参见《驻华公使芳泽谦吉致外务大臣币原喜重郎》（1924年12月6日）、『漢口泰安紡績工場ニ関スル件』（1925年2月4日驻华公使芳泽谦吉致外务大臣币原喜重郎），B-3-5-4-115。

资料来源：高村直助『近代日本綿業と中国』、119頁。关于泰安纱厂投产时的纱锭数，见『大阪市役所商工課貿易調査報告』（1924年11月13日）、B-3-5-4-115。

---

① 关于一战后日本棉纺织资本大举对华输出（包括在上海、山东与辽宁等地增开纺织厂）的情况，日本学者高村直助所著『近代日本綿業と中国』有具体说明及对原因的多方面分析。他认为，日本棉纺织资本在一战中大为膨胀；中国纺纱业在一战中加快发展，劳动力成本比日本低廉很多，又提高了棉纺织品进口关税，使日本国内所产机纺纱在华失去竞争优势，再加上当时中国民众抵制日货尚未将在华日厂产品作为抵制对象，促使日本棉纺织资本为追逐更大利润而扩大在华投资。

在上述几年中，日本在华持续增加的对机器棉纺织业的投资，除了在青岛增开 1 家纱厂外，都是面向长江流域，由此使日本在华机器棉纺织企业相对于当时中外所有同类企业强化了霸主地位。试看表 7-15：

**表 7-15　1925 年秋上海的中外纱厂产能对比**

| | 上海总体 | 日资纱厂 | 英资纱厂 | 中资纱厂 |
|---|---|---|---|---|
| 厂数（家） | 56 | 32 | 4 | 20 |
| 纱锭（枚） | 1751386 | 939428 | 205320 | 606638 |
| 密尔纱锭（枚） | 96119 | 58744 | — | 37375 |
| 织布机（台） | 13774 | 5836 | 2348 | 5590 |
| 消耗棉花数量（担） | 4213700 | 2358575 | 390000 | 1465125 |
| 所产棉纱（千磅） | 375197 | 185777 | 33820 | 155600 |
| 所织棉布 | 未详 | | | |

资料来源：南满洲鉄道株式会社经济调查会编『长江流域ニ於ける日本の经济的地位』、117 页。据该报告第 123—124 页所列数字，在这一时间，汉口唯一的中资纱厂申新第四纱厂的纱锭数为 15000 枚，远不及泰安纱厂的 20336 枚。

除了机器棉纺织业，日本在长江流域（以上海为主）投资的其他工矿业，这一时期在中国各区域中仍很突出。1923 年 7 月，日本驻上海总领事报告称，该地从 1920 年后新开了很多日资工厂，反映日本"产业界取得异常膨胀发展"，这些日资工厂涉及制铁、灯泡、电机制造、玻璃、油脂、榨油、面粉、针织、制罐、火柴、烟草、樟脑、纺织用品、皮革、硫酸、酿造、制冰，此外还有日商从事铁矿开采、发电、印刷。[①] 在这些年里，在长江流域，汉口、汉阳的日资企业数量仅次于上海，日商除经营航运、贸易、金融外，还涉足电气、制油、轧花、制冰、土建等业，日华制油公司的工厂颇具规模。[②] 在南京，有日商松永与三郎从 1915 年就开办的共益玻璃厂。在镇江，有日商 1920 年开设的燧生火柴有限公司的分厂。[③] 在苏州，东亚

① 『在支本邦人企业及贸易调ニ关スル件』（1923 年 7 月 5 日驻上海总领事船津辰一郎致外务大臣内田康哉）、B-3-4-6-5 之 1-009。

② 『支那ニ於ケル本邦人ノ企业並贸易调ニ关スル件』（1924 年 6 月 18 日驻汉口总领事林久治郎致外务大臣币原喜重郎）、B-3-4-6-5 之 1-008。

③ 『在支本邦人企业並贸易调ニ关スル件』（1922 年 5 月 26 日驻南京领事深泽暹致外务大臣内田康哉）、B-3-4-6-5 之 1-006。

兴业株式会社与华商祝兰舫等合办苏州振兴电灯股份有限公司，还有日商开办桥本商行纽扣厂、火柴胶厂。① 在江西，大仓组河野久太郎手下冈田有民出面，与张一鹏为开采乐平县锰矿而合办"大记矿业公司"；日商青谷耕三为开采和销售乐平县煤矿，与华商合办"永和煤矿公司"。② 在长沙，日商西山义成、青木太郎接过先前日本三合洋行所开长江玻璃公司，继续经营，制作玻璃板。此外，日本东亚通商株式会社在长沙的派出机构，因"裕甡公司专门开采锰这一特种矿，不仅在湖南衡阳、郴州、攸县有矿区，而且在江西、广东、广西有矿区"，受日本若松制铁所及大阪、东京的钢铁厂之托，通过融资染指裕甡锰矿公司的开采。日本大同洋行在长沙以土法提炼锌矿。日商原口公司继三井洋行之后，介入富有公司开采湘潭谭家山矿。③ 在重庆，从事火柴制作的有邻公司、又新丝厂继续开办，只因日商越来越难控制，而在 1922 年另行与华商合资开办大新铁厂，从事机器类修造。④ 在成都，1920 年，日商中村万好开厂制作柳条包。⑤

在经历了五四运动之后，日本对长江流域地方政权及企业等贷款不似以往那样频繁和广泛，而主要对以往贷出而没有按期收回本息的款项进行整理，或将一些企业的对日债务转为新的贷款。但还须注意的是，在北伐战争前的几年里，日本为获取铁矿石资源、控制南浔铁路，仍与以往一样贷款。

如前文所述，日本将安徽桃冲铁矿作为所需铁矿石新的来源，采用与控制汉冶萍公司同样的方法，将财政经费贷给该矿，以锁定其铁矿石的供应量

---

① 『在支本邦人企業並貿易調ニ関スル件』（1922 年 3 月 7 日驻苏州代理领事樽送宇平治致外务大臣内田康哉）、B-3-4-6-5 之 1-005；『在蘇州本邦人企業及貿易調ニ関スル件』（1923 年 6 月 21 日驻苏州代理领事藤村俊房致外务大臣内田康哉）、B-3-4-6-5 之 1-008。

② 『在支本邦人企業並貿易調ニ関スル件』（1922 年 5 月 8 日驻九江领事相原库五郎致外务大臣内田康哉）、B-3-4-6-5 之 1-004。

③ 『在支本邦人企業並ニ貿易調ニ関スル件』（1922 年 4 月 21 日驻长沙领事池永林一致外务大臣内田康哉）、B-3-4-6-5 之 1-005。

④ 『在支本邦人企業並貿易調ニ関スル件』（1922 年 4 月 4 日驻重庆领事阪东末三致外务大臣内田康哉）、B-3-4-6-5 之 1-005；『支那ニ於ケル本邦人ノ企業並貿易調ニ関スル件』（1924 年 7 月 14 日驻重庆代理领事贵布根康吉致外务大臣币原喜重郎）、B-3-4-6-5 之 1-008。

⑤ 『在支本邦人企業並ニ貿易調ニ関する件』（1921 年 8 月 20 日驻成都代理总领事白原喜一郎致外务大臣内田康哉）、B-3-4-6-5 之 1-002。

与价格。1920 年 12 月，日本大藏省预金部拨款 150 万日元，通过横滨正金银行付给中日实业株式会社，由后者与裕繁公司订立借款合同，规定年息 7.5%，期限 15 年（1923 年 2 月又改为 17 年），以对八幡制铁所出售铁矿石价款还贷，价款预存于横滨正金银行作为担保，中日实业株式会社对裕繁公司实行各种监督。1923 年 1 月，日本政府又批准对裕繁公司再次贷款，按与以往同样条件，由大藏省预金部再拨 325 万日元，用于裕繁公司整理债务，年息 6%，期限 17 年。① 此外，在 1923 年 12 月，裕繁公司还向日本神户冈崎银行借款 40 万日元（期限 2 年）。②

　　江西南浔铁路在日本看来，"对我利权在长江流域的消长有很大干系"，其政府"一贯注目于该线，期排他而与我方联结在一起"。③ 而南浔铁路公司则因经营状况不佳，苦于资金不足，仍求贷于日本，为日本继续控制该铁路造成了有利时机。1921 年 12 月，南浔铁路公司拟向日本东亚兴业株式会社再借巨款，消息传出，江西省议会举行紧急大会，"对于此种亡路亡省举动，誓不承认"，"议决，分电北京政府，并咨请军民两长，阻止"；④ 江西省农会、江西教育会、江西学生联合会、江西女界联合会、九江自治协进会、在九江股东联合会等团体也群起反对；⑤ "京沪赣同乡迭电反对"。⑥ 日本十分了解这些情况，但毫不改变控制南浔铁路的图谋，而由曾长期在长江流域活动的白岩龙平、橘三郎代表东亚兴业株式会社，与南浔铁路公司总理蔡儒楷进行绝密交涉，于 1922 年 5 月 16 日订立借款合同，⑦ 规定向日方借款 250 万日元，用以偿还对日方的"宿欠"和"改良路事"，年息 7.5%，期限 15 年，以南浔铁路公司全部财产及营业收入、路股及保息抵押；此前

---

① 日本大藏省『漢冶萍公司及裕繁公司ニ対スル本邦貸付金一覧表』、平 15 財務 00733100；中日実業株式会社調査室編『支那裕繁公司借款ニ関スル沿革』、12—13 頁。

② 中日実業株式会社調査室編『支那裕繁公司借款ニ関スル沿革』、25 頁。

③ 日本外務省『南潯鉄道問題経過概要』（井上书记生 1925 年 4 月 28 日记）、F-1-9-2-16 之 015。

④ 《赣议会反对浔路再借日款》，《申报》1921 年 12 月 7 日，第 3 张第 12 版。

⑤ 『南潯鉄路公司対東亜興業会社借款反対ノ状況ト蔡総理ノ鉄路改革意見ニ関スル件』（1921 年 12 月 22 日驻九江领事相原库五郎致外务大臣内田康哉）、F-1-9-2-16 之 014。

⑥ 《蔡儒楷回赣后之浔路谈》，《申报》1921 年 12 月 27 日，第 2 张第 7 版。

⑦ 『大正十一年五月十九日在九江相原領事来電』、F-1-9-2-16 之 014。

该公司未还之借款本息延期 5 年偿还；该公司每年直接、间接收入保息专供此项债款利息，不得另作他用；南浔铁路公司委用日方推荐的会计顾问一人、工程顾问一人，"随时稽查款项用途"。① 这项贷款，又是日本财政经费，由大藏省预金部拨出，经由兴业银行贷给订立合同的东亚兴业株式会社。②

在上述贷款外，1921 年 4 月，还有东亚兴业株式会社对四川井富轻便铁路公司追加贷款 10 万日元之事。该公司在 1918 年 3 月、8 月先后向东亚兴业株式会社借款共计 15 万日元，分别作为获得北京政府批准的运动费与筑路准备费。1921 年 1 月 24 日，交通部向公司发给执照，同时明言禁止"私招外股或借外资"。③ 在此状况下，日、英、美、法势力不顾四川抵制外资的舆论，仍都试图染指井富铁路。④ 东亚兴业株式会社利用已有的贷款关系，迅速对该公司再贷 10 万日元，与之订立"特别借款合同"，规定将311198.47 日元作为该公司创立准备金，其中 208341.76 日元的年息为10%，102856.71 日元的年息为 12%，以该公司全部私有财产担保；此外还由东亚兴业株式会社"代购材料、承包工程"。⑤

同是在 1921 年，曾一再向日本求贷的汉口扬子机器公司，又因资金困难，在舆论一片抨击声中于 6 月 29 日与长崎船渠会社订立了借款 200 万日元的合同，规定利率随市场行情而定，期限 20 年，以该公司所有财产及以后新增财产抵押，由日方向该公司推荐技术人员，该公司按规定价格将所余生铁全部出售给长崎船渠会社，后者按规定价格提供该公司所需的与欧美制品同样的钢材。⑥

---

① 『南潯鉄路公司続借款成立及前借款整理ニ関スル件』（1922 年 5 月 18 日驻九江领事相原库五郎致外务大臣内田康哉）、F-1-9-2-16 之 014。

② 《大藏次官西野元致外务次官埴原正直》（1922 年 6 月 20 日），F-1-9-2-16 之 014。

③ 《东亚兴业株式会社内田胜司致外务省事务官冈部》（1921 年 3 月 4 日）所附《民业铁路立案执照》，1-7-3-37 之 002。

④ 《华中派遣队司令官致参谋总长电》（1922 年 1 月 14 日），1-7-3-37 之 002。

⑤ 『井富鉄道特別借款ノ件』（1923 年 1 月 11 日东亚兴业株式会社致外务省亚洲局课长冈部）所附「井富鉄道借款交渉経過概要」「特別借款契約書」、1-7-3-37 之 002。

⑥ 『川崎船渠会社卜揚子機器公司卜ノ借款契約書』英文本、『漢口揚子機器公司二百万圓借款調印ニ関スル件』（1922 年 3 月 13 日川崎造船所职员冈田晋太郎在日本外务省与渡边官补谈话要点）、1-7-1-5 之 16-001。

在北伐战争前的数年间，日本的东洋拓殖株式会社为在江苏获得栽培棉花的土地，分别对阜宁、东台两地垦殖企业贷款，也是值得注意的动向。

1921 年，该会社计划在"中国第一棉产地"江苏栽培棉花，为此抓住该区域的垦殖企业缺乏资金的困难，用自身的资金与技术开路，获得机会。这年 8 月，殷汝耕邀集一些人，拟在阜宁开办新农垦殖公司，开垦 6 万亩荒地种植棉花。殷为此赴日求贷，东亚兴业株式会社的白岩龙平表示与日方合办"最妙"，然殷对舆论有所顾忌。[①] 东洋拓殖株式会社总裁石塚英藏认为此事"相当有利"，提出对该公司表面贷款，实则入股。这年 9 月 22 日，该社与殷汝耕订立合同，贷款 55 万元，分别作为新农垦殖公司的企业资金、收购土地资金，以该公司全部财产及其产品、股票担保，年息 10%，期限 15 年，该公司损益由借贷双方按出资比例共担共享，该公司任用日方推荐的顾问与技师等。[②] 截至 1924 年底，东洋拓殖株式会社对该公司投入资金 421196 日元。[③]

1922 年，张謇要"在海州、南通间开垦及治水"，因缺乏资金而派陈仪等向日本求贷。[④] 东洋拓殖株式会社欲援新农垦殖公司之例，借机开办名为中国法人而实为中日合办的裕华垦殖公司，买下东台大丰盐垦公司所有但尚未开垦的 27.4 万亩土地，栽培棉花。[⑤] 为此，在 1922 年 7 月 25 日与陈仪等订立合同，规定日方贷给裕华垦殖公司 70 万上海通用银元，以充部分股金，年息 10%，期限 5 年，以该公司 168 万元股票为抵押。[⑥] 到 1923 年 3 月，东

---

① 『江西（蘇）省綿花栽培事業ニ関スル件』（1921 年 9 月 27 日外务大臣内田康哉致驻华公使小幡酉吉、驻上海总领事山崎馨一）所附「江北綿作地計画ニ関スル件」，1-7-7-16。

② 『江蘇省棉花栽培事業之件』（1921 年 12 月 10 日东洋拓殖株式会社总裁石塚英藏致拓殖局长官川村竹治）及所附 9 月 22 日由川上常郎与殷汝耕订立的合同，1-7-7-16。

③ 東亜研究所『日本の対支投資——第一調査委員会報告書』、850 頁。

④ 参见刘传吉《陈仪与张謇关系考略》，《档案与建设》2017 年第 1 期。

⑤ 『裕華墾植公司ニ関スル事業報告之件』（1922 年 2 月 2 日东洋拓殖株式会社总裁石塚英藏致外务省通商局长田中都吉）、『江蘇省東台県ニ於ケル棉花事業ノ件』（1922 年 6 月 29 日东洋拓殖株式会社总裁石塚英藏致外务省亚洲局长芳泽谦吉、通商局长田中都吉）、1-7-1-5 之 16-004。

⑥ 《东洋拓殖株式会社金融课长致外务省亚洲局书记官冈部》（1922 年 9 月 2 日）所附 1922 年 7 月 25 日由日本驻上海总领事船津辰一郎认证的借款合同，1-7-1-5 之 16-004。

洋拓殖株式会社指该公司发起人在使用股金收购土地过程中作弊，迫使后者于 15 日订立合同，将其认定的不当获利 30 万元转为日方贷款，规定年息 8%，期限 5 年，以该公司 2400 股股份为抵押。[①] 此后，裕华垦殖公司的土地便被东洋拓殖株式会社渗入。[②]

从上述可见，在北伐战争之前的数年中，日本在长江流域，航运范围扩大到川江；贸易地位相对英美虽有所降低，但其棉纺织品、砂糖、杂货等工业品的市场仍在扩大，对重要战略物资棉花、铁矿石的控制与获取也没有间断；在机器棉纺织业中，日本的优势进一步强化，所涉足的工矿业也很广泛，且仍通过贷款牢牢控制汉冶萍公司、桃冲铁矿、南浔铁路这些重要矿路，还有其他通过贷款方式扩张经济势力的表现。这些情况都证明，这一时期日本对长江流域的经济扩张还在深化，即使相对于英美，也绝非无足轻重的势力。

### （四）在长江流域的日本陆海军动向

#### 1. 日本陆军派遣队从汉口撤回本国

1922 年 5 月 6 日，日本内阁作出从汉口撤出日军派遣队的决定。[③] 从 7 月 2 日起，已非法驻扎十年半的这支派遣队的主体及其善后人员先后撤出汉口回国，其所设无线电台也由日军拆除。[④] 此事的由来，涉及中国民众的反

---

① 『東拓対裕華墾植公司借款契約書認証ニ関スル件』（1923 年 4 月 4 日东洋拓殖会社职员安东义乔与外务省事务官栗原谈话记录）、『借款契約認証ニ付御願』（1923 年 3 月 19 日东洋拓殖株式会社驻上海职员安东义乔致驻上海总领事船津辰一郎）所附借款合同，1-7-1-5 之 16-004。

② 1926 年 1 月，日本外务省亚洲局第一课课长称，东洋拓殖株式会社的"事业"中，"唯有这一事业是步步见效的"。见 『裕華墾植公司ノ件ニ関スル宮地貫道来談要旨』（1926 年 1 月 29 日）、1-7-1-5 之 16-004。1939 年 4 月，该会社副总裁对拓务省称，裕华垦殖公司农场是该会社以栽培棉花为目的、作为"特种事业"投资的对象，而该社上海支店长则称中日全面战争爆发后该农场"受到严重压迫"，希望日军尽快"讨伐"。见 『裕華農場地方情報ニ関スル件』（1939 年 4 月 11 日东洋拓殖株式会社副总裁池边龙一致拓务省殖产局长植场铁三）及所附 『裕華農場地方情報ニ関スル件』（1939 年 3 月 25 日东洋拓殖株式会社上海支店长致总裁安川雄之助）、E103、日本外务省外交史料馆藏。

③ 『漢口駐屯軍撤退声明要旨案』（大正十一年五月六日阁議决定）、B-Z-1-3-0-01-005。

④ 《收湖北交涉员（陈介）呈》（1922 年 6 月 27 日）、《发湖北督军（萧耀南）、省长（刘承恩）函》（1922 年 7 月 5 日），《中日关系史料——军事外交交涉》，第 285—286 页。

抗与政府相关外交、华盛顿会议对日本的压力、日本迫于形势而调整对华姿态等因素。

如前文所述，日军派遣队驻扎汉口期间，中国民众反抗日本侵华的浪潮日益高涨，尤其是 1915 年反抗日本对华强加"二十一条"的运动和 1919 年的五四运动，都将整个长江流域席卷进去。在此过程中，日军派遣队日益成为广大民众直接反抗的对象：武汉各界一直强烈反对日军在汉口修建军营。1919 年 12 月 16 日，武汉民众 2.7 万多人在汉口爱国公园举行国民大会，愤怒抨击日本侵华，一致通过了包括"汉口不许驻日本兵"在内的口号。① 这表明民众对日军派遣队的反抗达到了高潮。民众的反抗推动中国政府从 1913 年 12 月起多次与日本交涉，促其撤出在汉口的派遣队，并一再对国际社会发出呼声，在巴黎和会、华盛顿会议上反复要求从中国撤出包括驻汉口的日军派遣队在内的外国军队。

在国际上，从第一次世界大战结束之后，美英与日本在华的矛盾逐渐上升，以此为背景，加上中国政府的反复呼吁，1922 年 1 月，华盛顿会议的远东问题委员会通过了《关于撤出外国驻华军队的决议》，拟针对无条约依据驻华的外国军队组成"共同调查委员会"，而在汉口的日军派遣队自然就会成为"共同调查"的对象。就此而言，客观上对中国有利，而对日本则形成了压力。②

面对这种状况，日本政府不得不考虑略为调整对华姿态，而撤出没有任何条约依据驻扎汉口的日军派遣队，则从 1917 年寺内内阁当政时开始酝酿。但日本政府久拖不决，直到 1922 年 1 月华盛顿会议的远东问题委员会作出上述决议之后，为了避免由此受到美英牵制，才将从汉口撤

---

① 《驻汉口总领事濑川浅之进给外务大臣的报告》（1919 年 12 月 17 日），B-3-3-8-5-1-006。
② 关于中国政府相关外交的具体过程，以及巴黎和会、华盛顿会议涉及驻汉口的日军派遣队的议论、决议等，可参考樱井良树「近代日中関係の担い手に関する研究（中清派遣隊）——漢口駐屯の日本陸軍派遣隊と国際政治」『（麗沢大学）経済社会総合研究センター Working Paper』No. 29、2008 年。

军提上日程。①

　　再就日军派遣队来说，其侵入并长驻汉口虽有很深的战略意图，但由于种种原因，在它附近没有大股日本陆军与之呼应、充当后援，而在长江上的日本海军又一贯不让其涉足自身的地盘。所以，无论日本陆军如何打算，兵力一般为600多人、机动能力相对不足的派遣队，在对武汉保持威胁、竭力从事谍报活动外，一直无法实现进一步扩大陆军在长江流域地盘的目的。随着该派遣队日益成为中外众矢之的，日本政府迫于形势需要调整对华姿态，日本陆军权衡得失，只好同意将其派遣队撤出汉口。

　　即便如此，若从汉口撤出派遣队导致日本压迫长江流域的军力受到削弱，那也是日本绝不会接受的。必须看到，当时日本在长江上的海军实力增强，是其从汉口撤出陆军派遣队的一个重要前提。1918年8月，日本海军"第三舰队"组成了"遣支舰队"，令其"主要承担长江流域之警备任务"。② 而1919年6月1日日本海军省对外提供的《舰队编制表》又显示，"遣支舰队"与第一、第二、第三舰队并列，由11艘军舰组成（后在7月改称"第一遣外舰队"）。③ 这表明，日本海军在长江流域的实力大为增强，能在日军派遣队撤出汉口之后，迅速填补其空缺。1922年9月25日，日本海军次官致函外务次官，声称"华中派遣队撤退的结果，使警备舰在该方面的行动变得繁多"，因此海军方面必须占有原属派遣队的军营。④ 1923年8月29日，日本海军省正式通知"第一遣外舰队"司令官：在汉口，"以原

---

①　关于日本从汉口撤出派遣队的举措从酝酿到作出决定的过程，也可参见樱井良树「近代日中関係の担い手に関する研究（中清派遣隊）——漢口駐屯の日本陸軍派遣隊と国際政治」『（麗沢大学）経済社会総合研究センター Working Paper』No. 29、2008年。该文强调日本从汉口撤出派遣队与华盛顿会议相关，但又认为，当时"在某种意义上是日本破坏以中国作为牺牲的体制"，"或许是由于有这样的侧面，陆军也同意了率先撤出驻屯军"。可是该文提及的日本陆军方面对撤军的表态说得很明白："与其根据华盛顿会议的决议，有了列强共同调查的结果之后被强制撤兵，不如进而以尽快自主撤兵更为有利。"可见，日本最终决定从汉口撤军，是为了避免受到列强牵制，而与"破坏以中国作为牺牲的体制"无涉。

②　『警備任務ニ関スル件』（1918年8月17日）、日独戦書-T3-194-651。

③　此表见『英国大使館付海軍武官往復文書』（大正八年）、海軍省-武往文-T-12-34；《军务局长致遣支舰队司令官》（1919年7月26日），日独戦書-T3-194-651。

④　『旧中支那派遣隊所属土地建物ニ関スル件』（1922年9月25日）、海軍省-公文備考-S6-128-4230。

华中派遣队土地建筑作为海军集会所"。① 1924 年 2 月 15 日，海军省又宣布：在汉口的海军集会所"由佐世保镇守府管辖，供第一遣外舰队使用"。②至此，"第一遣外舰队"便完全成为汉口日本军营的新"主人"。

还须指出的是，日本陆军从汉口撤出派遣队，绝不意味着其放弃最终打进中国中部地区的图谋。因为就在其后不久，即 1923 年 2 月、3 月，日本驻华公使馆武官林弥三吉又"奉命到华中旅行"，进行所谓"考察"，其目的是确认"武汉地方在兵略上的价值"、"对通往武汉的京汉线与长江水路做比较研究"等。他在向参谋总长、陆军大臣和在天津的日本驻屯军司令官所呈报告中声称，日军在对华战争中攻占武汉很有必要，因为武汉"政治经济价值之大毋庸唤唤，在兵略上的价值也不可轻视"，"是制长江一带特别是其上游的唯一无二的重镇，一旦将其扼守，则两湖及四川、贵州各省所拥有的众多军队不能进出中原，且这些省份特别是湖南的矿产及四川的农产品自可设法收入我手，对作战大有利便"；但如果武汉掌握于敌手，"武汉地方的给养力、该地四周的武力，不单足以形成一个敌国，而且敌军主力一旦逃避到该地方，据其形胜，就不易使中国屈服，而我军由此所受不利影响将不胜枚举"。所以，"将该地方攻占，使中国断绝反抗日军之念，早出结果，十分重要"，"攻占武汉有必然的意义"，"我军须预先做好计划"。关于日军进攻武汉可采取的路径，林弥三吉列出了溯江而上、沿京汉铁路南下两种选择，称溯江而上有船运之利，"运送数个师团及而后的补给之类，极为容易"，"但在不同的季节，水量变化很大，水底也会变形而不定"，"水道容易被敌闭塞……排除作业极为困难"，沿岸陆路交通在雨季会近乎断绝；"长江沿岸，在吴淞、汉口之间有八个要塞"，"在各要地的敌野战军会进行相当的抵抗"。因此，以日军现有装备，不适合进行溯江作战，且在地形上也会受到极大限制。但对于日军宿营、休养及军需补给等来说，沿江地区是"中国第一富裕地方，因而会得到很大便利"。而京汉铁路，除了黄河铁桥几乎别无很大的人工设施，即使遭敌破坏也很容易修复，较之于中东铁

① 『海軍集会所ノ件』（1923 年 8 月 29 日）、海軍省-公文備考-S6-128-4230。
② 『海軍集会所ノ件』（1924 年 2 月 15 日）、海軍省-公文備考-S6-128-4230。

路及山东铁路，极有利于作战，铁路沿线道路也便于大军运用，故应以在华北作战或打入河南的日军主力沿京汉铁路南下，而以长江方面的作战来配合。① 此外，日本参谋本部对长江流域其他地方，也继续派间谍侦察、搜集情报，并先后据以编纂了《江苏省兵要地志》（1923 年 8 月）、《湖南省兵要地志》（1924 年 2 月）、《安徽省兵要地志》（1925 年 1 月）、《江西省兵要地志》（1925 年 7 月）。②

　　明了日军派遣队撤出汉口前后的上述情况，可得出结论：当时日本尽管迫于形势而调整对华姿态，但其内阁在从汉口撤军决议中用以粉饰其动机的所谓"尊重中国之独立与主权，期待其国力之自由向上发展"，③ 只能以相反的事实来作注脚。

**2. 日本海军日趋暴虐，非法取得陆上设施**

　　一战以后的长江流域，一方面，民众反帝浪潮此起彼伏；另一方面，军阀之间的战争也没有止息。而日本既不放松扩展和增强其经济势力，又主要依靠在长江干支流实行所谓"警备"的"第一遣外舰队"维护既得权益。充当这种角色的日本海军，在激荡的环境下日趋暴虐。

　　1920 年 6 月上中旬，谭延闿所部湘军趁吴佩孚率军北上之机进攻衡阳、长沙，"伏见"号等 3 艘日舰开到长沙江面实行"警备"，与谭部发生对抗，"伏见"号开火，造成谭部伤亡。此即所谓"长沙事件"。④ 1921 年 8 月 27 日，"第一遣外舰队"司令官抱怨"炮舰不足"，"除了重庆之外，宜昌、沙市、常德、长沙（这些地方的侨民都要求派遣军舰）、岳阳（为了以无线电台联络）也各需一艘，汉口则需两艘（保护商船），共计八艘，此外九江也有此愿望"。他还叫嚣要对不利于日本军舰、商船的南方军队"予以痛击"，

---

① 林弥三吉『中支那地方旅行报告』（1923 年 3 月 20 日）、陆军省-密大日记-T12-5-11。

② 参见『秘密书类ニ関スル件』（参谋本部庶务课长牛岛贞雄致陆军省副官中村孝太郎）、陆军省-密大日记-T14-4-9。日军在 1938 年大举进犯长江流域时，还有『湖北省兵要地誌概説』（支那-兵要地誌-71、日本防衛研究所蔵）下发，该书共 7 章，分别是用兵观察，地形一般概况，宿营、给养，森林，输送力，通信，气象、卫生，此外还附有湖北省民特性，显然是以长期搜集的各种资料为基础编纂的。

③ 『漢口駐屯軍撤退声明要旨案』（大正十一年五月六日閣議決定）、B-Z-1-3-0-01-005。

④ 『湖南事件（主トシテ海軍関係事項）』、日独戦書-T3-194-651。

哪怕由此"惹出极大麻烦""引发冲突"也要出手。① 10 月下旬，该舰队侦知在广东的孙中山有北伐动向，便立即制定以武力对抗的预案，准备在长沙、宜昌、沙市、城陵矶、汉口、九江、芜湖、南京加强日舰"警备"，必要时向长沙派遣陆战队，如北伐军打到苏、皖，则进一步增大"警备兵力"。日本海军省收到报告后，也准备作相关部署。②

1923 年 3 月旅大租借期满后，日本拒不将其归还中国，激发中国民众的反抗运动。日舰在 5 月中旬和 6 月初，先后在沙市和长沙打伤、打死抵制日货的民众。事后，民众抗议风暴猛烈，日本的贸易航运也遭到痛击。但日方完全无视中方的强烈谴责和正当要求，加紧向长江增派军舰，③ 并为维持日船航运贸易，开始派武装水兵护航。8 月 21 日，"第一遣外舰队"司令官小林研藏要求仿效英国海军，赋予其权限，对在宜昌与重庆之间航行的日船加以武装。还未得到正式批准，他就向从宜昌开往涪州的日清汽船株式会社的"云阳丸"与"德阳丸"分别派驻武装水兵 12 人，并将 8 名水兵组成的机枪队派到从汉口开往湘潭的日船上护航。对此，日本驻长沙、重庆、汉口领事也都表示赞成。"德阳丸"在 10 月 16 日与熊克武的军队交火，打死打伤 50 余人。④

1924 年 9 月初，直系齐燮元与皖系卢永祥打起了"江浙战争"。英美和日本虽然分别在双方背后操纵，但又要阻止战火烧到上海而危及自身利益，故宣称实行"黄浦江中立"，于 9 月 1 日决定各派由 400 人组成的陆战队到上海，

---

① 『海令機密第二○三号』附件（1921 年 8 月 27 日）、日独戦書-T3-194-651。

② 「第一遣外艦隊機密第一○八号」（1921 年 10 月 28 日）、『軍務機密第六○一号』（1921 年 11 月 26 日）、日独戦書-T3-194-651。

③ 关于中日围绕"六一惨案"的交涉，顾维钧在 1932 年 6 月 26 日递交给李顿调查团的《关于日本违约及其侵夺中国主权二十七类案件之说帖》中称：中国外交部长根据湖南省政府报告，于 6 月 5 日向日本公使提出抗议，并派参事赴长沙查讯，令驻日公使以惩凶、抚恤伤亡者、日方道歉、保证不再发生同类事件与日本政府交涉。但日方坚称水兵所为是"自卫之举"，使"此案迄未终结"。参见中国第二历史档案馆编《中华民国史档案资料汇编》第 5 辑第 1 编《外交》（2），江苏古籍出版社，1994，第 815—816 页。

④ 日本外务省亜細亜局編『最近支那関係諸問題摘要』第 3 巻（第四十八議会用）之『四「宜陽丸」事件』『五 「德陽丸」事件』『六 揚子江航行商船武装問題』、B-1-5-2-043；『支那南北軍衝突ニヨル邦人被害雑件 艦船ノ部』第 3 巻、B-5-3-2-144 之 2-003。关于 10 月 16 日"德阳丸"在重庆与熊克武部的交战，《申报》1923 年 10 月 22 日第 4 版所载"汉口电·外讯"也有大致相同的报道。

与外国商团一同守护公共租界及其附近，并将杨树浦、北四川路、公共租界西面、法租界分别作为美、日、英、法陆战队的防区。日本驻上海总领事矢田七太郎 3 日称，辛亥革命及"二次革命"时，"上海颇极骚扰，并时有败兵窜入租界情事"，"此次战事，危险不减昔时，亦应设法严防"。① "第一遣外舰队"司令官野村吉三郎也表示："考虑到与各国的均衡及海军对我国两万数千名侨民所应采取的态度，认为准备增派一艘巡洋舰、让三百到四百陆战队上岸是有利的。"② 9 月 5 日，日本内阁称：令陆战队在上海、南京"上陆准备一切，以防万一"。③ 日本海军省则于 9 月 3 日、10 日分别派由 200 人、150 人组成的"特别陆战队"开往上海。④ 9 月 18 日，在上海已有"特别陆战队三百人和'利根'号、'对马'号、'比良'号共百人"；此外，"还让'利根'号、'对马'号准备一个小队，计约百人，以备随时派出"。⑤ 可见，日本实际集结于上海的陆战队，已经超出了与列强商定的人数。较之以往，日本陆战队此次行动的范围也明显扩大，除了防卫北四川路外，还有其他保护对象（包括东亚同文书院、中华皮革厂、丰田纱厂等），且以设于公共租界内的"海军集会所"为主要宿营地。⑥ 1924 年 12 月底至 1925 年 1 月中旬，直系军队先后在南京、上海发生内讧，而日舰"利根"号、"伏见"号的陆战队也在两地上岸。⑦ 1 月 17—20 日，直、奉军队在镇江交战，

---

① 《外侨预备保护治安》，《申报》1924 年 9 月 3 日，第 4 张第 13 版。
② 『江浙関係』（1924 年 9 月 2 日）、『第一遣外艦隊秘密情報第四号・江浙問題　其ノ三』（1924 年 9 月 4 日）、海軍省-公文備考-T13-132-3209。
③ 《日本对我国时局声明不干涉　惟谋租界安全　禁日人参预战事》，《晨报》1924 年 9 月 9 日，第 3 版。
④ 『上海方面兵力増勢ノ件』（1924 年）、《军务局长致吴镇守府参谋长》（1924 年 9 月 10 日）、海軍省-公文備考-T13-131-3208。
⑤ 『第一遣外艦隊事変日誌(其ノ七)』(1924 年 9 月 18 日所記)、海軍省-公文備考-T13-131-3208；《外舰到沪日多》，《申报》1924 年 9 月 18 日，第 3 张第 9 版；古蓟孙：《甲子内乱始末纪实》，中华书局，2007，第八章。
⑥ 『第一遣外艦隊事変日誌(其ノ十五)』(1924 年 10 月 13 日所記)、『第一遣外艦隊事変日誌(其ノ二十)』(1924 年 10 月 24 日、25 日所記)、海軍省-公文備考-T13-131-3208。
⑦ 『第一遣外艦隊事変日誌(其ノ三一)』(1924 年 12 月 30 日所記)、『第一遣外艦隊事変日誌(其ノ三三)』(1925 年 1 月 11 日所記)、海軍省-公文備考-T13-131-3208。

日舰"伏见"号、"隅田"号又派陆战队上岸。<sup>①</sup> 1 月 19 日，在上海的各国海军指挥官与租界当局、外国商团头面人物举行会议，一致认为必要时须用武力阻止任何中国军队进入租界，各国要再出兵分区防守，并仍将北四川路划为日军防区。而主持会议的"第一遣外舰队"司令官野村吉三郎会后表示："为了随时应对不测事态，我认为准备速派 100 至 150 名陆战队员是有利的。"<sup>②</sup> 日本海军省随即派佐世保的"特别陆战队"150 人开到上海。<sup>③</sup> 该队返回后，野村吉三郎又要求"以特别陆战队 150 名作为本队固有兵力"。<sup>④</sup>

1925 年 5 月 15 日，上海日企内外棉七厂的日本工头枪杀中国工人顾正红，激发巨大的抗议浪潮，"日本领事即飞电本国佐世保、海军省，请速调一军舰，载陆战队四百五十名来沪"。<sup>⑤</sup> 不久后五卅惨案发生，促使反帝运动席卷长江流域乃至全国，而日本海军则与欧美海军共同进行炮舰威胁，更大力度地运用其陆战队。

6 月 1 日，英、美、法、日、意驻上海领事"决定请求派军舰载两千名可上岸的陆战队速到上海"；6 月 3 日，英国驻上海总领事又促日派来更多陆战队。而在上海的日舰，则在 6 月 2 日就与美、意军舰一同派陆战队上岸了。<sup>⑥</sup> 6 月 6 日，日本海军省又派佐世保的"特别陆战队"200 人开往上海。<sup>⑦</sup> 从 6 月 2

---

① 『第一遣外艦隊事変日誌（其ノ三三）』（1925 年 1 月 17 日、18 日所記）、海軍省-公文備考-T13-131-3208；《镇江之日水兵陆战队已登陆》，《晨报》1925 年 1 月 20 日，第 3 版。

② 『第一遣外艦隊事変日誌（其ノ三三）』（1925 年 1 月 19 日所記）、海軍省-公文備考-T13-131-3208；《沪外团开会 这回对付齐燮元》，《晨报》1925 年 1 月 21 日，第 2 版。

③ 《军务局长致第一遣外舰队司令官》（1925 年 1 月 20 日）、『内閣覚書』、《佐世保镇守府参谋长致军务局长》（1925 年 1 月 28 日）、《佐世保镇守府司令长官致海军大臣》（1925 年 1 月 29 日），海軍省-公文備考-T13-131-3208。

④ 『第一遣外艦隊事変日誌（其ノ三四）』（1925 年 1 月 29 日所記）、海軍省-公文備考-T14-27-3246。

⑤ 《日政府加派海军来申》，《申报》1925 年 6 月 6 日，第 3 张第 10 版。

⑥ 『五国領事会議ニテ各国軍艦ノ上海派遣要請ヲ議決ノ件』（1925 年 6 月 1 日）、『中国人暴徒ニヨル義勇隊攻撃卜邦人住宅ノ襲撃掠奪並ビニ各国陸戦隊上陸ニツキ報告ノ件』（1925 年 6 月 3 日）、『形勢悪化ノ兆アルタメ各国軍艦ノ増派状況並ビニ在留邦人ノ要請ニ応ジ陸戦隊派遣方ニツキ申進ノ件』（1925 年 6 月 3 日）、日本外務省編纂『日本外交文書 大正十四年』第 2 冊上巻、統計印刷工業、1976、58—59、62 頁；『上海暴動事件報告 其ノ二』（1925 年 6 月 4 日所記）、海軍省-公文備考-T14-124-3343。

⑦ 《外务省接海军省电话记录》（1925 年 6 月 6 日），B-5-3-2-155-1-5。

日到 8 月 28 日，日本陆战队驻扎上海近 3 个月，最初有 59 人，最多时有 396 人。① 较之于"江浙战争"时，其把守地点颇有增多，包括北四川路的日本小学和铃木会社房屋，虹口新公园，中日基督教会，海军集会所，上海纱厂第二、三、四厂，杨树浦日本小学东分校，内外棉第十三厂，丰田纱厂，等等；相应的，其营地分布之广也是前所未有。② 日本海军为了保障日船装卸货物不受冲击，从 7 月 2 日起，令运载"特别陆战队"开到上海的"龙田"号派出巡逻艇，"主要在日船停泊区域尽可能多次巡逻江面，注意对正在装卸的各船实行警戒"。③ 在陆战队上岸期间，日本海军十分注意与英美海军密切合作。到 8 月 24 日，与日侨相关的问题表面上恢复平静，但"第一遣外舰队"司令官荒城二郎认为："与英人相关的问题还没有解决……美、意陆战队人数还维持着，故日本陆战队全部一下子撤走，还有待时机。"④ 而在 8 月 28 日，日、英、美、意陆战队一同撤出后，该舰队司令部总结道："在拥有公共租界的日、英、美、意海军之间，没有什么议论冲突，始终一贯极为融洽地从事共同警备。"⑤

五卅运动期间，镇江、南京、芜湖、九江、大冶、汉口、长沙、沙市、宜昌、重庆等地均是日本海军施压的区域，⑥ 而日本陆战队也在其中一些口岸登陆。汉口在五卅前就驻泊着日本旗舰"对马"号，6 月 3 日舰队司令官

---

① 同日在上海的各国海军陆战队员的人数为：英国 286 人、美国 506 人、意大利 288 人、法国 225 人。可见日本的人数仅次于美国。『上海暴動事件報告　其ノ一四』所附「駐屯所並人員表(七月六日調)」，海軍省-公文備考-T14-124-3343。

② 『上海暴動事件報告』所收「陸戰隊編制表」「陸戰隊配備表」等，海軍省-公文備考-T14-124-3343。

③ 『上海暴動事件報告　其ノ十三』(1925 年 7 月 2 日所記)、海軍省-公文備考-T14-124-3343。

④ 『上海暴動事件報告　其ノ二九』所收《第一遣外舰队司令官致军务局长电》(1925 年 8 月 24 日)，海軍省-公文備考-T14-124-3343。

⑤ 『上海暴動事件報告　其ノ三十』(1925 年 8 月 28 日所記)、海軍省-公文備考-T14-124-3343。

⑥ 『大正十四年海軍公報』上、下卷所載 1925 年 6—8 月各号之「艦船所在」[海軍一般史料、0 法令-海軍(二復) 公報-33、34]。另見《日舰之驻防讯》，《申报》1925 年 7 月 4 日，第 4 张第 14 版；《日兵舰分防扬子江》，《申报》1925 年 8 月 2 日，第 4 张第 14 版。

永野修身率"安宅"号离汉赴沪时，"对马"号拨出陆战队员 45 人随行；①
而在 6 月 11—12 日，汉口的英国商团枪杀中国民众而激发抗议浪潮期间，
"对马"号又派出 124 名陆战队员，与英、美、法、意陆战队一同上岸弹
压。②芜湖、九江"自沪上惨案发生后，该两处码头工及扛货苦力等，均有
罢工之事，日本驻各该处领事，均有电致本国，故该国亦派驱逐舰'菱'
号等两艘，载陆战队二百名驰往九江、芜湖"。③6 月 12 日，九江数千民众
示威，冲进英租界，日舰"蕨"号立即派陆战队员 54 人上岸弹压，比英国
陆战队的行动还要迅速。④重庆在"沪案发生后，民气异常激昂，近自汉口
之惨案续起，川人益觉愤慨"，⑤日英势力与民众剧烈对抗（如 6 月 7 日日
舰"比良"号水兵打伤轿夫，激怒民众捣毁日本旅馆；7 月 2 日英人杀死抗
议群众多人；等等），⑥同时还有地方军阀相互争战，故日、英、美、法海
军都将该地作为施压的重点对象，驻泊的日舰从 6 月 22 日起增为 2 艘，7
月 8 日至 8 月 19 日之间有 3 艘，⑦而日舰的陆战队则从 6 月 15 日开始上岸，
直到 8 月 24 日才完全撤回舰上。⑧

　　近代中外条约从未给予外国海军在通商口岸拥有陆上设施的权利。但
是，日本海军为了便于其官兵休养、保障"巡航警备"的长期实行，仿效
英国等国海军，从清末就开始设法在长江重要口岸建立陆上设施。在上海，

---

① 『上海暴動事件報告　其ノ一』（1925 年 6 月 3 日所记）、海軍省-公文備考-T14-124-3343。
② 『上海暴動事件報告　其ノ五』（1925 年 6 月 11 日、12 日所记）、海軍省-公文備考-T14-
　124-3343。
③ 《浔芜调日舰前往》，《申报》1925 年 6 月 10 日，第 15 版。
④ 『上海暴動事件報告　其ノ六』（1925 年 6 月 13 日所记）、海軍省-公文備考-T14-124-
　3343；《九江电》，《申报》1925 年 6 月 14 日，第 4 版。
⑤ 《上江民气激昂之沪讯》，《申报》1925 年 6 月 18 日，第 13 版。
⑥ 『上海暴動事件報告　其ノ三』（1925 年 6 月 7 日所记）、『上海暴動事件報告　其ノ十三』
　（1925 年 7 月 3 日所记）、海軍省-公文備考-T14-124-3343。
⑦ 『上海暴動事件報告　其ノ九』（1925 年 6 月 22 日所记）、『上海暴動事件報告　其ノ十五』
　（1925 年 7 月 8 日所记）、『上海暴動事件報告　其ノ二八』（1925 年 8 月 20 日所记）、海軍
　省-公文備考-T14-124-3343。
⑧ 『上海暴動事件報告　其ノ十五』所附『重慶ニ於ケル警備状况』（1925 年 7 月 7 日所记）、
　『上海暴動事件報告　其ノ十七』之「訂正」（1925 年 7 月 15 日所记）、『上海暴動事件報
　告　其ノ三十』所附"保津"号『重慶警備日誌』（其四）（1925 年 9 月 15 日"保津"号
　舰长上呈），海軍省-公文備考-T14-124-3343。

于 1910 年 1 月前后设立了"第三舰队兵员宿泊所";1913 年 3 月,又主要靠日商捐款,在公共租界内汇山公园边占地 350 多坪,修建了 3 层楼,冬夏可分别容纳 100 人、200 人的"下士卒集会所"。① 在汉口,则于 1913 年借得三菱分行在日租界的房屋,设立"下士卒集会所",1919 年 10 月以后又由在汉口的 10 家日本商社分担费用,在日租界另租房屋供该所之用;1922 年 7 月驻汉口的日本陆军派遣队撤走后,海军于 1923 年 8 月下旬接收了其非法修建的部分军营,用作"海军集会所"。② 在长沙,1917—1918 年,日商在城对岸的水陆洲建房,供水兵休息之用;1921 年 3 月下旬,日本"居留民会"又将该房屋及设备赠给"第一遣外舰队",用以设立"下士官兵集会所"。③ 在宜昌,"第一遣外舰队"于 1923 年 5 月 1 日设立"下士官兵集会所"。④ 在重庆,日舰官兵起初在日租界内租房;1924 年夏,日本"居留民会"决定由日清汽船株式会社出资建房、其他日侨捐建网球场,无偿用作"海军集会所"。⑤ 在此基础上,日本海军省于 1924 年 2 月 15 日下令:"为满足长江方面行动舰船乘员举行会议和在陆上保健、休养的目的,根据需要在该方面主要停靠地设海军集会所","海军集会所由佐世保镇守府管辖,供第一遣外舰队使用"。⑥ 1924 年 6 月,在上海、汉口、长沙的"海军集会所"正式转为"官营";⑦ 而分别设于宜昌桃花岭、重庆日租界内的

---

① 『第一遣外艦隊下士官兵集会所ノ現況』(1920 年 10 月 18 日)、『第一遣外艦隊下士官兵集会所ニ関スル件』(1920 年 6 月 1 日)、『長江流域ニ於ケル下士卒集会所』(1920 年 7 月)、海軍省-公文備考-T11-2-2705。

② 『第一遣外艦隊下士官兵集会所ノ現況』(1920 年 10 月 18 日)、『長江流域ニ於ケル下士卒集会所』(1920 年 7 月)、海軍省-公文備考-T11-2-2705;『軍第六一四号』(1923 年 8 月 29 日)、海軍省-公文備考-S6-128-4230。

③ 『第一遣外艦隊下士官兵集会所ニ関スル件』(1920 年 6 月 1 日)、『第一遣外艦隊第五八号』(1921 年 5 月 17 日)及其附件,海軍省-公文備考-T11-2-2705。

④ 『第一遣外艦隊第四〇号ノ四』(1923 年 5 月 23 日)、海軍省-公文備考-T12-3-2886。

⑤ 『堅田計第一四六号』(1925 年 2 月 5 日)、『軍務第四五九号(二)』、海軍省-公文備考-S6-128-4230。

⑥ 『官房第四〇五号』(1924 年 2 月 15 日)、日本海軍大臣官房編『大正十三年海軍公報』上巻、1924 年 2 月 15 日第三三八八号、海軍一般史料、0 法令-海軍(二復)公報-30。

⑦ 『堅田計第一四六号』(1925 年 2 月 5 日)、海軍省-公文備考-S6-128-4230。

"海军集会所"，则在 1928 年 12 月下旬办理了转为"官营"的手续。① 这样，以往在长江流域口岸主要由日侨捐建的"下士卒集会所""下士官兵集会所"，就先后成为由日本海军非法拥有、统一管辖的陆上设施"海军集会所"。②

日本海军专用于长江流域"巡航警备"的河用炮舰，绝大多数不能航海，故最早服役的"隅田"号，是 1903 年在上海委托耶松船厂组装后下水的，③"伏见"号也是在 1906 年由川崎造船所在浦东组装后下水。④ 1922—1923 年，日本海军为了强化"巡航警备"的实力，又在上海和汉口两地安排日系上海东华造船会社、受日本控制的扬子机器制造有限公司，分别组装河用炮舰，即由神户制钢所制造的"势多"号、"坚田"号，三菱造船所制造的"比良"号、"保津"号。⑤

## 二　北伐战争时期中日在长江流域之争

从 1926 年 7 月国民革命军从广东出征，至 1928 年 12 月奉系张学良宣布易帜，是北伐战争时期。众所周知，长江中下游是北伐战争的主战场，正是在这一区域的战争，对中央政权的转换产生了最重大影响；而且，列强为

---

① 关于宜昌、重庆的"海军集会所"位置，参见『一遣集第三号』（1928 年 10 月 23 日）之「寄附目録」、『昭和三年一遣集第三号集会所财产寄付ノ件』、海军省-公文备考-S4-108-3895；『経豫第六一七号』（1928 年 12 月 20 日）、『官房第四二二四号』、海军省-公文备考-S6-128-4230。

② "一·二八"事变后，日本海军对非法拥有这些设施及在沪、汉驻扎陆战队不再遮掩，如1933 年 10 月，一位日本海军大将到长江口岸检阅舰队，在汉口居然堂而皇之地"视察……海军集会所"、在日租界里的海军医院（实为陆战队军营一部分），在沿江大道上举行全体陆战队的"观兵式"。参见《山本在汉观察》，《申报》1933 年 10 月 16 日，第 7 版。

③ 参见日本海军省编『明治四十二年度海军年报』之「第三编　艦船」海军省、1913、10 頁。

④ 『官房第三〇八五号』（1922 年 9 月 6 日）、『帝国艦船海外派遣関係雑件』第 3 卷、B-5-1-8-0-8 之 0-0-03。

⑤ 据日本海军省编『大正十三年度海军省年报』（海军大臣官房、1935）介绍，"比良"号与"保津"号分别于 1923 年 3 月 24 日、4 月 19 日在汉口下水，"势多"号与"坚田"号分别于 1923 年 6 月 30 日、7 月 16 日在上海下水。

维护既得权益，在这个区域武力打压、分化瓦解革命阵营，促使国民党右翼转向，国共合作破裂。在此过程中，日本对国民党右翼施加影响尤为突出，还单独出兵山东，制造济南事变，以图阻止南京国民政府继续北伐，激起中方广泛的反抗浪潮。就长江流域而言，与日本的矛盾斗争，在北伐战争时期达到了空前激烈的程度。

## （一）　日本打压革命浪潮及在沪、汉非法驻屯"特别陆战队"

既往关于北伐战争中革命阵营与日本关系的研究，多强调日本政府拉拢国民党右翼、实行分化瓦解所产生的影响，而对其与欧美一同在长江流域打压革命浪潮，及由此引出海军陆战队非法驻屯沪、汉，则言及不多，因而有补充说明的必要。

### 1. 日本与欧美一同打压革命浪潮

如前文所述，还是在五卅运动兴起前后，日本在长江流域就为维护其既得权益，频繁运用海军武力，对民众反帝浪潮施压，甚至不惜制造惨案，同时对于南方革命力量北伐的动向，也一直窥探，并制定以武力阻挠的预案。因此，当北伐战争推进到长江中下游之后，日本并未"静观"，而是与欧美列强一同展开打压的行动。

日本海军与北伐军的对抗最早发生于 1926 年 12 月 17 日，当时北伐军彭汉章部打进宜昌，日舰"伏见"号、"坚田"号以保护日本领事馆为由派陆战队上岸。[①] 而在革命力量于 1927 年 1 月 5 日、6 日相继控制汉口和九江的英租界后，日本外务大臣币原喜重郎传令驻汉口总领事："万一中国官民依收回英租界的经验，轻视帝国租界，实行有害于租界静谧之盲动，我方决意出以断然处置"；同时请海军方面派陆战队与租界警察一同保护租界内日侨。[②] 紧接着，日本内阁又作出决定：海军根据需要，在上海等方面增派相

---

① 『昭和二年度第一遣外艦隊警備状況報告』（1927 年 4 月 23 日）、海軍省－公文備考－S2－43－3538；《东方社十八日上海消息》，《申报》1926 年 12 月 19 日，第 2 张第 6 版。

② 「漢口租界回収には断乎たる措置実施の決意について」（1927 年 1 月 12 日外務大臣币原喜重郎致駐漢口総領事高尾亨）、日本外務省編纂『日本外交文書　昭和期Ⅰ』第 1 部第 1 卷（昭和二年）、文唱堂、1989、382 頁。

当兵力。① 而日本海军方面则认为，英国"在东亚如能确保香港与上海两大经济中心地，则长江内地可以在一定程度上牺牲掉"，但对日本来说，长江流域关乎"存立问题"，"对于英国放弃长江内地租界不能紧跟效颦"。② 于是，日本海军以上海和汉口为主要对象，在长江中下游展开了规模空前的施压行动。

1927 年 1 月下旬，在英美紧急向上海调集军队时，日本海军将配备 4 艘驱逐舰的"第二十四驱逐队"编入"第一遣外舰队"，③ 而该舰队则制定了《上海警备计划》，其中将"陆战队编制"作为第一项，计划投入各舰陆战队和"特别陆战队"，对不同情况下陆战队的兵力配置和联络交通也作了规定。④ 2 月上旬，随着北伐军打进浙江，"第一遣外舰队"又增添了配有 4 艘驱逐舰的"第十八驱逐队"及军舰"天龙"号。2 月 21 日，"天龙"号将吴镇的"特别陆战队"运到上海。22 日，北伐军进逼上海机器局，吴镇"特别陆战队" 156 人便于次日上岸。3 月间，北伐军与直鲁联军毕庶澄部在上海对峙，中共发动上海工人武装起义，而日本海军则于 3 月 7 日将佐世保、横须贺的"特别陆战队" 521 人运到上海，号称"警戒队"。3 月 21 日即上海工人第三次武装起义发动之日，上岸的日本海军陆战队共有 5 个大队 1511 人。在 3 月下旬发生南京事件、4 月上旬日军制造汉口四三惨案之后，日本海军又先后将两个驱逐队、多艘军舰拨给"第一遣外舰队"，于 4 月 7 日将横须贺的第二批"特别陆战队"运到上海登陆。到蒋介石发动四一二政变之时，在上海的日本陆战队共有 8 个大队 2805 人。4 月下旬，在上海的日本陆战队人数仅次于英军而居于第二位。⑤

---

① 「漢口地方時局対策に関し閣議決定について」（1927 年 1 月 14 日外务大臣币原喜重郎致驻汉口总领事高尾亨）、日本外务省编纂『日本外交文書　昭和期 I』第 1 部第 1 卷（昭和二年）、385 頁。

② 『第一遣外艦隊警備任務ニ就テ』（1929 年 4 月 15 日）、海軍省–公文備考–S4–140–3927。

③ 『昭和二年度第一遣外艦隊警備状況報告』（1927 年 4 月 23 日）、海軍省–公文備考–S2–43–3538。

④ 『第一遣外艦隊機密命令第三号』（1927 年 1 月 29 日）、海軍省–公文備考–S2–41–3536。

⑤ 《沪埠日军分队》，《申报》1927 年 4 月 10 日，第 4 张第 13 版；『昭和二年度第一遣外艦隊警備状況報告』所附「四月二十三日上海列国陆上兵力配備図」，海軍省–公文備考–S2–43–3538。

其间，日本海军按驻上海各国海军首席指挥官会议的决定，将虹口方面（从黄浦江、苏州河岸到虹口新公园之间，含浦东部分区域）、杨树浦方面（威海路以东之公共租界）、西北部（普陀路警区北面及丰田纱厂方面、东亚同文书院方面一部分）作为其陆战队负责警备地区。① 1927 年 2—4 月，随着在上海登陆的日本陆战队不断增加，其营地的数量远远超出以往任何时候，主要有虹口方面的日本人俱乐部、电报局、小学校、女子高中；此外，"海军集会所"自不必说，就连中日基督教会与本国寺庙等宗教机构的房屋，也被用作营房，且在东部、西部方面，各日资工厂等也"有充足的收容力"。② 显然，日本势力在上海各方面的扩展，客观上为其大量陆战队非法驻扎提供了更便利的条件。

日本陆战队在上海大举上岸后，于 3 月 22 日在虹口新公园附近迫使北洋军王文泰部不战缴械。此外，还禁止中国南北军队在黄浦江上移动，与别国海军一同以配有机枪的汽艇在上海港内巡逻；在公共租界西北面丰田纱厂、浦东的日清汽船株式会社栈桥等处，阻止北伐军行动；在北四川路，绝对禁止中国民众举行示威活动。③ 4 月 7 日夜，在北四川路与宝兴路的交叉点，日本陆战队向与北伐军交火的英国装甲车提供支援，以机枪扫射封锁华界道路，并抓去 6 人。④

在汉口，从 3 月 15 日起，一般有 3 艘日舰驻泊，其陆战队从 3 月 22 日开始，每天在日租界外的公园操练示威；4 月 3 日，新增的"安宅"号一到，4 艘日舰的陆战队 212 人便一起出动，镇压到日租界抗议日本水兵暴行的民众，制造惨案。⑤ 紧接着，日本海军又急派 6 艘驱逐舰与军舰"天龙"

---

① 『第一回各国先任指揮官上海防備会議顛末』（1927 年 2 月 5 日）、海軍省－公文備考－S2－41－3536。

② 『陸戦隊経過概要』（1927 年 4 月 30 日）、海軍省－公文備考－S2－42－3537。

③ 『中支動乱警備報告』第 3 巻及『上海陸戦隊報告』所収『陸戦隊命令第十号』（1927 年 3 月 25 日）、『陸戦隊機密命令第一号』（1927 年 3 月 30 日），海軍省－公文備考－S2－43－3538。

④ 『中支動乱警備報告』第 4 巻、海軍省－公文備考－S2－43－3538。

⑤ 据上海《民国日报》1927 年 4 月 13 日第 4 版《第八军特别党部电》："四月三日，日本水兵乘人力车不给车资，反刺伤车夫毙命，日海军随登陆，向群众开放排枪，死四人，伤五十余人。"

号到汉口，其在该地的陆战队增至 500 人。①

四一二政变发生之后，列强与国民党右翼日益靠拢，但日本海军宣称，"武汉、南京两对立政府内政的走向等要予以密切注意"，警备不能放松。7月中旬，"第一遣外舰队"发布新的《警备要务》，强调："派陆战队或警戒队上岸到领事馆等处，或派警戒兵到商船上等，总之在需要作为军队行动、行使武力时，应不惜战死以发扬军人的名声。"对于陆战队的行动，《警备要务》除了提出一般原则外，还对其上岸准备、时机把握、上岸后与商团和巡捕配合、保护日侨的做法、各口岸需重点保护的目标、必要时组成联合陆战队、注意避免"流言蜚语"涣散军心、明了陆战队指挥官与领事各自职权并协调相互关系、在国际关系复杂的上海和汉口等城市处理与别国海军陆战队的关系、陆战队与日本领事馆和日舰及自身各部之间的联络方法等，都作了具体规定。②

### 2. 日本海军开始在沪、汉非法驻屯"特别陆战队"

在近代，日本利用列强出动军队打压中国社会反抗浪潮之机，派兵到上海非法驻扎，始于 1900 年八国联军侵华战争之时，继而在民国初期又以陆军派遣队盘踞汉口十年半之久。而在列强联合阻挡北伐军的过程中，日本故技重施，借机开始在沪、汉非法驻屯"特别陆战队"。

日本的所谓"特别陆战队"，与日舰水兵临时组成上岸的陆战队不同，是指由日本海军在其国内编组并派出执行特定任务的陆战队。1900 年日本海军派到上海的，就是这样的陆战队；1911 年武昌起义爆发后，也有这样的陆战队被派到汉口；从 1924 年"江浙战争"展开，到 1925 年五卅运动爆发，日本海军向上海及长江流域纵深派出"特别陆战队"，更是相当频繁。这些所谓"特别陆战队"，并不隶属于在华舰队及特定日舰，而主要在陆地驻扎，从而引出日本在华非法驻军的问题，但规模较小，持续时间也不久。

---

① 『昭和二年度第一遣外艦隊警備状況報告』（1927 年 4 月 23 日）、『中支動乱警備報告』第 2 卷、『陸戦隊経過概要』（1927 年 4 月 30 日）、海军省-公文備考-S2-42-3537；『中支動乱警備報告』第 3 卷、第 4 卷、海军省-公文備考-S2-43-3538；『昭和二年海軍公報』上卷所载 1927 年 1—4 月各号之「艦船所在」[海军一般史料、0 法令-海军（二復）公報-39]。

② 『第一改正第一遣外艦隊警備要務』（1927 年）、海军省-公文備考-S2-44-3539。

然而，在日本与欧美出兵向北伐军施压的过程中，情况发生重要变化。

还是在 1925 年 1 月，日本海军 "第一遣外舰队" 司令官野村吉三郎，就从加强该舰队行动能力的需要出发，提出 "以特别陆战队 150 名作为本队固有兵力"，① 显露出以 "特别陆战队" 配属 "第一遣外舰队" 的意向。1927 年，日本海军以大量陆战队分别驻屯上海、汉口，既是对北伐军施压，也是图谋趁机实现 "特别陆战队" 在两地长期驻屯。故 "第一遣外舰队" 司令官荒城二郎要求保留 "在上海及汉口的陆上兵营"，"以特别陆战队在上海 700 名、在汉口 300 名为标准"。② 日本海军省人事局也拟出方案，计划在 1927 年 12 月以后仍留驻 "特别陆战队" 1000 名。③ 故这年 8 月底，当英国驻华公使向日本驻华公使芳泽谦吉透露减少驻扎上海的英军之意时，芳泽谦吉只以 "日本政府目下亦正考虑从山东撤兵" 来回应，却完全不提从上海撤出 "特别陆战队"。④ 此后，直到 1928 年 2 月，英国方面不止一次向日本政府通报减少驻上海英军数量，但日方从未相应表示撤出驻上海的 "特别陆战队"。⑤ 在汉口，据日本外务省亚洲局第二课 1927 年 12 月所作调查，尽管日方从 10 月 8 日就着手撤除日租界所有防备，打开与外界的交通，但并未撤走陆战队，且以租界警察人手不够为由，让其继续巡逻。⑥

对于利用与欧美列强一同向北伐军施压之机实现 "特别陆战队" 在沪、汉非法驻屯，日本海军并不否认，其后来编纂的《上海事变与我海军》称，

---

① 『第一遣外艦隊事変日誌(其ノ三四)』(1925 年 1 月 29 日所記)、海軍省-公文備考-T14-27-3246。

② 『当隊警備兵力ニ就テ』(1927 年 6 月 10 日)、海軍省-公文備考-S2-44-3539。

③ 『特別陸戦隊員帰還及交代実施予呈案』(1927 年 6 月 28 日)、海軍省-公文備考-S2-44-3539。

④ 「日英協調及び上海派遣軍隊縮小ニ関する英公使談話について」(1927 年 8 月 30 日駐華公使芳泽谦吉致外务大臣田中义一)、日本外務省編纂『日本外交文書　昭和期I』第 1 部第 1 巻(昭和二年)、483—484 頁。

⑤ 参见日本外務省編纂『日本外交文書　昭和期I』第 1 部第 1 巻(昭和二年)、484—486 頁。

⑥ 『漢口租界の防備撤去、外部との交通自由化について』之附記「漢口租界警備問題」、日本外務省編纂『日本外交文書　昭和期I』第 1 部第 1 巻(昭和二年)、420 頁。

1927 年派"特别陆战队"与英、美、法、意等一同驻扎上海，是所谓"上海海军特别陆战队"之滥觞。① 当时的中国报刊对此也有反映。如《申报》1928 年 8 月 30 日报道称，日本驻汉口陆战队在日租界外马路演习，当地"交涉署以此种自由行动，为侵犯主权"而向日本总领事提出抗议。② 该报在同年 11 月 30 日又报道，日本驻上海陆战队在杨树浦西华德路一带举行演习，"四周枪声，同时并发"，江苏交涉公署抗议日军"在本埠人烟稠密处所，突有此种举动"。③

### （二）日本竭力维护在长江流域既得利益

#### 1. 日本维护既得利益的叫喊

北伐战争席卷长江流域，对日本保持在华最大市场、获得重要原料，都形成了巨大冲击，因而迅速引起了日方的惊呼。在当时作为日本对华经济扩张一大基地的大阪，政府机构的产业部调查课于 1927 年 4 月编的一本小册子④，集中反映了这种情况。

这本小册子称，1926 年下半年，北伐战争推进到长江流域后，日本"对华贸易遭猛烈打击，下半年对华出口较之前年同期，锐减 7500 万日元"，到了 1927 年，"对华出口仅在头三个月间，就锐减 5000 万日元，4 月以后有更甚之状"。⑤ 日本对处于风暴中心的长江流域的贸易减少特别严重，出口额在 1926 年下半年，较之上年同期锐减 4300 万日元，1927 年头三个月较上年同期锐减 1800 万日元⑥（据该调查课另一报告所言，1927 年日本对长江流域的出口额共减少 5315.9 万日元，进口额也大减⑦）；在大阪的对外贸易中，对华贸易约占 60%，眼下"长江沿岸贸易几乎断绝"，故所受打

---

① 日本海軍省編『上海事変と我海軍』海軍省、1932、39—40 頁。
② 《日海军在汉耀威　交涉署提出抗议》，《申报》1928 年 8 月 30 日，第 4 版。
③ 《抗议日军示威演习》，《申报》1928 年 12 月 5 日，第 4 张第 14 版。
④ 大阪市役所産業部調査課『支那動乱の影響と我が対支企業貿易』大阪進光堂、1927。
⑤ 大阪市役所産業部調査課『支那動乱の影響と我が対支企業貿易』、1 頁。
⑥ 大阪市役所産業部調査課『支那動乱の影響と我が対支企業貿易』、3 頁。
⑦ 大阪市役所産業部調査課『北伐の進展と我が対支貿易』大阪進光堂、1928、63 頁。

击极为沉重。[①] 此外，当时日本在华投资巨大的棉纺织企业，与大阪关系最深，这本小册子说其"遭受打击最大""从根本上受到威胁"，"在汉口已无异于抛弃，在上海也有十多家停工，即便开工的也是效率低下，近乎停工"。[②] 此外，"日清汽船会社等各日本会社的航线、投资物件、装卸设备等也遇到很大障碍"。[③] 尽管如此，作者仍声言"撤退绝对不可"，因为"在长江确立日本商权非一朝一夕所赐"，撤出就"会使过去二十年来的努力化为泡影"，故其叫喊"务须在遣华长江舰队保护下死守既得地步地盘与企业"；"平时为何化巨额国费充实军备？现在正该以军力来充分支持贸易与国人经济设施"。[④]

如果说当时日本经济势力是因为其在华尤其是在长江流域的贸易航运及棉纺织企业遭到重创，而极为敌视随着北伐战争进一步高涨的革命浪潮，那么，日本军方不仅认为对抗革命浪潮关系到本国在长江流域的"存立"，还要特别确保在这一区域的所谓"三大利权"，即对大冶铁矿、桃冲铁矿与南浔铁路的控制，声称："从我钢铁之策来看，从军事方面考察，有必要确保长江的铁矿自不待言；而南浔铁道作为该方面唯一无二的利权铁道，也不容轻视。"[⑤] 当时，日本参谋本部拟定了一个"关于确保对汉冶萍及裕繁公司利权的意见"，称日本平时对生铁的年需求量约为 110 万吨，其中约有 70 万吨由日本国内生产，但日本国内年开采的铁矿石不到 10 万吨，而从国外进口的铁矿石中，来自长江流域的约为 80 万吨，来自台湾的约有 30 万吨，来自朝鲜的约有十几万吨，故"长江流域的铁矿石是我国钢铁业不可缺少的资源，继续保持供给为燃眉之急"。如果在日本"有事之时"，对铁矿石的需求量约为 550 万吨，其中大部分只能求之于华北、华中，而华中的铁矿石品质好、搬出与运送容易，如发挥最大开采能力，产量约可达 340 万吨，因

---

① 大阪市役所産業部調査課『支那動乱の影響と我が対支企業貿易』、7 頁。

② 大阪市役所産業部調査課『支那動乱の影響と我が対支企業貿易』、21 頁。

③ 大阪市役所産業部調査課『支那動乱の影響と我が対支企業貿易』、23 頁。

④ 大阪市役所産業部調査課『支那動乱の影響と我が対支企業貿易』、27、28 頁。

⑤ 日本陸軍省兵要地誌班『揚子江方面ニ於ケル我三大利権ノ擁護ニ就テ』、中央－軍事行政
　軍需動員－692。

而"长江流域对我国防不可缺少"。但自北伐战争推展到长江后，汉冶萍与裕繁公司都陷入困境，这对日本"国防"来说，是"不可轻视的重大问题"，"必须设法极力维持、延续对长江流域铁资源的既得利权"。①

在此背景下，日本军政要员于 1927 年 6 月 27 日至 7 月 7 日为讨论对华政策而举行东方会议，外务大臣田中义一在会后即 7 月 7 日的"训示"中称，当日本在华"权利利益及日侨生命财产有遭不法侵害之虞时，只能断然出以自卫措置拥护之"。②

**2. 围绕汉冶萍公司等经营主导权的中日之争**

四一二政变及南京国民政府成立后，由于国民党右翼放弃坚决反帝的革命外交，同时大肆镇压中共领导的工农运动，列强在华既得利益所依赖的旧秩序趋于恢复，曾遭到猛烈冲击的外国对长江流域的贸易航运，也随之出现回升。这在曾是革命风暴中心的汉口有突出反映：1928 年，该地直接进口总额为 50408289 海关两，直接出口总额为 27755677 海关两，共计 78163966 海关两，较 1927 年的总额 30917424 海关两，增加 1.5 倍多。而从日本直接进口额则为 33357368 海关两、出口额为 3497671 海关两；进口额远超英美，在相应总额中占比约为 66.2%，是日本棉纺织品、砂糖、煤炭、海产品、杂货等大量涌入所致；对日本出口额，也仅次于美国，居第二位。可以说，较之于欧美，日本在贸易上反弹最猛，并在汉口的外贸对象中占了首位。③

但是，围绕汉冶萍公司、南浔铁路经营主导权的中日之争，却经历了较长时间。

自民初以后，汉冶萍公司与日本的关系就一直受到中国社会广泛关注。1926 年，有杂志载文，尖锐指出汉冶萍公司因各方面都陷入严重困境，而"请日本从新投资以便维持发展"。④《现代评论》亦称，汉冶萍公司"亏累

---

① 日本参謀本部『平戦両時ニ於ケル帝国鉄資源需給状態ニ鑑ミ漢冶萍公司及裕繁公司ニ対スル利権確保ニ関スル意見』、中央-軍事行政軍需動員-692。

② 「田中外務大臣ノ訓示」日本外務省編纂『日本外交文書 昭和期Ⅰ』第 1 部第 1 巻（昭和二年）、35 頁。

③ 日本商工省商務局貿易課編『昭和三年度漢口貿易』商工省商務局貿易課、1930、11—14 頁。

④ 《汉冶萍问题之解决困难》，《大陆银行月刊》第 4 卷第 7 期，1926 年。

甚巨”，而日本“必须吸收中国的钢铁，他的工业和国防才能维持”，故“垂涎大冶”；“汉冶萍公司本来是中国自己的事业，到现在竟成了日本的国家大事”。① 在北伐战争席卷长江中下游的过程中，1927 年 1 月下旬，汉冶萍公司又向日本借款 200 万日元。② 此事迅速揭诸报章，舆论斥责日本“条件苛酷”：“要求扩大顾问之权限，俾可由其直接参加经营之冲，并组织整理委员会……日方委员即以会计及技术顾问充之”，“与日政府协议，将公司经营方法，为根本改革”；“此后非得日政府之同意，不得更向任何方面借款”。由此次借款，“汉冶萍公司与日方关系，较前更为密切”，“目前公司实权，固已尽入日人掌握”；且“日人对该公司，尤得随时为更进一步之处置”。③

面对这种状况，国民党汉口特别市党部等 15 个团体，于 1927 年 1 月成立“汉冶萍所有产业维持委员会”，要“督促政府收回汉冶萍公司产业，作为国有经营”，同时市党部及总工会还各选出代表与国民政府接洽。2 月，武汉国民政府交通部通知汉冶萍公司派代表就恢复公司经营问题进行协商。3 月 11 日，根据武汉国民政府中央政治会议决议，交通部公布了《汉冶萍煤铁厂矿整理委员会章程》。④ 3 月 17 日至 8 月 26 日，该委员会先后举行了 10 次会议，要求汉冶萍公司将各矿厂全部移交该会整理，将谌湛溪、刘义委任为萍乡煤矿矿长与事务处处长，并请日本驻汉口代理总领事提供汉冶萍公司与横滨正金银行的借款合同。5 月间，根据国民党中央委员会发出的管理萍乡煤矿、解决武汉煤炭不足之令，武汉国民政府成立了萍乡管理委员会。⑤ 6 月，汉冶萍煤铁厂矿整理委员会对日本驻汉口代理总领事解释“管理”的含义，称出于改善汉冶萍公司现状，进而保护公司产业的考虑，接

① 《日本与汉冶萍公司》，《现代评论》第 3 卷第 75 期，1926 年。

② 『漢冶萍公司借款ニ関スル件』（1927 年 1 月 20 日外相币原喜重郎、大藏相片冈直温、商工相藤泽幾之辅致首相若槻礼次郎）、類 01626100；《日本首相若槻礼次郎为批准汉冶萍借款给外相币原喜重郎、大藏相片冈直温、商工相藤泽幾之辅的指令》（1927 年 1 月 21 日），平 11 通产 00005100。

③ 《汉冶萍向日借款成功》，《银行周报》第 11 卷第 7 期，1927 年，第 1、2 页。

④ 日本大藏省預金部『支那漢冶萍公司借款ニ関スル沿革』、288 页。

⑤ 日本大藏省預金部『支那漢冶萍公司借款ニ関スル沿革』、289 页。

管公司所有事务，临时替代公司管理；在整理期间（时限未定），因公司活动中止，不认原经营负责人等的权限，公司方面如不服整理，将强制执行，但到适当时机，会将一切返还公司；对过去与日本方面的密切关系及有协定合同的日方权利利益予以尊重，完全继承。[1] 宁汉合流后，国民党仍"希望整顿汉冶萍公司委员会，能够切实整顿，将来国家建设上和财政上，得以长足进步"。[2] 武汉军委会于 10 月 25 日任命胡庶华为汉阳铁厂开炉计划处处长。南京国民政府交通部于 11 月 18 日再颁《整理汉冶萍公司委员会暂行章程》；[3] 继而在 12 月底、1928 年 1 月 11 日，由该委员会通过、国民政府批准了谌湛溪起草的《整理汉冶萍煤铁矿厂目前着手办法》，[4] 内称："我国民政府岂能弃我钢铁基础与受损害之数十万国民于不顾，而优容有此项产业之少数资本家？株萍铁路运费与厘税等特权，岂能再任公司继续享有？鄂省砂捐问题……岂复能再向鄂人置词？"对于日本方面，"暂止付息，提高砂价至能整理矿厂之程度一事，必能办到也"。[5] 与此同时，该委员会还派出技师黄伯达到大冶，为接管汉冶萍公司进行调查等工作。[6] 黄伯达除调查之外，还为接管造舆论，宣传"实行总理的农工政策、实业政策""打倒帝国主义""打倒垄断大企业的资本家""推广国家资本""民无钢铁不能生、国无钢铁不能立"等。[7]

此外，对于南浔铁路，早在 1926 年 11 月，北伐军就"派出管理员，又任命管理局长，以管理所有经营"。[8] 1927 年 3 月中旬，国民政府设立南浔

---

[1] 日本大藏省预金部『支那汉冶萍公司借款ニ関スル沿革』、290 頁。

[2] 《上海民众第六次各界总理纪念周》，《申报》1927 年 11 月 22 日，第 13 版。

[3] 《国民政府交通部整理汉冶萍公司委员会暂行章程》，《交通公报》第 1 卷第 1 期，1927 年，第 52—54 页。

[4] 《党政府整理汉冶萍铁矿煤矿计划》，《银行月刊》第 8 卷第 1 期，1928 年，第 105 页；日本大藏省预金部『支那汉冶萍公司借款ニ関スル沿革』、292—293 頁。

[5] 谌湛溪：《整理汉冶萍煤铁矿厂目前着手办法》，《交通公报》第 1 卷第 7 期，1928 年，第 2—3 页。

[6] 日本大藏省预金部『支那汉冶萍公司借款ニ関スル沿革』、294 頁。

[7] 《整理汉冶萍公司委员会标语》，《交通公报》第 1 卷第 3 期，1927 年，第 15 页；日本大藏省预金部『支那汉冶萍公司借款ニ関スル沿革』、294 頁。

[8] 《日本外务大臣为驻上海总领事矢田七太郎提出抗议所发训令》（1928 年 2 月 10 日），平 15 财务 00168100。

铁路整理委员会，要整理其旧债与股本、筹措拓展该路的资金等。[①] 到 1928
年 2 月初，该路已"收归公办"，但欠巨额日债，"征以该路现状、营业收
入，尚不足维持原状，无力还债，不言而喻"。[②]

从上述可见，无论是武汉国民政府，还是南京国民政府，在接管汉冶萍
公司和南浔铁路、实行国有化问题上立场与态度一致，都有相应举措，且意
识到接管会触及日本的债权问题，但对实行国有化遭到日本阻挠时如何应
对，并没有作充分准备。

将牢固控制长江流域铁矿石资源和南浔铁路作为"国策"的日本，一
直紧盯国民政府的动向。而对国民政府对汉冶萍公司采取的步骤，相关日本
领事或提出"质问"，或表示"抗议"，声称拒不接受国民政府对汉冶萍公
司的管理。[③] 为阻止南浔铁路国有化，日本政府在 1927 年 12 月 12 日制定了
"措置要纲"。[④] 1928 年 2 月上中旬，日本政府又派大藏事务官公森太郎率横
滨正金银行、八幡制铁所、东亚兴业株式会社等方面人员专程来华，先后到
上海、南京、汉口、大冶、九江、南昌，分别会同驻上海、汉口、九江的领
事，与中方中央及相关地方政府交涉，其目的"是撤废国民政府之接管"。[⑤]
其时，国民政府高层试图回避交涉，但日方加强施压以"显示我方决心与
态度"，定要前往南京。日本海军"第一遣外舰队""根据需要予以策应"，
在公森太郎一行到南京之前，"增派军舰一艘到下关，对中方显示我决心之
坚定，给予他们相当的刺激"；"万一大冶方面发生工人暴动等，就立即从
停泊在汉口的军舰派出二百余名陆战队员"。在上海的日资纱厂及航运业头
面人物也为公森太郎等助阵，声称此次交涉"不仅关系到维护我对汉冶萍、

---

① 《整顿南浔铁路》，《申报》1927 年 3 月 17 日，第 4 版。
② 《南浔铁路之债务谈》，《申报》1928 年 2 月 6 日，第 3 张第 9 版。
③ 日本大藏省预金部『支那漢冶萍公司借款ニ関スル沿革』、295 頁。
④ 『漢冶萍公司及南潯鉄路公司ニ関スル利権保全ノ為支那国民政府卜交渉ノ顛末報告書』
　之「第一報」（1928 年 2 月 13 日大藏事務官公森太郎致大藏大臣三土忠造）、平 15 財務
　00168100。
⑤ 『漢冶萍公司及南潯鉄路公司ニ関スル利権保全ノ為支那国民政府卜交渉ノ顛末報告書』
　之「第一報」「第二報」「第三報」「終報」（1928 年 2 月 13 日、2 月 19 日、3 月 2 日大藏
　事務官公森太郎致大藏大臣三土忠造）、平 15 財務 00168100；《日官商代表到汉接洽》，
　《申报》1928 年 2 月 19 日，第 4 版。

南浔两公司之利权问题，且实为在长江一带乃至于中国全国维护我利权运动之先驱"。①

在南京的交涉中，围绕汉冶萍公司问题，交通部次长李仲公等一方面申述"制铁事业为国家有重大关系之事业，故从国家角度考虑设整理委员会，以救济、助长公司之事业"，另一方面又表示"尊重日本方面之权利利益，无国有或没收之意"，希望日方信赖国民政府；而对南浔铁路"变更组织"问题，则表示这只是因该路经营状况不佳而采取的权宜之计，以后将恢复董事会，支付借款本息。公森太郎等看出国民政府有"接受我要求之倾向"，但仍咬定中方"屡屡侵害日本方面利权"，表示完全反对接管，要求废止此前国民政府的管理制度，将整理交由公司与日方来做。最后，中方同意召回派往大冶的黄伯达，转请军事委员会停止查封汉冶萍公司浦东码头，② 与东亚兴业株式会社商议有关南浔铁路的具体方案。③

在汉口的交涉中，日方强调其对汉冶萍公司的"权利"，而湘鄂临时政府委员会主席张知本等对是否取消接管该公司，表示听从中央政府决定，但又指出，湖北官府曾对汉阳铁厂投资 560 万两，但该公司未还官本及其利息，连同未缴纳的铁砂捐共有 2500 万元，故湖北省政府对该公司也有债权，日方对此也应尊重，对日方只主张自身债权而不考虑他方债权的态度难以理解；且日本制铁所在一战期间铁价暴涨时，以 3 元几角的价格购买铁矿石，获益莫大，抵充汉冶萍公司债款有余；湖北官矿局与汉冶萍公司订有合同，以其全部船舶作为对省政府债务的担保，并扣下了其中 10 余艘，如还债就随时放还这些船舶，否则湖北方面不仅对船舶，而且对该公司其他财产，都将请示中央政府采取强硬手段。但日方声称，该公司财产从 1912 年以后一

---

① 『漢冶萍公司及南潯鉄路公司ニ関スル利権保全ノ為支那国民政府ト交渉ノ顛末報告書』之「第一報」、平 15 財務 00168100。

② 据《申报》1928 年 1 月 14 日第 4 张第 13 版所载《汉冶萍公司沪栈被查封》一文，汉冶萍公司设在浦东南码头之堆栈 11 日上午被公安局派警察查封，原因是该公司亏空长沙裕庆和钱庄款项，致欠第四十四军军需存款 23 万余元，淞沪卫戍司令部向该公司追缴，但其经理盛恩颐拒还该款，遂令公安局将该公司沪栈产业查封。在南京交涉中，日方将此指为"不法行动"，要求取消。

③ 『漢冶萍公司及南潯鉄路公司ニ関スル利権保全ノ為支那国民政府ト交渉ノ顛末報告書』之「第一報」、平 15 財務 00168100。

直用于对日方借款担保，日方"债权是对公司全部财产有担保权的债权"，优先于湖北官府的债权，故湖北官方扣押其船舶"侵害了日本方面之担保权"，须迅速放还；1923 年 7 月前开征的铁砂捐，"虽是公司与省之关系，然对日本方面也有利害关系"，只能从开征之时算起，不能追溯此前。日方对湖北方面的态度甚感不满。①

在南昌的交涉中，日方与在他处一样，指责中方"侵害"其在南浔铁路的权益，江西民政厅厅长杨庚笙等表示该铁路对日借款"乃土豪劣绅所为"，称近来公司内部紊乱、濒于破产，以至不可收拾，故革命政府不能旁观，而加以管理；对南浔铁路所借日债，国民本无好感，国民政府不得已为之负责，故交通部派管理局局长、省政府任命监理。但当日方逼问是否"尊重我方权益"时，他们表示尊重，又称该路是国有还是省有，还在研究，政府能偿还该路所欠日债，且拟将该路延至萍乡，所需款项 1000 万元希望日方贷给。日方要求南浔铁路的实际管理者"尊重"其"权利"，并以偿还路股保息来落实，还称"将来的方策也宜共同商议"。最终，江西省政府方面表示，官方管理南浔铁路只是局势混乱时的"临时办法"，丝毫无意"侵害"日方"权利"，今后究竟由何方管理，还在研究当中。②

2 月 26 日，南京国民政府外交部部长黄郛会见公森太郎一行，承诺解封汉冶萍公司浦东码头，对湖北砂捐问题也表示考虑由湖北省与汉冶萍公司尽快解决。③

关于上述交涉，日本驻上海总领事矢田七太郎认为很有"收获"，这体现在促使国民政府明言"充分尊重日本方面之权利"、今后制定对汉冶萍公司整理方针必与日方协商，在废止对萍乡煤矿的临时性接管之后，对大冶也

---

① 『漢冶萍公司及南潯鉄路公司ニ関スル利権保全ノ為支那国民政府ト交渉ノ顛末報告書』之「第二報」、平 15 財務 00168100。

② 『漢冶萍公司及南潯鉄路公司ニ関スル利権保全ノ為支那国民政府ト交渉ノ顛末報告書』之「第三報」、平 15 財務 00168100。

③ 『漢冶萍公司及南潯鉄路公司ニ関スル利権保全ノ為支那国民政府ト交渉ノ顛末報告書』之「終報」、平 15 財務 00168100；《日财务官谒见黄外长》，《申报》1928 年 2 月 28 日，第 4 张第 14 版。另据《申报》1928 年 3 月 16 日第 4 张第 14 版所载《汉冶萍码头封锁解除》，该码头于 13 日解封。

不再作接管准备。至于仍为悬案的湖北砂捐问题，公森太郎等提出让汉冶萍公司任命日本顾问以介入交涉。① 在南浔铁路经营管理问题上，日方认为其要求尚未充分满足，故在 3 月间，"东亚兴业会社曾派代表三人，连同驻浔日领太和文义郎，在浔坐索无效，乃来省向省政府交涉，要求照约管路，亦无结果，复转赴南京，向外交部交涉"，5 月间，"东亚兴业会社，又复派代表数人，连同财务官公森来浔，连日迭向路局交涉，较之前次更为严厉"。② 但直到 7 月上旬，国民政府对南浔铁路"是否应收归国有及清理办法"，仍无决定。③

值得注意的是，南京国民政府在上述交涉之后，对于整顿汉冶萍公司仍未断念，交通部的整理委员会到 3 月底改隶农矿部，④ 而农矿部在 5 月上旬又制定整理汉冶萍公司委员会暂行章程 11 条，表示："凡汉冶萍煤铁矿产所生之利，专用于巩固及发展中国之钢铁，及其附带事业，不作别用。"⑤ 1929 年 3 月 2 日，该部令汉冶萍公司"将所有煤铁矿厂及一切财产交由属会接管，以便整理"。因该公司不从，又于 3 月 18 日传令："此案既奉国府核准，行政院备案"，要"遵令移交"。⑥ 但该公司"抗不移交"，农矿部便"呈请行政院取销该公司法人资格"。⑦ 此时，日方再度干涉，派公森太郎"赴上海、南京、汉口、九江各地……拟就汉冶萍公司接管问题向国民政府提出抗议，并拟催付南浔铁路借款"。⑧ 结果，农矿部的呈请最终不了了之。⑨ 直到 1931 年 4 月，《鄂建厅整理矿业办法》对于国民政府核准的汉冶萍公司整理办法，说是"迄今未见实施"。⑩

---

① 『漢冶萍公司及南潯鉄路公司ニ関スル利権保全ノ為支那国民政府卜交渉ノ顛末報告書』之「終報」、平 15 財務 00168100。
② 《南浔路索债甚迫》，《申报》1928 年 6 月 1 日，第 4 张第 13 版。
③ 《南浔铁路旧欠外债清理案》，《申报》1928 年 7 月 9 日，第 5 张第 20 版。
④ 见《申报》1928 年 4 月 1 日第 4 版的报道。
⑤ 《农部设立整理汉冶萍委员会》，《申报》1928 年 5 月 12 日，第 3 张第 10 版。
⑥ 《汉冶萍公司股东公鉴》，《申报》1929 年 4 月 5 日，第 2 版。
⑦ 《汉冶萍之法人资格 农矿部呈请取消》，《申报》1929 年 4 月 17 日，第 2 张第 7 版。
⑧ 《日财务官将来华整理借款》，《申报》1929 年 4 月 27 日，第 8 版。
⑨ 《整理汉冶萍之经过》，《申报》1929 年 5 月 10 日，第 3 张第 9 版。
⑩ 《鄂建厅整理矿业办法》，《申报》1931 年 4 月 13 日，第 2 张第 6 版。

相对于汉冶萍公司、南浔铁路，开采桃冲铁矿的安徽裕繁公司，没有引起中日间交涉。但是，1928 年 5 月间，日方听到"有人警告该矿，与日方断绝交易"的传言，便"拟遣派鱼雷艇一艘，驶往示威"。① 可见，当时日方对于桃冲铁矿的控制也是毫不放松的。

### （三）济南惨案前后长江流域民众反日浪潮高涨

1927 年 6—7 月，日本政府为阻止中国南北统一、维护其在华北的既得权益，先后两次向山东青岛、济南出兵。1928 年 5 月，在济南的日军虐杀中方谈判人员，并向北伐军发动进攻，大肆屠杀中国军民，制造了济南惨案。日本的侵略行径，再度激起中国民众广泛的反抗浪潮。而从日方史料看，在这次浪潮中，长江流域又成为中心区域，对日本利益的冲击仍是最剧烈的。

1927 年 5 月下旬，日本决定对山东出兵的消息传出，包括国民党及其军政部门在内的中国舆论随之广泛予以激烈抨击。上海率先展开抗议运动，各团体代表 300 余人 6 月 6 日在国民党上海特别市党部举行反对日本出兵山东市民示威大会，通电全国对日经济绝交。据日本上海商业会议所当时观察，对日经济绝交并非由国民政府倡导，然"各方面的中国人都赞成之"。② 接着，上海各团体又成立了经济绝交大同盟，其行动使日本"棉纱、杂货、海产品等的交易遭大打击，到 6 月底，运往长江各港的货物也锐减，中国人交给从上海起航的日船运送的货物近乎无有"。7 月上旬，日本第二次对山东出兵时，上海的经济绝交大同盟又促使抵制日货行动进一步强化。③

日军 1928 年 5 月制造济南惨案所激发的民众反日运动，就空间范围来说是全国性的，并波及华侨众多的东南亚等地，但日方当时最强烈的感受是：这一运动"以上海、南京、汉口等为中心，逐渐蔓延全中国各地"。④

---

① 《日方在芜湖之行动》，《申报》1928 年 5 月 15 日，第 3 张第 9 版。
② 上海日本商業会議所編『山東出兵と排日貨運動』上海日本商業会議所、1927、48、2 頁。
③ 『最近支那ニ於ケル排日運動著例』之「第五，昭和二年山東出兵ニ基因スル排日運動」（1927 年 9 月調查）、A-1-1-2 之 4-001。
④ 日本外務省亜細亜局第一課編『最近ノ排日運動概況』（1928 年 12 月調查）之「第一章 概説」、A-1-1-0-2 之 4-2。

究其缘由，或有以下几个方面。

首先是着眼于反日运动发源地在上海及长江流域其他地方，有的认为上海的反抗日军暴行委员会发出了"排日的第一声"，而后这一运动"扩大弥漫于全中国"；① 有的指出"镇江、宜昌等长江地方最早以五四国耻纪念日的方式开始抗议活动，其后以上海为主要舞台，气势日盛，并从长江流域波及其他区域"。②

其次是感觉中国南方特别是长江流域在这次运动中对日本经济利益打击依然最为沉重。据日方统计，在反日运动最猛烈的 6—8 月三个月，日本对华出口额共减少 1550 万日元，而以上海为中心的长江流域，使日本各方面实际受损额，估计达 1700 万日元；8 月底，在上海与汉口还有不少日货不能出手，其中，有棉布类与夏冬织物约 90 万匹，价值 1200 万日元，砂糖 20 万包，价值 200 万日元，海产品与洋纸、杂货，价值 100 万日元，算上仓库费、保险费、损耗、汇率差损等，"日商由此所受打击相当重大"。③ 在航运方面，"以上海为中心通往日本、长江、中国南北沿海各航线上各会社各航线，载货锐减：（1）日本至上海航线，邮船（会社）较上年，6 月、7 月、8 月、10 月各月锐减，邮船（会社）以外各会社船舶，载货量减至三分之二。（2）长江航线及沿海航线受打击最沉重，差不多没有华人货物运载"。④

最后是看到上海民众反日运动持续展开，对全国有极大的号召力，而长江流域的民众反日运动也颇具韧性。关于前者，当时日本驻上海总领事矢田七太郎有深刻印象。他写道："济南事变以来，此地组成的经济绝交委员会、日货检查委员会、提倡国货委员会等进行反日运动，（其）在组成时是以从山东撤兵、解决济南事变为目标，但其后该运动又与废约运动、关税自主及其他政治运动交织在一起，形成复杂关系……时下在此地举行的全国反

---

① 『長江各地排日卜上海積荷状況ノ件』（1929 年 8 月 18 日日本驻上海副领事加藤日吉致外务大臣币原喜重郎）、A-1-1-0-2 之 4-2。
② 日本陆军省调查班编『全支排日運動の根源と其史的観察』陆军省调查班、1932、30 页。
③ 『排日貨運動卜其現状ニ関スル件』（1928 年 10 月 27 日日本驻上海代理上午参事官、副领事加藤日吉致外务大臣田中义一）、A-1-1-0-2 之 4-2。
④ 《日本驻华大使馆商务书记官首藤安人对中国抵制日货实情的调查》（1929 年 2 月 18 日）之「我方ニ及ボシタル影響」、A-1-1-0-2 之 4-2。

日会，试图组织统一反日运动……发布县（市）反日组织大纲，期于让县（市）反日会直属全国反日会，以组织反日运动。"① 这位总领事在 1928 年 7 月下旬接连向本国政府报告了上海的反抗日军暴行委员会发起举行全国反日大会，由上海、南京、浙江、山东、武汉五地方代表组成该大会的首席团，会上成立全国反日会，要求迅速解决济南惨案、彻底解决东三省问题、在完全废除不平等条约以前反日会不停止活动、在全国广泛宣传并实行抵制日货、在全国各学校使用反对日本帝国主义侵华教材、发动中学以上学生组成学生军、募集救国基金等情况，反映出他们受到强烈刺激。② 而日华实业协会其后又指出："上海成立全国反日会，有给各地反日会提供基准之观。"③ 从 1929 年 2 月中旬至 5 月中旬，中日围绕济南惨案交涉告一段落，南京国民政府转而加紧控制民众反日运动，长江流域地方民众的抵制日货运动依然持续，这在当时日本外务省通商局第二课编印的《排日货状况调查》中多有反映（见表 7-16），由此亦可了解日本势力的感受。

表 7-16　1929 年 2 月中旬至 5 月中旬中国民众反日状况所涉地方

| 时间段 | 日本领事报告中国民众反日情况所涉地方 | 长江流域地方占比（%） |
|---|---|---|
| 2 月 18—24 日 | 北平、上海、汉口、福州、九江、云南 | 67 |
| 2 月 25 日至 3 月 2 日 | 北平、天津、上海、汉口、汕头、芜湖、宜昌、杭州 | 63 |
| 3 月 3—9 日 | 北平、天津、上海、汉口、广州、福州、厦门、汕头、芜湖、苏州、云南 | 45 |
| 3 月 17—23 日 | 北平、上海、汉口、南京、苏州、芜湖、九江、广州、汕头、云南 | 70 |
| 3 月 24—30 日 | 北平、天津、济南、上海、汉口、苏州、芜湖、九江、广州、福州、汕头、云南 | 50 |
| 4 月 7—13 日 | 北平、天津、上海、汉口、芜湖、宜昌、广州、福州、汕头 | 44 |
| 4 月 14—20 日 | 北平、天津、上海、汉口、芜湖、汕头 | 50 |

①　『県（市）反日会ノ組織大綱発布ニ関スル件』（1928 年 9 月 18 日本驻上海总领事矢田七太郎致外务大臣田中义一）、A-1-1-0-2 之 4-6。
②　这些情况，日本驻上海总领事矢田七太郎分别在 7 月 23 日、26 日、28 日、31 日电告外务大臣，见『済南事件　排日及排貨関係』第 6 卷、A-1-1-0-2 之 4-6。
③　日華実業協会编『支那に於ける外貨排斥運動』日華実業協会、1929、8—9 頁。

近代日本在长江流域的扩张（1862—1937）

| 时间段 | 日本领事报告中国民众反日情况所涉地方 | 长江流域地方占比(%) |
|---|---|---|
| 4月21日—27日 | 北平、天津、济南、上海、汉口、南京、长沙、广州、福州、厦门、汕头 | 36 |
| 4月28日至5月4日 | 北平、天津、张家口、青岛、济南、烟台、上海、汉口、南京、杭州、九江、长沙、成都、广州、福州、汕头、厦门 | 41 |
| 5月5日—11日 | 沈阳、哈尔滨、铁岭、北平、张家口、青岛、济南、上海、汉口、南京、芜湖、长沙、福州、厦门、汕头、香港 | 31 |

资料来源：日本外務省通商局第二課編『排日貨状況調査』「支那排日貨状況調査」（六）、（七）、（九）、（十）、「各地排日貨概況」（十二）—（十六）、A-1-1-0-2 之 4-2。


　　日本驻上海代理商务参事官加藤日吉在 1929 年 8 月中旬的报告，对长江流域主要口岸反日情况所作叙述，也很能说明问题。他写道，上海的反日团体虽然在国民政府压力下分别改名，但"排日工作无何变化，对日货的检查、封存、没收或对违反者的处罚等，随处频发，日货交易几乎陷于停止状态"；镇江"排日炽烈"，"与济南事件解决前无何不同"；南京在济南事件解决后依然封存日货、处罚违反者，日清汽船株式会社在南京、浦口的卸货码头仍是冷清至极；芜湖在济南事件解决后"反日运动没有缓和"，反日会对出口日本的菜籽征收爱国税，纠察队严密监视输入货物，日船不能装卸货物；九江反日会在 7 月 13 日恢复活动，重新对日货实行检查；汉口自1928 年 9 月 30 日成立反日会后，日本商社遭到沉重打击，没有新的生意可做，因 12 月中旬发生车夫水杏林被日本陆战队炮车碾死的事件，反日会发动对日总罢工，封锁日租界，使日清汽船株式会社在原俄租界的码头仓库停摆，尽管在济南事件、水杏林案交涉告一段落及南京军队打进汉口后，汉口反日运动有所缓和，但直到 6 月，日清汽船株式会社船舶在此地的卸货量仍不到上年同期的四分之一；宜昌反日会从 1928 年 11 月展开抵制日货运动，直到 1929 年 3 月，日船仍不能在该地装卸货物，该年上半年从上海运到宜昌卸载的货物量，不到上年同期的 28%；万县从 1928 年 5 月开始反日运动，一度使日清汽船株式会社船舶难以获得煤炭；重庆在济南惨案发生后举行反日武力侵略大会，后与总商会组成的联合反日经济委员会合并，阻止日船卸货，对日货处以罚金。此外，长沙直到 1929 年 7 月，与镇江、南京、芜湖一样，反日浪潮极为猛烈；而到 8 月，又传来镇江、安庆等地发生反日运动的消息。①

## 三　"一·二八"事变前数年间长江流域与日本经贸关系

经过北伐战争，日本在长江流域的既得权益受到猛烈冲击，即使在其与列强一同或独自对南京国民政府多方施压并迫使后者妥协让步的情况下，也未能从总体上扭转其产品在长江流域的市场缩小之势。但是，日本并不以改变其一贯的侵华政策作为补救之方，而继续以暴虐强压来维护既得权益，在发动九一八事变后，又在上海挑起"一·二八"事变，首开对长江流域的战端，而该区域的抗日救国运动也由此揭开序幕。

### （一）日本死守在长江流域既得权益

日清汽船株式会社的社史回顾其在华，特别是在长江流域扩展势力的历程，称 1927 年度是"空前绝后"的年度，因为在这一年，其总收入达到了最高点，没有负债，在汉口至宜昌航线上，"独力能压英中同业者"。然而，从济南事变激发反日运动之后，该社"一转而开始走进十年困境"。就年度收入而言，1928 年度为 852 万多日元，较上年度 1050 万多日元，减少将近 200 万日元，1929 年度、1930 年度仍递减，分别为 775 万余日元、553 万余日元。② 再从日本对长江流域的贸易来看，变化趋势也是相同的，在经历了 1928 年的短暂反弹后，从 1929 年起，总额连续下跌 4 年，进口额则持续下跌 5 年（见表 7-17）。

① 『長江各地排日卜上海積荷状況ノ件』（1929 年 8 月 18 日日本驻上海代理商务参事官加藤日吉致外务大臣币原喜重郎）、A-1-1-0-2 之 4-006。
② 浅居誠一『日清汽船株式会社三十年史及追補』、95、96—97、98 頁。

**表 7-17  1927—1933 年日本对长江流域贸易额**

单位：日元

| 年份 | 出口额 | 进口额 | 总额 |
|---|---|---|---|
| 1927 | 164338810 | 78388613 | 242727423 |
| 1928 | 192644320 | 93421250 | 286065570 |
| 1929 | 188859305 | 83144956 | 272004261 |
| 1930 | 139776559 | 53219371 | 192995930 |
| 1931 | 88443023 | 48203421 | 136646444 |
| 1932 | 53663135 | 32668501 | 86331636 |
| 1933 | 49759131 | 59223610 | 108982741 |

资料来源：日本大藏省编『大日本外国貿易年表』昭和二年上篇、昭和三年上篇、大藏省、1931；日本大藏省関税局編『日本外国貿易年表』昭和四年下至昭和八年下、大藏省、1935。

　　这一时期日本在长江流域的贸易、航运收益持续减少，除了日本侵华政策与暴举所激发的民众强烈抵制的原因外，还与当时世界经济环境劣化、银价走低削弱中国对于进口商品的购买力以及长江流域社会动荡、发生自然灾害等因素相关。[①] 但在日本占主导地位的声音，是认为这种局面主要源于对华施压不够，故日本要以所谓"断然的决心面对"，如南京国民政府不能禁止反日运动，就拒绝与之进行一切交涉，为维护既得权益而"采取自卫所需之适当处置"。[②] 当时在长江流域作为日本武力存在的"第一遣外舰队"，在 1929 年的一份文件中声称："将台湾海峡以北的中国大陆视为以帝国现有的国力及海军力量首先要确保的海上交通线，是适当的。一朝有事，帝国生存及保持战争力量所必需的资源只能从台湾海峡以北的中国大陆补给。现在帝国对华贸易在贸易总额中超出 20%，当今文明国所必需的铁、油、棉花等重要物品都依赖于该方面供给还不能满足，且中国内地这些资源的开发显然还有很大余地，故该方面对于帝国臣民发展实可谓至关重要。"[③] 显然，

① 参见『中国経済絶交卜中日貿易関係二係ル件』（1931 年 11 月 5 日代理驻上海商务参事官、副领事加藤日吉致外务大臣币原喜重郎）、E-3-2-0-X1-C1 之 018；日本商工省贸易局編『貿易上ヨリ観タル中華民国二於ケル排日貨ノ影響』商工省贸易局、1932、6 頁。

② 吉田虎雄『支那財政経済一斑』之「五　日本の对策」学芸社、1936、310—311 頁。

③ 『第一遣外艦隊警備任務二就テ』（1929 年 4 月 15 日）、海軍省-公文備考-S4-140-3927。

日本侵华势力的选择，是要以更沉重的压迫直至使用武力来维护其在长江流域的既得权益。

出于这种选择，在1928年下半年南京国民政府为实现关税自主而开始与列强谈判修改商约时，日本政府便百般设法抵制，甚至在欧美主要国家都与中国订立新的关税条约的情况下，依然以拖延从济南撤出日军为要挟，迫使南京国民政府接受其苛刻条件，以增收关税的一部分用于整理包括日债在内的债务；1930年5月，日本虽在各国中最后对华订立新的关税协定，但还是迫使国民政府同意将其棉纺织品、水产品及面粉的进口税率分别维持一至三年不变。①

在长江流域，处于困境中的日本航运主体日清汽船株式会社，尽管面对客货运量走低的困境，但仍在1929年分别往川江、沪汉、汉宜航线上投放新船，以强化运力，并于1930年开通上海与宜昌间的直航航线。② 而日本海军为了向日本的长江航运提供保障，也将始于1923年的以所谓"警戒队"为商船护航的做法制度化。1927年10月，"第一遣外舰队"司令官荒城二郎令"警戒队"在必要时须"当机立断，先发制人"，"在遭受枪击时，无论是军队还是土匪所为，都要彻底反击"，"实行反击时要预想到报复，对之做好充分准备"。③ 1929年4月中旬，日清汽船株式会社新船"涪陵丸"首航川江航线，"请帝国海军陆战队派稻见中尉为首的下士官12人搭乘警戒"。④ 1930—1932年，在宜昌、沙市、岳阳、长沙之间江河沿岸，红军力量有了很大发展。"第一遣外舰队"司令官米内光政于1930年10月7日报告说，由于国民党军集中于北方战场，在长江流域的配备薄弱，红军极为活跃，日船受到威胁，故"本队从今年4月以后，令在中游航行的舰船尽可能护送日船……鉴于宜昌航线情况大为恶化的现状，计划从10月中旬以后，以上游警戒队作为一队，而另外从汉口的驻泊舰派出两三支中游警戒

---

① 参见王建朗《日本与国民政府的"革命外交"对关税自主交涉的考察》，《历史研究》2002年第4期。

② 浅居诚一『日清汽船株式会社三十年史及追補』、99—100頁。

③ 『機密第一遣外艦隊命令第四三号』（1927年10月1日）、海军省-公文备考-S2-44-3539。

④ 浅居诚一『日清汽船株式会社三十年史及追補』、431—422頁。

队，令其担任航线的保护"。① 日本驻沙市代理领事浦和四郎 1931 年 11 月
28 日的报告也证实：1930 年夏季以来，"本国每艘船派驻十二三名海军士
兵组成警戒队"。② 1930—1932 年，"第一遣外舰队"历任司令官，以及派
出"警戒队"的日舰舰长，在警备报告中都常提及"警戒队"在汉口上、
下游与沿岸红军交火的情况。③ 1931 年 3 月，驻汉日舰"平户"号开到长江
口外演练射击，该舰"警戒队"约百人随之离汉，导致所谓警备力量不足，
于是"上海海军特别陆战队"140 人赴汉补缺。④

　　日本海军不仅在长江上为本国商船护航，而且将通商口岸及日租界、日
商开办或投资的厂矿和铁路、金融机构等都列为警备对象，声称"足以成
为帝国臣民安居地的租界及由炮舰保护的开放口岸"对日本尤为"不可缺
少的要素"，是实施"巡航警备"的立足点，其中上海和汉口更是"帝国臣
民在华中发展的两脚、重要的据点"。⑤ 1930 年 7 月下旬，在彭德怀率领红
军攻占长沙期间，驻泊该地的日舰"二见"号曾派陆战队上岸，还与日舰
"小鹰"号一同向红军开火。⑥ 而在红军将要进攻汉口的风声传出后，日本
当局又派巡洋舰、驱逐舰各 1 艘及炮舰 4 艘到汉口，准备必要时派陆战队约
450 人上岸。⑦ 为此，日本海军还制订陆战队在汉口日租界的防备计划，要
求陆战队对"向我射击及试图强行通过我租界地，或袭击租界地"的中国
军民"予以反击、击攘"，并划分各分队的防守区域，提出了行动步骤，安

---

① 『宜昌航路邦船保護ニ関スル件通報』（1930 年 10 月 7 日）、海軍省-公文備考-S5-90-4026。
② 『沙市方面剿匪軍隊配置並共匪状況報告ノ件』（1931 年 11 月 28 日）、A-6-1-303。
③ 参见 『在留邦人保護及被害関係（帝国海軍ノ警備関係ヲ含ム）』（1930 年 1 月 28 日至 12 月 2 日）、A-6-1-315；『本邦艦船保護被害關係』（1927 年 11 月 1 日至 1932 年 10 月 27 日）、A-6-1-317；『昭和六年第一遣外艦隊電報』、海軍省-公文備考-S6-60-4162；1932 年各月 "第一遣外舰队" 司令官所呈 "中扬子江警戒队" 报告，海軍省-公文備考-S7-60-4307。
④ 『漢口ニ海軍陸戦隊派遣ノ件』（1931 年 3 月 20 日）、A-6-1-315。
⑤ 『第一遣外艦隊警備任務ニ就テ』（1929 年 4 月 15 日）、海軍省-公文備考-S4-140-3927。
⑥ 『英国大使宛答翰案』（1930 年 8 月 8 日）、A-6-1-312；『長沙二十七日邦人避難』（1930 年 7 月 28 日）、A-6-1-332。
⑦ 《驻汉口总领事坂根准三致外务大臣币原喜重郎急电》（1930 年 8 月 3 日），A-6-1-333。另见《长江沿线之日舰》，《申报》1930 年 8 月 8 日，第 2 张第 7 版。

排了各重要地点的兵力配置、工事修筑、联络方式等。①

直到"一·二八"事变爆发，日本在长江流域的航运贸易，就是这样公然伴随其海军武力展开的。

### （二）贸易概况

#### 1. 日本出口的主要货物

日本在紧张状态下对长江流域出口货物，最突出的是棉布。1929—1931 年 3 年，日本棉布在长江流域进口外国棉布中平均占比 63.9%，远超从英国等国进口棉布。② 长江中游的汉口、长沙等地向为日本棉布重要市场自不必说，从中国本土棉纺织业相对发达的长江下游地区的苏州来看，在 1928 年输入的坯布、斜纹布、漂白布、针织布、绒布，都是以日货为主，③ 1930 年，在经由海关输入苏州的棉布中，日货还占四成，主要是细布（上海日厂所产）、斜纹布（上海、青岛日厂所产）、洋标布（上海日厂所产）、坯布、绒布、印花布，计约 10 万匹，价额约有 100 万元。④ 在长江上游的重庆，1929 年"进口棉布中，日货价额为 385 万两，占首位，次为英国、中国、美国棉布"。⑤

这一时期日本对长江流域出口的重要货物还有砂糖。在汉口，1928 年日本精制糖的进口量有 917849 担，较之香港与他地糖进口量之和 776584 担还要多；直到 1933 年，日本精制糖在汉口同类进口货中都占优势。⑥ 在苏州，1932 年大宗进口货之一的砂糖，还是"以日货为主"。⑦ 在九江，1926

---

① 『臨時漢口聯合陸戰隊漢口日本租界防備計画』（1930 年 8 月 2 日）、海軍省-公文備考-S5-90-4026。

② 严中平：《中国棉纺织史稿》，第 173 页。

③ 『昭和三年度蘇州貿易年報提出ノ件』（1929 年 5 月 14 日驻苏州领事岩崎荣藏致外务大臣田中义一）、E-3-2-0-X1-C1 之 07。

④ 『昭和五年度蘇州貿易年報提出ノ件』（1931 年 4 月 23 日驻苏州代理领事川南省一致外务大臣币原喜重郎）、E-3-2-0-X1-C1 之 016。

⑤ 『昭和四年度重慶貿易年報』（1931 年 4 月 3 日驻重庆领事清野长太郎致外务大臣币原喜重郎）、E-3-2-0-X1-C1 之 016。

⑥ 『昭和八年度漢口港貿易年報』（1934 年 11 月 15 日驻汉口总领事清水八百一致外务大臣广田弘毅）、E-3-2-0-X1-C1 之 024。

⑦ 『昭和七年中ノ蘇州貿易状況』（1933 年 5 月 30 日驻苏州代理领事川南省一致外务大臣内田康哉）、E-3-2-0-X1-C1 之 020。

年进口砂糖"大部分是日货"，<sup>①</sup> 1930 年精制糖仍是进口的主要日货之一；<sup>②</sup> 在长沙，1930 年"红糖、白糖是以日本货为多"。<sup>③</sup>

日本海产品一向以长江流域为在华最大市场，其时还是对该区域出口的重要货物。在汉口 1928 年进口的日货中，海产品依然位居前列，而别国货的进口量则不及其零头（日货 27386 担，别国货共 348 担）。<sup>④</sup> 在上海，1930 年日本商务参事官报告称，进口日货中海产品与棉织品、砂糖、杂货占重要地位。<sup>⑤</sup> 在苏州，1928 年日本领事专门提及日本海产品因抵制日货所受影响，<sup>⑥</sup> 该地 1932 年进口的海产品仍"大多是日货"。<sup>⑦</sup> 此外，日本驻南京领事 1929 年的报告称，上年因抵制日货而减少了进口量的海带，其后又一度激增。<sup>⑧</sup> 而同年日本驻南京领事发出的镇江贸易年报，在该地主要进口货物表中，也列有来自日本的海带等海产品。<sup>⑨</sup> 芜湖 1929 年进口的海参、海带，完全是日本货。<sup>⑩</sup> 在九江，1929 年、1930 年，海带等海产品仍在该

---

① 『大正十五年度九江貿易年報』（1927 年 12 月 1 日驻九江领事大和久义郎致外务大臣田中义一）、E-3-2-0-X1-C1 之 003。

② 『昭和五年九江貿易年報』（1931 年 10 月 6 日驻九江代理领事河野清致外务大臣币原喜重郎）、E-3-2-0-X1-C1 之 017。

③ 『昭和五年度长沙貿易年報提出ノ件』（1931 年 1 月 8 日驻长沙领事糟谷廉二致外务大臣币原喜重郎）、E-3-2-0-X1-C1 之 017。

④ 参见『当地主要国别输出入貿易趋势及邦人企业消长ニ関シ回报ノ件』（1929 年 11 月 12 日驻汉口总领事桑岛主计致外务大臣币原喜重郎）关于汉口对日直接贸易的叙述及所列 1926—1928 年汉口主要进口货物表（E-3-2-0-X1-C1 之 010）。

⑤ 参见日本驻上海商务参事官横竹平太郎致外务大臣币原喜重郎之『商第三一号』（1930 年 7 月 9 日）、『商第四〇号』（1930 年 8 月 14 日）、『商第四四号』（1930 年 9 月 6 日）、E-2-10-0-1 之 1-001。

⑥ 『昭和三年度苏州貿易年報提出ノ件』（1929 年 5 月 14 日驻苏州领事岩崎荣藏致外务大臣田中义一）、E-3-2-0-X1-C1 之 007。

⑦ 『昭和七年中ノ苏州貿易状况ニ関シ报告ノ件』（1933 年 5 月 30 日驻苏州代理领事川南省一致外务大臣内田康哉）、E-3-2-0-X1-C1 之 020。

⑧ 『南京貿易年報送付ノ件』（1930 年 12 月 2 日驻南京领事上村伸一致外务大臣币原喜重郎）、E-3-2-0-X1-C1 之 015。

⑨ 『昭和四年度镇江貿易年報』（1930 年 12 月 28 日驻南京领事上村伸一致外务大臣币原喜重郎）、E-3-2-0-X1-C1 之 015。

⑩ 『芜湖貿易年報提出ノ件』（1931 年 2 月 15 日驻芜湖领事柴崎白尾致外务大臣币原喜重郎）、E-3-2-0-X1-C1 之 016。

地进口主要日货之列。①

此外还应指出的是，当时在中国本土煤炭的市场占有率逐步上升的情况下，日本仍竭力维持其煤炭对长江流域的出口。苏州1930年从河北、山西等地输入的煤炭在外来煤炭中只占三成，而日煤却占了七成。② 在南京，日煤也是中国本土煤炭的劲敌。③ 在杭州，日煤在市场上的优势更大。④ 芜湖在1926年对日煤的进口量超过对中国本土煤炭的输入量，⑤ 在30年代初期仍在进口日煤。⑥ 在汉口，日本主要以其控制的抚顺煤炭打入市场，在1930年、1931年、1932年，由日商输入的抚顺煤炭数量，都远超日煤。⑦

**2. 日本进口的主要货物**

这一时期日本从长江流域进口的货物，最重要的自然是被日本视为有巨大利害关系的大冶、桃冲铁矿等的矿石。如前文所述，日本在北伐战争时期一直竭力阻止国民政府接管大冶铁矿，且不惜以武力来排除从桃冲外运铁矿石可能遇到的障碍，实际上掌握着对两地铁矿石的控制权。在此状况下，日本从大冶进口铁矿石的数量，从1927年起大幅回升，1928年进口39.8万吨，数量之大前所未有；继而在1930年，进口量又增至43.1万吨。日本进口桃冲铁矿石的数量，在1928—1930年，也年年超出1926年、1927年的进

---

① 『昭和四年度九江港貿易年報進達ノ件』（1930年8月25日驻九江代理领事河野清致外务大臣币原喜重郎）、E-3-2-0-X1-C1之014；『昭和五年九江港貿易年報』（1931年10月6日驻九江代理领事河野清致外务大臣币原喜重郎）、E-3-2-0-X1-C1之017。

② 『昭和五年度蘇州貿易年報提出ノ件』（1931年4月23日驻苏州代理领事川南省一致外务大臣币原喜重郎）、E-3-2-0-X1-C1之016。

③ 参见『南京貿易年報送付ノ件』（1930年12月2日驻南京领事上村伸一致外务大臣币原喜重郎）、E-3-2-0-X1-C1之015。

④ 参见『昭和四年度（一九二九年）杭州貿易年報提出ノ件』（1930年11月16日驻杭州代理领事米内山庸夫致外务大臣币原喜重郎）、E-3-2-0-X1-C1之015。

⑤ 『蕪湖貿易年報提出ノ件』（1929年9月24日驻芜湖领事柴崎白尾致外务大臣币原喜重郎）、E-3-2-0-X1-C1之008。

⑥ 『蕪湖貿易年報提出ノ件』（1933年9月30日驻芜湖领事柴崎白尾致外务大臣广田弘毅）、E-3-2-0-X1-C1之021。

⑦ 『昭和七年漢口貿易概況報告ノ件』（1933年9月23日驻汉口总领事清水八百一致外务大臣广田弘毅）、E-3-2-0-X1-C1之021。

口量，直到 1931 年以后才因该矿开采上的问题而明显下降。[①]

湖南的矿产也是这一时期日本购运的重要货物。锑矿石在 1930 年外运，由日清汽船株式会社的船舶占首位；[②] 长沙的铅矿石出口，在 1931 年，"几乎都是面向日本的"。[③]

长江流域的棉花输出，自晚清以来一直是以日本为主要去向。而作为棉花大集散地的汉口，即使在北伐战争时期，输出棉花也依然是以日本为最大的去向，输出量连续上升（见表 7-18）。

表 7-18　1926—1928 年汉口输出棉花数量

单位：担

| 年份 | 日本 | 英国 | 美国 | 德国 | 中国香港 | 其他 |
|---|---|---|---|---|---|---|
| 1926 | 51493 | — | 2220 | 2246 | | 384 |
| 1927 | 87697 | — | 8350 | 6970 | 865 | 2622 |
| 1928 | 131930 | 399 | 4857 | 6917 | — | 2923 |

资料来源：1929 年 11 月 12 日驻汉口总领事桑岛主计致外务大臣币原喜重郎，E-3-2-0-X1-C1 之 010。

直到 1933 年，在中日矛盾激化的形势下，汉口输出棉花以日本为最大去向的局面丝毫未变，这年的输出总量为 143573 担，而对日本输出量就有 141678 担，将近占 98.7%，[④] 在数量上也超过了 1928 年。

植物油料菜籽、芝麻，都是在民国时期成为日本从长江流域进口的重要货物。日本主要从芜湖、苏州和汉口进口菜籽。在芜湖，菜籽在 1928 年已与铁矿石同为日本进口的最主要货物。[⑤] 1933 年日本驻芜湖领事强调，菜籽作为该地

① 奈倉文二『日本鉄鋼業史の研究』、18 頁。日本从 1928 年起，从马来西亚进口铁矿石的数量大增。

② 上海事務所調査室編『昭和十一年　中南支那外国貿易詳細統計　第一編　中支那ノ部』南満洲鉄道株式会社調査部、1941、388—390 頁。

③ 『昭和六年度長沙及岳州貿易状況進達ノ件』（1932 年 10 月 25 日驻长沙领事糟谷廉二致外务大臣内田康哉）、E-3-2-0-X1-C1 之 019。

④ 『昭和八年度漢口港貿易年報提出ノ件』（1934 年 11 月 15 日驻汉口总领事清水八百一致外务大臣广田弘毅）、E-3-2-0-X1-C1 之 024。

⑤ 『蕪湖貿易年報提出ノ件』（1929 年 9 月 24 日驻芜湖领事柴崎白尾致外务大臣币原喜重郎）、E-3-2-0-X1-C1 之 008。

大宗货物运到上海后，几乎全都出口到日本。[①] 从苏州出口的菜籽与菜籽油糟，在民国初年差不多完全面向日本。1927 年，日本仍大量订货，进口量大增。[②] 到 1932 年，菜籽仍是苏州出口的大宗货物。[③] 汉口输出的菜籽，在 1926—1928 年都是以日本为最大的去向；[④] 到 1934 年，汉口输出的菜籽、菜籽油糟仍几乎都是面向日本。[⑤] 就芝麻来说，在汉口这个长江流域的主要输出地，最晚从 1926 年以后，其对日本输出的数量呈迅速上升趋势（详见表 7-19）。

**表 7-19　1926—1928 年汉口输出芝麻数量**

单位：担

| 去向 | 日本 | 美国 | 德国 | 中国香港 | 其他 |
|------|------|------|------|----------|------|
| 1926 年 | 8875 | 13932 | 25200 | 2865 | 319553 |
| 1927 年 | 50560 | 6721 | 15154 | 1361 | 102116 |
| 1928 年 | 156538 | 19950 | 21081 | 6192 | 261599 |

资料来源：1929 年 11 月 29 日驻汉口总领事桑岛主计致外务大臣币原喜重郎，E-3-2-0-X1-C1 之 010。

1930—1932 年，汉口对日本出口芝麻的数量分别为 209036 担、187813 担、101412 担，[⑥] 虽然由于收成欠佳和中日矛盾激化，出口量递减，但与 20 年代后期的出口量相比，明显还处于较高水平。

长江流域出产的麻，一直被日本视为重要资源，而作为麻之最重要集散地的汉口，从清末就以日本为麻最主要的出口去向，1926 年、1927 年、

① 『蕪湖貿易年報提出ノ件』（1934 年 10 月 30 日驻芜湖代理领事吉竹贞治致外务大臣广田弘毅）、E—E-3-2-0-X1-C1 之 024。

② 『民国十六年度蘇州貿易概况報告ノ件』（1928 年 3 月 9 日驻苏州代理领事松村雄藏致外务大臣田中义一）、E-3-2-0-X1-C1 之 004。

③ 『昭和七年中ノ蘇州貿易状況ニ関シ報告ノ件』（1933 年 5 月 30 日驻苏州代理领事川南省一致外务大臣内田康哉）、E-3-2-0-X1-C1 之 020。

④ 『当地主要国別輸出入貿易趨勢及邦人企業消長ニ関シ回報ノ件』（1929 年 11 月 29 日驻汉口总领事桑岛主计致外务大臣币原喜重郎）、E-3-2-0-X1-C1 之 010。

⑤ 『漢口主要輸出品国別輸出額報告ノ件』（1934 年 9 月 18 日、22 日驻汉口总领事清水八百一致外务大臣广田弘毅）、E-3-2-0-X1-C1 之 024。

⑥ 『昭和七年度漢口貿易概况報告ノ件』（1933 年 9 月 23 日驻汉口总领事清水八百一致外务大臣广田弘毅）、E-3-2-0-X1-C1 之 021。

近代日本在长江流域的扩张（1862—1937）

1928 年分别对日本出口苎麻 118975 担、70692 担、112711 担，数量不及以往，但日本作为汉口苎麻出口首要去向的地位依旧未变。[①] 其后，日本从汉口进口麻的数量还有所上升，在 1930 年、1931 年、1932 年，分别为 164079 担、161400 担、165367 担。[②] 日本还从九江进口苎麻，直到 1930 年，仍以苎麻作为其从九江进口的首要货物，且主要由日商做此生意。

在这些年里，日本从长江流域进口的重要货物还有牛皮、猪鬃。1926 年，日本从汉口进口牛皮 53669 担（其中黄牛皮 53106 担、水牛皮 563 担），在该地此货出口总量中占了最大比重；[③] 1930—1932 年，又分别进口 22306 担、20633 担、30319 担；[④] 远超汉口对欧美各国的出口量。[⑤] 日本从汉口进口猪鬃的数量，1926—1928 年，都在英、美之后[⑥]，1930—1932 年的进口量呈上升之势。[⑦] 到 1933 年，就压倒了美、法、英的进口量而占了首位。[⑧] 重庆在民国初年有日商做牛皮生意，到 20 年代，日本便成为该地出口牛皮的主要去向。[⑨] 从重庆出口的四川猪鬃，是国际市场上的抢手货，日商从重

① 参见『当地主要国别輸出入貿易趋势及邦人企业消长ニ関シ回报ノ件』（1929 年 11 月 29 日驻汉口总领事桑岛主计致外务大臣币原喜重郎）、E-3-2-0-X1-C1 之 010。

② 『昭和七年度漢口貿易概况报告ノ件』（1933 年 9 月 23 日驻汉口总领事清水八百一致外务大臣广田弘毅）、E-3-2-0-X1-C1 之 021。

③ 参见『当地主要国别輸出入貿易趋势及邦人企业消长ニ関シ回报ノ件』（1929 年 11 月 29 日驻汉口总领事桑岛主计致外务大臣币原喜重郎）、E-3-2-0-X1-C1 之 010。

④ 『昭和七年度漢口貿易概况报告ノ件』（1933 年 9 月 23 日驻汉口总领事清水八百一致外务大臣广田弘毅）、E-3-2-0-X1-C1 之 021。

⑤ 『昭和八年度漢口港貿易年报』（1934 年 11 月 15 日驻汉口总领事清水八百一致外务大臣广田弘毅）、E-3-2-0-X1-C1 之 024。

⑥ 「漢口大正元年貿易年报」（1913 年 12 月 25 日驻汉口代理总领事高桥新治报告）、日本外务省通商局编『通商公报』第 93 号、1914 年、712 页；「漢口貿易年报（大正四年）」（1916 年 4 月 15 日驻汉口总领事瀬川浅之进报告）、『通商公报』第 318 号、1916 年、708 页；『当地主要国别輸出入貿易趋势及邦人企业消长ニ関シ回报ノ件』（1929 年 11 月 29 日驻汉口总领事桑岛主计致外务大臣币原喜重郎）、E-3-2-0-X1-C1 之 010。

⑦ 『昭和七年度漢口貿易概况报告ノ件』（1933 年 9 月 23 日驻汉口总领事清水八百一致外务大臣广田弘毅）、E-3-2-0-X1-C1 之 021。

⑧ 『昭和八年度漢口港貿易年报』（1934 年 11 月 15 日驻汉口总领事清水八百一致外务大臣广田弘毅）、E-3-2-0-X1-C1 之 024。

⑨ 『昭和四年度重慶貿易年报』（1931 年 4 月 3 日驻重庆领事清野长太郎致外务大臣币原喜重郎）、E-3-2-0-X1-C1 之 016。

庆输往本国与他处，一直持续到 20 年代末，[①] 由此重庆猪鬃的行情，也成为日本领事商务报告中常有的内容。[②]

## （三）日本在长江流域继续对工业投资

北伐战争后，尽管遭到日本百般阻挠，但南京国民政府还是提高了外国货物进口税率，而日方的对策之一，就是增加在华工业投资、就地生产销售其产品，以回避日本产品税负增高的问题。[③] 在当时，世界银价走低，抑制了中国对外国货的进口，这也成为日本增加在华工业投资的促因之一。

日本在华继续实行工业投资的对象主要是棉纺织业。据统计，到 1930 年，在中国国内的棉纺织业内，资本额占首位的是日资纱厂（148919916 元），次为华资纱厂（126908222 元）。[④] 1930 年底与 1924 年底相比，日资纱厂的纱锭增加了 49.4%（增加的主要是捻纱锭），而织布机数量则增加了 2.4 倍。就织布机增加的数量而言，日资纱厂超过了同期华资纱厂所增织布机数量。在华日资纱厂由此扩充了生产设备，而从 1930 年日资纱厂纱锭数量在中国相关区域的分布看，上海仍占压倒性优势，占比为 69.6%，而汉口仅占 1.6%。[⑤] 无疑，在长江流域的日资纱厂，作为日本在华最大规模的机器工业，进一步扩大了产能。此外还须注意的是，这些年日资纱厂产能的扩大，主要着眼于控制中国细纱与棉布市场，从而在 20 支纱及以上细纱与机器织布的产品中，相对于华资纱厂扩大了优势。[⑥] 当时，在上海的日本商会刊物载文，对此状况颇表欢喜，说："今日中国，外人投资最巨者为日商，而在其各种企业中，纺织业势力最大"，"取代了英国货的地位"，"当此世界经济不振之时，独此业兴盛"。至于原因，作者很强调银价暴跌使

---

① 『昭和四年度重慶貿易年報』（1931 年 4 月 3 日驻重庆领事清野长太郎致外务大臣币原喜重郎）、E-3-2-0-X1-C1 之 016。

② 『民国十一年乃至二十年ノ重慶貿易ニ関シ報告ノ件』（1934 年 12 月 21 日驻重庆领事中野高一报告）、E-3-2-0-X1-C1 之 024。

③ 参见東亜研究所『日本の対支投資——第一調査委員会報告書』、43 页。

④ 方显廷：《中国之棉纺织业》，国立编译馆，1934，第 259 页。

⑤ 高村直助『近代日本綿業と中国』、163、164 頁。

⑥ 高村直助『近代日本綿業と中国』、171 頁。

"英国的棉制品进口受到绝大打击，惟日资纱厂独得其惠，日资纱厂利用此机扩大范围增加产品"，同时指出，中国劳动力价格低廉与做活时间长、中国内地对棉制品购买力逐渐增加、日本投资有可靠保障、银价走低驱使日本国内资本输出等，都很有利于在上海等地日资纱厂"积极推进其事业"。[1]

此外，日本还有一些中小企业在此期间纷纷在上海开厂，其中包括食品、肥皂、针织品、帽子、胶鞋、热水瓶、锡箔、灯泡、电线、马达、机器部件等厂家。[2] 仅在 1930 年一年间，受银价跌落促动在上海新开的日资工厂就有 20 多家，涉及电气、机器修造、副食品、日用杂货等行当。[3]

## 四　日本海军挑起"一·二八"事变

1932 年由日本海军挑起的"一·二八"事变，是九一八事变后日本实行侵华战争的重要步骤之一，也与日本海军长年对长江流域扩张，对中国争取民族独立浪潮不断打压施暴，从而激化矛盾密不可分。从近代长江流域与日本关系的历程来看，这一事变无疑是彼此走向血与火对抗的重大转折点。关于"一·二八"事变，学界对日本海军在上海寻衅挑战以配合陆军侵占中国东北、制造伪满洲国，同时求得其"南进"与陆军"北进"的平衡等问题，已多有叙述和深入剖析；对日本海陆军大举进攻淞沪地区、十九路军等守军在广大民众支持下浴血抗战、国民政府在此前后对日政策变化的历程，日本与英美关系在此事变前后的转变等，也多有论著。故笔者不多重复，而主要对一些薄弱之处作一补充。

### （一）中日矛盾激化与日本海军挑战

#### 1. 中日矛盾激化

自民国初年以后，长江流域一向是民众激烈反对日本侵华之区。在九一

---

① 「最近上海に於ける邦人諸工業の勃興」『経済月報』第 52 号、1931 年、210—211 頁。
② 東亜研究所『日本の対支投資——第一調査委員会報告書』、44 頁。另参见许金生《近代上海日资工业史（1884—1937）》，第一、第三章。
③ 「最近上海に於ける邦人諸工業の勃興」『経済月報』第 52 号、1931 年、212 頁。

八事变爆发后，中国共产党立即呼吁"全中国工农兵士劳苦民众必须在反对第二次世界大战，推翻帝国主义统治，争取中国民族利益之下实行坚决的斗争，一致反对日本强暴占领东三省"，要求"立刻撤退占领东三省的海陆空军"。① 在上海、南京、镇江、南昌、武汉等许多地方，民众纷纷举行反日救国大会和示威活动。在南京的东三省同乡和学生率先为抗日向国民政府请愿，上海与南京、杭州、武汉等地学生接连跟进，多次实行。各界知名人士接连发表声明、主张，反对日本强占东北，要求收复失地。与此同时，抵制日货活动也在各地广泛展开。日本侵华势力陷于抗议的巨澜之中，惊呼"长江一带以上海、汉口为中心，事态险恶"。② 日本《官报》在1932年7月6日、13日刊载的文章，强调日本势力在上海、芜湖陷于困境，九江、沙市、重庆、成都、温州、郑州、南京、芜湖、杭州、云南的日侨"全部或部分撤离"；在1931年9月至1932年2月半年间，主要由于中国民众抵制日货，日本对华贸易总额（不包括东北与香港）较上年同期减少了51%，其中出口额则减少65%强，"按区域来观察，则华南与华中的打击最为严重，在1932年1月、2月，说几乎全灭也不为过"；在华日资企业此时也遭遇交易断绝、金融梗阻引起的资金枯竭，尤其是在上海的日资企业，"受损最甚"，日资纱厂因长江一带交易断绝而难将产品销出；日本航运企业在长江一带与华南，所受"影响深刻"，"中国方面的客货全无，上海市商会还警告该地各国商会，如让日船运载欧美货，交易中可能发生麻烦"，故连日船运载欧美货也受到影响。③ 日本商工省贸易局1932年6月编印一本小册子，指出九一八事变后中国民众反日运动有7个特点，即商人方面积极行动、妇幼投入运动、日本所产原料也遭抵制、中国银行断绝与日资银行的交易、中日个人之间往来断绝、禁止对日人出售所有中国货物、强制受雇于日资银行及轮船会社与商铺的买办和其他雇员退出。而在说明每个特点时提及

---

① 《中国共产党为日本帝国主义强暴占领东三省宣言》（1931年9月20日），中央档案馆编《中共中央文件选集》第7册，中共中央党校出版社，1991，第398、399页。

② 『支那ニ於ケル排日運動ト日本』（日本外務省通商局第二課、1932年1月）、通二-34、日本外務省外交史料館蔵。

③ 日本外務省通商局編『満州事変による支那排日運動の影響概要』その一・その二、『官報』1932年7月6日、2頁；7月13日、2～3頁。

的地方，都有上海和汉口等地。① 此外，这本小册子强调，1931 年日本对华
贸易不振，与始于 7 月份万宝山事件的中国抵制日货运动"有重大关系"。
其所列该年上、下半年日本对华出口额较上年同期减少数额，亦可见以长江
流域为主体的华中与华南地区民众反日运动对日本经济利益打击之大（见
表 7-20）。

表 7-20　1931 年上、下半年日本对华出口额与上年同期比较

| 区域 | 1930 年上半年（千日元） | 1931 年上半年（千日元） | 1931 年上半年较上年同期减少(%) | 1930 年下半年（千日元） | 1931 年下半年（千日元） | 1931 年下半年较上年同期减少(%) |
|---|---|---|---|---|---|---|
| 中国（未计东北、香港） | 111219 | 81391 | 26.8 | 114030 | 62485 | 45.2 |
| 华北 | 40313 | 26787 | 33.5 | 38352 | 24961 | 34.9 |
| 华中 | 68056 | 52063 | 23.5 | 71720 | 36380 | 49.3 |
| 华南 | 2850 | 2541 | 10.8 | 3957 | 1144 | 71.0 |

资料来源：日本商工省贸易局编『貿易上ヨリ観タル中華民国ニ於ケル排日貨ノ影響』、7 頁。

　　根据表 7-20，日本对华中地区出口额在 1931 年下半年，较上年同期减
少的幅度虽次于华南地区，但在此时日本对华出口减少的总额（未计东北、
香港）中，占了将近 68.6%，相当于日本对华北与华南出口减少额总数的
2.18 倍。

　　在此形势下，以上海为中心的日本在长江流域工商团体，不甘失去
既有根基，大肆喧嚣，要求日本当局"像在满洲那样"，"在长江方面发
动这一自卫权"。1932 年 1 月 20 日，在上海的日侨举行大会，通过决
议，要求日本政府下决心"马上派遣陆海军、发动自卫权，以使抗日运
动灭绝"。②

―――――――――

① 日本商工省贸易局编『貿易上ヨリ観タル中華民国ニ於ケル排日貨ノ影響』、2—3 頁。
② 参见陆伟《日本在沪资产阶级与一二八事变——九一八事变前后的上海商工会议所》，《上
　海党史研究》1991 年第 4 期；日本海军军令部编『昭和六七年事変海軍戦史』第五章之
　五、②戦史-満洲（上海）事変-93、日本防衛研究所藏。

## 2. 日本海军挑起"一·二八"事变

在近代日本侵华过程中，海军与陆军既协同又抗衡。九一八事变一爆发，日本海军就伺机挑衅，派陆战队在天津、青岛上岸，并策应关东军对锦州的进犯；在长江流域特别是上海，则与鼓噪在长江流域动武的势力完全沆瀣一气，蓄意打压中国民众反抗浪潮进而挑起战端，并以"特别陆战队"充当先锋。

如前文所述，在列强阻挡北伐战争推进过程中，日本海军趁机将其"特别陆战队"长期非法驻扎于上海与汉口。而最迟在 1929 年，驻这两地的"特别陆战队"就完全是日本在长江舰队的一个固定组成部分了。这年 7 月中旬，"第一遣外舰队"司令官米内光政对"特别陆战队"作了例行检阅，称本年开初以来，长江一带多事，该队既能完成在上海的任务，又能在汉口发生针对日本的大罢工及爆发宁汉战争后，遵命速派增援部队、运送所需器材。[①] 次年 8 月，在日英等国海军准备阻挡红军进攻汉口时，该队又奉命派去 134 名官兵加入"临时汉口联合陆战队"。[②] 作为具有驻屯军特性的海军力量，为保持对上海和汉口的武力威胁、具备挑起战端的能力，该队配备了在当时最为先进、号称"不亚于任何国家的军队"的武器装备，"可与陆军步兵和炮兵的装备叠加相媲美，装甲车、配有机关枪的汽车、野炮、山炮、迫击炮、轻重机关枪、手榴弹、步枪、手枪、连发手枪自不必说，还有铁面罩等，且备有将如此装备的陆战队几百到千人临时运到东南西北任何方向的卡车"。该队对士兵的军事素质也有很高要求："只有经过极为严格的训练后被录用，经过了三、四、五年长期教育训练的海军士兵，才进入特别陆战队驻在上海。"[③]

---

① 『昭和四年上海陸戦隊恒例検閲ノ成績ニ就キ上海陸戦隊指揮官松本忠左ニ訓示』(1929 年 7 月 18 日)、海軍省-公文備考-S4-68-3855；『最近支那関係諸問題摘要(第五十七議会用)』之「第三編第一章」(1929 年 7 月 6 日)、B-議 AJ-34；《军务局致经理局》(1932 年 12 月 12 日)的附件『漢口特別陸戦隊定員増減表』，海軍省-公文備考-S7-128-4375。另参见齐春风《1928—1929 年中日"水案"交涉》，《阅江学刊》2012 年第 4 期。

② 『臨時漢口聯合陸戦隊漢口日本租界防備計画』(1930 年 8 月 4 日)、海軍省-公文備考-S5-90-4026。

③ 日本海軍省編『上海事変と我海軍』、40—41 頁。

　　这样一支日军部队，非法驻屯的起点就是以武力打压长江流域不利于日本的社会力量与革命浪潮，其后，它也一直保持如此面目。特别是在 1931 年 7 月日本制造万宝山事件，导致在朝鲜的数百华人死伤之后，面对民众反日浪潮再起，这支"特别陆战队"便施以暴虐手段。8 月 12 日，上海"反日会"人员在浦东华通码头查出某船私载日货，要予以没收，而该队司令部接到日商报告后，立即"出而干涉，以武力将日货夺回，并将查货员四人掳去，沿途用枪毒打"。上海市商会愤怒抨击"日本蔑视中国主权"。① 其后，九一八事变爆发，中国各地民众掀起激烈反日浪潮，日本势力在上海、汉口、杭州、重庆、成都等长江流域重要城市遭到猛烈冲击。② 面对这种状况，在上海的日本海军"特别陆战队"强化"警备"，"每日派出兵士数十名或百余名，分赴虹口各路实习街巷战术"；③ 同时，对奋起抗议的中国民众施压，护卫不法日侨。据当时上海《民国日报》报道，"自日军以武力强占南满后……日本帝国陆战队当晚即在北四川路底之华租交界处大队出巡，借以示威"，其后"又大队成群出外，荷枪实弹，驾铁甲炮车行驶于北四川路底天通庵站之华租交界处，其对华界警岗狞笑傲视，故意挑衅"。④《申报》报道："沪上日侨，连日到处挑衅，而日舰之海军陆战队，尤为猖狂，游行示威，凡日侨聚居之处，如虹口北四川路一带及日人设立纱厂区域之小沙渡方面，时有事端发现，形势殊为严重。前日……我国学生，于午前在沪西各马路演讲日兵暴行事件，讵日本陆军竟派铁甲车驰往压制……至下午，澳门路内外棉纱厂门前突起纠纷，日兵后又开赴该处，声势汹汹。"10 月 11 日，数百日侨"沿北四川路南下，强撕各商店所贴之爱国标语，百端寻衅。日本海军陆战队特派武装兵士，分乘军用汽车，追随于肇事日人之后，沿路示威"。10 月 17 日，有日商对向其讨薪的华人木匠大打出手，被虹口巡捕拘押，而"日本海军陆战队司令部，不问事实如何，顿派大批日兵，荷枪

---

① 《武装日兵奉命干涉》《市商会发表宣言抗争日兵掳人案》，《观海》第 3 期，1931 年，第 94、96 页。
② 日本陸軍省調査班編『全支排日運動の根源と其史的観察』，32、33 頁。
③ 《日陆战队在沪演巷战》，《军事杂志》第 41 期，1931 年，第 167 页。
④ 《日兵在交界处示威》，《民国日报》（上海）1931 年 9 月 23 日，第 3 版。

实弹，赶往示威"。①

为了加强在上海的军力以保持高压态势，日本海军在 1931 年 10 月上旬便从佐世保增派了"特别陆战队"230 人。到 1932 年 1 月下旬，为了向在上海市区布防、抵抗侵略斗志高昂的十九路军寻衅，又先后将来自吴淞的460 人、来自佐世保的 470 人编入驻屯上海的"特别陆战队"，致该队人数共达 1760 人。② 还须特别注意的是，原属日本海军"第二遣外舰队"、在辽东海面策应关东军进犯锦州与山海关的航空母舰"能登吕"号，也被调到长江方面，于 1 月 24 日开到上海。此外，1 月 21 日、23 日，还有巡洋舰"大井"号率"第十五驱逐队"（有 4 艘驱逐舰）开到；1 月 28 日，又有"第一水雷战队"之第二十二、第二十三、第三十驱逐队（各有驱逐舰 4艘）开到。③ 这种兵力部署，意味着日本海军要在上海挑起战端，其空间范围也不限于"特别陆战队"展开行动的市区内外地面，显然有实行海陆空立体作战的图谋。所以，如只注意此时"特别陆战队"人数与行动，颇不足以看清日本海军拟采取的战法及由此而来的事变特征。

1932 年 1 月，日本侵华势力在上海，通过其总领事不断对当局提出种种无理要求，促其压制民众反抗日本侵华的言论行动，继而制造日僧遭袭事件以加剧紧张态势，为动武制造借口，在国民政府迫于日方侵逼而接受其条件的情况下，仍在 1 月 28 日向中国军队发动进攻。这些史实，已为人们熟知。这里，再就日本海军挑起战端的情节作一些补充。

在 1 月下旬，日本海军一面加紧向上海增派"特别陆战队"与航母等舰，一面对中国官民施压恐吓。21 日，日本驻上海总领事村井仓松照会上

① 《三工人被日人毒打　请法官视伤状》，《申报》1931 年 10 月 20 日，第 3 张第 11 版；《侨沪日人挑衅》，《申报》1931 年 10 月 12 日，第 3 版；《日商人之无赖　欠工资不还　反纠众行凶》，《申报》1931 年 10 月 18 日，第 4 张第 15 版。

② 参见日本海军军令部编『昭和六七年事变海军战史』第五章之二、②战史-满洲（上海）事变-93。根据这一资料，在"上海海军特别陆战队"挑起战端后，日本海军又向上海增派了 4 批"特别陆战队"，即 1 月 30 日到、来自佐世保的 470 人，2 月 1 日到、来自横须贺的530 人，2 月 5 日到、来自佐世保的炮队 300 人，2 月 7 日到吴淞、来自横须贺的 550 人。

③ 参见日本海军军令部编『昭和六七年事变海军战史』第八章之一、第五章之二、②战史-满洲（上海）事变-93。

海市市长吴铁城，逼其为此前在三友实业社发生的中日冲突道歉并惩处所谓加害者、向在冲突中受伤的日人支付医药费与慰问金、立即下令解散上海各界抗日救国会等各种抗日团体。而"第一遣外舰队"司令官盐泽幸一也在同一天以所谓"声明"发出威胁：如果日本总领事的要求得不到满意的回答与施行，日军就"为维护帝国权益而出以相信是适当的手段"。① 22 日，日本"特别陆战队"又以《民国日报》21 日报道日本浪人在陆战队掩护下焚毁三友实业社工厂为由头，称该报"故意破坏本陆战队名誉"，逼迫其主笔到该队"提出公文陈谢"，在该报"揭载半张大的谢罪文"，"保证将来不再发生此种事情"，"罢免直接责任记者"；扬言"若不接受要求，将出以断然处置"。该报旋刊出《日海军陆战队突向本报提出四项要求　为记载三友厂被焚事件》一文，表示"该项新闻……即予更正"。② 然而，日本海军仍不罢休，又促公共租界工部局将该报社查封、解散在租界内的抗日会。③ 27 日，日本海军又抛出"当局谈话"，攻击中方对日"毫无诚意"，诬中国军队在上海正常的布防为"不祥行为"，发出战争叫嚣。1 月 28 日下午，上海市市长吴铁城照会日本总领事村井仓松，接受其所提各项要求。但是，一心挑起战端的日本海军，仍令"特别陆战队"与日舰"常磐"号、"安宅"号、"第一水雷战队"（辖"夕张"号及第二十二、第二十三、第三十驱逐队）、"大井"号所率"第十五驱逐队"水兵组成的陆战队，按预定计划在这天晚间，从北四川路向十九路军悍然发动进攻，挑起战端。④

## （二）日军实行高密度空袭、海陆空协同作战

在上海挑起战端的日本海军陆战队，遭十九路军迎头痛击而落败，无法

---

① 日本海軍軍令部編『昭和六七年事変海軍戦史』第五章之七、一一、②戦史－満洲（上海）事変－93。

② 上海《民国日报》1 月 23 日所载该文，亦作为中央社消息，在《申报》1 月 23 日第 4 张第 14 版刊出，题为《日陆战队昨要求民国日报更正》。

③ 日本海軍軍令部編『昭和六七年事変海軍戦史』第五章之六、②戦史－満洲（上海）事変－93。

④ 《申报》1932 年 1 月 29 日第 4 版转载路透社 27 日电，述及日本海军在东京发表的这一谈话。1 月 28 日在沪日本海军陆战队的行动，见日本海軍軍令部編『昭和六七年事変海軍戦史』第五章之一二、第六章之一、②戦史－満洲（上海）事変－93。

达到目的，不得不向本国陆军求援；日本先后增派陆军第二十四混成旅团和第九、第十一、第十四师团到淞沪战场，使中日军力对比发生重大变化，却并不能使爱国军民屈服，十九路军与第五军等在社会各界广泛声援下，继续与日军血战。然而，国民政府当局出于利害盘算而再度妥协退让，中日订立淞沪停战协定，战事告一段落。这是既往相关论著对"一·二八"事变勾勒的大致轮廓。笔者认为，从军事角度看，日军在进犯中实行高密度空袭、海陆空协同作战，是"一·二八"事变的一大特点，还应该深入探究。

**1. 日军的高密度空袭**

本来，就军种特性而言，地面进攻并非海军的主要作战方式。但是，从一战以后，由于日本海陆军分别发展自身的空中战力，所谓航空队迅速成为海军的重要组成部分，海军用武也随之越来越超出水域而向陆上延伸，海陆空协同作战对陆上战争所起作用日益增大。也正是在此过程中，日本海军为贯彻侵华意图，也为了通过实战来检验和强化其一直培植的海空综合战力，对本国陆军显示其地位，在"一·二八"事变中，悍然将上海这一人口密集的远东大都市及其周围，化为实行高密度空袭、海陆空协同作战的战场。

以往说起日本海军投入"一·二八"事变的战力，人们印象最深的是其进攻闸北等区域的"特别陆战队"及各舰陆战队。这些陆战队，最初是3126人，加上其后增援的几批"特别陆战队"，共有4402人。与十九路军对比，在数量上相差很多。但如果据此认为日本海军出于骄狂而不惜进行战争冒险，是很片面的。必须看到，在陆战队之外，日本海军投入的战力还有一个极为重要的部分，即包括航母在内的大量战舰。在挑起战端前，日本航母"能登吕"号、1个水雷战队（"夕张"号及3个驱逐队）、"大井"号与"第十五驱逐队"及另外2艘战舰，就已聚集于上海至长江口水面；其后在1月30日，航母"加贺"号又开到长江口外，"第三战队"（有战舰"那珂"号、"阿武隈"号、"由良"号）到达吴淞；2月1日，航母"凤翔"号、"第二驱逐队"（有4艘驱逐舰）开到长江口外；2月2日，战舰"坚田"号从镇江开到上海；2月5日，又有补给舰"间宫"号开到上海；2月7日，巡洋舰"出云"号，第七、第八驱逐队，"第四战队"开到吴淞。此外，事变期间，还有日本"第二舰队"的战舰、特务舰"室户"号等临时开到长江口乃至于黄浦江。① 可见，在"一·二八"事变中，上海、吴淞、长江口之间的内河与海面，数日内就聚集了日本海军2个战队、3艘航母、7个驱逐队，各种军舰达数十艘之多。综合水陆两个方面，日本海军用于"一·二八"事变的战力规模，在一战以后还不曾有过，如果考虑到3艘航母及"出云"号、"夕张"号、"由良"号等舰所载大量战机，则日本海军投入战力的规模，较之一战中进攻胶州湾时要大得多。此外，日本陆军在决定向上海增派第九师团时，令"飞行第二大队""独立飞行第三中队"开往上海（2月15日到达），继而又在2月29日将侵入东北的"第二飞行大队"第一中队转调上海（3月3日到达）；在上海战事停息之后，日本陆军还向上海增派了1个轻型轰炸机中队、1个气球中队，并给"独立飞行第三中队"增添了4架新型战斗机。② 由此可见在"一·二八"事变前后，日本调集于上海的空中战力何其之大了。

说起空袭，早在1914年，日英联合进攻胶州湾德军时，日本海陆军战机就分别实行过。1928年，日本出兵山东制造济南惨案时，又分别从陆军驻朝鲜"飞行第六联队"及驻本国太刀洗"飞行第四联队"抽调战机，到青岛沧口与济南张家庄、天津海光寺，配合地面日军阻挠、进攻中国北伐军。③ 在九一八事变爆发的第二天，日本陆军以"飞行第六联队"战机从朝鲜侵入东北，占领沈阳等地军用机场，配合关东军进攻；④ 而日本海军也以航母"能登吕"号的战机为日军进攻锦州、山海关助战。总之，日本海陆军在"一·二八"事变前，在华早有空袭行动，只是在日德交战中空袭的实际作用不大，以后在华北、东北实行的空袭，密度也不算很大。

然而，在上海及其周围，有便于日本军舰、战机同时展开行动的地理条

---

① 第一遣外艦隊司令部『上海事件報告（二月七日迄ノ分）』第二章、②戦史-満洲（上海）事変-7。

② 日本参謀本部編纂『満洲事変ニ於ケル飛行隊ノ行動』（上）、偕行社、1934、80—81頁。

③ 臨時派遣飛行隊『航空情報』第二、第三、陸軍省-陸支密大日記-S3-7-40；支那駐屯軍司令部『北支那航空調査報告』（1928年8月底）、陸軍省-陸支密大日記-S4-6-14。

④ 参见日本参謀本部編纂『満洲事変ニ於ケル飛行隊ノ行動』（上）、第一章。

件，且因靠近中国当时的政治中心，日军水陆进攻也有遭中国空军打击的可能，故日本海军在策划挑战时，就把高密度空袭作为行动预案。于是，载有水上战机的航母"能登吕"号提前数日到达上海，且在1月27日奉命"到上海港外待机"，由"第一遣外舰队"司令官提供与陆战队航空联络的方法；28日，该司令官又令在上海各舰派陆战队上岸，彼此昼夜保持联络，"能登吕"号以战机配合陆战队行动。① 而另外2艘航母"加贺"号与"凤翔"号，也在1月30日、2月1日分别到达舰载机能随时起飞空袭淞沪的位置。

日本海军在"一·二八"事变中的空袭，是在其陆战队开始进攻闸北仅4小时之后，从1月29日晨4时，由"能登吕"号战机发起的。在遭到守军猛烈射击后，日机竟轰炸抗日会机关所在的湖州会馆。② 在这一天，日机25架次，分10次轰炸南市、虹口、真如、上海北站、沪宁铁路、陆家嘴等处。③ 其间，上海北站及其货栈、商务印书馆、东方图书馆及大量民用建筑被炸毁、焚毁，日机还"向闸北西方面之商民市场乱掷炸弹"，在北南林里对大批逃难民众"抛掷一弹，炸死难民多人"。④ 可见，日本海军在上海首次实行空袭，就充分暴露出无差别屠杀无辜平民、大肆破坏民居及其他文化设施的凶暴面目。此类暴行，在整个事变期间，大量见于上海的中外报端，留下了桩桩罪证。1月31日、2月2日，即日本航母"加贺"号与"凤翔"号分别到达长江口、吴淞的第二天，上海闸北一带又分别遭其17

---

① 『機密第一遣外艦隊命令第三号』（1932年1月27日）、『機密第一遣外艦隊命令第五号』（1932年1月28日）、第一遣外艦隊司令部『上海事件報告（二月七日迄ノ分）』第一、二章、②戦史－満洲（上海）事変-7。

② 日本海軍軍令部編『昭和六七年事変海軍戦史』第八章之一、②戦史－満洲（上海）事変-93；日本参謀本部編纂『満洲事変二於ケル飛行隊ノ行動』（上）、79頁。《申报》1932年1月30日第2版所载报道《日机投弹　商务（印）书馆烧毁　损失在千万圆以上》，称日机在1月29日晨4时20分第一次起飞；第3版的报道称日机在黎明时炸毁湖州会馆，都与日方所记一致。

③ 日本海軍軍令部編『昭和六七年事変海軍戦史』第八章之一、②戦史－満洲（上海）事変-93。

④ 见《申报》1932年1月30日第2版载《日飞机掷炸弹之凶暴，我军奋勇激战护商民》《日机投弹　商务（印）书馆烧毁　损失在千万圆以上》《北车站被日机轰炸》，第3版载《日飞机惨无人道》《日人到处掷弹》《日机在浦东区掷炸弹》。

架、2 架战机侦察和袭击。①

在"一·二八"事变期间，日本海军（从 2 月 18 日起加上陆军）的战机每天升空，而以侦察地面与疯狂轰炸来配合陆战队及其援军在闸北、江湾、庙行、杨林口、浏河镇等地与守军交战，攻击吴淞炮台、狮子林炮台等要塞，破坏沪宁铁路等交通线，是其持续时间最长、最频繁、密度最大的行动。作为守军的十九路军及第五军等，面对日军从地面、水上与空中的猛攻，表现出十分英勇顽强的战斗精神，采取各种方法坚守阵地，即使在日军第九师团大举增援之后，也仍使其在淞沪战线上步步遭到沉重打击，而迫使日本不得不再增派 2 个师团到上海增援。守军斗志可歌可泣，战绩令人起敬，但日军在空中占绝对优势，还是对守军极为不利。曾在闸北英勇抗战，继而坚守吴淞炮台的十九路军第一五六旅旅长翁照垣在后来回忆中所述，值得注意。在他看来，日本海军陆战队"完全缺乏实际的战斗经验"，绝非不可战胜的敌人，② 但是，日军的空袭给了他最痛苦的体验，因为"这是一种我们不能肉搏的东西；一种使我们的步枪和机关枪的力量，减少到差不多等于零的程度的东西"，尽管"用高射炮、步枪和机关枪向空中射击，但这种射击反而向敌人表示我们对于防空方面力量几等于零"。③ 特别是在坚守吴淞炮台的过程中，他有"一个极大的感触"："当日人的飞机向我们恣意掷弹时，他们满天乱飞，得心应手，丝毫无所顾忌，虽则不能弹弹命中，但在精神上给我们以威吓，在实际上与我们以损害，确是极大的。我们虽然一共有七架高射炮，并且陆续发射，但不尝打坠他们一架，亦不尝打伤他们一架！"④ 因此，翁照垣认为："淞沪之战，倘如我们有了和敌人力量相等的空

---

① 日本海軍軍令部編『昭和六七年事変海軍戦史』第八章之一、②戦史-満洲（上海）事変-93；"凤翔"号舰长堀江六郎『功績概見表』、②戦史-満洲（上海）事変-94。

② 翁照垣：《淞沪血战回忆录》，申报月刊社，1933，第 28 页。

③ 翁照垣：《淞沪血战回忆录》，第 29、32 页。这种说法也不尽合乎事实。2 月 5 日，从"加贺"号起飞的侦察机在真如镇北面轰炸时，因驾驶员藤井斋被地面枪弹击毙而坠毁，其他 2 名机上人员也随之毙命；同时，还有一架日机也被地面炮火击伤。见日本海軍軍令部編『昭和六七年事変海軍戦史』第八章之二、②戦史-満洲（上海）事変-93。

④ 翁照垣：《淞沪血战回忆录》，第 70 页。

军，我相信我们的战绩一定超出一般人的意料！"①

　　日军在事变中的空袭给守军造成巨大困难与严重损失，是和当时中国空军的孱弱直接相关的。即使如此，在事变爆发后不久，仍有中国战机升空御敌。如 2 月 5 日，有中国战机轰炸在江湾的日本海军陆战队司令部；从南京起飞的空军第六队、第七队战机分别在昆山及真如上空，与来自"凤翔"号、"加贺"号航母的日机交战，在真如空战中，第六队朱达所驾飞机被击中，他身负重伤而降落之后，副队长黄毓全立即上该机重新升空作战，不幸中途坠落牺牲。② 后在 2 月 19 日，"凤翔"号的 3 架日机在南翔以西，遭遇为华助战的美国人萧德所驾战机，被击伤 1 架。日本海军随后连日追踪，22 日以"加贺"号攻击机、战斗机各 3 架围攻并击落萧德战机。③ 紧接着，日军为了全面夺取制空权，使当时进攻难有进展的第九师团免遭空中打击，于 23 日以海陆军攻击机、战斗机各 6 架轰炸苏州机场，以 12 架攻击机、6 架战斗机分两次轰炸虹桥机场；④ 26 日，日本海军又以"加贺"号、"凤翔"号 9 架攻击机、6 架战斗机空袭杭州笕桥机场及附近的乔司机场，破坏机场所停战机及设施，并与 5 架中国战机展开空战，其间，也有 2 架日机被击落。⑤ 28 日，日机再次轰炸了虹桥机场。⑥

---

① 翁照垣：《淞沪血战回忆录》，第 30 页。

② 见日本海军军令部编『昭和六七年事变海军战史』第八章之二、②战史-满洲（上海）事变-93。另外，《申报》1932 年 2 月 7 日第 1 版刊有《我方空军追逐敌机》等，报道中国战机在真如追击敌机，所记时间为 2 月 6 日。但从"凤翔"号舰长堀江六郎『功绩概见表』2 月 5 日、6 日的记事看，其战机在真如与中国 3 架战机交战，是在 2 月 5 日。

③ 见日本海军军令部编『昭和六七年事变海军战史』第八章之四、五、②战史-满洲（上海）事变-93。

④ 见日本海军军令部编『昭和六七年事变海军战史』第八章之六、②战史-满洲（上海）事变-93；"凤翔"号舰长堀江六郎『功绩概见表』之「杭州虹橋蘇州航空基地攻撃」、②战史-满洲（上海）事变-94；《领事调查团第四次报告国联》，《申报》1932 年 3 月 9 日，第 3 版。

⑤ 见日本海军军令部编『昭和六七年事变海军战史』第八章之七、②战史-满洲（上海）事变-93；"凤翔"号舰长堀江六郎『功绩概见表』之「杭州虹橋蘇州航空基地攻撃」、②战史-满洲（上海）事变-94；《领事调查团第四次报告国联》，《申报》1932 年 3 月 9 日，第 3 版。

⑥ "凤翔"号舰长堀江六郎『功绩概见表』之「杭州虹橋蘇州航空基地攻撃」、②战史-满洲（上海）事变-94。

### 2. 日军海陆空协同作战

在"一·二八"事变中，从闸北到吴淞口之间是中日的主战场，守军一直英勇抗击由日机全力配合的日本陆战队及其援军，这一向是人们关注的焦点。相对而言，对当时在黄浦江、长江口聚集，及在上海与日本之间海上穿梭的大量日舰的行动，往往缺乏具体了解。从认识"一·二八"事变的战争特性来说，这是应该弥补的不足。

如果说，在事变爆发后，中国空军虽然孱弱，但也有过抗敌的空战，那么，当时在水上，仅黄浦江面有针对日舰的零星水雷，而始终没有发生双方舰船的交战，[①] 因此，除了吴淞、狮子林炮台等对附近日舰有过炮击外，日舰进入黄浦江或溯长江而上，从未遇到中方舰船的抗击。这种局面使日本海军占据主动地位，对整个战局产生了重要影响。

1932 年 3 月 3 日，在守军从上海公共租界外围撤至第二道防线之时，《申报》刊载了"某高级长官"的宣言，解释撤退原因，其中一条是：守军在"第一线之作战，其便利尽属日方"。这种说法，虽不无为当政者对日妥协辩解的用意，但其所言根据，从军事角度来看，也不无在理之处，如"原来防线与满布日舰之黄浦江，成平行线，故该线常为日方重炮火力所威胁"；"日海军复完全控制黄浦江及扬子江，故我军势必分布兵力于受日军威胁之各地，因此我军之集中于第一道防线者，决不能如日军所能遣来上海者之众"；"因日海军控制扬子、黄浦两江，我前线乃易为其登陆军队任意袭击"。[②] 这些话，应该说都与事变期间的实际情形相符。质言之，在"一·二八"事变中，日舰在海上不必说，即使在黄浦江与长江上，也基本上是为所欲为，一直牵制着闸北至吴淞口的守军战线，迫使其备多力分。此外还须看到的是，日舰在事变中，绝不只是中国守军的牵制者，其作战行动在整个日军进犯过程中，也是不可缺少的组成部分。

首先，作为守军地面战线末端、雄踞于长江口与黄浦江交汇点而又防守严密的吴淞炮台，因是日军派兵到上海进攻长江沿岸的直接障碍，不仅是日机重点轰炸目标，也被日舰持续攻击。

---

① 相关情况的叙述及原因的探讨，参见马骏杰《一二八事变中的中国海军》，《抗日战争研究》2003 年第 1 期。

② 《我军发表宣言》，《申报》1932 年 3 月 3 日，第 1 版。

2 月 3 日，吴淞炮台守军与日本海军"第二十六驱逐队"舰只展开炮战。日军航母"凤翔"号战机连续 3 天猛烈轰炸该炮台，其间，日舰少则五六艘，多则十多艘，大肆轰击该炮台，尤其是 2 月 4 日的剧烈炮战，是守军"以前所未见过的"，"重量的炮弹，在阵地的前后左右，纷纷雨下"，加上日机投掷巨型炸弹，使炮台"陷于不能动作的地位"。经过此战，吴淞炮台失去了对航道上日舰的攻击力。炮台指挥官翁照垣说："后来有人奇怪我们的炮台为什么老是不发炮？对于紧靠在江边的敌舰不与以射击，不知道其实那时的炮台已经连稻草人的威力都没有了。"① 但是，守军仍顽强据守炮台。到 2 月 7 日，日机 24 架再度轰炸，稍微可作目标的地方都不放过，同时，在张华浜码头及吴淞对面三夹水，24 艘日舰一齐对炮台及其周围猛烈炮击。② 也正是在这一天，日本派往上海增援的第二十四混成旅团在吴淞铁道栈桥上岸。其后，在 2 月 13 日至 16 日，日军第九师团分 3 批通过吴淞航道进入黄浦江，开到上海，而"能登吕"号、"夕张"号及"凤翔"号的战机则持续轰炸吴淞炮台，同时日舰"夕张"号及"第三十驱逐队"的舰只还对该炮台实行火力压制，掩护第九师团通过。③

其次，日本海军舰、机配合第九师团进攻与第十一师团在七丫口登陆，实行海陆空协同作战。

日军第九师团于 2 月 20 日开始对淞沪守军大举攻击。此前，日本海军与该师团订立了协同作战计划，除以陆战队作为地面进攻的一个方面外，还确定："第一水雷战队"之各驱逐队与"能登吕"号及其战机，攻击牵制吴淞炮台；"第三战队"各舰及"第三十驱逐队"一个小队开往长江沿岸狮子林炮台及浏河镇、杨林口方面，牵制守军。④ 实际上，在 2 月 16 日晨，就

---

① 翁照垣：《淞沪血战回忆录》，第 62—65 页；日本参谋本部编纂『満洲事変ニ於ケル飛行隊ノ行動』（上）、82 頁；"凤翔"号舰长堀江六郎『功績概見表』之「飛行機発進及収容行動」、②戦史-満洲（上海）事変-94。

② 翁照垣：《淞沪血战回忆录》，第 67—68 页。

③ 见日本海军军令部编『昭和六七年事変海軍戦史』第七章之一、②戦史-満洲（上海）事変-93；"凤翔"号舰长堀江六郎『功績概見表』之「吳淞鎮狮子林砲台偵察攻撃」、②戦史-満洲（上海）事変-94。

④ 见日本海军军令部编『昭和六七年事変海軍戦史』第七章之五、②戦史-満洲（上海）事変-93。

有"敌舰四艘在吴淞口外，向我狮子林炮台轰击七十余炮"。① 2 月 20 日至 23 日，日本海军"第三战队"的"那珂"号、"阿武隈"号、"由良"号及"第三十驱逐队"的舰只，按预定计划，连日炮击狮子林炮台。"能登吕"号、"由良"号的战机 20 日侦察吴淞炮台、狮子林炮台、浏河镇、杨林口及七丫口，并轰炸杨林口及狮子林炮台。21 日，"阿武隈"号与驱逐舰"弥生"号、"卯月"号到七丫口附近游弋，"那珂"号、"阿武隈"号、"弥生"号还开往石洞江方面，而后各舰停泊于浏河口锚地。22 日，"那珂"号、"弥生"号侦察七丫口附近地形，"弥生"号还与浏河镇方面守军交战。23 日，"阿武隈"号、"卯月"号又到七丫口游弋，"卯月"号还炮击杨林口守军阵地。26 日，"第三战队"各舰炮击狮子林炮台，"由良"号飞机、航空队战机也对之进行了 5 次轰炸。27 日，共 11 架日机分 4 次轰炸狮子林炮台，将其完全破坏。对于日舰的这些行动，当时上海的报纸也有反映。② 日舰及日机凭借其优势武器装备，率先在长江沿岸进犯狮子林炮台等处守军，从左翼配合第九师团对淞沪守军的正面进攻，同时也在长江沿岸寻找登陆点，以服务于第十一师团从侧背大举攻击守军。由于日舰及战机从 2 月 16 日起用近半个月的时间实施上述行动，且在 29 日第十一师团全部到达长江口当天，就准备好了运送该部到登陆点的船只，该师团得以马不停蹄开往七丫口。

使战局发生重大转折的日军登陆七丫口，是一次典型的海陆空协同行动，而日本海军的舰、机，正是其中的重要角色。"第三战队"的"那珂"号、"由良"号、"阿武隈"号，及战舰"常磐"号、"木曾"号，第二十二、第三十驱逐队各舰，运兵、救助船多艘，"能登吕"号的战机，"加贺"号与"凤翔"号派到上海公大机场的战机，都加入了这次登陆战。③ 此外，

---

① 《吴淞昨日战况》《敌舰又攻炮台》，《申报》1932 年 2 月 17 日，第 1 版。

② 见日本海军军令部编『昭和六七年事变海军战史』第九章之三、②战史-满洲（上海）事变-94；《吴淞方面战况》《击沉日军舰一艘》，《申报》1932 年 2 月 22 日，第 1 版；《军部两日战报》，《申报》1932 年 2 月 24 日，第 1 版；《敌又将变战略》，《申报》1932 年 2 月 28 日，第 1 版。

③ 见日本海军军令部编『昭和六七年事变海军战史』第九章之四、②战史-满洲（上海）事变-93。

已在上海的日本陆军"飞行第二大队""独立飞行第三中队"战机，也协同第十一师团在七丫口登陆。[①] 29 日下午，"能登吕"号战机对七丫口登陆点再度实行侦察，随后，驱逐舰"弥生"号带一些船舶到登陆点附近布设航标。3 月 1 日黎明，登陆日军随海军向导艇行动，守军遭到日本海军16 架战机低空扫射，同时，日舰"阿武隈"号、"弥生"号、"卯月"号猛烈炮击守军阵地，装甲艇一面施放烟幕，一面以机枪扫射，而登陆的日军则在舰、机掩护和协同下，趁涨潮加紧上岸。这天，"能登吕"号的战机从黎明到日落，一直侦察登陆点附近及浏河、罗店镇一带，在日军上岸后，又与"由良"号的战机轰炸在浏河镇附近守军、黄径路南面守军阵地，协同其进攻。[②]

## （三）事变中日本海军在其他长江口岸的行动

"一·二八"事变期间，在长江流域的日本海军武力并非只在上海及其周围，其"第一遣外舰队"的舰只大多在其他口岸活动，在汉口，还较平时大为增强了武力威胁。

1932 年 1 月间，日舰在长江流域分布的大致情况如下。

上海："安宅"（旗舰）、"常磐"、"天龙"、"保津"、"浦风"各号。

镇江："坚田"号。

南京："平户"号、"对马"号。

芜湖："比良"号。

九江："热海"号。

大冶："伏见"号。

---

① 日本参謀本部編纂『満洲事変ニ於ケル飛行隊ノ行動』（上）、109—110 頁。日本海军在事变之前已有在上海设机场的企图，事变中，在公共租界东端日资纱厂的空地设立前进机场，从 2 月 7 日至 3 月 17 日一直由"加贺"号、"凤翔"号的战机使用。日本陆军派到上海的战机，也有一部分使用这个机场。此外，日本陆军还在沪江大学南侧、东沟滩分别设立机场。见第一航空战队司令部『上海事変ニ於ける第一航空戦隊ノ行動に就て』、②戦史-満洲（上海）事変-9；日本参謀本部編纂『満洲事変ニ於ケル飛行隊ノ行動』（上）、135—136 頁。中方报道，见《申报》1932 年 2 月 8 日第 2 版转载上海泰晤士报消息《日机停降地点》。

② 见日本海軍軍令部編『昭和六七年事変海軍戦史』第九章之四、②戦史-満洲（上海）事変-93；日本参謀本部編纂『満洲事変ニ於ケル飛行隊ノ行動』（上）、115 頁。

汉口："第二十四驱逐队"之"樫""桧""柳""桃"各号，"宇治""势多""小鹰"各号。

长沙："隅田"号。

沙市："鸟羽"号。

宜昌："二见"号。①

汉口聚集的日舰数量仅次于上海，从 1 月 28 日 17 时开始，日军开始构筑所谓租界防备阵地，并于晚间在日租界设立"联合陆战队"指挥机构。29 日 3 时 40 分，日军全体准备行动，陆战队从 4 时上岸进入日租界，与江面日舰一同进入临战状态。31 日深夜至 2 月 1 日黎明前，日租界内的陆战队在日租界周围竖起铁丝网。日军准备在发生交战时，让"宇治"号收容避难日侨，由"第二十四驱逐队""举全力死守租界"。②

此外在镇江，当日军在上海挑起战端时，泊有日舰"势多"号，1 月 29 日、2 月 1 日，又先后有日舰"坚田"号、"望月"号从上海开来（"坚田"号 31 日返沪），针对当地炮台等实行所谓"警戒"。③ 在芜湖，日舰"保津"号、"比良"号"护卫"转移到运输铁矿石的"松丰浦丸"的日本领事馆人员及日侨、日清汽船株式会社的趸船。④ 在九江，日舰"热海"号于 1 月 28 日"特别严加警戒"，随着上海开战的消息传来，当地民众激愤，该舰准备与中国军舰"德胜"号交战。2 月 3 日，日舰"热海""保津""比良"各号开到九江，"热海""坚田"号水兵编为"联合陆战队"，按"联合警备计划"实施对领事馆与日侨的"保护"，作战斗准备。⑤

---

① 见第一遣外舰队司令部『第一遣外舰队警备月报第二号』(昭和七年一月分)、海军省-公文备考-S7-61-4308。1 月，在长江上的日舰位置也间或有一些变化。

② 第一遣外舰队司令部『汉口警备报告』(1932 年 2 月 1 日第二十四驱逐队司令提出)、海军省-公文备考-S7-61-4308。

③ 第一遣外舰队司令部『军舰势多镇江警备报告』(1932 年 2 月 10 日"势多"号舰长提出)、海军省-公文备考-S7-61-4308。

④ 第一遣外舰队司令部『第一遣外舰队警备月报第二号』(昭和七年一月分)之 1 月 29 日「芜湖ノ情况」、海军省-公文备考-S7-61-4308。

⑤ 第一遣外舰队司令部『九江警备报告』(1932 年 2 月 5 日"热海"号舰长提出、2 月 13 日"保津"号舰长提出)、海军省-公文备考-S7-61-4308。

## 五 日本侵略不止，长江流域终成中日大战场

正如日本以关东军发动九一八事变后不止步于东三省，要进一步走向更大规模的侵华战争，其挑起"一·二八"事变，也是对长江流域大举进犯的预演。两次事变之后几年间，日本在加紧巩固东北的地盘、不断向华北伸手的同时，也毫不放松并竭力扩大在长江流域的既得利益，面对日益高涨的中华民族反抗怒潮，妄图以武力来征服，最终发动了全面侵华战争，而长江流域也随之成为中日大战场。

### （一）日本与长江流域经贸关系之延续

#### 1. 影响长江流域与日本经贸关系的因素

长江流域在九一八事变，特别是"一·二八"事变爆发后，中日矛盾空前激化，抵制日货大潮再起；在上海的中共党组织发动日本纱厂工人举行大罢工，促动各界反日团体和民众捐款、劳军，号召实行农工商学兵大联合；热血学子奔走呼号，投笔从戎抗击日军者不乏其人；从工商业者到升斗百姓，纷纷慷慨解囊、捐助军需、抚恤烈属；许多民众冒着炮火输送粮草到前线、竭力救护负伤官兵；名流鸿儒也以各种形式慰问抗敌将士，向社会大力颂扬其英雄气概………在南京、镇江、杭州及长沙等地，也有各种声援十九路军抗战的行动。此后，反对日本侵华的运动在长江流域仍然连绵不断。这种状况，必然不利于日本延续与长江流域的经贸关系。以长江流域为主要营运范围而首当其冲的日清汽船株式会社，在社史中写道，自万宝山事件以后，反日运动"历时 6 年，时限是空前的……规模亦大，因而我社所受打击是彻底的"。[①] 而在长江流域的日本其他势力，也程度不同地有这样的感受。

此外还须看到，从九一八事变后到七七事变前的几年间，中国山河破碎，被日本侵占东北、步步控制华北，导致本土工业品市场大片丧失或阻

---

① 浅居誠一『日清汽船株式会社三十年史及追補』、402 頁。

断；而世界性经济危机又使外部经济环境一直恶化，引起银价波动乃至于白银大量外流；同时，以长江流域为主的广大区域剧烈动荡不止，并连年遭受严重自然灾害……这些因素交织在一起，对长江流域及其他区域的工农业造成了巨大破坏，从而导致中国关内市场趋于萎缩。表7-21所列这一时期持续下降的中外贸易净额，即可充分证明这一点。

### 表 7-21　1931—1936 年各年中国外贸净额

单位：元

| 年份 | 净进口额 | 净出口额 | 外贸净额 |
|------|----------|----------|----------|
| 1931 | 2233376164 | 1416962868 | 3650339032 |
| 1932 | 1634726298 | 767535334 | 2402261632 |
| 1933 | 1345567188 | 611827990 | 1957395178 |
| 1934 | 1029665224 | 535214279 | 1564879503 |
| 1935 | 919211322 | 575809060 | 1495020382 |
| 1936 | 941544738 | 705741403 | 1647286141 |

注：从 1933 年起，因日本扶植伪满洲国，东北各海关贸易额不能计入中国全国外贸统计，故表中 1933—1936 年的数字，都未包含东北外贸额。另外，当时日本以华北为主要范围大规模展开走私贸易的价额，表中数字也不能反映。

资料来源：大阪市役所産業部調査課編『民国二十五年（一九三六年）支那貿易年報』之「附表（三）」大阪市役所産業部調査課、1938。

从表 7-21 数据可见，从 1931 年到 1936 年，无论东北外贸额是否包含在内，中国外贸净额除了 1936 年略有回升，其他年份呈一路大幅下降之势，所反映的正是其时中国市场的萎缩。这种局面，与日本加剧侵华有极大关系，但对其在直接侵占东北和不断强化控制华北之外，保持和扩大以长江流域为主的在华市场、获取资源，也是不利条件。

面对十分剧烈的中日矛盾和趋于萎缩的中国市场，日本从未放慢侵略东北和华北的步伐，也毫无收缩在关内其他区域既有势力之意，尤其对长江流域，还认为"掌握了武汉与上海两地的经济实力，再加上掌握连接两地的航运业实权，则我方在中国的经济势力就是坚不可摧的"。[①] 而对如此蛮横

---

① 在上海日本総領事館経済部編纂『中支占領地経済情勢概説』在上海日本総領事館経済部、1938、4 頁。

的日本，南京国民政府在九一八、"一·二八"事变爆发后，仍实行隐忍退让、不抵抗的基本方针，其中一个方面，就是听任日本依照既往条约、惯例，照旧保持与长江流域的经贸关系。

九一八事变后，南京国民政府对待长江流域等区域民众反日浪潮，态度还不及1928年济南事变爆发前后，那时，南京国民政府对以华中、华南区域为主的民众反日舆论与运动，在一定范围内给予了支持。然而，九一八事变爆发后，在日方逼迫下，南京国民政府对从事反日活动的民众多有压制。上海市市长张群在1931年10月7日，对"抗议"民众反日的日本总领事表示，自己"竭尽全力压着各方面，由此招致过激分子之恨，以至于学生中间有暗杀自己的计划"；① 苏州官府在事变消息传来后，对日租界附近加强警力，"几乎没有先例"；② 在南京，日本总领事于9月21日面见卫戍司令谷正伦，要求压制民众反日运动，谷表示"全然同感，在极力注意制止徒然刺激感情之类的行动"；③ 驻芜湖的日本领事10月30日报告说，对于民众反日浪潮，"官宪取缔彻底"；④ 九江在10月10日，45个团体万余民众举行反日救国会大会，当局预先受到日本领事"警告"而决定"断然中止"学生、工人的反日游行；⑤ 在武汉，湖北省主席何成濬接到事变消息后，召集各方面会议，要民众"静观中央正当交涉解决，不许仇视日人"，"不许实行激烈的反日运动"；⑥ 宜昌当局在日本领事眼中，对于"取缔排日不良分子"，也"诚意可鉴"，⑦ 而日本"第

---

① 《日本驻上海总领事村井仓松致外务大臣币原喜重郎电》（1931年10月8日），A-1-1-0-21之1-1-004。

② 《日本驻苏州代理领事川南省一致外务大臣币原喜重郎》（1931年9月20日），A-1-1-0-21之1-1-005。

③ 《日本驻南京总领事上村伸一致币原喜重郎电》（1931年9月22日），A-1-1-0-21之1-1-005。

④ 《日本驻芜湖领事柴崎白尾致外务大臣币原喜重郎电》（1931年10月30日），A-1-1-0-21之1-1-005。

⑤ 《日本驻华公使重光葵向外务大臣转发驻九江代理领事河野清领事电》（1931年10月13日到日本外务省），A-1-1-0-21之1-1-005。

⑥ 『省政府ノ反日運動対策会議ノ件』（1931年9月25日日本驻汉口总领事坂根准三致外务大臣币原喜重郎）、A-1-1-0-21之5-018。

⑦ 《日本驻汉口总领事坂根准三向外务大臣币原喜重郎转发驻宜昌代理副领事浦川昌义来电》（1931年10月22日），A-1-1-0-21之5-019。

一遣外舰队"司令官也称当局"取缔相当到位";① 在重庆，兼任市长的副师长潘文华于 10 月上旬表示，"鉴于最近反日会的活动"，"决定尽责对一切反日行为严加取缔"。② 概观之，九一八事变爆发后，在长江流域各地，当局压制民众反日浪潮是普遍现象，而表示同情乃至有所支持者，日方仅在涉及沙市、成都情况的报告中有所提及。

这种状况，在"一·二八"事变爆发后也未改变。1932 年 3 月，日本海军省将在长江流域的日舰发出的报告编印小册子，从中可知事变期间，各地官府对民众反日动向"都严加取缔"：镇江发生中国军民与日人的冲突，当局立即采取措施与日方妥协;③ 南京江面停泊的日舰曾向狮子山、下关车站、清凉山、幕府山、北极阁等处炮击，但当局还是寻求妥协，并对民众反日活动"严加取缔"，以保持平稳;④ 苏州"周围情况骤然恶化"，南京宪兵司令部高级副官及宪兵 4 人协助日本领事馆人员去该地转移日侨到镇江；杭州市政府派官员与宪兵将日本领事馆人员护送到南京;⑤ 九江当局取缔"流言蜚语";⑥ 汉口当局极为担心被上海的战事波及，在日本总领事强硬要求下，解散抗日会，对"警戒"竭尽全力;⑦ 宜昌当局不遗余力防止事故发生；长沙当局极怕上海战事波及该地，引起骚乱，"取缔"特严……⑧

由此可见，从九一八事变到"一·二八"事变，长江流域的反日运动处于国民政府的压制之下。1932 年 5 月，国民政府与日本订立淞沪停战协定，对在上海从来是非法存在的日本"上海海军特别陆战队"尚且同意其继续驻扎，为缓和对日关系而对日本势力继续保持与长江流域的经贸关系，就更不会加以反对了。

---

① 《第一遣外舰队司令官致海军次官、参谋次长电》（1931 年 10 月 29 日），A-1-1-0-21 之 5-019。

② 《第一遣外舰队司令官致海军次官、参谋次长电》（1931 年 10 月 8 日），A-1-1-0-21 之 5-019。

③ 日本海軍省編『上海事変勃発後に於ける支那各地状況』海軍省、1932、3—6 頁。

④ 日本海軍省編『上海事変勃発後に於ける支那各地状況』、14—21 頁。

⑤ 日本海軍省編『上海事変勃発後に於ける支那各地状況』、22、23 頁。

⑥ 日本海軍省編『上海事変勃発後に於ける支那各地状況』、25 頁。

⑦ 日本海軍省編『上海事変勃発後に於ける支那各地状況』、26—27 頁。

⑧ 日本海軍省編『上海事変勃発後に於ける支那各地状況』、28、29 頁。

## 2. 1931—1937 年双方经贸关系概观

（1）在长江流域的日侨及其行业

在这些年里，日本势力绝不因为在长江流域的处境不及先前就退出其经贸地盘，而当时活动于长江流域各地日侨的数量，即可折射出这一点（见表 7-22）。

**表 7-22　1931—1936 年在长江流域的日侨人数**

单位：人

| 区域 | 1931 年 | 1932 年 | 1933 年 | 1934 年 | 1935 年 | 1936 年 |
|---|---|---|---|---|---|---|
| 上海 | 24223 | 26724 | 26901 | 26811 | 23991 | 23613 |
| 江苏 | 203 | 167 | 187 | 195 | 211 | 232 |
| 浙江 | 11 | 1 | 13 | 28 | 24 | 21 |
| 安徽 | 67 | 35 | 44 | 53 | 36 | 42 |
| 江西 | 47 | 64 | 71 | 66 | 58 | 59 |
| 湖北 | 1502 | 1774 | 1883 | 1886 | 1917 | 1813 |
| 湖南 | 60 | 80 | 80 | 93 | 100 | 84 |
| 四川 | 10 月撤离 | — | 8 | 25 | 41 | 28 |

资料来源：日本外务省亚细亚局『支那在留本邦人及外国人人口统计表』第二十四回、亚-53;『满洲国及中华民国在留本邦人及外国人人口统计表』第二十五至第二十九回、亚-41、东亚-33、东亚-34、东亚-40、东亚-35。表中数字都是对相应区域在相应年份之年底日侨人数的统计。

表 7-22 中的数据表明，在长江流域，只有在四川（重庆与成都）的日侨从 1931 年 10 月撤离一年多时间，而其他地方日侨的数量规模并没有受到九一八、"一·二八"事变多大的影响。近代以来在中国通商口岸中一直聚集日侨最多的上海，以及在长江流域仅次于上海的汉口，在"一·二八"事变后数年间，都是日侨人数增加的年份居多。而在日本加紧策动"分离"的华北，无论是山东还是平津一带，日侨人数从未多于上海。[①]

不仅如此，从经济势力的角度说，日本在长江流域早已建立起来的经贸体系，在"一·二八"事变以后，也在继续运转。这在上海最为突出、典型自是毋庸赘言，即使从 1936 年汉口（含汉阳）的情况来看，也十分明显。

---

① 见日本外务省亚洲局在这些年份有关在华日侨数量统计资料涉及山东与平津的部分。

## 1936 年在汉口的日本经济势力

贸易商：三井、三菱、大仓、日信等洋行 61 家。

航运商：日清汽船株式会社、日本邮船会社、大阪商船会社。

制造商：泰安纱厂、日华制油厂、中华制冰会社、樱井铁工厂、东京建物会社、恒昌木厂等。

矿商：山下矿业株式会社。

金融商：横滨正金银行汉口分行、台湾银行汉口派出所、汉口银行。

保险商：帝国生命保险会社、明治生命保险会社。

服务商：汉口四季园。

照相馆：永清写真馆。

报社：汉口日日新闻社。

药房：思明堂书药房、日本堂大药房。

医院：汉口同仁医院、林医院。[①]

（2）日清汽船株式会社在长江干支流的航线

日本势力在长江流域面对民众以抵制日货为主要方式的持续的反日浪潮，也不可能事事如意，即使日清汽船株式会社这样的"国策"航运企业，也哀叹九一八事变给其"招致未曾有的难局"，其客货运输由此遭到长期而全面的抵制，尽管该社竭尽全力"死守"所谓日本"航权"乃至于"对华权益"，但仍连年巨亏，以至于要卖掉 5 艘轮船以填补亏空，且随着 1931 年 10 月日侨撤出四川，而将川江航线停运。[②] 但是，就算日清汽船株式会社叫苦不迭而有这些举措，它要从长江航运中退缩也为日本军政当局所不容。1934 年 4 月下旬，在汉口的日本海军武官向上级报告该社在川江停航，"目下虽准备恢复川江航线，但对实现有难色"等情，强调该社"从日本政府得到巨额补贴，现在有义务下决心，哪怕空船往返也要从速恢复该航线"；

---

① 日本外務省通商局『在外本邦実業者調』外務省通商局、1937。

② 浅居誠一『日清汽船株式会社三十年史及追補』、100、102、107、103 頁。

鉴于该社遭受中英航运企业竞争，经营困难而缺乏底气，他认为要加以"督促"，同时"海军方面亦须讲求万全之策"。日本海军高层 5 月得报，当即向外务省提出"应该重启宜昌至重庆航线"，而外务省也表示赞同，"要对该会社进行推动"。① 接着在 6 月，日清汽船株式会社就在川江航线重开定期航班。② 此事提供了一个很有意味的例证，表明当时日本在长江流域维护其重要"权益"如遇难关，其军政力量就会充当后盾，起到支撑作用。

（3）日本在长江流域的贸易

在这几年中，日本与长江流域及其他区域的贸易价额如表 7-23 所列（为便于比较，也列入 1930 年、1931 年的数据）。

表 7-23　1930—1937 年日本对中国几大区域贸易价额

单位：日元

| 进出口额 | 东北 | 华北 | 华中 | 华南 |
|---|---|---|---|---|
| 1930 年出口额 | 35575500 | 78666641 | 139776559 | 6807138 |
| 1930 年进口额 | 45241834 | 52155139 | 53219371 | 11084592 |
| 1930 年贸易额共计 | 80817334 | 130821780 | 192995930 | 17891730 |
| 1931 年出口额 | 11874043 | 51748387 | 88443023 | 3685215 |
| 1931 年进口额 | 41948192 | 47642002 | 48203421 | 7903582 |
| 1931 年贸易额共计 | 53822235 | 99390389 | 136646444 | 11588797 |
| 1932 年出口额 | 25947000 | 75524619 | 53663135 | 290512 |
| 1932 年进口额 | 51569000 | 38832570 | 32668501 | 5673953 |
| 1932 年贸易额共计 | 77516000 | 114357189 | 86331636 | 5964465 |
| 1933 年出口额 | 82071000 | 58129547 | 49759131 | 364361 |
| 1933 年进口额 | 147897000 | 45056764 | 59223610 | 9079960 |
| 1933 年贸易额共计 | 229968000 | 103186311 | 108982741 | 9444321 |
| 1934 年出口额 | 107151000 | 55094171 | 60068470 | 1899895 |
| 1934 年进口额 | 164211000 | 46720010 | 63061243 | 9792248 |
| 1934 年贸易额共计 | 271362000 | 101814181 | 123129713 | 11692143 |

---

① 『長江二於ケル列国海運ノ消長』（1934 年 4 月 28 日驻汉口武官田尻致海军省）、海軍省-公文備考-S9-54-4695。

② 浅居誠一『日清汽船株式会社三十年史及追補』、104 頁。

近代日本在长江流域的扩张（1862—1937）

| 进出口额 | 东北 | 华北 | 华中 | 华南 |
|---|---|---|---|---|
| 1935 年出口额 | 126045000 | 66183035 | 77996838 | 4608585 |
| 1935 年进口额 | 191005000 | 49289979 | 74321061 | 10204257 |
| 1935 年贸易额共计 | 317050000 | 115473014 | 152317899 | 14812842 |
| 1936 年出口额 | 150859000 | 60138164 | 96003255 | 3549120 |
| 1936 年进口额 | 205566000 | 69627592 | 72742376 | 12467848 |
| 1936 年贸易额共计 | 356425000 | 129765756 | 168745631 | 16016968 |
| 1937 年出口额 | 216091000 | 81814502 | 95252843 | 2183191 |
| 1937 年进口额 | 249071000 | 74523471 | 52658119 | 16454715 |
| 1937 年贸易额共计 | 465162000 | 156337973 | 147910962 | 18637906 |

资料来源：日本大藏省関税局編『日本外国貿易年表』昭和五年至九年之各下篇、大藏省、1935；同书昭和十年至十二年之各下篇、大藏省、1940。表中未计入旅顺、大连地区对日贸易额。

从表 7-23 中数据可见，日本从挑起九一八事变特别是制造伪满之后，迅速增大了对东北地区的贸易，以致东北地区从 1933 年起，一直在日本对中国各区域贸易中占据首位。但从日本对中国关内各区域的贸易来看，除了发生"一·二八"事变的 1932 年与发生七七事变、八一三事变的 1937 年外，对长江流域的贸易量依然是最大的（当然，如果一并考虑日本以华北为主要范围进行的大规模走私贸易，则对长江流域贸易之占比会相对降低）。

1932 年与 1933 年，日本对长江流域出口贸易额主要由于九一八事变、长江流域大范围水灾及"一·二八"事变的影响，都较上年下跌，但其后连续上升 3 年；1937 年日本挑起全面侵华战争，但对长江流域进口额只较上年略有下降。这些情况都表明，日本对长江流域的市场从未稍有放松。当然，与 1919—1930 年日本对长江流域的贸易相比，这些年在总体上确乎大有落差，尤其在日本出口方面更显突出，反映出其产品在长江流域的市场较之九一八事变前的确缩小了。但是，如果联系前已提及的同期中国市场萎缩、外贸额特别是进口额持续走低的状况来考察，即可明了，这在当时实际上是列强都面对的问题，并非只限于日本一国。所以，要从贸易角度确切把握这些年日本在长江流域的经济势力，还须比较日本与英美的状况（见表 7-24）。

表 7-24 1932—1936 年日、英、美对中国关内净出口额

单位：千元，%

| 年份 | 日本 | | 英国 | | 美国 | |
|------|------|------|------|------|------|------|
| | 净出口额 | 占比 | 净出口额 | 占比 | 净出口额 | 占比 |
| 1932 | 227149 | 13.90 | 184905 | 11.31 | 418192 | 25.58 |
| 1933 | 130798 | 9.72 | 153557 | 11.41 | 296101 | 22.01 |
| 1934 | 126338 | 13.27 | 124513 | 12.09 | 271285 | 26.35 |
| 1935 | 139320 | 15.16 | 98070 | 10.67 | 174678 | 19.00 |
| 1936 | 153369 | 16.29 | 110332 | 11.72 | 185134 | 19.66 |

注：表中数据不包括当时三国殖民地对中国关内的净出口额。

资料来源：大阪市役所産業部調査課編『民国二十二年（一九三三年）支那貿易年報』、1935、100—102 頁；『民国二十三年（一九三四年）支那貿易年報』、1935、65—67 頁；『民国二十五年（一九三六年）支那貿易年報』、1938、100—102 頁。

从表 7-24 中所列日、英、美三国对中国关内的净出口额，可见这一时期英美对华出口贸易都同样呈现下降趋势。当然，也要看到，即使在此情况下，如表 7-25 所示，长江流域的外贸规模在中国关内依然最大，且"年年入超莫大"，故在日本势力看来，还"是外国货绝好的市场"。

表 7-25 1931—1936 年中国关内三大区域的外贸净额及入超额

单位：百万元

| 年份 | 长江流域 | | 华北 | | 华南 | |
|------|----------|------|------|------|------|------|
| | 外贸净额 | 入超额 | 外贸净额 | 入超额 | 外贸净额 | 入超额 |
| 1931 | 1878 | 909 | 514 | 28 | 520 | 142 |
| 1932 | 1169 | 593 | 428 | 102 | 492 | 257 |
| 1933 | 1138 | 488 | 357 | 52 | 462 | 193 |
| 1934 | 954 | 385 | 298 | 17 | 313 | 92 |
| 1935 | 874 | 269 | 309 | 出超 10 | 312 | 84 |
| 1936 | 992 | 240 | 313 | 出超 49 | 299 | 49 |

资料来源：「全支及長江貿易の大勢と昭和十一年度の漢口貿易」漢口日本商工会議所『漢口商工月報』第 107 号、1937 年、2 頁。该文又称，1935 年以后对华北的外贸出超，还须联系走私及"特殊贸易"激增来考虑。

对长江流域这一"绝好的市场"，日、英、美都不会放手，故它们对中国关内的出口额也都以对长江流域的占比最大，特别是日本，固守在长江流域市场的欲望最强烈：其在 1933—1936 年对长江流域的出口额年年多于对华北、华南出口额之和，且如表 7-26 所示，"一·二八"事变后，其对上海出口额年年上升，到 1936 年反超英国；而美国虽一直占首位，但相对于日本，1934 年以后，回落幅度甚大。这说明，日本在挑起"一·二八"事变以后，面对中华民族持续高涨的反日浪潮，在长江流域进口贸易中，仍是英国的强劲对手，对美国虽难以匹敌，但力求扩大的势头犹有过之。

**表 7-26　1932—1937 年各年上海从日、英、美进口额**

单位：1932 年为海关两，1933—1937 年为元

| 进口来源 | 1932 年 | 1933 年 | 1934 年 | 1935 年 | 1936 年 | 1937 年 |
|---|---|---|---|---|---|---|
| 日本 | 25309862 | 50819214 | 52417661 | 56139796 | 74569000 | 76573685 |
| 英国 | 69081293 | 100383093 | 78476915 | 57843556 | 65531000 | 68853028 |
| 美国 | 180593636 | 191718782 | 200228137 | 112387823 | 135044000 | 116479635 |

注：表中所列日本，含有当时处于其殖民统治下的朝鲜、台湾。

资料来源：「一九三二年度上海对外貿易統計表」『経済月報』第 77 号、1933 年、34 頁；「一九三三年度上海对外貿易統計表」『経済月報』第 87 号、1934 年、50 頁；「一九三四年度上海对外貿易統計表」『経済月報』第 87 号、1935 年、44 頁；「一九三五年度上海对外貿易統計表」『経済月報』第 110 号、1936 年、56 頁；「一九三六年度上海对外貿易統計表」『経済月報』第 122 号、1937 年、56 頁；「一九三七年度上海对外貿易統計表」『経済月報』第 130 号、1938 年、40 頁。

关于这些年间日本对长江流域出口贸易的具体情况，聚焦于上海、汉口两大口岸，即可知其大概。

日本向上海出口的货物，从 1934 年、1935 年的统计来看，价额在百万元以上的有棉布，毛线及毛织物，绸（含人造绸）及其混织物，五金，机械及器具，金属制品，海产品，砂糖，化学药品及医药，染料与颜料、涂料、蜡烛、肥皂、煤油、汽油等，洋纸及纸浆，煤炭、沥青、柏油，杂货，等等，而在 500 万元以上的分别是机械及器具、杂货。此外值得注意的是，日本货物中还出现了汽车、飞机及其他车辆。[1]

---

① 「上海を中心とする通商概況（日本を主とす）」『経済月報』第 111 号、1936 年、3 頁。

日本对汉口出口贸易，在 1936 年 4 月"汉口日本商工会议所"编印的资料中有一些具体反映。其中写道：该地最近三年从外国直接进口额为年均 3300 万元，推定日、英、美、德的年均进口额，日本为 750 万元，占比 23%；英国为 580 万元，占比 17%；美国为 1180 万元，占比 35%；德国为 270 万元，占比 8%。在 1935 年，日本出口到该地的货物，论价额是以砂糖占首位，加工棉布次之，还有海产品、五金、洋纸、染料、饮食，以及瓷器、化工药品、玻璃制品、医药卫生材料、自行车及部件、毛织物、纺织机械及工具、电气材料、运动鞋、座钟、旧麻袋等。近些年，日本产棉纱布、人造绸、洋钉（除小钉外）、铝、皮革、橡胶、纸制品、玻璃板、电灯泡、罐头类、水泥、煤炭（日煤及抚顺煤）等，因中国实行进口高关税及在华别国与中国工业产品的推进，都减少了对汉口的出口；棉纱在 1931 年以后，坯布、人造绸、洋钉、玻璃板、水泥、煤炭等在 1933 年以后，完全断绝了对汉口出口。但是，日本产棉纱布、玻璃板等是由在上海等地的日厂产品替代，而其砂糖、洋纸、白铁、金属丝、小钉、染料、海产品、瓷器、自行车及其部件、高度漂白粉、新药等，还步步压倒欧美货或中国货，在市场占据优势。汉口市场上，人造丝以往都是意大利所产，但现在全是日货，自中国对人造绸提高进口关税之后，日商主要面向本土的人造绸厂家出口人造丝。[①]

此外，在与四川、湖南之间有密切贸易联系的沙市，日本领事馆在该地 1934 年的贸易年报中估计，输入该地的棉纱布，有八成是在华日资纱厂产品，所有的海产品、洋纸以及约半数的砂糖、洋杂货是日货。[②] 1935 年 11 月对该地贸易情况的报告，列出的进口日货有棉布、砂糖、洋杂货、棉纱、洋纸、海产品、海带、海参、灰碱、苛性碱、洋药、文具、电气材料、铁

---

① 漢口日本商工會議所『漢口経済事情』第一輯（輸移入品篇）、蘆沢印刷所、1936、1、2、57、13 頁。1934 年 4 月 16 日、1935 年 5 月 8 日，日本驻汉口总领事清水八百一、三浦义秋先后向外务大臣广田弘毅报告 1933 年、1934 年汉口与日本贸易情况，也都有相近的说法。见『昭和八年度漢口港対本邦貿易概況報告ノ件』『漢口対日貿易概況（昭和九年）』、E-3-2-0-J/X1 之 013、014。

② 「昭和九年度沙市貿易年報」（在沙市日本領事館調査）、漢口日本商工會議所『漢口日本商工月報』第 39 号、1935 年、18 頁。

钉、木材、金属丝、铝制品、钢材、蚊香、玩具、瓷器、自行车及其轮胎部件、帆布、镜子、时钟、轧花机、玻璃、啤酒等。[①]

　　关于日本从长江流域进口贸易，九一八事变后，日本继续维持从长江流域进口的贸易，以作为其获取工业原料与农副产品的渠道（见表7-27、表7-28）。

表 7-27　1932—1937 年各年上海对日、英、美出口额

单位：1932 年为海关两，1933—1937 年为元

| 出口去向 | 1932 年 | 1933 年 | 1934 年 | 1935 年 | 1936 年 | 1937 年 |
|---|---|---|---|---|---|---|
| 日本 | 17750564 | 61933672 | 54308183 | 46953622 | 50349000 | 36865780 |
| 英国 | 15027793 | 25519735 | 28268264 | 25834435 | 37479000 | 47672849 |
| 美国 | 25731608 | 67636010 | 52230313 | 84822711 | 119561000 | 145082298 |

注：表中所列日本，含有当时处于其殖民统治下的朝鲜、台湾。

资料来源：「一九三二年度上海对外貿易統計表」『経済月報』第 77 号、1933 年、34 頁；「一九三三年度上海对外貿易統計表」『経済月報』第 87 号、1934 年、50 頁；「一九三四年度上海对外貿易統計表」『経済月報』第 87 号、1935 年、44 頁；「一九三五年度上海对外貿易統計表」『経済月報』第 110 号、1936 年、56 頁；「一九三六年度上海对外貿易統計表」『経済月報』第 122 号、1937 年、56 頁；「一九三七年度上海对外貿易統計表」『経済月報』第 130 号、1938 年、40 頁。

表 7-28　1931—1936 年各年汉口对日、英、美出口额

单位：百万元

| 出口去向 | 1931 年 | 1932 年 | 1933 年 | 1934 年 | 1935 年 | 1936 年 |
|---|---|---|---|---|---|---|
| 日本 | 7.7 | 4.7 | 9.2 | 11.2 | 9.6 | 13.9 |
| 英国 | 11.2 | 7.0 | 6.8 | 10.6 | 7.6 | 8.5 |
| 美国 | 9.3 | 7.0 | 23.6 | 20.7 | 22.3 | 21.2 |

资料来源：漢口日本商工会議所『漢口経済事情』第二輯（輸移出品篇）、飯田三寶堂印刷所、1937、1 頁。

　　表 7-27、表 7-28 显示，1932 年以后数年里，日本除了在发动全面侵华战争的 1937 年，在上海的出口贸易中一直超出英国，居第二位；在汉口，也从 1933 年起持续领先于英国，居第二位。

---

① 『沙市港輸移入貨物統計提出ノ件』（1935 年 11 月 6 日代理驻沙市领事园部政助致外务大臣广田弘毅）、E-3-2-0-X1-C1 之 027。

　　看这一时期日本在上海的商会各年年报，可知日本从上海输往本国的货物种类极少变化，主要是来自长江流域的丝头、落棉、麻、麸皮、菜籽及菜籽油糟、棉籽及棉籽油糟和粉末、豆饼、豌豆、蚕豆、赤豆、芝麻、猪鬃、牛骨、牛皮、茶油、小麦、大麦、玉米、高粱等，以满足日本对一些原料、肥料、饲料等的需求。① 同时，从汉口输往日本的主要货物种类与上海的大多相同，铁矿石与棉花突出，此外还有生漆、锑、水银、贝扣材料、贝壳、篾、山羊皮、桐油、桐材、中药材等。②

　　在1930年以前，日本对在汉口上市的棉花年进口量曾达到10万担左右，但其后因收成不佳及日本大量进口印度棉花等，进口量大为下降。尽管如此，日本还是将汉口视为所需棉花之十分重要的来源，因为该地是"长江中游最大的棉花集散市场"，湖北省"最近十年平均起来，棉田面积（7853000亩）在全国占第二位、棉花产量（1892000担）占第一位"，上海、青岛的日资纱厂及日本国内都将汉口作为原料棉花来源之一。由此，日本势力对于在汉口上市棉花的产地、产量、流通、在汉口的交易习惯及市场行情等，都下功夫具体了解、掌握，进而随时按其需要购取这里的棉花。如1933年，因日本国内抵制印度棉花，便将从汉口进口棉花数量从上年的12386担一举增为52084担。③ 1936年，汉口出口棉花74000担，主要输往日本。④

　　从晚清到民国，日本对长江流域的铁矿石从未放手。九一八事变后，"日本国内军需工业勃兴，对铁矿石的需求年年增长"，⑤ 而长江流域仍是其依赖的主要铁矿石来源。当时将安徽铁矿石输往日本的主力中公司，在报告中列表反映了日本对湖北、安徽所产铁矿石的年购取量（见表7-29）。

---

① 参见1931—1937年各年度『上海日本商工会議所年報』有关出口货物的叙述，及对上海与日本间航运情况的叙述。
② 漢口日本商工会議所『漢口経済事情』第二輯(輸移出品篇)、3頁。
③ 漢口日本商工会議所『漢口経済事情』第二輯(輸移出品篇)、9、7—8頁。
④ 『漢口経済概況訳報ノ件』（1937年7月26日代理驻汉口总领事松平忠久致外务大臣广田弘毅）、E-1-2-0-X1之C1-014。此件系中国银行汉口分行的调查报告《汉口经济概况》之译文。
⑤ 『昭和九年度蕪湖貿易年報送付ノ件』（1935年7月18日代理驻芜湖领事吉竹贞治致外务大臣广田弘毅）、E-3-2-0-X1之C1-026。

### 表 7-29　七七事变前夕日本进口长江流域所产铁矿石情况

单位：万吨

| 产地 | 所属 | 对日本年出口量 |
|---|---|---|
| 象鼻山 | 湖北省政府 | 20 |
| 大冶 | 汉冶萍公司 | 50 |
| 桃冲 | 裕繁 | 16 |
| 小姑山 | 福利民 | 5 |
| 南山 | 福利民 | 15 |
| 凹山 | 宝兴 | 15 |
| 黄梅山<br>萝卜山 | 益华 | 5 |
| 合计 | | 126 |

资料来源：「鉱石市況」『上海日本商工会議所年報』第十九（昭和十一年度）、1937、54 頁。另据『上海日本商工会議所年報』第二十（昭和十二年度）（1938、20 頁）所载「鉄鉱石市況」，表中所列象鼻山、大冶及桃冲以外各产地都在安徽当涂；南山、凹山（亦称大凹山）、萝卜山及黄梅山的铁矿石从马鞍山，小姑山的铁矿石从陈家圩，繁昌之桃冲的铁矿石从荻港向日本出口。

　　关于长江流域输往日本的铁矿石在其输出总量中所占比重，中公司极而言之，称"全都输往日本"；[①] 而日本驻芜湖领事 1935 年 7 月在报告中列表揭示 1932—1934 年经由芜湖输出大冶一部分及安徽所有铁矿石的去向及相关数额，则更精确一些（见表 7-30）。

### 表 7-30　1932—1934 年经由芜湖输出的铁矿石去向及其数额

单位：公担

| 去向 | 1932 年 | 1933 年 | 1934 年 |
|---|---|---|---|
| 日本 | 5592921 | 5925639 | 8558388 |
| 旅大 | 4814 | 6096 | 6600 |
| 德国 | 498 | — | — |
| 香港 | — | 8 | 10165 |
| 其他 | — | 9 | 503 |
| 合计 | 5598233 | 5931752 | 8575656 |

资料来源：『昭和九年度蕪湖貿易年報送付ノ件』（1935 年 7 月 18 日代理驻芜湖领事吉竹贞治致外务大臣广田弘毅）、E-3-2-0-X1-C1 之 026。

---

① 「鉱石市況」『上海日本商工会議所年報』第十九（昭和十一年度）、54 頁。

很值得注意的是，九一八事变后 5 年间，日本从长江流域最大的大冶铁矿获取铁矿石的数量连年大幅增加（见表 7-31）。

**表 7-31　1930—1936 年大冶铁矿石对日本八幡制铁所出口数量**

单位：吨

| 年份 | 对日出口量 | 年份 | 对日出口量 |
|------|-----------|------|-----------|
| 1930 | 432140 | 1934 | 465740 |
| 1931 | 273895 | 1935 | 536690 |
| 1932 | 330370 | 1936 | 557090 |
| 1933 | 351130 | | |

资料来源：奈仓文二『日本鉄鋼業史の研究』之表 I -3-2「大冶鉄鉱石の八幡製鉄所への納入数量(1927—36 年)」。1936 年的数字，是 1935 年 10 月至 1936 年 9 月的。1922—1925 年，日本每年从中国进口铁矿石数量，分别为 64.5 万、66.2 万、80.0 万、81.3 万吨，但在 1926 年和 1927 年，都是 50.3 万吨。参见奈仓文二『日本鉄鋼業史の研究』、16 頁。

此外，在这 5 年间，日本从安徽桃冲进口铁矿石的数量，年均有 13 万吨以上。[1] 同时，日本还竭力在长江流域寻求新的铁矿石资源，认为安徽的太平、长龙山、铜官山与鸡冠山，江苏的徐州利国驿、凤凰山，浙江的长兴、建德、象山，江西的城门山、乌石山、上株岭，湖北的象鼻山，铁矿石蕴藏量都很可观。[2]

（4）日本在长江流域的制造业与投资

在七七事变后的几年中，纱厂依然是日资在中国关内特别是长江流域的制造业中占最大比重的方面。1936 年，日本"对关内的投资额推定为 15.7 亿日元，较之 1930 年推定值增加近 4 亿日元，直接企业投资额为 8.4 亿日元，增加了 2.186 亿日元，其中，纺织业为 3 亿日元，增加了 1.1668 亿日元"。[3] 日资纱厂增资，在 1933 年就有相当大的幅度，即在原有的 1100 万元基础

---

[1]　据奈仓文二『日本鉄鋼業史の研究』第 102 頁之表 I -3-6「桃冲鉄鉱石の八幡製鉄所への納入数量(1927—36 年)」所列数字计算。

[2]　在上海日本総領事館経済部編纂『中支占領地経済情勢概説』、89—90 頁。

[3]　高村直助『近代日本綿業卜中国』、222 頁。

上，增资 500 万元，"上海纺织公司亦增加 300 万元"。[①] 以后，日资纱厂继续扩大产能：到 1937 年 6 月底，纱锭增为 2297496 支，较之于 1930 年底的 1593000 支，增加 44.2%；织机则增为 33304 台，较之 1930 年增加 1.6 倍。[②] 由此，日资纱厂的产量也大有增长：较之 1930 年，1936 年的棉纱产量为 1046867 捆，增 168589 捆，在中外纱厂棉纱总产量中所占比重也由 35.8% 上升到 39.1%；棉布产量为 826633 匹，增 523113 匹，增幅为 1.72 倍多，在中外纱厂棉布总产量中占比也从 44.7% 增至 57.4%。[③] 这种状况，与此时日本加紧对华北扩张而在青岛、天津破坏和攫夺中国民族纺织企业、增建日资纱厂大有关系，同时也要看到，当时在华日资纱厂还是在上海最多，产能最大。[④]

必须指出，这一时期日资纱厂增资与扩大产能，与当时华资纱厂在多数年份的困境形成了鲜明对照，反映了对华资纱厂生存空间的挤压。1933 年在华日资纱厂大量增资，扩大规模，而上海、汉口等地的华资纱厂却因东北市场丧失、长江流域市场萎缩、华南市场不安，所产棉纱严重积压，价格狂跌，加上原料供应不足而价高，迫使大量纱厂缩短开工时间。[⑤] 1934 年，华资纱厂的营业仍"非常困难"，纱锭数虽有增加，但从 4 月以后，"不外是停工减工"；上海的纱厂所产棉纱的销量虽多于上年，但还远不及 1932 年的销量。然而，日资纱厂"纱锭又增加……布机增加……在出纱布方面……较华厂为多"。与上年比，"华厂出纱线……减少百分之三"，而日厂却"略增加百余包"；"华厂出棉布……减少百分之五"，而日厂却"增加达百分之四四"。[⑥]

---

① 见何炳贤《民国二十二年我国工商业的回顾》之"棉纺业的厄运"，实业部国际贸易局编辑《工商半月刊》，第 6 卷第 1 号，1934 年。
② 高村直助『近代日本綿業卜中国』、118—119、212 頁。
③ 高村直助『近代日本綿業卜中国』、169 頁。
④ 「在華邦人紡の現勢」『経済月報』第 100 号、1935 年、21—22 頁；高村直助『近代日本綿業卜中国』、118—119 頁。
⑤ 见何炳贤《民国二十二年我国工商业的回顾》之"棉纺业的厄运"，实业部国际贸易局编辑《工商半月刊》第 6 卷第 1 号，1934 年。
⑥ 见何炳贤《民国二十三年中国工商业的回顾》之"棉纺业"，实业部国际贸易局编辑《工商半月刊》第 7 卷第 1 号，1935 年。当时，汉口有华资纱厂 6 家与日资纱厂 1 家，在 1934 年，"除了日人经营的泰安纱厂外，都沉沦于不景气之中"而缩短开工时间，6 月只有约三分之二的机器在运转。见日本外务省监辑、日本国际协会编纂『支那各省经济事情』中卷、研文社、1935、36、37 頁。

1935 年，对华资纱厂而言，"实为十余年来最恶劣之一年"，由于银价上涨、金融紧缩，较之上年，"纱厂减工或停工都告增加"，而纱价则跌至 15 年来之最低，"我国棉纺业实无日不在风雨飘摇之中"。[1] 而正是在这一年，在长江中游最大的棉纺织品市场汉口从上海输入的棉纱中，华资与日资纱厂产品各自所占位置发生了转换，日厂棉纱在数量上超过了华厂棉纱（见表 7-32）。

**表 7-32　1931—1935 年汉口输入上海棉纱数量**

单位：包

| 年份 | 日资纱厂产品 | 华商纱厂产品 | 合计 |
|---|---|---|---|
| 1931 | 8470 | 47530 | 56000 |
| 1932 | 21000 | 13000 | 34000 |
| 1933 | 23000 | 30000 | 53000 |
| 1934 | 16000 | 18000 | 34000 |
| 1935 | 16800 | 9500 | 26300 |

资料来源：漢口日本商工会議所『漢口経済事情』第一輯（輸移入品篇）、6 頁。该书称，当时汉口输入的棉纱，约有八成在湖北省内消费，两成输往湖南、河南、四川。

另如前面所述，日资纱厂所产棉布，较之于棉纱，对华资纱厂一直占有更大优势，到 1936 年，在中外资纱厂棉布总产量中超过半数。由此，即使在 1933 年南京国民政府大幅提升棉布进口关税，有效抵挡了外国所产棉布大量进口的情况下，包括长江流域在内的中国机织棉布市场，也仍由在华日资纱厂产品占首位。当时汉口机织棉布市场上，便凸显出这种状况（见表 7-33）。

**表 7-33　1931—1935 年汉口输入棉布统计**

单位：包

| 品种 | 1931 年 | 1932 年 | 1933 年 | 1934 年 | 1935 年 |
|---|---|---|---|---|---|
| 坏布 | | | | | |
| 日本产品 | 200 | 50 | — | — | — |
| 上海日资纱厂产品 | 10490 | 16300 | 25000 | 31500 | 25680 |
| 上海华商纱厂产品 | 1000 | 800 | 7000 | 3400 | 5100 |

---

[1]　见何炳贤《民国二十四年我国工商业之回顾》之"棉纺业"，实业部国际贸易局编辑《工商半月刊》纪念号，1936 年。

近代日本在长江流域的扩张（1862—1937）

续表

| 品种 | 1931 年 | 1932 年 | 1933 年 | 1934 年 | 1935 年 |
|------|--------|--------|--------|--------|--------|
| 欧美产品 | — | — | — | — | — |
| 合计 | 11690 | 17150 | 32000 | 34900 | 30780 |
| 加工棉布 | | | | | |
| 日本产品 | 13600 | 16170 | 6000 | 2700 | 4860 |
| 上海日资纱厂产品 | 4600 | 7020 | 19000 | 14500 | 14500 |
| 上海华商纱厂产品 | — | — | 6000 | 9700 | 8280 |
| 欧美产品 | 9570 | 8630 | 3500 | 650 | 150 |
| 合计 | 27770 | 31820 | 34500 | 27550 | 27790 |

资料来源：漢口日本商工会議所『漢口経済事情』第一輯（輸移入品篇）、7 頁。该书称，上海日资纱厂的产品几乎都由日商直接从上海输入。

1936 年下半年，长江流域棉纺织品市场有所好转，在武汉，歇业已久的武昌第一、震寰、民生 3 家纺织厂相继恢复生产，盈利"实为十余年来之新纪录"。但论销出的产品，沪、汉两地华资纱厂的棉布约有 5 万捆，价额为一千六七百万元，而输入的日资纱厂棉布则约有 65000 捆，价值 2200 万元。①

在棉纺织业之外，日本在长江流域对其他各种制造业的直接投资，在 1936 年有 2864.9 万日元，在该年日本对中国关内同类直接投资总额中，占比虽不及华北，但也还有 41.2%。② 据"上海日本人工业同志会"的报告，截至 1931 年 8 月底，在上海作为其会员的日资工厂，不算纱厂，有 57 家；而经历了九一八与"一·二八"事变的冲击后，在 1934 年底减至 27 家；然而到了 1936 年 1 月底，又增为 33 家，内有玻璃、制冰、纸品、铁厂、染色、工业药品、建筑、制材、肥皂、橡胶、乳制品、医用纱布、铜加工、纺纱机械部件、针织、印刷、蚊香、淀粉、酿酒、热水瓶、马口铁等厂家。③ 另如前文所述，当时在汉口，日华制油厂、中华制冰会社日资工厂也在继续经营。

① 『漢口経済概況訳報ノ件』（1937 年 7 月 26 日代理驻汉口总领事松平忠久致外务大臣广田弘毅）、E-1-2-0-X1 之 C1-014。
② 東亜研究所『日本の対支投資——第一調査委員会報告書』、294 頁。
③ 「上海邦人工業の概況（紡績業を除く）」『経済月報』第 111 号、1936 年、4—5 頁。

在制造业以外，日本在 1936 年底对中国关内银行业投资总额为16090.1 万日元，其中上海占比 50%；而论当时日本的银行在中国关内吸收存款总额，上海与汉口占 50% 多，论其贷款总额，长江流域占比 53%；在日本其他金融投资中，长江流域次于华北，占 24.7%。[①] 就当时日本在中国关内的矿业贷款而言，其兴业银行、横滨正金银行对大冶铁矿、中日实业株式会社对安徽桃冲铁矿、湖北开源矿务公司、湖南韦明的矿山，大仓组等对上海顺济矿业公司、江西富乐公司，古河石炭株式会社对湖南兴湘公司、安徽省张福生的矿山，高木合名会社对湖南谭启瑞、江西饶孟仙的矿山，三井矿山会社对安徽福利民公司的矿山，都继续贷款，由此，1936 年日本对长江流域矿业投资余额共计 86880965 日元，在该年日本对中国关内矿业投资余额中占 80%。[②] 这年，日本对长江流域进出口贸易业与一般商业的投资共有 89193048 日元，占比 56.8%。[③]

此外，还有江西南浔铁路、安徽安正铁路、四川井富铁路，以及汉口电报局、武汉电信局等先前对日借款本息，到 1936 年还没有还清，而仍被日本势力视为投资。日商在上海对仓库业、土木建筑业，在上海和汉口对房地产业，在长江流域对水产业，也都有投资。[④]

## （二）长江流域终成中日大战场

从前面所述可清楚看出，"一·二八"事变以后，在中日矛盾不断激化的形势下，已经夺占中国东北、正加紧吞噬华北的日本，在长江流域也竭力利用国民政府的妥协退让政策，维护其巨大的经济利益，确保棉铁等战略资

---

① 東亜研究所『日本の対支投資——第一調査委員会報告書』、82、84—85、88、148 頁。

② 東亜研究所『日本の対支投資——第一調査委員会報告書』、183—184、208 頁。"该书列有大仓组等对湖南水口山铅锌矿的贷款 250 万日元，不确。此贷款是日本三井洋行等在1918 年贷给当时的湖南督军谭延闿的，实际付给谭 27 万上海两，其中一部分充作购买 740吨水口山铅矿石的价款。"见『湖南省水口山亜鉛鉱一手販売契約並水口山鉛鉱石購入ニ関スル前渡金契約経過ノ事』（1935 年 2 月 26 日）、B08061017000。

③ 東亜研究所『日本の対支投資——第一調査委員会報告書』、390 頁。

④ 東亜研究所『日本の対支投資——第一調査委員会報告書』、507—508、587、628、639、641、644、653、662 頁。另参见许金生《"一二八"事变后六年间日本在上海的杂工业发展》，上海中山学社编《近代中国》第 13 辑，上海社会科学院出版社，2003。

源的供给。但是，在此过程中，民众反日浪潮持续高涨，特别是在七七事变爆发后，随着抗日民族统一战线正式确立，抗日救国成了最强音。对此，日本一贯以武力压制，直至发动八一三事变，将战火引向长江流域，而中国军民则奋起迎战，长江流域终成中日大战场。

**1. "上海海军特别陆战队"及日舰持续对长江流域施压**

（1）"一·二八"事变后正式建制的"上海海军特别陆战队"及其特点

众所周知，1932 年 5 月 5 日，国民政府与侵华日军签订了淞沪停战协定，作为"一·二八"事变的解决办法。该协定第三条规定："日本军队撤退至公共租界暨虹口方面之越界筑路，一如中华民国二十一年一月二十八日事变之前。"① 既往有关论著对此规定，多简单视为恢复中日军队在"一·二八"事变前的状态，而不大注意其另有玄机，即通过中日协定，为从 1927 年起非法长驻于上海的日本海军"特别陆战队"继续驻扎提供"根据"。日本海军省马上抓住时机，于 1932 年 6 月 1 日将该队正式命名为"上海海军特别陆战队"，10 月 1 日又发布《海军特别陆战队令》，将该队作为一支专门针对上海等长江流域口岸的军队，予以正式建制。

《海军特别陆战队令》规定："在上海及海军大臣指定的长江方面之地配置海军特别陆战队"，该队"隶属第三舰队或第一遣外舰队，分掌与所在地及其附近的警备相关事宜"；"在我外交官或领事官请求派兵保护所在地及其附近的日侨时，在事态紧急时，得立即响应"。② 这些内容，此前早就见诸实施，而《海军特别陆战队令》发出后，则更加制度化了。③

按照《海军特别陆战队令》，"上海海军特别陆战队"设有完整的指挥系统，司令官的军衔为少将或大佐，司令部设参谋、副官、机关长，司令部下设若干分队长和队附；另有军医长、主计长；在其平时定员中，各级军官多则 400 人，少则 311 人，士兵多则 1594 人，少则 1136 人，海军大臣可按

---

① 《上海停战及日方撤军协定》，王铁崖编《中外旧约章汇编》第 3 册，第 884 页。

② 日本海军大臣官房编『海軍制度沿革』第 3 卷、海军大臣官房、1939、1430 頁。

③ 《日本上海海军特别陆战队之组织》，《外论通信稿》第 188 期，1932 年 10 月 7 日。

需要临时增减。① 可见，该队平时规模不算大，但司令官军衔高，各级军官占定员的五分之一，这显然是为了便于随时扩充兵力，在当时的日军中是颇为特殊的。1933 年 6 月 20 日，参与"一·二八"事变的日本海陆军高级将领觐见天皇时，"第三舰队"司令长官野村吉三郎与已卸任的"第一遣外舰队"司令官盐泽幸一、"上海海军特别陆战队"司令官植松练磨同在其列，② 证明"上海海军特别陆战队"在日本海军中的地位非同一般。

如前文所述，"上海海军特别陆战队"自始就包括驻汉口的"特别陆战队"。1936 年 9 月下旬，日本海军借口汉口日租界一名日本巡捕被狙杀事件，从上海派去"特别陆战队"104 人，使长驻汉口的兵力增至 200 人，同时改称"汉口海军特别陆战队"。③ 七七事变爆发前夕，该队兵力又增至 293 人。④

日本海军在上海和汉口的"特别陆战队"平时驻扎于上海和汉口军营，以此区别于由日舰水兵组成而只临时上岸的普通陆战队。它作为日本在长江舰队的固定组成部分，主要在上海和汉口执行日常"警备"等任务，因而又与既往及以后从本国临时派出的"特别陆战队"相异。显然，该队是具有侵华驻屯军性质的海军力量。

该队的特性，决定了它必然要在上海和汉口非法拥有军营。清末民初，日本海军在上海和汉口等地早有所谓"海军集会所"，⑤ 但上海的集会所是舰上官兵休养之所，难以长年驻扎大量陆战队员，而汉口的集会所原是日本陆军在日租界之外非法修建的军营，早已成为众矢之的，因而也有不便。于

---

① 日本海军大臣官房編『海軍制度沿革』第 3 巻、1430—1431 頁。七七事变前夕，"上海海军特别陆战队"的官兵总数为 2226 人。见『人員調ノ件送付』(1937 年 4 月 2 日)、海軍省-公文備考-S12-52-5217。

② 『第三艦隊司令長官、元第一遣外艦隊司令官、元上海海軍特別陸戦隊司令官上京並ニ任務奏上ニ関スル件』(1933 年 1 月 13 日)、海軍省-公文備考-S8-35-4475。

③ 『支那警備任務経過概要上奏書ニ関スル件照会』(1937 年 12 月 8 日)、海軍省-公文備考-S11-45-5027；日本防衛庁防衛研修所戦史室編『中国方面海軍作戦』(1)、朝雲新聞社、1974、203 頁。"第三舰队"规定："由上海海军特别陆战队特派到汉口的部队称为汉口海军特别陆战队，负责汉口陆上的警备。"见『機密第三艦隊法令第十号』(1936 年 9 月 27 日)、海軍省-公文備考-S11-72-5054。

④ 『人員調ノ件送付』(1937 年 4 月 2 日)、海軍省-公文備考-S12-52-5217。

⑤ 参见李少军《国民革命前日本海军在长江流域的扩张》，《历史研究》2014 年第 1 期。

是，该队要新建军营，从 1927 年 9 月下旬到 1928 年 1 月上旬，先后在上海和汉口秘密购地。先是在 1927 年 9 月 28 日，将上海虹口公园南侧、紧邻日本邮船会社俱乐部和铃木洋行房屋的地皮 3812 平方米，以 134237.09 元买下；接着在 1927 年 12 月 17 日，又将在上海倍开尔路的 1140 平方米地皮，以 23075 元买下；随后又在 1928 年 1 月 10 日，将汉口日租界"成忠街"（今张自忠路）北侧沿江通道边 1937 坪（约合 6403.7 平方米）地皮，以 102192 元买下。① 从 1928 年起，该队在上海虹口公园以南今东江湾路 1 号地面，与汉口日租界"成忠街"北侧地面，分别开始修建军营。② 到 1931 年初，该队在虹口公园南侧和倍开尔路所占土地面积已分别扩大为 24.793 亩、3.331 亩。③ 1932 年，因南京国民政府被迫接受淞沪停战协定，该队更为骄狂，从 11 月起放手扩建上海军营（其占地面积扩为 50 余亩），于 1933 年 8 月正式建成，随即"公开接待中外各报社记者"，以炫耀该队在上海的存在。④

（2）"上海海军特别陆战队"的行径

按照《海军特别陆战队令》的规定，该队的行动范围不限于上海，而是长江流域口岸。实际上，它也是日本海军在长江舰队的组成部分，故具有一项不同于陆军驻屯军的职能，即为在长江"巡航警备"的日舰提供维修保障。为此，该队在上海和汉口的军营都有维修船械军器的设施。"一·二八"事变后，上海军营内"添立军械局一所，专司制造与修理事项……专

---

① 『土地買入ノ件報告』（1929 年 1 月 7 日）、海軍省-公文備考-S4-108-3895。

② 1928 年在上海、汉口两地修建军营武器库和日用品仓库等的预算，见 『上海宿舍附属兵器格納庫其ノ他新営工事ノ件』（1928 年 11 月 8 日）、海軍省-公文備考-S6-127-4229。另据 『漢口宿舍工業場新営工事位置図』，汉口军营的"本部""宿舍""病房""汽车车库""油库""厨房澡堂及厕所""修理车间""围墙"等都建成于 1928 年，"武器库""机械所"等建成于 1929 年。见 『漢口海軍宿舍工業場新営ノ件上申』（1932 年）、海軍省-公文備考-S7-105-4352。

③ 『上海ニ於ケル邦人永租土地表送付ニ関スル件』（1931 年 2 月 4 日）、B-G-03-01-00-01-01-00-00-001。

④ 《第三舰队副官致海军省军务局局员》（1934 年 11 月 16 日），海軍省-公文備考-S9-36-4677；上海市档案馆编《日本帝国主义侵略上海罪行史料汇编》上卷，上海人民出版社，1997，第 59 页；《触目惊心之日本新营房》，《申报》1933 年 9 月 16 日，第 4 张第 16 版；张铨等：《日军在上海的罪行与统治》，上海人民出版社，2000，第 73—74 页。

供上海及长江日海军修造军火之用";① 同时，"第一遣外舰队"司令官还以"汉口海军宿舍内工作设备用于队内各兵器及汽车、炮舰各种修理尚有不足"，"车间狭窄"，"在非常之时自不必说，即使在平时也有不少不便"，而要求新建车间并增添设备。② 于是，日本海军省在1933年3月从佐世保派来海军兵工厂技师，在汉口军营设立"海军军用造械所"。③ 而到1935年，"第三舰队"又对海军机关长会议提出，"第十一战队"所辖舰船因执行任务及配置关系，难以长时间停泊上海维修，故在汉口的陆战队要负责维修在该地及其上游的"警备"舰船，需要增加设备并配置工业造诣深的技术军官。④

钳制上海和汉口两大口岸，以利于日本对长江流域乃至中国沿海扩张，是"上海海军特别陆战队"的基本任务。为此，该队无视中国主权，在济南惨案后，越来越频繁地进行军事演习，以保持威慑，作挑起战争的准备，并动辄以武力压制中国民众的愤恨和反抗。

这里，将"一·二八"事变后至八一三事变前一些中日文资料所反映的该队在上海、汉口举行军事演习的情况列表，如表7-34所示。

**表7-34　"一·二八"事变至八一三事变之间"上海海军特别陆战队"
在上海、汉口的军事演习**

| 1933年3月22日 | 驻上海陆战队两个大队在大康纱厂附近举行攻防演习。同日在汉口的水兵与一些日侨演习会操[1] |
|---|---|
| 1934年6月28日 | "日军二百余名，分乘铁甲车、军用汽车等数十辆，实行演习夜战，在戈登路、劳勃生路、极司非而路、白利南路一带，往来驰驱，最后复至曹家渡五角场昆连华界之处，演习战术"[2] |
| 1934年8月21日 | 驻上海陆战队约1200人携带各种新式器具，乘汽车、坦克、炮车、摩托车到虹口公园一带、戈登路、罗别生路附近操演。"此为一九三二年中日交战后上海最大之军操……操演地，包括租界全区"[3] |
| 1934年12月14日 | 驻上海陆战队2500人，在公共租界北区及中心区举行大规模演习，侵入苏州河以南最繁盛之南京路一段，为前所未有，且事前并不通知地方当局[4] |

---

① 《军工来沪》，《申报》1933年2月27日号外，第2版。

② 『漢口海軍宿舍内工業場新築ノ件具申』（1932年4月1日）、海军省-公文备考-S7-105-4352。

③ 《日本续派军工技师到沪》，《申报》1933年3月8日号外，第2版。

④ 『昭和十年公文備考P会議』第5卷、海军省-公文备考-S10-149-4963。

近代日本在长江流域的扩张（1862—1937）

| 时间 | 内容 |
|---|---|
| 1935 年 3 月 8 日 | 驻上海陆战队 2500 人深夜从杨树浦公大纱厂附近开始演习,范围包括虹口、静安寺路、杨树浦、苏州河一带,以虹口中心为夺取目标,有机关枪队、坦克车队等出动[5] |
| 1935 年 6 月 10 日 | 驻上海陆战队在北四川路靶子场一带举行巷战演习,出动武装摩托车,在交通要道架枪放哨[6] |
| 1936 年 7 月 4 日 | 驻上海陆战队一千五六百人,出动卡车、摩托车、重炮车、铁甲车等,分四路在虹口一带越界筑路举行演习[7] |
| 1936 年 8 月 22 日 | 驻上海陆战队千余人,出动铁甲车、坦克车等,在公共租界东区、北四川路、老靶子路、吴淞路、文监师路及越界筑路地段其美路一带,举行大规模演习。日本总领事馆称"此系常有之事"[8] |
| 1936 年 12 月 26 日 | 驻上海陆战队与在港各日舰陆战队在虹口和沪东、沪西工厂地带举行演习[9] |
| 1937 年 1 月 4 日 | "第三舰队"在虹口公园举行检阅式,驻上海陆战队全体及其坦克车队、铁甲车队、机关枪队、高射炮队等受阅[10] |
| 1937 年 1 月 11 日 | 驻上海陆战队"在狄思威路、其美路,以至其美路底一号桥一带演习巷战……复经过成家庵路、欧惕路、四达路、施高塔路",上海市政府以"日军演习地带均属市区范围,实属侵犯我国主权,相应提出严重抗议"[11] |
| 1937 年 2 月 12 日、13 日 | 驻上海陆战队在闸北同济路、横浜路、三阳路、花园街、江湾路里面等处举行演习。上海市政府以"上述各地点皆属市区范围,事关我国领土主权,断难容许",要求日本总领事制止[12] |
| 1937 年 2 月 18 日 | 驻上海陆战队"一路由何家宅至水电路一带,另一路由花园街底、恒业路、横浜路、八字桥等处,演习约一时半钟"[13] |
| 1937 年 2 月 26 日 | 驻上海陆战队二千余人出动所有机械化装备,举行大规模演习。北迄河间路、东至格兰路、西入齐齐哈尔路、南达杨树浦路,为演习区域[14] |
| 1937 年 4 月 1 日 | 驻上海陆战队以各种机械化装备及高射炮在虹口公园举行演习[15] |
| 1937 年 4 月 2 日 | 驻上海陆战队二千余人,以坦克、装甲车及各种轻重武器在沪东区杨树浦路、平凉路、临青路、河间路、华德路、宁武路、桂阳路、鄱阳路、海州路、平定路、格兰路、眉州路等一带举行街战演习[16] |
| 1937 年 4 月 11 日 | 驻上海陆战队一千五百余人,以坦克、装甲车和各种轻重武器在华德路、河间路、杨树浦路、平凉路、格兰路、眉州路、齐齐哈尔路、齐物浦路、倍开尔路一带演习巷战[17] |
| 1937 年 5 月 16 日 | 驻上海陆战队及日本退伍军人在杨树浦路、平凉路、周家嘴路、河间路、临青路、桂阳路、腾越路、汇南路、宁武路、格兰路演习攻防战[18] |
| 1937 年 6 月上、中旬 | 驻上海陆战队从 6 月 1 日至 5 日几乎每天深夜在虹口一带,6 月 15 日在施高塔路、北四川路底一带演习巷战。上海市政府抗议[19] |

续表

| 1937 年 7 月 2 日 | 驻上海陆战队在虹口一带举行警备演习[20] |
| --- | --- |
| 1937 年 7 月 | 七七事变爆发后，驻汉口陆战队连续举行防空、作战演习，日租界内的陆战队本部屋顶架设炮位，江岸防水坝炮位如林，界口准备了电网沙包，并从 7 月 28 日起宣布戒严[21] |

资料来源：［1］《今日日陆战队又举行攻防演习》，《申报》1933 年 3 月 22 日号外，第 2 版；《汉日水兵昨又演习会操》，《申报》1933 年 3 月 23 日，第 2 张第 6 版。

［2］《沪西日军深夜演习战术》，《申报》1934 年 6 月 28 日，第 4 张第 13 版。

［3］《日军昨晨操演》，《申报》1934 年 8 月 22 日，第 3 张第 12 版。

［4］《沪日陆战队大演习》，《外交周报》第 2 卷第 26 期，1934 年，第 3—4 页。

［5］《日海军陆战队昨日举行战斗演习》，《申报》1935 年 3 月 8 日，第 2 张第 10 版。

［6］《日陆战队昨午演习巷战　虹口一带如入战区》，《申报》1935 年 6 月 11 日，第 3 张第 9 版。

［7］《上海市保安总团呈》（1936 年 7 月 10 日），《日本帝国主义侵略上海罪行史料汇编》上卷，第 64 页。

［8］《日本海军陆战队昨晨大演习　称系常事无特殊用意》，《申报》1936 年 8 月 23 日，第 4 张第 15 版。

［9］《日驻沪陆战队明晨举行演习》，《申报》1936 年 12 月 25 日，第 3 张第 10 版。

［10］《驻沪日第三舰队昨晨行检阅式》，《申报》1937 年 1 月 5 日，第 4 张第 16 版。

［11］《上海市政府公函》（1937 年 1 月 11 日），《日本帝国主义侵略上海罪行史料汇编》上卷，第 64—65 页。

［12］《上海市政府公函》（1937 年 2 月 12 日），《日本帝国主义侵略上海罪行史料汇编》上卷，第 65 页。

［13］《蔡劲军公函》（1937 年 2 月 19 日），《日本帝国主义侵略上海罪行史料汇编》上卷，第 66 页。

［14］《日陆战队昨晨大演习》，《申报》1937 年 2 月 27 日，第 4 张第 14 版。

［15］《蔡劲军报告》（1937 年 4 月 2 日），《日本帝国主义侵略上海罪行史料汇编》上卷，第 66 页。

［16］《蔡劲军报告一》（1937 年 4 月 2 日），《日本帝国主义侵略上海罪行史料汇编》上卷，第 66—67 页。

［17］《蔡劲军报告二》（1937 年 4 月 14 日），《日本帝国主义侵略上海罪行史料汇编》上卷，第 67—68 页。

［18］《蔡劲军报告三》（1937 年 5 月 18 日），《日本帝国主义侵略上海罪行史料汇编》上卷，第 68 页。

［19］《日本陆战队昨又演习巷战》，《申报》1937 年 6 月 2 日，第 4 张第 15 版；《日陆战队演习巷战忙　附近居民倍受虚惊》，《申报》1937 年 6 月 5 日，第 4 张第 13 版；《沪日军又演巷战》，《申报》1937 年 6 月 16 日，第 4 张第 14 版；《上海市政府公函》（1937 年 6 月 11 日），《日本帝国主义侵略上海罪行史料汇编》上卷，第 66 页。

［20］《日海军陆战队昨晨警备演习》，《申报》1937 年 7 月 3 日，第 4 张第 13 版。

［21］《河北作战声中侨汉日本军民动态》，《申报》1937 年 7 月 31 日，第 2 张第 6 版。

　　表 7-34 中所列不一定是完整的记录，但已可充分反映"上海海军特别陆战队"平时在上海和汉口两地的横行无忌。该队粗暴践踏中国主权，视市民性命如草芥，竟一再在人烟稠密的市区使用大量机械化装备和轻重武

器，任意举行所谓演习，而日方居然还将这种行径说成"常有之事"。该队以巷战作为最主要的演习项目，将其最终要攻占上海、汉口乃至更多中国沿岸城市的险恶用心暴露无遗。

自 1900 年 9 月日本陆战队非法驻扎上海，实行所谓"防卫"以后，每当上海及中国江海沿岸其他重要城市掀起革命浪潮或出现动荡，日本陆战队都会以护侨为名出动，实行所谓"警备"即以武力施压。而"上海海军特别陆战队"在长驻上海和汉口过程中，又逐步将这种"警备"常态化。

该队"警备"的区域，在汉口名义上是日租界以内；在上海，"一·二八"事变之前，基本上是列强在 1927 年商定划给日军的所谓防区，以住有最多日侨的虹口为中心，之后则常有超出。再就该队实行"警备"的实态来看，可以说日益接近占领军的行径。平时，当日侨与华人发生冲突时，该队欺压华人，甚至越过地方当局直接逮捕。"一·二八"事变后，该队的警备方式又有变化："沪西曹家渡附近各越界筑路地段，有日本工厂甚多……驻有日海军陆战队保护。"① 同时，还有巡逻队频繁出动，以至于该队与公共租界工部局围绕所谓警权问题发生矛盾。② 而在发生日人被杀事件时，该队竟肆意超出平时的"警备"区域，实行"巡查""戒严"。如 1936 年 9 月 19 日，汉口日租界巡捕吉冈庭二郎被人狙杀，"海军陆战队荷枪实弹，越界巡查两次"；③ 10 月 8 日，汉口江汉路上的日本"思明堂书药房"被人投掷炸弹，虽并未爆炸，但"日陆战队与总领事馆警察当局立即派员前来调查"，"江汉路一带特别戒严"。④ 9 月 23 日晚，日兵在上海公共租界内遭袭，1 死 2 伤，日本陆战队立即实行"非常警戒"，"北四川路，自老靶子路至江湾路一带，华界交界之路口，二十四日晨均有武装之陆战队驻守，并检查行人。阿瑞里附近之日本小学及宝兴路口之桃山舞场，今日均已设立陆战队分驻所，日本小学内之操场上，并停驻炮车及机车多辆。北四川路上之日本军用车及机车，

---

① 《沪西日军深夜演习战术》，《申报》1934 年 6 月 28 日，第 4 张第 13 版。
② 《日水兵与西捕冲突》，《申报》1934 年 6 月 29 日，第 3 张第 12 版；《因虹口事件引起 C 区警权问题》，《申报》1934 年 7 月 5 日，第 4 张第 13 版。
③ 《汉口日租界日警吉冈庭二郎被狙杀》，《中央周报》第 434 期，1936 年，第 2 页。
④ 《汉口江汉路日陆战队特别戒严》，《外论通信稿》第 1619 期，1936 年 10 月 10 日，第 1 页。

往来颇为忙碌……二十四日晨至晚，北四川路、虹口中区、武昌路、吴淞路、文监师路、乍浦路、海宁路、西华德路一带，始终在严重警戒中，各通衢均由日陆战队把守"。对此，上海市市长以"事关本国主权"而向日本总领事馆提出抗议，"要求立将派往市区之日陆战队撤回"。① 但其后"市区内，仍有日兵逗留，有时且借口护侨，入天同路、沙泾港路、分水庙、胡家木桥等处巡逻"。②

（3）日舰连年在长江干支流各口岸实行"警备"

日舰凭借不平等条约规定，从 1897 年就开始在长江流域各通商口岸之间实行所谓的"巡航警备"，以体现对华炮舰政策，这在"一·二八"事变后，也毫无改变，一直持续到日本海军挑起八一三事变前夕。

在"一·二八"事变过程中，日本海军强化在长江流域与中国东南沿海的军力，其中一个重要步骤，就是将以往的"第一遣外舰队"升格为"第三舰队"。继而在 1933 年上半年，为整理"第三舰队"与"第一遣外舰队"的上下关系，又取消后者的建制，而以由河用炮舰及若干驱逐舰组成、主要游弋于长江干支流的"第十一战队"代之。③ 在 1936 年，"第十一战队"的舰船有：河用炮舰"安宅""鸟羽""坚田""势多""保津""比良""二见"各号，以及驱逐舰"栗""栂""莲"各号，交通船"小鹰"号；④ 而在此前的 1935 年，巡洋舰"对马"号、驱逐舰"浦风"号也编于"第十一战队"中。⑤ 观 1932—1936 年日本《海军公报》各号所列在长江干支流各口岸的日舰，除了上述舰船外，舰龄很长的"隅田"、"伏见"及

---

① 《沪公共租界日水兵遭枪击一死二伤》，《中央周报》第 434 期，1936 年 9 月，第 4—5 页。

② 《日军越界巡逻　市府昨再提抗议》，《申报》1936 年 10 月 9 日，第 3 张第 11 版。

③ 关于日本海军取消"第一遣外舰队"建制，在长江流域配置"第十一战队"的具体时间，笔者尚未得见直接证据。但"第一遣外舰队"的建制在 1932 年一直延续，有这年 12 月 28 日该舰队首席参谋致海军省军务局第二课长的『扬子江警戒队任务报告ノ件送付』(海军省-公文备考-S7-60-4307) 可证，而日本海军最早出现"第十一战队"名称的资料，目前所见，是其河用炮舰"热海"号在 1933 年 3 月 1 日至 5 月 31 日的『航泊日志』(②战史-航泊日志-3254)，其封面上"第一遣外舰队"字样被划掉，改为"第三舰队第十一战队"。据此判断，"第十一战队"替代"第一遣外舰队"，最迟不晚于 1933 年 5 月底。

④ 见『昭和十一年第十一戦隊恒例検閲成績表』所列"第十一战队"所辖舰船，海军省-公文备考-S11-77-5059。

⑤ 见『昭和十年第十一戦隊恒例検閲成績一覧表』所列"第十一战队"所辖舰船，海军省-公文备考-S10-68-4882。

"宇治"号，直到 1935 年都是该战队的警备舰，此外还有通常作为"第三舰队"旗舰的"出云"号，及军舰"室户""平户""天龙""龙田""常磐""磐手"等号，驱逐舰"樫""柳""桃""桧""萩""薄""蔦""藤""菫""苇""菱"各号，不时开进长江中下游。在这些年中，上海、汉口不必说，南京、九江、宜昌、长沙等地，都是日舰固定的"警备"口岸，而长江上游的重庆，从 1933 年 12 月 1 日日舰"二见"号再至，到七七事变爆发前后，也是一样。此外，镇江、芜湖、大冶、沙市，也是日舰常到之地。① 1935 年 7—10 月，"第十一战队"司令官对所辖舰船及在汉口的陆战队作例行检阅，从他对各舰舰长发出的"训示"，大致可知日舰"巡航警备"的实态。其称，从年初起，"对马"号担负汉口"警备"任务 8 个月；"安宅""浦风""保津""鸟羽"各号分别承担长江中下游"警备"任务，"鸟羽"号在长沙 5 个月之久；"枥"号和"栗"号分别单独承担长江下游、中下游"警备"任务；"坚田""势多""比良"各号主要承担长江中上游的"警备"任务，其中"势多""比良"号在酷暑、涨水期承担重庆的"警备"任务；此外，"热海"号承担长江各地的"警备"任务，且作为战队司令官所乘之舰，在长江上游行动约半年之久，还承担对重庆的"警备"任务。②

　　1936 年，"第十一战队"司令官按例检阅所辖舰船，其对下属的"训示"也反映日舰"巡航警备"的一些内容，如说"势多"号主要承担长江上游各地"警备"任务、充当侍从武官所乘之舰及"第十一战队"旗舰，同时"克服最近的种种困难，在长江下游进行军事要地调查"；③ "坚

---

① 　这些情况，参见日本海军大臣官房编『海军公报』1932 年 2 月 1 日至 1936 年 9 月 22 日之间各号。七七事变前日舰在长江流域口岸具体分布情况，『海军公报』自 1936 年 9 月 22 日以后不再刊出，而以"作业地"示其所在之处。但中国报刊上，仍有关于日舰驻泊长江流域口岸的报道，如这年 11 月 4 日《申报》第 3 版所载《泊汉日舰驶湘潭》，即报道在汉口的日舰"比良"号、"小鹰"号、"鸟羽"号，开往长沙。

② 　参见『昭和十年度第三艦隊恒例検閲成績及訓示ノ件報告』（1935 年 11 月 15 日第三舰队司令长官百武源吾致海军大臣）所收杉坂悌二郎对所辖各舰舰长发出的"训示"，海军省-公文备考-S10-68-4882。在长江干支流的各日舰，彼此时常更换驻泊口岸，只是巡洋舰、驱逐舰不到汉口上游口岸。

③ 　『昭和十一年軍艦勢多恒例検閲ノ成績ニ就キ勢多艦長吉見信一ニ訓示』（"第十一战队"司令官日比野正治于 1936 年 11 月 14 日）、海军省-公文备考-S11-77-5059。

田"号"在西南问题爆发后，在最重要地点当警备之冲，最近又在日中国交紧张之时，就长沙日侨撤离问题及警备舰根据水量进退等极复杂琐细业务，克担其任";①　"莲"号承担在长江下游的"警备"任务，并从事"第三舰队司令部特别行动"。②　在这年9月下旬，为汉口"日警吉冈，被枪杀一案……'莲''枡'两驱逐舰抵汉……连同原泊之'安宅''热海''二见''坚田'等舰，共达六艘"，与在该地的日本陆战队一同对中方施压。③

　　1937年，日本加紧侵华步骤使中日关系更为严峻，而日舰对长江流域施压也从不放松，4月中旬，日本海军大将大角岑生还深入汉口，"检阅第十一战队旗舰'八重山'号以次之'安宅''保津''比良''小鹰'各舰及陆战队"。④　七七事变爆发后，汉口"日租界方面……警察加岗，海军登陆，连续举行防空演习、作战演习，租界内日陆战队队本部，屋顶架设炮位，江岸防水墙、炮位如林，界口之电网沙包，亦已准备，自二十八日起，宣布戒严，江面停泊军舰，有'八重山'号旗舰，'鸟羽'、'保津'驱逐舰共计三艘，驻兵约四百名，皆装上钢板，安设重炮，俨然战时配备"。⑤直到8月1日，日舰还驻泊于长江干支流多个口岸，上海有"出云""坚田""莲"各号，南京有"枡"号，九江有"热海"号，大冶有"小鹰"号，汉口有"八重山"号、"鸟羽"号、"二见"号、"栗"号，长沙有"势多"号，宜昌有"保津"号，重庆有"比良"号。截至8月9日，这些日舰及驻汉口的"特别陆战队"完成在上海集结，⑥　准备在上海挑战。

## 2. 长江流域抗日救国运动高涨

　　如前文所言，长江流域在九一八事变后中华民族的抗日救国运动中占有

---

① 『昭和十一年軍艦堅田恒例検閲ノ成績ニ就キ堅田艦長鎌田正一ニ訓示』（"第十一战队"司令官日比野正治于1936年11月4日）、海軍省-公文備考-S11-77-5059。

② 『昭和十一年駆逐艦蓮恒例検閲ノ成績ニ就キ蓮艦長戶村清二訓示』（"第十一战队"司令官日比野正治于1936年7月25日）、海軍省-公文備考-S11-77-5059。

③ 《日本增兵汉口》，《申报》1936年9月24日，第9版。

④ 《大角检阅驻汉日舰》，《申报》1937年4月18日，第3版。

⑤ 《河北作战声中侨汉日本军民动态》，《申报》1937年7月31日，第6版。

⑥ 阿部少佐『支那事変主要作戦研究』之「揚子江方面作戦（其ノ一）」、1、2頁、②戦史-支那事変-113；《长江日舰十艘载运日陆战队二千到沪》，《申报》1937年8月10日，第9版。

很重要的地位，尽管受到国民政府对日妥协退让政策的压制，但这一运动从来没有停止。"一·二八"事变后，面对日本加紧侵略扩张的形势，民众持续愤怒抗议，采取抵制日货等方式来回应，中国共产党从长江流域发出建立抗日民族统一战线的强音，影响日益扩大，终使抗日救国运动呈现波澜壮阔的新局面。

"一·二八"事变之时，中国共产党正确指出，在上海进行着的反日战争的主要动力是"士兵群众与反日民众"，其目的是"反对侵掠"，"很明显的带着民族革命战争的意义"，故要求各地党部"积极的加入这一战争"，"号召与组织反日的群众大会，或群众团体的反日代表大会，通过反日的纲领，公开成立民众反日会与民众反日联合会，公开领导目前开展着的反日斗争"，努力组织武装民众，"最坚决的执行抵制日货的工作"，同时，还要"组织慰劳队、看护队、运输队、交通队等到前线去同作战的士兵接近"，对日军也进行分化工作。① 1932 年 4 月 15 日，在江西瑞金的中华苏维埃临时中央政府发表对日战争宣言，痛斥日本帝国主义"用飞机大炮屠杀中国人民，焚烧中国房屋，在东北及淞沪各地，被害的不可数计，这种屠杀与摧残，现在仍在继续发展"，并抨击国民政府与各派军阀"将东三省和淞沪各地奉送于日本帝国主义"，"正式宣布对日战争，领导全中国工农红军和广大被压迫民众，以民族革命战争，驱逐日本帝国主义出中国，以求中国民族彻底的解放和独立"。② 1933 年 1 月 17 日，中华苏维埃临时中央政府工农红军革命军事委员会，为反对日本侵入华北，又呼吁国民党"立即停止进攻苏维埃区域""立即保证民众的民主权利""立即武装民众创立武装的义勇军"，表示工农红军准备在这些条件之下"与任何武装部队订立作战协定，

---

① 《中央为上海事变给各地党部的信》（1932 年 2 月 15 日），中央档案馆编《中共中央文件选集》第 8 册，中共中央党校出版社，1991，第 114、115、117—120 页。
② 《中华苏维埃共和国临时中央政府宣布对日战争宣言》（1932 年 4 月 15 日），中央统战部、中央档案馆编《中共中央抗日民族统一战线文件选编》上卷，档案出版社，1984，第 46、47 页。这一宣言，以及 1932 年 9 月 18 日中共中央号召广大民众响应对日宣战的通电，在日本外务省情报局指派波多野乾一编撰、该部 1933 年 2 月作为机密情报资料印刷的『中国共产党一九三二年史』中，均全文译出。

来反对日本帝国主义的侵略"。① 在上海的宋庆龄等爱国民主人士组成的民权保障同盟积极响应，成立了国民御侮自救会，揭露日本 "占热河是进攻蒙古与中国北部门户，日本不但要占领黄河以北的区域，并且要在长江流域重要城市重演围攻上海的旧事，来扩充在长江的势力，与威胁中国的人民"，呼吁军队抵抗日本帝国主义，收复东北、热河，保卫中国，并形成人民武装抵抗日本及其他帝国主义。② 1933 年 11 月 26 日，工农红军与第十九路军达成反蒋反日的初步协定。③ 1934 年 7 月 15 日，又发出北上抗日宣言。④ 这些都表明，在中日战争全面爆发前，东北和长江流域都是中国共产党及其军队最鲜明地打出抗日旗帜的区域。

尤其要指出的是，1935 年，中共中央发出 "八一宣言"，疾呼中华民族已处在千钧一发的生死关头，抗日救国是每个同胞的神圣天职，对九一八事变以后奋起抗战的所有爱国军民予以热情赞颂，号召停止内战，表示共产党愿与不打内战而实行抗战的任何军队携手共同救国，并提出了一系列抗战救国的具体主张。这一宣言立即对全国产生了巨大影响，将中华民族的抗日运动推进到广泛建立民族统一战线的新阶段。而同年中共领导的 "一二·九"爱国运动，则进一步促使全国抗日救国高潮涌起。随之上海文化界救国会在1935 年 12 月，上海妇女会、上海联业会、上海大学教授会等各救国会组织

---

① 《中华苏维埃临时中央政府工农红军革命军事委员会为反对日本帝国主义侵入华北愿在三条件下与全国各军队共同抗日宣言》（1933 年 1 月 17 日），《中共中央抗日民族统一战线文件选编》上卷，第 67 页。1936 年，日本出版的松本忠雄『共産党にリードされる支那の抗日人民戦線』（第百書房、1936）一书，追述九一八事变爆发后，中华苏维埃共和国临时中央政府 1932 年对日宣战布告、1933 年中共《告全国民众书》，认为中共在反抗日本的同时要求打倒国民党；还指出，1933 年 4 月 15 日由中华苏维埃共和国临时中央政府主席毛泽东等联名发表的《抗日合作宣言》及后来的一系列宣言等，已表明中共愿与国民党共同抗日。

② 宋庆龄：《国民御侮自救会宣言》，见陇南留平同学会发行《陇南卯铃》第 3、4 期合刊，1933 年 5 月 5 日，第 64—66 页。

③ 由满铁上海事务所搜集、编译的『抗日民族統一戦線運動史——国共再合作に関する政治資料』（南満洲鉄道株式会社調査部、1939），在第二章第一节载有这一协定的完整译文，可见编译者认为这是中共开始实行抗日民族统一战线政策的体现。

④ 『抗日民族統一戦線運動史——国共再合作に関する政治資料』有这一宣言的完整译文。松本忠雄的书，对宣言中广泛发动民众组成抗日团体、反对日本侵华的内容，也着重作了介绍。

在 1936 年先后成立；1936 年 6 月 1 日，又有体现中共多年愿望的全国各界救国联合会成立，该会以上海各界救国联合会为"中心势力"，有平津民族解放先锋队、南京救国协进会、厦门抗日救国会、香港抗日救国会、广西全省学生救国联合会、武汉文化界救国会、上海工人救国会、广东文化界救国会等抗日救国团体的 60 余名代表参加；与此同时，全国学生救国联合会也在上海成立，有广西、南京、上海、北京、天津、杭州、温州、厦门、广州、济南、徐州、青岛、保定、巢县、武汉、宁波、宜兴、香港等 18 城市代表参加。[①] 这些情况，体现出中共推动建立抗日民族统一战线的政策取得重大进展。[②] 同年在上海，沈钧儒、章乃器、邹韬奋、史良、李公朴、王造时、沙千里"七君子"要求国民政府停止"剿共"、一致抗战，竟遭逮捕，但此事件所引起的各方反对，反而在全国有力扩大抗日民族统一战线主张的影响，使之更加深入人心。在四川，日本在 1936 年 8 月不顾中国政府反对，强要在成都再设总领事馆，其所派人员经万县、重庆前往成都，沿途遭到民众愤怒抗议，特别是在成都，"各界民众反日设领大会"广为号召抵制日本图谋，上万民众与日本来人剧烈冲突。尽管日方逼迫国民政府为此"道歉"、赔款并惩处相关人员，但其在成都重设总领事馆的要求还是化为泡影。[③]

### 3. 国民政府的抗战准备

南京国民政府从成立起，所遭受的最沉重的外国压迫来自日本，是众所周知的史实。但执政的国民党右翼背弃了孙中山的三大政策，对中国共产党及其领导的工农群众采取残酷镇压政策，加上其内部各派势力争权夺利，导致内战与社会动荡不止，这又进一步削弱了国民政府的地位。从日本制造济南惨案以后国民政府多次对日交涉来看，它面对日本蛮横的侵略，隐忍退让是基本表现。九一八事变后，各阶层民众极为激愤，要求抗日救国、收复失

---

① 参见松本忠雄『共産党にリードされる支那の抗日人民戦線』。

② 1936 年波多野乾一到上海观察形势，称为该地抗日救国浪潮高涨而"骇目"，他将抗日运动与共产运动等同起来，以"抗日人民阵线"来概括其见闻。见其所撰『赤色支那の究明』大東出版社、1941、3 頁。

③ 于建章：《一九三六年成都事件述评》，《四川师范大学学报》（社会科学版）1986 第 6 期。

地的呼声响彻全国，然而国民政府却推行"攘外必先安内"的错误政策，依然把反共、"围剿"红色根据地放在首位，对日则寄希望于欧美的调停干预，即使在日军进攻上海并向华北伸出魔掌的形势下，仍希求妥协，并百般压制民众的抗日浪潮。这就使中国在日本加紧推行的侵华步骤下，国土沦丧、主权受损，引起广大民众的强烈不满，即使在国民政府内部，也不断有反对妥协退让之声。

当然，日本侵华步步进逼，抗日救国浪潮不断高涨，也使国民政府深感压力，并从"一·二八"事变以后，开始着手进行抗战准备。这主要体现在以下几个方面。

首先是准备迁都。日军进攻上海，使近在咫尺的国民政府首都南京的安全受到严重威胁，故在 1932 年 3 月，国民党中央着眼于抗战，作出了以西安为西京、以洛阳为陪都的决定。随后蒋介石又表示，在战时，首要的是努力经营长江区域和掌握陇海铁路。这说明国民政府已有迁都到长江上游的考虑。联系著名军事家蒋百里在"一·二八"事变后向蒋提出建议以陕、川、黔为核心，依托甘、滇、新疆持久抗战，更可知其来有自。[1] 1935 年，四川实现了行政、军政和财政与国民政府的统一，这也为后来国民政府迁都重庆准备了客观条件。

其次是围绕抗战强化国防。其举措涉及 1933 年 6 月颁布兵役法，从 1935 年起整编陆军，在山东、冀察、河南、徐州、海州、山西、绥远、江苏、浙江、福建、广东等地区构筑作战工事，1936 年统一对空军的指挥并加强飞行员等的培养，1937 年编组高射炮防空部队，等等。

最后是加紧推进经济建设。1932 年 11 月成立国防设计委员会（后更名为资源委员会），展开对矿产、工业、交通运输、粮食、财政经济、专门人才等方面的调查，制定发展重工业（包括冶金、染料、化学、机械、电气）计划，从 1936 年起开始建厂。交通方面，加快了粤汉、浙赣、陇海铁路铺设的后续工程建设，全国公路的铺设在 1932 年以后也取得了长足进展。此

---

[1]　韩信夫、姜克夫主编《中华民国史大事记》第 6 卷，中华书局，2011，第 4064 页。

外，有线、无线通信的发展，也得到较大的促进。[①]

国民政府的上述举措，为以后的持久抗战作了一些准备，应予以肯定。但从根本上说，它最需做的，还是改变"攘外必先安内"的错误政策，停止内战，实现中华民族的高度团结、一致抗日。就此而言，起了重大推动作用的，是在中国共产党抗日民族统一战线政策强烈影响下于1936年12月12日发生的西安事变。而在1937年日军挑起七七事变之后，国共两党之再度合作、共御外侮，就正式开始了。至此，中国持久抗战的政治基础奠定下来。

**4. 日本挑起八一三事变，中日开始在长江流域血战**

1937年7月7日，日军制造卢沟桥事变，挑起全面侵华战争。而将长江流域与东南沿海作为在华地盘，在长江三角洲有过挑战经历，之后继续施压的日本海军，也非常急于在侵华战争中充当要角，并以长江流域为下手之地。实际上，日本海军此前在1935年9月和1936年8月先后制定的1936年度、1937年度对华"作战计划"中，就将华北、长江、华南作为进攻方向，并特别规定：在华"第三舰队"将作战主要兵力置于长江方面，"在作战之初歼灭长江方面之敌舰队，控制其江口，并护卫在该方面上陆的陆军、与之协力"，为此要占领南京下游要地吴淞、乍浦、江阴；而1937年度的"作战计划"，又增添了"歼灭敌航空兵力"的规定，并在拟占领的要地中增添了上海、白茆河口附近、通州、镇江、扬州。[②] 所以，任日军参谋本部第一作战部长的石原莞尔，在七七事变后便断言"海军定会在上海生事"，且预计其会促动陆军出兵；而日军大本营参谋井本熊男也指出海军"进攻上海附近及长江流域的意图强烈"。[③] 果不其然，7月11日，日本海军军令部就与参谋本部订立了《关于华北作战的海陆军协定》及《关于华北作战的海陆军航空协定》，除了要求海军在陆军进攻华北等区域"紧要"时，及

---

① 以上叙述，参考了吴相湘《第二次中日战争史》（台北，综合月刊社，1973）第3章、第5章、第7章的相关内容。

② 日本海军军令部『昭和十一年度帝国海军作戦計画』（1935年9月3日）、『昭和十一年度帝国海军作戦計画』（1936年8月27日）之「第四篇 支那ニ对スル作戦」、⑨その他-霞ヶ関-13、20。

③ 井本熊男『支那事変作戦日誌』芙蓉書房、1998、146、38頁。

陆军运输船队航行、到达登陆地时"与之协力"外，还规定在华中、华南摧毁中国空军力量，"主要由海军任之"。① 12 日，日本海军军令部拟出作战预案，称"在战局扩大的情况下……进行华中作战，将派出为确保上海所需的海陆军，且主要以海军航空兵力扫荡华中方面敌航空势力"。② 其时，在华日本海军"第三舰队"司令长官长谷川清要求立即对华展开全面战争，称"要制中国死命，控制上海、南京最重要"，为此，华中派遣军兵力须有 5 个师团，且"开战之初的空袭作战成否，乃左右其后作战难易迟速之关键"。③ 他于 29 日呈报"第三舰队"作战计划，规定所辖空袭部队"摧毁华中方面敌之空军""扫荡敌之舰艇""协同地面战斗""护卫派遣陆军"，并将杭州、虹桥、广德、句容、江阴、南京、浦口、南昌、洛阳、徐州、汉阳、韶关、株洲等设有军用机场、油库、要塞、兵工厂之地，都列为空袭目标。④

　　从战争过程来看，率先将战火烧到长江流域的，正是日本海军。它按

---

① 日本第二復員局残務処理部資料課編『支那事変初期（自一九三七年七月至一九三七年十一月）の航空作戦史』（1951 年）之第一章、②戦史-支那事変-67。

② 日本防衛庁防衛研修所戦史室編『中国方面海軍作戦』（1）、249 頁。日本海军在"一・二八"事变后，一直以上海为以后对华空战基地的图谋。事变中，由中华企业株式会社占有而在公大纱厂内的约 128 亩土地，曾被日军用作地面机场。其后，有美商愿出高价买下这块地及其周围日资纱厂土地，但日本海军表示，"将来上海附近必需飞机场时，在其外难得合适土地，该土地与黄浦江面相接，最有利于与水上联络及警卫"，"一朝有事……海军判断有必需此飞机场之时"，故"切望该土地为日本人所有，且在目下仍作为空地保存"。1935 年 9 月下旬，上海纺织株式会社、丰田纺织厂按海军意思买下了这片土地，且一直空置不用。八一三事变爆发后，日本陆军第三师团在 9 月 6 日登陆上海，海军 8 日就重新将这片土地用作作战机场。见『上海楊樹浦土地ニ対スル海軍ノ希望』（1930 年 7 月日本海軍軍令部三部長口述備忘録）、『中華企業土地売買契約書送付ノ件』（1935 年 10 月 3 日驻上海总领事石射猪太郎致外务大臣广田弘毅）所附「土地売買契約書」，1-7-1-5 之 4-002；日本第二復員局残務処理部資料課編『支那事変初期（自一九三七年七月至一九三七年十一月）の航空作戦史』（1951 年）之第二章第三节、②戦史-支那事変-67。

③ 日本防衛庁防衛研修所戦史室編『中国方面海軍作戦』（1）、252 頁。

④ 日本第二復員局残務処理部資料課編『支那事変初期（自一九三七年七月至一九三七年十一月）の航空作戦史』（1951 年）之第一章、②戦史-支那事変-67。日军在"一・二八"事变中竭力夺取制空权，激发中国的航空救国浪潮，促使长江流域各省建起不少军用机场。而准备以更大规模进犯长江流域的日军，也一直在搜集和研究实行空袭、空战所需的情报资料，其参谋本部在 1936 年 3 月据此编纂了『中支那航空兵要地誌』一书，叙述苏、浙、皖、豫、赣、鄂、湘各省地形地物、机场及其航线、补给、航空气象，列出各种战机飞行所应注意的事项等。

"一·二八"事变的模式及此前制定的作战计划，以"上海海军特别陆战队"加水上舰船与战机挑起八一三事变，并在促动陆军增援进而爆发淞沪会战后，以大量舰船在黄浦江及长江下游持续展开作战与清障行动，出动大量战机广泛空袭，配合地面日军进攻长江三角洲特别是南京，是周知的史实。同时还须看到，经过这些战争，日本海军还为进一步向长江流域纵深进犯创造了有利条件：靠着舰船打开从长江口到芜湖之间的江上通道，日军得以运送和集中大量兵力粮秣，用于沿江展开大规模进攻；日本海军相继在上海、杭州、南京、芜湖等地设立或利用原有机场，对长江流域实行空袭，较之于最初从济州和台湾越海或从海上航母升空，所受气候条件制约大为减少，距离也缩短很多，由此更便于配合日军在长江南北险峻地形及被中国军队多处堵塞的长江上进攻。

此外，还要指出一点：日本海军将战火烧到长江流域，从一开始就不限于以上海为中心的长江三角洲，而如长谷川清在战前所列空袭目标所示，是将长江中下游乃至于更大的区域作为进犯范围。也正是出于这个原因，在八一三事变前，长年来往、分泊于长江流域各口岸的日舰都撤到上海，一则避免因孤泊各处而遭中国军队打击，二则集中起来用于进攻。[1] 而在它们完成集结后，日本海军就迅速在上海挑起了事变，并以 8 月 15 日战机轰炸南昌机场为开端，[2] 对长江中下游多地展开空袭。仅在 8 月以内，日本海军战机就轰炸了长江中下游的蚌埠、淮阴、安庆、滁州、九江、汉口、孝感等军事要地。[3] 从淞沪会战一直到武汉会战，长江中下游一直都是日本海军空袭的主要区域，而长江上游的重庆，也从 1938 年 2 月 18 日起开始遭到日本海军

---

① 日军 1938 年 6 月中旬至 11 月中旬对长江中下游的大举进攻，投入了海陆两个军种的兵力。就海军来说，所用舰船主力，就是此前以长江干支流为主要活动范围的"第十一战队"，而"上海海军特别陆战队"（以及从日本海军基地佐世保、吴淞、横须贺增派的"特别战队"），也充当了进攻沿江要塞的战力。就日军进犯整体情况来说，日本海军为害范围最大且影响战局最巨的，是其航空队。

② 日本第二复员局残务处理部资料课编『支那事变初期（自一九三七年七月至一九三七年十一月）の航空作戦史』（1951 年）之第二章、③战史-支那事变-67。

③ 「主要航空基地攻撃経過一覧」日本海軍航空史編纂委員会編『日本海軍航空史』（4）戦史篇、時事通信社、1969、216—219 頁；日本防衛庁防衛研修所戦史室編『中国方面海軍作戦』（1）、413、514 頁。

战机轰炸。[①]

在日本向长江流域大举进犯时，中国的抗日民族统一战线早已经形成，国共两党同仇敌忾、合作抗战，广大军民斗志高昂。因此，在淞沪会战中，中国军队顽强抵抗，痛击了骄狂的日军的气焰；即使在上海、南京失陷及日军实行惨绝人寰的南京大屠杀后，中国军民仍英勇地步步抗击顽敌，长江中游的武汉也成为抗战的政治军事堡垒，令中外瞩目。日本侵略者对长江流域的贪欲难抑、奴役中华民族的妄念不消，不屈的中国军民奋力抗击也绝不停止，这就使 1938 年在长江中下游展开空前规模的中日大战不可避免。在这场大战中，中国军民沉重打击了日军，同时也付出了巨大牺牲，武汉等长江中下游重要城镇接连失陷。但其后的历史表明，长江中下游地区仍到处是抗日战场，而上游的川、黔、滇，则成了抗战的大后方。当中国军民经过持久抗战击败日本侵略者以后，长江流域也彻底摆脱了近代以来日本的压迫，迎来了全新的局面。

---

①　日本防衛庁防衛研修所戦史室編『中国方面海軍作戦』（1）、528—536 頁；「作戦経過一覧」日本海軍航空史編纂委員会編『日本海軍航空史』（4）戦史篇、355—360 頁。

# 参考文献

## 一　中文部分

### （一）档案、史料集等

陈璚修，王棻纂，屈映光续修《民国杭州府志》第 174 卷，江苏古籍出版社、上海书店出版社、巴蜀书社，1993 年影印本。

《筹办夷务始末（同治朝）》，中华书局，2008。

冯自由：《革命逸史》，中华书局，1981。

《清代诗文集汇编》编纂委员会编《清代诗文集汇编》第 686 册，上海古籍出版社，2010。

上海市档案馆编《日本帝国主义侵略上海罪行史料汇编》，上海人民出版社，1997。

沈云龙主编《近代中国史料丛刊续编》第 13 辑，台北，文海出版社，1973。

《苏州海关志》编纂委员会编《苏州海关志》，苏州大学出版社，2009。

汪敬虞编《中国近代工业史资料》，科学出版社，1957。

王铁崖编《中外旧约章汇编》第 1—3 册，三联书店，1957。

王彦威纂辑，王亮编《清季外交史料》，书目文献出版社，1987。

翁照垣：《淞沪血战回忆录》，申报月刊社，1933。

武汉大学经济系编《旧中国汉冶萍公司与日本关系史料选辑》，上海人民出版社，1985。

徐义生编《中国近代外债史统计资料》，科学出版社，2016。

杨铨：《五十年来中国之工业》，申报馆编《最近之五十年》，申报馆，1923。

赵德馨主编《张之洞全集》，武汉出版社，2008。

中国第二历史档案馆编《中华民国史档案资料汇编》第 5 辑第 1 编，江苏古籍出版社，1994。

中国科学院历史研究所第三所主编《刘坤一遗集》，中华书局，1959。

中央档案馆编《中共中央文件选集》第 7 册、第 8 册，中共中央党校出版社，1991。

中央统战部、中央档案馆编《中共中央抗日民族统一战线文件选编》，档案出版社，1984。

"中央研究院"近代史研究所编《清季中日韩关系史料》，台北，"中央研究院"近代史研究所，1972。

"中央研究院"近代史研究所编《中日关系史料——军事外交交涉》，台北，"中央研究院"近代史研究所，1986。

"中央研究院"近代史研究所编《中日关系史料——一般交涉》，台北，"中央研究院"近代史研究所，1986。

## （二）报刊

《大陆银行月刊》、《工商半月刊》、《交通公报》、《军事杂志》、《民国日报》（上海）、《申报》、《现代评论》、《新汉口》、《银行月刊》、《银行周报》、《中央周报》

## （三）著作

《汉口租界志》编纂委员会编《汉口租界志》，武汉出版社，2003。

杜恂诚：《日本在旧中国的投资》，上海社会科学院出版社，1986。

〔美〕雷麦：《外人在华投资》，蒋学楷等译，商务印书馆，1959。

李喜所：《中国留学史论稿》，中华书局，2007。

刘克祥、吴太昌主编《中国近代经济史（1927—1937）》，人民出版社，2010。

刘望龄编著《辛亥首义与时论思潮详录》，华中师范大学出版社，2011。

吕顺长编著《晚清中国人日本考察记集成》，杭州大学出版社，2015。

沈殿成主编《中国人留学日本百年史》，辽宁教育出版社，1997。

〔美〕泰勒·丹涅特：《美国人在东亚——十九世纪美国对中国、日本和朝鲜政策的批判的研究》，姚曾廙译，商务印书馆，1959。

汪敬虞主编《中国近代经济史（1895—1927）》，人民出版社，1998。

王力：《近代驻华日本领事贸易报告研究（1881—1943）》，中国社会科学出版社，2013。

王芸生：《六十年来中国与日本》，三联书店，2005。

吴天任：《黄公度先生传稿》，香港，香港中文大学出版社，1972。

吴相湘：《第二次中日战争史》，台北，综合月刊社，1973。

肖如平：《南京国民政府与"一·二八"淞沪抗战研究》，浙江大学出版社，2016。

许金生：《近代上海日资工业史（1884—1937）》，学林出版社，2009。

严中平：《中国棉纺织史稿》，科学出版社，1955。

杨天宏：《口岸开放与社会变革——近代中国自开商埠研究》，中华书局，2002。

余子道：《一·二八淞沪抗战》，上海人民出版社，2016。

翟新：《近代以来日本民间涉外活动研究》，中国社会科学出版社，2006。

张建俅：《清末自开商埠之研究》，台北，花木兰出版社，2009。

张蓬舟主编《近五十年中国与日本》，四川人民出版社，1985。

张铨等：《日军在上海的罪行与统治》，上海人民出版社，2000。

章开沅、余子侠主编《中国人留学史》，社会科学文献出版社，2013。

郑海麟：《黄遵宪传》，中华书局，2006。

中国社会科学院近代史研究所：《日本侵华七十年史》，中国社会科学出版社，1992。

## （四）论文

白华山：《地方精英与上海抗战——以"一二八"事变期间的上海市民地方维持会为例》，《史林》2007年第4期。

戴海斌：《庚子事变时期张之洞的对日交涉》，《历史研究》2010 年第 4 期。

戴海斌：《山根立庵、乙未会与〈亚东时报〉》，《复旦学报》（社会科学版）2017 年第 3 期。

戴海斌：《义和团事变中的日本在华外交官——以驻上海代理总领事小田切万寿之助为例》，《抗日战争研究》2012 年第 3 期。

戴银凤：《贝思福访华述论》，《近代史研究》2003 年第 1 期。

范金民：《明清时期中国对日丝绸贸易》，《中国社会经济史研究》1992 年第 1 期。

何扬鸣：《论浙江留日学生》，《浙江学刊》1998 年第 3 期。

黄启臣、庞新平：《清代活跃在中日贸易及日本港市的广东商人》，《中山大学学报》2000 年第 1 期。

金普森、何扬鸣：《杭州拱宸桥日租界的几个问题》，《杭州大学学报》（哲学社会科学版）1989 年第 4 期。

金再及：《南京国民政府对"一二八"事变的方针》，《历史研究》1992 年第 3 期。

刘望龄：《日本在汉的舆论宣传与思想近代化——以〈汉报〉为中心》，《近代史研究》1992 年第 1 期。

陆伟：《日本在沪资产阶级与一二八事变——九一八事变前后的上海商工会议所》，《上海党史研究》1997 年第 4 期。

吕顺长：《清末浙江籍早期留日学生之译书活动》，《杭州大学学报》（哲学社会科学版）1996 年第 2 期。

马骏杰：《一二八事变中的中国海军》，《抗日战争研究》2003 年第 1 期。

马陵合：《民国时期安徽裕繁公司与日本的债务纠纷》，《安徽史学》2010 年第 5 期。

齐春风：《1928—1929 年中日"水案"交涉》，《阅江学刊》2012 年第 4 期。

齐春风：《国民党与"九一八"时期的对日经济绝交运动——以上海为

中心的探讨》，《江海学刊》2012 年第 2 期。

邱荣裕：《张之洞"亲日"外交倾向刍议》，《华侨大学学报》2001 年第 1 期。

〔日〕松浦章：《清末大阪商船公司开设长江航路始末》，徐建新译，《近代史研究》1992 年第 6 期。

王建朗：《日本与国民政府的"革命外交"：对关税自主交涉的考察》，《历史研究》2002 年第 4 期。

王振忠：《19 世纪中后期的长崎贸易与徽州海商之衰落——以日本收藏的程稼堂相关文书为中心》，《学术月刊》2017 年第 3 期。

吴景平、赵哲：《评美国对九一八事变和一二八事变的态度——兼析"史汀生主义"的提出及局限性》，《抗日战争研究》1993 年第 3 期。

萧致治：《黄兴首次赴日时间及其思想转变小考》，《历史研究》1999 年第 1 期。

徐云：《苏州日租界述略》，《苏州大学学报》1995 年第 3 期。

许金生：《近代日本对长江航道军事谍报活动概述》，《民国档案》2013 年第 1 期。

杨大春：《张之洞与苏州租界的开辟》，《江南社会学院学报》2003 年第 1 期。

杨天石：《黄遵宪与苏州开埠交涉》，《学术研究》2006 年第 1 期。

于建章：《一九三六年成都事件述评》，《四川师范大学学报》（社会科学版）1986 年第 6 期。

赵林凤：《论反对袁世凯称帝的健将——汪凤瀛》，《理论界》2006 年第 11 期。

朱荫贵：《甲午战争后至第一次世界大战前日本轮运势力在长江流域的扩张》，《中国社会科学院经济研究所集刊》第 10 集，中国社会科学出版社，1988。

左双文：《一·二八事变与国民政府的外交决策》，《华南师范大学学报》2010 年第 1 期。

# 二　日文部分

## （一）档案

日本外务省外交史料馆、国立公文书馆、防卫厅防卫研究所藏明治、大正、昭和时期相关档案

## （二）日本领事报告资料、日本外交文书

日本外務省記録局編『通商彙編』(1882—1886)

内閣官報局編『通商報告』(1886—1889)

日本政府『官報』(1890 年 1 月至 1893 年 12 月)

日本外務省通商局編纂『通商彙纂』(1894—1913)

日本外務省通商局編『通商公報』(1913—1922)

日本外務省通商局編『清国事情』第 1、2 輯、外務省通商局、1907。

日本外務省通商局『上海に於ける日本及日本人の地位』外務省通商局、1915。

日本外務省通商局編『在支那本邦人進勢概覧』瀬味印刷所、1915。

日本外務省通商局編『在支那本邦人進勢概覧』第二回、外務省通商局、1919。

日本外務省通商局編『在重慶日本領事館管内状況』外務省通商局、1921。

日本外務省通商局編『在九江帝国領事館管轄区域内事情』外務省通商局、1923。

日本外務省通商局編『在漢口帝国総領事館管轄区域内事情』外務省通商局、1924。

日本外務省通商局編『在沙市帝国領事館管轄区域内事情』外務省通商局、1924。

日本外務省通商局編『在長沙帝国領事館管轄区域内事情』外務省通

商局、1924。

日本外務省通商局編『宜昌事情（在宜昌帝国領事館調査）』外務省通商局、1925。

日本外務省通商局『在外本邦実業者調』外務省通商局、1937。

日本外務省調査部編『日本外交文書　明治期』第 3、4 巻、日本国際連合協会、1938。

日本外務省編纂『日本外交文書　明治期』第 6、9、21、22、23、29、30、31 巻、第 44、45 巻之別冊『清国事変（辛亥革命）』日本国際連合協会、1939—1961。

日本外務省編纂『日本外交文書』大正二年第 2 冊、大正四年第 2 冊、大正五年第 2 冊、大正十二年第 2 冊、大正十四年第 2 冊、昭和期Ⅰ第 1 部第 1 巻（昭和二年）、1964—1989。

## （三）　近代日本相关史料

石橋雨窓・立知静訳述『英人著述東洋記事』柏悦堂、1870。

満川成種『支那通商必携初編』酔軒書屋、1872。

『商務局雑報』第 27 号、大藏省商務局、1879。

日本陸軍文庫編『隣邦兵備略』参謀本部、1880。

日本陸軍文庫編『隣邦兵備略第二版』陸軍文庫、1882。

曾根俊虎『清国各港便覧』海軍省軍務局、1882。

日本参謀本部管西局編『支那地誌』第 1 巻至第 6 巻、参謀本部、1887。

農商務省『漫遊見聞録』下、農商務省、1888。

外務省記録局編『外務省沿革略誌』外務省記録局、1889。

日本参謀本部編纂課編『支那地誌』第 15 巻上下冊、参謀本部、1889。

参謀本部編『隣邦兵備略』第三版参謀本部、1889。

勝山孝三『日清関係：貿易起業』富源社、1889。

横尾一郎『清国棉花景況視察録』、1889。

町田実一『日清貿易参考表』、1889 国立国会図書館蔵。

石川県第一部勧業課『日清貿易商会荒尾精演説筆記』石川県第一部、1889。

日清貿易研究所編『清国通商綜覧』日清貿易研究所、1892。

日本参謀本部編纂課編『東亜各港誌』参謀本部、1893。

安東不二雄『支那帝国地誌』普及舎、1893。

高橋謙『支那時事』日清協会、1894。

大日本織糸紡績同業連合会編『支那棉花事情』西川清七、1901。

岩崎祖堂編『明治豪商苦心談：南海立志』大学館、1901。

日本参謀本部編纂『明治三十三年清国事変戦史』第 6 巻、川流堂、1904。

水野幸吉『漢口　中央支那事情』富山房、1907。

石川巌『重要商品誌』同文館、1907。

日本長崎税関官房貿易調査係編『漢口貿易事情一班』長崎税関官房貿易調査係、1907。

日本海軍省編『海軍省明治三十九年度年報』海軍省、1913。

日本海軍省編『明治四十二年度海軍年報』海軍省、1913。

日本海軍省編『明治四十四年度海軍省年報』海軍省、1913。

日本農商務省商工局編『大日本外国貿易四十六年対照表』農商務省商工局、1914。

木村増太郎『支那ノ砂糖貿易』元真社、1914。

長谷川桜峰『支那貿易案内』亜細亜社、1914。

日本農商務省商工局編『一九一二年ニ於ケル日支貿易ノ概況』『一九一三年ニ於ケル日支貿易ノ概況』『一九一四年ニ於ケル日支貿易ノ概況』『一九一五年ニ於ケル日支貿易ノ概況』農商務省商工局、1913、1914、1915、1916。

東行先生五十年祭記念会編『東行先生遺文』民友社、1916。

中根和一編『大正四年漢口日本人実業協会年報』漢口日本人実業協会、1916。

近代日本在长江流域的扩张（1862—1937）

中根和一編『大正五年漢口日本人実業協会年報』崇文閣印刷廠、1917。

日本農商務省編『支那ノ米ニ関スル調査』農商務省、1917。

日本農商務省商工局編『一九一六年に於ける支那貿易の概況』農商務省商工局、1917。

大谷是空『経済観的長江一帯』東方時論社、1917。

中根和一編『大正六年漢口日本人実業協会年報』漢口日本人実業協会、1918。

日本農商務省商工局編『第三回臨時海外派遣官報告集（第三）』農商務省商工局、1918。

東京商業会議所編『日貨排斥の対支貿易上に及ぼせる影響』東京商業会議所、1919。

中根和一編『大正八年漢口日本人実業協会年報』崇文閣印刷廠、1920。

中根和一編『大正八年漢口日本商業会議所年報』漢口日本商業会議所、1923。

日本農商務省商務局編『一九一七年に於ける支那貿易の概況』『一九一八年に於ける支那貿易の概況』『一九一九年ニ於ケル支那貿易ノ概況』農商務省、1920。

日本農商務省商務局編『一九二〇年ニ於ケル支那貿易ノ概況』農商務省商務局、1921。

中根和一編『大正九年漢口日本商業会議所年報』崇文閣印刷廠、1922。

中根雪江『再夢記事』日本史籍協会、1922。

中根和一編『大正十年漢口日本商業会議所年報』崇文閣印刷廠、1923。

漢口日本商業会議所編『十二年度漢口貿易年報』崇文閣印刷廠、1924。

南満洲鉄道株式会社庶務部調査課編『満鉄調査資料第十六編・支那

防穀令』南満洲鉄道庶務部調査課、1923。

　日本農商務省商務局編『北部及中部に於ける支那貿易状況』、農商務省商務局、1923。

　日本農商務省商務局編『一九二二年ニ於ケル支那貿易ノ概況』農商務省商務局、1923。

　上海日本商業会議所編『二十一箇条問題に関する排日状況』第1輯、上海日本商業会議所、1923。

　日本農商務省商務局編『一九二三年ニ於ケル支那貿易ノ概況』農商務省商務局、1924。

　山崎光直『上海を中心とする海産物調査』根室公論社、1924。

　南満洲鉄道株式会社庶務部調査課編『上海事件に関する報告』日清印刷所、1925。

　川島元次郎『南国史話』平凡社、1926。

　日本商工省商務局貿易課編『貿易通信員報告集・支那ノ部』商工省商務局貿易課、1926。

　南満洲鉄道株式会社東亜経済調査局編『長江流域に於ける日本の経済的地位』『経済資料』第13巻第8号、1927年。

　大阪市役所産業部調査課編『支那動乱の影響と我が対支企業貿易』大阪進光堂、1927。

　上海日本商業会議所編『山東出兵と排日貨運動』上海日本商業会議所、1927。

　渋沢栄一『渋沢栄一滞仏日記』日本史籍協会、1928。

　日華実業協会編『支那に於ける外貨排斥運動』日華実業協会、1929。

　大藏省預金部『支那漢冶萍公司借款ニ関スル沿革』大藏省、1929。

　外務省亜細亜局編『対支借款一覧表　昭和四年十二月三十一日現在』外務省亜細亜局、1929。

　日本商工省商務局貿易課編『昭和三年度漢口貿易』商工省商務局貿易課、1930。

　上海日本商工会議所『上海日本商工会議所年報』(1930—1937年)。

上海日本商工会議所『経済月報』(1930—1937 年)。

日本商工省貿易局編『貿易上ヨリ観タル中華民国ニ於ケル排日貨ノ影響』商工省貿易局、1932。

日本海軍省編『上海事変と我海軍』海軍省、1932。

日本海軍省編『上海事変勃発後に於ける支那各地状況』海軍省、1932。

日本陸軍省調査班編『全支排日運動の根源と其史的観察』陸軍省調査班、1932。

黒龍会編『東亜先覚志士記伝』上巻、黒龍会出版部、1933。

五代竜作編『五代友厚伝』五代竜作、1933。

日本海軍軍令部編『明治三十七、八年海戦史』内閣印刷局朝陽会、1934。

日本参謀本部編纂『満洲事変ニ於ケル飛行隊ノ行動』（上）、偕行社、1934。

伊藤博文編、栗野慎一郎・平塚篤校『秘書類纂・外交篇』下巻、秘書類纂刊行会、1935。

永滝久吉『回顧七十年』永滝久吉、1935。

日本海軍省編『大正十三年度海軍省年報』海軍大臣官房、1935。

漢口日本商工会議所『漢口日本商工月報』、1935 年。

日本南満洲鉄道株式会社経済調査会編『支那ボイコットの研究』日清印刷所、1935。

伊藤博文編、金子堅太郎等校訂『秘書類纂・雑纂』其二、秘書類纂刊行会、1936。

漢口日本商工会議所『漢口経済事情』第一輯(輸移入品篇)、蘆沢印刷所、1936。

松本忠雄『共産党にリードされる支那の抗日人民戦線』第百書房、1936。

中日実業株式会社調査室編『支那裕繁公司借款ニ関スル沿革』中日実業株式会社調査室、1937。

漢口日本商工会議所『漢口経済事情』第二輯（輸移出品篇）、飯田三寶堂印刷所、1937。

在上海総領事館経済部編纂『中支占領地經濟情勢概説』在上海総領事館経済部、1938。

南満洲鉄道株式会社調査部『抗日民族統一戦線運動史――国共再合作に関する政治資料』南満洲鉄道株式会社調査部、1939。

日本海軍大臣官房編『海軍制度沿革』第3巻、海軍大臣官房、1939。

名倉喜作『台湾銀行四十年誌』大日本印刷株式会社、1939。

葛生能久『日支交渉外史』下巻、黒龍会出版部、1939。

明治編年史編纂会編『新聞集成明治編年史』第6巻、第7巻、財政経済学会、1935。

波多野乾一『赤色支那の究明』大東出版社、1941。

浅居誠一『日清汽船株式会社三十年史及追補』凸版印刷株式会社、1941。

春畝公追頌会編『伊藤博文公年譜』春畝公追頌会、1942。

日本大藏省編『大日本外国貿易年表』明治、大正、昭和年間相関各册、大藏省。

日本大藏省関税局編『日本外国貿易年表』昭和相関年份之册、大藏省。

東亜同文会編『対支回顧録』下巻、原書房、1968。

東亜同文会編『続対支回顧録』下巻、原書房、1973。

小島晋治監修『幕末明治中国見聞録集成』ゆまに書房、1997。

井本熊男『支那事変作戦日誌』芙蓉書房、1998。

## （四）论著

井上雅二『巨人荒尾精』東亜同文会、1936。

本庄栄治郎『幕末の新政策』有斐閣、1940。

植田捷雄『支那に於ける租界の研究』巖松堂、1941。

福本義亮『吉田松陰　大陸・南進論』誠文堂新光社、1942。

徳富蘇峯『陸軍大将川上操六』第一公論社、1942。

東亜研究所『日本の対支投資——第一調査委員会報告書』東亜研究所、1942。

佐藤市郎『海軍五十年史』鱒書房、1943。

日本海軍航空史編纂委員会編『日本海軍航空史』（4）戦史篇、時事通信社、1969。

日本防衛庁防衛研修所戦史室編『中国方面海軍作戦』（1）、朝雲新聞社、1974。

三菱社誌刊行会編『三菱社誌』東京大学出版会、1980。

高村直助『日本資本主義史論』ミネルヴァ書房、1980。

高村直助『近代日本綿業と中国』東京大学出版会、1982。

奈倉文二『日本鉄鋼業史の研究』近藤出版社、1984。

大久保利謙『幕末維新の洋学』吉川弘文館、1986。

樋口秀実『日本海軍から見た日中関係史研究』芙蓉書房、2002。

坂本雅子『財閥と帝国主義——三井物産と中国』ミネルヴァ書房、2003。

大里浩秋・孫安石編『中国における日本租界：重慶・漢口・杭州・上海』御茶の水書房、2006。

畠山秀樹『三菱合資会社の東アジア海外支店』追手門学院大学出版社、2014。

桜井良樹「近代日中関係の担い手に関する研究（中清派遣隊）——漢口駐屯の日本陸軍派遣隊と国際政治」『（麗沢大学）経済社会総合研究センター Working Paper』No. 29、2008 年。

**图书在版编目（CIP）数据**

近代日本在长江流域的扩张：1862—1937 / 李少军
著.--北京：社会科学文献出版社，2024.5（2025.2重印）
ISBN 978-7-5228-2607-3

Ⅰ.①近…　Ⅱ.①李…　Ⅲ.①长江流域-侵华-经济
扩张-研究-日本-近代　Ⅳ.①F131.394②F129.6

中国国家版本馆 CIP 数据核字（2023）第 203621 号

## 近代日本在长江流域的扩张（1862—1937）

著　　者 / 李少军

出 版 人 / 冀祥德
责任编辑 / 邵璐璐
文稿编辑 / 贾全胜　李铁龙
责任印制 / 王京美

出　　版 / 社会科学文献出版社 · 历史学分社（010）59367256
　　　　　　地址：北京市北三环中路甲 29 号院华龙大厦　邮编：100029
　　　　　　网址：www.ssap.com.cn
发　　行 / 社会科学文献出版社（010）59367028
印　　装 / 唐山玺诚印务有限公司

规　　格 / 开　本：787mm×1092mm　1/16
　　　　　　印　张：27　字　数：428 千字
版　　次 / 2024 年 5 月第 1 版　2025 年 2 月第 2 次印刷
书　　号 / ISBN 978-7-5228-2607-3
定　　价 / 158.00 元

读者服务电话：4008918866

**图书在版编目（CIP）数据**

近代日本在长江流域的扩张：1862—1937 / 李少军
著.--北京：社会科学文献出版社，2024.5（2025.2 重印）
ISBN 978-7-5228-2607-3

Ⅰ.①近… Ⅱ.①李… Ⅲ.①长江流域-侵华-经济
扩张-研究-日本-近代 Ⅳ.①F131.394②F129.6

中国国家版本馆 CIP 数据核字（2023）第 203621 号

## 近代日本在长江流域的扩张（1862—1937）

著　　者 / 李少军

出　版　人 / 冀祥德
责任编辑 / 邵璐璐
文稿编辑 / 贾全胜　李铁龙
责任印制 / 王京美

出　　版 / 社会科学文献出版社·历史学分社（010）59367256
　　　　　地址：北京市北三环中路甲 29 号院华龙大厦　邮编：100029
　　　　　网址：www.ssap.com.cn
发　　行 / 社会科学文献出版社（010）59367028
印　　装 / 唐山玺诚印务有限公司

规　　格 / 开　本：787mm×1092mm　1/16
　　　　　印　张：27　字　数：428 千字
版　　次 / 2024 年 5 月第 1 版　2025 年 2 月第 2 次印刷
书　　号 / ISBN 978-7-5228-2607-3
定　　价 / 158.00 元

读者服务电话：4008918866